PSICOLOGIA MÉDICA APLICADA

ABP
Associação Brasileira de Psiquiatria

artmed

A Artmed é a editora oficial da ABP

NOTA

A medicina é uma ciência em constante evolução. À medida que novas pesquisas e a experiência clínica ampliam o nosso conhecimento, são necessárias modificações no tratamento e na farmacoterapia. Os autores desta obra consultaram as fontes consideradas confiáveis, em um esforço para oferecer informações completas e, geralmente, de acordo com os padrões aceitos à época da publicação. Entretanto, tendo em vista a possibilidade de falha humana ou de alterações nas ciências médicas, os leitores devem confirmar estas informações com outras fontes. Por exemplo, e em particular, os leitores são aconselhados a conferir a bula de todo medicamento que pretendam administrar, para se certificar de que a informação contida neste livro está correta e de que não houve alteração na dose recomendada nem nas contraindicações para o seu uso. Essa recomendação é particularmente importante em relação a medicamentos novos ou raramente usados.

P974   Psicologia médica aplicada / Organizadores, Ana Margareth Siqueira Bassols... [et al.]. – Porto Alegre : Artmed, 2025.
xvii, 430 p. : il. ; 25 cm.

ISBN 978-65-5882-314-8

1. Psicologia médica. 2. Bassols, Ana Margareth Siqueira.

CDU 615.851

Catalogação na publicação: Karin Lorien Menoncin – CRB 10/2147

ANA MARGARETH SIQUEIRA BASSOLS

LISIEUX E. DE BORBA TELLES

IVES CAVALCANTE PASSOS

SIMONE HAUCK

(ORGS.)

PSICOLOGIA MÉDICA APLICADA

artmed

Porto Alegre
2025

© GA Educação Ltda., 2025.

Gerente editorial
Alberto Schwanke

Coordenadora editorial
Cláudia Bittencourt

Editora
Mirian Raquel Fachinetto

Preparação de originais
Mirela Favaretto

Leitura final
Carine Garcia Prates

Capa
Paola Manica | Brand&Book

Projeto gráfico e editoração
Tipos – Design editorial e fotografia

Reservados todos os direitos de publicação ao
GA EDUCAÇÃO LTDA.
(Artmed é um selo editorial do GA EDUCAÇÃO LTDA.)
Rua Ernesto Alves, 150 – Bairro Floresta
90220-190 – Porto Alegre – RS
Fone: (51) 3027-7000

SAC 0800 703 3444 – www.grupoa.com.br

É proibida a duplicação ou reprodução deste volume, no todo ou em parte, sob quaisquer formas ou por quaisquer meios (eletrônico, mecânico, gravação, fotocópia, distribuição na Web e outros), sem permissão expressa da Editora.

IMPRESSO NO BRASIL
PRINTED IN BRAZIL

AUTORES

ANA MARGARETH SIQUEIRA BASSOLS: Psiquiatra da infância e adolescência e psicanalista. Professora associada do Departamento de Psiquiatria e Medicina Legal da Faculdade de Medicina (Famed) da Universidade Federal do Rio Grande do Sul (UFRGS). Preceptora do Programa de Residência Médica (PRM) em Psiquiatria Geral e da Infância e Adolescência do Hospital de Clínicas de Porto Alegre (HCPA). Especialista em Psiquiatria Geral e em Psiquiatria da Infância e Adolescência pela UFRGS/Associação Brasileira de Psiquiatria (ABP). Mestra em Ciências do Comportamento pela UFRGS. Doutora em Ciências Médicas pela UFRGS. Membro da Sociedade Psicanalítica de Porto Alegre (SPPA).

IVES CAVALCANTE PASSOS: Psiquiatra. Professor de Psiquiatria do Departamento de Psiquiatria e Medicina Legal da Famed/UFRGS. Coordenador do PRM em Psiquiatria do HCPA. Coordenador do Programa de Transtorno Bipolar do HCPA. Doutor em Psiquiatria pela UFRGS. Pós-doutorado na University of Texas Health Science Center at Houston, Estados Unidos.

LISIEUX E. DE BORBA TELLES: Psiquiatra. Professora adjunta do Departamento de Psiquiatria e Medicina Legal da Famed/UFRGS. Professora do Programa de Mestrado Profissional em Prevenção e Assistência em Saúde Mental e Transtornos Aditivos do HCPA. Preceptora do PRM em Psiquiatria e do PRM em Psiquiatria Forense do HCPA/UFRGS. Especialista em Psiquiatria Forense pela ABP/Associação Médica Brasileira (AMB). Mestra em Psiquiatria Forense pela Universidad Nacional de La Plata (UNLP), Argentina. Doutora em Medicina pela UNLP.

SIMONE HAUCK: Psiquiatra. Professora adjunta do Departamento de Psiquiatria e Medicina Legal da UFRGS. Mestra e Doutora em Psiquiatria e Ciências do Comportamento pela UFRGS.

ALEXANDRE MARTINS VALENÇA: Psiquiatra. Professor associado de Psiquiatria e Saúde Mental da Universidade Federal Fluminense (UFF). Professor do Programa de Pós-graduação (PPG) em Psiquiatria do Instituto de Psiquiatria (IPUB) da Universidade Federal do Rio de Janeiro (UFRJ). Especialista em Psiquiatria e Psiquiatria Forense pela ABP/AMB. Especialista em Medicina Legal e Perícia Médica pela Associação Brasileira de Medicina Legal e Perícia Médica (ABMLPM)/AMB. Mestre e Doutor em Psiquiatria e Saúde Mental pelo IPUB-UFRJ.

ANA CLARA MACHADO TEIXEIRA: Acadêmica de Medicina da UFRGS.

ANA HELENA CAVALCANTI: Médica residente de Psiquiatria no HCPA/UFRGS.

ANNA CAROLINA VIDUANI: Psicóloga. Mestra e doutoranda em Psiquiatria e Ciências do

Comportamento na UFRGS. Pesquisadora do Programa de Depressão na Infância e Adolescência (ProDIA) do HCPA.

ANNE ORGLER SORDI: Psiquiatra contratada do HCPA. Supervisora do PRM em Psiquiatria Geral e do 4º ano (R4) da Residência em Psiquiatria de Adições do HCPA. Doutora em Psiquiatria e Ciências do Comportamento pela UFRGS.

ARTHUR BEZERRA FALCÃO: Psiquiatra. Especialista em Psiquiatria da Infância e Adolescência pelo HCPA. Mestrando em Psiquiatria e Ciências do Comportamento na UFRGS.

AURORA ZAMORA XAVIER: Médica residente de Psiquiatria no HCPA/UFRGS.

BEATRIZ FREITAS DE CARVALHO: Psiquiatra. Especialista em Psicoterapia pela UFRGS.

BIBIANA DE BORBA TELLES: Médica residente de Psiquiatria no HCPA/UFRGS.

BRUNO BRAGA MONTEZANO: Psicólogo e analista de dados. Especialista em Terapias Cognitivo-comportamentais pelo Instituto de Neurociências e Terapias Cognitivas (INTCognitivas). Mestre e doutorando em Psiquiatria e Ciências do Comportamento na UFRGS.

BRUNO PAZ MOSQUEIRO: Psiquiatra. Professor substituto de Psiquiatria do Departamento de Psiquiatria e Medicina Legal da UFRGS. Preceptor do PRM em Psiquiatria do HCPA e do Grupo Hospitalar Conceição (GHC). Especialista em Psicoterapia de Orientação Analítica pelo Centro de Estudos Luís Guedes (CELG). Mestre e Doutor em Psiquiatria e Ciências do Comportamento pela UFRGS. Coordenador da Comissão de Espiritualidade e Saúde Mental da ABP. *Co-chair* da Seção de Espiritualidade e Psiquiatria da World Psychiatric Association (WPA), Dinamarca.

BRUNO PEROSA CARNIEL: Clínico geral. Doutorando em Psiquiatria e Ciências do Comportamento na UFRGS.

CAMILA GIUGLIANI: Médica de família e comunidade. Professora associada do Departamento de Medicina Social da Famed/UFRGS. Doutora em Epidemiologia pela UFRGS.

CARMITA H. N. ABDO: Psiquiatra. Professora associada do Departamento de Psiquiatria da Faculdade de Medicina da Universidade de São Paulo (FMUSP). Doutora e Livre-docente em Psiquiatria pela FMUSP.

CAROLINA BLAYA DREHER: Psiquiatra. Professora associada de Psiquiatria da Universidade Federal de Ciências da Saúde de Porto Alegre (UFCSPA). Professora adjunta de Psiquiatria da UFRGS. Especialista em Psicoterapia pelo CELG. Mestra e Doutora em Psiquiatria e Ciências da Saúde pela UFRGS. Pós-doutorado em Psiquiatria e Ciências da Saúde na UFRGS.

CLARISSA SEVERINO GAMA: Psiquiatra. Professora associada do Departamento de Psiquiatria e Medicina Legal da Famed/UFRGS. Mestra e Doutora em Ciência Médicas pela UFRGS. Livre-docente pela Universidade Federal de São Paulo (Unifesp). Pesquisadora 1A do Conselho Nacional de Desenvolvimento Científico e Tecnológico (CNPq).

CLÁUDIO LAKS EIZIRIK: Psiquiatra e psicanalista. Professor emérito de Psiquiatria da UFRGS. Doutor em Ciência Médicas: Psiquiatria pela UFRGS. Membro honorário da Academia Sul-Rio Grandense de Medicina. Psicanalista didata da SPPA. Ex-presidente da Associação Psicanalítica Internacional. Prêmio Sigourney por contribuições relevantes à Psicanálise.

DANIEL LUCCAS ARENAS: Psiquiatra. Preceptor do PRM em Psiquiatria e Psiquiatria da Infância e Adolescência do Hospital Materno

Infantil Presidente Vargas (HMIPV)/UFCSPA. Coordenador do Programa de Pesquisa e Avaliação do Neurodesenvolvimento em Adultos (Propanda) do HMIPV. Especialista em Psiquiatria da Infância e Adolescência pela UFCSPA. Formação em Terapia do Esquema pela Wainer Psicologia. Mestre em Psiquiatria e Ciências do Comportamento pela UFRGS.

DANIEL TORNAIM SPRITZER: Psiquiatra. Coordenador do Grupo de Estudos sobre Adições Tecnológicas (GEAT). Especialista em Psiquiatria da Infância e Adolescência pelo HCPA. Doutor em Psiquiatria e Ciências do Comportamento pela UFRGS.

DAVID SIMON BERGMANN: Pediatra e psiquiatra. Psiquiatra da infância e adolescência contratado do Serviço de Psiquiatria da Infância e Adolescência do HCPA.

DAYANE SANTOS MARTINS: Psicóloga clínica. Professora e supervisora do CELG. Especialista em Terapia Cognitivo-comportamental pelo Centro de Estudos da Família e do Indivíduo (CEFI). Formação em Terapia do Esquema e em Supervisão Clínica pela Wainer Psicologia. Mestra e doutoranda em Psiquiatria e Ciências do Comportamento na UFRGS. Pesquisadora do Programa de Transtornos de Ansiedade (Protan) do HCPA.

DEBORA TORNQUIST: Licenciada e bacharel em Educação Física. Especialista em Tecnologias Educacionais para Prática Docente no Ensino da Saúde na Escola pela Escola Nacional de Saúde Pública Sergio Arouca (ENSP) da Fundação Oswaldo Cruz (Fiocruz). Mestra em Promoção da Saúde pela Universidade de Santa Cruz do Sul (Unisc). Doutora em Educação Física pela Universidade Federal de Pelotas (UFPel). Pós-doutoranda na Universidade Federal de Santa Maria (UFSM).

EDUARDA BITENCOURT: Professora de Educação Física. Mestra em Ciências do Movimento e Reabilitação pela UFSM. Doutoranda em Saúde Mental e Psiquiatria na UFRJ.

ELLEN BORGOGNA: Psicóloga clínica e pesquisadora do Laboratório de Psiquiatria Digital da Universidade Federal do Paraná (UFPR). Especialista em Terapias Cognitivas pela Pontifícia Universidade Católica do Rio Grande do Sul (PUCRS). Mestra em Psiquiatria e Ciências do Comportamento pela UFRGS.

EUGENIO HORACIO GREVET: Psiquiatra. Professor associado do Departamento de Psiquiatria e Medicina Legal da Famed/UFRGS. Mestre em Ciências Biológicas: Bioquímica pela UFRGS. Doutor em Psiquiatria e Ciências do Comportamento pela UFRGS. Pós-doutorado em Psiquiatria e Ciências do Comportamento na UFRGS.

FABIANA RAMOS LIMA AMADEI CASAROLLI: Acadêmica de Psicologia da Faculdade Mario Quintana (Famaqui).

FELIPE BARRETO SCHUCH: Professor de Educação Física.

FELIPE PASSOS: Acadêmico de Medicina da Universidade Luterana do Brasil (Ulbra), *campus* Canoas.

FELIPE RECH ORNELL: Psicólogo clínico. Especialista em Terapia Cognitivo-comportamental pela Wainer Psicologia. Especialista em Dependência Química pela Faculdade de Administração, Ciências, Educação e Letras (Facel) e em Psicologia Clínica e Psicologia em Saúde pelo Conselho Federal de Psicologia (CFP). Mestre e Doutor em Psiquiatria e Ciências do Comportamento pela UFRGS. Pesquisador do Centro de Pesquisa em Álcool e Drogas (CPAD) do HCPA/UFRGS.

FELIX HENRIQUE PAIM KESSLER: Psiquiatra. Professor adjunto do Departamento de Psiquiatria e Medicina Legal da Famed/UFRGS. Chefe do Serviço de Psiquiatria de Adições e Forense do HCPA. Doutor em Psiquiatria e Ciências do Comportamento pela UFRGS. Pesquisador do CPAD/HCPA/UFRGS.

FLÁVIO KAPCZINSKI: Psiquiatra. Professor titular do Departamento de Psiquiatria e Medicina Legal e Pró-reitor de Pesquisa da UFRGS. Mestre em Ciências Médicas pela UFRGS. Doutor em Psiquiatria pela University of London, Inglaterra. Pós-doutorado na McGill University, Canadá.

FLÁVIO MILMAN SHANSIS: Psiquiatra. Professor adjunto da UFCSPA e da Universidade do Vale do Taquari (Univates). Mestre em Ciências Biológicas: Bioquímica pela UFRGS. Doutor em Ciências Médicas pela UFRGS. Pós-doutorado em Ciências Médicas: Ginecologia e Obstetrícia na UFRGS.

FLAVIO PECHANSKY: Psiquiatra. Professor titular do Departamento de Psiquiatria e Medicina Legal da Famed/UFRGS. Mestre e Doutor em Clínica Médica pela UFRGS. *Fellow* na Johns Hopkins School of Public Health, Estados Unidos.

FRANCISCO ARSEGO DE OLIVEIRA: Médico de família e comunidade. Professor adjunto do Departamento de Medicina Social da Famed/UFRGS. Especialista em Educação para as Profissões da Saúde pela Universidade Federal do Ceará (UFC). Mestre em Antropologia Social pela UFRGS. Doutor em Ciências da Saúde: Ginecologia e Obstetrícia pela UFRGS.

GABRIEL DAL BELLO REIS: Acadêmico de Medicina da UFRGS.

GABRIELA DE MORAES COSTA: Psiquiatra. Professora adjunta do Departamento de Neuropsiquiatria da UFSM e do Curso de Medicina da Universidade Franciscana (UFN). Especialista em Psiquiatria Forense pela UFCSPA. Mestra e Doutora em Farmacologia pela UFSM.

GABRIELLE TEREZINHA FOPPA: Psiquiatra. Especialista em Psiquiatria Forense pelo HCPA. Mestranda em Psiquiatria e Ciências de Comportamento na UFRGS.

GIOVANNA JOST TIBOLLA: Acadêmica de Medicina da UFRGS.

GISELE GUS MANFRO: Psiquiatra. Professora titular do Departamento de Psiquiatria e Medicina Legal da Famed/UFRGS. Doutora em Ciências Biológicas: Bioquímica pela UFRGS.

GIULIO BERTOLLO ALEXANDRINO: Psiquiatra.

GUILHERME DA SILVA CARVALHO: Acadêmico de Medicina da UFRGS.

GUILHERME RODRIGUEZ AMANDO: Pesquisador. Mestre e doutorando em Psiquiatria e Ciências do Comportamento na UFRGS.

HELENA FERREIRA MOURA: Psiquiatra. Professora adjunta de Psiquiatria da Universidade de Brasília (UnB). Especialista em Dependência Química pela Unifesp. Doutora em Psiquiatria pela UFRGS.

IGOR WISCHNESKI: Médico residente em Psiquiatria no Hospital de Clínicas da UFPR.

JOANA BÜCKER: Psicóloga. Docente permanente do PPG em Ciências Médicas da Univates. Mestra e Doutora em Psiquiatria e Ciências do Comportamento pela UFRGS.

JOÃO AFIF ABDO: Urologista. Responsável pelo Serviço de Urologia do Hospital Santa Cruz. Mestre em Urologia pela Escola Paulista de Medicina da Unifesp. Membro titular da Sociedade Brasileira de Urologia (SBU).

JOÃO PEDRO MAESTRI: Acadêmico de Medicina da UFRGS.

JULIA VALLE PEZZINI: Médica.

KATIÚSCIA GOMES NUNES: Psicóloga clínica.

LAURA MAGALHÃES MOREIRA: Psiquiatra de adultos e da infância e adolescência. Especialista em Psicoterapia de Adultos, Crianças e Adolescentes pelo CELG.

LAURO ESTIVALETE MARCHIONATTI: Psiquiatra. Pesquisador associado do Child Mind Institute (CMI), Estados Unidos.

LILIANA R. DO AMARAL SOIBELMAN: Pediatra e psiquiatra. Professora do Curso de Atualização em Psicoterapia da Infância e Adolescência (Capia) do CELG. Professora colaboradora do PRM em Psiquiatria da Infância e Adolescência do HCPA. Especialista em Psicoterapia de Adultos, Crianças e Adolescentes pelo CELG. Membro aspirante graduado da SPPA.

LISIA VON DIEMEN: Psiquiatra. Professora adjunta do Departamento de Psiquiatria e Medicina Legal da Famed/UFRGS. Mestra em Ciências Médicas: Psiquiatria pela UFRGS. Doutora em Psiquiatria e Ciências do Comportamento pela UFRGS.

LUCAS PRIMO DE CARVALHO ALVES: Psiquiatra. Professor do Departamento de Psiquiatria e Medicina Legal da Famed/UFRGS. Professor de Saúde Coletiva da Afya/Medcel. Preceptor do PRM em Psiquiatria do HMIPV/UFCSPA. Doutor em Psiquiatria pela UFRGS.

LÚCIA HELENA MACHADO FREITAS: Psiquiatra. Professora titular do Departamento de Psiquiatria e Medicina Legal da Famed/UFRGS. Coordenadora do Núcleo de Estudos e Tratamento do Trauma Psíquico do Serviço de Psiquiatria do HCPA. Mestra em Saúde Pública pela Harvard School of Public Health, Estados Unidos. Doutora em Clínica Médica pela UFRGS. Membro da SPPA.

MANUELA SILVA SILVEIRA DA MOTA: Psicóloga. Mestra em Psiquiatria e Ciências do Comportamento pela UFRGS.

MARCELO PIO DE ALMEIDA FLECK: Psiquiatra. Professor titular do Departamento de Psiquiatria e Medicina Legal da Famed/UFRGS. Mestre e Doutor em Ciências Médicas pela UFRGS. Pós-doutorado na McGill University, Canadá.

MARCELO SCHMITZ: Psiquiatra da infância e adolescência. Professor do Departamento de Psiquiatria e Medicina Legal da Famed/UFRGS. Chefe do Serviço de Psiquiatria da Infância e Adolescência do HCPA. Mestre e Doutor em Ciências Médicas: Psiquiatria pela UFRGS.

MARCIA KAUER SANT'ANNA: Psiquiatra. Professora associada do Departamento de Psiquiatria e Medicina Legal da Famed/UFRGS. Supervisora do PRM em Psiquiatria do HCPA. Doutora em Bioquímica pela UFRGS. Pós-doutorado e *Clinical Fellow* em Transtornos do Humor na University of British Columbia, Canadá.

MARIA ALICE PEDRON CARNEIRO: Psiquiatra da infância e adolescência. Mestranda em Ciências do Comportamento na UFRGS.

MARIA EDUARDA SARZI PASA: Acadêmica de Medicina da UnB.

MARIA INÊS R. LOBATO: Psiquiatra do Serviço de Psiquiatria do HCPA. Mestra e Doutora em Ciências Médicas pela UFRGS.

MARIA LUCRÉCIA SCHERER ZAVASCHI: Psiquiatra. Professora aposentada do Departamento de Psiquiatria e Medicina Legal da Famed/UFRGS. Especialista em Psiquiatria da Infância e Adolescência pela UFRGS. Mestra e Doutora em Psiquiatria e Ciências do Comportamento pela UFRGS. Membro da SPPA e do CELG.

MARIA PAZ L. HIDALGO: Psiquiatra. Professora titular do Departamento de Psiquiatria e Medicina Legal da UFRGS. Mestra e Doutora em Medicina: Ciências Médicas pela UFRGS.

MARINA DA SILVA NETTO: Psiquiatra. Preceptora do PRM em Psiquiatria da Infância e Adolescência do Hospital Nossa Senhora da Conceição do GHC. Especialista em Psiquiatria da Infância e Adolescência pelo HCPA/UFRGS.

MARINA LUIZA HARTMANN: Acadêmica de Medicina da UFRGS.

MARISTELA PRIOTTO WENZEL: Psicanalista de adultos, adolescentes, crianças, pais e bebês. Professora e supervisora do Capia/CELG. Membro da SPPA e do CELG.

MATEUS DE BORBA TELLES: Psicólogo clínico sistêmico. Especialista em Terapia Sistêmica Individual, Conjugal e Familiar pelo CEFI.

MATHEUS DE LIMA RUFFINI: Acadêmico de Medicina da UFRGS.

MATHEUS DUARTE RODRIGUES: Médico.

MATHIAS HASSE DE SOUSA: Psicólogo. Especialista em Terapia Cognitivo-comportamental pela Wainer Psicologia. Mestre em Psiquiatria e Ciências do Comportamento pela UFRGS. Doutorando em Psicologia na UFRGS.

MAURÍCIO KUNZ: Psiquiatra.

MILENA DIAS DA SILVA: Acadêmica e monitora da disciplina de Anatomia Humana da UFCSPA.

MILENA FRANÇA: Psiquiatra.

MIRIAM G. BRUNSTEIN: Psiquiatra do Serviço de Psiquiatria do HCPA. Especialista em Psicoterapia de Orientação Analítica pela UFRGS. Mestra em Medicina: Ciências Médicas pela UFRGS. Doutora em Ciências Biológicas: Bioquímica pela UFRGS. Instrutora de *Mindfulness* e Compaixão da RespiraVida Breathworks Brasil.

NATÁLIA ROSAS GÜNTZEL: Acadêmica de Medicina da UFRGS.

NEUSA SICA DA ROCHA: Psiquiatra. Professora associada do Departamento de Psiquiatria e Medicina Legal da Famed/UFRGS. Especialista em Psicoterapia Psicanalítica e Interpessoal pelo CELG. Mestra em Ciências Médicas: Psiquiatria pela UFRGS. Doutora em Ciências Médicas: Psiquiatria pela UFRGS/Universidade de Edimburgo, Reino Unido. Pesquisadora do I-Qol: inovações e intervenções em qualidade de vida da UFRGS. Pesquisadora 1b do CNPq.

OLGA GARCIA FALCETO: Psiquiatra da infância e adolescência e terapeuta familiar. Professora aposentada do Departamento de Psiquiatria e Medicina Legal da Famed/UFRGS. Professora e coordenadora do Instituto da Família de Porto Alegre (Infapa). Especialista em Psiquiatria pelo Albert Einstein Medical Center da Temple University, Estados Unidos. *Fellowship* em Psiquiatria da Infância e Adolescência na Philadelphia Child Guidance Clinic da Pennsylvania University, Estados Unidos. Especialista em Terapia Familiar pela Accademia di Psicoterapia Familiare de Roma, Itália. Mestra e Doutora em Clínica Médica pela UFRGS.

PATRICIA FABRICIO LAGO: Psiquiatra e psicanalista. Professora e supervisora convidada do PRM em Psiquiatria do HCPA. Coordenadora do Curso de Supervisão em Psicoterapia de Orientação Analítica do CELG. Professora do ESIPP – Estudos Integrados de Psicoterapia Psicanalítica. Formação Psicanalítica pelo International Psychoanalytical Association (IPA). Membro da SPPA.

PAULO SILVA BELMONTE DE ABREU: Psiquiatra. Professor titular do Departamento de Psiquiatria e Medicina Legal da Famed/UFRGS. Health Sciences pela The Johns Hopkins University, Estados Unidos. Doutor em Medicina: Ciências Médicas pela UFRGS. Pós-doutorado em Biologia Molecular no Instituto de Ciências Básicas da Saúde/UFRGS.

PEDRO VIEIRA DA SILVA MAGALHÃES: Psiquiatra. Professor associado do Departamento de Psiquiatria e Medicina Legal da UFRGS.

RAFAEL RAMOS AMARAL: Médico residente de Psiquiatria no HCPA. Doutorando no PPG em Ciências Médicas: Psiquiatria da UFRGS.

RAMIRO RECKZIEGEL: Psiquiatra. Doutor em Psiquiatria e Ciências do Comportamento pela UFRGS.

RENATA BRASIL ARAUJO: Psicóloga. Professora de Terapia Cognitivo-comportamental e Terapia do Esquema. Coordenadora e supervisora dos Ambulatórios de Dependência Química e Terapia Cognitivo-comportamental do Hospital Psiquiátrico São Pedro. Aperfeiçoamento especializado em Dependência Química pela Cruz Vermelha Brasileira (RS). Formação em Terapia do Esquema pela International Society of Schema Therapy/Núcleo de Estudos e Atendimentos em Terapias Cognitivas (ISST/NEAPC). Mestra em Psicologia Clínica pela PUCRS. Doutora em Psicologia pela PUCRS. Ex-presidente da Associação Brasileira de Estudos do Álcool e Outras Drogas (Abead) e da Associação de Terapias Cognitivas do Rio Grande do Sul (ATC-RS).

SANTIAGO MADEIRA DIEFENTHAELER: Acadêmico de Medicina da UFRGS.

SARAH ALINE ROZA: Psicóloga e supervisora clínica. Professora adjunta do Curso de Psicologia da Universidade Tuiuti (PR). Especialista em Terapia Cognitivo-comportamental pela PUCRS. Mestra e Doutora em Educação pela UFPR.

SAULO G. TRACTENBERG: Psicólogo. Professor e coordenador do Curso de Psicologia da Universidade do Vale do Rio dos Sinos (Unisinos). Especialista em Psicoterapia Cognitivo-comportamental pela PUCRS. Mestre e Doutor em Psicologia: Cognição Humana pela PUCRS.

SIDNEI S. SCHESTATSKY: Psiquiatra e psicanalista. Professor titular aposentado de Psiquiatria da UFRGS. Mestre em Saúde Pública pela Harvard School of Public Health, Estados Unidos. Doutor em Psiquiatria pela UFRGS. Membro da SPPA.

SILVIA BASSANI SCHUCH GOI: Psiquiatra. Preceptora do PRM em Psiquiatria do HMIPV/UFCSPA. Especialista em Psicoterapia de Orientação Analítica pelo CELG. Doutora em Psiquiatria e Ciências do Comportamento pela UFRGS. Pesquisadora do CPAD/HCPA/UFRGS.

SOFIA CID DE AZEVEDO: Psiquiatra contratada do Serviço de Psiquiatria do HCPA. Especialista em Psiquiatria e Psiquiatria Forense pelo HCPA. Mestra em Psiquiatria e Ciências do Comportamento pela UFRGS.

STEFANIA PIGATTO TECHE: Psiquiatra. Preceptora do PRM em Psiquiatria do HCPA. Especialista em Psicoterapia de Orientação Analítica pela UFRGS. Mestra em Psiquiatria pela UFRGS. Doutora em Psiquiatria e Ciências do Comportamento pela UFRGS. Membro da SPPA.

TAMIRES MARTINS BASTOS: Psiquiatra. Professora de Psiquiatria da Escola de Medicina da Unisinos. Doutora em Psiquiatria e Ciências do Comportamento pela UFRGS.

TATIANA LAUXEN PERUZZOLO: Psiquiatra contratada do Serviço de Psiquiatria de Adições e Forense do HCPA. Terapeuta EMDR (*Eye*

Movement Desensitization and Reprocessing). Especialista em Psiquiatria da Infância e Adolescência pelo HCPA. Mestra e Doutora em Psiquiatria e Ciências do Comportamento pela UFRGS.

THIAGO HENRIQUE ROZA: Psiquiatra e psiquiatra forense. Professor adjunto de Psiquiatria e Medicina Legal da UFPR. Doutor em Psiquiatria e Ciências do Comportamento pela UFRGS. Jovem Liderança Médica da Academia Nacional de Medicina.

VICTOR MARDINI: Psiquiatra contratado do HCPA. Preceptor do PRM em Psiquiatria da Infância e Adolescência do HCPA. Especialista em Psiquiatria da Infância e Adolescência pelo HCPA/UFRGS. Título de Pediatra pela Sociedade Brasileira de Pediatria. Doutor em Psiquiatria pela UFRGS. Membro graduado da SPPA.

VITÓRIA M. T. EVALDT: Psicóloga. Mestranda em Psiquiatria e Ciências do Comportamento pela UFRGS.

APRESENTAÇÃO

O Departamento de Psiquiatria e Medicina Legal (DPML) da Faculdade de Medicina (Famed) da Universidade Federal do Rio Grande do Sul (UFRGS) tem uma longa e sólida trajetória de ensino nessas duas áreas, essenciais para a formação médica, caracterizando-se pela convivência complementar entre tradição e inovação.

Como costuma acontecer nos principais polos de excelência, as diversas áreas do Departamento e seus serviços documentam sua experiência e fundamentação teórica não apenas por meio de ampla produção acadêmica – incluindo dissertações de mestrado e teses de doutorado –, mas também por uma contínua produção de livros pelo seu corpo docente, numa frutífera e sinérgica colaboração com a Artmed.

No que diz respeito à psicologia médica, Eizirik, Kapczinski e Bassols organizaram, em 2001, *O ciclo da vida humana: uma perspectiva psicodinâmica*, obra que contou com a participação de professores e alunos, examinando cada etapa do desenvolvimento com as contribuições relevantes da psicanálise, da psicologia do desenvolvimento, da neurociência e de outras disciplinas significativas. A segunda edição desse livro, organizada por Eizirik e Bassols em 2013, além dos conteúdos já mencionados, incluiu contribuições da bioética, da filosofia e das novas pesquisas e desenvolvimentos da área.

Psicologia médica aplicada – excelente livro que tenho o prazer de apresentar – foi organizado pelos destacados e criativos professores do DPML Ana Margareth Siqueira Bassols, Ives Cavalcante Passos, Lisieux E. da Borba Telles e Simone Hauck com o objetivo de mostrar o estado da arte e da ciência neste momento, expandindo as contribuições anteriores e incluindo novos e estimulantes áreas e olhares. Além dos conteúdos atualizados referentes ao ciclo da vida humana e à relação entre a psicanálise e a medicina, destaco a importância da saúde mental, a integração mente-cérebro, relações precoces e trauma, cognição, emoções e comportamento, estresse, resposta inflamatória e neuroprogressão, neuropsicologia, violência e trauma, álcool e outras drogas, qualidade de vida, ritmo biológico, nutrição e exercício, vulnerabilidade no ciclo vital da mulher, espiritualidade, *mindfulness* e bem-estar, tecnologia e saúde mental, questões e desafios éticos na relação médico-paciente, enfrentamento de catástrofes e saúde mental ao longo da carreira médica.

A professora Ana Margareth Bassols, assim como outros professores, profissionais contratados do Hospital de Clínicas de Porto Alegre (HCPA), colaboradores e alunos, está presente na organização dos três livros que, mesmo com suas diferenças, mantêm uma continuidade temática e de abordagem. Ela merece um reconhecimento especial por sua dedicação contínua, sua impecável carreira acadêmica e sua capacidade de aglutinar, coordenar e inspirar colegas e alunos.

Acompanho o desenvolvimento do DPML nas últimas décadas, tendo testemunhado ou participado da residência médica na Divisão Melanie Klein, do Hospital São Pedro; da introdução, no currículo médico, das disciplinas de Desenvolvimento da Criança e do Adolescente e de Desenvolvimento do Adulto e do Idoso, posteriormente denominadas Psicologia Médica I e II, com a inclusão da relação médico-paciente; da criação do Serviço de Psiquiatria do HCPA; da instalação do DPML e do Centro de Estudos Luís Guedes no HCPA; da criação do Programa de Pós-graduação em Psiquiatria – atualmente Psiquiatria e Ciências do Comportamento; da criação dos Serviços de Psiquiatria da Infância e Adolescência e de Psiquiatria de Adições e Forense; e da permanente qualificação e presença de seus professores e alunos no cenário nacional e internacional, em termos de criatividade, inovação, desenvolvimento de novas áreas e fortalecimento institucional. Assim, vejo, com muita satisfação e orgulho, que seus professores – assim como a própria Famed e a UFRGS – expandem e produzem conhecimento, percorrem novas avenidas, incluem novas teorias e práticas, mas, ao mesmo tempo, mantêm o mesmo espírito hipocrático que tem alimentado a formação de médicos e profissionais da saúde ao longo do tempo: desenvolver a capacidade de uma escuta empática e compassiva, aliada a um conhecimento sólido e à capacidade de intervenção com os recursos mais eficientes disponíveis.

Psicologia médica aplicada traz aos seus leitores – sejam eles estudantes ou profissionais com diferentes graus de experiência – um belo conjunto de contribuições que serão de grande valia para uma prática médica e em saúde alicerçada na ética, no conhecimento e na disponibilidade emocional para ouvir e trabalhar com o sofrimento humano.

CLÁUDIO LAKS EIZIRIK
Professor emérito de Psiquiatria da UFRGS
Analista didata da Sociedade Psicanalítica de Porto Alegre (SPPA)
Ex-chefe do DPML e ex-diretor da Famed

SUMÁRIO

PARTE 1
CONCEITOS BÁSICOS DE SAÚDE MENTAL

1
A IMPORTÂNCIA DA SAÚDE MENTAL 2
CLARISSA SEVERINO GAMA, ANA HELENA CAVALCANTI, AURORA ZAMORA XAVIER, MARIA INÊS R. LOBATO, PAULO SILVA BELMONTE DE ABREU

2
INTEGRANDO MENTE E CÉREBRO 11
TATIANA LAUXEN PERUZZOLO, GABRIEL DAL BELLO REIS, MILENA DIAS DA SILVA, IVES CAVALCANTE PASSOS

3
PSICANÁLISE E MEDICINA 21
CLÁUDIO LAKS EIZIRIK, SIDNEI S. SCHESTATSKY

4
RELAÇÕES PRECOCES E TRAUMA 31
SIMONE HAUCK, STEFANIA PIGATTO TECHE, JOANA BÜCKER, NATÁLIA ROSAS GÜNTZEL, MARCIA KAUER SANT'ANNA, LÚCIA HELENA MACHADO FREITAS

5
EMOÇÃO, COGNIÇÃO E COMPORTAMENTO 42
DAYANE SANTOS MARTINS, MATHIAS HASSE DE SOUSA, IVES CAVALCANTE PASSOS, GISELE GUS MANFRO

6
ESTRESSE, RESPOSTA INFLAMATÓRIA E NEUROPROGRESSÃO 55
GUILHERME DA SILVA CARVALHO, ANA CLARA MACHADO TEIXEIRA, LAURO ESTIVALETE MARCHIONATTI, FLÁVIO KAPCZINSKI, PEDRO VIEIRA DA SILVA MAGALHÃES

7
NEUROPSICOLOGIA 68
KATIÚSCIA GOMES NUNES, SAULO G. TRACTENBERG

PARTE 2
DESENVOLVIMENTO HUMANO AO LONGO DO CICLO VITAL

8
GESTAÇÃO 82
VICTOR MARDINI, DAVID SIMON BERGMANN, MARCELO SCHMITZ, MARIA LUCRÉCIA SCHERER ZAVASCHI, MARISTELA PRIOTTO WENZEL

9
PRIMEIRA INFÂNCIA 96
MARIA LUCRÉCIA SCHERER ZAVASCHI, DAVID SIMON BERGMAN, MARCELO SCHMITZ, MARINA DA SILVA NETTO, VICTOR MARDINI

10
SEGUNDA INFÂNCIA: DESENVOLVIMENTO NA FASE PRÉ-ESCOLAR 112
ANA MARGARETH SIQUEIRA BASSOLS, ARTHUR BEZERRA FALCÃO, LILIANA R. DO AMARAL SOIBELMAN, MARIA ALICE PEDRON CARNEIRO

11
TERCEIRA INFÂNCIA: DESENVOLVIMENTO NA FASE ESCOLAR 125
ANA MARGARETH SIQUEIRA BASSOLS, ARTHUR BEZERRA FALCÃO, MARIA ALICE PEDRON CARNEIRO, LILIANA R. DO AMARAL SOIBELMAN

12
ADOLESCÊNCIA 142
LAURA MAGALHÃES MOREIRA, DANIEL TORNAIM SPRITZER

13
O DESENVOLVIMENTO INDIVIDUAL E FAMILIAR NA IDADE ADULTA 151
ANNA CAROLINA VIDUANI, DANIEL LUCCAS ARENAS, OLGA GARCIA FALCETO, ANA MARGARETH SIQUEIRA BASSOLS

14
ENVELHECIMENTO E MORTE 165
MAURÍCIO KUNZ

15
SEXUALIDADE AO LONGO DO CICLO VITAL 174
CARMITA H. N. ABDO, JOÃO AFIF ABDO

PARTE 3
FATORES DE RISCO E DE PROTEÇÃO RELACIONADOS À SAÚDE MENTAL

16
VIOLÊNCIA 190
BIBIANA DE BORBA TELLES, SOFIA CID DE AZEVEDO, ALEXANDRE MARTINS VALENÇA, LISIEUX E. DE BORBA TELLES

17
ÁLCOOL E OUTRAS DROGAS 201
ANNE ORGLER SORDI, HELENA FERREIRA MOURA, MARIA EDUARDA SARZI PASA, SILVIA BASSANI SCHUCH GOI, FLAVIO PECHANSKY

18
QUALIDADE DE VIDA E SAÚDE MENTAL 218
BRUNO PEROSA CARNIEL, MARCELO PIO DE ALMEIDA FLECK, NEUSA SICA DA ROCHA

19
AS RELAÇÕES INTERPESSOAIS 225
GIULIO BERTOLLO ALEXANDRINO, VITÓRIA M. T. EVALDT, MARCELO PIO DE ALMEIDA FLECK, NEUSA SICA DA ROCHA

20
RITMO BIOLÓGICO E EXERCÍCIO 236
MANUELA SILVA SILVEIRA DA MOTA, DEBORA TORNQUIST, GUILHERME RODRIGUEZ AMANDO, EDUARDA BITENCOURT, FELIPE BARRETO SCHUCH, MARIA PAZ L. HIDALGO

21
VULNERABILIDADES NO CICLO VITAL DA MULHER 259
PATRICIA FABRICIO LAGO, BEATRIZ FREITAS DE CARVALHO, CAMILA GIUGLIANI, TAMIRES MARTINS BASTOS

22
ESPIRITUALIDADE, *MINDFULNESS* E BEM-ESTAR 272
BRUNO PAZ MOSQUEIRO, MIRIAM G. BRUNSTEIN

23
TECNOLOGIA E SAÚDE MENTAL 285
MATHEUS DE LIMA RUFFINI, FABIANA RAMOS LIMA AMADEI CASAROLLI, JOÃO PEDRO MAESTRI, BRUNO BRAGA MONTEZANO, IVES CAVALCANTE PASSOS

PARTE 4
ÉTICA, RELAÇÃO MÉDICO-PACIENTE E DESAFIOS AO LONGO DA FORMAÇÃO E DA CARREIRA

24
PRINCÍPIOS BÁSICOS DA ÉTICA EM SAÚDE 300
GABRIELA DE MORAES COSTA, LISIEUX E. DE BORBA TELLES, FELIX HENRIQUE PAIM KESSLER

25
DESENVOLVIMENTO DE HABILIDADES PARA A CONSTRUÇÃO DA RELAÇÃO MÉDICO-PACIENTE 313
EUGENIO HORACIO GREVET, FELIPE PASSOS, FLÁVIO MILMAN SHANSIS

26
ENTREVISTANDO PACIENTES 320
CAROLINA BLAYA DREHER, MARCELO PIO DE ALMEIDA FLECK, LUCAS PRIMO DE CARVALHO ALVES, RAFAEL RAMOS AMARAL

27
ENTREVISTA MOTIVACIONAL 339
FELIPE RECH ORNELL, RENATA BRASIL ARAUJO,
LISIA VON DIEMEN

28
ERRO MÉDICO E TRANSGRESSÕES AO LONGO DA FORMAÇÃO E CARREIRA 359
LISIEUX E. DE BORBA TELLES, GABRIELLE TEREZINHA FOPPA, MATEUS DE BORBA TELLES, RAMIRO RECKZIEGEL, FRANCISCO ARSEGO DE OLIVEIRA

29
DOCUMENTOS MÉDICO-LEGAIS 371
MILENA FRANÇA, MATHEUS DUARTE RODRIGUES

30
ÉTICA E TECNOLOGIA: OS DESAFIOS DO MUNDO DIGITAL 386
ELLEN BORGOGNA, SARAH ALINE ROZA, IGOR WISCHNESKI, JULIA VALLE PEZZINI, THIAGO HENRIQUE ROZA

31
ENFRENTAMENTO DE CATÁSTROFES 402
SANTIAGO MADEIRA DIEFENTHAELER, MARINA LUIZA HARTMANN, GIOVANNA JOST TIBOLLA, FELIPE RECH ORNELL, SIMONE HAUCK

32
SAÚDE MENTAL AO LONGO DA CARREIRA MÉDICA 413
ANNA CAROLINA VIDUANI, DANIEL LUCCAS ARENAS, TAMIRES MARTINS BASTOS, ANA MARGARETH SIQUEIRA BASSOLS, SIMONE HAUCK

ÍNDICE 425

PARTE 1

CONCEITOS BÁSICOS DE SAÚDE MENTAL

1
A IMPORTÂNCIA DA SAÚDE MENTAL

CLARISSA SEVERINO GAMA
ANA HELENA CAVALCANTI
AURORA ZAMORA XAVIER
MARIA INÊS R. LOBATO
PAULO SILVA BELMONTE DE ABREU

DESCRITORES: saúde mental; bem-estar; prevalência; fatores relacionados; prevenção; diagnóstico; tratamento.

A saúde mental é um componente essencial do bem-estar emocional, psicológico e social, influenciando o modo como pensamos, sentimos e agimos no dia a dia. Assim, este capítulo enfatiza que uma boa saúde mental não implica ausência de problemas, mas sim a capacidade de gerenciá-los de maneira eficaz. O texto aborda a alta prevalência de transtornos mentais – destacando o aumento significativo entre adolescentes e jovens adultos –, os múltiplos fatores que os afetam, como aspectos biológicos, sociais e ambientais, e ressalta a relevância da prevenção e do diagnóstico precoce para reduzir impactos negativos. Além disso, são apresentados tratamentos disponíveis e discutidos os desafios impostos ao cuidado da saúde mental no contexto atual, marcado por mudanças sociais, econômicas e tecnológicas significativas.

ESTADO DA ARTE

Saúde mental refere-se ao estado de bem-estar emocional, psicológico e social de uma pessoa. Ela influencia como pensamos, sentimos e agimos no dia a dia, além de afetar nossa capacidade de lidar com o estresse, de manter relacionamentos saudáveis e de tomar decisões. Ter uma boa saúde mental não significa estar livre de problemas ou emoções negativas, mas sim ser capaz de gerenciá-los de maneira eficaz (Figura 1.1).[1]

Saúde mental e doenças mentais são conceitos inter-relacionados, mas distintos. Saúde mental é um espectro que vai do bem-estar pleno até o comprometimento significativo. As doenças mentais, por outro lado, referem-se a condições diagnosticáveis que afetam o humor, o pensamento e o comportamento, como depressão, transtorno bipolar, esquizofrenia, entre outras.[2] Embora todos experimentem desafios em sua saúde mental, as doenças mentais são condições que requerem tratamento específico (Figura 1.2).

O equilíbrio mental é crucial para o bem-estar geral, pois está intimamente ligado à saúde física, a relacionamentos interpessoais e a desempenho em várias áreas da vida.[3] Manter uma mente equilibrada ajuda a prevenir doenças, melhora a qualidade de vida e contribui para uma existência mais plena e satisfatória. Práticas como autocui-

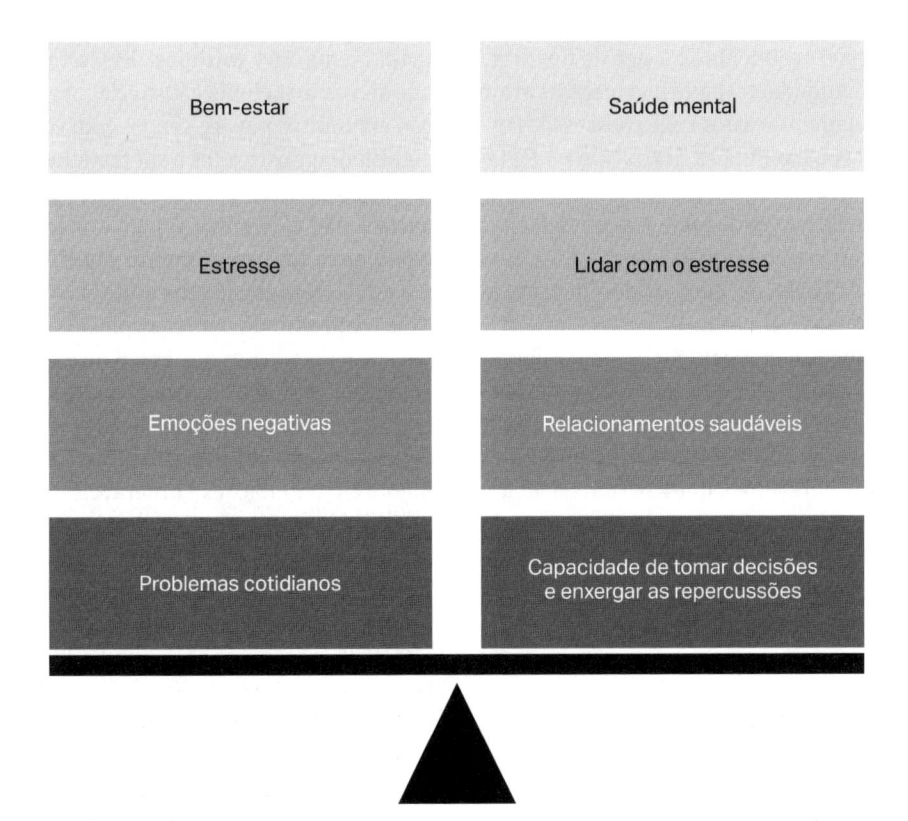

FIGURA 1.1
Fatores que afetam o cotidiano e podem ser administrados com o equilíbrio entre bem-estar e saúde mental.

```
┌─────────────────────────┐
│     Saúde mental        │
└─────────────────────────┘
Bem-estar emocional, psicológico e social.

┌─────────────────────────┐
│   Transtornos mentais   │
└─────────────────────────┘
Condições diagnosticáveis que afetam o humor, o pensamento e o comportamento.
Por exemplo: depressão, transtorno bipolar, esquizofrenia.
```

FIGURA 1.2
Diferenças entre saúde mental e transtornos mentais.

dado, terapia e exercício físico, bem como uma rede de apoio social robusta são fundamentais para manter esse equilíbrio.

A percepção da saúde mental tem evoluído consideravelmente ao longo da história.[4] Na Antiguidade, transtornos mentais eram frequentemente vistos como possessões demoníacas ou punições divinas, e os tratamentos eram rudimentares e, muitas vezes, cruéis. Na Idade Média, a situação não melhorou muito, com inúmeros pacientes sendo isolados ou submetidos a práticas desumanas.

Foi apenas no século XVIII, com a chegada do Iluminismo, que a saúde mental começou a ser vista sob uma perspectiva mais humana e científica. O trabalho de figuras como Philippe Pinel, que libertou pacientes de correntes em asilos, marcou o início da mudança no tratamento de pessoas com doenças mentais.[5]

A PREVALÊNCIA DOS TRANSTORNOS MENTAIS

Os transtornos mentais são uma questão de saúde pública de escala global, afetando milhões de pessoas e tendo um impacto profundo tanto na esfera pessoal quanto na social. De acordo com a Organização Mundial da Saúde (OMS), mais de **280 milhões de pessoas** vivem com depressão, enquanto transtornos de ansiedade afetam aproximadamente **264 milhões**. Esses transtornos são as principais causas de incapacitação em muitos países, sendo, com frequência, subdiagnosticados e subtratados.[6]

A prevalência dos transtornos mentais varia entre diferentes faixas etárias e regiões, mas há um **aumento significativo em adolescentes e jovens adultos**, o que reflete o impacto de fatores como a transição para a vida adulta, a pressão acadêmica e profissional e mudanças sociais rápidas. Esse aumento acentuado destaca a necessidade de intervenções precoces, especialmente em populações vulneráveis.[7]

Outros transtornos mentais, como o **transtorno bipolar** e a **esquizofrenia**, afetam cerca de **1% da população mundial**. Embora menos comuns, essas condições são altamente incapacitantes, exigindo manejo intensivo e multidisciplinar ao longo da vida do paciente. O diagnóstico precoce e a adesão ao tratamento são cruciais para melhorar os resultados clínicos a longo prazo.[6]

O impacto dos transtornos mentais vai muito além do sofrimento pessoal, exercendo uma **pressão econômica significa-**

tiva sobre sistemas de saúde, governos e o setor privado. Estima-se que a **perda de produtividade** associada à depressão e à ansiedade exceda **1 trilhão de dólares** globalmente a cada ano. A ausência no trabalho (absenteísmo) e a redução da produtividade (presenteísmo) são consequências diretas, frequentemente subestimadas.[6]

Além disso, os custos com **tratamento e reabilitação** incluem não apenas consultas médicas e hospitalizações, mas também intervenções psicossociais e medicamentos de longo prazo, o que agrava a carga econômica para indivíduos e sistemas de saúde. Em particular, condições crônicas como a esquizofrenia podem exigir hospitalizações frequentes e suporte contínuo, com alto custo para serviços públicos de saúde.[8]

No plano social, a **estigmatização** continua a ser uma barreira crítica ao tratamento. Pessoas com transtornos mentais frequentemente enfrentam discriminação no local de trabalho, nas interações sociais e até dentro das próprias famílias. Esse estigma impede que muitos busquem tratamento adequado, levando à **exclusão social** e ao agravamento de sua condição. Profissionais de saúde têm um papel vital em desafiar essas percepções e promover uma visão mais inclusiva e solidária em relação à saúde mental.[9]

O impacto familiar também não deve ser subestimado. Famílias de pessoas com transtornos mentais muitas vezes experimentam uma **sobrecarga emocional e financeira**, com relações familiares frequentemente se deteriorando devido ao estresse constante e às demandas de cuidado.[10,11]

FATORES QUE AFETAM A SAÚDE MENTAL

Na última década, consórcios de neuroimagem, como o Enhancing NeuroImaging Genetics through Meta-Analysis (Enigma), têm evidenciado a relação entre fatores genéticos e o desenvolvimento do córtex cerebral humano, além do processo de envelhecimento do sistema nervoso central.[12] No campo dos transtornos mentais, a esquizofrenia e o transtorno bipolar têm uma etiologia multifatorial, com forte influência genética. Estudos de associação genômica ampla identificaram 145 lócus genômicos associados à esquizofrenia e 64 ao transtorno bipolar, com 17 lócus compartilhados entre as duas condições.[13,14]

Além dos fatores genéticos, estressores crônicos e eventos desafiantes ao longo da vida exercem um impacto significativo na saúde mental. Condições como baixo nível socioeconômico, pertencimento a grupos minoritários (étnicos, de gênero não binário ou com orientação sexual diversa da heterossexualidade), pouca espiritualidade/religiosidade, experiências adversas na infância e adolescência, pais rígidos, menor apoio familiar e interações familiares inadequadas estão associadas a piores desfechos em saúde mental.[15]

Em contrapartida, fatores como apoio emocional durante a infância, a cordialidade nas interações familiares e o envolvimento parental na vida escolar têm sido vinculados a melhores resultados na vida adulta.[15]

Os hábitos de vida também são componentes essenciais entre os determinantes da saúde mental. Por exemplo, uma alimentação rica em alimentos ultraprocessados foi associada a maiores taxas de transtornos mentais, como depressão e ansiedade.[16] Por outro lado, intervenções para melhorar a qualidade do sono demonstraram uma redução nos sintomas depressivos e ansiosos, além de diminuir pensamentos ruminativos e sintomas psicóticos.[17]

O exercício físico também desempenha um papel fundamental, melhorando o raciocínio, a capacidade de resolução de problemas e o funcionamento executivo em pessoas com doenças mentais graves.[18] Nesse sentido, um estilo de vida saudável foi identificado como fator protetor contra o desenvolvimento de transtornos mentais, incluindo quadros demenciais na população geral.[19]

A IMPORTÂNCIA DA PREVENÇÃO E DO DIAGNÓSTICO PRECOCE

O diagnóstico precoce dos transtornos mentais, por meio da detecção dos sinais e sintomas iniciais, permite intervenções no início da doença, que podem alterar significativamente os desfechos. Indivíduos com primeiro episódio psicótico que receberam intervenções precoces apresentaram melhores resultados em termos de qualidade de vida, empregabilidade, sintomas negativos e depressivos, taxas de hospitalização, número de recidivas e nível de funcionamento.[20]

No contexto dos episódios depressivos, o atraso no diagnóstico e, consequentemente, no tratamento, tem sido identificado como fator de risco para o declínio cognitivo, como observado na doença de Alzheimer.[21] Isso ressalta a importância de monitorar de perto as mudanças no comportamento e no humor, permitindo a detecção e a intervenção precoces, com o objetivo de modificar o curso da doença.

Estratégias de prevenção de transtornos mentais e promoção do bem-estar têm se mostrado custo-efetivas, com evidências robustas. Essas estratégias variam desde terapia cognitivo-comportamental e abordagens parentais nas escolas para crianças e adolescentes até intervenções no ambiente de trabalho para adultos.[22] Além disso, o suporte social, definido como a sensação de pertencimento e apoio dentro de uma comunidade, é um fator determinante na saúde mental de um indivíduo, assim como a adoção de hábitos de vida saudáveis.[23]

As ações de promoção e prevenção em saúde mental nas escolas estão entre as intervenções mais estudadas, apresentando efeitos de pequeno a médio porte quando aplicadas de forma universal. No entanto, essas intervenções se mostram mais eficazes ao focarem especificamente na prevenção de transtornos mentais ou quando direcionadas a populações de risco ou com sintomas psiquiátricos.[24]

O fornecimento de informações sobre transtornos mentais e o contato direto com pessoas que vivenciam essas condições são estratégias propostas para aumentar a educação em saúde mental, promover a busca precoce por ajuda e reduzir o estigma e o isolamento social. Grande parte dessas abordagens ocorre nas escolas ou por meio de plataformas digitais, embora ainda sejam necessários estudos com seguimento de longo prazo para avaliar melhor os efeitos dessas intervenções no decorrer do tempo.[25]

TRATAMENTOS DISPONÍVEIS

Dentre os tratamentos disponíveis para os transtornos mentais, destacam-se as abordagens psicológicas, farmacológicas e integrativas. As abordagens psicológicas são feitas por meio de psicoterapias em suas diferentes modalidades.

Na abordagem psicoterápica, as modalidades cognitivas partem do pressuposto de que as cognições feitas pelo ser humano sobre as suas vivências influenciam na forma como ele se sente e em como age, sendo possível alterar esses dois domínios à medida que se modificam os pensamentos, por meio de uma técnica estruturada. Por sua vez, as terapias sistêmicas se baseiam na prerrogativa de que a realidade de um grupo é compreendida a partir de ideias compartilhadas sobre a forma de entender o mundo, sendo estas influenciadas pelas experiências emocionais dos indivíduos.[26] A **psicoterapia psicodinâmica** é uma abordagem terapêutica baseada nos princípios da psicanálise, focando em explorar os processos inconscientes que influenciam os comportamentos, os pensamentos e as emoções de uma pessoa.[27]

Em relação ao tratamento para transtornos mentais em adultos, a psicoterapia foi superior ao placebo, de acordo com a literatura.[28] Nesse cenário, indica-se psicoterapia para transtornos do humor, de ansiedade, de estresse pós-traumático, da personalidade e para transtornos psicóticos, ajustando-se a modalidade ofertada, tendo em vista a eficácia da intervenção.[29] Além das psicoterapias, as estratégias farmacológicas podem ser necessárias ao se tratar um transtorno mental, também com superioridade ao placebo em termos de desfecho.[28,29]

Os medicamentos psicotrópicos, muitas vezes necessários, podem apresentar efeitos adversos indesejáveis, que variam conforme a sua classe terapêutica. Dessa forma, evidencia-se a necessidade de acompanhamento médico regular, para monitorização dessas possíveis repercussões e dos efeitos benéficos.[30] Em muitos transtornos mentais, a integração de psicoterapia com psicofarmacologia tem benefício superior a essas modalidades terapêuticas isoladas.

A incorporação de abordagens holísticas e integrativas, como meditação, *yoga* e *mindfulness*, tem se mostrado uma estratégia eficaz no cuidado de saúde mental. Essas práticas visam tratar o paciente de forma **global**, focando não apenas nos sintomas, mas também no bem-estar emocional, físico e mental.

A **meditação** e o *mindfulness* são técnicas que ajudam a regular o sistema nervoso, reduzir os níveis de estresse e melhorar a capacidade de foco, complementando tratamentos tradicionais como medicamentos e psicoterapia.[31] O *yoga*, por sua vez, contribui para o equilíbrio entre corpo e mente, auxiliando no controle da ansiedade e da depressão ao promover relaxamento físico e mental.[32]

Essas abordagens podem ser especialmente benéficas quando integradas ao tratamento de transtornos como ansiedade, depressão e dor crônica, ajudando a **aumentar a adesão ao tratamento**, melhorar a **qualidade de vida** e reduzir a dependência exclusiva de medicamentos. Ao oferecerem uma abordagem mais ampla, os profissionais de saúde podem proporcionar aos pacientes ferramentas que não apenas tratam os sintomas, mas promovem o bem-estar geral e a resiliência emocional.

SAÚDE MENTAL NO CONTEXTO ATUAL

Além dos desafios impostos pela implementação de novos tratamentos no campo da psiquiatria, enfrentamos também as complexidades do contexto histórico atual, como a pandemia de covid-19. Os impactos na saúde mental decorrentes da exposição a traumas relacionados a desastres e emergências de saúde podem ser graves e prolongados. A pandemia exacerbou os riscos de trauma em escala global, com ondas contínuas de infecções elevando os índices de mortalidade, invalidez e insegurança econômica. As restrições impostas pela covid-19, como o isolamento social, interromperam o cotidiano, afetando a atividade física e comprometendo significativamente a saúde mental dos indivíduos. Uma metanálise que incluiu 43 estudos revelou que a prevalência de ansiedade na população geral durante a pandemia foi mais de três vezes maior do que em períodos anteriores. Além disso, houve um aumento nos casos de abuso, automutilação e pensamentos suicidas.[33] Evidências indicam que os sobreviventes da infecção por covid-19 também foram severamente impactados. Um estudo demonstrou elevados níveis de sofrimento psiquiátrico entre esses sobreviventes, mesmo 12 meses após a infecção aguda, com 42% dos pacientes apresentando sinais de transtorno de estresse pós-traumático (TEPT) e 27% manifestando depressão. Mesmo aqueles levemente afetados podem exibir uma alta prevalência de sintomas psiquiátricos persistentes.[34]

Outro desafio significativo em nossos dias é a influência crescente das mídias sociais na vida cotidiana. Atualmente, quase 5 bilhões de pessoas (59,4% da população mundial) são usuários ativos de plataformas de mídia social, gastando mais de duas horas e meia diariamente nessas redes.[35] Os efeitos das mídias sociais na saúde mental são complexos, uma vez que diferentes comportamentos atendem a objetivos variados e produzem resultados distintos dependendo dos padrões de uso. Alguns estudos relatam benefícios do uso de mídias sociais, como maior apoio social, fortalecimento de vínculos e facilitação na busca por ajuda. Por exemplo, membros da comunidade LGBTQIA+ frequentemente relatam níveis elevados de apoio social por meio da internet.[36] Por outro lado, estima-se que um quarto da população geral possa ser afetado por pelo menos um subtipo de dependência digital, com países de renda baixa e média-baixa, como o Brasil, apresentando uma carga maior desse problema. O uso excessivo de mídias sociais é caracterizado por sintomas análogos aos do vício, como saliência, sintomas de abstinência e dificuldade de autorregulação. Evidências demonstram que a dependência digital causa danos significativos à saúde, ao desempenho acadêmico e profissional, além de impactar funções sociais, resultando em um sofrimento considerável no bem-estar pessoal, familiar e social.[37] O uso problemático de mídias sociais está associado a depressão, ansiedade, sofrimento psicológico, menor satisfação com a vida e transtornos alimentares, bem como a um aumento de 119% nos sintomas de insônia.

A saúde mental é um componente essencial do bem-estar, tanto no nível individual quanto no coletivo. No entanto, o acesso a serviços de saúde mental permanece limitado para muitos, devido a barreiras como a escassez de provedores, a distância dos serviços e o financiamento inadequado. Diante disso, são necessárias intervenções políticas para promover a saúde mental em escala populacional. As políticas públicas podem desempenhar um papel crucial na melhoria da equidade em saúde mental ao abordar os determinantes sociais da saúde, além de questões como estigma e discriminação enfrentados por pessoas com transtornos mentais, assim como a infraestrutura relacionada a saúde, habitação, transporte e educação.[38] Nas últimas três décadas, as ações políticas têm exercido uma influência significativa na promoção da implementação de práticas baseadas em evidências nos serviços de saúde mental.

CONSIDERAÇÕES FINAIS E PERSPECTIVAS FUTURAS

A saúde mental é um pilar fundamental para o bem-estar emocional, físico e social. Influencia diretamente a forma como lidamos com o estresse, tomamos decisões e mantemos relacionamentos saudáveis. A crescente prevalência de transtornos mentais, como depressão, ansiedade e esquizofrenia, reforça a necessidade de uma abordagem abrangente que envolva prevenção, diagnóstico precoce e tratamentos integrativos. O impacto dessas condições na vida pessoal, nas famílias e na sociedade é profundo, evidenciando a importância de promover a saúde mental com um enfoque contínuo e inclusivo.

Diante dos desafios apresentados, é essencial incentivar a busca por ajuda e o cuidado com a saúde mental. Todos devem reconhecer que buscar apoio não é um sinal de fraqueza, mas uma demonstração de força e autocuidado. Se você ou alguém que conhece está enfrentando dificuldades, não hesite em procurar profissionais qualificados. Existem recursos disponíveis, como linhas de apoio, centros especializados e plataformas digitais, que oferecem suporte e informações para aqueles que precisam. Promover a saúde mental é um esforço coletivo, e, ao cuidar de si mesmo, você também contribui para uma sociedade mais saudável e solidária.

O futuro da saúde mental depende não apenas do avanço nas pesquisas e nos tratamentos disponíveis, mas também da implementação de políticas públicas eficazes que garantam acesso a serviços de saúde mental para todos. A educação e a conscientização sobre a saúde mental devem ser ampliadas, promovendo um ambiente em que a busca de ajuda seja normalizada e desestigmatizada. Além disso, a colaboração entre diferentes setores da sociedade é essencial para criar redes de apoio que integrem cuidados de saúde, educação e inclusão social. Com um esforço conjunto, podemos cultivar uma cultura que valorize a saúde mental, contribuindo para o bem-estar individual e coletivo e, consequentemente, para comunidades mais resilientes e coesas.

REFERÊNCIAS

1. Manwell LA, Barbic SP, Roberts K, Durisko Z, Lee C, Ware E, et al. What is mental health? Evidence towards a new definition from a mixed methods multidisciplinar international survey. BMJ Open. 2015;5(6):e007079.
2. Glass RM. Mental health vs mental disorders. JAMA. 2010;303(19):1978-9.
3. Mejia-Lancheros C, Lachaud J, O'Campo P, Wiens K, Nisenbaum R, Wang R, et al. Trajectories and mental health-related predictors of perceived discrimination and stigma among homeless adults with mental illness. PLoS One. 2020;15(2):e0229385.
4. Turner J, Hayward R, Angel K, Fulford B, Hall J, Millard C, et al. The history of mental health services in modern england: practitioner memories and the direction of future research. Med Hist. 2015;59(4):599-624.
5. Levine JM. Historical notes on restraint reduction: the legacy of Dr. Philippe Pinel. J Am Geriatr Soc. 1996;44(9):1130-3.
6. GBD 2019 Mental Disorders Collaborators. Global, regional, and national burden of 12 mental disorders in 204 countries and territories, 1990- 2019: a systematic analysis for the Global Burden of Disease Study 2019. Lancet Psychiatry. 2022;9(2):137-50.
7. Kieling C, Buchweitz C, Caye A, Silvani J, Ameis SH, Brunoni AR, et al. Worldwide prevalence and disability from mental disorders across childhood and adolescence: evidence from the global burden of disease study. JAMA Psychiatry. 2024;81(4):347-56.
8. Cosgrove L, Mills C, Amsterdam J, Heath I, Mehta A, Kalathil J, et al. Global mental health. Lancet. 2019;394(10193):117-8.
9. Zweifel P. Mental health: the burden of social stigma. Int J Health Plann Manage. 2021;36(3):813-25.
10. Ennis E, Bunting BP. Family burden, family health and personal mental health. BMC Public Health. 2013;13:255.
11. Li LZ, Bian JY, Wang S. Moving beyond family: unequal burden across mental health patients' social networks. Qual Life Res. 2021;30(7):1873-9.
12. Thompson PM, Jahanshad N, Ching CRK, Salminen LE, Thomopoulos SI, Bright J, et al. ENIGMA and global neuroscience: a decade of large-scale studies of the brain in health and disease across more than 40 countries. Transl Psychiatry. 2020;10(1):100.
13. Mullins N, Forstner AJ, O'Connell KS, Coombes B, Coleman JRI, Qiao Z, et al. Genome-wide association study of more than 40,000 bipolar disorder cases provides new insights into the underlying biology. Nat Genet. 2021;53(6):817-29.
14. Pardiñas AF, Holmans P, Pocklington AJ, Escott-Price V, Ripke S, Carrera N, et al. Common schizophrenia alleles are enriched in mutation-intolerant genes and in regions under strong background selection. Nat Genet. 2018;50(3):381-9.
15. Guidi J, Lucente M, Sonino N, Giovanni AF. Allostatic load and its impact on health: a systematic review. Psychother Psychosom. 2021;90(1):11-27.

16. Lane MM, Gamage E, Travica N, Dissanayaka T, Ashtree DN, Gauci S, et al. Ultra-processed food consumption and mental health: a systematic review and meta-analysis of observational studies. Nutrients. 2022;14(13):2568.
17. Scott AJ, Webb TL, James MM, Rowse G, Weich S. Improving sleep quality leads to better mental health: a meta-analysis of randomised controlled trials. Sleep Med Rev. 2021;60:101556.
18. Tavares VDO, Rossell SL, Schuch FB, Herring M, Menezes SG, Galvão-Coelho NL, et al. Effects of exercise on cognitive functioning in adults with serious mental illness: a meta analytic review. Psychiatry Res. 2023;321:115081.
19. van Asbroeck S, Köhler S, van Boxtel MP, Lipnicki DM, Crawford JD, Castro-Costa E, et al. Lifestyle and incident dementia: a COSMIC individual participant data meta-analysis. Alzheimers Dement. 2024;20(6):3972-86.
20. Pablo GS, Guinart D, Armendariz A, Aymerich C, Catalan A, Alameda L, et al. Duration of untreated psychosis and outcomes in first-episode psychosis: systematic review and meta-analysis of early detection and intervention strategies. Schizophr Bull. 2024;50(4):771-83.
21. Hakim A. Perspectives on the complex links between depression and dementia. Front Aging Neurosci. 2022;14:821866.
22. Le LKD, Esturas AC, Mihalopoulos C, Chiotelis O, Bucholc J, Chatterton ML, et al. Cost-effectiveness evidence of mental health prevention and promotion interventions: a systematic review of economic evaluations. PLoS Med. 2021;18(5):e1003606.
23. Wickramaratne PJ, Yangchen T, Lepow L, Patra BG, Glicksburg B, Talati A, et al. Social connectedness as a determinant of mental health: a scoping review. PLoS One. 2022;17(10):e0275004.
24. Wang P, Wang Z, Qiu S. Universal, school-based transdiagnostic interventions to promote mental health and emotional wellbeing: a systematic review. Child Adolesc Psychiatry Ment Health. 2024;18(1):47.
25. Ma KKY, Anderson JK, Burn A. Review: school-based interventions to improve mental health literacy and reduce mental health stigma: a systematic review. Child Adolesc Ment Health. 2022;28(2):230-40.
26. Locher C, Meier S, Gaab J. Psychotherapy: a world of meanings. Front Psychol. 2019;10:460.
27. Cena L, Stefana A. Psychoanalytic perspectives on the psychological effects of stillbirth on parents: a protocol for systematic review and qualitative synthesis. Front Psychol. 2020;11:1216.
28. Huhn M, Tardy M, Spineli LM, Kissling W, Förstl H, Pitschel-Walz G, et al. Efficacy of pharmacotherapy and psychotherapy for adult psychiatric disorders: a systematic overview of meta-analyses. JAMA Psychiatry. 2014;71(6):706-15.
29. Leichsenring F, Steinert C, Rabung S, Ioannidis JPA. The efficacy of psychotherapies and pharmacotherapies for mental disorders in adults: an umbrella review and meta-analytic evaluation of recent meta-analyses. World Psychiatry. 2022;21(1):133-45.
30. Sepúlveda-Lizcano L, Arenas-Villamizar VV, Jaimes-Duarte EB, García-Pacheco H, Paredes CS, Bermúdez V, et al. Metabolic adverse effects of psychotropic drug therapy: a systematic review. Eur J Investig Health Psychol Educ. 2023;13(8):1505-20.
31. Liu X, Yi P, Ma L, Liu W, Deng W, Yang X, et al. Mindfulness-based interventions for social anxiety disorder: a systematic review and meta-analysis. Psychiatry Res. 2021;300:113935.
32. Gothe NP, Khan I, Hayes J, Erlenbach E, Damoiseaux JS. Yoga effects on brain health: a systematic review of the current literature. Brain Plast. 2019;5(1):105-22.
33. Zhao Z, Li L, Sang Y. The COVID-19 pandemic increased poor lifestyles and worsen mental health: a systematic review. Am J Transl Res. 2023;15(5):3060-6.
34. Zeng N, Zhao YM, Yan W, Li C, Lu QD, Liu L, et al. A systematic review and meta-analysis of long term physical and mental sequelae of COVID-19 pandemic: call for research priority and action. Mol Psychiatry. 2023;28(1):423-33.
35. Ahmed O, Walsh E, Dawel A, Alateeq K, Oyarce DAE, Cherbuin N. Social media use, mental health and sleep: a systematic review with meta-analyses. J Affect Disord. 2024;367:701-12.
36. Plackett R, Blyth A, Schartau P. The Impact of social media use interventions on mental well-being: systematic review. J Med Internet Res. 2023;25:e44922.
37. Meng SQ, Cheng JL, Li YY, Yang XQ, Zheng JW, Chang XW, et al. Global prevalence of digital addiction in general population: a systematic review and meta-analysis. Clin Psychol Rev. 2022;92:102128.
38. Pilar MR, Jost E, Walsh-Bailey C, Powell BJ, Mazzucca S, Eyler A, et al. Quantitative measures used in empirical evaluations of mental health policy implementation: a systematic review. Implement Res Pract. 2022;3:26334895221141116.

2

INTEGRANDO MENTE E CÉREBRO

TATIANA LAUXEN PERUZZOLO
GABRIEL DAL BELLO REIS
MILENA DIAS DA SILVA
IVES CAVALCANTE PASSOS

DESCRITORES: cérebro-mente; neurociências; cérebro; funcionamento; anatomia; emoções; neuroplasticidade.

O estudo da mente e sua relação com o cérebro evoluiu das explicações filosóficas para as abordagens científicas, culminando em teorias modernas que integram a neurociência e o funcionamento cerebral. Assim, este capítulo enfatiza a importância da anatomia cerebral, bem como o papel do lobo frontal nas funções cognitivas e emocionais e o do sistema límbico nas emoções. Além disso, aborda o conceito de neuroplasticidade, que demonstra como as experiências de vida moldam o cérebro, influenciando diretamente o comportamento e a saúde mental. Casos históricos, como o de Phineas Gage, ilustram como lesões em áreas específicas do cérebro podem alterar drasticamente a personalidade e o comportamento, fornecendo evidências valiosas sobre a localização das funções cerebrais. Dessa forma, conclui-se que a integração mente-cérebro é um campo de estudo em constante evolução, impulsionado por novas tecnologias e pesquisas, com grande potencial para melhorar a saúde mental e o bem-estar.

ESTADO DA ARTE

O estudo da mente humana e de sua relação com o cérebro é um campo que atravessa séculos de desenvolvimento. Ao longo da história, a compreensão da mente passou por diversas transformações, inicialmente dominada por explicações míticas e práticas terapêuticas rudimentares, até alcançar métodos científicos rigorosos que promovem a saúde mental e o bem-estar por meio de psicoterapias e psicofármacos. Os primeiros pensadores, como os filósofos pré-socráticos e os estoicos, estabeleceram as bases para a distinção entre mente e corpo. Durante o Renascimento, filósofos como Descartes promoveram a ideia do dualismo, que influenciou o estudo científico da mente. O empirismo de Hume e Locke trouxe a importância da experiência para a formação da mente, enquanto Kant e a fenomenologia avançaram no entendimento da subjetividade e da objetividade. A compreensão moderna da mente, conforme explicada por autores como António Damásio, envolve a integração de mapas neurais e a importância do *self* na formação da consciência. A anatomia cerebral, com suas áreas corticais específicas e sistemas como o límbico, é fundamental para o entendimento das funções executivas, emocionais e conscientes. O desenvolvimento biológico do cérebro é um processo complexo influenciado por fatores genéticos e ambientais, destacando a neuroplasticidade como um mecanismo-chave. Experiências de vida moldam o cérebro, demonstrando a interação gene-ambiente na formação de circuitos neuronais e seu impacto no comportamento e na saúde mental.

Este capítulo, portanto, oferece uma visão abrangente do estado da arte na integração entre mente e cérebro, explorando a evolução histórica, os fundamentos filosóficos e científicos, os casos emblemáticos e as descobertas modernas que continuam a moldar nossa compreensão dessa relação intrincada.

UMA BREVE HISTÓRIA SOBRE A MENTE

Anteriormente ao predomínio da visão científica sobre a mente, pode-se dizer que existiam formas análogas à psicoterapia, que ocorriam de maneira mais simbólica ou intuitiva – como os xamãs, a catarse na Grécia Antiga e a confissão católica. Embora importantes, esses modelos falham quanto à concretude e em não considerarem o tipo de sofrimento que está sendo avaliado. Sob essa perspectiva, o caminho epistemológico que levou ao estabelecimento da psicoterapia é longo, marcado por abandonos de explicações míticas e chegada a sistemas científicos.[1] Esse processo teve início ainda com os filósofos da Grécia Antiga. Platão destacou-se pela sua compreensão metafísica, sugerindo uma separação entre a mente e o corpo. Sócrates estabeleceu a maiêutica, método de exame que torna os cidadãos conscientes de sua ignorância e dispostos a buscarem sentido – "conhece-te a ti mesmo". Para os filósofos estoicos, a apatia aliada à serenidade é central para que as emoções não guiem o comportamento humano. Epíteto, filósofo influente na escola cognitiva moderna, admite que o pensamento sobre as coisas, e não os acontecimentos em si, é o que gera perturbação. Tomás de Aquino trouxe o conceito de "mundo interior" em um período marcado pela indissociabilidade entre matéria-forma-hilemorfismo, admitindo a alma como componente subjetivo, separável do corpo.[1]

No período do Renascimento, houve descobertas revolucionárias, como as de Copérnico e Galileu Galilei. O dualismo cartesiano resume que é possível mente e corpo coexistirem, de forma independente, haja vista que são substâncias de natureza distinta, o que contribuiu para que aspectos da vida mental viessem a ser estudados pelo método científico. O interacionismo, nesse viés, assume que mente e corpo interagem entre si, embora sejam de naturezas distintas, o que não é aceito em termos científicos, à medida que viola os princípios de incomunicabilidade entre entidades físicas e não físicas. O racionalista Descartes, defensor da dedução e da introspecção, representou a ruptura entre psicoterapia filosófica e científica, período marcado por uma possibilidade de manter a religião sem abdicar da objetividade. O empirismo de Hume e Locke estabeleceu a importância da experiência para a formação do ser humano e, inclusive, da mente. Para Locke, o homem é como uma "tábua rasa" em que são criadas concepções a partir das vivências. Para Hume, a crítica ao conceito de causalidade é central, pois o fato de um evento B suceder um evento A durante anos não garante que isso ocorrerá amanhã. Essa perspectiva contribui, na psicoterapia, com a ideia de que todo conhecimento pode ser modificado por novas experiências. Para Kant, os limites da experiência devem ser respeitados, sem conclusões metafísicas, corroborando a postura de neutralidade do profissional psicoterapeuta. Em paralelo com o empirismo, admite que todo conhecimento deve ser provado para ser verdadeiro, posição que contribui para a psicologia científica. A fenomenologia, por sua vez, afirma que a subjetividade deve ser compreendida como inseparavelmente envolvida no processo de constituição da objetividade.[1]

Em resumo, diversas teorias filosóficas, somadas ao desenvolvimento científico, contribuíram para a descoberta de que a mente está ligada ao funcionamento cerebral, o que permitiu a pesquisa sobre fármacos que são usados na atualidade em razão da ruptura de paradigmas, promovendo saúde e bem-estar aos pacientes.[1]

O INCRÍVEL CASO DE PHINEAS GAGE

Em 1848, Phineas Gage, um homem de 25 anos conhecido por ser um trabalhador eficiente e pontual, estava colaborando com outros operários na construção de uma linha ferroviária em Vermont, nos Estados Unidos. Durante os trabalhos, Gage foi encarregado de compactar a pólvora dentro de um buraco feito em uma rocha, utilizando uma barra de ferro. No entanto, devido a um acidente, a carga explodiu antes do previsto. A barra de ferro, com mais de 1 metro de comprimento e cerca de 6 kg, foi disparada contra sua cabeça, atravessando sua bochecha esquerda, perfurando o lobo frontal e saindo pelo topo de seu crânio[2] (Figura 2.1).

Surpreendentemente, Phineas sobreviveu ao ocorrido e permaneceu consciente logo após a explosão, conseguindo se comunicar e até mesmo caminhar. No entanto, sua personalidade modificou-se drasticamente, tornando-se um homem difícil de lidar. Gage perdeu o senso de responsabilidade e passou a ser instável e impulsivo, começou a ter atitudes desrespeitosas e deixou de ser confiável e pontual. Phineas Gage nunca mais foi independente e não conseguiu mais conquistar um bom emprego.

IMPORTÂNCIA DO CASO PARA OS DIAS DE HOJE E *INSIGHTS* DA ÉPOCA

O acidente de Phineas Gage foi crucial para entender a relação entre cérebro, mente e personalidade, destacando o papel do lobo

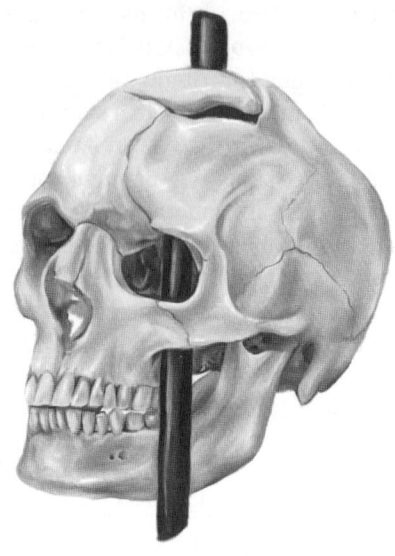

FIGURA 2.1
Phineas Gage **(A)** e ilustração do alojamento da barra de ferro em seu crânio **(B)**.
Fonte: (A) Silvestro[3] e (B) artsuvari/Shutterstock.

frontal nos processos de decisão e comportamento. Antes responsável, Gage se tornou impulsivo e incapaz de planejar após o acidente, o que reforçou a teoria de que diferentes áreas do cérebro têm funções específicas. Simulações modernas estimam que Gage tenha perdido 15% da massa cerebral, incluindo partes do córtex e dos núcleos internos, explicando as mudanças comportamentais e ampliando o entendimento dos danos cerebrais observados no século XIX.[2,4]

MAS O QUE É A MENTE?

Segundo António Damásio, a mente é definida como um fluxo contínuo de imagens mentais, controlado pela consciência, na qual não somos apenas observadores passivos. Esse fluxo inclui um *"self"*, ou *"eu"*, que está presente e participa ativamente da experiência mental. A mente é formada por mapas neurais, compostos por neurônios que transmitem informações e organizam as experiências, aproximando-se do que chamamos de vivência consciente.[2,5] Sobre o *self*, existiriam três tipos – o proto, o núcleo e o autobiográfico. Os dois primeiros são compartilhados por uma série de animais e surgem do tronco cerebral e do córtex. Já o *self* autobiográfico é mais restrito quanto às espécies e se refere a um passado vivido e a um futuro antecipado; além disso, é o *self* que estimula memória ampla, raciocínio, imaginação, criatividade e linguagem. Disso, vieram os instrumentos de cultura, como religiões, justiça, comércio, artes, ciência e tecnologia.[5]

No que se refere à anatomia, segundo Damásio, a consciência estaria localizada no teto do mesencéfalo, na parte superior e dorsal do tronco cerebral, na qual, em caso de lesão, há perda das bases da consciência, coma, estado vegetativo, desaparecimento da mente e ausência de percepção de imagens formadas no córtex.[5] Se a lesão for localizada um pouco mais ventralmente, há completa paralisia, mas a mente consciente é mantida. O sujeito sente, sabe, tem mente consciente, ou seja, uma situação similar a um aprisionamento dentro de seu próprio corpo. Há uma interconectividade entre o córtex cerebral, o tronco encefálico (bases do *self*) e o corpo, sendo que a existência de uma mente consciente depende dessa interconectividade. Para Damásio,[5] em razão de muitos vertebrados terem troncos cerebrais semelhantes aos dos humanos, essas outras espécies têm mentes conscientes similares, mas não são tão ricas devido à diferença que há em relação ao córtex cerebral.

QUAIS SÃO OS PROCESSOS BIOLÓGICOS BÁSICOS DO DESENVOLVIMENTO DO CÉREBRO?

O cérebro humano é uma rede complexa composta por circuitos neuronais que interagem de forma dinâmica, comandando funções e respostas através de grupos de neurônios. Esses circuitos não são fixos desde o nascimento; eles mudam e evoluem ao longo da vida, influenciados por fatores genéticos, experiências ambientais e processos de neuroplasticidade, que permitem ao sistema nervoso modificar sua estrutura e função em resposta a estímulos. A neuroplasticidade pode ser "esperada", relacionada a exposições essenciais ao desenvolvimento, ou "dependente da experiência", que permite a aquisição de novas habilidades ao longo da vida.

O desenvolvimento do cérebro inicia-se com a neurulação, que ocorre nas primeiras semanas de gestação, formando o tubo neural que dará origem ao sistema nervoso central. Em seguida, a proliferação neural aumenta rapidamente o número de células nervosas, com os neuroblastos se diferenciando em tipos específicos de células. Durante a migração neuronal, as células se movem para suas localizações finais, e qualquer erro nesse processo pode levar a sérias consequências, como a lisencefalia. A sinaptogênese, que é a formação de conexões sinápticas, ocorre por volta da quinta semana de gestação, mas muitos neurônios sofrem apoptose até a adolescência, o que é crucial para a formação adequada do sistema nervoso.

O processo de mielinização, que aumenta o volume cerebral, ocorre rapidamente nos primeiros anos de vida, com o cérebro de um recém-nascido atingindo cerca de 36% do tamanho de um cérebro adulto. Esse aumento é mais acentuado no cerebelo durante o primeiro ano, seguido por áreas subcorticais e pelo córtex cerebral. A mielinização é essencial para o funcionamento eficiente do cérebro, contribuindo para a transmissão rápida de impulsos nervosos e o desenvolvimento geral das funções cognitivas.

Por fim, a maturação da substância cinzenta (Figura 2.2), também chamada de corticalização, é um processo crítico para o desenvolvimento normal. Envolve a redução da espessura cortical, essencial para o desenvolvimento das funções cerebrais. Quando esse processo não ocorre adequadamente, podem surgir transtornos psiquiátricos. No transtorno do déficit de atenção/hiperatividade (TDAH), por exemplo, frequentemente há um atraso na maturação cortical, contribuindo para os sintomas associados a esse distúrbio.

Em resumo, os processos biológicos básicos do desenvolvimento do cérebro são fundamentais para um maior entendimento da neurociência e da psicologia médica.

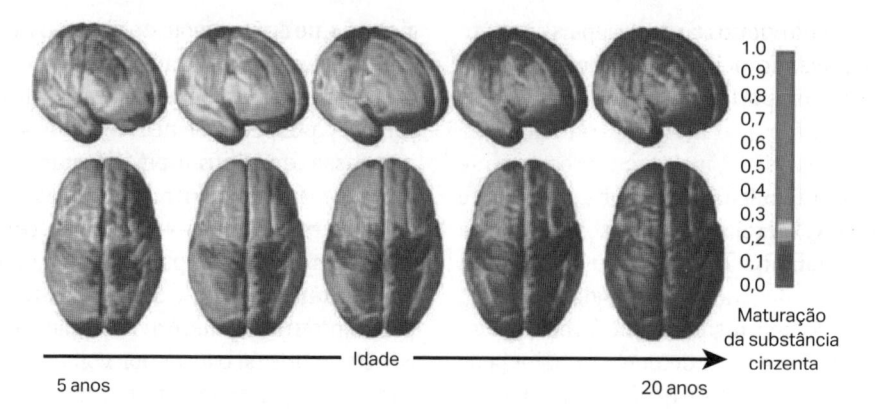

FIGURA 2.2
Maturação da substância cinzenta ao longo do desenvolvimento.
Veja essa imagem em cores no artigo original disponível em https://www.nature.com/articles/npp2009115.
Fonte: Tau e Peterson.[6]

A compreensão desses processos permite melhores diagnóstico e tratamento de diversos transtornos neurológicos e psiquiátricos, evidenciando a importância de um estudo aprofundado e contínuo na área.

COMO AS EXPERIÊNCIAS MOLDAM O CÉREBRO?

O desenvolvimento dos circuitos neuronais é um processo complexo que depende da interação entre fatores genéticos e experiências ambientais. Desde o primeiro contato entre células nervosas, a estrutura e a função dos circuitos mudam continuamente, sendo influenciadas por exposições prejudiciais como toxinas, medicamentos e estressores. Essa vulnerabilidade é especialmente crítica durante a vida fetal e a infância, quando experiências adversas, como abuso ou negligência, podem levar a déficits comportamentais e neurocognitivos. Intervenções precoces podem atenuar esses efeitos negativos, demonstrando que genes não determinam completamente o desenvolvimento, mas interagem com o ambiente.[7-10]

A interação entre genes e ambiente é fundamental para entender o desenvolvimento emocional, especialmente no que diz respeito à depressão. Eventos estressantes podem influenciar o início e o curso da doença, mas a sensibilidade individual a esses eventos varia de acordo com a genética. Teorias de diátese-estresse sugerem que a composição genética de uma pessoa pode aumentar ou diminuir sua vulnerabilidade a traumas e estressores, o que se reflete na saúde mental ao longo da vida.[11-14]

Além disso, maus-tratos na infância são um fator de risco significativo para comportamentos antissociais, com maior probabilidade de desenvolvimento de transtornos de conduta. Apesar de o abuso aumentar o risco de criminalidade em 50%, nem todas as crianças maltratadas se tornam delinquentes, o que indica a influência de fatores genéticos, como o gene da monoaminoxidase A (MAO-A), na regulação do comportamento agressivo. Estudos mostram que a atividade desse gene pode moderar a resposta de indivíduos a experiências adversas, destacando a complexa relação entre genética e comportamento.[15,16]

QUAIS SÃO AS FUNÇÕES DO CÉREBRO?

Os circuitos neurais possuem diversas configurações e funções, sendo modelados pela estrutura e pelo arranjo das populações de neurônios e suas redes sinápticas. Grosseiramente falando, cada região cerebral tem a sua função, embora hoje saibamos que diversas áreas cerebrais são ativadas concomitantemente para uma única função.[17] Nos ateremos, neste capítulo, a duas áreas em especial: o córtex pré-frontal e o sistema límbico.

O córtex pré-frontal é vital para habilidades cognitivas de alto nível, como planejamento, tomada de decisões e julgamento, atenção, memória de trabalho e controle inibitório (ou controle cognitivo). Os conceitos das funções de planejamento, tomada de decisões e julgamento e atenção são facilmente inferidos pelas suas denominações. Então nos ateremos em explicar as definições de memória de trabalho e de controle cognitivo.[18] A memória de trabalho é a capacidade de memorizar temporariamente e manipular informações com o objetivo de executar uma tarefa cognitiva. Esse tipo de memória é utilizado, por exemplo, quando um chefe pede que, no dia seguinte, um funcionário chegue 1 hora mais cedo. Essa informação será mantida na memória dele até o momento de cumprir o pedido (chegar 1 hora mais cedo) e depois será esquecida.[19] Já o controle cognitivo é a capacidade de agir com planejamento direcionado a um objetivo e de postergar a satisfação imediata para alcançar uma satisfação tardia.[20] No exemplo citado, o funcionário poderia deixar de ver um filme no cinema para poder dormir mais cedo a fim de cumprir a meta de chegar no horário delimitado por seu chefe. Indivíduos com danos nessa área enfrentam dificuldades em ignorar informações irrelevantes ou mudar de estratégia, como exemplificado pelo caso de Phineas Gage.[20-23]

Por outro lado, o sistema límbico, que inclui estruturas como o hipocampo e a amígdala, é fundamental para a formação de memórias e respostas emocionais, especialmente quando se trata de comportamentos de que precisamos para a sobrevivência: alimentação, reprodução e cuidado aos filhos, bem como respostas de luta ou fuga.

O hipocampo é o centro da memória, onde nossas memórias episódicas são formadas e catalogadas para serem arquivadas em um armazenamento de longo prazo em outras partes do córtex cerebral. As conexões feitas no hipocampo também nos ajudam a associar memórias a vários sentidos (p. ex., a associação entre o inverno e o cheiro de lenha queimando). O hipocampo também é importante para a orientação espacial e nossa capacidade de navegar pelo mundo, além de ser um local no cérebro onde novos neurônios são feitos de células-tronco adultas (neurogênese). Portanto, não é surpreendente que esta seja uma estrutura cerebral fundamental para aprender coisas novas.[24]

A amígdala também desempenha um papel essencial na formação de memórias com forte significado emocional. Teorias recentes destacam sua importância em condições como psicose, ansiedade e depressão, com muitos estudos mostrando alterações estruturais e funcionais na amígdala em diversos transtornos. Assim, a interação entre o córtex pré-frontal e o sistema límbico é crucial para a compreensão das funções cognitivas e emocionais do cérebro.[6,25]

MAS É POSSÍVEL MESMO DELIMITAR COMO MENTE E CÉREBRO SE INTEGRAM?

De acordo com pesquisas neurológicas atuais, a relação entre mente e cérebro é complexa e não se limita a um mapeamento direto de funções mentais para regiões específicas do cérebro. Estudos recentes mostram que categorias mentais como percepção, memória e atenção não correspondem claramente a áreas delimitadas do cérebro. Em vez disso, há uma grande superposição de funções, na qual áreas tradicionalmente associadas a certas atividades cognitivas também participam de outras funções. Essa visão desafia a ideia de que a mente pode ser entendida simplesmente dividindo o cérebro em regiões funcionais. Com isso, não se quer dizer que o hipocampo não é parte essencial do mecanismo da memória, por exemplo. No entanto, já se sabe que essa mesma função – a memória – também ativa outras áreas cerebrais além do hipocampo. Da mesma forma, já se tem a ideia de que o hipocampo é fundamental para outros processos cognitivos além da memória. Hoje sabe-se que o cerebelo, por exemplo, uma estrutura que se acreditava ser dedicada quase exclusivamente ao controle motor, também é fundamental para os processos de atenção, de regulação das emoções, processamento da linguagem e tomada de decisões. Os gânglios da base, outra região do cérebro geralmente associada ao controle motor, foram igualmente implicados em vários processos cognitivos de alto nível.[26]

Outro exemplo é o estudo conduzido por Joseph LeDoux, que estuda a relação entre medo e a amígdala. De acordo com ele, o medo é uma interpretação cognitiva de uma situação, ligada à memória e a outros processos. Assim, os fenômenos psicológicos que algumas pessoas definem como medo podem ser experimentados como algo muito diferente por outras. A pesquisa mostra que a sensação de medo surge no córtex pré-frontal e em áreas cerebrais relacionadas. Já a amígdala estaria envolvida no processamento e na resposta a ameaças – um antigo mecanismo fisiológico e comportamental subconsciente.[27]

Há uma sobreposição funcional significativa nos mapas tradicionais da atividade mental, mas ainda há pouco consenso sobre como abordá-la. Estratégias alternativas estão sendo consideradas, buscando analisar a atividade neural do cérebro inteiro e diversos comportamentos simultaneamente. Assim, categorias funcionais como memória, percepção e atenção são vistas como "características do estado do cérebro".[28]

CONSIDERAÇÕES FINAIS E PERSPECTIVAS FUTURAS

A história das teorias sobre a integração entre mente e cérebro é marcada por uma evolução significativa, começando nas reflexões filosóficas dos antigos gregos até as descobertas científicas contemporâneas. Essa trajetória transformou a compreensão da mente humana, passando de explicações míticas para abordagens científicas e empíricas, que detalham a anatomia cerebral, as funções das áreas corticais e do sistema límbico, além da importância da neuroplasticidade e das experiências de vida.

Atualmente, o estudo da neurociência e da psicologia continua a se desenvolver com novas tecnologias e descobertas, como a neuroimagem avançada, a inteligência artificial e intervenções neuromoduladoras, que prometem melhorar o tratamento de transtornos mentais. A integração entre genômica e neurociência oferece a possibilidade de abordagens personalizadas, enquanto a investigação da consciência, incluindo estados alterados, pode abrir novas fronteiras no entendimento da mente. Assim, essa integração é um testemunho da capacidade humana de explorar e entender a si mesma, com o potencial de melhorar a saúde e a qualidade de vida.

REFERÊNCIAS

1. Castanheira NP, Grevet EH, Cordioli AV. Aspectos conceituais e raízes históricas das psicoterapias. In: Cordioli AV, Grevet EH, organizadores. Psicoterapias: abordagens atuais. 4. ed. Porto Alegre: Artmed; 2019. p. 3-24.
2. Damasio H, Grabowski T, Frank R, Galaburda AM, Damasio AR. The return of Phineas Gage: clues about the brain from the skull of a famous patient. Science. 1994;264(5162):1102-5.
3. Silvestro S. A new view of Phineas Gage: the daguerreotype of Phineas Gage connects viewers to the man behind the story. News & Research. 2016 Jun 24.
4. Van Horn JD, Irimia A, Torgerson CM, Chambers MC, Kikinis R, Toga AW. Mapping connectivity damage in the case of Phineas Gage. PLoS One. 2012;7(5):e37454.
5. Damasio A. The feeling of what happens: body and emotion in the making of consciousness. Boston: Mariner Books; 1999.
6. Tau GZ, Peterson BS. Normal development of brain circuits. Neuropsychopharmacology. 2010;35(1):147-68.
7. Carpenter GL, Stacks AM. Developmental effects of exposure to intimate partner violence in early childhood: a review of the literature. Child Youth Serv Rev. 2009;31(8):831-9.
8. Kreppner JM, Rutter M, Beckett C, Castle J, Colvert E, Groothues C, et al. Normality and impairment following profound early institutional deprivation: a longitudinal follow-up into early adolescence. Dev Psychol. 2007;43(4):931-46.
9. Tarabulsy GM, Pascuzzo K, Moss E, St-Laurent D, Bernier A, Cyr C, et al. Attachment-based intervention for maltreating families. Am J Orthopsychiatry. 2008;78(3):322-32.
10. Welsh M, Parke RD, Widaman K, O'Neil R. Linkages between children's social and academic competence: a longitudinal analysis. J Sch Psychol. 2001;39(6):463-82.
11. Murphy DL, Li Q, Engel S, Wichems C, Andrews A, Lesch KP, et al. Genetic perspectives on the serotonina transporter. Brain Res Bull. 2001;56(5):487-94.
12. Bennett AJ, Lesch KP, Heils A, Long JC, Lorenz JG, Shoaf SE, et al. Early experience and serotonin transporter gene variation interact to influence primate CNS function. Mol Psychiatry. 2002;7(1):118-22.
13. Hariri AR, Mattay VS, Tessitore A, Kolachana B, Fera F, Goldman D, et al. Serotonin transporter genetic variation and the response of the human amygdala. Science. 2002;297(5580):400-3.
14. Caspi A, Sugden K, Moffitt TE, Taylor A, Craig IW, Harrington H, et al. Influence of life stress on depression: moderation by a polymorphism in the 5-HTT gene. Science. 2003;301(5631):386-9.
15. Cases O, Seif I, Grimsby J, Gaspar P, Chen K, Pournin S, et al. Aggressive behavior and altered amounts of brain serotonin and norepinephrine in mice lacking MAOA. Science. 1995;268(5218):1763-6.
16. Caspi A, McClay J, Moffitt TE, Mill J, Martin J, Craig IW, et al. Role of genotype in the cycle of violence in maltreated children. Science. 2002;297(5582):851-4.
17. Suárez LE, Markello RD, Betzel RF, Misic B. Linking structure and function in macroscale brain networks. Trends Cogn Sci. 2020;24(4):302-15.
18. Anastasiades PG, Carter AG. Circuit organization of the rodent medial prefrontal cortex. Trends Neurosci. 2021;44(7):550-63.
19. Fuhrmann D, Knoll LJ, Blakemore DJ. Adolescence as a sensitive period of brain development. Trends Cogn Sci. 2015;19(10):558-66.
20. Barkley RA, Murphy KR, Bush T. Time perception and reproduction in young adults with attention déficit hyperactivity disorder. Neuropsychology. 2001;15(3):351-60.
21. Chini M, Hanganu-Opatz IL. Prefrontal cortex development in health and disease: lessons from rodents and humans. Trends Neurosci. 2021;44(3):227-40.
22. Hemmings HC, Hopkins PM. Foundations of anesthesia. 2nd ed. Philadelphia: Mosby; 2006. p. 349-59.
23. Holt DJ, Öngür Babadi B, Wright CL, Dickerson BC, Camprodon JA, et al. Neuroanatomical systems relevant to neuropsychiatric disorders. In: Stern TA, Rosenbaum JF, Fava M, Biederman J, Rauch SL. Massachusetts General Hospital comprehensive clinical psychiatry. Amsterdam: Elsevier; 2008. p. 801-16.
24. Anand KS, Dhikav V. Hippocampus in health and disease: an overview. Ann Indian Acad Neurol. 2012;15(4):239-46.
25. Stern TA, Rosenbaum JF, Fava M, Biederman J, Rauch SL. Massachusetts General Hospital comprehensive clinical psychiatry. Amsterdam: Elsevier; 2008.
26. Caligiore D, Pezzulo G, Baldassarre G, Bostan AC, Strick PL, Doya K, et al. Consensus paper: towards a systems-level view of cerebellar function: the interplay between cerebellum, basal ganglia, and cortex. Cerebellum. 2017;16(1):203-29.
27. LeDoux JE. Thoughtful feelings. Curr Biol. 2020; 30(11):R619-23.
28. Barrett LF, Satpute AB. Historical pitfalls and new directions in the neuroscience of emotion. Neurosci Lett. 2019;693:9-18.

LEITURAS RECOMENDADAS

Barrett LF. Categories and their role in the science of emotion. Psychol Inq. 2017;28(1):20-6.

Barrett LF. The theory of constructed emotion: an active inference account of interoception and categorization. Soc Cogn Affect Neurosci. 2016;12(1):1-23.

Chao DL, Ma L, Shen K. Transient cell-cell interactions in neural circuit formation. Nat Rev Neurosci. 2009;10(4):262-71.

Dekaban AS. Changes in brain weights during the span of human life: relation of brain weights to body Heights and body weights. Ann Neurol. 1978;4(4):345-56.

Gressens P. Mechanisms and disturbances of neuronal migration. Pediatr Res. 2000;48(6):725-30.

Hatten ME. Central nervous system neuronal migration. Annu Rev Neurosci. 1999;22:511-39.

Knickmeyer RC, Gouttard S, Kang C, Evans D, Wilber K, Smith JK, et al. A structural MRI study of human brain development from birth to 2 years. J Neurosci. 2008;28(47):12176-82.

Lossi L, Merighi A. In vivo cellular and molecular mechanisms of neuronal apoptosis in the mammalian CNS. Prog Neurobiol. 2003;69(5):287-312.

Olson EC, Walsh CA. Smooth, rough and upside-down neocortical development. Curr Opin Genet Dev. 2002 Jun;12(3):320-7.

Rodríguez Gómez M, Sampson JR, Whittemore VH, editors. Tuberous sclerosis complex. 3rd ed. New York: Oxford University; 1999.

Takahashi A, Miczek KA. Neurogenetics of aggressive behavior: studies in rodents. Curr Top Behav Neurosci. 2014;17:3-44.

The University of Queensland. Queensland Brain Institute. The limbic system [Internet]. St Lucia: Queensland Brain Institute; 2024 [capturado em 25 jan. 2025]. Disponível em: https://qbi.uq.edu.au/brain/brain-anatomy/limbic-system.

Touroutoglou A, Lindquist KA, Dickerson BC, Barrett LF. Intrinsic connectivity in the human brain does not reveal networks for "basic" emotions. Soc Cogn Affect Neurosci. 2015;10(9):1257-65.

Uhlmann EJ, Wong M, Baldwin RL, Bajenaru ML, Onda H, Kwiatkowski DJ, et al. Astrocyte-specific TSC1 conditional knockout mice exhibit abnormal neuronal organization and seizures. Ann Neurol. 2002;52(3):285-96.

3

PSICANÁLISE E MEDICINA

CLÁUDIO LAKS EIZIRIK
SIDNEI S. SCHESTATSKY

A psicanálise, criada por Freud no final do século XIX, desenvolveu-se como um método para compreender os processos mentais e aliviar o sofrimento psíquico. Baseada em conceitos como inconsciente, ego, id e superego, a abordagem analítica foca na transformação de conflitos internos e no desenvolvimento emocional. Autores como Melanie Klein e Wilfred Bion ampliaram suas aplicações, destacando a relação entre objetos internos e externos e a importância do conter e simbolizar angústias. Com contribuições marcantes para a medicina, a psicanálise influenciou a compreensão de fenômenos mentais por meio do entendimento dos mecanismos de defesa, da transferência e da contratransferência, entre outros, os quais são fundamentais na relação dos profissionais de saúde com seus pacientes. A integração dos aspectos psicológicos proporciona uma visão mais holística e humanizada do paciente. Além disso, o reconhecimento do impacto das experiências infantis na formação da personalidade e na saúde mental possibilita o desenvolvimento de intervenções para a promoção de saúde, com implicações significativas tanto em nível individual quanto social. Em meio aos desafios contemporâneos, a psicanálise permanece relevante, oferecendo ferramentas teóricas e práticas para a promoção da saúde mental e para a formação de profissionais de saúde, fomentando abordagens mais empáticas no cuidado aos pacientes.

DESCRITORES: psicanálise; origens, teorias; práticas clínicas; interações entre psicanálise e medicina.

ESTADO DA ARTE

A psicanálise surgiu a partir da experiência clínica e dos estudos e hipóteses de um médico neurologista, Sigmund Freud (1856-1939), e desenvolveu-se a partir de suas contribuições seminais, por meio do trabalho clínico e teórico de outros médicos e psicanalistas. Continua como uma obra em construção em estreito contato com a medicina, a psiquiatria e a saúde mental em muitos centros universitários e não universitários ao redor do mundo. Neste capítulo, apresentaremos a história da elaboração teórica e técnica da psicanálise a partir dos estudos de Freud, os desenvolvimentos posteriores de maior relevância, os aspectos que caracterizam o método psicanalítico e suas principais contribuições e interações com a medicina.

TEORIAS E PRÁTICAS CLÍNICAS

Ao longo dos anos, a evolução dos conceitos teóricos descobertos por Freud e dos preceitos técnicos por ele propostos gerou um extenso conhecimento sobre os processos mentais, com a aquisição de ferramentas importantes para alívio de sintomas, diminuição do sofrimento, melhora da qualidade das relações interpessoais, desenvolvimento da criatividade e aumento da capacidade de adaptação dos pacientes. Além da extensa experiência clínica que valida plenamente o método, existem metanálises sobre a eficácia da psicanálise e da psicoterapia de orientação analítica, por meio de estudos clínicos controlados.[1-6]

O progresso nas terapias psicanalíticas envolve a reativação do processo de desenvolvimento normal. As experiências na relação terapêutica contribuem para revisões construtivas do *self*, que se expressa por meio de mudanças nas representações de si e dos outros a partir do aprimoramento de habilidades reflexivas. Os tratamentos bem-sucedidos propiciam maior liberdade interna, aumento da segurança na exploração de pensamentos e sentimentos complexos, otimização das capacidades adaptativas e maior habilidade em utilizar recursos internos.[7]

A ORIGEM DA PSICANÁLISE

Já reconhecido por seu trabalho no campo da fisiologia, Freud se interessou pelo método da hipnose, em 1882, por meio dos relatos do neurologista Breuer sobre sua paciente Anna O., cuja recordação de situações traumáticas do passado, com o auxílio da hipnose, produzia alívio dos sintomas, o que denominou de ab-reação, ou catarse. A existência de fatos que não podiam ser recordados pela simples vontade do indivíduo, mas que geravam sintomas e interferiam no comportamento, levou Freud a estabelecer a existência do que denominou inconsciente. Essa parte da vida mental, autônoma e em constante movimento, determinaria em grande medida as decisões do dia a dia. A partir desses conceitos, postulou outra noção fundamental da psicanálise: o princípio do determinismo psíquico.

Em 1885, Freud foi ao encontro de Jean-Martin Charcot, neurologista da clínica Salpêtrière, em Paris, com a intenção de aprender o método da hipnose. No entanto, ao utilizá-la com suas pacientes histéricas, descobriu que a livre associação de ideias poderia ser usada na tentativa de acessar as memórias reprimidas. Freud notou que as forças que se opunham à recordação (resistências) eram profundas e alheias à vontade do paciente. Além da livre associação, descobriu que os sonhos eram um caminho para o inconsciente. Aliás, em sua expressão, eram a estrada real, apresentando de forma mascarada desejos e fantasias reprimidos, especialmente de cunho sexual. Da mesma forma que as situações traumáticas vividas de fato, desejos e fantasias eram mantidos fora da consciência por meio de poderosos mecanismos de defesa. Com a elaboração da teoria topográfica, Freud descreveu a divisão da mente em inconsciente, pré-consciente e consciente, assim como o jogo entre as forças opostas do inconsciente (desejos e impulsos) e a parte consciente do indivíduo. Nasce um preceito-chave da psicanálise: tornar consciente o inconsciente. A partir daí, o conflito psíquico (inconsciente), representado simbolicamente pelos sintomas, passou a ser concebido como o embate entre forças pulsionais e forças repressoras.

A teoria do trauma, que considerava situações do passado impostas pela realidade externa como causadoras diretas dos sintomas, cedeu lugar ao entendimento das fantasias e dos desejos do paciente na gênese da neurose. Freud reconsiderou a importância do trauma real ao observar as "neuroses de guerra". A recordação do trauma tem lugar de destaque na psicanálise atual, não apenas como uma função catártica, e sim como uma possibilidade de ressignificar o passado, como observamos na pandemia de covid-19 e na recente catástrofe climática no Estado do Rio Grande do Sul.

Consciente da força da resistência na evolução do tratamento psicanalítico, Freud passou a utilizar a interpretação como instrumento para trazer à consciência do paciente desejos e fantasias até então "proibidos".

A partir do famoso "caso Dora", Freud reconheceu a importância da transferência como resistência e como instrumento de trabalho, incluindo seu entendimento e sua "resolução" como fundamentais no tratamento analítico. Mesmo com a finalidade primária de repetir para não lembrar, a relação transferencial passou a ser concebida como mais uma forma de recordar o passado, já que se tratava da repetição, na relação com o analista, dos sentimentos e das fantasias dirigidas a figuras importantes na história do paciente.[8]

O *setting* analítico (do qual fazem parte o divã, a frequência das sessões e a neutralidade) visa permitir o trabalho analítico sem influência da pessoa real do terapeuta. No entanto, com a evolução da teoria psicanalítica, principalmente a partir dos desenvolvimentos de Melanie Klein e Bion, o conceito de neutralidade sofreu algumas transformações, sendo proposta a neutralidade possível, já que sempre haverá alguma influência da pessoa do terapeuta na configuração desse campo.[9]

Em 1923, Freud elaborou a teoria estrutural, ao introduzir diferentes instâncias psíquicas: ego, id e superego. O id, inconsciente, depositário das pulsões, desejos e fantasias; o ego, parte inconsciente e parte consciente, contendo funções como teste de realidade, controle dos impulsos, inteligência, mecanismos de defesa, entre outras; e o superego, que dita consciente e inconscientemente o que se deve fazer/corresponder, e o que é ideal ou vetado. O psicanalista descreveu as lutas permanentes entre id e ego, paralelas a tentativas integradoras em busca da sobrevivência psíquica e da adaptação ao mundo real, contando com a participação do superego de um ou de outro lado do conflito. A interação permanente do mundo interno com a realidade externa é descrita com o ego sendo a figura mediadora entre as demandas do id e a realidade.

EVOLUÇÕES DA TEORIA PSICANALÍTICA

Muitos dos conceitos originais e das recomendações técnicas permanecem úteis, mas inúmeras contribuições possibilitaram a evolução da psicanálise e a expansão de seu alcance e indicações. Entre os autores que mais contribuíram nesse sentido estão Klein e Bion.

A partir da análise de crianças, Melanie Klein (1882-1960) sugeriu que as relações do bebê com seus objetos (figuras externas e suas representações internas) existiriam desde o nascimento e constituiriam a base da vida mental. A mente é descrita como um palco povoado de personagens que se relacionam entre si e são coloridos e construídos a partir do jogo de projeção e introjeção que ocorre desde o início da vida. Quando nasce, o bebê interpreta a realidade externa a partir da projeção de seus impulsos amorosos e agressivos sobre as figuras importantes. Ou seja, o cuidador é percebido como possuidor de parte desses impulsos (que são originalmente do bebê), e a mistura dessa percepção com a reação "real" do objeto externo (cuidador) é internalizada como uma representação daquele objeto no mundo interno. A partir disso, as percepções subsequentes são baseadas na projeção dessa representação sobre os objetos externos, modificadas por eles, como novas representações e/ou como modificações da representação original, e assim sucessivamente. Os objetos do mundo interno, por projeção, dão significado à realidade externa. As pulsões de vida e de morte (de amor e de agressão) estão misturadas e se ordenam em torno das relações de objeto, com as fantasias e angústias associadas a elas.[10,11]

Na análise, a transferência toma um sentido diferente da metáfora do analista como espelho, proposta por Freud, já que o conteúdo projetado, em alguma medida, é sempre modificado pela reação do analista, que nunca está completamente livre das próprias projeções. No entanto, a análise pessoal do analista/terapeuta e a constante auto-observação buscam que ele entenda e signifique o que está se passando nesse jogo de projeções. Com a evolução desses conceitos e o entendimento do mecanismo da identificação projetiva (descrito por Klein, em 1946), a relação terapêutica passa a ser não apenas um meio de compreender a realidade psíquica do paciente, mas também um instrumento para a modificar, por meio da introjeção de relações de objeto mais salutares.

Klein introduziu outro conceito de relevância considerável para a psicanálise: a noção de posição depressiva e esquizoparanoide. O funcionamento da mente oscila entre esses dois estados. Na posição esquizoparanoide, preponderante nos primeiros três meses de vida, os objetos e o *self* (distorcidos e fantasiados) são percebidos como exclusivamente bons ou exclusivamente maus. Esse processo ocorre por meio de um mecanismo de defesa chamado *cisão* e tem a finalidade de proteger os bons objetos (idealizados e continentes dos impulsos amorosos) e o *self* da agressividade (projetada) dos maus objetos (vividos como persecutórios). É uma manifestação da divisão entre "seio bom" e "seio mau": representações da gratificação e da frustração das necessidades do ego. Na posição depressiva, tanto os objetos internos quanto os externos estão mais integrados (contendo seus aspectos bons e maus) e, portanto, mais próximos da realidade. A posição depressiva seria o resultado da percepção dessa integração, em oposição à idealização e à onipotência (quando a cisão diz respeito ao *self*).[10]

Wilfred Bion (1897-1979), a partir dos desenvolvimentos de Klein, salientou a importância da "capacidade de pensar", do conhecimento e da linguagem no processo analítico, introduzindo o conceito de *elementos beta*, que seriam angústias e sentimentos inomináveis (sem sentido), que não puderam ser simbolizados e traduzidos em linguagem. A capacidade de conter esses elementos beta e, posteriormente, decodificá-los em algo compreensível para o paciente (ou *elementos alfa*) é parte essencial do tratamento analítico. Para Bion, o simples aumento da capacidade de conter os elementos beta já é um ganho do tratamento. A capacidade de conter (ou a ausência dela) seria aprendida a partir das figuras primárias (cuidadores iniciais), conforme o bebê vai experimentando sensações desconhecidas e angustiantes desde seu nascimento e utilizando as reações dos cuidadores como modelo. O modo de lidar com essas angústias, mais do que sua simples significação, define a capacidade de conter. A *continência* é especialmente importante naqueles distúrbios em que o paciente *atua* de modo sistemático no lugar de pensar, ou seja, age impulsivamente para livrar-se da angústia, como no transtorno da personalidade *borderline*.[17]

Se o afeto é um objetivo primário, ou se é resultado do processo de garantir o apego, não é uma questão essencial. O fato é que a experiência afetiva é fundamental para a estruturação da mente, levando ao sucesso ou ao fracasso psíquico. A partir dessa experiência, a percepção da realidade é construída, bem como a gama de reações afetivas e comportamentais às diversas situações interpessoais e emocionais.[13]

Bion descreveu a existência de uma parte psicótica da personalidade, mas é preciso distinguir esse conceito da psicose clínica, pois se refere a uma parte composta, por exemplo, por inveja excessiva, intolerância absoluta às frustrações, uso exagerado de identificação projetiva, hipertrofia da onipotência em lugar da capacidade de pensar e ódio às verdades (externas e internas).[12] Ademais, acrescentou um novo entendimento ao conceito de *identificação projetiva*. Além da intenção de livrar-se do sofrimento ao colocá-lo dentro do outro, destacou a função de comunicar tais sentimentos em busca de ajuda e de um continente eficaz. A identificação projetiva passa a ter um papel central no entendimento do paciente e no manejo da situação terapêutica. Na sessão, estão em jogo estados muito primitivos, que ainda não tiveram a possibilidade de serem pensados e que estão aguardando que o analista e o paciente possam recolhê-los e narrá-los um ao outro.

Na sequência da observação da relação analítica como interpessoal, em que a mente do analista é parte ativa na construção de uma capacidade maior de apreender a realidade e ampliar a percepção, surgiu o conceito de *campo analítico*, introduzido pelo casal Madeleine e Willy Baranger (1961-2), que pretende descrever como se dá o que Freud identificou como comunicação de inconsciente para inconsciente. Segundo Ferro,[14] nesse contexto – que tenta apreender a complexidade das relações humanas –, o objetivo do tratamento é integrar essas "áreas do tecido comunicativo do par" (diversos aspectos dos componentes do campo analítico que podem comunicar e ser traduzidos), para que paciente e analista alcancem uma visão comum sobre o que acontece na profundidade de seu funcionamento psíquico.[11]

A atenção a elementos não verbais do campo como fundamentais à ação terapêutica, paralelamente ao avanço da pesquisa em neurociências, aproximou essas áreas do conhecimento, oferecendo suporte a ambas dentro do contexto clínico e de pesquisa. Uma das formas de comunicação não verbal, o *enactment*, ocorre quando o paciente e o analista passam a agir de forma inconsciente, de acordo com aspectos do mundo interno do primeiro. O entendimento teórico e clínico de tal manifestação interpessoal como via de expressão de estados dissociados do *self* do paciente encontra cada vez mais suporte tanto nos achados de pesquisa da neurociência como nos estudos de apego.[15,16]

Por sua importância clínica, os mecanismos de defesa merecem atenção particular. Estudados mais detalhadamente por Anna Freud (1895-1982), constituem padrões de funcionamento mental e comportamental utilizados para lidar com a ansiedade provocada por eventos estressores externos ou internos. Têm a função de manter a homeostase do aparelho psíquico.

A onipotência, por exemplo, seria uma forma de lidar com a vulnerabilidade humana e sua fragilidade, utilizando um recurso de pensamento e comportamento que estabelece como (pseudo)verdade: "posso tudo, não preciso de ninguém". A somatização é uma forma de desviar a "energia" do conflito e da angústia para o corpo, na forma de dor. A idealização parte do pressuposto de que existe outra pessoa perfeita, detentora do saber e da verdade. A formação reativa transforma sentimentos de ódio e inveja em seu oposto, e o indivíduo trata o objeto a quem esses sentimentos se dirigem com extrema benevolência e complacência.

Existe uma série de mecanismos de defesa,[17,18] e cada indivíduo utiliza um vasto repertório. No entanto, alguns mecanismos são mais maduros e favorecem a adaptação (humor, sublimação, altruísmo, supressão, antecipação), outros são neuróticos (intelectualização, deslocamento, repressão, formação reativa), e outros são imaturos, trazendo considerável prejuízo (cisão, negação, identificação projetiva, atuação, dissociação). A frequência com que se usa cada um deles vai determinar o grau de adaptação e a qualidade das relações interpessoais. O nível de consciência aumenta em direção à maturidade, sendo os fenômenos relacionados às defesas imaturas amplamente inconscientes. Como os demais aspectos da personalidade, a preferência por determinada combinação de defesas tende a ser fortemente baseada nas vivências infantis.

Uma pessoa que teve cuidadores incapazes de conter seus sentimentos quando bebê, que foi submetida a situações de extrema ansiedade, agressividade e/ou negligência na infância ou abuso tende a utilizar predominantemente defesas imaturas para expulsar sentimentos intoleráveis, como cisão, dissociação, identificação projetiva e atuação, por não ter desenvolvido a capacidade de lidar com esses sentimentos dentro de si. O desenvolvimento de recursos mais sofisticados e maduros na mente depende muito de relações predominantemente amorosas com os pais ou outros cuidadores, com capacidade de identificar os sentimentos autênticos do bebê e validá-los por meio da experiência compartilhada.

A tarefa do analista é, em grande parte, semelhante à das figuras da primeira infância: auxiliar o paciente a identificar, nominar e elaborar sentimentos intoleráveis e/ou inconscientes, bem como diferenciar o eu do outro, permitindo ao paciente descobrir quem ele é.

INTERAÇÕES ENTRE PSICANÁLISE E MEDICINA

Freud, desde a construção inicial da psicanálise em Viena, no fim do século XIX, se defrontou com crescente hostilidade das universidades europeias e suas faculdades de medicina – tendo se desenvolvido fora delas na maior parte daquele período. Foi apenas a partir dos anos que antecederam a II Guerra Mundial que a emigração de muitos psicanalistas europeus, fugindo do nazismo, aportou nos Estados Unidos, sendo aceitos e lentamente absorvidos pelos departamentos de psiquiatria locais e suas instituições hospitalares. A partir do pós-guerra, até os fins da década de 1960, houve uma forte interação da psicanálise com a psiquiatria norte-americana e com várias das especialidades médicas. Em contato com psicopatologias mais graves e hospitalizadas (pacientes psicóticos e transtornos da personalidade), a psicanálise precisou se adaptar com maior flexibilidade e riqueza de intervenções psicossociais, criando simultaneamente a psiquiatria psicodinâmica[18] e a psicoterapia de orientação analítica.[19]

Entre todos os conceitos e estratégias que foram se inovando ao longo de mais de um século, as contribuições da psicanálise para a medicina são múltiplas e diversas. Entre elas, podemos incluir:

- A introdução dos significados subjetivos e inconsciente que muitos sintomas físicos e psicológicos têm para cada paciente, o que ampliou a compreensão da mente humana, indo além da mera observação de comportamentos e sintomas visíveis.
- A identificação de mecanismos de defesa, especialmente os de negação da presença e gravidade de doenças clínicas ou emocionais, e da consequente não adesão aos tratamentos, responsável pelo fracasso de inúmeros destes.
- A ênfase na importância das experiências infantis no desenvolvimento da personalidade e na saúde mental (Freud, Anna Freud e Melanie Klein) influenciou de forma marcante a pediatria, a hebiatria e a psicologia do desenvolvimento como um todo.
- O modelo psicodinâmico de tratamento se consolidou como efetivo em vários transtornos mentais, oferecendo uma alternativa, ou uma integração, ao tratamento puramente farmacológico.

- A psicanálise foi importante em redespertar o interesse (compreensão, tratamento e investigação) em todas as áreas envolvidas na chamada medicina psicossomática, atualmente classificada como transtornos de sintomas somáticos e transtornos relacionados,[20] ao oferecer outra perspectiva de como os conflitos emocionais podiam se manifestar sob a forma de sintomas físico.
- A integração do tratamento médico e psicológico, quando necessário, reconhecendo a interação entre corpo e mente e promovendo uma visão mais holística dos pacientes.
- Influência na psiquiatria, ao moldá-la profundamente, sobretudo na primeira metade do século XX, influenciando na classificação e no tratamento dos transtornos mentais, especialmente na área dos transtornos da personalidade.
- As ideias psicanalíticas, embora controversas, estimularam inúmeras pesquisas e debates na medicina, levando ao desenvolvimento de novas teorias e práticas tanto em apoio quanto em crítica à psicanálise. Essas contribuições têm sido amplamente debatidas e reinterpretadas ao longo do tempo, mas o impacto inicial da psicanálise na medicina foi crucial para a evolução do entendimento e do tratamento das doenças mentais.

Mas uma das principais contribuições da psicanálise à psiquiatria e à medicina modernas é a ênfase do *humanismo* que ela reintroduziu e manteve, desde sempre, como parte inerente da sua prática – a chamada *escuta psicanalítica*, a audição atenta do paciente, de forma livre e acolhedora, cuidadosa, tolerante e interessada em conhecê-lo como uma pessoa única que ele é. Neste sentido, frente ao crescimento exponencial que as especialidades médicas tiveram nas últimas décadas, somado ao significativo aumento do papel das instituições tecnológicas e farmacêuticas fizessem, a psicanálise e suas derivações psicoterápicas se mantiveram como as mais visíveis defensoras da tradição dos considerados "pioneiros" da medicina, desde Hipócrates na Grécia antiga (460 a.C. a 370 a.C.). As conhecidas percepções hipocráticas ("cure às vezes, trate com frequência, console sempre"; ou "é mais importante saber que tipo de pessoa tem a doença, do que saber que tipo de doença a pessoa tem") poderiam ser também alguns dos lemas da psicanálise.

Um bom exemplo de mais uma das fecundações inesperadas da psicanálise foi a criação da "medicina narrativa", pela Dra. Rita Charon, em 2001,[21] uma médica internista em atividade, com doutorado em literatura e formação acadêmica em psicanálise (e que segue sendo clínica de medicina interna e professora de medicina).

> "Um paciente dominicano (República Dominicana) de 48 anos visita-me pela primeira vez, tendo escolhido o meu nome ao acaso, no seu livro de planos de Medicaid Managed Care. Vem sofrendo tonturas e dores no peito e receia ter um infarto. Como sua nova internista, digo-lhe que tenho de aprender o mais que puder sobre a sua saúde. Pergunto-lhe: 'Pode me dizer tudo o que acha que devo saber sobre a sua situação?'. E me contenho para não dizer mais uma palavra, evito escrever na sua ficha médica e tento absorver tudo o que ele diz sobre si próprio – sua vida, seu corpo, seus medos e suas esperanças. Escuto não só o conteúdo da sua narrativa, mas sua forma – seu percurso temporal, suas imagens, as subtramas associadas, seus silêncios, por onde escolhe começar a falar de si próprio, como encadeia os sintomas com outros acontecimentos da vida. Após alguns minutos, o doente para de falar e começa a chorar. Pergunto-lhe por que está chorando e ele responde: 'Nunca ninguém me deixou fazer isto antes.'"[21]

A medicina narrativa começou a ganhar espaço nos currículos médicos no início do século XXI, principalmente nos Estados Unidos. Além de ser uma das principais defensoras da abordagem, Charon[21] foi fundamental para sua inclusão na educação médica. Em 2001, fundou o Programa de Medicina Narrativa na Faculdade de Médicos e Cirurgiões da Universidade de Columbia, em Nova York. Foi um dos primeiros programas a oferecer treinamento formal em medicina narrativa, integrando cursos focados em literatura, escrita reflexiva e análise narrativa ao currículo médico.

A partir daí, a abordagem se espalhou para outras instituições, com várias escolas médicas ao redor do mundo começando a incorporar elementos da medicina narrativa em seus currículos. A ideia segue sendo treinar futuros médicos para serem mais empáticos, ouvintes atentos e capazes de compreender a experiência dos pacientes, além dos seus sintomas físicos, por meio da compassiva escuta de suas longas narrativas – algo que se mostrou crucial para um atendimento de saúde mais humanizado e eficaz. Como esta, poucas coisas seriam atualmente tão exemplares sobre a interação da psicanálise com a medicina.

CONSIDERAÇÕES FINAIS E PERSPECTIVAS FUTURAS

Como uma obra em construção, a psicanálise vem expandindo suas teorias, aprofundando sua eficácia clínica, desenvolvendo pesquisas sobre o processo psicanalítico e os resultados de seu método e ampliando sua presença na comunidade e na cultura e suas interações com outras áreas, como a medicina, a psiquiatria e a saúde mental.

A partir das contribuições de Freud e dos autores já citados, a expansão das ideias psicanalíticas deve-se também ao trabalho criativo de inúmeros outros pensadores, dentre os quais cabe destacar (considerando os que têm sido mais estudados e reconhecidos) Sandor Ferenczi, Donald Winnicott, Jacques Lacan, Heinz Hartmann, John Bowlby, Erik Erikson, Hanna Segal, Angel Garma, Arminda Aberastury, José Bleger, Heinrich Racker, André Green, Jean Laplanche, Otto Kernberg, Robert Wallerstein e Thomas Ogden, entre inúmeros outros.

Como resultado dessas contribuições, desenvolveram-se a psicanálise da infância e da adolescência, dos casais e das famílias, das doenças psicossomáticas; uma maior compreensão da relação analista-paciente, ou o campo analítico, e, como consequência, da relação médico-paciente; além da utilização de conceitos psicanalíticos para compreensão e intervenções em situações traumáticas e conflitos crônicos em grupos sociais, instituições, escolas e diferentes comunidades.

A presença de noções psicanalíticas no ensino médico, nas residências de psiquiatria e de outras especialidades médicas, nas equipes terapêuticas e nas várias áreas da saúde mental tem sido relevante, com destaque em nosso meio, mas também em inúmeras outras latitudes. Livros produzidos por autores do Departamento de Psiquiatria e Medicina Legal da Universidade Federal do Rio Grande do Sul (UFRGS), por exemplo, têm sido utilizados amplamente no Brasil.[19,20]

Como procuramos descrever e ilustrar neste capítulo, as perspectivas, tanto da psicanálise quanto de sua fertilização cruzada recíproca com a medicina, a psiquiatria e a saúde mental, são promissoras e, ao mesmo tempo, desafiadoras.

Uma tendência contemporânea em priorizar a velocidade, as imagens, as soluções rápidas, uma espécie de pseudo-objetividade, o culto das chamadas evidências científicas com vieses positivistas, em detrimento do tempo necessário para a adequada relação médico-paciente se estabelecer e consolidar, da paciência e observação, da escuta do paciente e da consideração de todos os aspectos de sua mente e de seu corpo parece desafiar o que propõe a psicanálise e o que praticam e sempre praticaram os grandes médicos que moldaram e continuam desenvolvendo nossa ciência e nossa arte.

Observando e interagindo com estudantes, residentes e médicos de diferentes áreas, seus pacientes e famílias, podemos prever que a presença da psicanálise, tanto como ciência básica da medicina e da psiquiatria quanto fornecendo um substrato de teoria e de prática para o que fazemos, pesquisamos e desenvolvemos, continuará sendo um relevante instrumento a ser incorporado e desenvolvido pelas futuras gerações.

■ REFERÊNCIAS

1. Maat S, Jonghe F, Kraker R, Leichsenring F, Abbass A, Luyten P, et al. The current state of the empirical evidence for psychoanalysis: a meta-analytic approach. Harv Rev Psychiatry. 2013;21(3):107-37.
2. Leichsenring F. Are psychodynamic and psychoanalytic therapies effective? A review of empirical data. Int J Psychoanal. 2005;86(Pt 3):841-68.
3. Shedler J. Efficacy of psychodynamic psychotherapy. Am Psychol. 2010;65(2):98-109.
4. Gibbons MBC, Gallop R, Tompson D, Luther D, Crits-Christoph K, Jacobs J, et al. Comparative effectiveness of cognitive therapy and dynamic psychotherapy for major depressive disorder in a community mental health setting: a randomized clinical noninferiority trial. JAMA Psychiatry. 2016;73(9):904-11.
5. Fonagy P. The effectiveness of psychodynamic psychotherapies: an update. World Psychiatry. 2015;14(2):137-50.
6. Steinert C, Muder T, Rabung S, Hoyer J, Leichsenring F. Psychodynamic therapy: as efficacious as other empirically supported treatments? A meta-analysis testing equivalence of outcomes. Am J Psychiatry. 2017;174(10):943-53.

7. Eizirik CL, Hauck S, Cappelari CP. Psicanálise e psicoterapia de orientação analítica. In: Cordioli AV, Grevet EH, organizadores. Psicoterapias: abordagens atuais. 4. ed. Porto Alegre: Artmed; 2019.
8. Freud S. Edição standard brasileira das obras psicológicas completas de Sigmund Freud. Rio de Janeiro: Imago; 1969.
9. Eizirik CL. Entre a escuta e a interpretação: um estudo evolutivo da neutralidade psicanalítica. Rev Psicanal SPPA. 1993;1(1):19-42.
10. Bleichmar NM, Bleichmar CL. Melanie Klein: a fantasia inconsciente como cenário da vida psíquica. In: Bleichmar NM, Bleichmar CL. A psicanálise depois de Freud: teoria e clínica. Porto Alegre: Artmed; 1992.
11. Favalli PH. Campo e intersubjetividade. In: Eizirik CL, Aguiar RW, Schestatsky SS, organizadores. Psicoterapia de orientação analítica: fundamentos teóricos e clínicos. 3. ed. Porto Alegre: Artmed; 2015. p. 141-56.
12. Bion W. Uma teoria do pensar. In: Spillius EB, editor. Melanie Klein hoje: desenvolvimentos da teoria e da técnica. v. 2. Rio de Janeiro: Imago; 1991. p. 53-72.
13. Hauck S, Schestatsky S, Terra L, Kruel L, Ceitlin LHF. Parental bonding and emotional response to trauma: a study of rape victims. Psychother Res. 2007;17(1):83-90.
14. Ferro A. Um rápido zoom sobre os modelos teóricos. In: Ferro A. A técnica na psicanálise infantil: a criança e o analista: da relação ao campo emocional. Rio de Janeiro: Imago; 1995. p. 15-34.
15. Ginot E. Intersubjectivity and neuroscience: understanding enactments and their therapeutic significance within emerging paradigms. Psychoanal Psychol. 2007;24(2):317-32.
16. Abbass AA, Nowoweiski SJ, Bernier D, Tarzwell R, Beutel ME. Review of psychodynamic psychotherapy neuroimaging studies. Psychother Psychosom. 2014;83(3):142-7.
17. Eizirik CL. Psychoanalysis as a work in progress. Int J Psychoanal. 2006;87(Pt 3):645-50.
18. Gabbard GO. Psiquiatria psicodinâmica na prática clínica. 5. ed. Porto Alegre: Artmed; 2016.
19. Eizirik CL, Aguiar RW, Schestatsky SS, organizadores. Psicoterapia de orientação analítica: fundamentos teóricos e clínicos. 3. ed. Porto Alegre: Artmed; 2015.
20. American Psychiatric Association. Manual diagnóstico e estatístico de transtornos mentais: DSM-5. 5. ed. Porto Alegre: Artmed; 2014.
21. Charon R. Where does narrative medicine come from? Drives, diseases, attention, and the body. In: Rudznytsky PL, Charon R, editors. Psychoanalysis and narrative medicine. Albany: State University of New York; 2008. p. 23-36.

LEITURAS RECOMENDADAS

Eizirik CL, Bassols AMS, organizadores. O ciclo da vida humana: uma perspectiva psicodinâmica. Porto Alegre: Artmed; 2013.

Money-Kyrle R. Contratransferência normal e algum de seus desvios. In: Spillius EB, editor. Melanie Klein hoje: desenvolvimentos da teoria e da técnica. v. 2. Rio de Janeiro: Imago; 1991. p. 35-46.

4
RELAÇÕES PRECOCES E TRAUMA

SIMONE HAUCK
STEFANIA PIGATTO TECHE
JOANA BÜCKER
NATÁLIA ROSAS GÜNTZEL
MARCIA KAUER SANT'ANNA
LÚCIA HELENA MACHADO FREITAS

DESCRITORES: desenvolvimento infantil; relações pais-criança; trauma psicológico; resiliência psicológica; neurociências; vulnerabilidade social.

O desenvolvimento da mente, da personalidade, da capacidade de resiliência e, até mesmo, da nossa saúde em geral é profundamente influenciado pelas experiências e pelos relacionamentos que temos ao longo da vida. Em especial na infância, o que vivemos, particularmente a relação entre bebê/criança e cuidadores, é parte fundamental de quem nos tornamos. Com o avanço da neurociência, compreende-se cada vez melhor como essas relações e experiências afetam a formação de estruturas cerebrais, funções mentais e saúde física. No entanto, embora o início da vida seja um período crucial, experiências positivas e negativas, como traumas, continuarão a impactar nossa biologia ao longo de toda a vida. O objetivo deste capítulo é explorar esses aspectos, tanto do ponto de vista neurobiológico quanto das principais teorias que compreendem o impacto dos traumas e seu tratamento, fornecendo conhecimento para apoiar ações que promovam um desenvolvimento mais saudável de indivíduos e da sociedade. O capítulo ressalta a importância da conscientização sobre a natureza das relações iniciais, o impacto dos traumas e a integração de políticas públicas e comunitárias para a promoção da saúde, especialmente em contextos de vulnerabilidade.

ESTADO DA ARTE

A importância dos relacionamentos e acontecimentos da infância na formação da mente e da personalidade é reconhecida há muito tempo, tanto pela psicanálise,[1] quanto pela ciência comportamental.[2] Quem somos – desde a forma como nos compreendemos, percebemos os outros e o mundo, até nossos comportamentos e nossa capacidade de adaptação e resiliência – é moldado a partir das experiências precoces. Nas últimas décadas, a evolução da neurociência tem possibilitado uma compreensão cada vez mais aprofundada dos mecanismos envolvidos, o que tem permitido o desenvolvimento de intervenções para promover a saúde e a resiliência em diversos níveis.

Os aspectos específicos da relação entre bebês, crianças e cuidadores foram inicialmente descritos por Bowlby,[3] ao destacar a importância da mãe como uma "base segura" para um desenvolvimento saudável, e posteriormente elaborados por Ainsworth,[4] ao categorizar os tipos de apego – seguro, inseguro ansioso, inseguro evitativo e desorganizado. Hoje, esses aspectos podem ser compreendidos por meio de seu impacto na formação de estruturas cerebrais, funções mentais e, inclusive, na saúde física, como na constituição do sistema imune.[5-9] Estudos indicam, de fato, que a influência do ambiente e das relações na constituição do indivíduo já se inicia no período intrauterino, por meio de mecanismos epigenéticos.[10]

À medida que o conhecimento avança, fica cada vez mais evidente que a bagagem genética que trazemos, nossos genes, embora seja parte determinante de quem nos tornamos e de nossa capacidade de adaptação, é apenas uma parte do que nos define em termos de saúde, qualidade de vida e relações interpessoais. A sucessão de experiências vividas desde a concepção ativa e desativa esses genes, moldando nossos sistemas biológicos em direção à resiliência e à saúde ou à vulnerabilidade e à doença.[11,12] Cada nova experiência se constrói sobre a base do que foi vivenciado anteriormente. Embora haja uma janela crucial na primeira infância para a formação de quem somos, como nos relacionamos e quais são nossas vulnerabilidades e capacidades adaptativas, ao longo de toda a nossa vida, tanto as experiências positivas quanto as traumáticas continuam a influenciar nossos sistemas biológicos, nossa percepção e nossas relações até o fim.[13]

Este capítulo pretende explorar esses aspectos com maior profundidade, buscando informar e capacitar indivíduos, instituições e a comunidade, de forma a promover ações que favoreçam um desenvolvimento mais saudável e produtivo para a nossa sociedade.

A FORMAÇÃO DA MENTE: UM PROCESSO INTERPESSOAL

Um aspecto fundamental para o entendimento do desenvolvimento da mente humana, ou seja, de como nos tornamos quem somos, é o fato de que nossas habilidades e capacidades só se desenvolvem a partir da relação com outro ser humano/cuidador. Idealmente, um adulto atento e sensível às emoções e necessidades da criança atua como um tradutor, permitindo que, com o tempo, a criança seja capaz de nomear o que sente e regular seu afeto. Da mesma forma, dentro de uma relação com um cuidador estável e disponível, a criança, ao "se enxergar nos olhos desse cuidador", pode desenvolver sua própria identidade.

Pode-se dizer que o estado de "ser humano" não é inato e só pode se constituir dentro de um contexto interpessoal. São essenciais para esse processo a disponibilidade do cuidador e sua capacidade de se conectar com os sentimentos reais da criança e de modulá-los.[14] Assim, o desenvolvimento dessas capacidades depende muito da natureza das relações iniciais e influencia diretamente a habilidade de estabelecer relacionamentos interpessoais saudáveis ao longo da vida.[15] Esse ponto é essencial tanto na elaboração de intervenções em nível individual quanto em saúde pública. É fundamental que a sociedade compreenda o que é necessário no cuidado às crianças para permitir o desenvolvimento de uma mente saudável.

Na ausência dessas condições, como em cenários de negligência (trauma passivo) e abuso (trauma ativo), a criança vai ter sua capacidade de nomear sentimentos e/ou de regular afeto prejudicada, como vemos, por exemplo, em alguns transtornos da personalidade e no estresse pós-traumático complexo.[16,10] Além disso, as percepções de insegurança, estresse e medo potencializam-se, alterando a estrutura e o funcionamento do cérebro. Pesquisas de neuroimagem mostram que as relações precoces moldam a conectividade neural, especialmente entre o córtex pré-frontal e a amígdala, áreas essenciais para a regulação emocional e a resposta ao estresse.[5] Estudos de larga escala, como os do Consórcio ENIGMA, confirmam que essas interações influenciam a neurobiologia, associando traumas precoces com uma maior vulnerabilidade neurobiológica a transtornos mentais como ansiedade e depressão.[17,19]

Outro sistema diretamente envolvido na forma como as relações precoces influenciam profundamente o desenvolvimento do cérebro e a saúde ao longo da vida é o da oxitocina, crucial na formação de vínculos sociais, regulação do afeto e função imune. A qualidade das primeiras interações impacta, por exemplo, a expressão de receptores de oxitocina por meio de mecanismos epigenéticos. Nesse sentido, a sincronia biocomportamental entre pais e filhos, como a coordenação de comportamentos não verbais, promove conexões que aumentam a resiliência e a capacidade de lidar com o estresse. Compreender esses processos é fundamental para promover um desenvolvimento saudável e adaptativo ao longo da vida.[9]

De fato, diversos estudos já demonstraram que um ambiente adverso na infância, especialmente quando associado a traumas, pode ter efeitos duradouros na arquitetura e em diferentes funções do cérebro e sistema neuroendócrino, o que resulta em maior vulnerabilidade a psicopatologias como transtorno de estresse pós-traumático (TEPT), depressão e transtornos de ansiedade.[17] Essas alterações incluem mudanças no volume do hipocampo e na função da amígdala, áreas do cérebro associadas à memória e ao processamento de emoções.[16] Estudos com crianças e adolescentes com TEPT mostraram desenvolvimento anormal no circuito frontolímbico, caracterizado por declínio no volume do hipocampo, aumento da reatividade da amígdala e diminuição da conectividade entre a amígdala e o córtex pré-frontal com a idade. Essas alterações podem contribuir para uma reatividade aumentada à ameaça e uma regulação emocional mais fraca ao longo do tempo.[20]

TRAUMA NA VIDA ADULTA

Embora não tão impactante em termos de desenvolvimento, a ocorrência de um evento traumático em qualquer momento da vida, especialmente quando vivenciado com uma intensa percepção de ameaça à sobrevivência, pode desencadear doenças pós-traumáticas, sendo o TEPT a mais característica. No *Manual Diagnóstico e Estatístico de Transtornos Mentais*, 5ª Edição, texto revisado (DSM-5-TR), o TEPT é definido como um transtorno que ocorre após a exposição a um evento traumático que envolve ameaça real ou potencial de morte, lesão grave ou violência sexual. Os critérios diagnósticos incluem, além da exposição ao trauma, sintomas intrusivos, evitação, alterações cognitivas e de humor e aumento da excitação (Quadro 4.1).[21]

O TEPT é um distúrbio ainda pouco conhecido pela população no Brasil e está associado a grande morbidade e prejuízo. Segundo a Organização Mundial da Saúde (OMS), apenas uma em cada quatro pessoas com o transtorno busca atendimento nos países em desenvolvimento. A informação e a conscientização de pessoas e comunidades expostas a traumas, como violência ou desastres naturais, são essenciais, pois há um período em que é possível prevenir o desenvolvimento do transtorno. A escuta empática, o incentivo para que as vítimas falem sobre suas experiências e o apoio para retomarem suas rotinas diárias, reforçando as redes de suporte social, podem fazer uma diferença significativa. O TEPT tende a se desenvolver quando o indivíduo tenta evitar todos os estímulos que lembram o trauma, impedindo um processamento saudável da experiência.[22] Estudos indicam, por exemplo, que uma comunicação aberta e eficaz entre pais e filhos pode servir como um fator de proteção contra os efeitos de traumas precoces. Em contrapartida, a falta de suporte social após um trauma é identificada como um dos principais preditores do desenvolvimento de TEPT.[23]

QUADRO 4.1
SINTOMAS DE TRANSTORNO DE ESTRESSE PÓS-TRAUMÁTICO SEGUNDO O DSM-5-TR

Categoria	Descrição	Exemplos
Sintomas intrusivos	Reviver repetidamente o evento traumático por meio de lembranças, sonhos ou reações intensas.	*Flashbacks*, pesadelos, reações físicas intensas ao se deparar com algo que remete ao trauma.
Sintomas de evitação	Esforços para evitar pensamentos, sentimentos, pessoas, lugares ou atividades que lembram o evento traumático.	Evitar pensar sobre o evento traumático ou ter dificuldade em expressar emoções relacionadas ao trauma. Evitar lugares que lembram o trauma, como a rua onde ocorreu o acidente ou pessoas associadas a ele.
Excitação e reatividade aumentadas	Aumento na resposta de alarme, comportamentos irritáveis ou agressivos e dificuldades para se concentrar ou dormir.	Hipervigilância, resposta exagerada ao susto, insônia, comportamento imprudente ou autodestrutivo.
Alterações cognitivas e de humor	Alterações negativas persistentes nos pensamentos e no humor relacionados ao trauma.	Sentimentos de culpa, dificuldade de lembrar aspectos importantes do trauma, emoções negativas persistentes.

Fonte: Elaborado com base em American Psychiatry Association.[21]

■ TRAUMA E PSICANÁLISE

Independente da profissão e da especialidade na área da saúde, é muito importante ficar atento, pois as queixas relatadas pelos pacientes muitas vezes estão relacionadas a resquícios de um trauma prévio. Em um primeiro momento, ouvir o trauma do paciente pode despertar no médico sensações e sentimentos desconfortáveis e, de forma semelhante ao que ocorre no TEPT, o profissional pode, assim como o paciente, sentir o impulso de evitar falar sobre o trauma ou até percebê-lo. Na psicanálise, chamamos esse sentimento despertado no profissional pelo paciente e por sua história de contratransferência. Ao notarmos que isso está ocorrendo, podemos "corrigir a rota" e criar um ambiente acolhedor e seguro para que o paciente possa conversar sobre suas experiências. Ouvir o paciente sem emitir crítica ou opinião, sendo apenas testemunha de seu trauma, faz toda a diferença para uma recuperação adequada. A partir do momento que registramos que algo foi ruim, podemos iniciar a transformação daquela situação. Além disso, ouvir é fundamental para criar uma relação de confiança em que o paciente possa sentir-se seguro. Esse caminho já é, em si, bastante terapêutico.[24]

A psicanálise explica o trauma como uma ruptura na experiência emocional e cognitiva prévia do sujeito. Essa ruptura ocorre pela falha na capacidade da mente em processar e integrar essa nova experiência. Isso costuma ocorrer quando mecanismos de defesas psicológicas não conseguem acomodar a nova experiência emocional naquilo que era previamente conhecido e tolerado pelo sujeito. Nesse sentido, a experiência traumática poderia ocorrer pela intensidade ou pela qualidade do evento. A mente tenta lidar com o impacto do trauma por meio dos mecanismos de defesa como repressão, negação, projeção, dissociação (ver capítulo Psicanálise e medicina). Esses mecanismos podem, contudo, falhar em situações de trauma severo, resultando em sintomas psicológicos ou físicos.

Freud descreveu o trauma como um excesso de estímulos que excedem a capacidade do ego em lidar com essa sobrecarga, exigindo que o organismo dê um novo destino a essa experiência.[25] O psicanalista utilizou-se da seguinte metáfora: uma agulhada em um organismo desenvolvido pode ser inofensiva, mas se for em uma massa de células no ato da divisão celular, promoverá uma profunda modificação naquele ser em formação. Essa metáfora destaca como um trauma pode ter um impacto muito maior se ocorrer em uma fase inicial e vulnerável do desenvolvimento, tanto físico quanto psicológico, o que é hoje comprovado pela evolução da ciência. Por outro lado, Sándor Ferenczi, neurologista, inspirado nas descrições de Freud, preocupava-se com a dor psíquica de seus pacientes. Ele observou que experiências dolorosas, quando amparadas, estruturam a identidade e ajudam a formar uma personalidade mais completa e resiliente, nomeando esse fenômeno como trauma estruturante.[26]

O trauma também pode ser compreendido pela frequência de exposição, diferenciando-se entre trauma agudo e crônico. O trauma agudo ocorre em um momento específico e tende a ter um potencial de lesão física de maior intensidade em curto espaço de tempo, como, por exemplo, um estupro, acidente de carro, sequestro, assalto ou incêndio. Já o trauma crônico é caracterizado por repetições ao longo do tempo, iniciando com pequenas exposições e podendo evoluir para grandes potenciais de lesões psicológicas, como abusos e negligências. Neste último caso, o ambiente como protetor do desenvolvimento psicológico é fundamental, como sempre destacou

Winnicott, pediatra e psicanalista britânico. Para Winnicott, a função dos cuidadores é proporcionar um espaço potencial para o desenvolvimento da criança, organizando um suporte de segurança (*holding*) que inclua frustrações amparadas, a fim de possibilitar o melhor desenvolvimento psíquico possível.[27]

Há uma ressalva: quando o trauma ocorre precocemente, antes da aquisição da linguagem, criam-se experiências afetivas que são armazenadas na memória sem a organização linguística e permanecem não entendidas na vida psíquica, sendo chamadas de "o irrepresentável". Quando as experiências traumáticas não podem ser verbalizadas, seja pela precocidade ou pelo tabu que as famílias impõem, há um impacto emocional muito negativo.[28] Outro destino possível para a emoção traumática não elaborada é o extravasamento para o corpo, manifestando-se em sintomas físicos como dor, lesões e coceira. A psicanálise reconhece que sintomas físicos inexplicáveis, dores crônicas e disfunções somáticas podem ser manifestações do trauma psicológico. Por outro lado, quando os acontecimentos traumáticos são elaborados adequadamente, são armazenados como uma memória histórica e podem ser relembrados sob controle, sem resultar em sintomas disfuncionais.[29]

Após o evento traumático, a maneira como ele será narrado e representado na mente é fundamental para a reorganização da memória e da identidade. Nesse contexto, é essencial um testemunho que possa ouvir essa experiência. A capacidade de narrar a experiência traumática de maneira coerente é vista como um passo crucial na integração do trauma e na recuperação. Bion introduziu o conceito de "elementos beta", os quais seriam experiências "cruas" que precisam ser transformadas em "elementos alfa" para serem processadas pelo pensamento. Bion recomenda "sonhar o pesadelo" junto ao paciente, pois, na relação entre paciente e profissional, existe a possibilidade de um primeiro objeto empático que permite a criação desse espaço.[30]

Caroline Garland[31] destaca a importância dos objetos internos para o enfrentamento do trauma (ver capítulo Psicanálise e medicina). Quando a representação desses objetos internos de cuidado se configura como experiências positivas, forma-se a confiança básica necessária para enfrentar o mundo e ter esperança nele. No entanto, quando uma pessoa vivencia um trauma na infância, essas representações internas podem se tornar fragmentadas, persecutórias ou excessivamente idealizadas, o que abala a confiança básica e leva ao desenvolvimento de dificuldades emocionais graves, como ansiedade, depressão e problemas de relacionamento. Garland enfatiza, ainda, a importância de trabalhar os objetos internos danificados. O profissional pode auxiliar o paciente a explorar, entender e, eventualmente, transformar essas representações internas, promovendo uma reintegração emocional e uma sensação de segurança interna. O objetivo é restaurar a capacidade do paciente de desenvolver relações mais saudáveis e menos distorcidas com seus objetos internos, o que, por sua vez, melhora suas interações com o mundo externo.[31] Em suma, a psicanálise reforça a importância das relações precoces e da relação terapêutica atual como fundamentais para o entendimento de como o trauma impacta as pessoas, assim como para seu enfrentamento e elaboração.

TRAUMA E TEORIA COGNITIVO-COMPORTAMENTAL

Do ponto de vista da teoria cognitivo-comportamental (TCC), o objetivo principal do profissional em pacientes com TEPT inclui a remoção ou redução dos sentimentos ou sintomas emocionais relacionados ao trauma, a fim de melhorar o funcionamento da vida diária da pessoa. As psicoterapias baseadas em evidências são amplamente reconhecidas como o tratamento de primeira escolha para o TEPT. Dos muitos tratamentos pesquisados, as terapias focadas em trauma, realizadas individualmente e com o uso de um manual pelo terapeuta, mostram o maior benefício no tratamento. Dentre essas abordagens, as terapias cognitivo-comportamentais, como a terapia de processamento cognitivo, a dessensibilização e reprocessamento por movimentos oculares (EMDR, do inglês *eye movement desensitization and reprocessing*) e a terapia de exposição prolongada se destacam por oferecerem o maior volume e a mais alta qualidade de evidências científicas disponíveis.[32] Esta última, a exposição prolongada, é indiscutivelmente o componente terapêutico mais importante no tratamento do TEPT, na TCC. A psicoterapia de grupo também é cada vez mais indicada, pois auxilia na diminuição do isolamento e da desconfiança apresentada por esses pacientes.

A exposição prolongada para TEPT é um tratamento focado no trauma que normalmente inclui psicoeducação, processamento emocional, exposição *in vivo* e/ou imaginária. Ela funciona por meio dos processos de habituação, extinção e mudanças no processamento emocional que ocorrem em conjunto com a habituação (ou seja, maior senso de competência e menor senso do mundo como perigoso). A ideia de utilizar uma técnica de exposição prolongada é que o paciente com TEPT apresenta principalmente duas cognições disfuncionais relacionadas ao transtorno: "Eu sou incompetente" (ou seja, não consigo lidar com o estresse e meus sintomas significam que estou perdendo o controle) e "O mundo é completamente perigoso". Durante o processo de exposição prolongada a estímulos relacionados ao trauma, ocorre uma habituação das respostas emocionais associadas ao trauma. À medida que o paciente confronta repetidamente esses estímulos sem que as consequências temidas (como enlouquecer ou ser retraumatizado) se concretizem e com a diminuição da ativação emocional, ele começa a obter evidências repetidas que não confirmam as cognições disfuncionais, especialmente aquelas relacionadas à autocompetência e ao controle. Isto aumenta a capacidade de enfrentamento percebida e reduz a ansiedade aumentada induzida pela situação.[33]

Outra abordagem psicoterapêutica importante no tratamento do TEPT, a EMDR, foi desenvolvida por Francine Shapiro no final dos anos 1980 para tratar memórias traumáticas e os sintomas de estresse associados. Essa terapia segue um protocolo padrão composto por oito fases, que inclui a estimulação bilateral (p. ex., geralmente por meio de movimentos oculares horizontais como luzes que piscam de forma alternada à direita e à esquerda) para dessensibilizar o desconforto causado pelas memórias traumáticas. O objetivo da terapia é reprocessar essas memórias e integrá-las às memórias biográficas padrão do paciente.[34]

No entanto, as técnicas baseadas em evidências apresentam algumas dificuldades na sua implementação para a prevenção e o tratamento no contexto da saúde pública. Apesar de ser uma técnica eficaz, a exposição prolongada é subutilizada em ambientes de saúde mental comunitária, principalmente devido às crenças negativas dos clínicos sobre as possíveis consequências de sua aplicação.[35] Muitos profissionais de saúde acreditam equivocadamente que certos tipos de traumas não deveriam ser revividos e, por isso, relutam em trabalhar com essa temática. Outro ponto importante é que, na maioria das vezes, a exposição prolongada é realizada como uma tarefa de casa orientada pelo profissional, em vez de um trabalho conjunto, e acaba não sendo efetiva. O esforço para melhorar o treinamento dos profissionais da saúde por meio de protocolos bem-estabelecidos pode ter um efeito positivo no tratamento do TEPT no contexto da saúde pública.

TRAUMA, COMUNIDADE E SAÚDE MENTAL

A promoção da saúde mental e do bem-estar do indivíduo deve estar presente nos principais programas de saúde pública ao redor do mundo. Sendo assim, o engajamento da comunidade e dos diversos profissionais de saúde é crucial para que se mitiguem os possíveis danos coletivos e individuais que o trauma e as relações disfuncionais podem ocasionar. Dessa forma, programas de prevenção e conscientização costumam ser a base das intervenções em saúde com este objetivo. O programa canadense Roots of Empathy é um exemplo de iniciativa não governamental que promove ações globais para fomentar a empatia e o combate à discriminação em escolas, auxiliando no desenvolvimento de relações saudáveis ao longo da infância.[36]

Além disso, a capacitação dos profissionais de saúde também é essencial para suprir as diversas demandas que a população pode trazer.[37] A Columbia University promove uma iniciativa de palestras voltadas para a comunidade que visa reduzir o estigma que a saúde mental infelizmente ainda carrega. O engajamento comunitário, sobretudo em situações de crise, é fundamental para manter determinadas comunidades envolvidas e pertencentes ao seu território. Alguns países, incluindo o Brasil, possuem programas nacionais de promoção da saúde mental, que proporcionam atendimento psicossocial integrado para a população. Entre alguns exemplos é possível citar o National Health Service (NHS), que conta com programas de atendimento de saúde mental adulto e pediátrico inseridos em uma lógica de saúde integrada em todo o território do país. A Austrália também abriga um serviço de saúde mental de referência no seu programa de saúde pública. Contudo, a OMS alerta que o investimento global em atenção à saúde mental ainda é baixo e limitado, permitindo que a desigualdade de acesso às políticas públicas locais ainda sirva de empecilho para o desenvolvimento psicossocial da população.[38] O Brasil possui um programa de atenção à saúde mental ligado ao Sistema Único de Saúde (SUS), que promove atendimento e acolhimento para pessoas em vulnerabilidade psicossocial.

Além disso, as habilidades dos profissionais de saúde mental devem incluir a capacidade de identificar as emoções dentro do cenário socioeconômico em que se está trabalhando, a fim de que se abordem de forma adequada as necessidades e preocupações que podem atingir cada comunidade específica. No âmbito do SUS, a rede de saúde mental engloba cada vez mais estratégias multidisciplinares que buscam promover o bem-estar populacional e comunitário. As Redes de Atenção Psicossocial (RAPS) são responsáveis por integrar e organizar serviços focados na saúde mental, a fim de que os usuários do sistema público possam ter acesso aos serviços especializados, bem como ter acompanhamento continuado durante o tratamento. É possível citar os Centros de Atenção Psicossocial (CAPS), cujos atendimentos continuados de pessoas com transtornos psiquiátricos permitem que haja seguimento terapêutico adequado. As redes de Atenção Primária à Saúde (APS) também devem oferecer acompanhamento aos usuários do sistema e assim realizar encaminhamentos especializados quando necessário.[39]

Outras ações de intervenção comunitária também devem ser elaboradas pela Estratégia de Saúde da Família (ESF) a partir das equipes especializadas de cada território designado. É esperado, assim, que se possa ter uma estruturação dos serviços de saúde voltados para a população necessitada, embora ainda existam dificuldades tanto no acesso aos serviços especializados (que são ainda escassos pelo território nacional) quanto na continuidade do tratamento (não só pela má adesão, mas também pela perda de seguimento terapêutico dentro da rede de saúde).[39] Apesar dos empecilhos existentes, o Brasil ainda se destaca pela sua abrangente oferta de serviços de saúde gratuitos à população, podendo, assim, liderar futuramente as estratégias mais efetivas de promoção à saúde mental.

CONSIDERAÇÕES FINAIS E PERSPECTIVAS FUTURAS

Em termos práticos, crianças que crescem em ambientes seguros, com cuidadores responsivos, desenvolvem uma base sólida para enfrentar desafios futuros, promovendo a saúde mental ao longo da vida. Em contrapartida, aquelas expostas a ambientes negligentes ou abusivos podem enfrentar dificuldades significativas na confiança e na formação de relações interpessoais saudáveis, o que reflete a importância crítica das experiências e do ambiente precoces no desenvolvimento. Além disso, a ocorrência de um trauma e a qualidade das relações e da rede de apoio dentro da comunidade seguem influenciando a biologia das pessoas no sentido de saúde ou doença.

No cenário de engajamento comunitário, é essencial que haja iniciativas multidisciplinares de prevenção e intervenção, a partir de um diálogo harmônico entre as diversas áreas do conhecimento. Sendo assim, a prevenção e o tratamento de traumas coletivos e individuais exigem esforços multilaterais, para que uma abordagem integrada seja possível. É importante que toda a abordagem profissional seja embasada em princípios empáticos, especialmente no contexto da relação profissional de saúde-paciente, em que a adesão terapêutica, a satisfação do paciente e a redução das más práticas estão diretamente relacionadas com uma boa interação dos pacientes com os profissionais envolvidos no seu cuidado.

O avanço na compreensão dos mecanismos neurobiológicos e psicológicos envolvidos no desenvolvimento e no impacto dos traumas precoces abre caminho para a criação de intervenções mais eficazes e direcionadas. É necessário investir em pesquisas que explorem como fatores de risco e proteção interagem ao longo do desenvolvimento e como esses conhecimentos podem ser traduzidos em práticas clínicas e políticas públicas que promovam a saúde mental desde a infância. Nesse sentido, algumas perspectivas futuras incluem as listadas a seguir.

- **Desenvolvimento de programas de intervenção precoce:** Intervenções voltadas para o fortalecimento dos vínculos entre cuidadores e crianças, especialmente em contextos de vulnerabilidade, são cruciais. Programas que incentivem a comunicação afetiva, o manejo do estresse e o desenvolvimento de habilidades de regulação emocional podem ajudar a prevenir o desenvolvimento de psicopatologias associadas ao trauma.

- **Integração de serviços de saúde mental nas escolas:** As instituições de ensino podem ser espaços privilegiados para a promoção da saúde mental, sobre-

tudo para a detecção precoce de sinais de sofrimento psicológico e para o desenvolvimento de programas de prevenção e intervenção. A formação de professores e a inclusão de psicólogos e assistentes sociais no ambiente escolar são medidas que podem facilitar a criação de uma rede de apoio para crianças e adolescentes.
- **Ampliação e fortalecimento das redes de suporte comunitário:** A criação de espaços seguros e acessíveis para que vítimas de trauma possam buscar apoio é fundamental. Centros comunitários, grupos de apoio e redes de saúde mental devem trabalhar em conjunto para fornecer atendimento contínuo e de qualidade, reduzindo a fragmentação dos serviços e facilitando o acesso ao tratamento.
- **Capacitação continuada de profissionais de saúde:** É essencial que os profissionais de saúde, tanto da atenção primária quanto da especializada, recebam treinamento constante sobre os efeitos do trauma e as melhores práticas para seu manejo. A sensibilização para a importância da escuta ativa, da empatia e da abordagem centrada no paciente pode contribuir para um cuidado mais humanizado e eficaz.
- **Desenvolvimento de políticas públicas inclusivas e integradas:** As políticas públicas devem considerar as especificidades culturais, sociais e econômicas das populações afetadas pelo trauma. A implementação de programas de prevenção e tratamento do trauma deve ser intersetorial, envolvendo áreas como saúde, educação, assistência social e justiça, para criar uma rede de proteção abrangente e eficaz.
- **Pesquisa e inovação na área de saúde mental:** A ciência translacional, que busca aplicar descobertas de pesquisas básicas na prática clínica, pode contribuir para o desenvolvimento de novas terapias e abordagens preventivas. Estudos longitudinais que acompanhem o desenvolvimento de crianças e adolescentes ao longo do tempo, bem como ensaios clínicos que testem a eficácia de diferentes intervenções, são essenciais para aprofundar o entendimento sobre o impacto do trauma e as melhores formas de intervenção.

Por fim, é crucial que a sociedade como um todo reconheça a importância das experiências precoces e dos ambientes relacionais na formação da mente humana. Promover uma cultura de cuidado e prevenção, que valorize o desenvolvimento saudável desde os primeiros anos de vida, pode ter impactos positivos profundos na construção de uma sociedade mais resiliente, empática e saudável.

REFERÊNCIAS

1. Freud S. Além do princípio do prazer (1920). In: Freud S. História de uma neurose infantil: ("O homem dos lobos"): além do princípio do prazer e outros textos (1917-1920). São Paulo: Companhia das Letras; 2010. p. 161-239.
2. Watson JB, Rayner R. Conditioned emotional reactions. J Exp Psychol. 1920;3(1):1-14.
3. Bowlby J. A secure base: parent-child attachment and healthy human development. New York: Basic Books; 1988.
4. Ainsworth MDS. The development of infant-mother attachment. In: Belsky J. The beginning: readings on infancy. New York: Columbia University; 1982. p. 133-43.
5. Chambers J. The neurobiology of attachment: from infancy to clinical outcomes. Psychodyn Psychiatry. 2017;45(4):542-63.
6. Power J, Watson S, Chen W, Lewis AJ, van IJzendoorn MH, Galbally M. Maternal emotional availability and perinatal depressive symptoms as predictors of early childhood executive function. J Affect Disord. 2024;365:332-40.
7. Koehn AJ, Kerns KA. Parent-child attachment: meta-analysis of associations with parenting behaviors in middle childhood and adolescence. Attach Hum Dev. 2018;20(4):378-405.
8. Thompson KI, Schneider CJ, Rocha-Hidalgo J, Jeyaram S, Mata-Centeno B, Furtado E, et al. Constructing the "family personality": can family functioning be linked

to parent-child interpersonal neural synchronization? J Pers. 2024 Sep 9.
9. Feldman R. What is resilience: an affiliative neuroscience approach. World Psychiatry. 2020;19(2):132-50.
10. Tooley UA, Latham A, Kenley JK, Alexopoulos D, Smyser TA, Nielsen AN, et al. Prenatal environment is associated with the pace of cortical network development over the first three years of life. Nat Commun. 2024;15(1):7932.
11. Karimov-Zwienenberg M, Symphor W, Peraud W, Décamps G. Childhood trauma, PTSD/CPTSD and chronic pain: a systematic review. PLoS One. 2024;19(8):e0309332.
12. Sahota N, Shott ME, Frank GKW. Parental styles are associated with eating disorder symptoms, anxiety, interpersonal difficulties, and nucleus accumbens response. Eat Weight Disord. 2024;29(1):55.
13. Al Aboud NM, Tupper C, Jialal I. Genetics, epigenetic mechanism. In: StatPearls [Internet]. Treasure Island: StatPearls Publishing; 2025 [capturado em 23 jan. 2025]. Disponível em: https://www.ncbi.nlm.nih.gov/books/NBK532999/.
14. Kieling C, Hauck S. Psicoterapia baseada na mentalização. In: Cordioli AV, Grevet EH, organizadores. Psicoterapias: abordagens atuais. 4. ed. Porto Alegre: Artmed; 2019. p. 236-49.
15. Parolin L, Milesi A, Comelli G, Locati F. The interplay of mentalization and epistemic trust: A protective mechanism against emotional dysregulation in adolescent internalizing symptoms. Res Psychother. 2023;26(3):707.
16. Bremner JD, Wittbrodt MT. Stress, the brain, and trauma spectrum disorders. Int Rev Neurobiol. 2020;152:1-22.
17. McLaughlin KA, Lambert HK. Child trauma exposure and psychopathology: Mechanisms of risk and resilience. Curr Opin Psychol. 2017;14:29-34.
18. Maercker A, Hecker T, Heim E. Complex PTSD and the role of social context. Psychiatry Res. 2022;303:114101.
19. Thompson PM, Jahanshad N, Ching CRK, Salminen LE, Thomopoulos SI, Bright J, et al. ENIGMA and global neuroscience: A decade of large-scale studies of the brain in health and disease across more than 40 countries. Transl Psychiatry. 2020;10(1):100.
20. Herringa RJ. Trauma, PTSD, and the developing brain. Curr Psychiatry Rep. 2017;19(10):69.
21. American Psychiatry Association. Manual diagnóstico e estatístico de transtornos mentais: DSM-5-TR. 5.ed. rev. Porto Alegre: Artmed; 2023.
22. Braga DT, Silveira Jr. EM, Teche SP, Hauck S. Transtorno de estresse agudo e transtorno de estresse pós-traumático. In: Cordioli AV, Gallois CB, Passos. IC, orgamizadoes. Psicofármacos: consulta rápida. 6. ed. Porto Alegre: Artmed; 2023. p. 597-607.
23. Sloover M, Stoltz SEMJ, van Ee E. Parent-child communication about potentially traumatic events: a systematic review. Trauma Violence Abuse. 2024;25(3):2115-27.
24. Hauck S, Azevedo R. Trauma. In: Botega NJ, organizador. Prática psiquiátrica no hospital geral: interconsulta e emergência. 3. ed. Porto Alegre: Artmed; 2012. p. 430-43.
25. Freud S. Além do princípio do prazer. In: Freud S. Edição standard brasileira das obras psicológicas completas de Sigmund Freud. v. 18. Rio de Janeiro: Imago; 1976. p. 13-78.
26. Ferenczi S. Confusão de línguas entre os adultos e a criança. In: Ferenczi S. Diário clínico. São Paulo: Martins Fontes; 2000. p. 251-75.
27. Winnicott DW. Processos de amadurecimento e ambiente facilitador: estudos sobre a teoria do desenvolvimento emocional. São Paulo: Ubu; 2022.
28. Roussillon R. O trauma narcísico-identitário e sua transferência. Rev Bras Psicanál. 2014;48(3):187-205.
29. Aisenstein M. A unidade indissociável da psique e do soma: uma visão da Escola Psicossomática de Paris. Rev Bras Psicanálise. 2006;42(2):203-22.
30. Bion WR. Elements of psychoanalysis. London: Routledge; 2018.
31. Garland C, editor. Understanding trauma: a psychoanalytical approach. London: Routledge; 2018.
32. Lewis C, Roberts NP, Andrew M, Starling E, Bisson JI. Psychological therapies for post-traumatic stress disorder in adults: systematic review and meta-analysis. Eur J Psychotraumatol. 2020;11(1):1729633.
33. Foa EB, Riggs DS. Posttraumatic stress disorder following assault: theoretical considerations and empirical findings. Curr Dir Psychol Sci. 1995;4(2):61-5.
34. Shapiro F. Eye movement desensitization: a new treatment for post-traumatic stress disorder. J Behav Ther Exp Psychiatry. 1989;20(3):211-7.
35. Racz JI, Bialocerkowski A, Calteaux I, Farrell LJ. Determinants of exposure therapy implementation in clinical practice for the treatment of anxiety, OCD, and PTSD: a systematic review. Clin Child Fam Psychol Rev. 2024;27(2):317-41.
36. Roots of Empathy [Internet]. Toronto: Roots of Empathy; c2024 [capturado em 25 jan. 2025]. Disponível em: https://rootsofempathy.org/.
37. Smith KE, Norman GJ, Decety J. The complexity of empathy during medical school training: evidence for positive changes. Med Educ. 2017;51(11):1146-59.
38. World Health Organization. Guidelines on physical activity and sedentary behaviour [Internet]. Geneva: WHO; 2020 [capturado em 24 jan. 2025]. Dsponível em: https://www.who.int/publications/i/item/9789240015128.
39. Brasil. Ministério da Saúde. Secretaria de Atenção à Saúde. Manual de Implementação de Redes de Atenção Psicossocial no SUS e nas Redes de Atenção à Saúde [Internet]. Brasília: MS; 2013 [capturado em 25 jan. 2025]. Disponível em: https://bvsms.saude.gov.br/bvs/publicacoes/implantacao_redes_atencao_saude_sas.pdf.

5

EMOÇÃO, COGNIÇÃO E COMPORTAMENTO

DAYANE SANTOS MARTINS
MATHIAS HASSE DE SOUSA
IVES CAVALCANTE PASSOS
GISELE GUS MANFRO

DESCRITORES: saúde mental; terapia cognitivo-comportamental; pensamento; comportamento.

Saber conceituar uma emoção, um pensamento e um comportamento, assim como distingui-los e conhecer suas interações, é muito importante para a compreensão do funcionamento humano. A partir disso, formam-se questões como: Qual é a diferença entre uma emoção, um pensamento e um comportamento? Um pode causar o outro? Quais são suas interações? Qual é a relação deles com saúde mental? Este capítulo procura responder a essas questões e explorar as complexas relações entre cognição, emoção e comportamento, por meio dos modelos centrais desenvolvidos na terapia cognitivo-comportamental (TCC). A TCC é uma abordagem contemporânea e eficaz de psicoterapia que aborda essas interações para promover o bem-estar psicológico. Discutiremos as teorias das emoções e se elas são inatas ou construídas socialmente, e examinaremos como pensamentos distorcidos podem alterar a percepção da realidade, levando ao sofrimento emocional e a padrões de comportamento prejudiciais. Além disso, abordaremos como cada componente pode influenciar e ser influenciado pelo outro, estabelecendo um ciclo dinâmico que afeta nossa saúde mental. Destacaremos a importância de profissionais de saúde, independentemente da sua área de atuação, compreenderem essas dinâmicas para promoção de saúde mental.

ESTADO DA ARTE

A maneira como pensamos, sentimos e nos comportamos tem sido objeto de estudo desde os primórdios da humanidade. Embora as teorias sejam continuamente aprimoradas, já existe um vasto consenso nas áreas da psicologia e da psiquiatria que nos ajuda a compreender o comportamento humano e os processos subjacentes. Como consequência, ao longo do tempo, muitos métodos com validação empírica foram desenvolvidos para o tratamento de problemas relacionados ao pensamento, à emoção e ao comportamento. Estudos de metanálise apontam para a efetividade da terapia cognitivo-comportamental (TCC) no manejo de diferentes condições clínicas.[1,2] Além do modelo tradicional de TCC, atualmente existem variações que o utilizam como base teórica, chamadas de terapia de terceira onda.[3] Neste capítulo, você verá de forma resumida como os conceitos de emoções, cognição e comportamento se relacionam ao explorar as principais teorias e pesquisas que elucidam esses processos.

EMOÇÕES

Emoções são respostas de um organismo a estímulos relevantes e direcionadas a alvos específicos.[4] Elas têm fortes raízes biológicas e evolutivas. A expressão emocional é um traço evolutivo que auxilia os seres a manifestarem e sinalizarem necessidades dependentes do contexto.[5] A expressão de raiva, por exemplo, manifestada por meio de músculos faciais tensionados, elevações no tom de voz e ativação do sistema nervoso simpático, direciona o indivíduo a se defender de situações de ameaças ou injustiças. Portanto, as emoções servem para adaptações e sobrevivência humana.

Emoções costumam ser mais intensas e menos duradouras do que o humor.[6] É normal ficarmos tristes ao finalizarmos um estágio em uma área que gostamos muito. A emoção – tristeza – é situacional e costuma ter um pico de intensidade que alivia ao longo do tempo. Por outro lado, quando ficamos tristes por muitos dias seguidos, com importante prejuízo em diferentes domínios da vida, podemos chamar isso de humor deprimido, e não apenas de tristeza. Essa distinção entre emoção e humor é importante principalmente quando vamos fazer a avaliação de um paciente com transtorno mental. Por exemplo, uma pessoa sem diagnóstico de transtorno mental pode sentir tristeza (a emoção) após vivenciar uma situação difícil, como o término de um relacionamento, sem evoluir para um humor deprimido. Nesse caso, a tristeza é situacional e tende a passar com o tempo. Já uma pessoa com diagnóstico de transtorno depressivo maior pode sentir tristeza (a emoção) e, ao mesmo tempo, apresentar um humor deprimido, que é mais persistente e impacta negativamente diversos aspectos da vida.

Algumas características gerais são propostas para a demarcação de emoções, como descrito a seguir.

- **Globalmente coordenadas:** Estados emocionais coordenam múltiplas alterações fisiológicas e comportamentais, afetando o organismo por completo.
- **Valência:** Emoções podem ser qualitativamente consideradas positivas ou negativas.[7]
- **Intensidade:** Emoções ocorrem de maneira gradativa em um espectro de "fraca" a "forte".
- **Prioridade:** Emoções tomam prioridade sobre outros processos atencionais e comportamentais em andamento.

- **Generalização:** Estados emocionais podem ser eliciados por meio de estímulos ou contextos previamente associados com gatilhos iniciais.
- **Persistência:** Estados emocionais normalmente duram mais do que os estímulos iniciais.[8]

Existem diversas teorias que buscam explicar as emoções. Charles Darwin, em sua famosa obra *A expressão das emoções nos homens e nos animais*,[8] postulou a ideia das expressões emocionais universais comuns a humanos e animais. Para Darwin, por estarem ligadas à cognição, as emoções ajudam os seres vivos a se comunicarem com o ambiente e a sobreviverem por meio da predição de situações, reforçando o papel evolutivo das emoções.[9-12] A partir dessa concepção, institui-se a ideia da existência de emoções básicas.

Anos depois, outra teoria amplamente utilizada foi a de James-Lange (1884), considerada um marco no campo da psicologia. A ideia principal mostra que as emoções são resultantes da excitação fisiológica causada por estímulos situacionais.[12-14] Ou seja, o ser humano sente uma emoção a partir da resposta fisiológica que o corpo manda. Ao nos depararmos com o urso na floresta, não trememos porque temos medo, mas temos medo porque trememos.[11,14] Cerca de 40 anos depois, as ideias de Cannon-Bard, em 1927, desafiaram a proposta de James-Lange, defendendo que, embora a resposta fisiológica e a experiência emocional acontecessem por processos independentes, elas se manifestavam de forma simultânea por meio do tálamo, que enviava as informações sensoriais ao córtex cerebral.[11,12]

Nos últimos anos, essas teorias foram aprimoradas e discutidas por diversos pesquisadores. Entre as mais contraditórias sobre as emoções, destacam-se as de Ekman[15] e Barrett.[16] A primeira segue a linha das ideias de Darwin sobre emoções básicas e argumenta que existe um conjunto de emoções inatas e que seriam a base para o desenvolvimento de emoções mais complexas.[16,17] Segundo Ekman,[15] medo, raiva, nojo, felicidade e tristeza são emoções que compartilham características-chave, como expressões faciais distintas, modos específicos de manifestação e reconhecimento universal. Ou seja, para ele, em qualquer lugar do mundo, em qualquer cultura ou etnia, essas emoções poderiam ser facilmente reconhecidas.[15,17]

Na contramão das ideias de Ekman, temos a teoria da construção das emoções, da psicóloga Lisa Barrett. Fundamenta-se nos conceitos de intercepção, que é a percepção do estado interno do corpo, e de alostase, o processo de manutenção e retorno à homeostase.[15,18] Para Barret, as emoções seriam conceitos formados pelo cérebro a partir de experiências anteriores ligados ao estado atual do corpo e do ambiente. Além disso, a psicóloga ressalta o papel do contexto social e cultural na construção das emoções. Isto é, nessa perspectiva, as emoções são criadas a partir das interpretações que o cérebro faz da combinação entre respostas fisiológicas, experiências passadas e influências culturais.[12,18] Por exemplo, se você estiver fazendo um trabalho em grupo e um dos colegas criticar a sua ideia, o que pode acontecer é: a) você começa a sentir um calor subindo no peito; b) você busca interpretações de experiências anteriores sobre receber críticas; c) você integra a sensação fisiológica com a interpretação e atribui uma emoção a isso, que pode ser raiva do colega por ter lhe criticado.

Mesmo que dentro do campo das pesquisas em emoções haja um debate sobre qual teoria as explicaria melhor evolutivamente, existe uma discussão sobre a complementaridade dessas ideias.[15,16] Estudos sobre emoções básicas – teoria de Paul

Ekman – buscam a definição dessas emoções e de suas características.[17] Já os estudos na linha da pesquisadora Lisa Barrett costumam focar nos circuitos cerebrais e mecanismos envolvidos na formação dos conceitos de emoção.[18] O ponto em comum parte do princípio de que as nossas emoções possuem a função de responder a determinados estímulos do ambiente, com o intuito de manter a nossa sobrevivência.[15]

Em termos neurobiológicos, existe uma complexa interação entre as estruturas cerebrais ligadas às emoções. O sistema límbico é o grande responsável por processamento e regulação emocional, consolidação de memórias emocionais, resposta ao estresse, motivação e prazer.[12] A amígdala é uma estrutura central dentro do estudo das emoções, formada pelos núcleos basolaterais, os núcleos corticomediais e o núcleo central. Em relação à emoção de medo, por exemplo, ela atua integrando e coordenando de forma adequada as respostas emocionais e comportamentais aos estímulos externos.[6,11] Estudos sobre trauma na infância apontam para uma redução de volume dessa estrutura e uma relação com o desenvolvimento de transtornos mentais na vida adulta.[19,20]

Diversas pesquisas dentro da área da saúde mental foram realizadas a partir da teoria das emoções. Estudos de metanálise e de revisão mostram que indivíduos com determinados transtornos, como a esquizofrenia,[21] o do espectro autista,[22] a depressão,[23] o transtorno bipolar[24] e doenças neurodegenerativas[25] teriam um prejuízo no reconhecimento de emoções básicas quando comparados com indivíduos sem transtornos mentais.

Além de prejuízos no processamento e reconhecimento de emoções, a relação entre emoções e transtornos mentais também se mostra evidente no domínio da regulação emocional. Trata-se da habilidade do indivíduo em identificar, avaliar e moldar a resposta emocional de acordo com o contexto. Com isso, entendemos que a pessoa é capaz de influenciar a sua emoção e não somente ser influenciada por ela.[6,11] Por exemplo, indivíduos com transtornos por uso de substâncias,[26] com transtorno bipolar e com transtorno da personalidade *borderline*[27] têm uma capacidade diminuída de regularem as suas emoções.

COGNIÇÃO

Imagine o seguinte cenário: três alunos de medicina realizam uma prova importante da graduação e, ao receberem os resultados, descobrem que tiraram nota 5. Cada um deles lida com a situação à sua própria maneira.

- Marcos pensa: "Eu sabia que não ia conseguir. Nunca vou conseguir ser um médico competente. Talvez seja melhor eu desistir mesmo". Assim, sente-se triste e desanimado, e começa a faltar às aulas e se dedicar menos à faculdade.
- Clara, por sua vez, pensa: "Mas que professor bem ruim mesmo. Ele certamente está me perseguindo. Isso não vai ficar barato!". Com isso, sente intensa raiva e procura o professor para discutir com ele.
- Humberto pensa: "Bom, que pena, mas tudo bem. Vou me esforçar mais na próxima prova e acho que conseguirei recuperar minha nota. Esse resultado não me define como aluno ou pessoa". Ao pensar assim, Humberto sente-se tranquilo, retoma suas atividades e aumenta a carga horária dos estudos.

Neste cenário, os três alunos vivenciaram a mesma experiência (tirar nota 5 na prova). No entanto, cada um interpretou a situação de maneira específica e, após essa interpretação, sentiu e agiu de maneira diferente. Este é o pressuposto central da TCC: **não é a situação que nos gera emoções e comportamentos, mas sim a interpretação que fazemos dessa situação.**

ASPECTOS HISTÓRICOS

Em 1960, Aaron Beck desenvolveu a TCC a partir de limitações que percebia em sua prática clínica. Beck, um psicanalista, começou a questionar a compreensão vigente sobre a depressão de que esta seria um produto da hostilidade que os indivíduos sentiam por eles mesmos. Ao testar essa teoria, por meio da análise dos sonhos dos pacientes deprimidos, constatou que o conteúdo dos sonhos era semelhante ao conteúdo dos pensamentos quando os indivíduos estavam acordados e envolviam ideias pessimistas relacionadas ao fracasso e à perda, e não hostilidade. À medida que ia trabalhando com esses pacientes deprimidos, Beck identificou um padrão de pensamentos que estava diretamente ligado às emoções daqueles indivíduos e começou a intervir nesse ponto.[28,29] Além disso, percebia que o padrão de pensamentos negativos ligados aos sintomas envolvia a visão que os pacientes tinham de si mesmos, dos outros e do mundo.[30]

Com a melhora dos seus pacientes, Beck começou a disseminar suas ideias entre os seus alunos e colegas. Em 1977, desenvolveu a primeira pesquisa científica com o objetivo de consolidar o modelo cognitivo. Esse estudo foi um marco teórico importante e evidenciou a eficácia da sua nova intervenção. Dois anos depois, Beck e outros estudiosos do campo da depressão lançaram o primeiro manual da área, o livro *Terapia Cognitiva da Depressão*.[28,29,31] Desde então, inúmeros estudos já foram realizados testando a eficácia da TCC no tratamento de diversas condições clínicas, como depressão,[1] transtornos de ansiedade,[32,33] dor crônica,[34] insônia,[35] entre outras.

MODELO COGNITIVO

Conforme vimos no exemplo no início da seção, uma mesma situação pode desencadear interpretações completamente diferentes umas das outras. Todos os dias nos deparamos com variados fatos que exigem que tomemos decisões de forma rápida, automática e, muitas vezes, sem pensar. Se está perto do meio-dia, posso lembrar que está chegando a hora de almoçar, sentir fome e pedir um *delivery* de hambúrguer. Mais tarde, posso me arrepender por ter feito isso, pois estou de dieta. Esse fenômeno de pensar-agir é comum a todos nós e costuma acontecer de forma muito rápida e fora do nosso campo atencional.

A cognição pode ser definida por palavras, ideias, memórias e imagens que passam pela nossa mente. O modelo cognitivo defende que agimos e sentimos a partir dessa cognição. Junto disso, trabalha com a ideia de que, na maioria das vezes, o problema do nosso sofrimento não está ligado à situação em si, mas às interpretações que fazemos dela.[28-30] Por exemplo, mesmo de dieta, posso achar razoável ter comido o hambúrguer e não me sentir mal por isso depois. A experiência de ter um pensamento disfuncional (ou seja, que causa emoções e comportamentos que trazem sofrimento) é comum a todos os seres humanos e, principalmente, àqueles com transtornos mentais.

Existem três níveis de cognição: os pensamentos automáticos, as crenças intermediárias e as crenças centrais. A relação entre esses níveis é permeada pelas experiências que o indivíduo tem ao longo da infância e da adolescência, ou seja, pelo ambiente, assim como pelo seu temperamento.[28-30] Além disso, esses processos, juntamente com o comportamento, podem se retroalimentar, dependendo do nível de disfuncionalidade (Figura 5.1). Em TCC, é essencial o trabalho intervir nesses três níveis.[29]

PENSAMENTOS AUTOMÁTICOS

Os pensamentos automáticos são considerados o nível mais superficial da nossa cognição. Todos nós os temos. Eles dizem respeito à primeira ideia que costuma vir à nossa mente frente a determinadas situações, por isso são automáticos, e podem ou não estar de acordo com a realidade.[30] Muitos dos pensamentos que surgem diariamente fazem parte de um fluxo de processamento cognitivo que opera logo abaixo da nossa mente consciente. Eles não costumam ser explícitos ou declarados e ocorrem rapidamente à medida que interpretamos os eventos em nossas vidas.[28-30]

No exemplo da nota da prova, podemos observar três diferentes pensamentos automáticos oriundos da mesma situação. Eles podem ser adaptativos e estar de acordo com a situação vivenciada ou, conforme falamos, disfuncionais/desadaptativos e distorcerem a realidade. Dessa maneira, acarretam prejuízos na maioria das vezes. Um indivíduo com transtorno de ansiedade generalizada, no primeiro dia de aula, pode ter pensamentos automáticos como "Vou me atrasar amanhã!", e isso o faz se sentir ansioso e acordar muitas vezes durante a noite para ver o horário no celular.

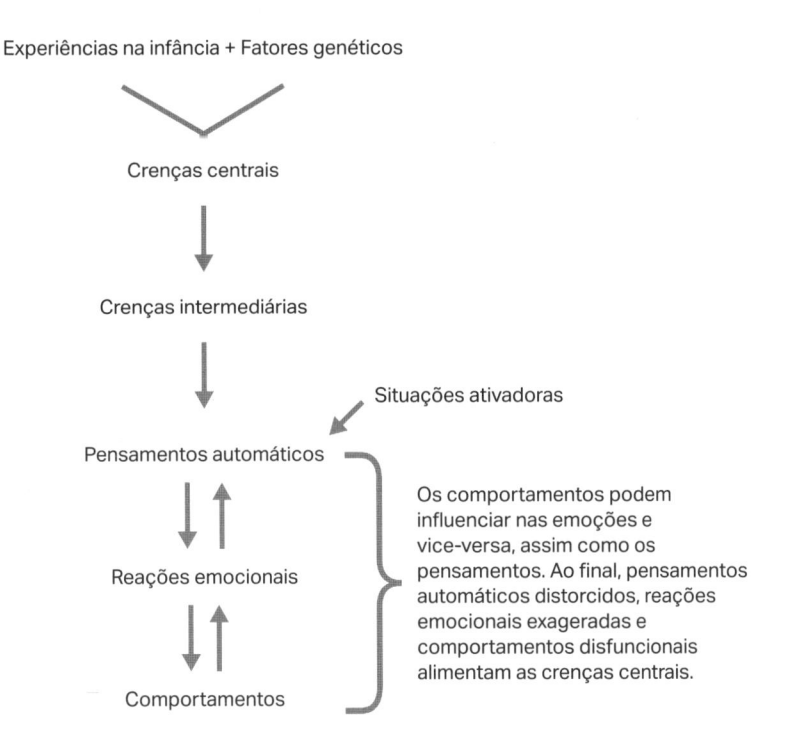

```
        Experiências na infância + Fatores genéticos
                         ↓
                  Crenças centrais
                         ↓
                Crenças intermediárias
                         ↓              ← Situações ativadoras
              Pensamentos automáticos ─┐
                     ↓↑                │
               Reações emocionais      │  Os comportamentos podem
                     ↓↑                │  influenciar nas emoções e
                Comportamentos         │  vice-versa, assim como os
                                       │  pensamentos. Ao final, pensamentos
                                       │  automáticos distorcidos, reações
                                       │  emocionais exageradas e
                                       │  comportamentos disfuncionais
                                       │  alimentam as crenças centrais.
```

FIGURA 5.1
Representação esquemática do modelo cognitivo mostrando como a interação entre fatores genéticos e ambientais durante o desenvolvimento influencia a formação e a manutenção de crenças centrais e intermediárias, que, por sua vez, estão diretamente ligadas aos pensamentos automáticos, às emoções e aos comportamentos.

Distorções cognitivas

A percepção de cada pessoa sobre os eventos passa pelo filtro de sua visão de mundo, de si e dos outros. Nem sempre, no entanto, essa visão corresponde à realidade. A este erro de interpretação é dado o nome "distorção cognitiva", na qual um pensamento exagerado ou irracional é tido como verdadeiro sem evidências para tal.[29] No Quadro 5.1, são apresentadas algumas das principais.

As distorções cognitivas são um dos principais fatores mantenedores de psicopatologias dentro de modelos da TCC.[29] Uma pessoa com depressão, por exemplo, pode receber um convite de amigos para uma festa, mas tem os seguintes pensamentos: "Eles só estão me convidando por pena, eles não querem que eu realmente vá." (leitura mental); "Não vou conseguir interagir com as pessoas e ficarei muito desconfortável." (catastrofização). Uma pessoa com ansiedade generalizada, por sua vez, pode perceber que uma prova importante se aproxima e pensar "Preciso ir bem nessa prova, é minha obrigação como estudante." (tirania do deveria); "Ou gabarito essa prova ou serei um fracasso."; (pensamento tudo-ou-nada); "Se eu não tirar uma boa nota, meu futuro está perdido." (catastrofização).

QUADRO 5.1
PRINCIPAIS DISTORÇÕES COGNITIVAS

Distorção cognitiva	Definição	Exemplo
Pensamento tudo-ou-nada (ou pensamento dicotômico)	A pessoa vê uma situação complexa e dimensional como algo binário: certo X errado, bom X mau, verdadeiro X falso.	"Ou sou um médico perfeito, ou sou um fracasso."
Catastrofização	Uma interpretação excessivamente negativa do futuro que não considera outros possíveis desfechos.	"Vou reprovar na prova, não conseguirei me formar e não conseguirei ter um emprego."
Desqualificação do positivo	A pessoa não leva em consideração fatores, eventos ou conquistas positivas.	"Posso ter ido bem na prova, mas isso não quer dizer nada. Só tive sorte."
Raciocínio emocional	A pessoa conclui que algo é verdadeiro porque ela "sente" aquilo, apesar de evidências ao contrário.	"Apesar de todas minhas vitórias, eu ainda assim me sinto um fracasso."
Rotulação	Coloca-se um rótulo inflexível em eventos e pessoas sem considerar a possibilidade de conclusões menos extremas.	"Sou um perdedor."
Maximização e minimização	Dá-se excessiva importância para evidências negativas (maximização) e diminui-se a importância de fatos positivos.	"Do que adianta ter sido selecionado para três programas de residência se fui rejeitado em uma?"

→

QUADRO 5.1
PRINCIPAIS DISTORÇÕES COGNITIVAS

Distorção cognitiva	Definição	Exemplo
Filtro mental/ abstração seletiva	Leva-se em conta apenas evidências negativas para uma conclusão.	"Recebi um *feedback* negativo do meu professor, então sou um aluno ruim (apesar de todos os outros *feedbacks* positivos)."
Leitura mental	A pessoa acredita que sabe o que os outros estão pensando ou sentindo sem considerar outras possibilidades.	"Meus colegas estão me achando um incompetente."
Hipergeneralização	Chega a uma conclusão precipitada que toma dimensões para além da situação atual.	"Tenho dificuldade em dar notícias ruins, portanto não serei capaz de ser médico."
Personalização	A pessoa atribui a si mesma a responsabilidade de um evento ou dos sentimentos de outras pessoas.	"A festa foi ruim por minha causa."
Tirania do "deveria"	A pessoa tem um conjunto de regras e mandamentos que, caso não sejam atingidos, são considerados uma grande falha.	"Eu deveria sempre tirar nota 10." "Preciso sempre ser o melhor da turma."
Visão de túnel	Vê-se apenas um aspecto de uma situação.	"O professor está me perseguindo e me prejudicando."

CRENÇAS CENTRAIS

É interessante notar como é comum as pessoas recorrerem às mesmas distorções cognitivas repetidamente.[30] Por exemplo, alguém que acredita que qualquer um faria o que ela faz tende a adotar frequentemente a desqualificação do positivo como forma de justificar essa crença. Esse padrão de pensamento acontece devido ao que chamamos de crenças centrais.

Conforme as observações de Beck, as experiências que temos ao longo da nossa infância e adolescência moldam a nossa visão de mundo. A convivência com pares na escola, os modelos dentro da família, as situações estressantes (divórcio dos pais, morte, desastres), a influência de pessoas de referência (professores, outros cuidadores), assim como experiências de sucesso (ser sempre o nº 1 em matemática) influenciam diretamente na formação das crenças centrais. Entende-se que as crenças centrais são ideias rígidas, absolutas e generalizadas que o ser humano tem sobre si, sobre os outros e sobre o mundo. A formação das crenças centrais não é influenciada apenas pelas experiências, mas também pela genética, que desempenha um papel importante devido à vulnerabilidade para o desenvolvimento de transtornos mentais e às características herdadas do temperamento.[28-30] Por exemplo, se uma pessoa nasce em uma família com histórico de transtorno depressivo (genética), é mais introspectiva (temperamento) e é muito criticada pelos pais (ambiente), ela pode desenvolver a crença de não ser boa o suficiente.

Existem crenças centrais que são adaptativas, ou seja, são ideias funcionais que desenvolvemos e auxiliam a fazer escolhas de vida razoáveis e ter uma sensação de bem-estar sobre si próprio. Já as crenças desadaptativas funcionam ao contrário, geralmente atrapalham o funcionamento e fazem o indivíduo questionar-se sobre si (Quadro 5.2).[29] Podemos pensar que um indivíduo com transtorno de ansiedade social que tenha evitado ir à festa da turma tenha crenças centrais de "sou inadequado" e "os outros não são confiáveis" que se originaram de repetidas experiências de *bullying* na escola.

O modelo de diátese-estresse auxilia na compreensão da relação entre crenças centrais e pensamentos automáticos, uma vez que, em algumas psicopatologias, como a depressão, as crenças centrais desadaptativas podem não ser ativadas até que surja algum evento ativador (p. ex., episódio depressivo). A partir disso, existe um reforçamento da crença desadaptativa, o que, consequentemente, desencadeia um padrão de pensamentos negativos. Da mesma forma, em momentos de estabilidade, pode ser que as crenças desadaptativas fiquem adormecidas.[30]

CRENÇAS INTERMEDIÁRIAS

Entre as crenças centrais e os pensamentos automáticos, existe uma categoria de ideias que chamamos de crenças intermediárias. Por definição, as crenças intermediárias são os pressupostos, as regras e as atitudes que se conectam com o que pensamos e o que fazemos.[29] As crenças intermediárias costumam ser mais conscientes do que as crenças centrais.[30] É essencial o trabalho neste nível, uma vez que essas crenças costumam moldar o comportamento e, por consequência, reforçam as crenças centrais desadaptativas.

Os pressupostos classificam-se como afirmações condicionais que relacionam os nossos comportamentos às crenças centrais. Alguns exemplos de pressupostos: "Se eu não passar em todas as cadeiras, serei

QUADRO 5.2
EXEMPLOS DE CRENÇAS CENTRAIS ADAPTATIVAS E DESADAPTATIVAS

Crenças centrais adaptativas	Crenças centrais desadaptativas
Sou uma pessoa digna	Não sou digno de receber amor
Posso confiar na maioria das pessoas	Os outros vão me enganar
Sou uma pessoa suficiente	Sou uma pessoa ruim
Sou capaz de enfrentar as dificuldades da vida	Sou incapaz
Sou interessante	Nunca serei uma pessoa interessante para que as pessoas gostem de mim
Embora o mundo tenha perigos, eu posso tomar precauções para me proteger e lidar com situações desafiadoras	O mundo é um lugar perigoso

um fracassado, mas, se eu passar, serei uma pessoa capaz"; "Se eu me abrir com meus colegas, eles verão o quanto sou inadequado, mas, se eu me isolar, talvez ninguém perceba isso". As regras se caracterizam por diretrizes universais e costumam ser imperativas, como "devo me sacrificar pelos outros"; "tenho que fazer tudo perfeitamente", "devo agradar aos outros". As atitudes moldam a forma como os eventos são interpretados e geralmente refletem os valores das pessoas. Alguns exemplos de atitudes podem ser: "demonstrar emoções é sinônimo de fraqueza"; "fracassar é inaceitável", "pedir ajuda é vergonhoso".

COMPORTAMENTO

O comportamento pode ser definido como uma ação realizada por um organismo. Segundo os pressupostos da TCC, essa ação é mediada por processos cognitivos do indivíduo por meio de pensamentos automáticos.[29] Uma heurística comumente utilizada para explicar o conceito de comportamento é a da câmera apontada para o sujeito: se uma câmera estiver apontada para o indivíduo, aquilo que ela captura é considerado um comportamento (mas atenção: alguns processos fisiológicos que não seriam capturados pela câmera, como aumento de frequência cardíaca frente a pensamentos automáticos de catastrofização, são também considerados comportamentos).

Os comportamentos realizados produzem, naturalmente, consequências, as quais podem funcionar como **reforço** ou **punição**. Um comportamento é considerado reforçador quando ele aumenta as chances de se repetir no futuro. A punição, por sua vez, é definida quando um comportamento diminui as chances de ocorrer novamente.[36]

Entretanto, os conceitos de reforço e punição **dependem apenas de suas consequências em relação a um comportamento, e não de suas intenções**. Um professor pode expulsar um aluno da sala com a intenção de fazê-lo parar de conversar em aula, porém se isso faz o aluno conversar ainda mais em futuras aulas para ser expulso da sala, o comportamento do professor de expulsar o aluno é considerado reforçador em relação ao comportamento do aluno de conversar em aula.

Ainda sobre reforço e punição, ambos podem ser considerados **positivos** ou **negativos**. Dentro desse contexto, "positivo" é definido como a **adição** de um elemento no ambiente, enquanto "negativo" é a **subtração** de um elemento do ambiente. Note que são valores puramente matemáticos: "positivo" ou "negativo" refere-se meramente à adição ou retirada de um elemento, sem nenhum julgamento moral ou de valor sobre o que ocorre.[36]

Dessa forma, existem quatro possibilidades de relacionamentos entre comportamentos e suas consequências: **reforço positivo**; **reforço negativo**; **punição positiva**; e **punição negativa**.[36]

Sintetizando os conceitos:

- Um **reforço positivo** ocorre quando a adição de um elemento no ambiente aumenta as chances de determinado comportamento ocorrer. Exemplo: uma mãe, ao perceber que o filho lavou a louça, deixa-o jogar videogame por mais tempo naquele dia. Para ter mais tempo de videogame, o filho lava a louça mais vezes no futuro (adiciona-se o tempo de videogame ao ambiente).

- Um **reforço negativo** ocorre quando a retirada de um elemento aversivo no ambiente aumenta as chances de determinado comportamento ocorrer. Exemplo: um professor diz aos alunos que, se eles se comportarem durante a aula, ele não aplicará uma prova surpresa durante o semestre. Para evitar isso, os alunos

se comportam (retira-se o elemento aversivo da prova surpresa).
- Uma **punição positiva** ocorre quando a adição de um elemento aversivo no ambiente diminui as chances de determinado comportamento ocorrer. Exemplo: um pai, ao ver o filho fazendo manha, grita com ele e o manda ficar quieto. Para evitar que o pai grite novamente com ele, o filho deixa de fazer manha (adiciona-se o grito do pai ao ambiente).
- Uma **punição negativa** ocorre quando a retirada de um elemento do ambiente diminui as chances de determinado comportamento ocorrer. Exemplo: ao saber que o filho brigou na escola, seus pais o deixam uma semana sem celular (retira-se o uso do celular do ambiente).

ESPIRAIS DE COMPORTAMENTO

Diariamente, realizamos inúmeros comportamentos que influenciam nossos comportamentos futuros. Às vezes, no entanto, é possível que fiquemos presos em uma espiral de comportamento, na qual criamos um ciclo vicioso que se reforça sistematicamente. A esse sistema também se dá o nome de profecia autorrealizável: o indivíduo tem tanta aversão a um possível cenário que se utiliza de diversas estratégias para não entrar em contato com aquilo, porém inadvertidamente acaba se aproximando justamente do desfecho indesejável.

Imagine um aluno, nervoso para uma apresentação na faculdade, que decide faltar à aula (Figura 5.2). Com isso, ele fica temporariamente aliviado. O alívio aumenta as chances de o aluno continuar usando dessa estratégia para lidar com esse desconforto. Além disso, ao evitar entrar em contato com esse estímulo, o aluno também não desenvolve as habilidades necessárias para lidar com a situação de uma maneira adequada. Assim, o comportamento persiste.

Em outro exemplo, imagine uma aluna que tira uma nota ruim em uma prova de uma disciplina da faculdade. Ela fica teme-

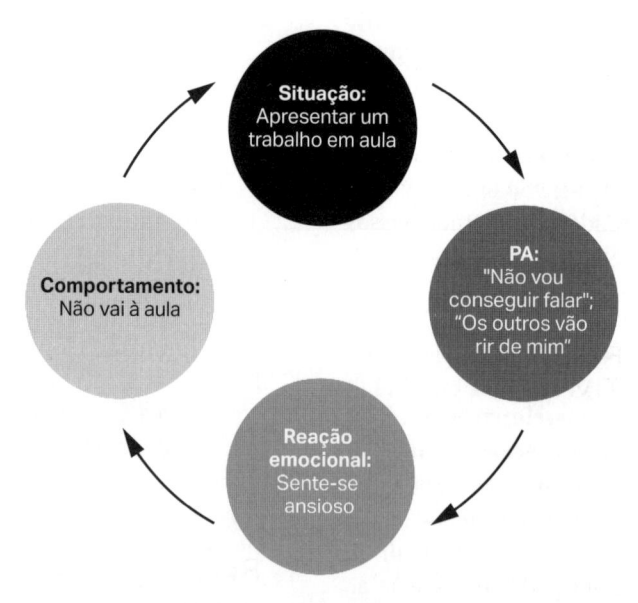

FIGURA 5.2
Espiral de comportamento em aluno com aversão a falar em público.
PA, pensamento automático.

rosa com o julgamento dos colegas, e se sente triste e apreensiva. Para tentar aliviar os sentimentos, ela faz uso de maconha e toma um comprimido benzodiazepínico. O uso das substâncias alivia sua apreensão, porém também a impede de estudar para a próxima prova. Com isso, ela não consegue estudar e não passa na disciplina.

Dessa forma, é crucial que profissionais de saúde estejam atentos às possíveis espirais de comportamento que rondam seus pacientes. Uma pessoa com depressão, por exemplo, pode deixar de sair com amigos por se sentir triste e desanimada, mas a solidão e a falta de reforços a deixam ainda mais envolvida neste ciclo. O profissional de saúde pode, então, sugerir maneiras de interromper esse funcionamento desadaptativo, como encorajar a pessoa a ver amigos ou realizar atividades importantes que sejam congruentes com seus valores de vida.

Em razão disso, monitorar os próprios pensamentos, emoções e comportamentos pode ser um passo essencial para uma compreensão integral do que está acontecendo conosco no momento. Ao identificar seja uma emoção e sua função, um pensamento automático e suas possíveis distorções cognitivas, ou um comportamento e suas funções, o automonitoramento nos aproxima da experiência do aqui e agora e nos auxilia a entendermos melhor nossos processos psicológicos.

CONSIDERAÇÕES FINAIS E PERSPECTIVAS FUTURAS

A integração dos processos cognitivos, emocionais e comportamentais pode desencadear ciclos saudáveis, que nos fazem ser funcionais, ou, ao contrário disso, ciclos não saudáveis que poderão nos levar ao adoecimento mental. Ao nos depararmos com indivíduos com hábitos disfuncionais, pacientes com algum transtorno mental ou até mesmo com uma simples dificuldade em aderir às orientações médicas, é possível encontrarmos alguma relação com esses três processos. Dar-se conta desse funcionamento é importante não só para a prática clínica, independente da área de atuação, mas também para a nossa própria saúde mental.

A modificação desses processos cognitivos, emocionais e comportamentais é a base dos tratamentos que envolvem a TCC. A TCC é uma terapia em constante evolução, e o modelo clássico de Beck passou por diversas transformações, as quais incorporaram novos elementos biológicos, sociais e contextuais à abordagem. Além da utilização de protocolos, a TCC sempre considera questões sociais, econômicas, ambientais e contextuais do indivíduo ao traçar suas intervenções, incorporando o papel das emoções, dos pensamentos e dos comportamentos no nosso funcionamento psicológico. Novas modalidades de tratamento, como TCC *online* ou em programas de realidade virtual, apresentam evidências de serem tão eficazes quanto a TCC presencial.[37] Além disso, uma nova onda de TCC, com propostas de foco na função de comportamentos em relação aos seus contextos, modelos transdiagnósticos baseados em processos, práticas de *mindfulness* e atenção plena está sendo estudada.[3,29]

Portanto, o conteúdo apresentado por este capítulo teve como objetivo promover conhecimento sobre os componentes dos pensamentos, das emoções e dos comportamentos que podem auxiliar no desenvolvimento de abordagens de cuidado integral aos pacientes.

REFERÊNCIAS

1. Cuijpers P, Miguel C, Harrer M, Plessen CY, Ciharova M, Ebert D, et al. Cognitive behavior therapy vs. Control

conditions, other psychotherapies, pharmacotherapies and combined treatment for depression: a comprehensive meta-analysis including 409 trials with 52,702 patients. World Psychiatry. 2023;22(1):105-15.
2. Hayes SC, Hofmann SG. "Third-wave" cognitive and behavioral therapies and the emergence of a process-based approach to intervention in psychiatry. World Psychiatry. 2021;20(3):363-75.
3. van Kleef GA, Côté S. The social effects of emotions. Annu Rev Psychol. 2022;73:629-58.
4. Al-Shawaf L, Conroy-Beam D, Asao K, Buss DM. Human emotions: an evolutionary psychological perspective. Emot Rev. 2016;8(2):173-86.
5. Eysenck MW, Keane MT. Manual de psicologia cognitiva. 7. ed. Porto Alegre: Artmed; 2017.
6. Berridge KC. Affective valence in the brain: modules or modes? Nat Rev Neurosci. 2019;20:225-34.
7. Malezieux M, Klein AS, Gogolla N. Neural circuits for emotion. Annu Rev Neurosci. 2023;46:211-31.
8. Darwin CR. The expression of the emotions in man and animals. London: John Murray; 1872.
9. Hess U, Thibault P. Darwin and emotion expression. Am Psychol. 2009;64(2):120-8.
10. Hofmann SG. Emoção em terapia: da ciência à prática. Porto Alegre: Artmed; 2024.
11. Bear MF, Connors BW, Paradiso MA. Neurociências: desvendando o sistema nervoso. 4. ed. Porto Alegre: Artmed; 2017.
12. Coleman AE, Snarey J. James-Lange theory of emotion. In: Goldstein S, Naglieri JA, editors. Encyclopedia of child behavior and development. Boston: Springer; 2011. p. 844-6.
13. Damasio A, Carvalho GB. The nature of feelings: evolutionary and neurobiological origins. Nat Rev Neurosci. 2013;14(2):143-52.
14. van Heijst K, Kret ME, Ploeger A. Basic emotions or constructed emotions: insights from taking an evolutionary perspective. Perspect Psychol Sci. 2023:17456916231205186.
15. Ekman P. An argument for basic emotions. Cogn Emot. 1992;6(3-4):169-200.
16. Barrett LF. The theory of constructed emotion: an active inference account of interoception and categorization. Soc Cogn Affect Neurosci. 2017;12(1):1-23.
17. Ortony A. Are all "basic emotions" emotions? A problem for the (basic) emotions construct. Perspect Psychol Sci. 2022;17(1):41-61.
18. Murphy F, Nasa A, Cullinane D, Raajakesary K, Gazzaz A, Sooknarine V, et al. Childhood trauma, the HPA axis and psychiatric illnesses: a targeted literature synthesis. Front Psychiatry. 2022;13:748372.
19. Nogovitsyn N, Addington J, Souza R, Placsko TJ, Stowkowy J, Wang J, et al. Childhood trauma and amygdala nuclei volumes in youth at risk for mental illness. Psychol Med. 2022;52(6):1192-9.
20. Gao Z, Zhao W, Liu S, Liu Z, Yang C, Xu Y. Facial emotion recognition in schizophrenia. Front Psychiatry. 2021;12:633761.
21. Yeung MK. A systematic review and meta-analysis of facial emotion recognition in autism spectrum disorder: the specificity of deficits and the role of task characteristics. Neurosci Biobehav Rev. 2022;133:104518.
22. Krause FC, Linardatos E, Fresco DM, Moore MT. Facial emotion recognition in major depressive disorder: a meta-analytic review. J Affect Disord. 2021;293:320-8.
23. Prisco M, Oliva V, Fico G, Montejo L, Possidente C, Bracco L, et al. Differences in facial emotion recognition between bipolar disorder and other clinical populations: a systematic review and meta-analysis. Prog Neuropsychopharmacol Biol Psychiatry. 2023;127:110847.
24. Marco-Garcia S, Ferrer-Quintero M, Usall J, Ochoa S, Del Cacho N, Huerta-Ramos E. Facial emotion recognition in neurological disorders: a narrative review. Rev Neurol. 2019;69(5):207-19.
25. Stellern J, Xiao KB, Grennell E, Sanches M, Gowin JL, Sloan ME. Emotion regulation in substance use disorders: a systematic review and meta-analysis. Addict. 2023;118(1):30-47.
26. Miola A, Cattarinussi G, Antiga G, Caiolo S, Solmi M, Sambataro F. Difficulties in emotion regulation in bipolar disorder: a systematic review and meta-analysis. J Affect Disord. 2022;302:352-60.
27. Chand SP, Kuckel DP, Huecker MR. Cognitive behavior therapy. In: StatPearls [Internet]. Treasure Island: StatPearls; 2025 [capturado em 25 jan. 2025]. Disponível em: http://www.ncbi.nlm.nih.gov/books/NBK470241/.
28. Beck JS. Terapia cognitivo-comportamental: teoria e prática. 3. ed. Porto Alegre: Artmed; 2021.
29. Wright JH, Brown GK, Thase ME, Basco MR. Aprendendo a terapia cognitivo-comportamental: um guia ilustrado. 2. ed. Porto Alegre: Artmed; 2019.
30. Beck AT. Cognitive therapy of depression. New York: Guilford; 1979.
31. Carpenter JK, Andrews LA, Witcraft SM, Powers MB, Smits JAJ, Hofmann SG. Cognitive behavioral therapy for anxiety and related disorders: a meta-analysis of randomized placebo-controlled trials. Depress Anxiety. 2018;35(6):502-14.
32. van Dis EAM, van Veen SC, Hagenaars MA, Batelaan NM, Bockting CLH, van den Heuvel RM, et al. Long-term outcomes of cognitive behavioral therapy for anxiety-related disorders: a systematic review and meta-analysis. JAMA Psychiatry. 2020;77(3):265-73.
33. Williams ACC, Fisher E, Hearn L, Eccleston C. Psychological therapies for the management of chronic pain (excluding headache) in adults. Cochrane Database Syst Rev. 2020;8(8):CD007407.
34. Furukawa Y, Sakata M, Yamamoto R, Nakajima S, Kikuchi S, Inoue M, et al. Components and delivery formats of cognitive behavioral therapy for chronic insomnia in adults: a systematic review and component network meta-analysis. JAMA Psychiatry. 2024;81(4):357-65.
35. Skinner BF. The behavior of organisms: an experimental analysis. Cambridge: B. F. Skinner Foundation; 2019.
36. Loenen I van, Scholten W, Muntingh A, Smit J, Batelaan N. The effectiveness of virtual reality exposure–based cognitive behavioral therapy for severe anxiety disorders, obsessive-compulsive disorder, and posttraumatic stress disorder: meta-analysis. J Med Internet Res. 2022;24(2):e26736.
37. López-López JA, Davies SR, Caldwell DM, Churchill R, Peters TJ, Tallon D, et al. The process and delivery of CBT for depression in adults: a systematic review and network meta-analysis. Psychol Med. 2019;49(12):1937-47.

6

ESTRESSE, RESPOSTA INFLAMATÓRIA E NEUROPROGRESSÃO

GUILHERME DA SILVA CARVALHO
ANA CLARA MACHADO TEIXEIRA
LAURO ESTIVALETE MARCHIONATTI
FLÁVIO KAPCZINSKI
PEDRO VIEIRA DA SILVA MAGALHÃES

DESCRITORES: neuroprogressão; biomarcadores; neuroimagem; estadiamento; neuroproteção.

Neuroprogressão é a evolução de alterações cerebrais estruturais e funcionais que pode ocorrer em transtornos mentais graves, documentada mais intensamente na literatura referente ao transtorno bipolar. Estudos mostram que episódios de humor aumentam a probabilidade de recorrência devido a mudanças neurobiológicas, levando a um subgrupo de pacientes cuja evolução é marcada por eventos cada vez mais frequentes e acompanhada por piora cognitiva e funcional. Em termos moleculares, episódios repetidos causam um rearranjo neuronal patológico e complexo que torna o indivíduo acometido mais suscetível a novas crises e ao padrão de deterioração. Evidências de biomarcadores ligam esses mecanismos a disfunções de neuroplasticidade, inflamação e estresse oxidativo. Avanços em neuroimagem e técnicas de *machine learning* confirmaram padrões de redução de espessura cortical em pacientes com transtorno bipolar, entre outras alterações. Modelos de estadiamento sugerem que a neuroprogressão se manifesta em fases, abrindo a possibilidade de intervenções específicas para cada estágio. O lítio destaca-se como neuroprotetor, com estudos mostrando sua eficácia em reduzir declínio cognitivo e risco de demência. Além do transtorno bipolar, o desenvolvimento da neuroprogressão é postulado em outros transtornos, como o depressivo e o de estresse pós-traumático, nos quais inflamação e perda de neuroplasticidade agravam sintomas e prejudicam a função cognitiva. Essas descobertas abrem caminhos para o desenvolvimento de tratamento precoce e individualizado.

ESTADO DA ARTE

Em psiquiatria, neuroprogressão refere-se ao rearranjo patológico de estruturas neuronais e sinápticas ao longo de um transtorno mental, resultando em alterações cerebrais estruturais e funcionais progressivas que moldam sua evolução clínica. Embora processos progressivos sejam documentados há décadas em condições como a esquizofrenia, foi no transtorno bipolar que esse conceito ganhou destaque nas últimas décadas.[1] A constatação de que um episódio maníaco aumenta a probabilidade de recorrência no transtorno bipolar foi associada a alterações neuroanatômicas que predispõem a novas crises. Isso vem caracterizando um subgrupo de pacientes com história clínica marcada por intervalos reduzidos entre episódios, menor resposta aos tratamentos, deterioração cognitiva e declínio funcional gradual.[2,3] Embora ainda haja alguma medida de divergência, alterações neuropsicológicas, moleculares e de neuroimagem ao longo do curso e desfecho do transtorno bipolar consolidaram a hipótese da neuroprogressão (Quadro 6.1).[4]

Em termos moleculares, a recorrência de episódios de humor pode promover danos cumulativos nas células do sistema nervoso central (SNC), comprometendo a integridade dos circuitos neurais e aumentando a vulnerabilidade a futuros episódios maníacos ou depressivos.[2] Modelos bioquímicos associaram esses mecanismos a disfunções de neuroplasticidade, a processos inflamatórios, epigenéticos e de estresse oxidativo. Todavia, mais estudos são necessários para a identificação de biomarcadores com possível utilidade clínica.

Os recentes avanços em técnicas de *machine learning* possibilitaram novas descobertas relacionadas à neuroprogressão, permitindo a análise de associações em

QUADRO 6.1
ALTERAÇÕES NEUROPROGRESSIVAS OBSERVADAS EM PACIENTES COM TRANSTORNO BIPOLAR

Alterações cerebrais	Alterações periféricas	Alterações moleculares e celulares
▪ Aumento de ventrículos laterais*** ▪ Redução de corpo caloso*** ▪ Redução de N-acetil aspartato*** ▪ Redução do volume de substância cinzenta*** ▪ Redução do índice de girificação** ▪ Redução do volume cerebral total** ▪ Redução do hipocampo e do corpo estriado*	▪ Elevação do TNF-α*** ▪ Aumento de leucócitos, neutrófilos e monócitos** ▪ Elevação de glutationa redutase** ▪ Elevação de 3-nitrotirosina** ▪ Glutationa peroxidase* ▪ IL-10 e BDNF*	▪ Encurtamento de telômeros*** ▪ Aumento de 8-hidroxiguanosina* ▪ Morte celular induzida por estresse do retículo endoplasmático* ▪ Diminuição da resposta imune inata pelos macrófagos*

Notas: *, Sem alteração significativa; **, Apenas um estudo; ***, Mais de um estudo com achados consistentes.
TNF-α, fator de necrose tumoral alfa; IL-10, interleucina 10; BDNF, fator neurotrófico derivado do cérebro.
Fonte: Elaborado com base em Grewal e colaboradores.[4]

bancos de dados de neuroimagem em larga escala. O consórcio ENIGMA, por exemplo, examinou dados de ressonância magnética cerebral e informações clínicas de 2.447 pacientes com transtorno bipolar e 4.056 controles saudáveis, identificando um padrão consistente de redução da espessura cortical associado ao transtorno.[5] Revisões sistemáticas resumem a evidência de neuroimagem relacionada ao curso do transtorno bipolar, incluindo associações com o aumento dos ventrículos laterais, a diminuição do corpo caloso e a redução do volume de matéria branca.[4,6]

Em termos neurofuncionais, as alterações cognitivas associadas ao curso do transtorno bipolar têm se tornado um foco crescente de investigação. Uma recente metanálise incluiu 39 estudos, indicando um impacto moderado do transtorno bipolar na piora progressiva da cognição social.[7] Uma revisão sistemática recente apontou que os déficits cognitivos em atenção, funcionamento executivo, habilidades motoras, pensamento conceitual e habilidades visuoespaciais no transtorno bipolar podem ser tão ou mais graves que os observados no comprometimento cognitivo leve e na demência.[8]

Modelos de estadiamento foram desenvolvidos para descrever a história natural do transtorno bipolar em diferentes estágios clínicos, relacionando-os a aspectos de neuroimagem, marcadores moleculares e resposta ao tratamento.[9] Todavia, falta ainda validação empírica aos modelos propostos. Embora haja evidências e observações clínicas que diferenciam o transtorno bipolar em estágios iniciais e tardios, achados relacionados a subetapas mais específicas não foram replicados ou carecem de adequadas sensibilidade e especificidade.[9] Entre os potenciais dos modelos de estadiamento, destaca-se a possibilidade de abordagens terapêuticas específicas para cada estágio, visando não apenas à redução sintomática, mas também à prevenção da neuroprogressão.

O lítio tem se destacado como um agente potencialmente neuroprotetor. Evidências moleculares *in vivo* e de neuroimagem indicam que esse fármaco pode impedir a ativação de rotas moleculares ligadas ao declínio cognitivo.[10] Estudos clínicos longitudinais revelam que "excelentes respondedores ao lítio" também apresentam proteção cognitiva.[11] Uma metanálise de estudos de coorte e caso-controle mostrou que o lítio reduz significativamente o risco de desenvolvimento de demência no transtorno bipolar.[12] Em um ensaio clínico randomizado, 26 pacientes com um primeiro episódio de mania receberam tratamento com lítio ou quetiapina e foram comparados a 20 controles saudáveis em um seguimento de 12 meses. Por meio de imagens de ressonância magnética, observou-se uma redução nos volumes de substância branca e cinzenta nos pacientes após esse único episódio de mania; contudo, ao final do acompanhamento, essa redução foi significativamente reduzida nos pacientes em uso de lítio em comparação com aqueles que usavam quetiapina.[13]

O conceito de neuroprogressão também tem ganhado relevância em outros transtornos de saúde mental.[14] No transtorno depressivo, o aumento na frequência e na duração dos episódios, muitas vezes associado à resistência ao tratamento e ao declínio cognitivo e funcional, tem sido relacionado a inflamação sistêmica, dano neuronal progressivo, redução da neuroplasticidade e aumento da resposta imune.[15,16] Uma revisão sistemática sobre o transtorno de estresse pós-traumático (TEPT) indicou que, em um subgrupo de pacientes cujos sintomas se agravam ou permanecem intensos ao longo do tempo, ocorre uma mudança progressiva no lobo frontal, especialmente no córtex pré-frontal.[17] Essa mudança resulta em deterioração neurocognitiva, com prejuízos em áreas como memória verbal e reconhecimento facial, além de comprometimento do funcionamento físico e psicossocial.

TEORIAS E PRÁTICAS CLÍNICAS

BASES NEUROBIOLÓGICAS

MECANISMOS MOLECULARES

Algumas hipóteses foram utilizadas para explicar os mecanismos por trás da neuroprogressão do transtorno bipolar, evoluindo historicamente até a concepção atual que destaca, sobretudo, a regulação de neurotrofinas, o processo inflamatório e o estresse oxidativo. O modelo de neurossensibilização ofereceu um arcabouço teórico inicial, fazendo analogias entre os mecanismos fisiopatológicos dos transtornos afetivos, a sensibilização comportamental e o *kindling* (indução repetida de convulsões por estímulo elétrico em modelos animais). Essa concepção postulava que episódios de humor repetidos poderiam causar alterações permanentes na atividade neuronal, inclusive na expressão gênica por meio de fatores de transcrição, aumentando a suscetibilidade à recidiva em indivíduos neurobiologicamente vulneráveis.[18] A neuroprogressão foi, em parte, atribuída à falha de mecanismos endógenos de proteção, como o aumento do hormônio liberador de tireotrofina (TRH), que se manifesta em diferentes graus conforme o curso do transtorno.[19]

Este modelo é ampliado pela noção de alostase, que descreve a capacidade de adaptação fisiológica a estressores internos e externos.[20] No contexto do transtorno bipolar, haveria uma sobrecarga alostática quando fatores agravantes – como predisposição genética, estressores, abuso de substâncias e episódios de humor – desregulam os parâmetros internos, aumentando a suscetibilidade a novas crises, comorbidades e fragilidade cognitiva. Alterações fisiopatológicas descritas no curso do transtorno desempenhariam um papel central nesse mecanismo, como a disfunção do eixo hipotálamo-hipófise-suprarrenal (HHS) e os níveis elevados de cortisol.

O estresse oxidativo também ocupa um papel importante na fisiopatologia da neuroprogressão, uma vez que o SNC é especialmente sensível aos radicais livres de oxigênio devido ao seu alto consumo metabólico e à sua composição lipídica. No transtorno bipolar, há ampla evidência de maior carga de estresse oxidativo, frequentemente ligada a disfunções mitocondriais.[21] O excesso de neurotransmissão dopaminérgica que ocorre em episódios de mania pode contribuir para esse estresse oxidativo, uma vez que níveis elevados de dopamina são capazes de gerar moléculas instáveis e intensificar danos oxidativos.[22] O sistema glutamatérgico também pode ser implicado, já que a excitotoxicidade causada por níveis elevados desse neurotransmissor contribui para o dano celular mediado por estresse oxidativo e o influxo aumentado de cálcio.

Mecanismos inflamatórios têm sido associados à neuroprogressão, sustentando a ideia de que a inflamação sistêmica contribui para transtornos de saúde mental.[21] Citocinas pró-inflamatórias, como TNF-α e IL-6, produzidas por células periféricas e do SNC, podem induzir toxicidade e apoptose em neurônios e células da glia.[23] Em pacientes eutímicos com transtorno bipolar, IL-6 encontra-se elevada ao longo do curso do transtorno, com aumento mais marcado em estágios avançados. Citocinas anti-inflamatórias, como IL-10, estão aumentadas especialmente nos estágios iniciais, apoiando a hipótese de que os mecanismos endógenos de proteção se deterioram ao longo do transtorno.[24] A inflamação e o estresse oxidativo observados no transtorno bipolar também estão envolvidos em comorbidades comuns, como doença arterial coronariana e osteoporose, sugerindo uma possível rota fisiopatológica compartilhada.[22]

Outro pilar da neuroprogressão é a desregulação de neurotrofinas, substâncias que participam dos mecanismos de sobrevivência celular, de plasticidade sináptica e do estabelecimento de circuitos neurais eficientes.[21] O fator neurotrófico derivado do cérebro (BDNF, do inglês *brain-derived neurotrophic factor*) é o membro mais estudado dessa família. Foi demonstrado que os níveis de BDNF eram semelhantes entre pacientes com transtorno bipolar inicial e controles pareados, mas estavam diminuídos em estágios mais avançados.[24]

Mecanismos epigenéticos, que consistem em modificações da expressão gênica sem a alteração da sequência original de DNA, também parecem estar implicados na neuroprogressão dos transtornos mentais e poderiam explicar discordâncias entre gêmeos monozigóticos com transtorno bipolar.[25] Em estudos experimentais, a metilação de histonas em células hipocampais, após induções repetidas de estresse em roedores, leva a efeitos supressivos na região promotora do gene *BDNF*.[26]

Estudos sobre neuroprogressão no transtorno depressivo propõem que as alterações cerebrais estruturais progressivas (p. ex., reduções em lobos frontais, hipocampo e amígdala), encontradas nos pacientes mais crônicos e severos, devem-se também à diminuição da neurogênese e à disfunção mitocondrial e, especialmente, a alterações no eixo HHS – como consequência, estabelecem-se uma reorganização e plasticidade neuronal inefetiva, mais do que atrofia e morte celulares propriamente ditas.[15] Assim como no transtorno bipolar, o estresse oxidativo parece desempenhar um papel fundamental na fisiopatologia neuroprogressiva da depressão maior, com diversos marcadores se mostrando alterados em estudos clínicos.[27] Além disso, a elevação crônica de citocinas pró-inflamatórias observada nesse transtorno contribui tanto para a neuroprogressão, por meio da neuroinflamação, quanto para o desenvolvimento de hiperinsulinemia e hipercortisolemia, por exemplo, por meio da dessensibilização dos receptores de insulina e de glicocorticoides, respectivamente – isso leva a um sistema de retroalimentação que perpetua a inflamação sistêmica e a deterioração clínica desses pacientes[28] (Figura 6.1).

BIOMARCADORES

Os mecanismos moleculares da neuroprogressão e da inflamação sistêmica estão associados a biomarcadores (o Quadro 6.1 apresenta os principais achados no transtorno bipolar). Atualmente estudados para confirmar as rotas fisiopatológicas da neuroprogressão, os biomarcadores têm o potencial de se tornar marcadores laboratoriais úteis na prática clínica.

Uma revisão sistemática recente compilou a base de evidência de biomarcadores associados ao transtorno bipolar a partir de estudos clínicos longitudinais, transversais, de caso-controle e ensaios não randomizados.[4] Os achados mais consistentes da literatura são o aumento de TNF-α e o encurtamento de telômeros em estágios avançados da doença. Estudos também evidenciaram aumento de glutationa redutase, glutationa S-transferase e 3-nitrotirosina – marcadores de estresse oxidativo e nitrosativo – em pacientes com estágio avançado de transtorno bipolar em compa-

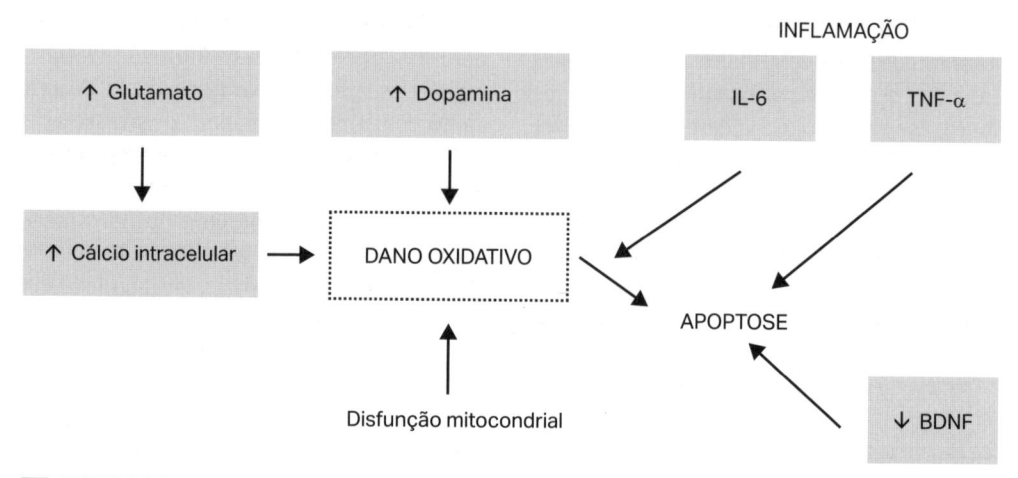

FIGURA 6.1
Principais vias fisiopatológicas implicadas na neuroprogressão do transtorno bipolar.

ração a controles. Todavia, ressalta-se que os achados ainda não foram replicados com consistência. Enquanto o campo é marcado por pesquisas de corte transversal, são necessários desenhos longitudinais para estabelecer o papel de biomarcadores inflamatórios ao longo do curso do transtorno.[29]

Biomarcadores inflamatórios têm sido amplamente investigados na esquizofrenia, sustentando a hipótese de que esta constituição reflete um estado inflamatório crônico e progressivo.[30] Estudos apontam níveis elevados de citocinas pró-inflamatórias, como IL-1β, IL-6 e IL-2, no líquido cerebrospinal de pacientes com o transtorno.[31,32] Esses achados também são amplificados ao transtorno depressivo maior, em que metanálises sugerem níveis aumentados de citocinas pró-inflamatórias, incluindo as interleucinas IL-1, IL-6 e TNF-α, e a ativação de células T, indicada pelos níveis séricos elevados de receptores solúveis de IL-2.[27,33,34] Concentrações reduzidas de vários compostos antioxidantes endógenos, como vitamina E, zinco, coenzima Q10 e glutationa peroxidase, estão associadas à depressão e são marcadores neuroprogressivos do estresse oxidativo nessa condição.[35,36] No TEPT, uma metanálise recente que analisou 54 estudos, com um total de 8.394 participantes, encontrou concentrações significativamente maiores de marcadores inflamatórios, como proteína C-reativa, TNF-α e IL-6 em comparação a um grupo-controle, mas não observou diferenças em marcadores de estresse oxidativo entre os grupos.[37]

ACHADOS DE NEUROIMAGEM

Em outra revisão sistemática que incluiu 23 estudos e buscou correlações estruturais e funcionais da inflamação na ressonância magnética no transtorno bipolar, dois dos estudos identificaram correlações significativas entre marcadores da via neurotóxica da quinurenina e volumes de regiões cerebrais, como a amígdala e o hipocampo, que são importantes para o processamento afetivo e a regulação emocional. Essas evidências preliminares sugerem que esses marcadores podem indicar os efeitos neurotóxicos da inflamação, possivelmente mais relacionados a anormalidades cerebrais do que a marcadores inflamatórios tradicionais, como citocinas.[38]

Os achados de neuroimagem também avançam com o uso de técnicas de *machine learning*, as quais permitem que algoritmos de inteligência artificial analisem grandes bases de dados, integrando neuroimagem, dados laboratoriais e variáveis clínicas. O consórcio ENIGMA analisou ressonâncias magnéticas e dados clínicos de 2.447 pacientes com transtorno bipolar e 4.056 controles saudáveis e encontrou um padrão significativo de redução da espessura cortical associado ao transtorno, especialmente na *pars opercularis* esquerda, no giro fusiforme esquerdo e no córtex frontal médio rostral esquerdo.[5] O estudo não identificou diferenças significativas na espessura cortical ou na área de superfície entre subtipos de transtorno bipolar, mas observou uma associação entre o tempo de doença e a redução da espessura cortical.[5]

Alterações de neuroimagem também foram relatadas em outros transtornos. Na esquizofrenia, os achados sugerem aumento dos volumes ventriculares laterais, redução dos volumes dos lobos frontais e do tálamo, perda de substância cinzenta no cíngulo anterior, giro temporal superior e hipocampo, além de diminuição do tamanho cerebral geral.[30] As alterações mais acentuadas na substância branca e cinzenta foram observadas nos lobos frontais, seguidas por perdas nas áreas temporal, frontal e parietal.

Estudos longitudinais revelaram alterações estruturais e funcionais no cérebro de pacientes com TEPT, em comparação aos controles sem exposição a traumas. Um estudo de 5 anos acompanhou 30 indivíduos expostos a trauma e 29 indivíduos saudáveis controles, por meio de exames seriais de ressonância magnética cerebral usando um sistema de imagem de corpo inteiro de 3 Tesla, e encontrou o fortalecimento na conexão entre amígdala e ínsula e conexões diminuídas da amígdala com o tálamo e o hipocampo nos expostos. A melhora nos sintomas se correlacionou com a normalização de algumas dessas conexões, exceto com o hipocampo.[39] Outro estudo, por sua vez, em um acompanhamento de 1 ano, encontrou reduções persistentes no volume da substância cinzenta no córtex pré-frontal ventromedial e ventrolateral, além de conectividade anormalmente reduzida entre o córtex pré-frontal e estruturas como a amígdala e o hipocampo, diretamente associadas à gravidade dos sintomas.[40]

Na depressão, evidências imagéticas revelam alterações estruturais em vários circuitos neuronais, indicando uma deterioração da plasticidade e resiliência celular. Em uma metanálise de 48 estudos de morfometria baseada em *voxel* (VBM), comparou-se 1.364 pacientes com depressão a 1.464 indivíduos do grupo-controle e identificou-se uma redução de volume em várias regiões cerebrais nos pacientes com transtorno.[41] As reduções foram observadas nas áreas frontal, temporal, parietal e occipital, com um grande aglomerado no estriado esquerdo que se estende para o estriado direito, o hipocampo, a ínsula e os giros frontal, temporal e occipital. Outras áreas com volume reduzido incluem lobo temporal superior esquerdo, giro frontal inferior, lobo parietal inferior, giro supramarginal, cerebelo esquerdo, giro fusiforme e giros frontais médio esquerdo e direito. A redução do volume na ínsula e no giro temporal superior (GTS) pode indicar dificuldades de comunicação e baixa participação em atividades mental ou socialmente estimulantes, fatores de risco para ambas as condições. Essas reduções volumétricas também afetam a amígdala, importante para o processamento emocional, o hipocampo, essencial para a memória, e o tálamo, que conecta áreas subcorticais ao córtex, refletindo déficits socioemocionais e cognitivos nesses pacientes.

MANIFESTAÇÕES CLÍNICAS

Embora o transtorno bipolar apresente um curso bastante heterogêneo, acredita-se que o número de episódios anteriores está associado ao aumento da duração e da gravidade sintomática dos episódios subsequentes.[42] Em um subgrupo de pacientes, isto se relaciona com uma história clínica de aumento recorrente de episódios de humor e hospitalizações, risco aumentado de suicídio e pior resposta ao tratamento. Uma coorte recente indicou que cerca de metade dos pacientes com transtorno bipolar segue um curso progressivo, apresentando impactos na funcionalidade.[43] Recentemente, estudos com testes cognitivos têm expandido nossa compreensão das alterações neurofuncionais associadas ao curso do transtorno bipolar (ver Quadro 6.1).

Uma revisão seletiva da literatura realizou uma análise crítica sobre a relação entre o transtorno bipolar e a neurodegeneração, demonstrando que um desempenho mais baixo na memória verbal tardia está correlacionado com o número de episódios maníacos em pacientes com transtorno bipolar.[6] Uma metanálise de seis estudos, com 3.026 indivíduos com histórico de transtorno bipolar e 191.029 sem o transtorno, avaliou o risco de demência em pessoas com histórico de transtorno bipolar e apontou que esse risco aumenta significativamente em adultos mais velhos, com uma razão de chances de 2,36.[44] Esses dados foram corroborados por outra metanálise de 10 estudos, incluindo 6.859 indivíduos com transtorno bipolar e 487.966 controles, que investigou objetivamente se o transtorno bipolar é um fator de risco para demência e encontrou uma relação direta entre o número de episódios de humor e o risco de desenvolver demência.[12] Por outro lado, uma metanálise que avaliou o desempenho de pacientes com transtorno bipolar por meio de 14 medidas cognitivas, acompanhados por um período médio de 4,62 anos, não encontrou alterações significativas nos resultados das medidas nesse intervalo de tempo.[45] Além disso, o mesmo estudo apontou que nenhuma diferença paciente-controle foi encontrada em relação aos resultados cognitivos longitudinais.[45]

No caso do transtorno depressivo maior, os transtornos cognitivos, que incluem déficits em atenção, funções executivas, memória e velocidade de processamento, são frequentemente relatados por pacientes e seus familiares, persistindo mesmo durante a remissão dos sintomas depressivos. Esses problemas cognitivos afetam 85-94% dos indivíduos com transtorno depressivo maior durante episódios depressivos e 39-44% durante remissões.[46] A depressão grave pode causar déficits cognitivos significativos, levando à pseudodemência, uma condição em que os sintomas, como problemas de memória e raciocínio, imitam a demência. No entanto, esses déficits são reversíveis com o tratamento da depressão, diferindo assim da demência verdadeira, que resulta em deterioração cognitiva irreversível.

ESTADIAMENTO CLÍNICO

Uma série de modelos têm sido propostos definindo estágios de uma história natural do transtorno bipolar conforme a neuroprogressão, buscando relações com manifestações clínicas, achados laboratoriais e de neuroimagem. Sua principal vantagem seria a adequação de estratégias terapêuticas ao estágio, incluindo intervenção precoce e medidas preventivas de neuroprogressão.[47] Os modelos apoiam-se em uma hipótese geral de quatro fases em transtornos de saúde mental graves (fase prodrômica, manifestações agudas, fase residual e transtorno recorrente ou crônico).

Destacam-se três modelos na literatura sobre transtorno bipolar (Quadro 6.2). O modelo de Berk salienta o curso clínico recorrente, iniciando com sintomas prodrômicos, passando pelo primeiro episódio maníaco, e chegando a etapas avançadas de resistência ao tratamento.[48] O modelo de Kapczinski enfatiza o funcionamento cognitivo e psicossocial nos períodos entre os episódios agudos, destacando o papel de processos fisiopatológicos progressivos associados a recorrência, cronicidade, incapacidade funcional e declínio cognitivo.[49] Mais recentemente, Duffy desenvolveu um modelo de trajetória com base em observações longitudinais de crianças de pais com transtorno bipolar, enfatizando a história do desenvolvimento e os episódios iniciais de humor em indivíduos com risco familiar.[50]

Uma recente força-tarefa de especialistas ressaltou que o estadiamento é uma alternativa promissora para adequar estratégias terapêuticas a etapas específicas do transtorno, mas enfatizou a necessidade de maior consenso sobre a terminologia dos estágios para avançar nas pesquisas deste campo.[3]

Já o modelo transdiagnóstico de estadiamento de McGorry se distingue dos modelos específicos para transtornos mentais ao se concentrar nas trajetórias comuns de desenvolvimento e agravamento dos sintomas, em vez de tratar cada transtorno de forma isolada.[47] Nos modelos transdiagnósticos, enfatiza-se que os sintomas e fatores de risco são compartilhados por diversas condições, permitindo que o tratamento seja direcionado com base na gravidade e no estágio dos sintomas, não necessariamente em um diagnóstico definitivo.[51] Isso serve para ampliar as possibilidades de intervenção precoce. Ao priorizar intervenções flexíveis e baseadas no estágio da doença, o modelo de estadiamento permite uma resposta mais ágil, evitando a cristalização de sintomas e a progressão para formas crônicas e de difícil tratamento.

DESAFIOS, POTENCIAIS E ESTRATÉGIAS FUTURAS

Um dos desafios atuais para a compreensão dos processos de progressão dos transtornos mentais é a transposição de achados experimentais na pesquisa básica para a pesquisa e prática clínicas. Para tanto, é fundamental identificar quais processos neurobiológicos predominam e são mais importantes no desenvolvimento da neuroprogressão. Assim, será possível evoluir no desenvolvimento de biomarcadores e marcadores de neuroimagem e relacioná-los à clínica manifestada pelos pacientes, abrindo uma janela para diversas oportunidades, como o diagnóstico e a intervenção precoces, a terapia individualizada e o estadiamento mais preciso desses indivíduos.

Ainda pensando em neuroproteção e prevenção, um dos potenciais caminhos é a ampliação do entendimento da relação entre outras comorbidades médicas crônicas (p. ex., doença cardiovascular, diabetes, obesidade, dislipidemia, doenças autoimunes, etc.) e a doença psiquiátrica grave, uma vez que suas fisiopatologias conversam a nível bioquímico – em termos de inflamação e estresse oxidativo, principalmente. Considerando esse contexto e os mecanismos neuroprogressivos sugeridos anteriormente, alguns fármacos, como, por exemplo, N-acetilcisteína, anti-inflamatórios (p. ex., celecoxibe e ácido acetilsalicílico), estatinas, inibidores de TNF e antipsicóticos atípicos, foram pressupostos como potenciais agentes neuroprotetores, e

QUADRO 6.2
MODELOS DE ESTADIAMENTO CLÍNICO DO TRANSTORNO BIPOLAR

Estágios gerais	Berk e colaboradores[48]	Kapczinski e colaboradores[49]	Duffy[50]
Latente	0 – Risco aumentado para transtorno de humor grave (história familiar, abuso de substâncias). Ausência de sintomas.	Em risco.	0 – Nenhum episódio, mas com história familiar de transtorno bipolar.
	1A – Sintomas de alteração do humor leves ou inespecíficos.		1 – Nenhuma síndrome específica. Episódios de ansiedade e distúrbio do sono.
	1B – Traços prodrômicos. Riscos ultraelevados.		
Estágios iniciais	2 – Desencadeamento do primeiro episódio de alteração do humor.	I – Episódico (intervalos de eutimia).	2 – Hipomania e um único episódio depressivo.
	3A – Recorrência dos sintomas de alteração do humor subsindrômicos.	II – Sintomas residuais e comorbidades.	3 – Episódios depressivos recorrentes (com ou sem sintomas psicóticos).
	3B – Desencadeamento da primeira recidiva.		
Estágios tardios	3C – Recidivas múltiplas.	III – Marcado prejuízo funcional e de cognição.	4A – Transtorno bipolar clássico.
	4 – Curso refratário persistente.	IV – Incapacidade de viver com autonomia.	4B – Transtorno bipolar com sintomas residuais – efeitos da doença (dependência química/ comorbidades clínicas).

o desenvolvimento de bons ensaios clínicos que investiguem seus efeitos também é uma estratégia promissora.[22]

Existe uma dificuldade clara em estabelecer achados consistentes e replicáveis frente ao perfil altamente heterogêneo de apresentações e curso do transtorno bipolar.[52] A análise de grandes conjuntos de dados usando técnicas de *machine learning* representa uma direção promissora, integrando diferentes níveis de dados (clínicos, de imagem, laboratoriais). Assim, poderia identificar, dentro de amostras complexas e heterogêneas, estruturas de dados úteis para diagnóstico, tratamentos personalizados e predições prognósticas.[53] Alguns estudos com *machine learning* já desenvolvem modelos iniciais nesta direção, estabelecendo dois fenótipos clínicos com 94% de acurácia a partir da combinação de instrumentos neurocognitivos e dados de neuroimagem.[54] Todavia, análises mais minuciosas ainda são necessárias para estabelecer utilidade clínica.

Conjecturas futuras também apontam para a necessidade da adoção de modelos transdiagnósticos na psiquiatria, dada a ampla heterogeneidade clínica dos transtornos e a frequente comorbidade entre eles. Assim, o uso do método diagnóstico tradicional, baseado em critérios operacionais capazes de caracterizar apenas fenótipos já bem estabelecidos, sem considerar significativamente a dimensionalidade e a complexidade das doenças, muitas vezes leva a uma incerteza quanto às indicações e a especificidade do tratamento psicofarmacológico, prejudicando o prognóstico clínico.[51] Dessa forma, o investimento em iniciativas como o projeto Research Domain Criteria (RDoC), que busca reestruturar a nosologia psiquiátrica de maneira translacional, é uma estratégia interessante para a construção de uma abordagem diagnóstica que seja capaz de consubstanciar modelos categóricos e dimensionais na psiquiatria.[55]

CONSIDERAÇÕES FINAIS E PERSPECTIVAS FUTURAS

O conceito de neuroprogressão vem contribuindo para o entendimento da evolução dos transtornos psiquiátricos em nível molecular ao revelar como mudanças neurobiológicas dinâmicas influenciam o desenvolvimento e a gravidade dessas condições. Esse conceito sugere que os transtornos psiquiátricos não são estáticos, mas sim progressivos, caracterizados por mecanismos como a regulação de neurotrofinas, o estresse oxidativo e os processos inflamatórios.

Avanços significativos no transtorno bipolar, evidenciados por achados em neuroimagem, neurocognição e trajetórias clínicas, sustentam a hipótese neuroprogressiva do transtorno psiquiátrico. Essas descobertas abrem espaço para a personalização do tratamento, permitindo intervenções direcionadas às diferentes fases da doença. No entanto, a validade empírica dos modelos e achados atuais ainda enfrenta questionamentos, necessitando de uma delimitação mais rigorosa para aprimorar a aplicação clínica.

A necessidade de achados consistentes e replicáveis representa uma das maiores dificuldades no campo dos transtornos psiquiátricos, considerando a heterogeneidade das apresentações e os cursos dessas condições. A análise de grandes conjuntos de dados por meio de técnicas de *machine learning* representa uma abordagem promissora, pois integra dados clínicos, de imagem e laboratoriais para identificar padrões que podem auxiliar no diagnóstico, no tratamento personalizado e nas previsões prognósticas. Alguns estudos já desenvolveram modelos iniciais que conseguem estabelecer fenótipos clínicos com alta acurácia utilizando combinações de instrumentos neurocognitivos e dados de neuroimagem.

REFERÊNCIAS

1. Kapczinski F, Streb LG. Neuroprogression and staging in psychiatry: historical considerations. Rev Bras Psiquiatr. 2014;36(3):187-8.
2. Wollenhaupt-Aguiar B, Kapczinski F, Pfaffenseller B. Biological pathways associated with neuroprogression in bipolar disorder. Brain Sci. 2021;11(2):228.
3. Kupka R, Duffy A, Scott J, Almeida J, Balanzá-Martínez V, Birmaher B, et al. Consensus on nomenclature for clinical staging models in bipolar disorder: a narrative review from the International Society for Bipolar Disorders (ISBD) staging task force. Bipolar Disord. 2021;23(7):659-78.
4. Grewal S, McKinlay S, Kapczinski F, Pfaffenseller B, Wollenhaupt-Aguiar B. Biomarkers of neuroprogression and late staging in bipolar disorder: a systematic review. Aust N Z J Psychiatry. 2023;57(3):328-43.

5. Hibar DP, Westlye LT, Doan NT, Jahanshad N, Cheung JW, Ching CRK, et al. Cortical abnormalities in bipolar disorder: an MRI analysis of 6503 individuals from the ENIGMA Bipolar Disorder Working Group. Mol Psychiatry. 2018;23(4):932-42.
6. Serafini G, Pardini M, Monacelli F, Orso B, Girtler N, Brugnolo A, et al. Neuroprogression as an illness trajectory in bipolar disorder: a selective review of the current literature. Brain Sci. 2021;11(2):276.
7. Gillissie ES, Lui LMW, Ceban F, Miskowiak K, Gok S, Cao B, et al. Deficits of social cognition in bipolar disorder: Systematic review and meta-analysis. Bipolar Disord. 2022;24(2):137-48.
8. Simjanoski M, McIntyre A, Kapczinski F, Cardoso TA. Cognitive impairment in bipolar disorder in comparison to mild cognitive impairment and dementia: a systematic review. Trends Psychiatry Psychother. 2023;44:e20210300.
9. Berk M, Post R, Ratheesh A, Gliddon E, Singh A, Vieta E, et al. Staging in bipolar disorder: from theoretical framework to clinical utility. World Psychiatry. 2017;16(3):236-44.
10. Hampel H, Lista S, Mango D, Nisticò R, Perry G, Avila J, et al. Lithium as a treatment for Alzheimer's disease: the systems pharmacology perspective. J Alzheimers Dis. 2019;69(3):615-29.
11. Burdick KE, Millett CE, Russo M, Alda M, Alliey-Rodriguez N, Anand A, et al. The association between lithium use and neurocognitive performance in patients with bipolar disorder. Neuropsychopharmacology. 2020;45(10):1743-9.
12. Velosa J, Delgado A, Finger E, Berk M, Kapczinski F, Cardoso TA. Risk of dementia in bipolar disorder and the interplay of lithium: a systematic review and meta-analyses. Acta Psychiatr Scand. 2020;141(6):510-21.
13. Berk M, Dandash O, Daglas R, Cotton SM, Allott K, Fornito A, et al. Neuroprotection after a first episode of mania: a randomized controlled maintenance trial comparing the effects of lithium and quetiapine on grey and white matter volume. Transl Psychiatry. 2017;7(1):e1011.
14. Mastella NS, Bouvier VDA, Veloso G, Castro ARL, Salgado TA, Bebber JC, et al. Staging biomarkers in psychiatry. In: Teixeira AL, Rocha NP, Berk M, editors. Biomarkers in neuropsychiatry: a primer. Cham: Spinger; 2023. p. 123-37.
15. Labra Ruiz NA, Del Ángel DS, Juárez Olguín H, Silva ML. Neuroprogression: the hidden mechanism of depression. Neuropsychiatr Dis Treat. 2018;14:2837-45.
16. Meyer JH. Neuroprogression and immune activation in major depressive disorder. Mod Trends Pharmacopsychiatry. 2017;31:27-36.
17. Antonelli-Salgado T, Ramos-Lima LF, Machado CDS, Cassidy RM, Cardoso TA, Kapczinski F, et al. Neuroprogression in post-traumatic stress disorder: a systematic review. Trends Psychiatry Psychother. 2021;43(3):167-76.
18. Post RM. Transduction of psychosocial stress into the neurobiology of recurrent affective disorder. Am J Psychiatry. 1992;149(8):999-1010.
19. Post RM. Kindling and sensitization as models for affective episode recurrence, cyclicity, and tolerance phenomena. Neurosci Biobehav Rev. 2007;31(6):858-73.
20. Kapczinski F, Vieta E, Andreazza AC, Frey BN, Gomes FA, Tramontina J, et al. Allostatic load in bipolar disorder: implications for pathophysiology and treatment. Neurosci Biobehav Rev. 2008;32(4):675-92.
21. Magalhães PVS, Fries GR, Kapczinski F. Marcadores periféricos e a fisiopatologia do transtorno bipolar. Arch Clin Psychiatry. 2012;39(2):60-7.
22. Berk M, Kapczinski F, Andreazza AC, Dean OM, Giorlando F, Maes M, et al. Pathways underlying neuroprogression in bipolar disorder: focus on inflammation, oxidative stress and neurotrophic factors. Neurosci Biobehav Rev. 2011;35(3):804-17.
23. Kraft AD, McPherson CA, Harry GJ. Heterogeneity of microglia and TNF signaling as determinants for neuronal death or survival. Neurotoxicology. 2009;30(5):785-93.
24. Kauer-Sant'Anna M, Kapczinski F, Andreazza AC, Bond DJ, Lam RW, Young LT, et al. Brain-derived neurotrophic factor and inflammatory markers in patients with early- vs. late-stage bipolar disorder. Int J Neuropsychopharmacol. 2009;12(4):447-58.
25. Kato T, Iwamoto K, Kakiuchi C, Kuratomi G, Okazaki Y. Genetic or epigenetic difference causing discordance between monozygotic twins as a clue to molecular basis of mental disorders. Mol Psychiatry. 2005;10(7):622-30.
26. Tsankova NM, Berton O, Renthal W, Kumar A, Neve RL, Nestler EJ. Sustained hippocampal chromatin regulation in a mouse model of depression and antidepressant action. Nat Neurosci. 2006;9(4):519-25.
27. Vaváková M, Ďuračková Z, Trebatická J. Markers of oxidative stress and neuroprogression in depression disorder. Oxid Med Cell Longev. 2015;2015:898393.
28. Leonard BE, Wegener G. Inflammation, insulin resistance and neuroprogression in depression. Acta Neuropsychiatr. 2020;32(1):1-9.
29. Castaño-Ramírez OM, Sepúlveda-Arias JC, Duica K, Díaz Zuluaga AM, Vargas C, López-Jaramillo C. Inflammatory markers in the staging of bipolar disorder: a systematic review of the literature. Rev Colomb Psiquiatr. 2018;47(2):119-28.
30. Davis J, Moylan S, Harvey BH, Maes M, Berk M. Neuroprogression in schizophrenia: pathways underpinning clinical staging and therapeutic corollaries. Aust N Z J Psychiatry. 2014;48(6):512-29.
31. McAllister CG, van Kammen DP, Rehn TJ, Miller AL, Gurklis J, Kelley ME, et al. Increases in CSF levels of interleukin-2 in schizophrenia: effects of recurrence of psychosis and medication status. Am J Psychiatry. 1995;152(9):1291-7.
32. Garver DL, Tamas RL, Holcomb JA. Elevated interleukin-6 in the cerebrospinal fluid of a previously delineated schizophrenia subtype. Neuropsychopharmacology. 2003;28(8):1515-20.
33. Moylan S, Maes M, Wray NR, Berk M. The neuroprogressive nature of major depressive disorder: pathways to disease evolution and resistance, and therapeutic implications. Mol Psychiatry. 2013;18(5):595-606.
34. Howren MB, Lamkin DM, Suls J. Associations of depression with C-reactive protein, IL-1, and IL-6: a meta-analysis. Psychosom Med. 2009;71(2):171-86.
35. Maes M, Mihaylova I, Kubera M, Uyttterhoeven M, Vrydags N, Bosmans E. Lower whole blood glutathione peroxidase (GPX) activity in depression, but not in myalgic

35. encephalomyelitis / chronic fatigue syndrome: another pathway that may be associated with coronary artery disease and neuroprogression in depression. Neuro Endocrinol Lett. 2011;32(2):133-40.
36. Scapagnini G, Davinelli S, Drago F, Lorenzo A, Oriani G. Antioxidants as antidepressants: Fact or fiction? CNS Drugs. 2012;26(6):477-90.
37. Peruzzolo TL, Pinto JV, Roza TH, Shintani AO, Anzolin AP, Gnielka V, et al. Inflammatory and oxidative stress markers in post-traumatic stress disorder: a systematic review and meta-analysis. Mol Psychiatry. 2022;27(8):3150-63.
38. Saccaro LF, Crokaert J, Perroud N, Piguet C. Structural and functional MRI correlates of inflammation in bipolar disorder: a systematic review. J Affect Disord. 2023;325:83-92.
39. Yoon S, Kim JE, Hwang J, Kang I, Jeon S, Im JJ, et al. Recovery from posttraumatic stress requires dynamic and sequential shifts in amygdalar connectivities. Neuropsychopharmacology. 2017;42(2):454-61.
40. Heyn SA, Keding TJ, Ross MC, Cisler JM, Mumford JA, Herringa RJ. Abnormal prefrontal development in pediatric posttraumatic stress disorder: a longitudinal structural and functional magnetic resonance Imaging study. Biol Psychiatry Cogn Neurosci Neuroimaging. 2019;4(2):171-9.
41. Zacková L, Jáni M, Brázdil M, Nikolova YS, Marečková K. Cognitive impairment and depression: meta-analysis of structural magnetic resonance imaging studies. Neuroimage Clin. 2021;32:102830.
42. Yatham LN, Chakrabarty T, Bond DJ, Schaffer A, Beaulieu S, Parikh SV, et al. Canadian Network for Mood and Anxiety Treatments (CANMAT) and International Society for Bipolar Disorders (ISBD) recommendations for the management of patients with bipolar disorder with mixed presentations. Bipolar Disord. 2021;23(8):767-88.
43. López-Villarreal A, Sánchez-Morla EM, Jiménez-López E, Martínez-Vizcaíno V, Aparicio AI, Mateo-Sotos J, et al. Progression of the functional deficit in a group of patients with bipolar disorder: a cluster analysis based on longitudinal data. Eur Arch Psychiatry Clin Neurosci. 2020;270(8):947-57.
44. Diniz BS, Teixeira AL, Cao F, Gildengers A, Soares JC, Butters MA, et al. History of bipolar disorder and the risk of dementia: a systematic review and meta-analysis. Am J Geriatr Psychiatry. 2017;25(4):357-62.
45. Samamé C, Martino DJ, Strejilevich SA. Longitudinal course of cognitive deficits in bipolar disorder: a meta-analytic study. J Affect Disord. 2014;164:130-8.
46. Perini G, Ramusino MC, Sinforiani E, Bernini S, Petrachi R, Costa A. Cognitive impairment in depression: recent advances and novel treatments. Neuropsychiatr Dis Treat. 2019;15:1249-58.
47. McGorry PD, Hickie IB, Yung AR, Pantelis C, Jackson HJ. Clinical staging of psychiatric disorders: a heuristic framework for choosing earlier, safer and more effective interventions. Aust N Z J Psychiatry. 2006;40(8):616-22.
48. Berk M, Conus P, Lucas N, Hallam K, Malhi GS, Dodd S, et al. Setting the stage: from prodrome to treatment resistance in bipolar disorder. Bipolar Disord. 2007;9(7):671-8.
49. Kapczinski F, Dias VV, Kauer-Sant'Anna M, Frey BN, Grassi-Oliveira R, Colom F, et al. Clinical implications of a staging model for bipolar disorders. Expert Rev Neurother. 2009;9(7):957-66.
50. Duffy A. Toward a comprehensive clinical staging model for bipolar disorder: integrating the evidence. Can J Psychiatry. 2014;59(12):659-66.
51. McGorry P, Nelson B. Why we need a transdiagnostic staging approach to emerging psychopathology, early diagnosis, and treatment. JAMA Psychiatry. 2016;73(3):191-2.
52. Passos IC, Mwangi B, Vieta E, Berk M, Kapczinski F. Areas of controversy in neuroprogression in bipolar disorder. Acta Psychiatr Scand. 2016;134(2):91-103.
53. Librenza Garcia D, Kotzian BJ, Yang J, Mwangi B, Cao B, Lima LNP, et al. The impact of machine learning techniques in the study of bipolar disorder: a systematic review. Neurosci Biobehav Rev. 2017;80:538-54.
54. Wu MJ, Mwangi B, Bauer IE, Passos IC, Sanches M, Zunta-Soares GB, et al. Identification and individualized prediction of clinical phenotypes in bipolar disorders using neurocognitive data, neuroimaging scans and machine learning. Neuroimage. 2017;145(Pt B):254-64.
55. McGorry PD, Hartmann JA, Spooner R, Nelson B. Beyond the "at risk mental state" concept: transitioning to transdiagnostic psychiatry. World Psychiatry. 2018;17(2):133-42.

7
NEUROPSICOLOGIA

KATIÚSCIA GOMES NUNES
SAULO G. TRACTENBERG

A neuropsicologia como área de conhecimento e campo de atuação tem sido presente em diversos contextos clínicos, de pesquisa e de ensino. Historicamente, teve grande relevância nos estudos sobre as condições neurológicas, incluindo lesões encefálicas, traumatismo craniano e demências, e hoje vem demonstrando importante atuação nos estudos dos componentes neuropsicológicos de transtornos psiquiátricos, como esquizofrenia, depressão, transtornos alimentares, transtorno bipolar, entre outros. A partir de ferramentas como a avaliação neuropsicológica e as intervenções cognitivas, é possível auxiliar no diagnóstico clínico, avaliar neuroprogressão de transtornos, mapear o funcionamento cognitivo (fraquezas e potencialidades) do indivíduo, assim como intervir e ainda avaliar a efetividade da intervenção. O objetivo deste capítulo é contextualizar a neuropsicologia enquanto área de conhecimento, atuação e intervenção em diversas condições clínicas.

DESCRITORES: neuropsicologia; funções cognitivas; avaliação neuropsicológica; intervenção cognitiva.

ESTADO DA ARTE

A neuropsicologia é uma área interdisciplinar de conhecimento que integra diversas bases, entre elas a neurociência, a psicologia, a aprendizagem e a medicina.[1] Por meio dela, compreendemos a relação entre cérebro e comportamento humano, pelo entendimento das estruturas e do funcionamento cerebral, bem como de sua organização até a formação do comportamento. Sua atuação inclui contexto clínico, experimental, de pesquisa, de ensino, hospitalar e forense. Além disso, as pesquisas em neuropsicologia contribuem com os estudos do desenvolvimento típico e atípico ao longo do ciclo da vida.[2]

A avaliação do funcionamento cognitivo tem sido utilizada para identificar padrões de desempenho e déficits entre os domínios cognitivos como marcadores de déficits funcionais, os quais podem ser alvos no tratamento em populações com lesões cerebrais, doenças neurodegenerativas e condições neuropsiquiátricas. A neuropsicologia, historicamente, foi bastante relevante para auxiliar nos quadros neurológicos de traumatismo, tumor cerebral, acidente vascular encefálico, assim como nos diagnósticos dos capítulos de "transtornos do neurodesenvolvimento" e "transtornos neurocognitivos", do *Manual Diagnóstico e Estatístico de Transtornos Mentais* (DSM-5), que abordam deficiências intelectuais, transtornos da comunicação, transtorno do espectro autista, transtorno de déficit de atenção/hiperatividade (TDAH) e transtornos neurocognitivos, como as demências.[3] Atualmente, uma significativa parcela de pesquisadores da área vem direcionando sua atenção aos componentes neuropsicológicos de transtornos psiquiátricos. De modo geral, a população psiquiátrica é, em geral, classificada de acordo com os sintomas clínicos observados mais proeminentes, independentemente das disfunções cognitivas mensuradas.[3] No entanto, essas disfunções cognitivas podem se sobrepor aos transtornos psiquiátricos, e sua melhor compreensão pode contribuir para a identificação dos mecanismos cerebrais envolvidos nesses transtornos e, assim, possibilitar estratégias de intervenção mais eficazes.

HISTÓRIA DA NEUROPSICOLOGIA

A neuropsicologia surgiu entre os séculos XIX e XX, em um contexto em que não existiam exames de imagem e pouco se conhecia sobre a atividade do sistema nervoso. Por meio do registro e da análise de respostas, era possível inferir o funcionamento cerebral, e, nesse cenário, nasce a neuropsicologia moderna. As primeiras observações clínicas foram feitas por médicos como Harlow, em 1868, Broca, em 1861, e Wernicke, em 1874, os quais impulsionaram o conhecimento científico por meio do localizacionismo.[4] A correlação entre a atividade de centros cerebrais e funções mentais específicas gradualmente propiciou o surgimento da avaliação neuropsicológica. Atualmente, diversos estudos sustentam o entendimento do localizacionismo associacionista, o qual postula que as funções cognitivas complexas são mediadas por circuitos cerebrais que envolvem múltiplas regiões corticais e subcorticais, em oposição à ideia de que as funções cognitivas são mediadas por regiões circunscritas.

Outra importante contribuição para a neuropsicologia foi feita por Alexander Romanovich Luria, no início do século XX. A fim de compreender a relação entre cérebro e comportamento, Luria já considerava as funções corticais superiores como sistemas funcionais complexos dinamicamente, bem como a importante influência do ambiente sobre o sistema nervoso. A partir de suas investigações sobre a organização das funções psicológicas em indivíduos sadios e em indivíduos com lesão cerebral, conceitualizou o cérebro como um sistema biológico aberto e dinâmico, em constante interação com o meio físico e social em que o indivíduo está inserido.

AMBIENTE E DESENVOLVIMENTO COGNITIVO

O desenvolvimento do cérebro inicia algumas semanas após a concepção e acredita-se que esteja completo no início da idade adulta. A estrutura básica do cérebro é estabelecida principalmente durante o período pré-natal e a primeira infância, enquanto a formação e o refinamento das redes neurais continuam a longo prazo.[5] Nos últimos anos, tornou-se mais clara a capacidade que nosso cérebro tem de se modificar ao longo de todos os estágios da vida, processo que chamamos de neuroplasticidade. Os fatores genéticos e biológicos são os grandes responsáveis pelo início do desenvolvimento cerebral; entretanto, como a maior parte do desenvolvimento vai ocorrer depois do nascimento, será a interação gene-ambiente que conduzirá os próximos passos. Sendo assim, as experiências de vida moldam a estrutura cerebral.[6]

A primeira infância representa um período particularmente importante para o desenvolvimento de um cérebro saudável.[7] As bases dos sistemas sensoriais e perceptivos que são essenciais para a linguagem, o comportamento social e a emoção são formadas nos primeiros anos de vida e são fortemente influenciadas pelas experiências durante esse período. Isto não quer dizer que o desenvolvimento posterior não possa afetar essas funções – pelo contrário, as experiências posteriores na vida também são muito importantes para o funcionamento do cérebro. No entanto, as experiências nos primeiros anos da infância afetam o desenvolvimento da arquitetura cerebral de uma forma que as experiências posteriores não o fazem.[6,8] As funções de nível superior (planejamento, controle de impulso, regulação emocional, raciocínio lógico, etc.) dependem de funções de nível inferior (sensorial, perceptiva, motora) para seu desenvolvimento. Quando os bebês nascem, seus cérebros estão preparados para certos tipos de experiências e, ao longo da vida, vão se adaptando ao serem expostos ao ambiente.[9] Diferentes trajetórias de crescimento do cérebro podem refletir distintas experiências durante períodos sensíveis do desenvolvimento cerebral e ter variadas implicações para a função cognitiva.

As funções cognitivas não se desenvolvem simultaneamente, nem seus padrões de desenvolvimento seguem o mesmo ritmo. Embora os sistemas básicos de sensação e percepção estejam totalmente desenvolvidos quando as crianças atingem a idade pré-escolar, outros sistemas, como os envolvidos na memória, na tomada de decisões, na linguagem, no controle de impulsos e na regulação emocional, continuam a se desenvolver ao longo da infância e até a vida adulta.

A variação no perfil cognitivo entre os indivíduos ocorre devido à influência de fatores que afetam o neurodesenvolvimento.[10] Um destes é o nível de escolaridade, ou, mais especificamente, os anos de estudo. Durante a vida adulta, a função cognitiva de indivíduos com mais anos de escolaridade é, em média, melhor do que a de indivíduos com menos anos de estudo.[11] A escolaridade é considerada um preditor robusto da idade de início da demência;[12] portanto, além de proporcionar vantagens na vida adulta, continua sendo um diferencial até a velhice. Além da educação, um estilo de vida não saudável e doenças cardiometabólicas são fatores de risco para doenças neurodegenerativas, contribuindo para o comprometimento do funcionamento cognitivo.[13,14] Não há consenso na literatura sobre a definição do termo reserva cognitiva, mas a ideia desse constructo, de que a escolaridade pode aumentar os níveis de reserva cognitiva, parece estar baseada na noção de que a educação transmite conhecimento e ferramentas cognitivas (estratégias) que permitem aos indivíduos processar tarefas de forma a torná-los menos suscetíveis aos efeitos deletérios do envelhecimento cerebral e das doenças associadas. Com isso, reforça-se a ideia de que habilidades cristalizadas (aprendizado, estratégias) amortecem o impacto das mudanças cerebrais relacionadas ao envelhecimento no funcionamento cognitivo.

Estudos recentes têm buscado compreender a relação entre *status* socioeconômico e desenvolvimento cerebral, tanto estrutural quanto funcional. Um estudo mostrou que o baixo *status* socioeconômico parece estar associado à aceleração da maturação cerebral, e essa aceleração afeta as conexões funcionais, adiantando o processo de segregação das redes neuronais durante o desenvolvimento, o que prejudica o ritmo de desenvolvimento das funções cognitivas.[15] Nesse estudo, foi visto que adolescentes e adultos jovens vindos de contextos de alto *status* socioeconômico apresentaram maior espessura cortical e maior segregação do que os indivíduos de origem de *status* socioeconômico inferior, talvez como resultado de diferenças na taxa de maturação.[15]

As experiências vivenciadas nos primeiros anos de vida – especialmente aquelas relacionadas ao estresse, à estimulação cognitiva e à variabilidade nos estímulos – foram identificadas como fatores fundamentais na modulação da maturação e da plasticidade cerebral. No cenário contemporâneo, estamos imersos em uma revolução tecnológica, marcada por um crescente número de casos de abuso e dependência da internet. O impacto dessa exposição crônica às mídias é particularmente pernicioso em crianças, cujos cérebros ainda se encontram em um estágio sensível de desenvolvimento. O uso simultâneo de múltiplas mídias está correlacionado a uma diminuição da capacidade de atenção focada, além de promover alterações significativas no controle cognitivo.[16]

Portanto, embora a estrutura do desenvolvimento cerebral seja fortemente influenciada por fatores genéticos e biológicos, as experiências que vivenciamos em nosso ambiente podem alterar essas trajetórias, sobretudo em termos de desempenho e funcionalidade cognitiva (Figura 7.1).

■ FUNÇÕES COGNITIVAS

Muito além de medidas de volume cerebral, ou número de neurônios, quando buscamos compreender melhor a cognição, o que realmente importa é como os neurônios estão organizados como redes funcionais. A cognição será influenciada por como os neurônios estão conectados entre si, através de redes funcionais.[17] Como consequência disso, cérebros que apresentarem diferentes propriedades de redes neuronais funcionais vão diferir em suas funções cognitivas.

Na neuropsicologia clínica, utilizamos o termo *performance* cognitiva para a expressão da funcionalidade dos domínios cognitivos. Compreendemos que esses domínios cognitivos, ou funções cognitivas, têm como origem circuitos focados na ativação de diferentes regiões cerebrais e suas interações potenciais.[18] As funções cognitivas (Figura 7.2) são, então, constelações de sistemas funcionais complexos que se

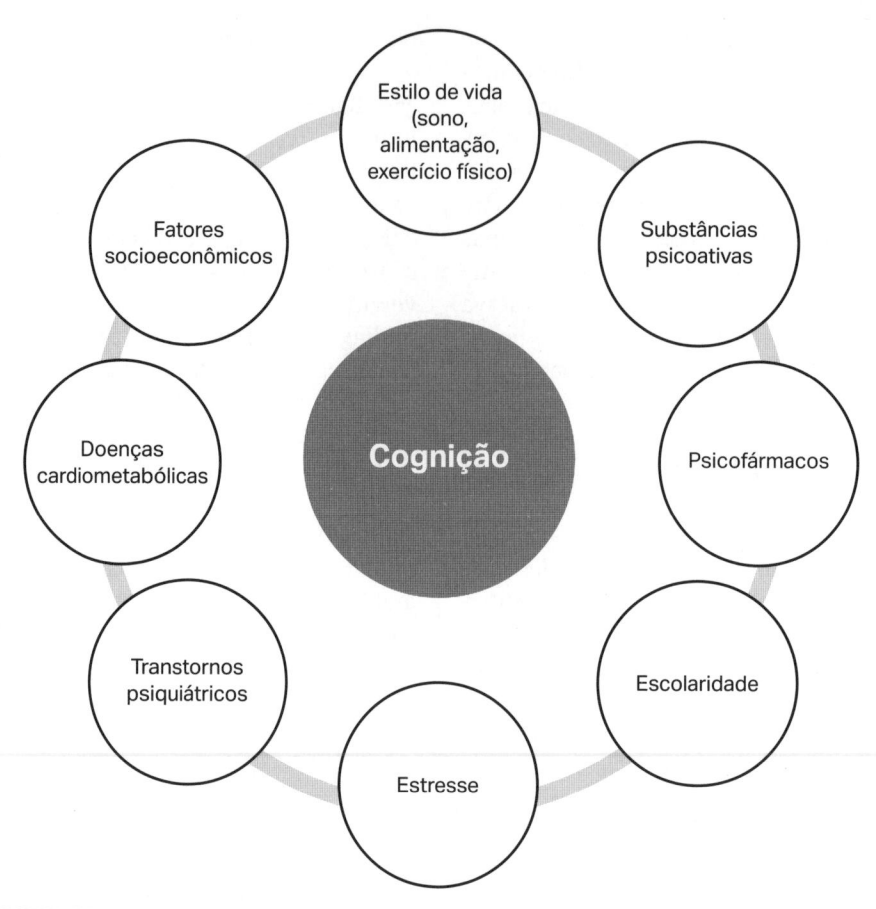

FIGURA 7.1
Fatores que influenciam na cognição.

inter-relacionam com constelações de estruturas cerebrais que lhe servem como substratos, podendo ser classificadas como: percepção, atenção, memória, linguagem, inteligência, praxias, habilidades visuoespaciais e visuoconstrutivas e funções executivas. A integração dessas funções é a responsável por grande parte dos comportamentos humanos.

As principais estruturas cerebrais e suas funções associadas são as seguintes.

- **Lobo frontal:** É responsável pelas funções executivas, como planejamento, tomada de decisão e sistema de autorregulação. Lesões e prejuízos nessa área podem resultar em comportamento impulsivo e empobrecimento no julgamento crítico, por exemplo.
- **Lobo parietal:** Integra a informação sensorial e está envolvido na consciência espacial.
- **Lobo temporal:** É central para a memória e a linguagem; prejuízos podem estar associados com anomia ou demências.
- **Lobo occipital:** Controla o processamento visual; prejuízos podem causar agnosia.

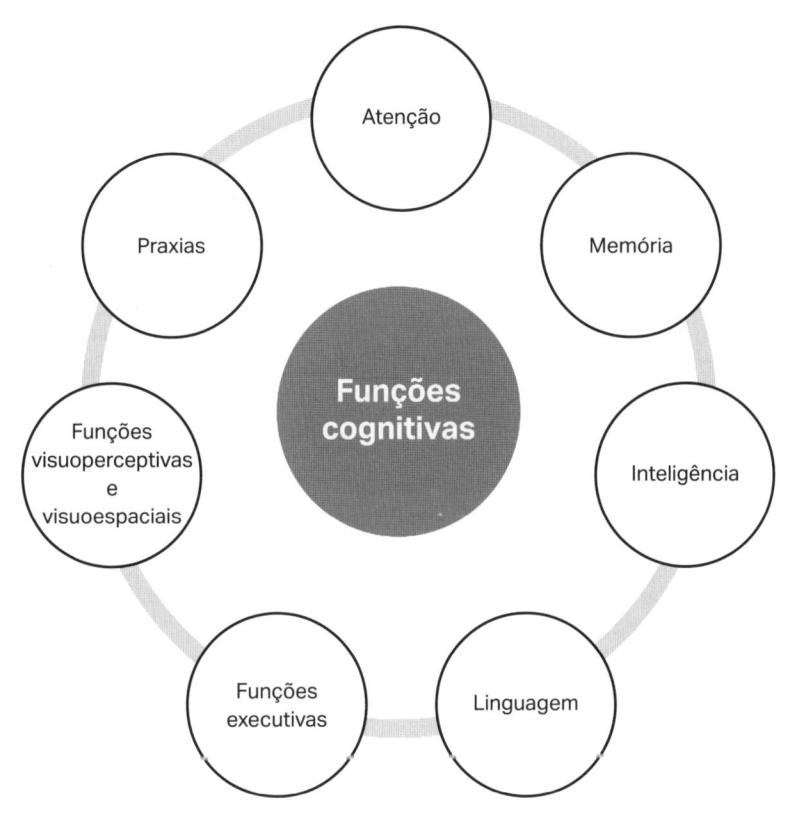

FIGURA 7.2
Principais funções cognitivas avaliadas no exame neuropsicológico.

Diagrama circular mostrando as funções cognitivas: Atenção, Memória, Inteligência, Linguagem, Funções executivas, Funções visuoperceptivas e visuoespaciais, Praxias, em torno do centro "Funções cognitivas".

- **Sistema límbico:** Tem papel central na regulação emocional e na formação de memórias de longo prazo, com estruturas como hipocampo e amígdala apresentando funções específicas.

AVALIAÇÃO NEUROPSICOLÓGICA

A principal ferramenta prática desta ciência é a avaliação neuropsicológica, aplicada nas diferentes faixas etárias com desenvolvimento normal e/ou patológico.[3] Na avaliação neuropsicológica, utiliza-se diversas ferramentas que vão muito além dos testes neuropsicológicos em si.

A avaliação neuropsicológica pode ser dividida em quatro etapas:[4]

1 Entrevista clínica ou anamnese, para obtenção de informações relevantes acerca das dificuldades cognitivas, história clínica, educacional e ocupacional, antecedentes, medicações com possível impacto na cognição.
2 Avaliação das funções cognitivas, que pode incluir também funcionamento intelectual e desempenho escolar.
3 Avaliação do humor, do estado emocional e da personalidade.
4 Conclusão a partir do raciocínio clínico, da interpretação quantitativa e qualitativa dos resultados, finalizando com

uma sessão de devolução para o paciente, na qual é feita a entrega de um documento relatando todo o processo da avaliação, chamado de laudo psicológico da avaliação neuropsicológica.

Por meio da avaliação neuropsicológica, são mapeadas as habilidades cognitivas preservadas e prejudicadas no momento. Para esse propósito, testes neuropsicológicos validados e padronizados para a população em que serão utilizados são fundamentais.

A avaliação neuropsicológica tem como principais objetivos:

- Auxiliar no diagnóstico de quadros neurológicos e neuropsiquiátricos, fornecendo subsídios para o diagnóstico clínico, perfil neuropsicológico, direcionamento de tratamento adequado e estabelecimento de prognóstico.
- Estabelecer a natureza e a extensão do comprometimento cognitivo e comportamental decorrente de tais quadros, avaliando neuroprogressão e neurodegeneração.
- Delinear as habilidades cognitivas "fortes e fracas", promovendo um mapeamento mais efetivo do funcionamento cognitivo do indivíduo.
- Propor intervenções voltadas para as necessidades cognitivas e comportamentais do indivíduo.
- Avaliar os efeitos dessas intervenções e de procedimentos cirúrgicos ou tratamentos farmacológicos.

Exceto nos casos de suspeita de transtorno neurocognitivo, nos quais a avaliação cognitiva é exigida para o diagnóstico, não há necessidade de exame neuropsicológico para diagnosticar outros transtornos. Entretanto, as técnicas de neuroimagem apresentam importantes limitações que podem ser minimizadas pelo uso complementar do exame neuropsicológico. Às vezes, alterações cognitivas precedem achados visíveis ao exame de neuroimagem, e, em comparação a outros achados de imagem e marcadores biológicos, o exame neuropsicológico apresenta acurácia superior, como, por exemplo, no diagnóstico diferencial entre doença de Alzheimer e comprometimento cognitivo leve. Há, também, casos de alterações sutis em transtornos neuropsiquiátricos, para os quais os marcadores biológicos ainda não estão claramente definidos ou não apresentam aplicabilidade clínica. Nesses casos, as informações obtidas pelo exame neuropsicológico podem ser de grande valia para traçar inferências clínicas e formular hipóteses sobre sistemas neurais comprometidos ou preservados, contribuindo também na elaboração de modelos teóricos sobre aspectos clínicos dos transtornos psiquiátricos. No Quadro 7.1, são apresentadas as principais condições clínicas em que é indicada a avaliação neuropsicológica.

É importante salientar que a avaliação neuropsicológica exige um raciocínio clínico específico. Apenas apresentar resultados brutos no laudo neuropsicológico não auxiliará na compreensão do real funcionamento cognitivo do paciente. É preciso integrar os dados quantitativos com as informações qualitativas do processo de avaliação, que vão desde o contato inicial do paciente, o conteúdo dos informantes (familiares, professores, cuidadores, profissionais da saúde, etc.), e principalmente, **como** o paciente realiza as tarefas cognitivas e se comporta durante as sessões. É preciso avaliar, por meio de observação:

- O tempo que o paciente leva para realizar a atividade (velocidade de processamento).
- Se o paciente percebe quando erra e se ele corrige (automonitoramento).

QUADRO 7.1
PRINCIPAIS INDICAÇÕES CLÍNICAS PARA AVALIAÇÃO NEUROPSICOLÓGICA AO LONGO DA VIDA

Avaliação neuropsicológica ao longo da vida	Principais indicações
Avaliação neuropsicológica em bebês	▪ Diagnóstico precoce de transtorno do espectro autista ▪ Atrasos no neurodesenvolvimento
Avaliação neuropsicológica na infância e na adolescência	▪ Transtornos do neurodesenvolvimento ▪ Dificuldades de aprendizagem ▪ Transtornos de aprendizagem ▪ Epilepsia infantil
Avaliação neuropsicológica na adultez	▪ Transtornos psiquiátricos ▪ Diagnóstico tardio de transtornos do neurodesenvolvimento ▪ Traumatismo cerebral ▪ Acidente vascular encefálico ▪ Tumor cerebral ▪ Epilepsia
Avaliação neuropsicológica no idoso	▪ Transtornos psiquiátricos ▪ Transtorno neurocognitivo leve (comprometimento cognitivo leve) ▪ Transtorno neurocognitivo maior (demências) ▪ Acidente vascular encefálico
Mapeamento cerebral intraoperatório*	▪ Epilepsia ▪ Tumor cerebral ▪ Distúrbios do movimento

*O mapeamento cerebral intraoperatório é uma técnica utilizada durante a realização de cirurgia cerebral, com o paciente acordado, para otimizar o equilíbrio entre a remoção do tumor e a preservação de funções cerebrais importantes. Essa técnica é utilizada principalmente em pacientes com tumores ou lesões próximos a importantes regiões funcionais do cérebro, como linguagem, movimento, visão, memória e emoções.

- Se o paciente demora para iniciar a tarefa (iniciativa e prontidão cognitiva).
- Como o paciente inicia a construção de uma figura ou desenho (planejamento e organização).
- Se o paciente erra e corrige muitas vezes (comportamento impulsivo e falta de estratégia).
- Se, quando corrige, verbaliza conteúdos como: "sou burro", "não consigo fazer", "eu sempre erro", "vou desistir" (crenças autolimitantes).
- Se o paciente consegue se adaptar a novas exigências da tarefa ou se fica na mesma instrução ou resposta anterior (perseveração e rigidez cognitiva).

Além disso, deve-se avaliar observações comportamentais de como ele realiza o teste: se movimentando na cadeira; mexendo a perna; querendo olhar o celular, etc. As reações emocionais do paciente durante a realização da avaliação também são valiosas para a compreensão do caso, como: paciente que responde sempre com dúvida; se pergunta se está certo, precisando de confirmações ao longo da tarefa; se ele se irrita quando erra; se desiste por considerar muito difícil antes mesmo de tentar; se não sabe fazer o exercício, mas não aceita desistir, etc. Sendo assim, é importante lembrar que a avaliação neuropsicológica é o processo como um todo, e não apenas os resultados dos testes.

INTERVENÇÕES COGNITIVAS

O resultado da avaliação neuropsicológica auxiliará na formulação das intervenções terapêuticas.[4] Essas intervenções vão variar de acordo com a necessidade específica de cada indivíduo. É possível intervir por meio de alguns modelos de intervenção cognitiva, como os descritos a seguir.

- **Estimulação cognitiva:** Quando o objetivo é unicamente melhorar uma ou mais funções cognitivas, sem utilizar como base medidas quantitativas de avaliação cognitiva anterior. Nesse caso, qualquer pessoa que queira melhorar sua *performance* cognitiva pode fazer esse tipo de intervenção.
- **Treino cognitivo:** Tem como objetivo restaurar a função cognitiva prejudicada, observada em avaliação cognitiva anterior, mediante o treino repetitivo e a prática estruturada das tarefas. O foco da intervenção é o progresso da *performance* cognitiva. Normalmente é realizada uma avaliação cognitiva posterior à intervenção, para avaliar efetividade.
- **Reabilitação neuropsicológica (RN):** Consiste na abordagem de tratamento que tem por objetivo recuperar uma função cognitiva prejudicada ou perdida, ou adaptar o paciente aos déficits adquiridos, visando ao mais alto nível de adaptação possível. Na RN, o objetivo é ensinar estratégias para contornar o funcionamento prejudicado e reforçar as capacidades intactas e os pontos fortes. Além disso, a RN é caracterizada pela integração de vários domínios de intervenção: social, emocional, cognitivo e funcional, bem como por metas funcionais e treinos com práticas relevantes para a vida diária do indivíduo. O grande objetivo dessa intervenção é que o paciente melhore não apenas de forma quantitativa, mas que haja uma generalização do ganho cognitivo para sua vida, promovendo melhora na funcionalidade e na qualidade de vida.

Para medir os resultados da RN, são utilizadas as seguintes medidas:[19]

- **Medidas de resultados diretas, que abarcam:**
    - Atividades de vida diária (AVDs).
    - Resultados (a longo prazo) expressos no restabelecimento da deficiência (capacidade para realizar uma atividade na forma ou dentro do intervalo considerado normal para um ser humano).
    - Restabelecimento da deficiência psicológica, fisiológica ou da estrutura anatômica.
    - Independência nos relacionamentos sociais, vida familiar, satisfação (qualidade de vida), estresse, entre outros.
    - Atividade produtiva e melhora financeira.
- **Medidas de resultados intermediários:** são as medidas do funcionamento cognitivo, obtidas por meio do uso de baterias de testes neuropsicológicos ou cognitivos considerados para avaliar a função cerebral.

As três principais abordagens técnicas de uma intervenção cognitiva são:[19]

1 **Restauração:** Visa à melhoria do funcionamento das funções cognitivas. As técnicas de treino cognitivo auxiliam no fortalecimento e na restauração da função cognitiva pela prática, repetição e organização das informações, com o objetivo de promover novos aprendizados.
2 **Compensação:** Considera o comportamento compensatório funcional como uma possibilidade para adaptar-se a um déficit cognitivo que não pode ser restaurado. Estimula a realização das atividades pelo uso de estratégias compensatórias, auxílios externos (p. ex., agenda, *post-it*, etc.) e nova tecnologia, a fim de reduzir a discrepância entre a demanda do ambiente e a habilidade reduzida.
3 **Reestruturação:** Considera a possibilidade da reestruturação e do planejamento ambiental para alterar as demandas colocadas sobre o indivíduo com deficiência cognitiva, facilitando seu desempenho funcional e promovendo sua participação social.

No contexto neuropsiquiátrico, é utilizado o termo **remediação cognitiva (RC)**, que é uma intervenção de treinamento comportamental com foco nos déficits cognitivos, utilizando princípios científicos de aprendizagem, com o objetivo principal de melhora dos desfechos funcionais.[20-23] Os estudos de metanálise que focaram nos efeitos da RC na esquizofrenia apresentaram tamanho de efeito moderado, sendo que ela costuma apresentar resultados superiores quando combinada com outras abordagens de tratamento, como treinamento de habilidades sociais, reabilitação vocacional e treinamento cognitivo baseado em estratégias (estratégias de aprendizagem explícitas).[20] Além de pacientes com esquizofrenia,[23] a RC também tem protocolos para pacientes com transtorno bipolar,[24-26] TDAH,[27] transtornos alimentares[28-30] e pacientes com abuso de substâncias.[31]

CONSIDERAÇÕES FINAIS E PERSPECTIVAS FUTURAS

Um dos grandes desafios no âmbito das neurociências e da neuropsicologia é entender como o cérebro, uma massa cinzenta com peso aproximado de 1.300 gramas, que reúne mais de 1 trilhão de células, com um padrão complexo de conexões e capacidade de gerar energia elétrica, pode, na realidade, comandar funções tão complexas como o pensamento, o planejamento, a percepção, a memória, a linguagem, a tomada de decisões, a resolução de problemas, entre tantas outras.

Apesar dos inúmeros avanços tecnológicos e neurocientíficos, ainda enfrentamos dificuldades para determinar se o prejuízo cognitivo identificado na avaliação ou relatado pelo paciente é consequência de um dano neurofuncional ou resultado de fatores contribuintes, como estresse, baixa qualidade do sono ou até mesmo o efeito de uma medicação. Ao mesmo tempo, hoje contamos com uma gama de achados científicos que auxiliam na compreensão dos perfis neuropsicológicos dos principais transtornos psiquiátricos, no desenvolvimento de programas de treinamento cognitivo, na remediação cognitiva e na reabilitação neuropsicológica para diversas condições neurológicas e neuropsiquiátricas, além de utilizarmos a avaliação neuropsicológica como um importante recurso para a formulação de hipóteses diagnósticas.

No contexto da avaliação neuropsicológica, ainda não há clareza na definição quantitativa de um "baixo escore", o que prejudica uma compreensão mais precisa desses resultados. Clínicos e pesquisadores da área se beneficiariam de uma operacionalização quantitativa e qualitativa de categorias relacionadas à funcionalidade, pois esta é uma medida de extrema importância na compreensão de transtornos mentais, por exemplo. Além disso, a incorporação de medidas de avaliação neuropsicológica focadas no estado funcional apresenta maior validade ecológica e preditiva do que a utilização exclusiva de medidas desenvolvidas para a localização de lesões ou para avaliação de constructos cognitivos de forma isolada.

Com o avanço tecnológico, é necessário investir em baterias de avaliação neuropsicológica informatizadas, assim como em programas de reabilitação cognitiva, pois essa ainda não é uma realidade em nosso país, sendo raros os instrumentos disponíveis em formato *online*. Além disso, avaliações cognitivas baseadas em realidade virtual podem representar uma opção efetiva de avaliação ecológica da funcionalidade cognitiva. A realidade virtual também pode ser uma ferramenta promissora para intervenções de reabilitação cognitiva, pois possibilita a reprodução de contextos da vida diária e oferece uma mensuração mais precisa das respostas comportamentais, algo que os testes e intervenções atuais ainda não conseguem alcançar.[32]

A inteligência artificial é outra tecnologia que possibilita avanços na área da pesquisa e da clínica na neuropsicologia. Exemplos incluem o AI-Mind Project, desenvolvido na Itália como estratégia para avaliar a trajetória clínica de indivíduos com comprometimento cognitivo leve e o risco de desenvolver demência, auxiliando na acurácia do diagnóstico,[33] e a plataforma de inteligência artificial NeuroAIreh@b, que ajuda na tomada de decisão da prescrição de treinamento cognitivo para pessoas com déficits, assim como oferece técnicas para o manejo de déficits cognitivos associados ao acidente vascular encefálico (AVE), outras condições neurológicas e transtornos neurodegenerativos.[34]

Por fim, a disseminação do trabalho da neuropsicologia em seus diferentes contextos de atuação possibilita que cada vez mais profissionais da saúde e da educação compartilhem o mesmo conhecimento. Além disso, permite que os recursos de avaliação neuropsicológica e intervenções cognitivas alcancem um número crescente de pessoas, possibilitando intervenções precoces nos distúrbios neurológicos e transtornos neuropsiquiátricos, promovendo maior autonomia, funcionalidade e qualidade de vida a esses indivíduos.

REFERÊNCIAS

1. Luque-Rojas MJ, Palermo S. Editorial: reviews in neuropsychology. Front Psychol. 2024;15:1367208.
2. Zoccolotti P. Advances in neuropsychology: top papers published in brain sciences in 2022-2023. Brain Sci. 2024;14(6):588.
3. Acuna-Vargas S, Thibaut F. Cognition in psychiatry. Dialogues Clin Neurosci. 2019;21(3):223-4.
4. Malloy-Diniz LF, Mattos P, Abreu N, Fuentes D, organizadores. Neuropsicologia: aplicações clínicas. Porto Alegre: Artmed; 2016.
5. Gale CR, O'Callaghan FJ, Godfrey KM, Law CM, Martyn CN. Critical periods of brain growth and cognitive function in children. Brain. 2004;127(2):321-9.
6. Whittle S, Simmons JG, Hendriksma S, Vijayakumar N, Byrne ML, Dennison M, et al. Childhood maltreatment, psychopathology, and the development of hippocampal subregions during adolescence. Brain Behav. 2017;7(2):e00607.
7. Irigaray TQ, Pacheco JB, Grassi-Oliveira R, Fonseca RP, Leite JCC, Kristensen CH. Child maltreatment and later cognitive functioning: a systematic review. Psicol Reflex Crit. 2013;26(2):376-87.
8. Cirulli F, Francia N, Berry A, Aloe L, Alleva E, Suomi SJ. Early life stress as a risk factor for mental health: Role of neurotrophins from rodents to non-human primates. Neurosci Biobehav Rev. 2009;33(4):573-85.
9. Tierney AL, Nelson CA 3rd. Brain development and the role of experience in the early years. Zero Three. 2009;30(2):9-13.
10. Miller SE, Legan AW, Henshaw MT, Ostevik KL, Samuk K, Uy FMK, et al. Evolutionary dynamics of recent selection on cognitive abilities. Proc Natl Acad Sci U S A. 2020;117(6):3045-52.

11. Lövdén M, Fratiglioni L, Glymour MM, Lindenberger U, Tucker-Drob EM. Education and cognitive functioning across the life span. Psychol Sci Public Interest. 2020;21(1):6-41.
12. Bethlehem RAI, Seidlitz J, White SR, Vogel JW, Anderson KM, Adamson C, et al. Brain charts for the human lifespan. Nature. 2022;604(7906):525-33.
13. García-García I, Donica O, Cohen AA, Nusslé SG, Heini A, Nusslé S, et al. Maintaining brain health across the lifespan. Neurosci Biobehav Rev. 2023;153:105365.
14. Kimura N, Sasaki Y, Masuda T, Ataka T, Eguchi A, Kakuma T, et al. Lifestyle factors that affect cognitive function–a longitudinal objective analysis. Front Public Heal. 2023;11:1215419.
15. Manalew WS, Tennekoon VS, Lee J, O'Connell B, Quinn M. Adversity in infancy and childhood cognitive development: evidence from four developing countries. Int J Public Health. 2022;67:1604503.
16. Matthews N, Mattingley JB, Dux PE. Media-multitasking and cognitive control across the lifespan. Sci Rep. 2022;12:4349.
17. Harvey PD. Domains of cognition and their assessment. Dialogues Clin Neurosci. 2019;21(3):227-37.
18. Frisch S. How cognitive neuroscience could be more biological and what it might learn from clinical neuropsychology. Front Hum Neurosci. 2014;8:541.
19. Abrisqueta-Gomez J, organizador. Reabilitação neuropsicológica: abordagem interdisciplinar e modelos conceituais na prática clínica. Porto Alegre: Artmed; 2012.
20. Trapp W, Heid A, Röder S, Wimmer F, Hajak G. Cognitive remediation in psychiatric disorders: state of the evidence, future perspectives, and some bold ideas. Brain Sci. 2022;12(6):683.
21. Zhu Y, Womer FY, Leng H, Chang M, Yin Z, Wei Y, et al. The relationship between cognitive dysfunction and symptom dimensions across schizophrenia, bipolar disorder, and major depressive disorder. Front Psychiatry. 2019;10:253.
22. Li JY, Wu H, Yuan S, Wang C, Wang Q, Zhong Y, et al. A meta-analysis on neural changes of cognitive training for mental disorders in executive function tasks: increase or decrease brain activation? BMC Psychiatry. 2022;22(1):155.
23. Keshavan MS, Vinogradov S, Rumsey J, Sherrill J, Wagner A. Cognitive training in mental disorders: update and future directions. Am J Psychiatry. 2014;171(5):510-22.
24. Lewandowski KE, Sperry SH, Ongur D, Cohen BM, Norris LA, Keshavan MS. Cognitive remediation versus active computer control in bipolar disorder with psychosis: study protocol for a randomized controlled trial. Trials. 2016;17(1):136.
25. Sanches M, Bauer IE, Galvez JF, Zunta-Soares GB, Soares JC. The management of cognitive impairment in bipolar disorder. Am J Ther. 2015;22(6):477-86.
26. Strawbridge R, Fish J, Halari R, Hodsoll J, Reeder C, Macritchie K, et al. The Cognitive Remediation in Bipolar (CRiB) pilot study: study protocol for a randomised controlled trial. Trials. 2016;17:371.
27. Cainelli E, Bisiacchi P. Neurodevelopmental disorders: past, present, and future. Children. 2022;10(1):31.
28. Tchanturia K, Doris E, Mountford V, Fleming C. Cognitive Remediation and Emotion Skills Training (CREST) for anorexia nervosa in individual format: self-reported outcomes. BMC Psychiatry. 2015;15:53.
29. Dahlgren CL, Rø O. A systematic review of cognitive remediation therapy for anorexia nervosa: development, current state and implications for future research and clinical practice. J Eat Disord. 2014;2(1):26.
30. van Passel B, Danner U, Dingemans A, van Furth E, Sternheim L, Elburg van A, et al. Cognitive Remediation Therapy (CRT) as a treatment enhancer in eating disorders and obsessive compulsive disorders: study protocol for a randomized controlled trial. BMC Psychiatry. 2016;16(1):393.
31. Le Berre AP. Emotional processing and social cognition in alcohol use disorder. Neuropsychology. 2019;33(6):808-21.
32. Veneziani I, Marra A, Formica C, Grimaldi A, Marino S, Quartarone A, et al. Applications of artificial intelligence in the neuropsychological assessment of dementia: a systematic review. J Pers Med. 2024;14(1):113.
33. Haraldsen IH, Hatlestad-Hall C, Marra C, Renvall H, Maestú F, Acosta-Hernández J, et al. Intelligent digital tools for screening of brain connectivity and dementia risk estimation in people affected by mild cognitive impairment: the AI-Mind clinical study protocol. Front Neurorobot. 2024;17:1289406.
34. Faria AL, Almeida Y, Branco D, Câmara J, Cameirão M, Ferreira L, et al. NeuroAIreh@b: an artificial intelligence-based methodology for personalized and adaptive neurorehabilitation. Front Neurol. 2023;14:1258323.

PARTE 2

DESENVOLVIMENTO HUMANO AO LONGO DO CICLO VITAL

8
GESTAÇÃO

VICTOR MARDINI
DAVID SIMON BERGMANN
MARCELO SCHMITZ
MARIA LUCRÉCIA SCHERER ZAVASCHI
MARISTELA PRIOTTO WENZEL

A gestação é um período único na vida de uma mulher, repleto de mudanças físicas, hormonais e emocionais. Os aspectos psicológicos da gestação são complexos e variados, abrangendo desde sentimentos de alegria e expectativa até ansiedade e preocupação. É importante reconhecer que as experiências da infância de uma mulher podem ter efeitos duradouros em sua vida adulta, especialmente na gravidez. Programas de intervenção precoce e apoio familiar podem ser benéficos para interromper padrões de vivências negativas e promover uma maternidade saudável. Neste capítulo, serão abordadas as necessidades da mulher durante a gestação, como avaliações clínicas periódicas (consulta de pré-natal), incluindo os aspectos emocionais da gestante e/ou de seu companheiro, assim como educação sobre saúde mental perinatal, intervenções para reduzir o estresse e promover o bem-estar, preparação para o parto, parentalidade e suporte do vínculo mãe-bebê. Mulheres que têm um forte sistema de apoio emocional e prático tendem a lidar melhor com os desafios da gestação e da maternidade.

DESCRITORES: gravidez; gestação na adolescência; fertilização; trabalho de parto; nascimento; depressão pós-parto; tocologia; período pós-parto.

ESTADO DA ARTE

O desejo de ter um filho tem suas raízes biológicas instintivas, mas também depende das motivações psicológicas, sociais e culturais do casal. O filho é considerado o resultado de uma relação amorosa entre o casal. Este capítulo vai versar sobre esta etapa do desenvolvimento humano, e, neste primeiro momento, os autores enfatizam as mais recentes descobertas científicas sobre eventuais vicissitudes que permeiam a gravidez.

A partir do momento da concepção, o desenvolvimento do bebê durante a gestação está sujeito a influências genéticas e ambientais. Nesse sentido, é importante entender que o ambiente influencia nosso genoma por meio das chamadas modificações epigenéticas. A epigenética estuda as alterações na expressão gênica sem haver alteração da sequência do DNA. Dependendo das condições que o ambiente ofereça, os genes poderão expressar um fenótipo com todo seu potencial genético ou com limitações (a altura é um bom exemplo disso). E os efeitos epigenéticos são particularmente importantes durante o período pré-natal. Esta é a área de estudo que mais tem chamado a atenção dos pesquisadores nas últimas décadas quando falamos de desenvolvimento pré-natal, e há várias metanálises e revisões sistemáticas publicadas nos últimos anos. A relevância deste tema passa também pelo fato de que as mulheres só vão se descobrir grávidas já com algumas (às vezes, muitas) semanas de evolução da gestação, o que pode implicar exposição inadvertida a adversidades físicas e psicológicas e a teratógenos que poderiam ser evitados e resultar em consequências negativas de curto, médio e longo prazo no desenvolvimento da criança.

A gestante é propensa a uma série de adversidades psicológicas. Estresse e depressão têm sido as mais estudadas. Algumas metanálises têm indicado associação entre essas condições emocionais e prejuízos variados para o bebê. O estresse crônico pré-natal tem efeitos cumulativos no corpo e tem relação com o atraso do desenvolvimento fetal, geralmente levando a baixo peso ao nascer, prematuridade e complicações no parto.[1] Outra metanálise mais recente, com amostra de 22 mil gestantes, também mostrou que o estresse crônico está associado a um risco significativo de baixo peso ao nascer.[2] A depressão materna durante a gravidez tem se mostrado associada a baixo peso ao nascer, e estudos apontam para uma relação com problemas emocionais, cognitivos e motores na prole.[3,4] Uma metanálise com amostra de 195 mil duplas mãe-filho avaliou o efeito de ansiedade/depressão pré-natal no desenvolvimento dos filhos até a adolescência. Os resultados mostraram uma robusta associação com menores capacidades socioemocionais, cognitivas, linguísticas e motoras.[5] Fica evidente a importância da prevenção e da intervenção precoce nessas adversidades emocionais.

O efeito de teratógenos no desenvolvimento do bebê tem sido explorado por pesquisadores de diversos centros de pesquisa. Tabagismo e álcool são os mais relevantes em termos de saúde pública.

Mulheres que fumam durante a gravidez apresentam maior risco de que seus bebês tenham baixo peso ao nascer, segundo uma metanálise de 55 estudos de coorte publicados de 1986 a 2020. Além disso, o risco é maior quando há mais tempo de tabagismo materno durante a gestação. Há, também, uma relação dose-dependente, sendo que os maiores prejuízos no peso do recém-nascido foram com mais de 20 cigarros por dia.[6] Em uma metanálise de estudos de coorte prospectivos (12 estudos, incluindo 17.304 mulheres grávidas), foi encontrada uma associação de tabagismo na gestação e transtorno de déficit de atenção/hiperatividade (TDAH) na prole.[7]

A exposição pré-natal ao álcool é um significativo problema de saúde pública com potencial impacto negativo na saúde da prole. A literatura científica indica que há uma relação dose-dependente. O uso pesado de álcool na gravidez está associado à síndrome alcoólica fetal – que é a principal causa de deficiência intelectual não genética.[8,9] Outra metanálise mostrou maior risco de depressão na prole para gestantes que fizeram uso de álcool na gestação, mesmo com doses moderadas.[10]

Outro teratógeno bastante estudado nos últimos anos foi o covid-19. A pandemia mobilizou pesquisadores por todo o mundo, o que gerou várias metanálises que mostraram associação entre a infecção em gestantes e desfechos como maior risco para parto prematuro, maior admissão em unidades de terapia intensiva neonatal (UTIN) e mais morte neonatal,[11-13] o que evidencia a importância do atendimento precoce dessas pacientes.

Embora menos estudado, o papel das variáveis relacionadas ao pai no desenvolvimento pré-natal do bebê, como alguns fatores ligados à pior qualidade do esperma e outros que têm relação com o impacto no ambiente durante a gestação, tem tido crescente atenção do meio acadêmico. Dentro dessa perspectiva, a idade paterna e o tabagismo são variáveis bastante estudadas. Pais mais velhos têm mais chance de terem filhos com esquizofrenia,[14] autismo[15] e baixo peso ao nascer.[16] Uma revisão sistemática mostrou associação entre tabagismo paterno e maior risco de defeitos congênitos.[17] Uma metanálise que avaliou a associação entre fumo paterno antes da concepção e durante a gravidez mostrou a associação com câncer na infância da prole.[18]

A PERSPECTIVA DE TORNAR-SE PAI E MÃE

Abordar o tema da gravidez nos leva a pensar que esse período revigora a criatividade do ser humano. As fantasias que acompanham a gravidez se caracterizam por vivências únicas, desde as experiências mais primitivas das histórias pessoais dos pais, até as influências culturais que os envolvem.[19]

Com frequência, se pensa que o desenvolvimento da criança inicia no nascimento. No entanto, tudo começa bem antes, quando um relacionamento amoroso se desenvolve entre um homem e uma mulher em seus aspectos psicológicos e maturativos. E na concepção, momento em que o espermatozoide e o óvulo se unem, são estabelecidas as bases biológicas do novo ser. Esse momento orienta o desenvolvimento, influenciando e sendo influenciado por um ambiente em constante mudança. A relação entre os pais é determinante para o clima afetivo no qual esse bebê está inserido ao longo de toda a gestação e o período perinatal. A saúde mental da criança, portanto, depende de sua constituição genética, do ambiente que a cerca e da interação entre ambos.

Existem riscos que podem envolver alguma variante genética e comprometer o desenvolvimento do feto ou riscos de origem ambiental. Dessa forma, deve-se estar atento aos fatores envolvidos na concepção, gestação, parto e período perinatal.

O projeto de ser pai ou mãe já está presente na fantasia das crianças e manifesta-se claramente por meio das brincadeiras dos meninos e meninas. A qualidade dos cuidados que a gestante recebeu de sua própria mãe na infância vai orientar sua parentalidade ou representar uma nova oportunidade de resgate de eventuais dissonâncias entre ambas. A concepção, a gestação e o nascimento de um filho, em especial do primeiro, representam uma verdadeira revolução na vida dos pais. Subitamente, eles entram em uma nova fase de seu desenvolvimento, passando da condição de filho ou filha à condição de pai ou mãe.

Destaca-se nessa trajetória a qualidade afetiva que a mãe estabelece com o bebê que habita seu corpo. As modificações corporais da gestação, na maioria das mulheres, são vividas com satisfação e plenitude. Possíveis inquietações ocorrem quando a relação do casal não é madura, manifestando-se por meio de preocupações quanto a perceber-se menos atraente para seu companheiro ou quando este não consegue aproximar-se dela sexualmente. O desejo compartilhado da gestação vai propiciar uma aproximação e a manutenção da relação afetiva no enfrentamento de eventuais vicissitudes que possam ocorrer durante este período.

CONCEPÇÃO

As células do corpo de mulheres e homens contêm 23 pares de cromossomos, que carregam os genes, as unidades básicas de herança. Cada célula sexual, óvulo e espermatozoide tem apenas 23 cromossomos únicos devido a um tipo especial de divisão celular (meiose). Na fertilização, os 23 cromossomos do espermatozoide unem-se aos 23 do óvulo para que o zigoto receba 46 cromossomos, ou 23 pares. Quando o desenvolvimento é normal, cada célula (exceto as células sexuais) têm 46 cromossomos idênticos aos do zigoto original. À medida que as células se dividem, elas se diferenciam, realizando uma variedade de funções corporais complexas que permitem à criança crescer e se desenvolver. Os genes entram em ação quando são ligados ou desligados, seja por fatores ambientais externos, como nutrição ou estresse, ou por fatores internos, como níveis hormonais na mãe ou no feto. Assim, desde o início, a hereditariedade e o ambiente estão interligados. Vinte e dois dos nossos 23 pares de cromossomos são autossomos, cromossomos que não estão relacionados à expressão sexual. O par 23 corresponde aos cromossomos sexuais – um do pai e outro da mãe – que originam o sexo do bebê. Os cromossomos sexuais são cromossomos X ou cromossomos Y. O cromossomo sexual de cada óvulo é um cromossomo X, mas o espermatozoide pode conter um cromossomo X ou Y.

A diferenciação sexual é um processo mais complexo do que a simples determinação genética. No início do desenvolvimento, o sistema reprodutivo rudimentar do embrião parece quase idêntico nos homens e nas mulheres. Pesquisas com ratos descobriram que uma vez que os hormônios sinalizaram o gene *SRY* do cromossomo Y para ativar a diferenciação celular, é desencadeada, então, a formação dos testículos. Seis a oito semanas após a concepção, os testículos começam a produzir o hormônio masculino testosterona. A exposição de um embrião geneticamente masculino a níveis elevados e estáveis de testosterona normalmente resulta no desenvolvimento de um corpo masculino com órgãos sexuais correspondentes.[20] O desenvolvimento do sistema reprodutivo da mulher é igualmente complexo e depende de uma série de variantes genéticas as quais propiciam maior desenvolvimento ovariano e inibem o desenvolvimento testicular.[20]

DESENVOLVIMENTO PRÉ-NATAL

Para muitas mulheres, o primeiro sinal claro de gravidez é um atraso no período menstrual. Nos primeiros meses da gestação, o corpo da mulher grávida passa por mudanças sutis, nem sempre perceptíveis.

O período normal de gestação é de 37 a 42 semanas. A idade gestacional costuma iniciar a partir do primeiro dia do último ciclo.

No primeiro mês da gestação, o zigoto se instala no útero após uma série de divisões celulares. Nesse momento, a placenta também começa a se formar, envolvendo o embrião com o líquido amniótico, que auxilia na alimentação do embrião e o protege. Ao fim do primeiro mês, o feto mede entre 0,4 cm e 0,5 cm.

No segundo mês, seu coração bate de forma acelerada, aproximadamente 150 vezes por minuto. É nessa fase que se inicia a formação dos sistemas nervoso, digestivo, circulatório e respiratório. Os olhos, a boca, o nariz, os braços e as pernas também começam a se desenvolver. O comprimento do embrião chega a 4 cm.

O terceiro mês é marcado pelo desenvolvimento do esqueleto e dos dedos das mãos e dos pés. Todos os órgãos internos se formam até o final deste período, quando o feto mede 14 cm. A vulnerabilidade deste período é alta pelo fato de que uma em cada quatro gestações termina em aborto espontâneo por volta de 10 a 12 semanas.[21]

Neste primeiro trimestre da gestação, pode-se observar em algumas gestantes alterações de humor, sonolência, bem como os enjoos matinais que estão relacionados às alterações hormonais que permitem o curso da gestação.[21] Esses sintomas vão reduzir em intensidade a partir do 2º trimestre da gestação. É neste período que os pais têm o primeiro contato com o bebê por meio dos exames de ultrassonografia, o que invariavelmente é sentido com grande empolgação e habitualmente aprofunda os sentimentos de conexão com o feto.[21]

No quarto mês, o bebê mede cerca de 16 cm e começa a se movimentar, sugar e engolir. Ele também é capaz de perceber alterações de luz e diferenciar gostos amargos e doces. No quinto mês, surgem os primeiros fios de cabelo, os cílios e as sobrancelhas. Formam-se as trompas e o útero nas meninas e os órgãos genitais nos meninos, que podem ser vistos no exame de ultrassom. O bebê tem cerca de 25 cm de comprimento e consegue realizar movimentos, como franzir a testa e chupar o dedo. No sexto mês, o bebê mede cerca de 32 cm e consegue reconhecer sons externos, especialmente a voz de ambos os pais e a respiração da mãe. Lábios e sobrancelhas começam a ficar mais visíveis, e as pontas dos dedos apresentam sulcos que vão originar as impressões digitais.

No segundo trimestre, o crescimento do feto torna-se mais evidente e o bebê torna-se mais real para os pais. O abdome da mulher começa a expandir, com a possibilidade de trazer alguns conflitos com sua imagem corporal. Neste período (4 a 5 meses), a mulher começa a sentir os movimentos do bebê. Este é um dos momentos psicológicos mais significativos para a gestante – é a ocasião em que seu investimento emocional passa do mundo externo para direcionar-se ao seu bebê e às transformações que estão ocorrendo dentro dela.[21]

No sétimo mês, o bebê já mede 35 a 40 cm. Dentro do útero, ele boceja, abre os olhos, dorme e se movimenta. Seus órgãos internos continuam crescendo, ele já ouve e reage a estímulos sonoros, como músicas e conversas. No oitavo mês, o bebê mede entre 40 cm e 45 cm e começa a se preparar para ficar em posição de parto – de cabeça para baixo. Para proteger e ajudar a manter a temperatura do bebê após o nascimento, uma camada de gordura se forma sobre a pele, chamada de vérnix caseoso. Os pulmões estão quase prontos, e os ossos tornam-se mais resistentes. No nono mês, o bebê mede entre 45 cm e 50 cm, todos os órgãos estão completamente formados, ele já consegue controlar a respiração e, em torno da 37ª semana, ele está preparado para nascer.

O último trimestre é o período em que a gestante atinge seu maior ganho de peso (em torno de 11 a 15 kg, no total). Sua mobilidade vai ficando mais restrita. Nas últimas semanas, a mãe se prepara psicologicamente para o parto e para a chegada do seu bebê. Neste momento, ocorre a ativação da secreção de oxitocina, estimulando os circuitos neuronais (cortisol e outros hormônios) e promovendo o vínculo entre a mãe e o bebê, fundamental para a constituição do desenvolvimento psíquico saudável da criança. A gestante entra em um processo de regressão emocional para poder sintonizar com as necessidades do seu bebê. Winnicott chamou esse estado de preocupação materna primária.[22]

Os profissionais de saúde desempenham um papel vital ao apoiar os futuros pais a expressarem os vários sentimentos associados a essa fase, sejam eles positivos ou negativos. Muitas jovens buscam tratamento emocional para compreender as mudanças psíquicas que ocorrem durante a gravidez.

Outra tarefa demandada para os pais é a preparação dos filhos mais velhos para o nascimento do bebê. Em especial para o primeiro filho, o nascimento de um irmão torna-se um momento em que a perda da atenção exclusiva dos pais pode gerar grande ansiedade. De qualquer modo, a chegada de mais um irmão ou irmã exigirá, dos irmãos mais velhos, novos desafios de adaptação à relação com os pais e com um novo membro na família. Ajudar os filhos mais velhos a lidarem com suas ansiedades e ciúmes, antes e depois do nascimento do irmão, mesmo que seja uma tarefa árdua para os pais, trará melhores ajustes na adaptação e na saúde familiar à chegada do bebê.[21]

As novas tarefas impostas pela parentalidade demandam alterações e requerem grande capacidade de adaptação. A vida a dois jamais será igual. Na gravidez, momento de crise vital, ocorrem grandes mudanças nos planos físico e afetivo, representando também uma oportunidade única para a promoção da saúde mental da família emergente, pai-mãe-criança, ou das novas configurações familiares. Devido à vulnerabilidade da mulher no período da gestação, é crucial que os profissionais de saúde investiguem sintomas e tratem os transtornos emocionais, no intuito de prevenção de psicopatologia mental na mãe e na criança. É de grande importância identificar possíveis experiências adversas na própria infância dos pais, uma vez que tais vivências podem interferir na qualidade do novo vínculo que se estabelecerá entre os pais e seu bebê.[23] Além disso, esses profissionais devem auxiliar na adequada preparação para o parto, otimizando os papéis parentais.

ACOMPANHAMENTO PRÉ-NATAL

A Organização Mundial da Saúde (OMS) recomenda no mínimo seis consultas de acompanhamento pré-natal, porém o ideal é que aconteçam com a seguinte periodicidade: até a 28ª semana de gestação, as consultas devem ser mensais, com intervalo mínimo de quatro semanas entre as consultas. Da 28º até as 36 semanas de gravidez, as consultas deves ser quinzenais. Após a 36ª semana, devem ser semanais.[24]

Cientistas desenvolveram técnicas e instrumentos para melhor avaliar o bem-estar e o progresso do feto e até intervir para corrigir algumas anomalias, que vão desde processos não invasivos, como ultrassonografia e exames de sangue materno para testar os níveis hormonais associados a anomalias fetais, até técnicas de avaliação mais invasivas. A amniocentese (a retirada de uma amostra de líquido amniótico para análise) e a embrioscopia (a inserção de uma sonda com uma pequena câmera de visualização no útero da mãe através da parede abdominal para uma visão direta do embrião) são exemplos. Estas últimas são indicadas se os testes anteriores tiverem mostrado risco elevado de problemas genéticos.[25] Ao contrário dos achados anteriores, a amniocentese, por exemplo (que pode ser utilizada no início da gravidez), não parece conferir riscos adicionais. Quando mulheres grávidas que recebem os procedimentos são comparadas a mulheres grávidas com um perfil de risco semelhante que não recebem os procedimentos, não há aumento de abortos espontâneos.[26] A triagem de defeitos e doenças é apenas uma razão importante para um cuidadoso pré-natal. A assistência pré-natal de alta qualidade, que inclui educação, suporte social e nutricional dos serviços de saúde, também pode ajudar a prevenir a morte materna ou infantil e outras complicações no parto. Na primeira gestação, é recomendável fornecer informações sobre gravidez, parto e cuidados infantis, além de ajudar as mães em situação de vulnerabilidade a terem acesso a cuidados de saúde e serviços sociais. A quantidade de consultas de pré-natal e os cuidados recebidos por uma mulher estão diretamente relacionados com melhores resultados.[27]

▪ PARTO

O trabalho de parto anuncia o tão esperado nascimento do bebê e o término da gravidez, que neste momento já pode ser desconfortável. O período da expulsão do bebê pode ser doloroso, exigindo da equipe obstétrica grande sensibilidade no manejo. A mulher é confrontada com os limites do seu controle corporal. Essas realidades podem tornar o trabalho de parto um momento de maior angústia. A presença do pai como um acompanhante de apoio tem sido associada a uma série de resultados obstétricos e materno infantis positivos.[21]

O método mais recomendado de parto é o vaginal, que ocorre em três etapas:[28]

1. **Dilatação do colo uterino:** Geralmente é a etapa mais longa (12-14 h para mulheres que têm seu primeiro filho). Há contrações regulares de 15-20 min de intervalo entre uma e outra. Próximo do final desse estágio, as contrações ocorrem de 2 a 5 min. Essa etapa dura até a cérvice estar totalmente aberta (10 cm).
2. **Descida e nascimento do bebê:** Dura entre 1 e 2 h. Inicia quando a cabeça do bebê começa a se deslocar em direção ao canal vaginal. Termina quando o bebê sai totalmente.
3. **Expulsão da placenta:** Dura de 10 min a 1 h. Neste estágio, a placenta e o restante do cordão são expelidos do corpo da mãe.

Outro método é o parto cesáreo, que consiste na retirada do bebê do útero através da incisão abdominal cirúrgica da mãe. Em 2008, 32% dos partos nos Estados Unidos foram de cesáreas. No Brasil, em 2020, 52,7% dos partos foram de cesáreas. A OMS recomenda que apenas 15% dos partos sejam por cesariana.[29]

O contato da mãe com o bebê na sala de parto facilita o estabelecimento do vínculo entre ambos e oportuniza a mãe a tornar-se hábil nos cuidados com seu bebê. Na primeira hora de vida, os bebês saudáveis encontram-se em estado de inatividade alerta, durante o qual são capazes de olhar fixamente para o rosto da mãe e de responder ao som de sua voz.[30] Sempre que possível, o profissional da saúde deve propiciar que o bebê fique pelo menos 1 hora em contato pele a pele com a sua mãe na sala de parto.[31]

PUERPÉRIO

O puerpério se estende aproximadamente até seis semanas após o parto. O pós-parto imediato é um período sensível, de grande importância para o vínculo entre mãe e bebê. A mãe se encontra em franca recuperação da gestação e o bebê apto a relacionar-se com ela, uma vez que sua visão, audição, tato, olfato e paladar já estão prontos para responder aos estímulos.

A mãe encontra-se em um momento de maior sensibilidade e, portanto, necessita do apoio do companheiro e da família. Nesta ocasião, se inicia o processo de conhecimento entre a mãe e seu bebê. Por meio dos cuidados e do estabelecimento da amamentação, vai se criando e consolidando o apego entre ambos.

Cerca de 80% das mulheres experimentam o *baby blues*, ou *blues* pós-parto. A puérpera pode apresentar-se com labilidade afetiva e ansiedade diante da responsabilidade de cuidar de seu bebê. Pode sentir-se inexperiente, incompetente e com sentimentos de solidão diante desse desafio. Esses sinais não constituem critérios para o diagnóstico de um episódio depressivo.

FATORES DE RISCO À ADAPTAÇÃO, À GESTAÇÃO E À MATERNIDADE

O período perinatal é uma época de risco aumentado para doenças psiquiátricas. Alterações biológicas e hormonais próprias da gestação associadas a alterações em neurotransmissores como a serotonina e a dopamina são aventados como causa. Outros fatores contribuintes seriam a falta de suporte conjugal, familiar e social, a monoparentalidade, gravidez na adolescência, gravidez não planejada e não desejada, violência doméstica, história de traumas na infância e eventos estressantes ao longo da vida. Mulheres preocupadas sobre as alterações do seu corpo, com a saúde do seu bebê, a dor do parto, as imensas alterações de papel na sua vida pessoal, romântica, ocupacional e financeira também estão em risco. Mulheres com história prévia de transtornos psiquiátricos têm particularmente maior risco de desenvolverem uma doença psiquiátrica durante a gestação, em especial um transtorno depressivo. Estima-se que 10 a 15% das mulheres possam desenvolver um episódio depressivo imediatamente após o parto. Vários estudos têm mostrado as repercussões prejudiciais da depressão e da ansiedade maternas sobre o feto, no estabelecimento do apego entre mãe e bebê e no posterior desenvolvimento emocional.[21]

Mulheres com transtorno de estresse pós-traumático (TEPT) com histórias significativas de abuso físico, sexual e abandono também têm evidenciado comportamentos de risco, suicidalidade e maior probabilidade de engajar-se em uso de substâncias como cigarro e álcool e de terem pobre cuidado pré-natal, comprometendo o futuro vínculo afetivo com seus bebês.[21]

A perda de uma gravidez anterior e um aborto também têm um papel importante em determinar a adaptação emocional da mãe à nova gravidez. A perda da gravidez no final da gestação (natimorto) ou a perda do bebê no 1° mês após o nascimento traz repercussões emocionais devastadoras às mulheres.[21]

A gravidez na adolescência geralmente está associada a outros fatores de risco socioeconômico: monoparentalidade, escolaridade limitada, pobreza e *status* étnico/minoritário.[32] Muitas gestantes adolescentes têm histórias de rupturas dos vínculos familiares, problemas significativos de saúde mental e desempenho acadêmico limitado. Somam-se a isso histórias pessoais de abuso, depressão e TEPT.[33] Essas jovens mulheres muitas vezes experienciam críticas dos familiares durante suas gestações e certa discriminação dos profissionais das equipes de saúde assistenciais.[34] Esses estressores significativos deixam as adolescentes grávidas mais vulneráveis a ansiedade, depressão e TEPT, bem como aos efeitos epigenéticos de alterações a longo prazo do eixo HPA e às consequentes reduções nos níveis de oxitocina circulante. Como consequência, poderão apresentar dificuldades no exercício da maternidade responsável e prazerosa. É importante que permaneçam na escola e evitem novas gestações em curto período.[35] Em 2020, no Brasil, foram registradas 380 mil gestações nesta fase da vida.[36]

■ FERTILIZAÇÃO *IN VITRO*

Aproximadamente 80% dos casais em idade reprodutiva conseguirão uma concepção nos primeiros seis meses de relação sexual desprotegida. Segundo a OMS, casais que não usam métodos contraceptivos durante 12 meses e não conseguem engravidar podem ser inférteis.[37] O desenvolvimento de técnicas de reprodução assistida possibilitou soluções para casais que anteriormente não tinham alternativas de tratamento. O gráfico apresentado na Figura 8.1 ilustra as chances de sucesso da fertilização *in vitro* (FIV) conforme a idade da mãe.

Desde que foi testada pela primeira vez, em 1978, as estimativas são de que aproximadamente 9 milhões de crianças em todo

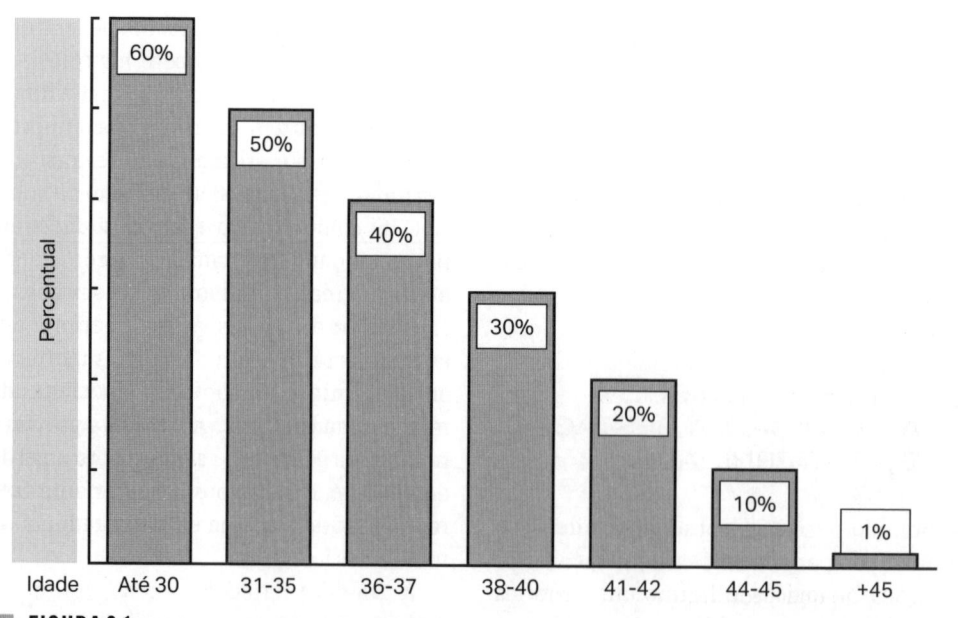

FIGURA 8.1
Chance de gravidez por tentativa de fertilização *in vitro* e relação com a idade da mulher.

o mundo foram concebidas por meio da técnica de fertilização assistida.[38]

A infertilidade interrompe um projeto de vida pessoal e do casal, podendo levar a intenso sofrimento psíquico. Assim, a FIV constitui uma nova fonte de esperança para ter um filho, mas, ao mesmo tempo, pode ser acompanhada de muitas dificuldades. Um estudo realizado no Setor de Reprodução Humana da Universidade Federal de São Paulo, em 2010, concluiu que as mulheres apresentaram mais ansiedade, sintomas depressivos e autoestima mais baixa do que os homens durante a tentativa de FIV.[39]

INFLUÊNCIAS DA HEREDITARIEDADE E DO AMBIENTE

A epigenética é um campo de estudo que investiga como o ambiente pode influenciar a expressão dos genes, sem alterar a sequência do DNA. Este fato pode ocorrer não apenas durante a gravidez, mas também pelas vivências de cada ser humano, desde o recém-nascido até o adulto.

- Fatores como a nutrição da mãe, exposição a tóxicos, níveis de estresse e uso de medicamentos durante a gravidez podem causar alterações epigenéticas no feto, com possíveis efeitos a longo prazo.
- Após o nascimento, experiências como o estilo de vida, a alimentação, as condições ambientais e o estresse psicológico continuam a influenciar o epigenoma. Alterações epigenéticas podem ser estáveis ou reversíveis, dependendo de vários fatores.
- Algumas modificações epigenéticas podem ser transmitidas entre gerações, levando ao que é conhecido como herança epigenética. No entanto, a extensão e a permanência dessa transmissão intergeracional ainda são áreas de intensa pesquisa.
- Existe evidência crescente de que alterações epigenéticas podem estar associadas a transtornos de saúde mental, como depressão e ansiedade, e que experiências adversas, particularmente no início da vida, podem aumentar a vulnerabilidade a esses transtornos.
- Em relação ao aumento na prevalência de transtornos do humor e psiquiátricos em mulheres grávidas, é importante ter em mente que isso pode estar mais relacionado a fatores sociais, culturais e biológicos do que a mudanças epigenéticas diretas. A epigenética pode ser um fator contribuinte, mas não a única explicação para tal fenômeno.

O estudo da epigenética oferece perspectivas promissoras para a compreensão da complexidade da expressão genética e sua relação com doenças. Ele desafia o determinismo genético simples, sugerindo que a natureza (nossa genética) e a criação (nosso ambiente) estão intrinsecamente entrelaçadas no processo de desenvolvimento e manutenção da saúde ao longo da vida.[40]

É importante o papel do pai neste ambiente, já que, por exemplo, ele pode influenciar o bebê por meio do fumo passivo.

O tabagismo passivo ocorre quando não fumantes inalam fumaça de cigarro no ambiente, e esse fenômeno é comumente encontrado em lares onde há fumantes. Infelizmente, além de afetar os pulmões do não fumante, isso pode ser particularmente prejudicial para mulheres grávidas e seus fetos. Durante a gravidez, a exposição ao tabagismo passivo pode levar a problemas de saúde materna e fetal, que incluem os listados a seguir.

- **Parto prematuro:** Mulheres grávidas expostas à fumaça do cigarro têm maior

probabilidade de dar à luz prematuramente.
- **Baixo peso ao nascer:** O tabagismo passivo pode restringir o crescimento fetal, resultando em bebês que nascem com baixo peso, o que é um importante fator de risco para a morbidade e mortalidade infantil.
- **Complicações durante a gestação e o parto:** Existem evidências associando a exposição ao tabagismo passivo a um aumento no risco de complicações, como a pré-eclâmpsia e o descolamento da placenta.
- **Problemas de desenvolvimento no feto:** A exposição ao tabaco pode afetar o desenvolvimento do cérebro do feto e aumentar o risco de defeitos congênitos, bem como de problemas comportamentais e cognitivos mais tarde na vida.

Durante o período de amamentação, a exposição ao tabagismo passivo também é preocupante, pois a nicotina e outras substâncias químicas nocivas podem ser transferidas para o bebê por meio do leite materno, o que pode afetar o desenvolvimento infantil. Além disso, estudos indicam que mulheres expostas ao fumo passivo têm mais dificuldades em amamentar e são mais propensas a interromperem a amamentação antes dos seis meses recomendados.

A promoção de ambientes livres de fumo é essencial para proteger as mulheres grávidas, os bebês e todas as pessoas dos riscos associados à exposição ao tabagismo passivo.

A proteção contra o tabagismo passivo é uma parte importante das políticas de saúde pública que visam melhorar a saúde materno-infantil e o bem-estar das famílias. Educar a população sobre esses riscos e como evitá-los é crucial para reduzir a prevalência de complicações relacionadas ao tabaco e promover uma sociedade mais saudável.[41] Um aspecto importante no desenvolvimento de um ambiente acolhedor para o futuro bebê é o desejo dos pais pela gravidez. Gestações não desejadas trazem um considerável estresse e por si só podem ameaçar a saúde mental da mãe. Essa dificuldade para ambos os pais pode afetar a experiência de parentalidade tanto quanto o vínculo que será estabelecido mais tarde com o bebê.

CONSIDERAÇÕES FINAIS E PERSPECTIVAS FUTURAS

O texto abordou a complexidade da gestação, enfatizando a importância do apoio emocional, das intervenções precoces e da saúde mental perinatal para promover uma maternidade saudável.

A gravidez é um momento especial na vida de uma mulher, de grande transição, reorganização e integração para a futura mãe, muito afetada por sua biologia, experiência de vida e sua saúde mental. Esse processo é mediado por ajustes hormonais que envolvem ocitocina, dopamina e hormônios que regulam o estresse. Também ocorrem mudanças em seus relacionamentos com aqueles ao seu redor: seu parceiro, sua família e sua comunidade. E, como tal, é um período ao mesmo tempo vulnerável e cheio de potencial para transformação e mudança para a futura mãe, bem como para a futura criança.

Destacamos que alterações relevantes e importantes também são vivenciadas pelos homens durante este período de transição para a parentalidade. Eles também são transformados pelo processo de se tornarem pais. No capítulo, descrevemos a construção afetiva dos pais com o futuro bebê. O modelo de relação dos futuros pais com os seus cuidadores na infância será uma das grandes forças para o estabelecimento do vínculo com o bebê, já presentes desde a concepção.

A grande maioria das mulheres com um teste de gravidez positivo receberá cuidados pré-natais de rotina que incluem exames regulares, monitoramento dos sinais vitais, exames ultrassonográficos, quando necessários, e orientações básicas como psicoeducação para o parto, redução do estresse e atividades que estimulem sentimentos de conexão das gestantes.

Entretanto, destacamos no texto que vários fatores de risco, entre eles psicopatologia materna, desorganização do apego, estresse pré-natal, pobreza, adversidade na primeira infância, uso de substâncias, paternidade solteira e/ou adolescente, abandono escolar e violência doméstica, interrompem esses desenvolvimentos de várias maneiras. Isso torna aparente e até urgente a importância de amenizar os riscos durante o período pré-natal, por meio da identificação precoce pelas equipes de pré-natal desses fatores, bem como pela instituição de intervenções psicossociais e visitas domiciliares durante o período gestacional.

Pensamos que essas intervenções precisam levar em conta que, no mundo de hoje, a maioria das mulheres trabalha duro, cria outros filhos, cuida de suas famílias e continua mantendo uma série de atividades. Além disso, destaca-se que muitos traumas são vivenciados por várias gerações nas famílias (transgeracionalmente) e estão fortemente enraizados na mente dos futuros pais. Sendo assim, é importante estimular recursos em saúde mental com profissionais habilitados em uso de psicofármacos, bem como em intervenções comportamentais e psicodinâmicas para as gestantes em risco.

Ao nosso ver, o papel de um forte sistema de apoio é enfatizado para a saúde mental de qualquer gestante. Contudo, nos casos que são identificadas vulnerabilidades, o suporte familiar e social torna-se crucial para proporcionar recursos emocionais que ajudam a mulher a lidar com os desafios da maternidade.

Acreditamos que as equipes públicas de saúde obstétricas, bastante sobrecarregadas, necessitam de treinamento, tempo e recursos para atuarem a fim de favorecerem os cuidados emocionais de mães e pais para os futuros bebês. Em razão da intensa mobilização emocional da mulher, a gravidez é um momento sensível para intervenções psicossociais (estimular a atenção plena, a regulação do estresse e a capacidade reflexiva dos futuros pais, promovendo um desenvolvimento seguro, resiliente e tranquilo para os bebês e as crianças pequenas).

Os estudos atuais concentram-se na epigenética e em como fatores ambientais podem influenciar a expressão gênica, o que é particularmente pertinente durante a gestação. As investigações recentes, ainda, destacam o impacto do estresse e da depressão e suas ligações com o atraso no desenvolvimento fetal e complicações posteriores, reforçando a necessidade de intervenções precoces para proteger tanto a mãe quanto a criança. As pesquisas também destacam os teratógenos, como o consumo de tabaco e de álcool, que têm efeitos prejudiciais no desenvolvimento fetal. A educação e a conscientização sobre esses fatores são fundamentais para prevenir doenças e complicações durante e após a gestação.

Os autores finalizam com as palavras de Slade e Sadler:[21] "Para nós, profissionais de saúde mental infantil, apoiar a mãe em sua transição para a parentalidade é fundamental para dar ao seu filho o melhor começo de vida possível".

REFERÊNCIAS

1. Bussières EL, Tarabulsy GM, Pearson J, Tessier R, Forest JC, Giguère Y. Maternal prenatal stress and infant birth

weight and gestational age: a meta-analysis of prospective studies. Develop Rev. 2015;36:179-99.
2. Matsas A, Panopoulou P, Antoniou N, Bargiota A, Gryparis A, Vrachnis N, et al. Chronic stress in pregnancy is associated with low birth weight: a meta-analysis. J Clin Med. 2023;12(24):7686.
3. Gentile S. Untreated depression during pregnancy: short- and long-term effects in offspring: a systematic review. Neuroscience. 2017;342:154-66.
4. Fan X, Wu N, Tu Y, Zang T, Bai J, Peng G, et al. Perinatal depression and infant and toddler neurodevelopment: a systematic review and meta-analysis. Neurosci Biobehav Rev. 2024;159:105579.
5. Rogers A, Obst S, Teague SJ, Rossen L, Spry EA, Macdonald JA, et al. Association between maternal perinatal depression and anxiety and child and adolescent development: a meta-analysis. JAMA Pediatr. 2020;174(11):1082-92.
6. Di HK, Gan Y, Lu K, Wang C, Zhu Y, Meng X, et al. Maternal smoking status during pregnancy and low birth weight in offspring: systematic review and meta-analysis of 55 cohort studies published from 1986 to 2020. World J Pediatr. 2022;18(3):176-85.
7. He Y, Chen J, Zhu LH, Hua LL, Ke FF. Maternal smoking during pregnancy and ADHD: results from a systematic review and meta-analysis of prospective cohort studies. J Atten Disord. 2020;24(12):1637-47.
8. Caputo C, Wood E, Jabbour L. Impact of fetal alcohol exposure on body systems: a systematic review. Birth Defects Res C Embryo Today. 2016;108(2):174-80.
9. Tsang TW, Lucas BR, Olson HC, Pinto RZ, Elliott EJ. Prenatal alcohol exposure, FASD, and child behavior: a meta-analysis. Pediatrics. 2016;137(3):e20152542.
10. Zhang X, Liu Y, Li J, Li B, Yang X, Sun Q, et al. Prenatal alcohol exposure and the risk of depression in offspring: a meta-analysis. Int J Clin Pract. 2022;2022:5458611.
11. Wei SQ, Bilodeau-Bertrand M, Liu S, Auger N. The impact of COVID-19 on pregnancy outcomes: a systematic review and meta-analysis. CMAJ. 2021;193(16):E540-8.
12. Simbar M, Nazarpour S, Sheidaei A. Evaluation of pregnancy outcomes in mothers with COVID-19 infection: a systematic review and meta-analysis. J Obstet Gynaecol, 2023;43(1):2162867.
13. Wang X, Chen X, Zhang K. Maternal infection with COVID-19 and increased risk of adverse pregnancy outcomes: a meta-analysis. J Matern Fetal Neonatal Med. 2022;35(25):9368-75.
14. Lan KC, Chiang HJ, Huang TL, Chiou YJ, Hsu TY, Ou YC, et al. Association between paternal age and risk of schizophrenia: a nationwide population-based study. J Assist Reprod Genet. 2021;38(1):85-93.
15. Andersen AMN, Urhoj SK. Is advanced paternal age a health risk for the offspring? Fertility and Sterility. 2017;107(2):312-8.
16. Shah PS. Paternal factors and low birthweight, preterm, and small for gestational age births: a systematic review. Am J Obstet Gynecol. 2010;202(2):103-23.
17. Carter T, Schoenaker D, Adams J, Steel A. Paternal preconception modifiable risk factors for adverse pregnancy and offspring outcomes: a review of contemporary evidence from observational studies. BMC Public Health. 2023;23:509.
18. Cao Y, Lu J, Lu J. Paternal smoking before conception and during pregnancy is associated with an increased risk of childhood acute lymphoblastic leukemia: a systematic review and meta-analysis of 17 case-control studies. J Pediatr Hematol Oncol. 2019;42(1):32-40.
19. Sarmento R, Setúbal MSV. Abordagem psicológica em obstetrícia: aspectos emocionais da gravidez, parto e puerpério. Rev Ciênc Méd. 2003;12(3):261-8.
20. Ono M, Harley VR. Disorders of sex development: new genes, new concepts. Nat Rev Endocrinol. 2013;9(2):79-91.
21. Slade A, Sadler LS. Pregnancy and infant mental health. In: Zeanah CH Jr, editor. Handbook of infant mental health. 4th ed. New York: Guilford; 2018.
22. Winnicott DW. La relación inicial de una madre con su bebé. In: Winnicott DW. La familia y el desarrollo del individuo. Buenos Aires: Hormé; 1967. p. 29-36.
23. Rowell T, Neal-Barnett A. Uma revisão sistemática do efeito das experiências adversas dos pais na infância sobre a parentalidade e a psicopatologia infantil. J Child Adolesc Trauma. 2021;15(1):167-80.
24. Minas Gerais. Secretaria de Estado de Saúde. Pré Natal [Internet]. Belo Horizonte: SES; 2024 [capturado em 25 jan. 2025]. Disponível em: https://www.saude.mg.gov.br/cuidadomaterno/prenatal.
25. Norwitz ER, Levy B. Testes pré-natais não invasivos: o futuro é agora. Rev Obstet Ginecol. 2013;6(2):48-62.
26. Salomão LJ, Sotiriadis U, Wulff CB, Odibo U, Akolékar R. Risco de aborto espontâneo após amniocentese ou biópsia de vilo corial: revisão sistemática da literatura e metanálise atualizada. Ultrassonografia Obstétrica Ginecol. 2019;54(4):442-51.
27. Partridge S, Balayla J, Holcroft CA, Abenhaim HA. Inadequate prenatal care utilization and risks of infant mortality and poor birth outcome: a retrospective analysis of 28,729,765 U.S. deliveries over 8 years. Am J Perinatol. 2012;29(10):787-93.
28. Papalia D, Martorell G, Feldman R. Experience human development. 15. ed. New York: McGraw-Hill; 2023.
29. Brasil. Agência Nacional de Saúde Suplementar. Indicadores da dimensão qualidade em atenção à saúde IDQS [Internet]. Brasília: ANS; 2022 [capturado em 25 jan. 2025]. Disponível em: https://www.gov.br/ans/pt-br/assuntos/informacoes-e-avaliacoes-de-operadoras/1.1.ProporodePartoCesreo.pdf.
30. Klaus MH, Klaus PH. Seu surpreendente recém-nascido. Porto Alegre: Artmed; 2001.
31. Zavaschi MLS, Lorenzon SF, Netto MS. Promoção da saúde mental na primeira infância. In: Duncan BB, Schmidt MI, Giugliani ERJ, Duncan MS, Giugliani C, organizadores. Medicina ambulatorial: condutas de atenção primária baseada em evidências. 5. ed. Porto Alegre: Artmed; 2022. p. 1008-1021.
32. Dole DM, Shambley-Ebron D. Cultural meanings of mothering through the eyes of African American mothers. ANS Adv Nurs Sci. 2016;39(2):E1-16.
33. Hodgkinson S, Beers L, Southammakosane C, Lewin A. Addressing the mental health needs of pregnant and parenting adolescents. Pediatrics. 2014;133(1):114-22.
34. Harrison ME, Clarkin C, Rohde K, Worth K, Fleming N. Treat me but don't judge me: a qualitative examination

of health care experiences of pregnant and parenting teens. J Pediatr Adolesc Gynecol. 2017;30(2):209-14.
35. Sadler LS, Swartz MK, Ryan-Krause P, Seitz V, Meadows-Oliver M, Grey M. Promising outcomes in teen mothers enrolled in a school-based parent support program and child care center. J Sch Health. 2007;77(3):121-30.
36. Brasil. Ministério dos Direitos Humanos e da Cidadania. Casos de gravidez na adolescência diminuíram, em média, 18% desde 2019 [Internet]. Brasília: MDH; 2022 [capturado em 25 jan. 2025]. Disponível em: https://www.gov.br/mdh/pt-br/assuntos/noticias/2022/fevereiro/casos-de-gravidez-na-adolescencia-diminuiram-em-media-18-desde-2019.
37. Organização Pan-Americana da Saúde. OMS alerta que 1 em cada 6 pessoas é afetada pela infertilidade em todo o mundo [Internet]. Brasília: OPAS; 2023 [capturado em 26 jan. 2025]. Disponível em: https://www.paho.org/pt/noticias/4-4-2023-oms-alerta-que-1-em-cada-6-pessoas-e-afetada-pela-infertilidade-em-todo-mundo.
38. Chedid Grieco Medicina Reprodutiva. Mais de 8 milhões através da Reprodução Assistida [Internet]. São Paulo: Chedid Grieco Medicina Reprodutiva; 2018 [capturado em 2 fev. 2025]. Disponível em: http://chedidgrieco.com.br/blog/8-milhoes-de-bebes/.
39. Montagnini HML, Blay SL, Novo NF, Freitas V, Cedenho AP. Estados emocionais de casais submetidos à fertilização in vitro. Estud Psicol. 2009;26(4):475-81.
40. Oliveira HLA, Nobre NKS, Padilha DMM. Epigenética: alterações hereditárias em decorrência aos medicamentos ansiolíticos e antidepressivos. Res Soc Develop. 2022;11(17):e207111738961.
41. Nascimento JWA, Pires ELL, Pereira KA, Santos GXG, Silva SP, Lins CEPP, et al. Exposição ao tabagismo passivo na gestação e suas consequências na amamentação: uma revisão sistemática. Res Soc Develop. 2022;11(2):e35111225626.

9

PRIMEIRA INFÂNCIA

MARIA LUCRÉCIA SCHERER ZAVASCHI
DAVID SIMON BERGMAN
MARCELO SCHMITZ
MARINA DA SILVA NETTO
VICTOR MARDINI

A qualidade do desenvolvimento infantil nos três primeiros anos de vida é marcado por um intrincado processo de vivências e conexões biopsicossociais que denotam as fragilidades e complexidades da estruturação do ser humano nessa fase. Assim, esse capítulo sugere que o clínico valorize a compreensão e a subsequente apropriação do que está em jogo neste processo. É importante um olhar atento aos marcos do desenvolvimento neuropsicomotor, bem como aos fatores de risco e proteção que assinalaram o curso da evolução do bebê. Quanto mais precoce a intervenção da equipe de saúde, menos danos surgirão nas fases ulteriores da maturação. A estruturação do indivíduo, em seus primórdios, baseia-se no estabelecimento de um vínculo significativo entre pais e bebê. Essa tarefa depende da aptidão herdada pelo bebê, expressa por meio de seu temperamento, e da capacidade e disponibilidade dos cuidadores à interação. O apego seguro permite ao bebê relações de confiança que permanecerão em suas relações futuras.

DESCRITORES: desenvolvimento da criança; vínculo afetivo; relação mãe-bebê; intervenção precoce; intervenção clínica; exposição à mídia social.

"Para criar uma criança, é necessária toda uma aldeia."
Antigo ditado Africano

ESTADO DA ARTE

O estado da arte no desenvolvimento psicossocial de crianças de 0 a 3 anos sublinha a importância de uma base segura de apego (Quadro 9.1). O papel dos cuidadores é crucial para o desenvolvimento psicossocial, cognitivo e físico do bebê, estimulando suas capacidades inatas. As intervenções precoces podem fazer diferença significativa em situações de risco. A seguir, apresentamos alguns estudos envolvendo revisões sistemáticas e metanálises dos últimos cinco anos.

O contato parental saudável é crítico para a interação social e o desenvolvimento de um modelo de apego seguro. A presença ou ausência dessas experiências influenciam o neurodesenvolvimento infantil (Quadro 9.2).

INÍCIO DA VIDA

O estudo do desenvolvimento do bebê só tem sentido se for compreendido no contexto das relações com seus pais. O bebê humano é absolutamente desamparado ao nascer, diferentemente dos outros mamíferos. Experiências da primeira infância constroem a matriz dos seres humanos. Vivências de afeto e cuidado, ou de privação e sofrimento, produzem memórias biológicas, deixando marcas em sua saúde física e mental ao longo da vida.

QUADRO 9.1
APEGO

A literatura atual confirma a importância do vínculo mãe-bebê e destaca a significativa associação do apego inseguro entre pai e filho e problemas externalizantes e internalizantes. Tais distúrbios ocorrem especialmente em famílias de risco, cujas crianças foram expostas a maus-tratos.[1,2] Estas podem recuperar-se ao receberem atendimento precoce. Destaca-se o papel da psicoeducação e da sensibilização parental.[3]

Níveis aumentados de ocitocina materna foram significativamente relacionados a mais sincronia e responsividade de comportamentos afetuosos (brincadeiras pais-bebê e/ou contato pele a pele). O estudo dá credibilidade à hipótese de que o aumento do contato entre pais e filhos facilita o estabelecimento do apego, desde a perspectiva dos mecanismos biológicos.[4,5]

QUADRO 9.2
EXPERIÊNCIAS ADVERSAS DOS PAIS NA PRÓPRIA INFÂNCIA

Pais que foram expostos a experiências adversas em sua própria infância (EAI) podem ter pouca disponibilidade emocional para com os filhos. Tendem a estabelecer interações intrusivas, agressivas, de menor responsividade e sensibilidade. Esses pais frequentemente associam disciplina à punição, utilizando formas agressivas, gritando e batendo. Há uma semelhança na transmissão transgeracional.[6] Quanto mais precoce a identificação e intervenção, menor o impacto sobre os filhos.[7] Ainda quanto à prevenção, estudos avaliaram que o êxito na amamentação está associado à maior sensibilidade e ao apego seguro entre mãe e bebê e sugerem que, na prática obstétrica/pediátrica, haja um olhar sobre a qualidade do apego.[8]

COMPLEXIDADE DO PROCESSO DE MATURAÇÃO E DE CUIDADOS

Ao nascer, o bebê dispõe de aproximadamente 100 bilhões de células cerebrais. A maioria delas ainda não está conectada em rede através das sinapses. A estruturação e o fortalecimento dessas redes vão sendo construídos gradativamente, a partir de estímulos vivenciados pelo bebê, que constituem a plasticidade cerebral, cuja aceleração é mais intensa nos primeiros anos de vida. Neurônios e conexões cerebrais não estimuladas acabam não se desenvolvendo, sofrendo o que se chama de apoptose ou poda neuronal. Sendo assim, quaisquer perturbações no ambiente ou no indivíduo produzem impacto substancial na aquisição de habilidades motoras e cognitivas.[9]

A interação organismo-ambiente diferencia e molda circuitos e redes neurais. Cada indivíduo tem um padrão comportamental característico, resultante de sua história pessoal, assim como tem um sistema nervoso com marcas próprias herdadas. Tais características atribuem uma especificidade neural a cada pessoa.[10]

A forma, a estruturação e o fortalecimento das sinapses dependem da qualidade do vínculo e das experiências proporcionadas pelos pais.[9] Um ambiente cuidadoso, adequado às possibilidades etárias do bebê, promoverá um processo maturacional saudável. Inicialmente, o mundo conhecido será o seio da mãe, o colo de seus pais, suas vozes, seus padrões de relacionamento.

Estímulos, adequados ou perniciosos, incidirão sobre a constituição genética, permitindo o florescer de suas habilidades inatas, que promoverão novas sinapses, induzindo a mudanças epigenéticas. O DNA que compõe os genes acumula marcas químicas que determinam a quantidade expressa de genes, ou fenótipo. O conjunto de marcas químicas é conhecido como epigenoma.* Modernamente, se considera que genes herdados dos pais não definem completamente o desenvolvimento futuro de uma criança.[12] É importante compreender que cada criança apresenta suas peculiaridades, havendo uma margem elástica possível, dentro da normalidade, para cada uma.

As fundações do desenvolvimento socioemocional do indivíduo abarcam muitos desafios, entre os quais, destacam-se duas grandes tarefas.[13]

1 **A tarefa de estruturar-se como indivíduo**, a partir de seu temperamento, constituindo uma crescente organização psíquica – seu próprio *self*.**
2 **A tarefa de desenvolver a capacidade de relacionar-se**, estabelecendo vínculos consistentes, a partir da primeira relação com a mãe, ao que Bowlby denominou apego.[15]

Para desempenhar a **primeira tarefa**, ou seja, desenvolver-se como pessoa, o bebê conta com atributos inatos, correspondentes a seu temperamento, que configura a forma como ele percebe e interage com o ambiente. Pesquisadores do temperamen-

---

* A epigenética é uma área da ciência que estuda como o ambiente e o estilo de vida podem alterar o funcionamento dos genes. A epigenética refere-se a informações reversíveis que são introduzidas nos cromossomos e replicadas durante as divisões celulares, mas que não modificam as sequências de nucleotídeos. Essas informações alteram o fenótipo sem mudar o genótipo.[11]
** "*Self* é uma instância da personalidade constituída posteriormente ao eu, em uma relação com a mãe e com os semelhantes [...] para delimitar a dimensão narcísica do sujeito, ou uma representação de si por si mesmo."[14]

to, Thomas e Chess[16] chegaram a categorizar três grandes grupos:

1 **Flexíveis:** Crianças amigáveis, descontraídas, com facilidade para rotinas de sono, alimentação e mudanças ambientais.
2 **Ativas:** Temperamentais, não seguem rotinas, apresentam irregularidades quanto à alimentação e ao sono, ficam aflitas frente a pessoas ou ambientes estranhos, hiper-reativas, e se incomodam facilmente.
3 **Lentas:** Ou cautelosas para responderem aos estímulos, tímidas, diante de pessoas ou situações novas. No entanto, à medida que as situações se tornam conhecidas, se tranquilizam e conseguem adaptar-se.

O entendimento do temperamento do filho facilita o conhecimento de suas necessidades, capacidades e limites.

O interjogo entre pais e bebê depende das características de ambos. Por exemplo, um bebê fácil, ou seja, um bebê que torna possível perceber e resolver suas necessidades, provavelmente, sem outros imprevistos, terá como desfecho um desenvolvimento saudável. Já um bebê ativo, com dificuldade de estabelecer rotina, com uma mãe deprimida ou muito ansiosa e exigente, terá um processo de desenvolvimento potencialmente difícil. Portanto, **a adaptação e a flexibilidade** dos pais às características temperamentais mais desafiadoras dos filhos são necessárias para um desenvolvimento adequado.

O **segundo desafio do desenvolvimento**, que diz respeito à capacidade da pessoa de relacionar-se com os demais, deriva fundamentalmente da qualidade do apego existente entre o bebê e seus pais. Para que se desenvolva o apego, é necessária a presença física e emocional dos pais.[1] Na **mãe**, interferem seu desejo e investimento afetivo no filho, seu relacionamento com o pai da criança e com seus próprios pais. Contribuem seu estado hormonal, psíquico, paridade, experiências saudáveis ou traumáticas e sua personalidade. No **pai**, interferem seu desejo de ter um filho, o investimento na família, o relacionamento com seus próprios pais e sua saúde física e mental. Por parte do **bebê**, é importante identificar seu temperamento, ou seja, a herança biológica, incluindo a capacidade e o prazer para alimentar-se, dormir bem, o grau e o equilíbrio entre os estados de sono e vigília, humor e capacidade de se consolar em momentos de angústia e frustração.

A qualidade do aleitamento materno influencia na relação que se estabelece, gerando um vínculo de afeto e confiança.

O bebê recém-nascido apresenta diferentes estados de consciência,* dormindo durante a maior parte do tempo. Contudo, o estado de **inatividade alerta** é o melhor momento para que "conversem". Além disso, é nesse estado que o bebê observa e apreende o mundo.

Durante a primeira infância, principalmente no primeiro semestre, ocorrem períodos sensíveis, nos quais o bebê está mais permeável ao relacionamento e estabelecimento do apego. A maior perturbação para a constituição do apego é a privação materna, determinada por ausências reais ou emocionais, como na depressão materna.[15]

A ligação cuidadosa da mãe a faz perceber e decodificar os mais tênues sinais de angústia de seu filho, reunindo condições

---

* Durante um dia, o bebê pode utilizar – de forma cíclica – diferentes estados para controlar as tensões endógenas ou exógenas e organizar sua vivência. Fazem parte de mecanismos de regulação primitivos seis estados de consciência: 1. Sono profundo; 2. Sono superficial; 3. Estado de sonolência; 4. Estado de inatividade alerta; 5. Estado de alerta inquieto; 6. Choro.[17]

de atendê-lo com prontidão. Winnicott denominou essa postura materna como preocupação materna primária.[18]

A conexão com o bebê permite, ainda, que a mãe identifique suas condições de maturação e o incentive a tomar iniciativas quando estiver preparado. Por exemplo, percebe quando o bebê reúne recursos neuropsicológicos para andar e então lhe propicia um espaço suficientemente protegido e estimulador para afastar-se dos pais e, aos poucos, explorar o mundo. O pai tem um papel importante e, quando presente, os auxilia consideravelmente nesse processo de separação e individuação.

A capacidade de cuidado dos pais e sua continuidade constituem-se no mundo interno do bebê, o que Erickson denominou confiança básica, ou seja, a criança acredita na presença física e emocional dos pais em situações de necessidade.[19] A confiança básica será matriz para as demais relações sociais ao longo da vida.

Antes de adquirir a fala, o bebê se comunica por meio das emoções valendo-se da aptidão dos cinco sentidos. O bebê vai se espelhando na experiência vivenciada, adquirindo a capacidade de comunicar-se, regular seus impulsos e tolerar pequenas frustrações. As percepções do mundo externo vão promovendo uma internalização dessas vivências que constituirão seu mundo interno. Os desenvolvimentos cognitivo, emocional e social são tecidos juntos, facilitados por essa relação.

Aos poucos, a criança vai se espelhando em uma troca de expressões vocais, faciais e gestuais, experimentando e buscando respostas nos cuidadores e aprendendo as intenções implícitas dessas reações.[20] Em torno do oitavo mês de vida, o bebê inicia o processo de separação e individuação que ambos, mãe e bebê, vão experienciar.

Para Mahler, o processo de individuação não ocorre simultaneamente ao nascimento biológico. O bebê leva aproximadamente três anos para constituir-se como pessoa separada emocionalmente de sua mãe, o que ela chama de **constância de objeto**, ou seja, a conservação da representação da imagem da mãe em sua mente.[21]

FATORES DE RISCO PARA O DESENVOLVIMENTO DA CRIANÇA

O estresse precoce se manifesta como uma resposta fisiológica e comportamental a situações de ameaça à manutenção da homeostase. Nesse processo, encontra-se a ativação do sistema simpático e do eixo hipotálamo-hipófise-suprarrenal, com liberação de cortisol e de outros neurotransmissores. A liberação crônica de cortisol, associada a traumas na infância, como, por exemplo, o abuso sexual, pode levar à morte neuronal e, portanto, a uma maior vulnerabilidade para o desenvolvimento de doenças psiquiátricas como ansiedade e depressão. A maior fonte de estresse para o bebê é a separação de sua mãe.

Experiências adversas precoces podem também afetar o sistema límbico (amígdala) e sua conexão com o córtex e influenciar na modulação dos padrões emocionais frente ao reconhecimento de perigo, segurança, raiva e medo. É na infância que ocorrem os processos de introjeção e identificação com os cuidadores. Além da percepção dos próprios sentimentos, a criança saudável alcança a compreensão das ações e intenções do outro, o que proporciona maior ou menor adaptação às interações sociais. Esse fenômeno remete ao conceito de "neurônios-espelho" localizados no córtex frontal pré-motor. Esses neurônios se ativam na observação de outra pessoa executando alguma tarefa, provocando um comportamento de imitação, o que vai repercutir na aquisição da linguagem e no aprendizado.

As propriedades dos neurônios-espelho também têm ajudado a compreender a origem de alguns distúrbios neurológicos. Investigadores estão interessados em saber se essas células respondem não apenas às ações ou emoções de outras pessoas, mas também à intenção por trás dessas ações. O autismo poderia resultar de disfunções dos neurônios-espelho.[33]

Ao longo da primeira infância, as crianças podem ser submetidas a diferentes gradações de estresse. Há três tipos de respostas ao estresse: positivas, toleráveis e tóxicas.[21]

- A **resposta positiva** ao estresse é esperada no desenvolvimento saudável da criança e se caracteriza por breves aumentos na frequência cardíaca e discretas elevações nos níveis hormonais.* Exemplos de situações que podem desencadear respostas positivas ao estresse são: trocas de rotina, vacinação, ausências temporárias dos pais ou cuidadores.
- A **resposta tolerável** ao estresse ativa os sistemas de alerta do corpo de maneira mais acentuada em razão de situações mais graves, como a perda de um familiar ou um desastre natural. Se a ativação for circunscrita no tempo e a criança for protegida por relacionamentos com adultos que a auxiliem, o cérebro e os outros órgãos se recuperam.
- A **resposta tóxica** ao estresse pode ocorrer quando a criança sofre um trauma crônico, como exposição a violência emocional, física, sexual, negligência, doença mental dos pais e vulnerabilidade social. A ativação prolongada dos sistemas de resposta ao estresse prejudica o desenvolvimento da arquitetura cerebral, aumentando o risco de prejuízos no desenvolvimento.[21]

O recém-nascido parte de um estado de não integração psíquica que, com o auxílio do ambiente, evolui para um estado de maior integração. Aos poucos, o bebê se dá conta dos ritmos do tempo e espaço e vai aumentando o contato com a realidade.[18]

No Quadro 9.3, é apresentada uma síntese dos fatores de risco e proteção da criança.[13]

MARCOS DO DESENVOLVIMENTO

PRIMEIRO ANO DE VIDA

Neste período, é fundamental o desenvolvimento do vínculo/apego pais-bebê, e há uma descoberta progressiva das habilidades e peculiaridades da dupla. É quando se dá o reconhecimento mútuo.

Aos poucos, o bebê vai ganhando controle das habilidades motoras, na direção craniocaudal. Inicialmente, há o amadurecimento da cabeça e do tronco e, posteriormente, de membros superiores e inferiores, o que amplia suas habilidades para perceber e interagir com o mundo.[15]

A partir dessas habilidades, o bebê inicia uma caminhada em direção à regulação de sua excitabilidade e afeto. Se a mãe for capaz de conter as ansiedades do bebê e de atender às suas necessidades, ele gradualmente vai desenvolvendo a capacidade de poder aguardar por sua satisfação e buscar ativamente o consolo do cuidador.

PERÍODO NEONATAL (0-4 SEMANAS)

O bebê saudável reúne competência para interagir com o meio ambiente. A orientação do bebê para sons, olfato, acuidade

---

* Níveis de cortisol salivar nos bebês-mensuração laboratorial da interação pais-bebê.

QUADRO 9.3
FATORES DE RISCO E DE PROTEÇÃO DA CRIANÇA

	Fatores de risco	Fatores de proteção
Criança	- Prematuridade, anomalias no nascimento, síndromes genéticas, exposição a toxinas no útero - Doenças crônicas ou graves, deficiência intelectual - Temperamento difícil, trauma na infância, dificuldade de socialização	- Boa saúde - Personalidade: temperamento fácil, positivo, facilidade de internalização, autoestima positiva, boa habilidade social, bom controle de impulsos, equilíbrio entre autonomia e busca de cuidado - Inteligência acima da média - História de desenvolvimento adequado - Boa interação com os iguais
Família/pais	- Vínculo inseguro - Criação por somente um dos pais (sem suporte) - Maus-tratos - Desorganização familiar, negligência - Isolamento social - Violência doméstica - Conflito parental - Separação/divórcio - Doença mental nos pais - Morte de familiar - Perda de pais ou irmãos - Moradia em abrigo	- Vínculo seguro - Casa com regras definidas - Suporte da família extensa - Relação estável entre os pais - Pais como modelos de competência e habilidades - Famílias mais sociáveis - Educação parental superior
Sociais/ ambiente	- Pobreza - Falta de acesso à saúde e ao serviço social - Desemprego dos pais - Situação de rua - Exposição ao racismo/ discriminação - Falta de acesso às escolas de qualidade - Mudanças frequentes de casa e escola - Exposição a toxinas ambientais - Violência na comunidade - Exposição de violência na mídia	- *Status* socioeconômico de classe média ou acima - Acesso à saúde e serviço social - Pais com estabilidade no emprego - Moradia adequada - Religiosidade - Boas escolas - Suporte de outros adultos que não da família/comunidade

visual, face e voz humana se inicia na primeira semana, e sua integração se dá por volta da terceira semana. O recém-nascido já é capaz de modular seu estado de alerta nas primeiras duas semanas de vida, bem como habituar-se gradualmente com os estímulos internos e externos, discriminando os conhecidos dos novos.[13,21]

A amamentação é atividade primordial da interação entre a mãe e seu bebê, representando a união que permite o estabelecimento do apego. Instala-se um "cordão psíquico" entre a mãe e a criança, que dura aproximadamente três anos.[22]

Muitos são os aspectos psicológicos que subjazem a ausência de amamentação, ou sua interrupção precoce. O profissional da saúde ouvirá queixas quanto à **inadequação de seu leite** ou à **rejeição do bebê ao mamilo**. Essas manifestações podem expressar conflitos psicológicos que resultam em baixa autoestima e culpa. A saciedade, o prazer do contato da boca com o mamilo e o bem-estar do aconchego materno mitigam as vivências da separação pelo parto. Algumas mulheres podem ter dificuldade de amamentar seus bebês, mas se o momento da alimentação artificial e demais cuidados dos pais forem conduzidos com atenção e carinho, as repercussões positivas vão estar presentes.[22]

Dificuldades vividas nas relações iniciais entre a mãe e o bebê podem induzir a mãe a um estado depressivo. Neste momento, destaca-se a importância de uma rede de apoio, que inclui o marido e demais familiares. Se a mãe estiver angustiada ao amamentar, o bebê percebe e muitas vezes evita o seio, manifestando choro, sono ou voracidade. Ainda influencia na qualidade da amamentação, por parte do bebê, o seu temperamento. O bebê difícil pode acionar na mãe sentimentos de incompetência. É prudente que o médico assistente busque auxiliar a mãe na tarefa. Um bom relacionamento com o profissional da saúde e sua atitude compreensiva e esclarecedora podem facilitar a volta da amamentação. Os avós podem ser úteis ao oferecerem suporte aos jovens pais, incentivando-os no cuidado do bebê e criando um espaço para os outros filhos do casal. A volta ao trabalho, e a consequente separação da mãe de seu bebê, podem representar um motivo de grande estresse para ambos.

PRIMEIRO TRIMESTRE (1-3 MESES)

Durante os primeiros meses, o bebê desenvolve gradativamente a autorregulação dos ritmos do corpo – sono, vigília, alimentação-eliminação – com a indispensável ajuda da mãe. Também nesse período ocorre a regulação da excitabilidade, com o desenvolvimento da capacidade de consolabilidade, tendo por base cuidados estáveis e previsíveis dos pais. Com a capacidade de firmar a cabeça, em torno dos 60 dias de vida, sua orientação para o mundo externo se amplia com as impressões do ambiente, enriquecendo seu repertório de experiências.

Com o surgimento do sorriso social, no terceiro mês de vida, e da vocalização crescente, acontece maior interação com os pais. Nesta etapa, o bebê consegue focar a atenção por um tempo mais prolongado.

SEGUNDO TRIMESTRE (3-6 MESES)

O bebê apresenta uma clara preferência pelas figuras parentais, devido à sua crescente capacidade de reconhecimento dos familiares. Nesta etapa, responde mais à interação lúdica dos pais, o que aprofundará seu vínculo com eles. Devido a esse apego, o bebê passa a ser agente das situações em que necessita comunicar-se, ou buscar consolo. A brincadeira se enriquece por meio da exploração do brinquedo prazeroso e de sua repetição, fazendo uso dos órgãos dos sentidos, e desta forma propiciando uma maior interação com os demais. Por exemplo, os bebês usufruem da brincadeira dos cuidadores de se esconderem com uma fralda, com as mãos e outros objetos. Incrementa-se a capacidade do controle motor, principalmente das funções da parte superior do corpo, incluindo cabeça e pescoço, por volta dos três meses; conseguem alcançar objetos por volta dos quatro meses e agarrá-los por volta dos cinco meses.

A coordenação olho-mão e das duas mãos juntas representa a aquisição da percepção da unidade corporal.

SEGUNDO SEMESTRE (6-12 MESES)

No segundo semestre de vida, a criança já propõe a brincadeira, o que evidencia o começo da intencionalidade, da ação coerente e do conhecimento da relação entre causa e efeito. As crianças atiram os objetos e obtêm muita satisfação quando o adulto os devolve, uma vez que já dispõem da memória prazerosa. Além disso, dispõem de habilidade de entreter-se sozinhos por algum tempo. É nesse período (7-9 meses) que se inicia a habilidade para construir uma representação das figuras parentais na mente do bebê e manter essas imagens por um tempo mais longo. O bebê internaliza os cuidados que recebe, identificando-se com seus cuidadores. Deve-se considerar que inicialmente os bebês não têm capacidade de tolerar frustrações, ou seja, as necessidades imediatas como a fome necessitam ser satisfeitas prontamente. A não satisfação imediata dessas necessidades básicas, nesse início, se expressa por meio de sinais de ansiedade aguda, como inquietação, irritabilidade, choro, vômitos, diarreia, dificuldades de se alimentar, distúrbios do sono e tensão física. Nesses momentos, o bebê não consegue sair do colo da mãe. A privação intensa e crônica pode influenciar o desenvolvimento de características de personalidade específicas, como, por exemplo, maior dependência, desconfiança ou voracidade, podendo evoluir para situações extremas como distúrbios de alimentação, depressão anaclítica*,[23] e até a incapacidade de se alimentar, "*failure to thrive*", ou marasmo.**,[22]

Quanto à linguagem, que no primeiro semestre se expressava por meio da vocalização e balbucio, no segundo semestre a criança lança mão da comunicação gestual, apontando o que deseja. No último trimestre do primeiro ano, fala a primeira palavra.

Os pais percebem as crescentes habilidades físicas, especialmente a locomoção, como amparar-se nos móveis, engatinhar e caminhar, por volta dos 7 aos 14 meses.

DESENVOLVIMENTO DE 1-3 ANOS

Nesta idade, as habilidades motoras e de linguagem se aprimoram, permitindo à criança, ao final desse período, caminhar, correr, dançar e parar em um pé só. Pode elaborar sentenças, embora nem sempre empregue de modo correto os verbos e conectivos. Aos 3 anos, já é capaz de contar pequenas histórias, comunicando-se com clareza. Aos 2 anos pergunta **o quê?**; com 3 anos, **onde?**; e só aos 4 anos pergunta **por quê?**.

Neste momento do desenvolvimento, os bebês enfrentam uma dupla tarefa: ao mesmo tempo que precisam continuar protegidos e vinculados a seus pais, também necessitam conhecer o mundo, impulsionados por suas novas aquisições neuropsicomotoras.[13],***

No período de 1 a 3 anos, vai se dando a construção do *self* do bebê, que se inicia pela identificação com as condutas dos pais. O contato com o mundo externo vai propiciando novas vivências e interações,

---

* Depressão anaclítica, em que a privação total da mãe leva o bebê a uma interrupção do seu desenvolvimento psicomotor e consequente da interação com um cuidador substituto.

** "*Failure to thrive*" é uma falha em progredir e se desenvolver. O bebê fica incapacitado de se alimentar e ganhar peso, o que leva a uma alta mortalidade.
*** Em outras culturas, como nos Estados Unidos, essa idade é chamada de *toddler*, o que significa criança pequena.[15]

que, por sua vez, enriquecem a construção de sua identidade, culminando aos 2 anos e meio com o uso da palavra **eu**.

A criança passa a ter suas próprias ideias, objetivos e atitudes, podendo expressá-las por meio da brincadeira e da linguagem, o que evidencia a instauração do processo de representação mental. Um exemplo é a utilização que o bebê faz de um objeto de conforto (objeto transicional),[24,*] como um ursinho ou uma fralda. Todas as complexas vivências vão sendo matizadas pelo temperamento do bebê, produzindo representações no *self* que proporcionam uma compreensão crescente dos mundos interno e externo. Aos 3 anos, a criança é capaz de ter estabelecida a imagem dos pais dentro de si, o que permite que ela se afaste e permaneça por mais tempo longe deles.[25] O equilíbrio entre o aproximar-se e o afastar-se dos pais favorece a individuação e a autonomia crescentes. A flexibilidade materna é capaz de permitir-lhe "novas aventuras" ao mesmo tempo em que o protege dos perigos. Winnicott denominou esta mãe flexível e adequada como "mãe suficientemente boa".

DESENVOLVIMENTO SOCIAL

A criança ainda tem uma visão egocêntrica do mundo, corroborada pelo conceito popular de "sua majestade, o bebê", que, combinada à sua sensação de autonomia e pensamento mágico, mantém ainda por um tempo a ilusão de que controla o ambiente. Da brincadeira paralela que ocorre nos primeiros 2 anos de vida, alcança, aos 3 anos, a interação com outras crianças, estabelecendo a brincadeira colaborativa, uma vez que já identifica a expectativa do outro.

DESENVOLVIMENTO COGNITIVO

O desenvolvimento da criança é muito rápido nesta idade e é inter-relacionado com sua linguagem e com seu senso de *self*. Busca desenvolver a consciência de suas expectativas e sente frustração quando não as alcança. Apresenta grande interesse em compreender o seu corpo, o mundo físico e o mundo social. Parece notar tudo o que ocorre ao seu redor e deseja aprender como as coisas funcionam e qual é o uso dos objetos. Ela se orienta em ambientes familiares, como sua casa e arredores. Observa padrões de rotina em sua vida e já desenvolve um senso rudimentar de causa e efeito, bem como a noção de tempo.

Uma revisão da literatura verificou que intervenções que estimulam a sensibilidade parental às intenções do bebê, seus pensamentos e emoções melhoram as habilidades mentais e a linguagem em crianças com idade média de 14,6 meses.[25]

LINGUAGEM E COMUNICAÇÃO

Após um aumento gradual do vocabulário, há um salto qualitativo que possibilita à criança utilizá-lo para expressar seus sentimentos e experiências. A palavra é um recurso importante no controle dos impulsos. Entre os 18 e 24 meses, é capaz de construir sentenças de duas ou três palavras, com sintaxe, estruturas gramaticais, bem como uso idiomático e pronúncia semelhante à de seus pais. Para que essa habilidade se desenvolva adequadamente, sugere-se que os pais sigam as recomendações do uso de tela.[15,26]

A criança demonstra seus pensamentos por meio de narrativas que já pode elaborar. Quando não consegue expressar-se em palavras, frustra-se e pode apresentar um comportamento de irritabilidade e agressividade.

---

* Expressão criada em 1951 por Winnicott que define que um objeto é transicional por marcar a passagem na criança de um estado em que se encontra unida ao corpo da mãe para um estado em que é capaz de reconhecer a mãe como diferente de si e separar-se dela.[24]

COMUNICAÇÃO SIMBÓLICA E O BRINCAR

A brincadeira da criança começa com a exploração das propriedades e funções do objeto, passando a ter uma intencionalidade. A criança parte da imitação das atividades diárias, como dar comidinha para o bebê, e avança em direção ao brinquedo simbólico, o que significa substituir um objeto por outro. Por exemplo, no brinquedo de "faz de conta", um animal pode substituir uma pessoa, como o papai, a mamãe ou o bebê. O brincar da criança pode ser muito elucidativo, uma vez que pode manifestar sentimentos e situações enquanto o adulto se vale da linguagem. Muitas vezes, situações de maus-tratos e abuso podem ser identificadas pelo profissional por meio da expressão lúdica na entrevista de avaliação.

AUTORREGULAÇÃO

Como a criança ainda não consegue lançar mão de estratégias próprias em situações de estresse, regride a comportamentos pertencentes a etapas anteriores do desenvolvimento. As proibições ou aprovações devem ser acompanhadas de um afeto coerente com a mensagem que o adulto quer transmitir. A criança regula seu comportamento de acordo com a expectativa dos pais, por meio da recompensa amorosa e compreensiva ou do temor ao castigo.

Os primórdios do comportamento social se apresentam pela capacidade crescente das crianças de manifestar atitudes empáticas, tendo condições de confortar seus iguais em momentos de angústia e agressividade.

A ESTRUTURAÇÃO DO *SELF*

O autorreconhecimento se evidencia quando o bebê se interessa por sua imagem no espelho. Essa descoberta se dá na companhia do adulto, que o identifica. Ao se reconhecer no espelho, a criança adquire consciência de si própria, podendo manifestar a posse do que é seu e, assim, passa a utilizar os pronomes eu, meu e minha.

Entre os 2 e 3 anos, a criança pode estabelecer sua capacidade de autoafirmação, pois insiste em realizar suas tarefas à sua maneira e persegue seus objetivos. Nesta idade, as crianças já se tornam conscientes das diferenças anatômicas de ambos os sexos e identificam a si mesmas como do sexo feminino ou masculino. Até então, a criança procurava dar conta de suas angústias obtendo satisfação através da boca, tanto na amamentação quanto pelo sugar do dedo ou da chupeta.

Ainda entre os 2 e 3 anos de idade, o processo maturativo atinge patamares de controle dos membros inferiores, como o sentar e deambular. A partir desse momento, é possível auxiliar a criança no treinamento do controle esfincteriano. Primeiro, surge a percepção do controle anal, posteriormente o vesical diurno e finalmente o controle vesical noturno. As aquisições até os 3 anos são os alicerces para a entrada na escola e para o ingresso na etapa pré-escolar.

■ EXPOSIÇÃO A TELAS

A exposição às mídias digitais tem sido cada vez mais precoce, incluindo televisão, vídeos, aplicativos de tela sensível ao toque, jogos digitais e dispositivos móveis. Uma metanálise recente descobriu que apenas uma em cada quatro crianças menores de 2 anos e uma em cada três crianças de 2 a 5 anos estão cumprindo as diretrizes de tempo de tela, o que destaca a necessidade de iniciativas adicionais de saúde pública destinadas a promover o uso saudável de dispositivos.[29] Em crianças menores de 5 anos, Veldman e colaboradores[30] encontraram, como fatores associados à maior exposição a telas, a presença de dispositivo eletrônico no quarto da criança, maior tempo de uso de tela pelos pais, e uma televisão ligada em casa. Quando os pais estimulam a atividade física, observa-se nas famílias menor tempo de telas.

Estudos identificaram que o tempo excessivo de tela estava associado ao sobrepeso/obesidade e a menor duração do sono entre crianças pequenas e pré-escolares.[31-33] Janssen e colaboradores[33] identificaram que brincadeiras ao ar livre e tempo investido em atividades físicas moderadas a vigorosas podem estar associados a melhores resultados de sono em crianças pequenas e pré-escolares. Muppalla e colaboradores[34] observaram que o tempo excessivo de tela nesta faixa etária pode alimentar conduta agressiva, obstruir a capacidade de interpretar emoções e prejudicar a saúde psicológica. Algumas revisões sistemáticas e metanálises[35-37] verificaram que o aumento do tempo de tela pode ter um impacto negativo no desenvolvimento da linguagem de uma criança. Os autores também concluíram que o uso compartilhado entre adulto e criança parece ser uma atividade benéfica para apoiar a aprendizagem de crianças de 0 a 6 anos, em comparação ao uso solitário de mídia digital.[35-37]

Os pesquisadores recomendam que a comunidade siga as diretrizes oficiais da American Academy of Pediatrics (APP)[38] e da Organização Mundial da Saúde (OMS),[39] que preconizam limites claros de tempo de tela (p. ex., nenhum uso de tela para crianças de 0 a 2 anos, até 1 hora por dia para crianças de 2 a 5 anos). Os pais devem usar a mídia digital com seus filhos para dar suporte ao aprendizado, interagindo com eles, estabelecer limites, utilizar controles parentais, supervisionar diretamente o uso das mídias e adequar a qualidade dos temas visualizados.

Jing e colaboradores[40] encontraram uma relação positiva entre exposição à mídia de tela e vocabulário em crianças de 6 anos ou menos.

CONSIDERAÇÕES FINAIS E PERSPECTIVAS FUTURAS

Os autores deste capítulo sugerem que os profissionais da saúde estejam atentos à inabilidade da criança em alcançar os marcos do desenvolvimento na idade apropriada (Quadro 9.4). Atrasos, paradas ou regressão a fases anteriores do desenvolvimento, bem como a manifestação de traumas físicos e doenças clínicas frequentes representam sinais de alerta para possíveis transtornos psiquiátricos na infância e adolescência. Sintomas que comprometem as funções neurovegetativas como o sono, a alimentação e eliminações também podem apontar para algum distúrbio precoce na regulação da relação pais-bebê. Dados do Ministério da Saúde informam que 25% das crianças que são atendidas em puericultura estão enfrentando problemas emocionais clinicamente significativos. É necessária uma força tarefa, do ponto de vista da saúde mental, para identificação e intervenção precoce nesses problemas, bem como estratégias de prevenção. Para tanto, é necessário contar com uma equipe de atenção primária em saúde e saúde da família instrumentalizada, que possa identificar possíveis fatores de risco que comprometerão o desenvolvimento saudável da criança.[28]

As crianças de 0 a 3 anos estão aptas a absorverem o amor de seus cuidadores e a capturarem os novos estímulos que o ambiente oferece. É neste momento que se dá a maior aceleração de conexões neuronais no cérebro do bebê. Trata-se de um momento ímpar para o investimento na relação pais-bebê, fundamental para a estruturação psíquica do indivíduo. Os autores deste capítulo buscaram capacitar o leitor a desenvolver uma sensibilidade clínica para detectar os sinais precoces de possíveis dificuldades no estabelecimento dos vínculos iniciais entre os pais e o bebê e eventuais

QUADRO 9.4
PRINCIPAIS MARCOS DO DESENVOLVIMENTO NA PRIMEIRA INFÂNCIA

	Linguagem	Motor	Sensório-motor	Psicossocial
0 a 4 semanas	▪ Choro	▪ Comportamento reflexo de sucção, tônico do pescoço, preensão, sorriso instintivo ▪ Deglute ▪ Move os membros	▪ Uso dos reflexos inatos e controle gradual sobre eles ▪ Habilidades da percepção: órgãos do sentido, audição, olfato, paladar, tato e visão	▪ Olha na face, busca o seio e o rosto materno, vira a cabeça para o lado da mãe ao reconhecer sua voz
1 a 3 meses	▪ Emite sons estridentes e agudos ▪ Arrulha ▪ Ri	▪ Sustenta e gira a cabeça na direção que lhe atrai ▪ Amplia o campo de visão ▪ Eleva os braços	▪ Suga o dedo ▪ Repete comportamentos agradáveis mais focados no corpo	▪ Sorri e demonstra interesse e curiosidade à aproximação das pessoas
3 a 6 meses	▪ Reconhece padrões da fala e brinca com os sons ▪ Balbucia	▪ Rola de um lado para outro ▪ Segue com os olhos ▪ Pega um chocalho ▪ Brinca com as mãos e roupas ▪ Senta com apoio	▪ Inicia a perceber a ausência do objeto ▪ Está mais interessado no ambiente ▪ Repete ações intencionalmente, porém sem uma meta	▪ Começa a brincar de esconder ▪ Fase de trocas recíprocas entre o bebê e o cuidador
6 a 12 meses	▪ Reconhece os fonemas da língua nativa e balbucia sequências de consoantes e vogais ▪ Usa gestos para se comunicar ▪ Imita sons intencionalmente	▪ Senta sem apoio ▪ Fica em pé com apoio ▪ Pega com o polegar e o indicador (movimentos de pinça) ▪ Engatinha ▪ Bate palma ▪ Coopera no vestir	▪ Imitação ▪ Causalidade-descoberta do efeito de suas ações ▪ O comportamento é proposital ▪ Pode antecipar eventos	▪ Brinca de copiar as atitudes dos adultos (imitação) ▪ Distingue familiares de estranhos ▪ Se engaja em jogos sociais e tenta obter resposta das pessoas ▪ Expressa emoções de maneira mais clara: alegria, medo, raiva e surpresa ▪ Tem medo de estranhos ▪ Comunica suas emoções ▪ Tem variações de humor

QUADRO 9.4
PRINCIPAIS MARCOS DO DESENVOLVIMENTO NA PRIMEIRA INFÂNCIA

	Linguagem	Motor	Sensório-motor	Psicossocial
12 a 18 meses	■ Fala a primeira palavra ■ Fala palavras simples ■ Entende a função simbólica da nomeação ■ Faz gestos mais elaborados	■ Fica em pé sem apoio ■ Anda bem ■ Monta uma torre com dois cubos	■ Demonstra curiosidade e experimentação	■ Desempenha pequenos papéis ■ Aprende a linguagem verbal a partir de conversa e brincadeiras com música
18 a 24 meses	■ Aprende palavras novas ■ Expande vocabulário de 50 para 400 ■ Fala a primeira sentença de duas palavras ■ Usa menos gestos e nomeia mais coisas	■ Sobe escadas ■ Rabisca	■ Desenvolvimento simbólico – entendimento de que as imagens representam outras coisas ■ Aptidão numérica	■ Ansiedade de separação do cuidador ■ Brincadeira simbólica ■ Compreensão cognitiva de sua própria identidade ■ Emoções autoconscientes de constrangimento, inveja e empatia ■ Uso do "não" como demonstração de vontade própria
24 a 36 meses	■ Compreende melhor ■ Quer conversar – 80% inteligível ■ Fala três ou mais palavras ■ Fala mais de 500 palavras aos 3 anos	■ Pula no mesmo lugar ■ Corre ■ Inicia controle esfincteriano: vesical e anal	■ É capaz de começar a representar eventos mentalmente, pensar sobre eles e antecipar consequências ■ Posterga a ação	■ A fantasia se expressa mais intensamente na brincadeira ■ A brincadeira até então com as outras crianças não é compartilhada. Observa-se um progresso na socialização ■ Desenvolvimento dos limites e do senso moral

Fonte: Elaborado com base em Mahler e colaboradores[18] e Brasil.[27]

obstáculos para um desenvolvimento saudável.

A sociedade atual caracteriza-se por indivíduos com uma exigência à realização de múltiplas tarefas, com exposição simultânea a estímulos diversos e com baixa tolerância a frustrações. A presença das telas oportuniza o acesso a inúmeras informações, capturando cada vez mais a atenção dos pais, mantendo-os distraídos e envolvidos em atividades de satisfação imediata e de pouca contrariedade. Tal comportamento se estabelece, muitas vezes, em detrimento da interação com seus bebês. Interagir com um bebê significa estar disponível a se envolver com atividades compatíveis com sua idade.

REFERÊNCIAS

1. Deneault AA, Bakermans-Kranenburg MJ, Groh AM, Fearon PRM, Madigan S. Child-father attachment in early childhood and behavior problems: a meta-analysis. New Dir Adolesc Dev. 2021;2021(180):43-66.
2. Deneault AA, Bureau JF, Duschinsky R, Fearon P, Madigan S. A meta-analysis of the distribution of preschool and early childhood attachment as assessed in the strange situation procedure and its modified versions. Attach Hum Dev. 2023;25(2):322-51.
3. Opie JE, McIntosh JE, Esler TB, Duschinsky R, George C, Schore A, et al. Early childhood attachment stability and change: a meta-analysis. Attach Hum Dev. 2021;23(6):897-930.
4. Scatliffe N, Casavant S, Vittner D, Cong X. Oxytocin and early parent-infant interactions: a systematic review. Int J Nurs Sci. 2019;6(4):445-53.
5. Shorey S, Asurlekar AR, Chua JS, Lim LHK. Influence of oxytocin on parenting behaviors and parent-child bonding: a systematic review. Dev Psychobiol. 2023;65(2):e22359.
6. Lotto CR, Altafim ERP, Linhares MBM. Maternal history of childhood adversities and later negative parenting: a systematic review. Trauma Violence Abuse. 2023;24(2):662-83.
7. Rowell T, Neal-Barnett A. Uma revisão sistemática do efeito das experiências adversas dos pais na infância sobre a parentalidade e a psicopatologia infantil. J Child Adolesc Trauma. 2021;15(1):167-80.
8. Linde K, Lehnig F, Nagl M, Kersting A. The association between breastfeeding and attachment: a systematic review. Midwifery. 2020;81:102592.
9. Harvard University. Center on the Developing Child. Toxic stress [Internet]. Cambridge: Center on the Developing Child; 2020 [capturado em 27 jan. 2025]. Disponível em: https://developingchild.harvard.edu/science/key-concepts/toxic-stress/.
10. Snell-Rood E, Snell-Rood C. The developmental support hypothesis: adaptive plasticity in neural development in response to cues of social support. Philos Trans R Soc Lond B Biol Sci. 2020;375(1803):20190491.
11. Harvard University. Center on the Developing Child. Epigenetics and child development: how children's experiences affect their genes [Internet]. Cambridge: Center on the Developing Child; 2019 [capturado em 27 jan. 2025]. Disponível em: https://developingchild.harvard.edu/resources/infographics/what-is-epigenetics-and-how-does-it-relate-to-child-development/#graphic-text.
12. Li Y. Modern epigenetics methods in biological research. Methods. 2021;187:104-13.
13. Davies D, Troy MF. Child development: a practitioner's guide. 4.th. New York: Guilford; 2020.
14. Roudinesco E, Plon M. Self. In: Roudinesco E, Plon M. Dicionário de psicanálise. Rio de Janeiro: Zahar; 1998.
15. Bowlby J. Attachment and loss: attachment. London: Pimlico; 1997.
16. Thomas A, Chess S. Temperament and development. New York: Brunner/Mazel; 1977.
17. Brazelton TB. On becoming a Family: the growth of attachment. New York: Random House; 1982.
18. Winnicott DW. A preocupação materna primária. In: Winnicott DW. Da pediatria à psicanálise: obras escolhidas. Rio de Janeiro: Imago; 2000. p. 399-405.
19. Erikson EH. Ocho edades del hombre. In: Erikson EH. Infancia y sociedad. Buenos Aires: Hormé; 1974. p. 222-47.
20. Simpson EA, Murray L, Paukner A, Ferrari PF. The mirror neuron system as revealed through neonatal imitation: presence from birth, predictive power and evidence of plasticity. Philos Trans R Soc Lond B Biol Sci. 2014;369(1644):20130289.
21. Mahler MS, Pine F, Bergman A. O nascimento psicológico da criança: simbiose e individuação. 2. ed. Porto Alegre: Artmed; 2002.
22. Zavaschi MLS, Lorenzon SF, Netto MS. Promoção da saúde mental na primeira infância. In.: Duncan BB, Schimidt MI, Giugliani ERJ, Duncan MS, Giugliani C. Medicina ambulatorial: condutas de atenção primária baseadas em evidências. 5. ed. Porto Alegre: Artmed; 2022. p. 1008-22.
23. Spitz RA. O primeiro ano de vida: um estudo psicanalítico do desenvolvimento normal e anômalo das relações objetais. São Paulo: Martins Fontes; 1979.
24. Winnicott DW. Objetos transicionais e fenômenos transicionais. In: Winnicott DW. O brincar & a realidade. Rio de Janeiro: Imago, 1975. p. 13-44.
25. Prime H, Andrews K, Markwell A, Gonzalez A, Janus M, Tricco AC, et al. Positive parenting and early childhood cognition: a systematic review and meta-analysis of randomized controlled trials. Clin Child Fam Psychol Rev. 2023;26(2):362-400.
26. Restano A, Bueno B, Spritzer D, Potter J, Moreira L. Crianças bem conectadas: como o uso consciente da tecnologia pode se tornar um aliado da família e da escola. São Paulo: Maquinaria; 2023.

27. Brasil. Ministério da Saúde. Saúde da criança: crescimento e desenvolvimento [Internet]. Brasília: MS; 2012 [capturado em 27 jan. 2025]. Disponível em: https://bvsms.saude.gov.br/bvs/publicacoes/saude_crianca_crescimento_desenvolvimento.pdf.
28. Lewis M, Volkmar FR. Aspectos clínicos do desenvolvimento na infância e adolescência. 3. ed. Porto Alegre: Artes Médicas; 1993.
29. McArthur BA, Volkova V, Tomopoulos S, Madigan S. Global prevalence of meeting screen time guidelines among children 5 years and younger: a systematic review and meta-analysis. JAMA Pediatr. 2022;176(4):373-83.
30. Veldman SLC, Altenburg TM, Chinapaw MJM, Gubbels JS. Correlates of screen time in the early years (0-5 years): a systematic review. Prev Med Rep. 2023;33:102214.
31. Newton AT, Honaker SM, Reid GJ. Risk and protective factors and processes for behavioral sleep problems among preschool and early school-aged children: a systematic review. Sleep Med Rev. 2020;52:101303.
32. Li C, Cheng G, Sha T, Cheng W, Yan Y. The relationships between screen use and health indicators among infants, toddlers, and preschoolers: a meta-analysis and systematic review. Int J Environ Res Public Health. 2020;17(19):7324.
33. Janssen X, Martin A, Hughes AR, Hill CM, Kotronoulas G, Hesketh KR. Associations of screen time, sedentary time and physical activity with sleep in under 5s: a systematic review and meta-analysis. Sleep Med Rev. 2020;49:101226.
34. Muppalla SK, Vuppalapati S, Reddy Pulliahgaru A, Sreenivasulu H. Effects of excessive screen time on child development: an updated review and strategies for management. Cureus. 2023;15(6):e40608.
35. Taylor G, Sala G, Kolak J, Gerhardstein P, Lingwood J. Does adult-child co-use during digital media use improve children's learning aged 0-6 years? A systematic review with meta-analysis. Educ Res Rev. 2024;44:100614.
36. Bhutani P, Gupta M, Bajaj G, Deka RC, Satapathy SS, Ray SK. Is the screen time duration affecting children's language development? A scoping review. Clin Epidemiol Global Health. 2024;25:101457.
37. Xie W, Lu J, Lin X. Is screen exposure beneficial or detrimental to language development in infants and toddlers? A meta-analysis. Early Child Dev Care. 2024;194(4):606-23.
38. American Academy of Pediatrics. Beyond screen time: help your kids build healthy media use habits [Internet]. Itasca: APA; 2022 [capturado em 27 jan. 2025]. Disponível em: https://www.healthychildren.org/English/family-life/Media/Pages/healthy-digital-media-use-habits-for-babies-toddlers-preschoolers.aspx.
39. World Health Organization. Guidelines on physical activity, sedentary behaviour and sleep for children under 5 years of age. Geneva: WHO; 2019.
40. Jing M, Ye T, Kirkorian HL, Mares M. Screen media exposure and young children's vocabulary learning and development: a meta-analysis. Child Dev. 2023;94(5):1398-418.

10

SEGUNDA INFÂNCIA: DESENVOLVIMENTO NA FASE PRÉ-ESCOLAR

ANA MARGARETH SIQUEIRA BASSOLS
ARTHUR BEZERRA FALCÃO
LILIANA R. DO AMARAL SOIBELMAN
MARIA ALICE PEDRON CARNEIRO

A segunda infância (ou idade pré-escolar), compreendida entre os 3 e 6 anos de idade, constitui-se em um período fundamental para a aquisição de habilidades cognitivas, linguísticas, motoras e socioemocionais. Esse estágio se destaca pelo amadurecimento neurológico, o qual favorece a memória, a atenção e o pensamento lógico, além de impulsionar a criatividade por meio do desenvolvimento da imaginação. As interações sociais tornam-se mais elaboradas, permitindo que a criança desenvolva empatia, cooperação e autonomia. Esses avanços formam a base para o aprendizado futuro e a construção de uma personalidade equilibrada. A educação infantil tem papel crucial nesse contexto, contribuindo para a prevenção de dificuldades de aprendizagem e para a implementação de intervenções precoces. No cenário contemporâneo, surgem desafios relevantes, como a influência da tecnologia, que pode afetar a socialização, e a necessidade de promover a inclusão de crianças com diferentes necessidades. A integração das principais abordagens teóricas – construtivista, sociocultural e neurocientífica – possibilita uma compreensão abrangente do desenvolvimento nessa fase, enriquecendo a prática educativa e preparando as crianças para uma trajetória escolar bem-sucedida. Cada experiência vivida fortalece a base para futuras aprendizagens e relações duradouras de qualidade.

DESCRITORES: desenvolvimento infantil; segunda infância; pré-escolar; cognição; socialização; desenvolvimento emocional.

ESTADO DA ARTE

A segunda infância, que se estende dos 3 aos 6 anos de idade, é um período fundamental no ciclo do desenvolvimento humano, considerado um dos estágios mais ricos em transformações cognitivas, motoras e socioemocionais. Durante essa fase, as crianças não apenas expandem suas habilidades linguísticas e cognitivas, mas também começam a experimentar maior complexidade nas suas interações sociais e emocionais.[1] A aprendizagem se amplia, e a capacidade de simbolizar e compreender o mundo à sua volta torna-se mais sofisticada, formando as bases para os anos escolares que se seguem.[2] O pensamento simbólico emergente, aliado à compreensão mais profunda de si mesmo e do outro, fundamenta a capacidade de solucionar problemas, desenvolver a linguagem e até mesmo explorar aspectos da moralidade e da identidade social.[1] A brincadeira é uma forma de expressão muito importante neste período do desenvolvimento infantil; além de promover novas habilidades, socioemocionais e motoras, por meio dela pode-se acessar o mundo de fantasia da criança.[3]

O conhecimento sobre essa fase evoluiu substancialmente ao longo das últimas décadas, graças aos avanços nas áreas de neurociência, psicologia do desenvolvimento e educação infantil. Pesquisas demonstraram que intervenções precoces podem ter um impacto duradouro no desenvolvimento cerebral, promovendo ganhos em áreas como atenção, memória e funções executivas. Uma revisão sistemática identificou que, quando expostas a ambientes educativos ricos e estimulantes, as crianças na segunda infância experimentam um crescimento substancial nas conexões neurais associadas à aquisição de habilidades cognitivas e sociais.[2] As evidências também destacam a importância do cuidado afetivo e da integridade emocional. Além disso, reforçam que proporcionar um ambiente que alimente a segurança emocional das crianças é fundamental para seu desenvolvimento estrutural e funcional pleno.[4]

Recentemente, a tecnologia, o neurodesenvolvimento e os fatores culturais têm desempenhado um papel cada vez mais relevante na compreensão do desenvolvimento do pré-escolar. Em particular, a influência das telas na infância tem sido objeto de diversas metanálises. Uma delas, sobre o impacto do tempo de tela, revelou que, mesmo com um incremento pequeno de 30 minutos diários, ocorre uma redução no desempenho cognitivo das crianças e um agravamento nas dificuldades comportamentais. Esses achados sugerem que o tempo excessivo diante das telas pode prejudicar funções centrais para a aprendizagem e a regulação emocional.[5] Outra metanálise recente, que combinou dados de 15 estudos, constatou que cada hora extra de exposição à televisão aumenta em 30% a probabilidade de surgimento de problemas de atenção, reforçando a importância do estabelecimento de limites para o uso dessas tecnologias.[6] Embora o uso excessivo de telas frequentemente receba atenção por seus potenciais efeitos negativos, metanálises recentes evidenciam que, quando empregadas de forma adequada e mediadas por cuidadores que interajam com a criança, as tecnologias digitais podem oferecer benefícios para a evolução do pré-escolar. Uma metanálise reuniu dados de 18 estudos envolvendo crianças de 3 a 6 anos e constatou que o uso orientado de mídias interativas – especialmente quando combinado com a participação ativa dos pais – está associado a melhorias significativas no desenvolvimento da linguagem, sugerindo que conteúdos digitais de qualidade podem funcionar como recursos pedagógicos para estimular a alfabetização emergente e a comunicação.[7] De forma complementar, outra metanálise recente, agregando dados de 16 estudos, demonstrou que a utilização de aplicativos educacionais interativos, integrada a práticas de covisualização e mediação parental, correlacionou-se com um aumento de aproximadamente 15% no desempenho cognitivo – sobretudo em testes de resolução de problemas e raciocínio lógico.[8] Esses achados reforçam a ideia de que a qualidade do conteúdo digital e o contexto de sua utilização são determinantes para converter a experiência com telas em uma ferramenta eficaz de aprendizagem.

Além disso, intervenções baseadas no brincar também têm se destacado por seus efeitos positivos no desenvolvimento infantil. Uma metanálise recente demonstrou que tais intervenções estão associadas a ganhos em medidas de habilidades cognitivas e socioemocionais, evidenciando que o brincar, quando promovido de forma intencional, atua como uma ferramenta pedagógica poderosa para estimular a criatividade, a autorregulação e a resolução de problemas.[9]

Também é imperativo salientar que situações sociais como a covid-19, catástrofes climáticas, contextos de guerras e outras situações de vulnerabilidade impõem desafios inéditos à rotina das crianças em idade pré-escolar, intensificando o papel dos vínculos afetivos e do brincar como estratégias protetoras. Estudos recentes evidenciam que o isolamento e as mudanças na dinâmica familiar acentuaram a necessidade de um apego seguro para mitigar o aumento de sintomas de ansiedade e comportamentos desregulados. Outras metanálises também observaram que intervenções focadas no fortalecimento do vínculo entre pais e filhos, combinadas com programas estruturados de brincadeiras, resultaram em melhorias significativas no bem-estar emocional das crianças.[10-12] Esses achados reforçam a ideia de que, mesmo em tempos de crise, o cuidado afetivo e o brincar são fundamentais para o desenvolvimento saudável e para a consolidação de habilidades sociais e cognitivas.

DESENVOLVIMENTO FÍSICO E MOTOR NA SEGUNDA INFÂNCIA

CRESCIMENTO CORPORAL

Entre 3 e 6 anos, as crianças crescem cerca de 5 a 7 cm por ano e ganham de 2 a 3 kg por ano. Meninos e meninas crescem em ritmo semelhante, com os meninos ligeiramente mais altos e pesados. Nessa fase, perdem o aspecto "fofinho" de bebê e passam a ter um corpo mais esguio e atlético. Músculos e ossos crescem e se fortalecem, enquanto o cérebro e o sistema nervoso continuam amadurecendo, o que permite a evolução de novas habilidades motoras.[12]

DESENVOLVIMENTO MOTOR

As habilidades motoras amplas (correr, pular, arremessar bola) melhoram muito. As habilidades motoras finas (amarrar cadarços, desenhar com giz de cera, servir cereal) também se desenvolvem. As crianças começam a demonstrar preferência por usar a mão direita ou esquerda. Habilidades como pular com os dois pés surgem por volta dos 2 anos e meio, e habilidades como pular em um pé só ou descer escadas alternando os pés geralmente aparecem entre 4 e 5 anos. Crianças que desenvolvem melhor coordenação motora tendem a se envolver mais em esportes e atividades físicas ao longo da infância.[12]

SONO

Aos 5 anos, a maioria das crianças dorme cerca de 11 horas por noite e já não precisa de sonecas durante o dia. Padrões de sono variam entre culturas, pois em algumas culturas asiáticas, por exemplo, as crianças dormem menos à noite, mas compensam com cochilos diurnos. Distúrbios de sono são comuns: quase metade das crianças têm dificuldade para dormir ou permanecer dormindo, e um terço dos pais relata problemas de sono em seus filhos. Fatores como dieta inadequada, problemas emocionais e muito tempo de tela podem afetar o sono. Em algumas culturas, assim como em determinados contextos socioeconômicos, há a realidade do compartilhamento do quarto com pais, irmãos ou outros familiares, o que pode influenciar a qualidade do sono, assim como a constituição de fronteiras emocionais entre a criança e seus familiares.[12]

PROBLEMAS COMUNS DE SONO

- **Terrores noturnos:** A criança acorda assustada, mas não está totalmente consciente e não se lembra do episódio no dia seguinte.
- **Sonambulismo:** Andar pela casa dormindo.
- **Falar dormindo:** Falar enquanto ainda está dormindo.
- **Pesadelos:** Sonhos ruins, comuns entre 6 e 10 anos, geralmente associados a ansiedade, temperamento difícil ou exposição a conteúdos assustadores.
- **Enurese noturna (xixi na cama):** Comum em crianças de até 5 anos, principalmente meninos. Tem forte componente hereditário e geralmente desaparece com o tempo.

DESENVOLVIMENTO CEREBRAL

- Entre 3 e 6 anos, ocorre um crescimento acelerado do córtex pré-frontal, que regula planejamento, controle de impulsos e definição de metas.
- A mielinização (revestimento das fibras nervosas que acelera os sinais neurais) continua ajudando na coordenação motora e no raciocínio.
- O corpo caloso, que conecta os dois hemisférios cerebrais, continua se desenvolvendo, melhorando a comunicação entre os lados do cérebro.
- Essas mudanças permitem maior flexibilidade cognitiva e melhor coordenação motora.[12]

DESENVOLVIMENTO COGNITIVO

O desenvolvimento infantil na fase pré-escolar pode ser compreendido a partir de diferentes teorias da psicologia e da educação. Erikson aborda essa etapa como a fase de "iniciativa *versus* culpa", na qual a criança começa a tomar iniciativa em suas ações e explorações, criando maior autonomia e senso de responsabilidade.[13] Uma vez estabelecida a autonomia, a criança parte para a iniciativa. Aplica suas capacidades físicas e mentais para expandir em outras áreas de forma criativa e social. Amplia sua rede social além da família imediata, alfabetiza-se e desenvolve a imaginação. Os mesmos brinquedos ganham funções diferentes, e o mundo ao redor é explorado mais intensamente. A iniciativa (ou falta dela) gera a responsabilidade, internalizada na forma de culpa.

A mais famosa das teorias do desenvolvimento cognitivo foi elaborada pelo biólogo suíço Jean Piaget (1896-1980). Para ele, o aprendizado é construído pela criança durante sua relação com objetos e pessoas. Essa ideia é a base da teoria chamada construtivismo. Cada nova descoberta é assimilada e acomodada junto ao que a criança já conhecia do mundo, tornando-o cada vez mais amplo. Gradualmente, as relações se formam e as coisas começam a fazer sentido na cabeça da criança. Segundo Piaget, essa fase corresponde ao estágio pré-operatório ou simbólico (2 aos 7 anos), caracterizado pelo pensamento simbólico e pelo egocentrismo. Quando começam a dominar a linguagem e os novos símbolos de comunicação, começam também a imitar, representar, imaginar e classificar.[14]

Nessa fase, por exemplo, a palavra carro já pode gerar a imagem mental de um carro, mesmo que não tenha nenhum na sua frente.

A criança ainda é egocêntrica (se vê no centro de tudo e entende o mundo a partir da sua própria vivência) e não tem a capacidade de se colocar no lugar dos outros. Faz parte dessa visão egocêntrica achar que a natureza e os objetos agem de forma independente. Se tropeçou, diz que a calçada é a culpada e não ela própria. Xinga o brinquedo por ter "se" estragado, ou responde um sincero "não fui eu, foi a minha mão!". Também pode confundir realidade e fantasia e ainda ter dificuldade de distinguir certo e errado. Brincar de faz de conta, de comidinha, de criar histórias e desenhar faz parte do aprendizado nessa fase. Tal capacidade de simbolização presente no brincar de faz de conta pressupõe que a criança esteja em processo de estabelecer a função de teoria da mente, na qual ela atribui uma função imaginária ao objeto e compreende que o outro participa conjuntamente de sua brincadeira de imaginação. Nessa fase, as crianças começam a demonstrar um pensamento mais simbólico e criativo. Elas passam a entender melhor conceitos abstratos, como tempo e quantidade, e começam a desenvolver a capacidade de resolver problemas simples. O faz de conta é uma ferramenta essencial para a aprendizagem, pois permite que elas explorem novas ideias e experimentem diferentes papéis sociais. Há a habilidade de pensar e agir por

meio de representações mentais, sem depender de estímulos sensoriais imediatos. Um exemplo disso é uma criança de 4 anos que expressa "Quero sorvete!", evocando esse desejo a partir de suas memórias, sem um estímulo sensorial direto. Essa capacidade se manifesta por meio da imitação retardada, do brincar de faz de conta e, sobretudo, do uso da linguagem, que constitui um sistema de símbolos fundamentais para a comunicação e para diversas atividades do cotidiano.[12] Os aspectos do pensamento pré-operatório na segunda infância foram descritos por Piaget como:[14]

- **Centramento:** Foco excessivo em um único aspecto da situação.
- **Irreversibilidade:** Dificuldade em entender que certas ações podem ser revertidas.
- **Raciocínio transdutivo:** Associação de eventos sem uma relação causal lógica.
- **Egocentrismo:** Dificuldade de assumir a perspectiva do outro; a criança "se vê" como o centro de tudo.
- **Animismo:** Atribuição de vida a objetos inanimados.
- Dificuldade em distinguir aparência da realidade.

O desenvolvimento cognitivo também inclui a ampliação da compreensão de espaço, por meio de mapas e modelos, e uma crescente habilidade de raciocinar sobre causalidade – com evidências de que crianças mais novas podem, de fato, entender relações de causa e efeito adequadamente. Desenvolve-se também o processo de identificação e categorização, que permite à criança distinguir e organizar o mundo ao redor. Outro aspecto importante é a evolução da competência numérica: a criança progride de uma noção rudimentar de quantidade, típica do fim da primeira infância, até habilidades como contagem e compreensão de conceitos de ordem e cardinalidade, bem como reconhecimento de padrões numéricos. Fatores como a experiência e o estímulo no período pré-escolar, assim como o *status* socioeconômico, influenciam esse desenvolvimento, impactando o desempenho acadêmico futuro.[12]

DESENVOLVIMENTO SOCIOEMOCIONAL

As interações sociais se tornam mais frequentes e elaboradas nessa faixa etária. As crianças aprendem a compartilhar, a esperar sua vez e a resolver conflitos de maneira mais planejada. Começam a formar amizades mais estáveis e a compreender normas sociais, como cortesia e cooperação, essenciais para a convivência em grupo. A autorregulação emocional também começa a se consolidar: as crianças aprendem a lidar melhor com frustrações e a expressar suas emoções de forma mais adequada. O vínculo com os cuidadores e professores desempenha um papel fundamental nesse processo, pois proporciona segurança para a exploração do ambiente e para o fortalecimento da autoestima.[12]

Entre as idades de 3 e 5 anos, crianças com apego seguro tendem a ser mais curiosas, competentes, empáticas, resilientes e autoconfiantes; tendem a relacionar-se melhor com outras crianças e a formar amizades mais próximas do que aquelas que tiveram apego inseguro na infância.[15-17] Elas interagem de forma mais positiva com pais, professores da pré-escola e colegas; resolvem conflitos com mais facilidade; e geralmente possuem uma autoimagem mais positiva.[15-17] Além disso, crianças que durante a segunda infância consolidam um apego seguro costumam estabelecer vínculos de qualidade em fases posteriores do desenvolvimento – como em amizades na adolescência ou parceiros românticos na idade adulta jovem.[18]

Por outro lado, crianças com apego inseguro costumam apresentar mais inibições e emoções negativas na primeira infância, hostilidade em relação a outras crianças e dependência dos cuidadores durante os anos escolares. Elas também têm maior probabilidade de apresentar comportamentos externalizantes, como agressividade e problemas de conduta, especialmente entre meninos.[19] Crianças com apego desorganizado tendem a ter problemas comportamentais em todas as fases escolares e maior incidência de transtornos psiquiátricos no final da adolescência.[20] Na vida adulta, indivíduos que tiveram apego inseguro na infância apresentam maior vulnerabilidade cognitiva associada à depressão.[21]

Freud, em sua teoria do desenvolvimento psicossexual, define a fase pré-escolar como o período fálico, em que a libido se localiza na região genital e no qual a criança começa a desenvolver maior curiosidade sobre a sexualidade e as relações interpessoais – sendo este um momento crucial para a formação do superego e da moralidade. De acordo com Freud, o conjunto de defesas inconscientes da criança na chamada "fase edípica" (aproximadamente dos 3 aos 5 anos) decorre da percepção de exclusão que a criança sente em relação ao vínculo entre os pais. A criança responde à experiência internalizada como "abandono", com revolta, ciúme e agressividade, que podem se expressar em atitudes como tentar separar o casal, querer dormir na cama dos pais ou impedir manifestações de afeto entre eles. Freud utilizou a tragédia grega de Édipo Rei para nomear esse momento no qual o menino manifesta um apego excessivo à mãe e encara o pai como rival ameaçador (temendo, inconscientemente, ser castrado por este). Na menina, esse processo ocorreria em duas fases: em um primeiro momento, a mãe é o objeto principal de amor (aproximadamente dos 2 aos 4 anos) para, em seguida, a criança transferir seu interesse para o pai, passando a ver a mãe como rival.[22]

TEORIA DA MENTE

A teoria da mente é a capacidade de entender que outras pessoas possuem pensamentos, crenças, desejos e intenções diferentes dos nossos. Essa habilidade ajuda a prever e interpretar o comportamento dos outros, tornando o convívio social mais compreensível.

Exemplo: Clara, de 4 anos, detesta brócolis, mas quando sua mãe pede que ela pegue o prato de brócolis na mesa, Clara entrega o prato. Isso mostra que Clara entende que a mãe pode gostar de algo que ela mesma não gosta – uma demonstração do desenvolvimento da teoria da mente.[12]

O Quadro 10.1, a seguir, apresenta um resumo dos marcos do desenvolvimento da teoria da mente da criança.

DESENVOLVIMENTO DA LINGUAGEM

A comunicação verbal se expande significativamente no período pré-escolar. As crianças aumentam seu vocabulário, aprimoram a estrutura das frases e começam a compreender regras gramaticais mais complexas. Além disso, desenvolvem habilidades narrativas, conseguindo contar histórias e expressar melhor seus sentimentos e pensamentos. A seguir, são descritos os principais marcos do processo de elaboração da linguagem nessa fase.[12]

VOCABULÁRIO

O crescimento do vocabulário infantil acontece em diferentes etapas. Aos 3 anos, a criança já utiliza entre 900 e 1.000 palavras. Aos 6 anos, seu vocabulário expressivo (palavras faladas) chega a aproximadamente 2.600 palavras, enquanto seu vocabulário receptivo (palavras compreendidas) ultrapassa 20.000 palavras. Com a escolarização, esse número cresce ainda mais, podendo atingir cerca de 80.000 palavras na adolescência.[12]

Diversos fatores influenciam esse desenvolvimento, incluindo o *status* socioeconômico da família. Estudos indicam que crianças em situação de pobreza tendem a apresentar um vocabulário menor desde cedo.[23,24] Além disso, a habilidade conhecida como associação rápida permite que as crianças aprendam novas palavras rapidamente após ouvi-las poucas vezes, utilizando o contexto para dar sentido ao termo.[25] De modo geral, substantivos são aprendidos mais rapidamente do que verbos.[26]

GRAMÁTICA E SINTAXE

A gramática e a sintaxe evoluem progressivamente na infância, permitindo que a criança passe de frases simples para estruturas mais complexas, cada vez mais próximas da fala adulta.

Entre os 3 e 4 anos, a criança já começa a aplicar algumas regras gramaticais básicas. Nessa fase, utiliza plurais, pronomes possessivos e verbos no passado, além de diferenciar pronomes pessoais como "eu", "você" e "nós". Suas frases costumam ser curtas e diretas, geralmente declarativas, como "gato quer leite".

Por volta dos 4 a 5 anos, as frases se tornam mais longas, com cerca de quatro a cinco palavras, e a criança amplia seu repertório gramatical. Passa a utilizar diferentes tipos de frases, como frases negativas, interrogativas e imperativas. Além disso, começa a formar sentenças mais complexas, combinando diferentes ideias

QUADRO 10.1
MARCOS DO DESENVOLVIMENTO DA TEORIA DA MENTE

Idade	Desenvolvimento da teoria da mente
18 meses	Inferem intenções observando adultos realizando tarefas.
2 anos	Participam de brincadeiras de faz de conta (imaginação).
3 anos	Aprendem a fingir em brincadeiras, ou mesmo enganar intencionalmente os outros, seja para se divertir ou testar regras sociais. Nesta idade, também observam as intenções dos outros e a partir disso fazem previsões das ações do outro.
3 a 5 anos	<ul><li>Entendem que pensar acontece dentro da mente.</li><li>Percebem que pensamentos podem ser sobre coisas reais ou imaginárias.</li><li>Diferenciam pensamentos de ações (ver, tocar, falar).</li><li>Sabem que lembranças ou expectativas podem fazer o outro sentir-se feliz ou triste.</li><li>Começam a entender que pessoas agem de acordo com suas crenças, mesmo que sejam erradas.</li><li>Percebem que a expressão facial nem sempre reflete os sentimentos reais.</li><li>Compreendem que é possível enganar ou provocar os outros manipulando seus pensamentos.</li></ul>

na mesma estrutura. No entanto, ainda encontra dificuldades para compreender frases condicionais, como "Você pode assistir à TV depois de guardar os brinquedos", demonstrando uma evolução gradual na compreensão de relações entre ações e consequências.

Entre os 5 e 7 anos, a fala da criança se torna mais semelhante à de um adulto. Ela passa a utilizar conjunções, preposições e artigos com mais precisão e forma frases compostas e complexas. Nessa fase, há o domínio de todas as classes gramaticais, embora algumas dificuldades ainda possam ser observadas. A criança pode apresentar dificuldades com a voz passiva ("Eu fui vestido pelo vovô"), frases condicionais ("Se eu fosse grande...") e verbos auxiliares ("Eu tenho visto..."). Além disso, a supergeneralização ainda pode ocorrer, levando a erros como "fazido" em vez de "feito", ao aplicar regras gramaticais de forma exagerada.

Esse progresso contínuo da gramática e da sintaxe reflete a crescente capacidade cognitiva e linguística da criança, preparando-a para uma comunicação mais eficaz e sofisticada.[12]

PRAGMÁTICA E DISCURSO SOCIAL

Ao longo do enriquecimento de vocabulário, em conjunto com o aprendizado da gramática e da sintaxe, as crianças se tornam mais competentes em pragmática. A pragmática é o conhecimento prático necessário para usar a linguagem para fins de comunicação. Durante a infância, as crianças aprimoram gradualmente essa habilidade, aprendendo a adaptar sua fala conforme o interlocutor, a situação e o momento do diálogo. Esta fala, que se destina a transmitir reciprocidade na comunicação, é o discurso social. Um exemplo desse processo de amadurecimento é a evolução de uma criança que aos 3 anos fala: "Biscoito, agora!" e, ao ficar mais velha, compreende que suas chances serão melhores se falar: "Mamãe, posso pegar um biscoito, por favor?".[12]

Entre os 3 e 4 anos, as crianças já são bastante falantes e observam os efeitos de sua fala nos demais. Quando não se fazem entender, tentam outras formas de se fazerem claras. Aos 5 anos, esse desenvolvimento se torna ainda mais evidente, e as crianças passam a adaptar sua linguagem ao nível de conhecimento do interlocutor, tornando a comunicação mais clara e eficiente.[12]

Nessa fase, elas também demonstram avanços importantes na interação social, sendo capazes de:[12]

- Resolver conflitos verbalmente, em vez de recorrer a ações físicas.
- Modular a forma de falar, sendo mais polidas ao interagir com adultos e mais diretas ao se comunicar com outras crianças.
- Manter um tópico de conversa por até 10-12 turnos de fala, o que evidencia maior capacidade de atenção e de engajamento em diálogos mais longos.

O desenvolvimento da pragmática está intimamente ligado ao progresso da teoria da mente, ou seja, à compreensão de que outras pessoas têm pensamentos, intenções e emoções próprias, que podem ser diferentes das suas.[27]

Além disso, pesquisas apontam diferenças na forma como meninos e meninas utilizam a linguagem em interações sociais. Enquanto os meninos tendem a adotar um estilo de comunicação mais controlador e competitivo, as meninas demonstram uma linguagem geralmente mais conciliadora, educada e colaborativa.[28]

Esses avanços na linguagem pragmática são fundamentais para a socialização e o sucesso nas interações interpessoais ao longo da infância e da vida adulta.

DISCURSO PARTICULAR

O discurso particular refere-se ao hábito de conversar em voz alta consigo mesmo, sem a intenção de se comunicar com outra pessoa. Esse comportamento, observado com frequência na infância, já foi interpretado de maneiras distintas por diferentes teóricos do desenvolvimento.[12]

Para Piaget, o discurso particular era um sinal de imaturidade cognitiva, indicando que a criança ainda não havia elaborado plenamente a capacidade de socialização.[29]

Por outro lado, Vygotsky considerava o discurso particular uma ferramenta essencial para a aprendizagem e a autorregulação, ajudando a criança a organizar seus pensamentos e a controlar suas ações. Diferente da visão de Piaget, Vygotsky acreditava que, com o tempo, essa fala se internalizaria, transformando-se no pensamento verbalizado interno.[30]

As evidências científicas atuais dão suporte à visão de Vygotsky, demonstrando que o discurso particular tem um papel fundamental no desenvolvimento infantil. Pesquisas indicam que esse comportamento auxilia a criança a:[31,32]

- Resolver problemas, ajudando-a a planejar ações e encontrar soluções.
- Regular emoções, funcionando como um mecanismo para lidar com frustrações e desafios.
- Melhorar a memória autobiográfica, a criatividade e até mesmo a ortografia.

Dessa forma, longe de ser apenas um comportamento passageiro, o discurso particular representa um importante recurso cognitivo que contribui para o desenvolvimento intelectual e emocional da criança.

ATRASOS NA LINGUAGEM: CAUSAS, FATORES DE RISCO E EVOLUÇÃO

O desenvolvimento da linguagem nem sempre ocorre no mesmo ritmo para todas as crianças. Estima-se que cerca de 11% das crianças entre 3 e 6 anos apresentem algum distúrbio de comunicação,[33] o que pode impactar seu desempenho escolar, suas interações sociais e até sua autoestima.

Os atrasos na linguagem podem ser classificados em dois tipos principais:[12]

- **Primários:** Quando não estão associados a nenhuma outra condição, como nos casos de atraso específico de fala ou linguagem.
- **Secundários:** Quando ocorrem em conjunto com outras condições, como autismo, perda auditiva ou mutismo seletivo.

Diversos fatores de risco podem estar envolvidos nesses atrasos. Do ponto de vista médico, parto prematuro, hipóxia neonatal, convulsões e anomalias craniofaciais podem aumentar a probabilidade de dificuldades na aquisição da linguagem. Já fatores familiares, como baixa escolaridade dos pais, falta de estímulo adequado e histórico familiar de atrasos na linguagem, também desempenham um papel significativo. Hereditariedade parece ter um papel substancial, e estudos indicam que meninos têm maior propensão a apresentar atrasos linguísticos.[34]

Muitas das crianças que falam mais tarde, especialmente aqueles cuja compreensão é normal, eventualmente vão se ajustar com seus pares. Cerca de 80% das crianças que apresentam atraso na linguagem aos 2 anos conseguem alcançar o nível de seus pares até os 7 anos. No entanto, entre 40 e 60% das crianças com atraso da linguagem precoce, que não recebem intervenção, podem enfrentar impactos cognitivos, sociais e emocionais ao longo da vida.[12] Isso destaca a importância da identificação precoce e do acompanhamento especializado, garantindo que essas dificuldades não comprometam o desenvolvimento global da criança.

ALFABETIZAÇÃO EMERGENTE

A alfabetização emergente refere-se ao estabelecimento de habilidades, conhecimentos e atitudes prévias à capacidade de leitura e escrita, preparando a criança para o aprendizado da leitura e da escrita. As habilidades de linguagem oral associadas a habilidades fonológicas são essenciais nesse processo.[12]

Além disso, a interação social também é fundamental no processo da alfabetização. Pais e professores que utilizam um vocabulário rico e conversam com as crianças sobre livros, experiências do dia a dia e conceitos do mundo favorecem o desenvolvimento de habilidades linguísticas essenciais para a leitura.[12]

A leitura em família também é um hábito eficaz nesse processo. A criança que ouve histórias aprende a sequência da palavra escrita, além de despertar seu interesse, curiosidade e prazer pelos livros.[12]

Além dos estímulos tradicionais, a tecnologia também pode ser uma ferramenta valiosa. Estudos indicam que aplicativos educacionais de qualidade, quando utilizados com a mediação dos pais, podem contribuir para a alfabetização emergente.[35]

Dessa forma, proporcionar interações ricas em linguagem, incentivar o contato com os livros desde cedo e utilizar recursos tecnológicos de maneira equilibrada são estratégias essenciais para preparar a criança para a alfabetização e para uma relação positiva com a leitura ao longo da vida.

VARIAÇÕES CULTURAIS NA EDUCAÇÃO INFANTIL

As variações culturais desempenham um papel significativo na formação das práticas educacionais e no desenvolvimento das crianças. O acesso à educação, as abordagens pedagógicas e o contexto social e cultural influenciam diretamente a evolução da linguagem e as habilidades cognitivas, estabelecendo as bases para o aprendizado futuro.[12]

INCLUSÃO E DIVERSIDADE NA EDUCAÇÃO INFANTIL

Segundo Koltermann,[36] políticas e práticas pedagógicas no âmbito escolar que favoreçam o engajamento da família no processo de aprendizagem da criança, principalmente nos anos iniciais do ensino fundamental, têm o potencial de promover o desenvolvimento acadêmico infantil. Esse envolvimento com o processo de aprendizagem pode iniciar ainda na educação infantil e demonstra-se preditor das habilidades de literacia emergentes.[37]

É preciso refletir também sobre como a escola pode compensar o baixo letramento no ambiente familiar. Investimentos em formação de professores, em bibliotecas escolares e em práticas de ensino de qualidade baseadas em evidências (ou seja, em dados objetivos que demonstrem metodologias mais efetivas para ensinar habilidades de literacia, como leitura e escrita) são estratégias necessárias para mitigar essas diferenças.[36]

Por outro lado, profissionais que trabalham com famílias com bebês e crianças pequenas – como pediatras e outros profissionais de saúde – são especialmente relevantes para orientar as famílias e fornecer estratégias de interações e práticas de literacia no âmbito familiar, visto que estas demonstram-se positivas para o estímulo ao desenvolvimento infantil.[38] Medidas simples como a leitura compartilhada entre pais e filhos fazem uma enorme diferença na evolução da criança.[39]

Em setembro de 2015, as Nações Unidas concordaram com um conjunto de 17 objetivos de desenvolvimento sustentável a serem alcançados até 2030. Entre esses objetivos, estavam o de garantir educação de qualidade inclusiva e equitativa e o de promover oportunidades de aprendizagem ao longo da vida para todos, incluindo relevantes e eficazes resultados de aprendizagem.[40] Portanto, incentivos governamentais por meio de políticas públicas que garantam oportunidades de aprendizagem para as crianças – tanto no ambiente escolar quanto no seio familiar e na comunidade – devem ser uma das prioridades na promoção do desenvolvimento infantil.

CONSIDERAÇÕES FINAIS E PERSPECTIVAS FUTURAS

O desenvolvimento infantil na fase pré-escolar é multifacetado e essencial para a construção de habilidades futuras. Estimular um ambiente rico em interações, brincadeiras e desafios adequados à idade favorece um crescimento equilibrado e saudável, preparando a criança para os próximos estágios da vida escolar e social.

A Sociedade Brasileira de Pediatria publicou, em 11/02/2020, data em que se comemora o Dia da Internet Segura, o Manual de Orientação #Menos Telas #Mais Saúde,[41] com o objetivo de promover o bem-estar de crianças e adolescentes em contato constante com as tecnologias digitais. Destacam-se para a faixa etária de 2 a 5 anos: limitar tempo de tela ao máximo de uma hora por dia, sempre com supervisão; desconectar telas durante as refeições e uma a duas horas antes de dormir; oferecer como alternativas: atividades esportivas, exercícios ao ar livre ou em contato direto com a natureza, sempre com supervisão responsável; criar regras saudáveis para o uso de equipamentos e aplicativos digitais além das regras de segurança (senhas) e filtros apropriados para toda a família, incluindo momentos de desconexão e mais convivência familiar.

Destaca-se, ainda, que nada substitui a presença do cuidador disponível, seu olhar e sua expressão facial; esta presença não pode ser substituída por telas, sendo fundamental para o estabelecimento e a evolução da linguagem, das habilidades cognitivas e sociais.

Os autores sugerem que se incrementem políticas públicas que contemplem e protejam as crianças dessa faixa etária, de suma importância para as fases subsequentes do desenvolvimento. Políticas de direitos básicos incluem segurança alimentar e mais vagas em pré-escolas, com orientação lúdica, para que os pais possam trabalhar enquanto os filhos estão sob cuidados adequados ao desenvolvimento saudável.[40]

REFERÊNCIAS

1. Black MM, Walker SP, Fernald LCH, et al. Early childhood development coming of age: science through the life course. Lancet. 2017;389(10064):77-90.
2. Liu J, Zhang L, Li M, et al. Impact of early childhood interventions on brain development: a systematic review. Neurosci Biobehav Rev. 2020;117:78-89.
3. Winnicott DW. O brincar e a realidade. Rio de Janeiro: Imago; 2000.
4. Britto PR, Lye SJ, Proulx K, Yousafzai AK, Matthews SG, Vaivada T, et al. Nurturing care: promoting early childhood development. Lancet. 2017;389(10064):91-102.
5. Madigan S, Browne D, Racine N, Mori C, Tough S. Association between screen time and children's performance on a developmental screening test. JAMA Pediatr. 2019;173(4):244-50.
6. Christakis DA, Zimmerman FJ, DiGiuseppe DL, McCarty CA. Early television exposure and subsequent attentional problems in children. Pediatrics. 2004;113(4):708-13.
7. Jing XX, Silva LM, Oliveira PF, et al. Positive effects of interactive digital media on language development in preschool children: a meta-analysis. Child Dev. 2020;91(2):150-60.
8. Allen PM, Green HR, Wang Y, et al. Educational apps and cognitive outcomes in preschoolers: a meta-analysis. Early Educ Dev. 2021;32(1):45-58.
9. Ramani C, Goodenough AS, Thompson LA, et al. The effects of play-based learning on developmental outcomes in preschool children: a meta-analysis. Early Educ Dev. 2021;32(4):393-414.
10. Silva RT, Mendes JF, Castro J. Impact of COVID-19 on attachment and play in preschool children: a meta-analysis. J Pediatr Psychol. 2022;47(8):921-31.
11. Oliveira AC, Souza FM, Dias L. Enhancing resilience through play: protective effects in preschool children during COVID-19. Child Dev. 2023;94(1):157-72.
12. Papalia DE, Martorell G, Feldman RD. Experience human development. 15th ed. New York: McGraw-Hill Education; 2023.
13. Erikson EH. Childhood and society. New York: W. W. Norton & Company; 1950.
14. Piaget J. The origins of intelligence in children. New York: W W Norton; 1952.
15. Elicker J, Englund MM, Sroufe LA. Predicting peer competence and peer relationships in childhood from early parent-child relationships. In: Parke RD, Ladd GW, editors. Family-peer relationships: modes of linkage. Hillsdale: Lawrence Erlbaum; 1992. p. 77-106.
16. Jacobson JL, Wille DE. The influence of attachment pattern on developmental changes in peer interaction from the toddler to the preschool period. Child Dev. 1986;57(2):338-47.
17. Youngblade LM, Belsky J. Parent-child antecedents of 5-year-olds' close friendships: a longitudinal analysis. Dev Psychol. 1992;28(4):700-13.
18. Simpson JA, Collins WA, Tran S, Haydon KC. Attachment and the experience and expression of emotions in romantic relationships: a developmental perspective. J Pers Soc Psychol. 2007;92(2):355-67.
19. Fearon RP, Bakermans-Kranenburg MJ, van IJzendoorn MH, Lapsley AM, Roisman GI. The significance of insecure attachment and disorganization in the development of children's externalizing behavior: a meta-analytic study. Child Dev. 2010;81(2):435-56.
20. Carlson EA. A prospective longitudinal study of attachment disorganization/disorientation. Child Dev. 1998;69(4):1107-28.
21. Morley TE, Moran G. The origins of cognitive vulnerability in early childhood: mechanisms linking early attachment to later depression. Clin Psychol Rev. 2011;31(7):1071-82.
22. Eizirik CL, Bassols AM, organizadores. O ciclo da vida humana: uma perspectiva psicodinâmica. 2. ed. Porto Alegre: Artmed; 2013.
23. Hart B, Risley TR. The early catastrophe: the 30 million word gap by age 3. Am Educ. 2003;27:4-9.
24. Fernald A, Marchman VA, Weisleder A. SES diferences in language processing skill and vocabulary are evidente at 18 months. Dev Sci. 2013;16(2):234-48.
25. Spiegel CN, Halberda J. Rapid fast-mapping abilities in 2-year-olds. J Exp Child Psychol. 2011;109(1):132-40.
26. Imai M, Li L, Haryu E, Okada H, Hirsh-Pasek K, Golinkoff RM, et al. Novel noun and verb learning in Chinese-, English-, and Japanese-speaking children. Child Dev. 2008;79(4):979-1000.
27. Matthews D, Biney H, Abbot-Smith K. Individual diferences in children's pragmatic ability: a review of asso-

ciations with formal language, social cognition, and executive functions. Lang Learn Dev. 2018;14(3):186-223.
28. Leman PJ, Ahmed S, Ozarow L. Gender, gender relations, and the social dynamics of children's conversations. Dev Psychol. 2005;41(1):64-74.
29. Piaget J. Play, dreams and imitation in childhood. New York: Norton; 1962.
30. Vygotsky LS. Thought and language. Cambridge: MIT; 1962.
31. Al-Namlah AS, Meins E, Fernyhough C. Self-regulatory private speech relates to children's recall and organization of autobiographical memories. Early Child Res Q. 2012;27(3):441-6.
32. Aram D, Abiri S, Elad L. Predicting early spelling: the contribution of children's early literacy, private speech during spelling, behavioral regulation, and parental spelling support. Read Writ. 2014;27(4):685-707.
33. Black LI, Vahratian A, Hoffman HJ. Communication disorders and use of intervention services among children aged 3-17 years: United States, 2012. NCHS Data Brief. 2015;(205):1-8.
34. Adani S, Cepanec M. Sex differences in early communication development: behavioral and neurobiological indicators of more vulnerable communication system development in boys. Croat Med J. 2019;60(2):141-9.
35. Neumann MM, Neumann DL. The use of touch-screen tablets at home and pre-school to foster emergent literacy. J Early Child Lit. 2017;17(2):203-220.
36. Koltermann GF. Fatores familiares e suas relações com habilidades de aprendizagem inicial da leitura e da escrita em crianças [tese]. Porto Alegre: UFRGS; 2022.
37. Wolf S, McCoy DC. Household socioeconomic status and parental investments: direct and indirect relations with school readiness in Ghana. Child Dev. 2019;90(1):260-78.
38. Roby E, Miller EB, Shaw DS, Morris P, Gill A, Bogen DL, et al. Improving parent-child interactions in pediatric health care: a two-site randomized controlled trial. Pediatrics. 2021;147(3):e20201799.
39. Hutton JS, Huang G, Crosh C, DeWitt T, Ittenbach RF. Shared reading with infants: SharePR, a novel measure of shared reading quality. Pediatr Res. 2023;93(4):976-84.
40. United Nations. Goal 4: quality education [Internet]. New York: UN; 2015 [capturado em 17 mar. 2025]. Disponível em: https://www.un.org/development/desa/disabilities/envision2030-goal4.html.
41. Sociedade Brasileira de Pediatria. #MenosTelas #MaisSaúde [Internet]. Rio de Janeiro: SBP; 2019 [capturado em 17 mar. 2025]. Disponível em: https://www.sbp.com.br/fileadmin/user_upload/_22246c-ManOrient_-__MenosTelas__MaisSaude.pdf.

11

TERCEIRA INFÂNCIA: DESENVOLVIMENTO NA FASE ESCOLAR

ANA MARGARETH SIQUEIRA BASSOLS
ARTHUR BEZERRA FALCÃO
MARIA ALICE PEDRON CARNEIRO
LILIANA R. DO AMARAL SOIBELMAN

DESCRITORES: desenvolvimento infantil; terceira infância; fase da latência; aprendizagem; neurodesenvolvimento; competências socioemocionais; contexto escolar.

A terceira infância, compreendida entre as idades de 6 e 12 anos, é um período de mudanças significativas no desenvolvimento físico, cognitivo e psicossocial. Há crescimento corporal mais lento, fortalecimento da força muscular e do sistema imunológico e aprimoramento da coordenação motora fina e ampla, permitindo maior destreza para atividades esportivas e acadêmicas. No âmbito cognitivo, as crianças entram no estágio caracterizado por um raciocínio mais lógico e concreto. A memória e a capacidade de atenção aprimoram-se, contribuindo para o desempenho escolar. Além disso, a aquisição da leitura e escrita se consolida, e a linguagem se torna mais sofisticada. Contudo, pela vivência em grupos com pares, diferenças individuais nas necessidades e potenciais educacionais tornam-se mais evidentes, e algumas crianças podem necessitar de apoio especializado. Do ponto de vista psicossocial, a idade escolar é um momento de expansão dos horizontes sociais. A autoimagem torna-se mais complexa, influenciando a autoestima, e as crianças começam a desenvolver uma compreensão mais refinada sobre suas emoções e capacidades. Há uma transição de um estágio de maior controle parental para uma crescente autonomia. As crianças aprendem a compreender normas sociais, resolver conflitos e cooperar com os outros. A família continua sendo uma influência essencial, porém a escola e a comunidade desempenham um papel cada vez mais significativo na formação da criança. De forma geral, a terceira infância é uma fase fundamental que prepara as bases para os desafios e as oportunidades da adolescência.

■ ESTADO DA ARTE

A infância não é apenas uma sucessão cronológica de marcos de desenvolvimento. Ela é, sobretudo, um território simbólico, um espaço em que a criança se inscreve no tempo e na cultura, experimentando os limites entre o real e o imaginário, entre o eu e o outro. A terceira infância (6 a 12 anos) emerge como um intervalo singular na trajetória do desenvolvimento humano, um período em que o pensamento se torna mais estruturado, as emoções começam a ser mais bem reguladas e o laço social ganha camadas de complexidade. Aqui, a criança busca validar suas habilidades e se inserir no mundo social de maneira mais independente. A escola se torna o grande palco do desenvolvimento, o cenário onde competências cognitivas e emocionais são testadas, reforçadas ou fragilizadas.

As lentes teóricas sobre essa fase foram refinadas ao longo das décadas. A desvalorização do período da latência como uma área de estudo foi um fenômeno intermitente. Durante as últimas décadas do século XIX, Freud chamou a atenção à importância da criança como base para a compreensão do adulto, estabelecendo a diferenciação do período de latência como uma etapa específica no final da infância. A partir da reconstrução desse período por pacientes adultos em análise, ele o caracterizou como uma fase de aversão à sexualidade. No entanto, considerou que a energia sexual não desaparecia completamente, mas era desviada e conduzida para outros propósitos, contribuindo para o desenvolvimento da moralidade e do superego.[1]

Piaget, em seus estudos sobre desenvolvimento cognitivo, descreveu esse período como pertencente ao estágio das operações concretas, no qual a criança adquire a capacidade de pensar logicamente sobre eventos concretos, compreender relações de causa e efeito e operar mentalmente sobre símbolos e conceitos já internalizados.[2] Essa visão foi ampliada por Vygotsky, que destacou o papel da zona de desenvolvimento proximal (ZDP), enfatizando a importância da mediação do outro – seja um professor, um colega ou um cuidador – para que a criança possa transcender o conhecimento já adquirido e expandir suas habilidades cognitivas e sociais.[3]

Estudos atuais confirmam essa visão, mas acrescentam que a transição para esse estágio depende de mudanças neurológicas. Pesquisas em neuroimagem indicam que o desenvolvimento do córtex pré-frontal, o aumento da substância cinzenta e branca, a poda sináptica e a mielinização estão correlacionadas com avanços na atenção, inibição de respostas erradas e manipulação de informações na memória de trabalho – essas habilidades são essenciais para resolver tarefas piagetianas.[4] Além disso, há evidências de que o desenvolvimento do raciocínio lógico pode ser aprimorado com treinamento e intervenções educacionais, desafiando a ideia de Piaget de que esse processo ocorre naturalmente com a maturação e confirmando a perspectiva de Vygotsky. Estudos contemporâneos mostram ainda que crianças com suporte adequado apresentam melhores desempenhos acadêmicos.[5]

A ciência do desenvolvimento humano, fortemente ancorada na neurociência e na psicologia do desenvolvimento, trouxe novas *nuances* para a compreensão desse período. Baltes introduziu a noção de plasticidade cognitiva, defendendo que o desenvolvimento não é rígido, mas sim flexível e sensível a influências ambientais. A teoria da otimização seletiva com compensação (SOC), proposta por Baltes, sugere que as pessoas ajustam seus recursos para maximizar ganhos e minimizar perdas ao longo da vida.[6] Esse conceito de plasticidade encontra respaldo em pesquisas sobre a influência do ambiente na inteligência infantil. Por exemplo, estudos mostram que a relação entre pobreza e quociente de inteligência (QI) varia entre países. Nos Estados Unidos, crianças de baixa renda apresentam menor influência genética na inteligência. Em contrapartida, em países como a Holanda, onde há maior acesso a serviços sociais, crianças em situação de baixa renda demonstram forte influência genética na cognição, indicando que o ambiente pode modular a expressão do potencial cognitivo.[7]

Tomasello investigou a cognição social e argumentou que o aprendizado humano depende da interação cultural e do compartilhamento de intenções, reforçando o papel do ambiente e das interações interpessoais na estruturação do pensamento.[8] Pesquisas recentes confirmam que a cognição social das crianças é altamente dependente da cultura e da interação com os outros. Crianças demonstram um comportamento conhecido como superimitação, copiando fielmente ações de adultos, mesmo quando algumas delas são irrelevantes. Esse fenômeno não ocorre em chimpanzés, sugerindo que os humanos possuem uma motivação intrínseca para internalizar normas culturais e sociais por meio da imitação.[9]

O desenvolvimento emocional e social também ganha novas camadas de interpretação na terceira infância. Bowlby e Ainsworth, ao estudarem o apego, demonstraram que os vínculos estabelecidos nos primeiros anos da vida continuam a ecoar durante a idade escolar, moldando a forma como a criança se relaciona com seus pares e com figuras de autoridade.[10,11] Pesquisas sugerem que a qualidade do apego influencia o desenvolvimento da linguagem e do vocabulário na terceira infância. Crianças com apego seguro tendem a possuir um vocabulário mais amplo e utilizam mais palavras relacionadas a estados mentais em comparação com crianças com apego inseguro.[12]

Bronfenbrenner, com seu modelo ecológico, sublinhou a interdependência entre os diversos contextos nos quais a criança está inserida – família, escola, comunidade – e como esses fatores modulam o desenvolvimento individual.[13] Estudos contemporâneos reforçam essa visão, mostrando que fatores socioeconômicos, acesso à educação e suporte familiar são determinantes críticos no desenvolvimento infantil[14] (Figura 11.1).

Mas a infância nunca ocorre em um vácuo. Ela é constantemente atravessada por demandas e expectativas da sociedade. O ambiente digital, por exemplo, tornou-se um dos elementos mais marcantes da infância contemporânea, modificando não apenas os padrões de interação social, mas também a maneira como as crianças aprendem, brincam e regulam suas emoções. A integração da tecnologia no cotidiano das crianças em idade escolar tem sido objeto de intensos debates científicos. Um estudo recente mostrou que reduções de tempo de exposição às mídias digitais como lazer por apenas duas semanas foram suficientes para mitigar sintomas internalizantes e fortalecer comportamentos pró-sociais. O impacto desse fenômeno na neuroplasticidade ainda está sendo estudado, mas já se sabe que o uso excessivo de dispositivos digitais influencia os circuitos cerebrais associados à recompensa e ao controle inibitório, além de promover alterações no processamento emocional e dificuldades na construção da autoestima infantil.[15]

O cenário da terceira infância também foi profundamente afetado pela pandemia de covid-19. O isolamento social em janelas de desenvolvimento interpessoal e as interrupções educacionais sem precedentes causadas pelo fechamento das escolas e pela

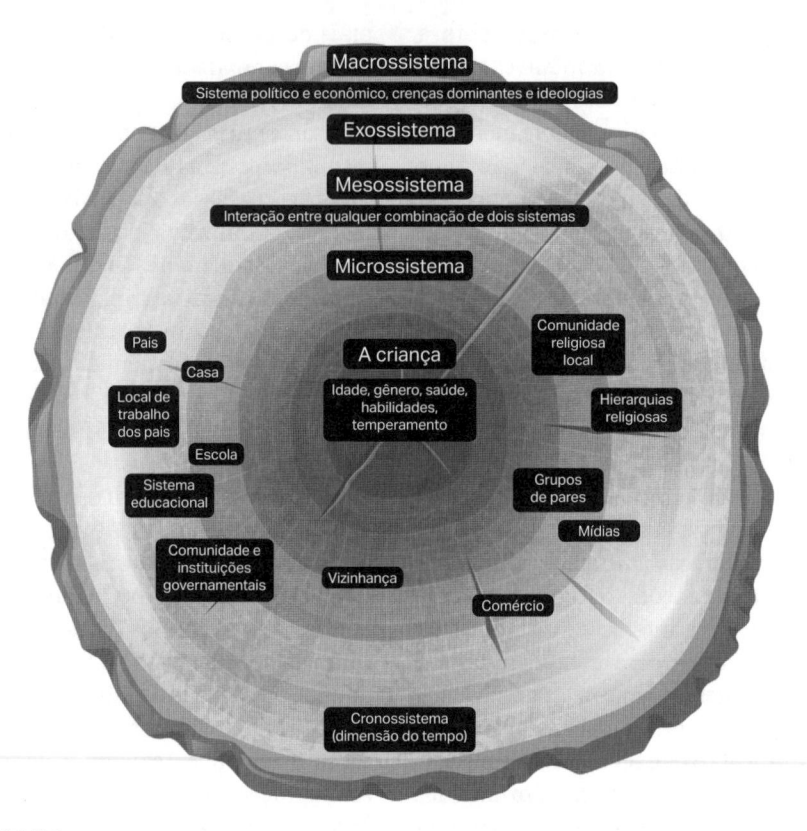

FIGURA 11.1
Teoria bioecológica de Bronfenbrenner.

transição abrupta para o ensino remoto deixaram marcas que ainda se estenderão no tempo. Crianças de famílias de baixa renda foram desproporcionalmente afetadas, enfrentando dificuldades de acesso a dispositivos eletrônicos e Internet, além da falta de um ambiente adequado para os estudos em casa.[16] Além disso, a perda de refeições escolares gratuitas ou subsidiadas aumentou a insegurança alimentar entre os estudantes mais vulneráveis. As desigualdades educacionais se ampliaram, com estudantes negros, indígenas e latinos sofrendo atrasos médios de três a cinco meses no aprendizado, em comparação com atrasos de um a três meses entre estudantes brancos. O impacto dessas lacunas no aprendizado pode ter consequências duradouras na saúde mental e no futuro profissional dessas crianças, tornando a pandemia um fator de amplificação das desigualdades sociais já existentes.[14]

Se há algo que a história do desenvolvimento infantil nos ensina, é que a terceira infância é um campo de forças em constante negociação. À medida que avançam pelas demandas da escola e das interações sociais, cada conquista – um cálculo bem-feito, uma amizade fortalecida, um problema resolvido – acrescenta novos contornos ao desenho de suas identidades em formação. Nesse sentido, a terceira infância se revela como uma ponte essencial entre o livre brincar da segunda infância e as crescentes responsabilidades da adolescência, um período em que as crianças começam a absorver expectativas sociais e a consolidar as habilidades cognitivas e socioemocionais que servirão de alicerce para os próximos estágios da vida.

DESENVOLVIMENTO FÍSICO E SAÚDE

DESENVOLVIMENTO FÍSICO

O ritmo de crescimento durante a infância média desacelera consideravelmente. No entanto, embora as mudanças diárias possam não ser tão perceptíveis, elas se acumulam ao longo do tempo, resultando em uma transformação notável. Aos 6 anos, as crianças ainda são pequenas, mas, ao atingirem os 11 anos, muitas já apresentam características físicas que começam a se assemelhar às dos adolescentes.[14]

EVOLUÇÃO DA ALTURA E DO PESO

Nessa fase, as crianças crescem, em média, entre 5 e 7,5 centímetros por ano e podem duplicar seu peso corporal ao longo desse período. As meninas, em geral, tendem a manter uma quantidade ligeiramente maior de gordura corporal em comparação aos meninos, uma diferença que persiste na idade adulta.[14] Além disso, pesquisas indicam que, atualmente, crianças de 10 anos pesam cerca de 8 kg a mais do que aquelas da mesma idade há cerca de 40 anos.[17]

NUTRIÇÃO

Necessidades nutricionais

As recomendações nutricionais para crianças entre 9 e 13 anos variam de acordo com o gênero e o nível de atividade física, com uma ingestão diária recomendada entre 1.400 e 2.600 calorias. Nutricionistas sugerem uma alimentação diversificada, rica em grãos integrais, frutas e vegetais, além do consumo adequado de carboidratos complexos. Assim como os adultos, as crianças devem obter cerca de 25 a 30% do total de calorias diárias a partir de gorduras, sendo que as gorduras saturadas não devem ultrapassar 10% da ingestão calórica total.[14] Além disso, a ingestão de açúcares adicionados deve ser inferior a 10% das calorias diárias, já que o consumo excessivo está associado ao ganho de peso não saudável.[18]

Hábitos alimentares na infância escolar e intervenções para melhorar os hábitos alimentares

Apesar das recomendações, estudos indicam que a dieta das crianças está longe do ideal. O relatório "Situação Mundial da Infância 2019: Crianças, alimentação e nutrição" do Fundo das Nações Unidas para a Infância (Unicef) destaca que, no Brasil, uma em cada três crianças de 5 a 9 anos possui excesso de peso, 17,1% dos adolescentes estão com sobrepeso e 8,4% são obesos. Esses dados refletem um aumento progressivo no consumo de alimentos ultraprocessados, ricos em gorduras, sódio e açúcares, contribuindo para a prevalência de sobrepeso e obesidade entre crianças e adolescentes.[19]

A omissão do café da manhã é um comportamento preocupante que afeta 10 a 30% das crianças, tornando-se mais frequente com o avanço da idade. Estudos indicam que essa prática está associada a um maior risco de sobrepeso, obesidade e problemas metabólicos.[20] Outro fator relevante é o excesso de lanches, que representam aproximadamente um terço da ingestão calórica diária infantil. Em média, as crianças consomem três lanches por dia, além das refeições principais. O consumo de *fast-food* entre crianças também é um hábito frequente, com cerca de um terço delas ingerindo esses alimentos diariamente.[14] A influência da mídia no comportamento alimentar infantil é significativa e muito preocupante, pois campanhas publicitárias de *fast-food* e bebidas açucaradas estimulam um maior consumo desses produtos prejudiciais à saúde, especialmente entre crianças com sobrepeso e obesidade. Para melhorar a alimentação infantil, a educação nutricional nas escolas tem se mostrado eficaz no aumento do consumo de frutas, embora ainda haja desafios quanto à ingestão de vegetais. Além disso, o combate à obesidade infantil requer incentivo à prática de atividade física para equilibrar o gasto calórico.[14]

Obesidade infantil

A obesidade infantil se tornou um problema global. Em 1975, apenas 4% das crianças e adolescentes (5 a 19 anos) estavam acima do peso. Em 2016, esse número subiu para 18% (340 milhões de crianças), refletindo um aumento três vezes maior desde 1975.[21] A obesidade resulta da combinação entre fatores genéticos, sedentarismo e alimentação inadequada. O excesso de tempo de tela, a publicidade de alimentos ultraprocessados e o consumo frequente de *fast-food* também contribuem para o aumento do peso.[21]

Combater a obesidade infantil é algo fundamental nos dias atuais, uma vez que várias pesquisas já comprovaram que ela está associada a hipertensão, diabetes, colesterol elevado e risco aumentado de doenças cardiovasculares. Além disso, há impactos emocionais e sociais visíveis nas crianças obesas, como *bullying*, baixa autoestima, isolamento social, baixo desempenho acadêmico e maior risco de transtornos ansiosos e depressivos.[14] A prevenção da obesidade deve focar em mudanças no estilo de vida, em vez de apenas dietas ou exercícios específicos. Estratégias eficazes incluem redução do tempo de tela, mudanças na rotulagem e publicidade de alimentos, refeições escolares mais saudáveis, educação alimentar e incentivo a atividades físicas com familiares e amigos. As intervenções mais eficazes são aquelas que envolvem mudanças no comportamento dos pais, das crianças e das escolas.[14]

SONO

As necessidades de sono diminuem com a idade, variando de 10 a 13 horas por dia para crianças de 3 a 5 anos e 9 a 11 horas diárias para aquelas entre 6 e 13 anos. Apesar disso, muitas delas não atingem essa quantidade devido a fatores como exposição a telas, sedentarismo e más condições de moradia.[22] Além disso, a presença de TV no quarto reduz ainda mais as horas de sono.[14]

A qualidade do sono, sua duração e a sonolência diurna afetam o desempenho acadêmico, com um impacto mais significativo em crianças mais novas, principalmente em meninos.[14] Outro achado importante é que a duração reduzida do sono na infância pode estar associada a maior risco de obesidade na vida adulta.[23] Esses dados reforçam a importância de promover hábitos saudáveis de sono na infância para evitar prejuízos no desenvolvimento cognitivo, emocional e físico das crianças.

DESENVOLVIMENTO CEREBRAL

Durante a idade escolar, ocorrem avanços cognitivos impulsionados por mudanças na estrutura e no funcionamento do cérebro, resultando em um processamento de informações mais rápido e eficiente. O volume global do cérebro cresce cerca de 1% ao ano, mas as substâncias branca e cinzenta seguem trajetórias distintas.[14]

A substância cinzenta, que inclui neurônios e conexões sinápticas, atinge o pico na infância e começa a diminuir devido à poda neural, eliminando conexões pouco utilizadas e tornando o cérebro mais eficiente. Esse processo ocorre em momentos diferentes em cada lobo cerebral, com o córtex frontal e temporal amadurecendo antes. No núcleo caudado, envolvido no controle motor e nas funções cognitivas, o volume máximo ocorre aos 7 anos em meninas e aos 10 anos em meninos.[14]

Já a substância branca, que facilita a comunicação entre regiões cerebrais, aumenta progressivamente e pode ser estimulada por aprendizado intenso e experiências ambientais. Entre 6 e 13 anos, há um crescimento significativo das conexões entre os lobos temporal e parietal, os quais são essenciais para habilidades motoras e cognitivas.[14] O aumento da substância branca no corpo caloso pode estar relacionado ao desenvolvimento de habilidades motoras finas, como escrita, amarração de cadarços e tocar instrumentos musicais.[24]

DESENVOLVIMENTO COGNITIVO

COGNIÇÃO

Por volta dos 7 anos, segundo Piaget, as crianças entram no estágio das operações concretas, no qual começam a utilizar o raciocínio lógico para resolver problemas concretos. Nesse estágio, elas conseguem considerar diferentes aspectos de uma situação, tornando seu pensamento mais estruturado. No entanto, sua lógica ainda está restrita a situações reais e presentes, sem a capacidade de lidar com conceitos abstratos. Nessa etapa, as crianças desenvolvem uma compreensão mais avançada de conceitos espaciais, causalidade, categorização, raciocínio indutivo e dedutivo, conservação e números, conforme demonstrado no Quadro 11.1.[14]

Segundo Piaget, essa transição do pensamento rígido e ilógico da idade pré-escolar para um raciocínio mais flexível e lógico ocorre paralelamente ao desenvolvimento neurológico. Durante o estágio pré-operatório, há rápido crescimento do córtex pré--frontal, aumento da substância cinzenta e branca, poda sináptica e mielinização contínua dos axônios. Essas mudanças cerebrais favorecem controle da atenção, inibição de respostas incorretas e manipulação da memória de trabalho, habilidades essenciais para resolver problemas de lógica.[25] O desenvolvimento cognitivo segue um padrão universal, mas seu ritmo varia conforme a cultura. Crianças tendem a se desenvolver mais rapidamente em habilidades valorizadas e necessárias no ambiente em que vivem.[14]

FUNÇÃO EXECUTIVA

A função executiva se desenvolve conforme o córtex pré-frontal amadurece. Essa região, responsável por planejamento, julgamento e tomada de decisões, passa por um desenvolvimento significativo nesse período. O desenvolvimento da autorregulação, incluindo atenção e inibição de respostas, está ligado à ativação de circuitos frontoparietais e frontoestriatais.[14] O ambiente familiar tem uma forte influência no desenvolvimento da função executiva. Estímulos cognitivos, sensibilidade parental e suporte adequado favorecem a função executiva, enquanto ambientes controladores ou negligentes prejudicam seu desenvolvimento. Além disso, crianças de baixa renda tendem a ter dificuldades, mas fatores individuais, como temperamento, podem modular esse impacto. A plasticidade cerebral permite que crianças com dificuldades melhorem sua função executiva por meio de treinamento cognitivo, atividades físicas, como artes marciais e *yoga*, e práticas de meditação.[14]

ATENÇÃO SELETIVA

Crianças em idade escolar desenvolvem maior capacidade de concentração, conseguindo focar em informações relevantes e ignorar distrações. Esse avanço está relacionado à atenção seletiva, que permite direcionar o foco de forma deli-

QUADRO 11.1
AVANÇO DAS HABILIDADES COGNITIVAS NA IDADE ESCOLAR

Habilidade	Conceito
Pensamento espacial	Capacidade de usar representações visuais para localizar objetos, calcular distâncias e estimar tempos de deslocamento
Causa e efeito	Compreensão de quais características dos objetos influenciam determinado resultado, diferenciando atributos relevantes e irrelevantes
Categorização	Habilidade de classificar objetos com base em critérios variados e reconhecer relações hierárquicas entre categorias
Seriação e inferência transitiva	Organização de elementos em ordem crescente ou decrescente e entendimento de relações transitivas entre eles
Raciocínio indutivo e dedutivo	Capacidade de resolver problemas utilizando tanto conclusões específicas baseadas em observações quanto deduções a partir de princípios gerais
Conservação	Noção de que a quantidade de uma substância permanece a mesma, independentemente de mudanças na forma, evoluindo com a idade
Números e matemática	Desenvolvimento do cálculo mental, estratégias de adição e solução de problemas matemáticos simples

Fonte: Elaborado com base em Papalia e Martorell.[14]

berada e depende da inibição de respostas indesejadas. A maturação neurológica contribui para essa melhora e influencia o desenvolvimento da memória, tornando as crianças mais hábeis em prever e selecionar informações importantes, reduzindo erros na recordação.[26]

MEMÓRIA DE TRABALHO

A memória de trabalho é um sistema de armazenamento temporário que permite manipular informações ativamente, sendo essencial para diversas habilidades cognitivas. Durante a idade escolar, há um aumento na velocidade de processamento e na capacidade de armazenamento de informações.[14] Essa habilidade está ligada ao desempenho acadêmico, facilitando a manipulação de informações para resolver problemas. Cerca de 10% das crianças apresentam dificuldades nessa área.[27] Treinamentos específicos podem melhorar a memória de trabalho, mas os efeitos são limitados e pouco duradouros, sem grande impacto em outras funções cognitivas.[14]

INTELIGÊNCIA

Durante a terceira infância, ocorre um importante desenvolvimento da inteligência. As crianças não apenas ampliam sua capacidade de raciocínio lógico e pensamento abstrato, mas também desenvolvem habilidades críticas, como memória operacional, atenção seletiva e planejamento, essenciais para a realização das tarefas escolares cotidianas.[4]

O conceito de inteligência abrange habilidades cognitivas diversas que permitem à criança aprender com experiências, adaptar-se a novas situações e solucionar problemas. Entretanto, medir a inteligência é um desafio, pois os testes padronizados frequentemente avaliam apenas uma parcela limitada do potencial cognitivo da criança, sendo suscetíveis a vieses culturais. Os testes mais utilizados são o Wechsler Intelligence Scale for Children (WISC-IV), que avalia compreensão verbal, raciocínio perceptivo, memória operacional e velocidade de processamento, e o teste Stanford-Binet, que também enfatiza a avaliação ampla das capacidades cognitivas das crianças.[14] Contudo, a inteligência vai além das medidas tradicionais de QI. Teorias contemporâneas, como a das inteligências múltiplas de Howard Gardner e a teoria triárquica de Robert Sternberg, destacam aspectos mais amplos da inteligência, incluindo criatividade, habilidades sociais e práticas, sugerindo que há diferentes maneiras de ser inteligente e de expressar potencial intelectual.[28]

O ambiente e a educação desempenham papéis decisivos no desenvolvimento da inteligencia. Afinal, a expressão do potencial de cada educando, na sua integralidade, depende da oferta de abordagens educacionais variadas, capazes de alcançar cada um de acordo com suas habilidades específicas enquanto respeitam as diferenças entre os pares. É importante, ainda, destacar que fatores ambientais e hereditários influenciam o desenvolvimento da inteligência. A inteligência é moldada por interações complexas entre genética e meio ambiente, incluindo estimulação educacional, nutrição adequada e ambiente emocionalmente saudável.[28]

Erikson, na sua teoria do desenvolvimento psicossocial, define o período da terceira infância como a fase do conflito entre indústria e inferioridade, em que crianças constroem confiança em suas habilidades intelectuais e competência ao dominarem diferentes tarefas. Crianças que experimentam sucesso na resolução dessas tarefas desenvolvem um forte senso de competência e uma imagem positiva das próprias capacidades intelectuais, fortalecendo sua motivação acadêmica e autoestima intelectual. Por outro lado, dificuldades recorrentes ou ausência de suporte adequado podem levar à sensação de inferioridade, prejudicando o desenvolvimento cognitivo e emocional da criança.[29]

OS EXTREMOS DA CURVA DA INTELIGÊNCIA

Na busca por fazer-se pertencer na vida escolar, os efeitos da natureza e da criação podem levar a extremos, conhecidos aqui como superdotação e, na outra ponta do espectro, à deficiência intelectual (DI).

Crianças superdotadas possuem inteligência acima da média, geralmente definida por um QI superior a 130. Elas com frequência demonstram precocidade, adquirindo domínio sobre habilidades específicas bem antes de seus colegas, e costumam fazê-lo com pouca necessidade de auxílio ou orientação dos adultos.[28] Além disso, elas têm forte motivação intrínseca para aprofundar suas habilidades em determinados domínios, frequentemente com abordagens criativas e originais para a resolução de problemas. Apesar dessas características positivas, crianças com altas habilidades costumam enfrentar desafios como isolamento social, por terem dificuldade em encontrar colegas com interesses semelhantes, e desmotivação acadêmica decorrente da falta de estímulo ou de desafios apropriados nas escolas tradicionais.[30]

Já a DI envolve não apenas resultados abaixo de 70 em testes padronizados de inteligência (QI), mas, principalmente, déficits significativos no funcionamento adaptativo da criança em sua vida cotidiana, considerando sua idade e contexto sociocultural.[28] Portanto, o diagnóstico clínico da DI depende não só do escore obtido em testes cognitivos, mas fundamentalmente da avaliação do quanto a criança apresenta dificuldades em habilidades práticas e sociais, como comunicação, autonomia, autocuidado e relações interpessoais. As causas da DI podem ser orgânicas, como em síndromes genéticas (p. ex., síndrome de Down), ou culturais-familiares, relacionadas à ausência de estímulos adequados no ambiente familiar e educacional.[28] Ambas as condições destacam a importância da identificação precoce e de abordagens educacionais específicas e individualizadas para atender às necessidades dessas crianças.

LINGUAGEM

Desenvolvimento da linguagem

Durante essa fase, ocorre um notável crescimento no vocabulário infantil, evoluindo de cerca de 14 mil palavras aos 6 anos para aproximadamente 40 mil aos 11 anos. Com o aumento do vocabulário, as crianças tornam-se mais precisas na escolha das palavras, começam a compreender seus múltiplos significados e desenvolvem maior sensibilidade aos contextos de uso, interpretando com mais facilidade metáforas e figuras de linguagem. Nesse estágio, as crianças aprimoram suas habilidades conversacionais, sendo capazes de adaptar o discurso ao interlocutor, ajustando o tom e a complexidade de acordo com a situação e o ouvinte. Além disso, a consciência metalinguística, que envolve refletir sobre a linguagem e seu uso, torna-se cada vez mais apurada, permitindo à criança fazer brincadeiras linguísticas, compreender ambiguidades e até mesmo corrigir adultos quando percebem erros no uso das palavras.[28]

Aprendizagem da leitura e escrita

A consolidação das habilidades básicas de leitura e escrita é crucial nesta fase. As crianças desenvolvem suas competências em decodificação fonética, essencial para a leitura. Assim, avançam da identificação de letras e sons isolados para uma leitura fluente e uma escrita autônoma, com maior compreensão e retenção do conteúdo lido.

O contexto social e familiar também desempenha um papel decisivo. Crianças que têm contato frequente com leitura em casa, por meio de histórias compartilhadas e discussões sobre textos, apresentam maior motivação e melhores habilidades de compreensão. A interação com adultos que utilizam vocabulário sofisticado e conversas significativas contribui diretamente para o desenvolvimento das competências linguísticas e da alfabetização.

Outro aspecto importante neste período é o desenvolvimento bilíngue, comum em contextos multiculturais e imigrantes. Crianças que aprendem duas línguas simultaneamente demonstram vantagens significativas em habilidades cognitivas relacionadas a processamento de informação, resolução de problemas e consciência metalinguística. No entanto, é importante destacar que o bilinguismo pode assumir diferentes formas: enquanto o bilinguismo aditivo mantém e valoriza ambas as línguas, o bilinguismo subtrativo pode levar à perda da língua nativa em função da língua dominante aprendida na escola.[28]

Estratégias eficazes para o ensino de crianças bilíngues incluem abordagens de instrução dual, nas quais o ensino ocorre nas duas línguas simultaneamente, permitindo que ambas sejam fortalecidas. Estudos indicam que alunos inseridos nesses contextos apresentam não apenas melhor desempenho linguístico, mas também benefícios adicionais em áreas cognitivas e sociais, destacando a importância de práticas educacionais inclusivas e sensíveis às diversidades linguísticas e culturais.[28] Há uma riqueza linguística guardada em nosso país dentro das culturas dos povos indígenas, nas quais a amplitude de vocabulário existente para descrições da natureza demonstra que o ensino de línguas indígenas em escolas pode ampliar a percepção das crianças sobre o mundo natural, incentivando uma visão mais integrada entre cultura e meio ambiente.[31]

DESENVOLVIMENTO SOCIOEMOCIONAL

A hipótese de Sapir-Whorf estabelece que a linguagem pode influenciar diretamente a percepção cognitiva e sensorial. Um exemplo clássico dessa hipótese é observado em culturas que possuem múltiplas palavras para diferentes tons de azul, permitindo que indivíduos dessas culturas percebam e discriminem visualmente mais *nuances* desse espectro de cores do que indivíduos cuja língua não faz tais distinções.[32]

A aparente calmaria da criança nesta fase, que, como sabemos hoje, ocorre em função de um aparelho mental e neurológico mais sofisticado, foi o que levou Freud a cunhar o termo "latência", referindo-se às pulsões sexuais que são reprimidas, ficando em estado latente, para serem reativadas com o advento da puberdade. O termo "latência" parece ter influenciado nas controvérsias, uma vez que o desenvolvimento não estaciona, apenas muda em aparência.[33]

Urribarri entende o período de latência como um momento de muitos ganhos na estrutura da mente. Ele resume o *trabalho psíquico da latência*, quando diversos processos são colocados em ação, em uma configuração dinâmica liderada pela sublimação e pelo equilíbrio interssistêmico. Gera-se um modo diferente de funcionamento mental. Ocorre um refinamento do sistema defensivo, que possibilita maior controle da ansiedade e estabilização da conduta. Desenvolve-se uma crescente capacidade do ego no controle das tendências regressivas.[34] Amplia-se o mundo de relações paralelamente a um aumento da investidura dos objetos internalizados. O ego e os objetos primários (pais) são descentralizados, e há um aumento da capacidade simbólica do pensamento, da linguagem verbal, gráfica ou corporal, assim como de sua utilização para aprendizagem. Desenvolve-se a autocrítica. A regulação da autoestima passa a ser mais centrada em conquistas e no consenso. Há uma redução no uso da linguagem corporal em favor de expressões verbais. A criança volta-se para o mundo externo e para o domínio do meio ambiente, por meio da aprendizagem, há um aumento da autonomia, e, no funcionamento psíquico, passa a predominar o princípio da realidade.

O brinquedo torna-se mais realístico, sua imaginação a leva mais além, mas fantasia e realidade já não se misturam tão facilmente. A atuação da fantasia é nomeada como "brinquedo de faz de conta" com uma clara demarcação entre o início e o fim.[35] As fantasias substituem gradualmente as brincadeiras, e os sonhos diurnos tornam-se uma fonte essencial de relaxamento. E preciso destacar a importância da literatura como fonte externa de material para a fantasia infantil, onde as histórias servem como metáforas, com as quais a criança compartilha suas fantasias e se sente menos conflituada ou culpada, já que tais fantasias não foram criadas por ela.[36]

Também existem fantasias e preocupações mentais típicas que são processadas no período da latência. No início do período, a criança ainda lida com questões relacionadas ao conflito edípico, quando se percebia excluída das atividades da dupla parental. Aos 6 anos, surge a capacidade de sentir culpa, mas ela não é mais assumida de forma consciente e sim por meio de defesas inconscientes, que ajudam a esconder o significado da fantasia original, surgindo uma nova fantasia menos ameaçadora.[1] Esse fenômeno se exemplifica com o caso de um menino na idade escolar, em psicoterapia, que passa a usar o deslocamento para evitar sofrer após ter levado uma surra do pai, imaginando "uma guerra onde ele matava o general". Assim, é possível que a criança crie para si uma imagem idealizada de uma relação familiar "perfeita" a partir do uso de defesas inconscientes. Por outro lado, é comum que a criança na idade da latência possa se defender usando a regressão a um nível anterior, em que fantasias de assumir o papel de um dos pais no relacionamento do casal são substituídas por impulsos de causar confusão, estragar coisas e expressar raiva. Consequentemente, para controlar tais impulsos anais-sádicos, pode valer-se da formação reativa, transformando seus impulsos em outros, opostos, passando a apresentar asseio e bom comportamento que substituem a raiva, a agressividade e a confusão. A calma e o bom comportamento podem ser apoiados, posteriormente, pela técnica defensiva de controle obsessivo como o ato de colecionar, tornando-as famosas por isso. Períodos de calma e educabilidade são necessários para permitirem o bom andamento da vida escolar, em um momento no qual ocorre a transmissão da cultura, recebida por meio de leitura, da escola e dos pais.

Apesar de muitas controvérsias sobre a visão psicanalítica da latência, esta ajudou na compreensão dessa época do desenvolvimento, quando as crianças começam a regular sua demonstração do comportamento instintivo. Elas podem começar a ter um senso de vergonha em relação à nudez ou à ida ao banheiro, exibindo uma doutrinação nos padrões sociais da família ou da cultura. O surgimento de uma agência moral interna (superego) também pode ser evidenciado pelo prazer que demonstram desafiando as proibições internalizadas ao rirem das piadas "sujas" ou de duplo sentido, em geral compreendidas pelos amigos um pouco mais velhos.

Outra contribuição importante da teoria psicanalítica é a tendência das crianças pós-edípicas de iniciarem uma forte identificação com adultos do mesmo gênero. Meninos passam a se reunir em grupos onde compartilham heróis supermasculinos, fortes e poderosos, assim como as meninas formam grupos do mesmo gênero e idealizam figuras populares muito femininas.[37]

Outro aspecto sublimatório a ressaltar na idade escolar é o desabrochar da fantasia na vida psíquica da criança, que permite que exerça, na imaginação, comportamentos que seriam impossíveis ou perigosos na vida real. Crianças um pouco mais velhas podem compensar seu *status* relativamente inferior por meio do sonho diurno de serem competentes e bem-sucedidas. Essa fantasia compensatória ajuda a salvar a autoestima da criança e pode ser usada como uma válvula de escape contra a realização de atos rebeldes ou retaliatórios na realidade. Tais cenários fantasiosos também ajudam a consolidar a identidade social da criança em suas primeiras experiências por meio da observação das ações dos outros, assim como a partir do que ela assiste na TV e nas mídias sociais (influenciadores digitais) de acordo com seus interesses. Assim, os efeitos da cultura são internalizados e moldam os valores das crianças em termos de códigos de conduta e aspirações futuras, a partir de figuras admiradas. Por fim, a restrição dos impulsos e a gradual desvalorização dos pais favorecem que a criança participe de atividades de grupos com colegas e adultos fora da família. Fazer parte de times e clubes ou simplesmente brincar com outros iguais ocupam cada vez mais o tempo e o interesse das crianças nesse período do desenvolvimento. Elas tornam-se cada vez menos dependentes da família nuclear e mais confortáveis no âmbito social mais amplo, pavimentando o caminho para uma separação profunda na adolescência.[37]

Ao final do período, espera-se que a criança possa lidar com uma imensa quantidade de conhecimento, tendo formado um senso duradouro de si mesmo, *self*, emergindo como um indivíduo a assumir um papel independente como adolescente na sociedade.[38]

AS BASES DA IDENTIDADE DA CRIANÇA ESCOLAR

A escola e a família são de grande relevância para a construção da identidade e da autonomia dos educandos, e a parceria de ambas promove o desenvolvimento pleno da criança, a partir de ações e intervenções. De um lado, há o seio familiar como influência direta; do outro, a escola, com uma atuação mais ampla, efetivando várias ações desenvolvimentistas. Compreende-se que a escola e a família devem ser parceiras para mediar esse processo, e vários estudos e pesquisas na área da educação apontam as relações e influências positivas de ambas no processo educacional.

As transformações no campo educacional, no que tange à inserção da educação infantil como etapa primordial, paulatinamente tornando-se a base sólida para o sucesso educacional e social do educando, são fonte de muitos estudos e pesquisas sobre essa temática. Vários aspectos – desde sociais, políticos, culturais e econômicos – alavancam essas transformações, que há décadas foram introduzidas no Brasil com objetivos distintos e que nos dias atuais ajustam-se no modelo educacional ao qual a educação infantil tem aderido. Em decorrência dessas transformações, a criança ganha espaço e direitos na sociedade, na qual é vista como um ser social, e a garantia desses direitos é efetivada por leis, estatutos e políticas públicas pautadas na afetividade e no apoio familiar aliado ao apoio escolar, como subsídios para o desenvolvimento integral do educando, formando sujeitos para uma vida em sociedade. Logo, percebe-se que esse novo olhar em relação à criança e à educação infantil no Brasil acarreta pontos positivos – a criança aprende mais, principalmente quando a família é presente na vida escolar dos filhos, estabelecendo uma parceria promissora entre família e escola. Essa parceria tem caráter complementar, pois os educandos potencializam na escola aquilo que teve como premissa básica o seio familiar – e seus costumes, moral e cultura devem ser respeitados pela escola. Por fim, quanto à continuidade de pesquisas nesta linha de estudo, recomenda-se um estudo na área de orientações curriculares para o eixo identidade e autonomia na educação infantil. Com o exposto, pode-se concluir que a parceria da família e da escola é fator primordial para o sucesso escolar e que as duas entidades juntas são o suporte para a efetivação eficiente do processo de ensino e aprendizagem, bem como no desenvolvimento integral dos educandos.

A CRIANÇA NA FAMÍLIA

Com a resolução edípica, as relações com os pais passam a ser mais afetuosas. A criança torna-se mais independente de seus pais à medida que progride a latência, em especial no que tange ao que é certo ou errado, pois seu superego está cada vez mais presente como um elemento interno. Tais forças afetam seu comportamento e seus relacionamentos com os outros. As fantasias de romance familiar são típicas dessa fase do desenvolvimento. De acordo com elas, a criança imagina-se tendo sido adotada, filha de pais importantes, nobres, colocada nesta família à espera de uma oportunidade melhor.[39] Exemplo disso é a história de Harry Potter, que foi criado por tios malvados, mas descobre, aos 11 anos, que seria um bruxo poderoso, um herói. A fantasia de romance familiar evidencia o desapontamento edípico, à medida que a criança percebe que seus pais não são perfeitos e onipotentes, como idealizados na etapa anterior, criando uma fantasia compensatória de nobreza.[40] A desilusão é uma tarefa contínua do desenvolvimento.[41] Outras fantasias, como a de ter um irmão gêmeo e amigos imaginários e o interesse por heróis e contos de fadas, parecem ter a mesma origem.

A CRIANÇA ENTRE OS PARES

O investimento em novos relacionamentos sociais com os colegas e amigos também oferece caminhos alternativos para o prazer antes obtido nas relações familiares. Ao brincar com os pares, a criança aprende a seguir e criar regras, que se tornam cada vez mais importantes na fase de latência. Essas regras são definidas previamente e aceitas pelo grupo. Além disso, o brincar favorece a definição de papéis sociais, permitindo que a criança experimente dinâmicas de liderança e cooperação.[35]

A família ainda é o foco da vida social, mas outras crianças se tornam mais importantes. Na idade escolar, o autoconceito da criança e a compreensão das emoções se tornam mais complexos, a autoestima é mais ampla e global, e aumentam a independência, a iniciativa e o autocontrole. A brincadeira se torna mais imaginativa, mais elaborada e, geralmente, mais social. A identidade de gênero se desenvolve, e no grupo de iguais é comum se divertirem com brincadeiras tipo "clube do Bolinha e da Luluzinha". Altruísmo, agressividade e medo são comuns. As amizades passam a ter enorme importância nesta fase do desenvolvimento, e o interesse nas crianças do mesmo gênero e nas brincadeiras com os pares traz novas esperanças, assim como novos desapontamentos e gratificações. Grupos rivais do mesmo sexo oferecem a oportunidade para consolidação da identidade de gênero. Atividades em grupo, assim como a escola, têm a função de prover novas fontes de gratificação. O grupo pode auxiliar no afrouxamento dos padrões rígidos do superego, já que atividades agressivas tendem a ser mais toleradas quando em grupo (um exemplo é o *bullying*, perpetrado por crianças em grupo, seguindo um líder negativo). Os times esportivos também são importantes neste momento da busca de aceitação pelos pares.[42]

Vygotsky afirma que o brincar é uma atividade humana criadora, na qual a imaginação, a fantasia e a realidade interagem na produção de novas formas de construir relações sociais com outros sujeitos, sejam eles crianças ou adultos. Tal concepção se afasta da visão predominante da brincadeira como atividade restrita à assimilação de códigos e papéis sociais e culturais, cuja função principal seria facilitar o processo de socialização da criança e sua integração na sociedade. O educador poderá fazer uso do lúdico, com jogos, brincadeiras e histórias que desafiem a criança a pensar e resolver situações problemáticas.[3]

As amizades são muito valorizadas pelas crianças escolares, gerando prazer mútuo, pois a relação, diferentemente daquela com irmãos, é voluntária. As meninas diferenciam o grau de intimidade com "melhores amigas" ou grupos mais distantes. Entre meninas, muitas vezes, a exclusão de uma "terceira amiga" é uma fonte de conflito na escola. É mais importante ter a aliança com uma melhor amiga do que ter várias amigas. Entre os meninos, as amizades são menos íntimas e aficionadas, e o fato de ter um maior número de amigos parece ser mais importante do que ter um em especial. Crianças não populares tendem a ter menos amigos do que as populares, preferindo os mais jovens, outros "excluídos" ou de outra classe ou escola. Isto pode colocar a criança em uma situação ruim, pois ter menos amigos na idade escolar parece implicar ser um adolescente solitário.[14]

A história de Harry Potter e seus amigos exemplifica a questão do relacionamento com os pares (amigos ou inimigos, populares ou excluídos) dentro do ambiente escolar de Hogwarts, assim como o relacionamento ambivalente com os mestres, ora amados e exemplares, ora detestáveis e ameaçadores.[40]

AGRESSÃO E *BULLYING*

Apesar de a agressão física estar reduzida nesta fase, a agressão com a intenção de magoar alguém aumenta proporcionalmente, predominando a verbal sobre a física. Agressão relacional implica prejudicar outra pessoa socialmente, por exemplo, por meio de "fofocas". A criança que acredita que o ambiente lhe é hostil tende a reagir, sendo rejeitada, o que acaba por fechar o ciclo de hostilidade, confirmando sua crença inicial. A agressão torna-se *bullying* quando é deliberada, persistentemente direcionada contra um alvo em particular: a vítima. Pode ser física, relacional ou emocional (isolamento, fofocas).[14]

Bullying pode ser proativo (para mostrar dominância ou em busca de poder e admiração) ou reativo, respondendo a um ataque real ou imaginário. Vítimas, perpetradores e testemunhas tendem a ter dificuldades em habilidades para resolver problemas sociais. Fatores de risco parecem ser similares entre as diversas culturas. As vítimas não se encaixam, tendem a ser ansiosas, depressivas, cautelosas e submissas, podem chorar facilmente ou, por outro lado, podem ser argumentativas e provocativas. Ter poucos amigos ou um ambiente punitivo em casa pode propiciar que a criança seja vítima. A baixa autoestima pode ser causa ou consequência do *bullying*. Crianças que pertencem a minorias raciais, sexuais, que possuem diferenças físicas – como peso acima ou abaixo da média – ou que têm alguma deficiência estão mais vulneráveis ao *bullying* escolar. Além das vítimas diretas, aquelas que presenciam essas situações e não intervêm frequentemente sentem medo de se tornarem os próximos alvos, o que pode reforçar o ciclo de violência e silêncio dentro do ambiente escolar. O *bullying* é danoso tanto para a vítima quanto para o perpetrador, que pode vir a desenvolver problemas de conduta e baixo desempenho escolar. O *cyberbullying* crescente vem sendo alvo de preocupação.[14]

USO DE TELAS

As últimas gerações cresceram em um ambiente digital transformado pela expansão da banda larga nos anos 2000, a chegada do *smartphone* em 2007 e a era das redes sociais em 2009. Antes disso, as redes eram menos interativas e menos prejudiciais. Hoje, crianças e adolescentes enfrentam um desenvolvimento radicalmente diferente daquele do passado, distante das interações reais e expostos a riscos digitais.

A posse de *smartphones*, aliada à superproteção dos pais, reduziu a autonomia infantil, limitando o brincar livre, essencial para o desenvolvimento. Desde os anos 1980, a infância baseada no brincar foi substituída pelo uso excessivo de celulares e telas. Como consequência, houve um aumento significativo de depressão, ansiedade, automutilação e suicídio, especialmente entre meninas, devido à pressão estética e à comparação social. Meninos também são afetados, migrando para o mundo virtual por meio de jogos e pornografia, o que compromete seu desenvolvimento. Além disso, a dependência da tecnologia causa privação do sono, distração constante, solidão e adição, com pouca supervisão parental, já que os próprios pais também estão conectados. O acesso irrestrito às redes ainda expõe crianças e adolescentes a conteúdos perigosos, como contato com redes de pedofilia e influências negativas.[43] A lei 15.100/2025, sancionada em 13/01/2025, proibiu o uso de celulares nas escolas brasileiras, seguindo uma tendência mundial. No entendimento do Ministério da Educação (MEC), esta seria uma das recomendações para tentar minimizar o impacto do uso de telas e melhorar o foco e as interações entre os estudantes.[44]

CONSIDERAÇÕES FINAIS E PERSPECTIVAS FUTURAS

O desenvolvimento infantil na idade escolar é um processo complexo e multifacetado, influenciado por fatores biológicos, sociais e culturais. O avanço das pesquisas na área da educação e psicologia tem permitido uma compreensão mais profunda sobre as necessidades das crianças nessa fase, reforçando a importância de um ambiente escolar que favoreça tanto o aprendizado acadêmico quanto o desenvolvimento socioemocional. No entanto, desafios modernos, como o uso excessivo de telas e o aumento dos casos de *bullying* e *cyberbullying*, têm exigido novas abordagens para garantir o bem-estar e o desenvolvimento saudável das crianças.

A tecnologia, apesar de trazer benefícios ao aprendizado, precisa ser utilizada de forma equilibrada. O uso excessivo de dispositivos eletrônicos pode afetar a atenção, o sono e as habilidades sociais, tornando essencial a implementação de recomendações e políticas públicas que incentivem um uso consciente das telas. Da mesma forma, o combate ao *bullying* e ao *cyberbullying* requer um compromisso conjunto entre escolas, famílias e sociedade, promovendo a empatia e criando ambientes mais acolhedores para o crescimento das crianças.

Diante desses desafios, é fundamental que as ações voltadas ao desenvolvimento infantil sejam interdisciplinares e sustentáveis, considerando não apenas o desempenho acadêmico, mas também o bem-estar emocional e social dos estudantes. O futuro da educação e do desenvolvimento infantil depende do esforço contínuo de pesquisadores, educadores e formuladores de políticas públicas, garantindo que cada criança tenha as condições necessárias para crescer de maneira saudável, segura e equilibrada, em um ambiente que valorize tanto o conhecimento quanto as relações humanas.

REFERÊNCIAS

1. Sarnoff CA. Estratégias psicoterapêuticas nos anos de latência. Porto Alegre: Artes Médicas; 1995.
2. Piaget J. The origins of intelligence in children. New York: W W Norton & Co; 1952.
3. Vygotsky LS. Mind in society: the development of higher psychological processes. Cambridge: Harvard University; 1978.
4. Bolton S, Hattie J. Cognitive and brain development: executive function, Piaget, and the prefrontal cortex. Arch Psychol. 2017;1(3):1-12.
5. Rodgers E, D'Agostino JV, Harmey SJ, Kelly RH, Brownfield K. Examining the nature of scaffolding in an early literacy intervention. Read Res Q. 2016;51(3):345-60.
6. Baltes PB, Lindenberger U, Staudinger UM. Life span theory in developmental psychology. In: Eisenberg N, Damon W, Lerner RM, editors. Handbook of child psychology: social, emotional, and personality development. 6th ed. Hoboken: John Wiley & Sons; 2006. p. 569-664.
7. Tucker-Drob EM, Bates TC. Large cross-national diferences in gene × socioeconomic status interaction on intelligence. Psychol Sci. 2015;27(2):138-49.
8. Tomasello M. The cultural origins of human cognition. Cambridge: Harvard University; 2001.
9. Nielsen M, Tomaselli K. Overimitation in kalahari bushman children and the origins of human cultural cognition. Psychol Sci. 2010;21(5):729-36.
10. Bowlby J. Attachment and loss. Vol. 1. Attachment. New York: Basic Books; 1969.
11. Ainsworth MDS, Blehar MC, Waters E, Wall SN. Patterns of attachment: a psychological study of the strange situation. Hillsdale: Lawrence Erlbaum; 1978.
12. McQuaid N, Bigelow AE, McLaughlin J, MacLean K. Maternal mental state language and preschool children's attachment security: relation to children's mental state language and expressions of emotional understanding. Soc Dev. 2008;17(1):61-83.
13. Bronfenbrenner U. The ecology of human development: experiments by nature and design. Cambridge: Harvard University; 1981.
14. Papalia DE, Martorell G. Experience human development. 15th ed. New York: McGraw-Hill; 2023.

15. Schmidt-Persson J, Rasmussen MGB, Sørensen SO, Mortensen SR, Olesen LG, Brage S, et al. Screen media use and mental health of children and adolescents: a secondary analysis of a randomized clinical trial. JAMA Netw Open. 2024;7(7):e2419881.
16. The United Nations Educational, Scientific and Cultural Organization. Education: from COVID-19 school closures to recovery [Internet]. Paris: UNESCO; 2022 [capturado em 3 abr. 2025]. Disponível em: https://www.unesco.org/en/covid-19/education-response.
17. Fryar CD, Gu Q, Ogden CL, Flegal KM. Anthropometric reference data for children and adults: United States, 2011-2014. Vital Health Stat 3 Anal Stud. 2016;(39):1-46.
18. Luger M, Lafontan M, Bes-Rastrollo M, Winzer E, Yumuk V, Farpour-Lambert N. Sugar-sweetened beverages and weight gain in children and adults: a systematic review from 2013 to 2015 and a comparison with previous studies. Obes Facts. 2017;10(6):674-93.
19. Fundo das Nações Unidas para a Infância. Situação mundial da infância 2019: crianças, alimentação e nutrição: crescendo saudável em um mundo em transformação. Brasília: UNICEF; 2019.
20. Monzani A, Ricotti R, Caputo M, Solito A, Archero F, Bellone S, et al. A systematic review of the association of skipping breakfast with weight and cardiometabolic risk factors in children and adolescents: what Should We Better Investigate in the Future? Nutrients. 2019;11(2):387.
21. Katzmarzyk PT, Barreira TV, Broyles ST, Champagne CM, Chaput JP, Fogelholm M, et al. Relationship between lifestyle behaviors and obesity in children ages 9-11: results from a 12-country study. Obesity. 2015;23(8):1696-702.
22. Suni E, Singh A. How much sleep do babies and kids need? [Internet]. Sleep Foundation; 2024 [capturado em 3 abr. 2025]. Disponível em: https://www.sleepfoundation.org/how-sleep-works/how-much-sleep-do-we-really-need.
23. Deng X, He M, He D, Zhu Y, Zhang Z, Niu W. Sleep duration and obesity in children and adolescents: evidence from an updated and dose–response meta-analysis. Sleep Med. 2021;78:169-81.
24. Muetzel RL, Collins PF, Mueller BA, Schissel AM, Lim KO, Luciana M. The development of corpus callosum microstructure and associations with bimanual task performance in healthy adolescents. Neuroimage. 2007;39(4):1918-25.
25. Bolton S, Hattie J. Cognitive and brain development: executive function, Piaget, and the prefrontal cortex. Arch Psychol. 2017;1(3):1-12.
26. Gazzaley A, Nobre AC. Top-down modulation: bridging selective attention and working memory. Trends Cogn Sci. 2011;16(2):129-35.
27. Alloway TP, Gathercole SE, Kirkwood H, Elliot J. The cognitive and behavioral characteristics of children with low working memory. Child Dev. 2009;80(2):606-21.
28. Santrock J, Deater-Deckard K, Lansford J. Child development: an introduction. 7th ed. New York: McGraw-Hill Education; 2023.
29. Erikson EH. Childhood and society. 2nd ed. New York: W.W. Norton & Co; 1963.
30. Roberts JL, Inman TF. Strategies for differentiating instruction: best practices for the classroom. 4th ed. London: Routledge; 2021.
31. Mendes E. Educação escolar indígena no Brasil: multilinguismo e interculturalidade em foco. Ciênc Cult. 2019;71(4):43-9.
32. Boroditsky L. Does language shape thought? Mandarin and English speakers' conceptions of time. Cogn Psychol. 2001;43(1):1-22.
33. Freud S. Três ensaios sobre a teoria da sexualidade. In: Freud S. Edição standard brasileira das obras psicológicas completas de Sigmund Freud. Vol. 7. Rio de Janeiro: Imago; 1905.
34. Urribarri R. Descorriendo el velo: sobre el trabajo de la latencia. Rev Psicoanálisis. 1999;56(1):210-42.
35. Winnicott DW. Notas sobre o brinquedo. In: Winnicott DW. Explorações psicanalíticas. Porto Alegre: Artes Médicas; 1994. p. 49-52.
36. Peller L. Reading and daydreams in latency, boy-girl differences. J Am Psychoanal Assoc. 1958;6(1):57-70.
37. Bemporad JR. The psychological structure of the grade-school child. In: Kernberg PF, Bemporad JR, editors. Handbook of child and adolescent psychiatry. Vol. 2. New York: John Wiley & Sons; 1997. p. 126-37.
38. Rodrigues JSB. Construção da identidade e autonomia na educação infantil mediada pela escola e a família. RENOVE. 2020;1(1):67-80.
39. Freud S. Romances familiares. In: Freud S. Edição standard brasileira das obras psicológicas completas de Sigmund Freud. Vol. 9. Rio de Janeiro: Imago; 1996.
40. Soibelman LRA. Harry Potter e a pedra filosofal: a função da fantasia e da literatura infantil na preservação da latência. Rev Bras Psicoter. 2009;11(3):392-406.
41. Winnicott DW. Objetos transicionais e fenômenos transicionais. In: Winnicott DW. Da pediatria à psicanálise. Rio de Janeiro: Imago; 2000. p. 295-314.
42. Tyson P, Tyson R. Teorias psicanalíticas do desenvolvimento: uma integração. Porto Alegre: Artes Médicas; 1993.
43. Haidt J. A geração ansiosa: como a infância hiperconectada está causando uma epidemia de transtornos mentais. São Paulo: Companhia das Letras; 2024.
44. Brasil. Lei nº 15.100, de 13 de janeiro de 2025. Dispõe sobre o uso de celulares nas escolas da educação básica. Diário Oficial da União. 2025;9(1):3.

LEITURAS RECOMENDADAS

Eizirik CL, Bassols AMS, organizadores. O ciclo da vida humana: uma perspectiva psicodinâmica. 2. ed. Porto Alegre: Artmed; 2013.

Haidt J. A geração ansiosa: como a infância hiperconectada está causando uma epidemia de transtornos mentais. São Paulo: Companhia das Letras; 2024.

World Health Organization. Obesity and overweight [Internet]. Geneva: WHO; 2024 [capturado em 3 abr. 2025]. Disponível em: https://www.who.int/news-room/fact-sheets/detail/obesity-and-overweight.

12

ADOLESCÊNCIA

LAURA MAGALHÃES MOREIRA
DANIEL TORNAIM SPRITZER

A adolescência é uma fase de transição entre a infância e a idade adulta, marcada por intensas mudanças físicas, cognitivas, emocionais e sociais. Durante esse período, os jovens começam a explorar sua identidade, em uma busca por compreender melhor a si mesmos e seu lugar no mundo, enquanto ressignificam suas relações afetivas e amorosas. Surgem novos interesses e opiniões, que, embaladas por conflitos geracionais, costumam gerar embates com figuras de autoridade, como pais e professores. Por trás de atitudes por vezes opositoras e mesmo arrogantes marcadas pelo narcisismo normal e transitório da fase, muitas vezes há um jovem muito inseguro e angustiado diante de tantos desafios. Neste período, apesar de a família continuar tendo um papel fundamental, cresce muito a importância das relações de amizade, e é o grupo de amigos que passa a proporcionar um senso de compreensão e pertencimento. São inúmeros e árduos os desafios da adolescência – os quais são, também, essenciais para o desenvolvimento da personalidade, da autonomia e da capacidade de tomar decisões de forma assertiva e ponderada, habilidades necessárias para a integração em um futuro mundo adulto. Compreender o processo de adolescência normal é de suma importância para cuidadores, educadores e profissionais de saúde.

DESCRITORES: adolescência normal; puberdade; mudanças; identidade; narcisismo; amigos.

ESTADO DA ARTE

A adolescência é um período crucial do desenvolvimento humano, que geralmente se inicia entre os 10 e 12 anos e se estende até a maturidade fisiológica, por volta dos 19 anos. Fatores biológicos, sociais, comportamentais e culturais estão profundamente interligados nessa transição entre a infância e a idade adulta. Do ponto de vista biológico, a puberdade marca o início de alterações no tamanho, na forma e no funcionamento do corpo. Psicologicamente, é uma fase de intensa exploração da identidade, na qual o indivíduo busca compreender seu lugar no mundo. A cultura também exerce grande influência sobre essa transição, moldando valores, expectativas e comportamentos, além de influenciar a própria duração dessa etapa.[1,2]

O termo "adolescência" tem origem no latim *adolesco*, que significa crescer. Trata-se de um período de significativas mudanças físicas, emocionais, cognitivas e sociais. A combinação desses desenvolvimentos biológicos e sociais é acompanhada por transformações na forma como os jovens percebem a si mesmos e ao mundo.[2] No entanto, essas mudanças não ocorrem de maneira uniforme ao longo dessa fase, e o adolescente que inicia essa jornada é completamente diferente daquele que a finaliza. Nesse sentido, como apontam diversos autores,[3,4] a adolescência pode ser dividida em três fases distintas.

1 **Adolescência inicial ou puberal:** Caracteriza-se pela maturação corporal e pelo desligamento do universo infantil, em um período marcado por maior introversão e isolamento. É comum a ocorrência de dúvidas, desidealização dos pais e rebeldia, além de um aumento na sensibilidade emocional e mudanças de humor. Os adolescentes começam a experimentar sentimentos mais intensos e uma maior consciência de suas emoções. A influência dos pares torna-se extremamente relevante, e a luta pela autodeterminação ganha força.

2 **Adolescência média:** Nessa fase, o foco se desloca para a construção da identidade e a busca por um sentido mais profundo de si. Os jovens experimentam mais independência e formam suas próprias opiniões e crenças, muitas vezes em oposição aos padrões adultos. A influência dos amigos e o desejo de autonomia se tornam mais evidentes – a necessidade de pertencimento e de aceitação pode influenciar comportamentos e decisões. Questões relacionadas à autoestima e à imagem corporal também se tornam proeminentes. Além disso, há um desfrute das novas capacidades intelectuais, e os relacionamentos adquirem uma qualidade egocêntrica.

3 **Adolescência tardia ou final:** Os jovens continuam a busca por independência, mas agora com mais habilidade para refletir sobre o futuro e tomar decisões, com ênfase na definição de papéis relacionados a trabalho, estilo de vida e relacionamentos. Nessa fase, enfrentam o desafio de consolidar suas escolhas e valores em uma identidade adulta coesa, além de haver uma reaproximação com os pais. Uma autonomia psicológica, uma imagem corporal mais realista e um senso mais seguro de identidade sexual já estarão estabelecidos.

A adolescência é, portanto, um período dinâmico, marcado por conflitos e angústias. As grandes transformações ocorrem paralelamente ao processo de independência em relação aos pais, o que diminui a sensação de proteção e segurança que, na infância, era encontrada no contato mais intenso com os cuidadores. Inicialmente, essa insegurança pode dar lugar a um aparente excesso de confiança, que busca conter a ansiedade de se lançar em uma "carreira solo". Nessa fase, o desejo de permanecer criança, ser cuidado e evitar as responsabilidades da vida adulta coexistem com o desejo de explorar o mundo além do ambiente familiar e ser reconhecido como adulto.[5]

Ao longo desse período, espera-se que o indivíduo adquira as habilidades necessárias para sua sobrevivência econômica, aprenda os papéis sociais dos adultos, desenvolva independência emocional dos pais e comece a agir de maneira mais responsável. Sabemos ainda que, quanto mais complexa a sociedade, maior é o tempo necessário para incorporar esses conhecimentos e atingir um desenvolvimento completo.

Enfim, nem totalmente adultos, nem totalmente crianças. O meio do caminho é marcado por instabilidades, e os desafios não são poucos: é preciso deixar o universo infantil, expor-se a novas experiências, lidar com mudanças corporais, ressignificar a relação com pais e amigos. Essa é uma jornada complexa, cheia de emoções e conflitos, ao longo da qual o indivíduo começa a construir a base de sua vida adulta.

■ MUDANÇAS CORPORAIS

Com a chegada da puberdade, marcada por alterações hormonais, inicia-se a despedida do corpo infantil. O tamanho e a forma do corpo já não são os mesmos e, como se não bastasse, surgem novas funcionalidades – agora a reprodução já é possível. Um dos primeiros sinais físicos da puberdade é o rápido crescimento, que faz os adolescentes crescerem mais rapidamente do que em qualquer outro momento da vida desde a primeira infância. Os órgãos sexuais primários aumentam e se tornam funcionalmente maduros, enquanto as características sexuais secundárias, como pelos, voz e forma corporal, começam a se desenvolver, diferenciando meninos e meninas. Essas mudanças, que ocorrem em um curto período, frequentemente trazem angústia e insegurança.[2,6]

Como em todos os eventos no desenvolvimento humano, o ritmo das mudanças da puberdade depende de interações entre fatores genéticos e ambientais, e sua duração varia quanto à idade em que ela começa para cada adolescente. Alguns jovens passam por essas transformações corporais mais cedo, enquanto outros iniciam mais tardiamente, o que pode se tornar uma fonte de estresse adicional. Sentir-se diferente dos demais, especialmente se as mudanças físicas forem destacadas em comparação aos pares, pode ser bastante angustiante. Em um momento de tantas transformações, é tranquilizador ver no outro um processo semelhante, e, quando isso não ocorre, o adolescente pode se sentir sozinho e desconfortável.[7]

Além da intensidade e rapidez com que as transformações corporais ocorrem, essas mudanças podem acontecer em tempos e ritmos diferentes do desenvolvimento cognitivo e emocional. Esse descompasso entre o amadurecimento físico, emocional e cognitivo pode intensificar a angústia, o que aumenta o risco do desenvolvimento de transtornos mentais.

■ MUDANÇAS COGNITIVAS

O desenvolvimento cognitivo na adolescência é complexo e dinâmico, com avanços importantes na capacidade de raciocínio abstrato, pensamento moral e metacognição. Segundo Piaget e Inhelder,[8] a adolescência marca a transição do estágio operatório concreto – no qual se desenvolve a capacidade de entender e aplicar conceitos lógicos e de raciocínio dedutivo e indutivo, ainda que restritos a contextos concretos – para o estágio das operações formais, no qual surge a habilidade de pensar de maneira abstrata e hipotética, que segue amadurecendo até a vida adulta. O desenvolvimento da capacidade de abstração permite ao adolescente resolver problemas complexos de maneira mais lógica e estruturada, facilitando decisões mais assertivas. Como consequência, há um aumento na flexibilidade cognitiva, que impacta em diversas áreas da vida, como nos relacionamentos interpessoais e na capacidade de análise crítica e avaliação de ideias.[8] O adolescente começa a refletir sobre normas e valores, questionar regras e tradições, considerando diferentes pontos de vista e desenvolvendo suas próprias opiniões fundamentadas. Muitas vezes, isso gera debates acalorados com figuras de autoridade, como pais e professores.

Em paralelo, também se desenvolve a metacognição, que é a capacidade de pensar sobre os próprios pensamentos, como compreender de que forma as emoções afetam o raciocínio. Por um lado, essa habilidade de autoavaliação é fundamental para o desenvolvimento da autonomia intelectual e da autorregulação, permitindo que os adolescentes definam metas e ajustem métodos e estratégias com base em suas experiências. Uma metacognição mais evoluída está associada a melhores habilidades de aprendizado e a uma maior capacidade adaptativa frente a novas situações e desafios. Por outro lado, o aumento da autoconsciência, acompanhado de um senso crítico mais aguçado, faz os jovens se depararem com suas limitações, gerando incertezas sobre si mesmos e uma sensação de insegurança.[2]

Apesar dos avanços no raciocínio, a capacidade de tomar decisões ponderadas e maduras ainda é limitada, uma vez que o córtex pré-frontal – a região do cérebro responsável pelo controle de impulsos e pelo planejamento a longo prazo – ainda não está completamente desenvolvido. Isso significa que, embora compreendam as consequências de suas ações, os adolescentes continuam mais propensos a tomarem decisões impulsivas, especialmente quando estão sob pressão social ou em situações emocionalmente intensas.[9]

■ BUSCA DA IDENTIDADE

A adolescência é o período em que o indivíduo molda a base para uma personalidade adulta estável. No início e meio dessa fase, os adolescentes tendem a se sentirem e se comportarem de formas diferentes conforme o contexto, dependendo de com quem estão e dos papéis que desempenham, o que pode gerar bastante ansiedade. À medida que se aproximam do final da adolescência, tornam-se mais capazes de realizar uma autoavaliação mais coesa, permitindo-lhes integrar suas contradições, que passam a ser mais bem compreendidas.

Segundo Erikson,[10] uma das principais tarefas da adolescência é a busca pela identidade, um senso unificado de quem realmente são, integrando tanto a identidade pessoal quanto a social. Nesse estágio, o jovem explora diferentes aspectos de sua personalidade, crenças e valores, desconstruindo as referências infantis e construindo uma identidade coesa, um *self* integrado. Quando esse processo ocorre de forma saudável, o adolescente consegue fazer compromissos com certos papéis, valores e metas, formando uma identidade própria. No entanto, quando esses compromissos não são alcançados, ocorre o que Erikson chamou de "confusão de papéis", caracterizada por incerteza e falta de direcionamento na vida.[10] O jovem não consegue integrar as experiências que vive, se sente perdido, sem uma identidade clara, o que pode levar a incertezas sobre o futuro, dificuldades em tomar decisões e um sentimento de não pertencimento. Superar essa confusão é fundamental para o desenvolvimento de uma identidade saudável e estável. Do contrário, conforme estudos transversais e longitudinais já identificaram, podem sobrevir sintomas de transtornos depressivos e de ansiedade.[11,12]

Todo esse processo de integração do "eu" pode ser influenciado tanto pela família quanto pela sociedade e pela cultura. Famílias que melhor promovem a formação de identidade são aquelas que oferecem apoio e segurança, ao mesmo tempo que encorajam a expressão de pontos de vista próprios, aceitando que o jovem desenvolva uma identidade distinta. Quando as estruturas sociais e os papéis são mais fluidos, os adolescentes enfrentam maior insegurança sobre quem são e quem irão se tornar, o que é potencializado pelas incertezas e rápidas mudanças nas expectativas sociais.[13] Trata-se, portanto, de um processo trabalhoso que demanda muita introspecção, o que leva o jovem a precisar de momentos sozinho, consigo mesmo.

Outro aspecto importante do desenvolvimento pessoal e psicológico durante a adolescência é a questão da identidade de gênero. Nessa fase, a percepção interna de ser homem, mulher, uma combinação de ambos, nenhum dos dois ou algo diferente desempenha um papel crucial na elaboração e no reconhecimento de si próprio. Junto com esses questionamentos, pode haver explorações de diferentes formas de expressão de gênero, como o estilo de vestir, comportamento e interesses. Para alguns, essa fase pode trazer uma afirmação clara e sólida, enquanto para outros pode ser um período de incerteza e questionamento.

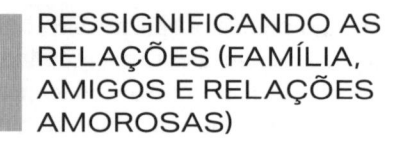

RESSIGNIFICANDO AS RELAÇÕES (FAMÍLIA, AMIGOS E RELAÇÕES AMOROSAS)

FAMÍLIA

A adolescência é uma fase de muitas mudanças, com repercussões importantes na visão de mundo e nas relações interpessoais – começando pelos pais, que deixam de ser as figuras idealizadas da infância e passam a ser vistos de maneira mais realista e integrada (com aspectos bons e maus). Isso leva a uma reconfiguração significativa da relação com os pais e cuidadores. Mesmo com a busca crescente por independência, a família continua desempenhando um papel fundamental na vida social e emocional do adolescente.[14] O delicado equilíbrio entre autonomia e dependência gera conflitos internos e familiares, especialmente quando os pais resistem a conceder a liberdade necessária ou quando suas expectativas excedem a maturidade do adolescente naquele momento.

Com frequência, esse reajuste na relação com os pais e o distanciamento parcial (e necessário) ocorre por meio de ataques ao vínculo, como brigas, desafios à autoridade e questionamentos sobre regras e limites. Esse é um momento que demanda muita paciência, firmeza e capacidade de compreensão por parte dos cuidadores. Eles precisam se manter firmes diante desses ataques, mas também acolhedores e pacientes para estabelecerem limites claros e razoáveis.

Compreender o adolescente (e ajudá-lo a sentir-se compreendido) tem um papel semelhante ao de impor limites a uma criança, transmitindo uma sensação de segurança e cuidado, além de fornecer uma base segura para que eles explorem o mundo social fora de casa. Muitas vezes, quando os pais se sentem agredidos ou excluídos, não percebem que o comportamento do adolescente é um esforço para se diferenciar e buscar sua própria identidade. Os conflitos são frequentemente resultados da tentativa de equilibrar a autonomia do adolescente com a necessidade de orientação por parte dos pais. Inclusive, as discussões e provocações – muitas vezes impostas de forma arrogante – podem ser, ao mesmo tempo, uma tentativa de se diferenciar e de se manter próximo aos pais.[15] Lembrar das próprias vivências nessa fase pode ajudar os adultos a desenvolverem empatia.

Apesar do relativo distanciamento, o apoio dos cuidadores é fundamental para que essa transição seja menos sofrida. A vulnerabilidade é uma característica marcante do adolescente, e as experiências que eles vivenciam (como o apoio emocional e a presença paciente e afetuosa dos pais) têm um impacto profundo na travessia para a maturidade e na identidade que se forma. Pais que incentivam a autonomia dos filhos, ao mesmo tempo que mantêm limites claros e oferecem apoio emocional (o que muitas vezes é uma tarefa difícil de equilibrar), ajudam a promover o desenvolvimento de uma autoestima saudável e de habilidades para enfrentar os desafios típicos da adolescência. Um bom suporte familiar, portanto, contribui para que essa jornada ocorra de maneira mais tranquila, preservando espaço mental para que o adolescente enfrente os desafios inerentes a esse período.

AMIGOS

A interação com os pares ganha destaque na adolescência, tanto em quantidade (p. ex., número de amigos) quanto em qualidade (intensidade das amizades). O tempo que os adolescentes passam com os amigos aumenta, enquanto o contato com adultos diminui.

A participação em atividades comuns, que era uma das principais motivações para a amizade na infância, é substituída na adolescência por interesses em comum, semelhança de atitudes e valores, lealdade e intimidade. Em geral, os amigos tendem a compartilhar visões semelhantes sobre escola, desempenho acadêmico, relacionamentos amorosos e atividades de lazer.[2]

Para os adolescentes, as amizades desempenham um papel similar ao do apego na primeira infância. Eles buscam o olhar dos amigos como uma "referência social", especialmente quando estão em situações confusas, confrontados ou ansiosos.[16] Em meio a tantas mudanças e incertezas, é muito importante se reconhecer no outro que vivencia transformações e ansiedades semelhantes. Dessa forma, o relacionamento com os pares torna-se uma importante fonte de apoio, validação e senso de segurança, sendo que a autoestima nessa fase está profundamente ligada à forma como o adolescente é percebido pelos outros e como se percebe no contexto social.

É, portanto, no grupo de amigos que o jovem encontra um receptáculo para as suas angústias – um espaço livre de julgamentos no qual pode compartilhar experiências e se sentir compreendido, já que, muitas vezes, sente que os adultos não o entendem. Alinhar-se com grupos que compartilham valores e interesses semelhantes ajuda na formação de uma identidade social, parte da identidade pessoal mais ampla.[5] Além disso, estar com os amigos proporciona uma oportunidade para praticar habilidades sociais, empatia e resolução de conflitos.

Por outro lado, a necessidade de aceitação e pertencimento e a importância dos pares também podem gerar sofrimento, como a pressão para se adaptar e corresponder às expectativas do grupo. Isso pode influenciar escolhas e levar a comportamentos de risco, como uso de substâncias, envolvimento em práticas sexuais precoces ou inseguras e transtornos alimentares. Outro desafio enfrentado é a dificuldade em lidar com situações hostis, como rejeição, exclusão e *bullying*.[15]

Apesar desses desafios, a importância das relações de amizade é indiscutível. Adolescentes que percebem seus amigos como solidários costumam ter menos problemas psicológicos e sentimentos de solidão. Em contrapartida, a ausência de amizades pode resultar em dificuldades emocionais relevantes, como baixa autoestima e problemas significativos de saúde mental.

RELAÇÕES AMOROSAS

Como descrito, o adolescente agora vê os pais de forma mais madura e realista, o que implica na perda da proteção incondicional por parte de objetos anteriormente idealizados e onipotentes. Ao dar-se conta disso, o jovem experimenta um intenso e assustador sentimento de desamparo. Angustiado e sentindo que está por conta própria, passa a idealizar a si mesmo, dando origem ao narcisismo típico dessa fase, com sentimentos de grandiosidade e autossuficiência, os quais também são importantes na contestação do universo adulto.[5] Ao longo deste período, cheio de explorações e descobertas, o adolescente experimenta diferentes formas de atração e afeto – desde encontros casuais até relações platônicas e idealizadas.

Além disso, o corpo adolescente está tomado por um turbilhão hormonal e, como consequência, a curiosidade e o interesse pela sexualidade aumentam em grande escala. Esse despertar pode ser uma experiência fascinante, mas também confusa e ansiogênica, conforme eles tentam compreender e integrar suas novas sensações e desejos com seus valores e expectativas pessoais. Mais adiante, ao entrar no final da adolescência, quando as angústias características da fase já estão diminuindo e há maior organização psíquica, o narcisismo começa a declinar. Aqui o jovem já está compreendendo melhor a si mesmo e à complexidade das relações amorosas, surgindo, então, o espaço e as condições necessárias para uma nova forma de amar. Trata-se do amor romântico, voltado agora para o outro fora do núcleo familiar e com o potencial de formar novas famílias.[17,18]

A sexualidade na adolescência também é fortemente influenciada pelo contexto social e cultural em que os jovens estão inseridos. Os adolescentes frequentemente enfrentam pressões para se conformarem a normas e expectativas sociais em relação ao comportamento sexual, o que pode incluir o desejo de se encaixar em certos grupos ou de experimentar atividades sexuais como uma forma de afirmar sua identidade e maturidade. Essa pressão pode vir de diversas fontes, como pares, mídias sociais e representações culturais, e pode impactar a forma como os adolescentes exploram e expressam sua sexualidade.[2]

Sentimentos de atração pelo mesmo sexo são comuns e podem ou não implicar orientação homossexual, assim como a atração pelo sexo oposto não determina uma orientação heterossexual. No início da adolescência, é comum que o jovem tenha pouca certeza sobre a sua sexualidade; maior segurança e tranquilidade sobre sua identidade sexual surgem somente na adolescência tardia. O importante é que o adolescente não se sinta pressionado a acelerar esse processo, o que parece estar acontecendo com maior frequência na atualidade.[18] Vale lembrar também que o adolescente vive um período de maior impulsividade, o que, somado a esse desabrochar da sexualidade, pode o expor a situações de risco, como o sexo desprotegido e suas consequências.

ADOLESCENTES E MÍDIAS DIGITAIS

Atualmente, os adolescentes vivem em um mundo onde as tecnologias digitais estão sempre presentes e são facilmente acessíveis. Redes sociais e jogos eletrônicos tornaram-se uma das principais formas de comunicação entre os jovens, algo que foi intensificado com a pandemia do covid-19. Devido a algumas características dessa fase da vida, bem como aos benefícios que o uso dessas tecnologias oferece, os jovens estão mais vulneráveis ao desenvolvimento de problemas relacionados ao uso excessivo de jogos eletrônicos, redes sociais e pornografia *online*.[19] A crescente integração das tecnologias digitais nas atividades e necessidades dos adolescentes funciona como um fator de risco para o uso mais intenso.

Além de proporcionarem maior conexão e um importante sentimento de pertencimento ao grupo, as redes sociais permitem uma contínua redefinição da identidade *online*, cuja reputação é percebida como tão importante para os relacionamentos quanto a identidade *offline*,[20] o que pode vir a ser um problema. De fato, os prejuízos relacionados ao uso das tecnologias digitais geralmente estão ligados à maneira como o adolescente lida consigo mesmo e com os outros, especialmente com os pais. Pesquisas demonstram que relações familiares pouco afetivas e com baixa proximidade entre pais e filhos estão associadas a um maior risco de dependência de tecnologia, assim como a falta de tempo de convívio entre eles.[21]

Compreender e administrar seus sentimentos, utilizar estratégias adaptativas diante de situações estressantes e manter bons relacionamentos e comunicação presencial com amigos e familiares são aspectos fundamentais para um uso saudável das mídias digitais. Mais importante do que limitar o número de horas de uso diário dos eletrônicos é preservar o tempo e a qualidade das atividades essenciais para um bom desenvolvimento, como o sono, as atividades escolares, a prática de exercícios físicos e o convívio com amigos e família. Além disso, o bom exemplo dado pelos cuidadores e conversas desde cedo sobre o uso saudável das tecnologias, os cuidados com a exposição a riscos e a educação digital são fundamentais na prevenção de problemas relacionados ao uso das mídias.[22]

CONSIDERAÇÕES FINAIS E PERSPECTIVAS FUTURAS

A adolescência é um período marcado por inúmeras transformações físicas, cognitivas, emocionais e sociais, influenciadas por diversos fatores, como o ambiente familiar, os pares, a cultura e a sociedade. O jovem que atravessa essa fase enfrenta desafios únicos, que vão desde as mudanças corporais da puberdade até a complexa construção de sua identidade. Ao longo dessa jornada, ele precisa ressignificar suas relações, buscar um senso de autonomia e explorar novas possibilidades em diferentes esferas da vida, como nas amizades, nos relacionamentos amorosos e na sexualidade.

O processo de desenvolvimento adolescente, apesar de dinâmico e cheio de incertezas, é fundamental para o estabelecimento de um adulto funcional e equilibrado. É importante reconhecer que, embora essa caminhada possa ser marcada por conflitos internos e externos, ela também é uma etapa de oportunidades e crescimento. Os relacionamentos, tanto com a família quanto com os pares, desempenham um papel importante ao fornecer um espaço seguro para a exploração e a expressão do jovem. Dessa forma, a compreensão e o apoio dos adultos que os cercam são essenciais para a promoção de um desenvolvimento saudável.

Por fim, ao considerar as características singulares da adolescência, torna-se evidente a importância de um olhar atento e empático para os jovens nessa fase. A sociedade, em suas diferentes esferas, precisa compreender e valorizar essa etapa do ciclo vital, oferecendo aos adolescentes um ambiente que favoreça a busca de sua identidade, autonomia e bem-estar. Somente assim será possível auxiliar os jovens na transição para a vida adulta, garantindo que tenham as ferramentas necessárias para enfrentar os desafios futuros e construir uma identidade sólida e coesa.

REFERÊNCIAS

1. Adolescence. In: American Psychological Association. APA dictionary of psychology [Internet]. Washington: APA; 2018 [capturado em 29 jan. 2025]. Disponível em: https://dictionary.apa.org/adolescence.
2. Cole M, Cole SR. O desenvolvimento da crianca e do adolescente. 4. ed. Porto Alegre: Artmed; 2004.
3. Hall GS. Adolescence: its psychology and its relations to physiology, anthropology, sociology, sex, crime, religion and education. v. 2. New York: D. Appleton and Company; 1904.
4. Levisky DL. Adolescência: reflexões psicanalíticas. Porto Alegre: Artes Médicas; 1995.
5. Aberastury A, Knobel M. Adolescência normal: um enfoque psicanalítico. Porto Alegre: Artmed; 2003.
6. Lee Y, Styne D. Influences on the onset and tempo of puberty in human beings and implications for adolescent psychological development. Horm Behav. 2013;64(2):250-61.
7. Graber JA. Pubertal timing and the development of psychopathology in adolescence and beyond. Horm Behav. 2013;64(2):262-9.
8. Piaget J, Inhelder B. A psicologia da criança. 12. ed. Rio de Janeiro: Bertrand Brasil; 2003.
9. Giedd JN. Structural magnetic resonance imaging of the adolescent brain. Ann N Y Acad Sci. 2004;1021:77-85.
10. Erikson EH. Childhood and society. New York: W W Norton; 1950.
11. Luyckx K, Klimstra TA, Duriez B, Van Petegem S, Beyers W. Personal identity processes from adolescence through the late 20s: age trends, functionality, and depressive symptoms. Soc Develop. 2013;22(4):701-21.
12. Crocetti E, Klimstra T, Keijsers L, Hale WW 3rd, Meeus W. Anxiety trajectories and identity development in adolescence: a five-wave longitudinal study. J Youth Adolesc. 2009;38(6):839-49.
13. Bauman Z. Modernidade líquida. Rio de Janeiro: Zahar; 2001.
14. Eizirik CL, Bassols MAS, organizadores. O ciclo da vida humana: uma perspectiva psicodinâmica. 2. ed. Porto Alegre: Artmed; 2013.
15. Marcelli D, Braconnier A. Adolescência e psicopatologia. 6. ed. Porto Alegre: Artmed; 2007.
16. Bowlby J. Apego: a natureza do vínculo. v. 1. São Paulo: Martins Fontes; 2019.
17. Hegde A, Chandran S, Pattnaik JI. Understanding adolescent sexuality: a developmental perspective. J Psychosexual Health. 2022 Oct;4(4):237-42.
18. Long JR, Damle LF. Adolescent sexuality. Obstet Gynecol Clin North Am. 2024;51(2):299-310.
19. Cerniglia L, Zoratto F, Cimino S, Laviola G, Ammaniti M, Adriani W. Internet addiction in adolescence: neurobiological, psychosocial and clinical issues. Neurosci Biobehav Rev. 2017;76(Pt A):174-84.
20. Spritzer D, Restano A. Prevenção da dependência de tecnologia na adolescência. In: Nabuco C, Góes D, Lemos IL, organizadores. Como lidar com a dependência tecnológica: guia prático para pacientes, familiares e educadores. São Paulo: Hogrefe; 2020. p. 97-112.
21. Schneider LA, King DL, Delfabbro PH. Family factors in adolescent problematic Internet gaming: a systematic review. J Behav Addict. 2017;6(3):321-33.
22. Chassiakos YLR, Radesky J, Christakis D, Moreno MA, Cross C. Children and adolescents and digital media. Pediatrics. 2016;138(5):e20162593.

13

O DESENVOLVIMENTO INDIVIDUAL E FAMILIAR NA IDADE ADULTA

ANNA CAROLINA VIDUANI
DANIEL LUCCAS ARENAS
OLGA GARCIA FALCETO
ANA MARGARETH SIQUEIRA BASSOLS

DESCRITORES: vida adulta; ciclo vital; saúde do adulto; desenvolvimento familiar.

Nos últimos anos, as transformações sociais e econômicas globais têm levado à revisão das fronteiras etárias que definem as fases do desenvolvimento humano, incluindo a adultez. A adultez é um conceito complexo e variado, dependente de contextos culturais, sociais e individuais. Marcadores tradicionais, como casamento e carreira, embora ainda relevantes, têm sido questionados pelas novas gerações, que valorizam mais a responsabilidade pessoal e a independência. Além disso, a adultez envolve uma interação entre características psicológicas e sociodemográficas, em que sentir-se adulto é tão importante quanto atingir marcos objetivos. Este capítulo busca explorar as principais características e os desafios da vida adulta e do estabelecimento e desenvolvimento da vida familiar, reconhecendo a falta de consenso na definição de subestágios e propondo uma abordagem que considere a interação entre aspectos individuais, familiares, sociais e culturais.

ESTADO DA ARTE

Nos últimos anos, transformações sociais e econômicas em todo o mundo vêm convidando legisladores e estudiosos a revisarem antigas fronteiras que definiam, dentro do ciclo vital, as idades que compõem cada fase do desenvolvimento. A definição da faixa etária que compreende a adultez não fica de fora desse movimento crescente, refletindo a importância de considerar aspectos individuais, geracionais, econômicos e sociais nessa definição.

De acordo com a legislação brasileira, a vida adulta formalmente se inicia aos 18 anos, momento no qual se considera que os indivíduos atingem um desenvolvimento biológico que os capacita para a responsabilização total por seus atos na esfera cível e criminal, conforme estabelecido na Constituição Federal de 1988. No entanto, avanços recentes no campo das neurociências têm demonstrado que o desenvolvimento do córtex pré-frontal, área do cérebro diretamente relacionada à cognição e à tomada de decisões, continua até aproximadamente os 25 anos.[1] Por essa razão, a Organização Mundial de Saúde (OMS) considera como adultos indivíduos acima de 25 anos.[2] A American Psychological Association, por sua vez, entende que a adultez é "o período do desenvolvimento humano em que o crescimento físico completo e a maturidade foram alcançados e certas mudanças biológicas, cognitivas, sociais, de personalidade e outras associadas ao processo de envelhecimento ocorrem".[3]

Independentemente da definição adotada, é importante considerar que, nesse contexto, a principal questão é, antes de tudo, conceitual: o que significa ser um(a) adulto(a)? O que marca a transição para a adultez? Cada cultura, e cada época, vai trazer uma resposta diferente a essa questão. A adultez está intimamente conectada às formas como interagimos com o mundo social, resultando em uma ampla variação nas formas como uma pessoa se torna – e é reconhecida como – adulta.

Freud argumentava que a estrutura psíquica se baseia principalmente em nossas relações com o amor e o trabalho. Nesse sentido, podemos identificar que as atividades humanas mais associadas à saúde mental e ao desenvolvimento da personalidade estão intimamente relacionadas ao processo de tornar-se adulto, uma vez que envolvem a relação com a família de origem; a relação com o parceiro amoroso e a família de procriação; a relação com o trabalho; e, por fim, a relação com a comunidade. Hoje, diante da emergência climática, podemos afirmar que a consciência planetária – a percepção de que somos parte da natureza, e não seus senhores – é também uma característica urgente que atravessa esse processo.

Da mesma forma, por muito tempo a adultez era tomada como resultado da realização de diferentes tarefas, que podem ser operacionalizadas a partir de cinco marcadores: conquistas educacionais, situação profissional, vida independente, parceria romântica e parentalidade.[4] Esses marcadores têm como característica principal seu componente *sociodemográfico*, uma vez que podem, por exemplo, ser mensurados objetivamente a partir de taxas e censos (de casamento, divórcio, anos de estudo), além de poderem ser considerados a partir de marcos específicos de idade. Tradicionalmente, estes eram atingidos tão logo as condições necessárias para tanto fossem apresentadas.

No entanto, nas últimas décadas, vivenciamos mudanças importantes que vêm desafiando essa concepção. Por um lado, esses marcadores sociodemográficos estão ocorrendo cada vez mais tarde: desde as últimas décadas do século XX, por exemplo, a transição entre contextos de educação formal e entrada no mercado de trabalho tem se tornado mais prolongada, complexa e incerta.[5] Por outro, cada geração desafia não somente o *timing* e o sequenciamento, mas também as metas e ambições dentro de cada um desses indicadores: o que é ter um "bom" trabalho? O que é viver uma vida independente?

Nesse sentido, podemos entender que as características mais comumente associadas à adultez são, em sua essência, psicológicas, uma vez que marcadores sociodemográficos sozinhos são insuficientes para encapsularem o *status* da adultez.[6] Questões como sentir-se responsável pelas consequências de seus atos; ser capaz de tomar conta de si mesmo e de tomar decisões sem precisar, necessariamente, depender de outras pessoas parecem mais centrais na definição da vida adulta do que marcadores tradicionais como casamento, carreira e parentalidade.[7] Da mesma forma, características biológicas têm menos relevância nesse período quando comparado a outros, como a infância ou adolescência.

Compreender que as características da adultez dizem respeito a aspectos psicológicos também nos faz entender os motivos pelos quais indivíduos no mesmo estágio da vida podem não se identificar como adultos de forma uniforme. Assim, é importante considerar que a vida adulta também envolve a tarefa de *sentir-se adulto*. Atitudes relacionadas ao processo de envelhecimento como um todo são igualmente importantes tanto no ato de tornar-se adulto quanto no próprio envelhecer. Ter uma postura positiva em relação à passagem do tempo e ao envelhecimento, além de acreditar que as pessoas podem adquirir novas competências e capacidades à medida que envelhecem, está associado a um melhor funcionamento cognitivo e físico, especialmente durante a transição para a adultez tardia, bem como a mais saúde e bem-estar.[8]

Curiosamente, essa percepção subjetiva está, muitas vezes, relacionada a atingir determinados marcos sociodemográficos, como casamento, mostrando que, por mais que ser – e se sentir como um – adulto seja marcado por características psicológicas, existe uma interação significativa entre essas atitudes e marcadores sociodemográficos tradicionais. Isso ocorre porque não podemos desconsiderar a existência de sistemas de crenças que impulsionam os padrões culturais de pensamento e comportamento e que definem culturalmente aquilo que é esperado de uma pessoa adulta,[9] e que estes são definidos, de forma geral, a partir de padrões que são passados de geração a geração.

Assim, o presente capítulo tem como objetivo apresentar, de forma sucinta, as principais características e tarefas de cada fase dentro da vida adulta. No entanto, é importante considerar que a definição de subestágios dentro dessa faixa está longe de ser uma unanimidade entre diferentes autores e organizações. Assim, propomos uma organização que é, antes de tudo, operacional para os objetivos deste trabalho, privilegiando a consideração da interação entre aspectos individuais, familiares, sociais e culturais que envolvem esta fase do desenvolvimento.

"TORNAR-SE" ADULTO: A ADULTEZ EMERGENTE

Os anos entre o final da adolescência e o estabelecimento da vida adulta são, talvez, os mais profícuos – e desafiadores – de todo o desenvolvimento. Já estabelecemos que a simples maioridade legal não implica, necessariamente, a entrada na vida adulta. Contudo, ainda assim, o período após os 18 anos apresenta um momento em que decisões com ramificações importantes são tomadas, não podendo ser desconsiderada a sua importância dentro do ciclo vital. Por este motivo, o pesquisador americano Jeffrey Arnett propôs, em 2000, a existência de uma fase do desenvolvimento intermediária, que compreenderia o momento entre a adolescência e a vida adulta: a adultez emergente (emerging adulthood), que se estenderia entre os 18 e 29 anos de idade.[10]

Essa conceitualização é interessante pois apresenta, de forma estruturada, a ideia de que existe uma fase do desenvolvimento em que aspectos importantes coexistem. Por um lado, a maioridade legal permite o acesso a mecanismos legais e sociais até então inacessíveis. Como consequência, parece haver a possibilidade de intensificação da experimentação de papéis que normalmente se inicia na adolescência. Há também acesso a tarefas geralmente associadas à vida adulta, porém parece existir certa flexibilidade quanto às responsabilidades e expectativas. Nesse sentido, podemos entender que esta é uma fase em que os jovens não se percebem mais como adolescentes, nem como plenamente adultos. A existência desse período parece estar diretamente relacionada à mudança do timing dos diferentes marcadores sociodemográficos tradicionalmente associados à vida adulta, permitindo que o fim da primeira década de vida e o início da segunda se transformem em um período de exploração, possibilidades e incertezas.

A adultez emergente caracteriza-se por diferentes aspectos. Primeiro, os jovens exploram diversas áreas da vida, como amor, trabalho e visão de mundo, sem comprometer-se definitivamente a longo prazo, enquanto podem experimentar inúmeras possibilidades com otimismo em relação ao futuro. Ao mesmo tempo, esse período não estruturado causa instabilidade e mudanças em vários domínios da vida, podendo resultar em sentimentos de ansiedade. Além disso, há um foco crescente em autoconhecimento e autossuficiência, facilitado pela ausência de obrigações com parceiros, filhos e carreira. Finalmente, os jovens sentem uma ambivalência em relação à idade adulta, assumindo responsabilidades, mas ainda próximos dos pais e familiares, sem se considerarem adultos completos.[11]

A compreensão desses marcadores é vital para profissionais da saúde por diferentes motivos. Primeiro, porque tratar esses indivíduos como adolescentes subestima sua capacidade de independência (mesmo que recém-adquirida), bem como sua agência e poder de decisão referente a distintos aspectos, mas principalmente quanto à adesão – ou não – a tratamentos e intervenções. Ao mesmo tempo, tratar jovens nesta fase como adultos pode dificultar o reconhecimento de aspectos importantes, como os relacionados às incertezas e instabilidade, característicos desta fase, ou seja, são aspectos normais desse período do desenvolvimento e não sintomas de transtornos mentais.[12]

Nesse sentido, o período da adultez emergente pode estar relacionado a maiores níveis de bem-estar, uma vez que o aumento de possibilidades (quando comparado à adolescência) e a menor carga de responsabilidades (quando comparado à adultez plena) podem gerar nos jovens uma maior sensação de liberdade e, consequentemente, felicidade. No entanto, é importante considerar que esse lugar de transição também pode ser difícil para alguns jovens, uma vez elicitando sentimentos e pensamentos depressivos e ansiosos naqueles que consideram que deveriam se sentir mais adultos em sua idade.

Esse aspecto é também importante porque, por mais que os transtornos mentais normalmente tenham início na adolescência, alguns transtornos apresentam uma idade de início que tem um overlap significativo com essa fase do desenvolvimento, notavelmente: esquizofrenia, transtorno bipolar, transtorno de estresse pós-traumático e transtornos por uso de substâncias.[13] Isso demonstra a importância de uma atenção especial à saúde mental de jovens neste período.

Nesse contexto, também é importante considerar a relevância de marcadores sociais nesta fase do desenvolvimento, uma vez que o acesso e a permissão à exploração desta fase são fortemente influenciados pelo contexto cultural e socioeconômico em que os jovens se encontram.[14] Assim, a adultez emergente não pode ser pensada como um processo universal, sendo vital considerar a interseccionalidade de questões como gênero, raça e classe social nas trajetórias que podem ser trilhadas entre a adolescência e a vida adulta.[15]

Estudos vêm demonstrando que vivências repetidas de discriminação racial durante a adultez emergente, por exemplo, estão inversamente relacionadas ao bem-estar psicológico no restante da vida adulta.[16] Atenção especial também deve ser dada a jovens que estão se tornando adultos em contextos de privação de liberdade[17] e serviços de acolhimento institucional.[18] Além disso, é importante considerar que a sensação de risco e estresse que advém de fazer parte de um grupo discriminado e/ou marginalizado na sociedade pode também definir aspectos importantes na trajetória de tornar-se adulto, como maior frequência de comportamentos de risco (p. ex., uso de bebidas e drogas).[19] Ainda assim, vale considerar que movimentos identitários relacionados ao processo de reconhecer-se como parte de um grupo minoritário podem também ser um fator protetor relacionado ao bem-estar nesta fase do desenvolvimento.[20]

Da mesma forma, é importante salientar que, entre influências e reações locais e globais, as preocupações com o meio ambiente também começam a fazer parte do cotidiano das pessoas. Amplos setores da sociedade cada vez mais se convencem da impossibilidade de uma melhor qualidade de vida para todos se não forem tomadas medidas radicais e urgentes para combater a gradativa degradação ecológica do planeta. É também um desafio se tornar adulto e prospectar a incerteza frente à existência continuada de um planeta que comporte a subsistência humana, o que pode gerar sentimentos de angústia e ansiedade crônicos, mas também sentimentos de impotência, tristeza, culpa e desesperança.[21]

Todos esses fatores complexos contribuem para o ambiente atual em que, além da presença e da esperança nos grandes benefícios do progresso tecnológico, a ansiedade (e a ecoansiedade) e a incerteza já fazem parte intrínseca do contexto das pessoas e suas famílias, que cada vez menos encontram verdades prontas e cada vez mais confrontam-se com o fato de que os valores fundamentais têm de ser construídos colaborativamente por todos. Nesse sentido, a participação em ações coletivas em prol da saúde planetária pode trazer benefícios à saúde mental dos participantes.[22]

Como já previamente discutido, não existe um marcador único que define o fim da adultez emergente. No entanto, em termos práticos, pesquisas vêm sugerindo a emergência de três fatores principais que parecem ser os mais importantes para atingir o *status* de adulto em diferentes culturas: (1) aceitar responsabilidade por si mesmo; (2) tomar decisões de forma independente; e (3) tornar-se financeiramente independente.[23] Assim, vale ressaltar que a entrada na adultez parece ser caracterizada por uma tarefa que é, em última análise, *individual* (Figura 13.1). Nesse sentido, profissionais de saúde mental podem ter um papel importante no apoio de jovens enfrentando dificuldades neste período de

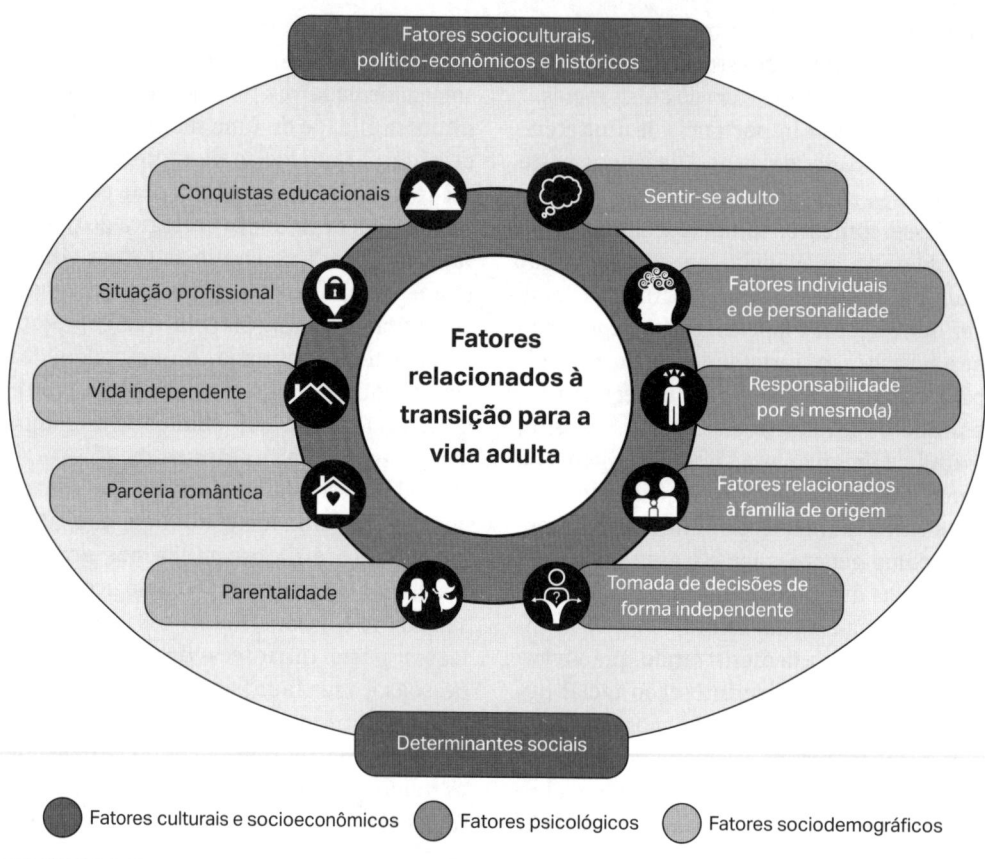

FIGURA 13.1
Fatores que facilitam ou dificultam o pleno desenvolvimento na vida adulta.

transição, considerando as características únicas que atravessam o envelhecimento para cada indivíduo.

EQUILIBRANDO TUDO: OS DESAFIOS DA ADULTEZ ESTABELECIDA

Engana-se quem pensa que, uma vez conquistado o *status* de adulto, acabam as tarefas e demandas específicas. Nos últimos anos, diferentes pesquisadores vêm chamando atenção para a necessidade de considerarmos a importância do período que se estende entre a adultez emergente e aquele que é chamado de "meia-idade". Isto porque a consequência do atraso dos marcadores tradicionais de adultez é a coexistência, no breve período entre os 30 e 45 anos, dos principais marcadores tradicionais da vida adulta, que incluem o desenvolvimento da carreira, relacionamentos duradouros e a parentalidade.[24] Como em outros períodos, a divisão etária não deve ser considerada prescritiva, podendo, por exemplo, ser ampliada até os 50 anos.

Assim, a ideia de que esse período pode ser entendido como adultez estabelecida (*established adulthood*) opera uma distinção interessante entre a tarefa de explorar o tornar-se adulto (que seria mais típica da adultez emergente) e a cristalização das decisões tomadas no período formativo (mais típica da meia-idade). Mais especificamente, nesse período, indivíduos estão profundamente envolvidos em suas responsabilidades ocupacionais, ao mesmo tempo em que cumprem as responsabilidades de iniciar e manter relacionamentos românticos, cuidar de filhos, amigos, pais idosos, membros da família e animais de estimação, além de se envolverem com suas comunidades.[25]

De forma geral, essa fase parece ser encapsulada por uma ambivalência importante: por um lado, sentir-se adulto e acessar marcadores característicos desta fase – carreira, casamento, maternidade/paternidade – traz uma estabilidade importante para a vida, até então desconhecida; ao mesmo tempo que transforma essa fase em uma negociação constante entre aquilo que pode e deve ser feito. Assim, alguns autores sugerem que essa fase é marcada pela dissolução do sentimento de estar entre a adolescência e a vida adulta que marca a adultez emergente.[26] Ao mesmo tempo que representa um momento em que crescimento e desenvolvimento constante coexistem com maior liberdade, autoconhecimento e confiança em si mesmo, a adultez estabelecida também traz como central a busca por um equilíbrio, principalmente no que diz respeito à existência de muitas obrigações concorrentes.

Também cumpre destacar que, nesse processo, estão implicadas questões importantes relacionadas às vivências de gênero. Em especial, destaca-se que pensar em um equilíbrio entre atribuições profissionais e familiares pode ser especialmente difícil para mulheres, uma vez que elas ainda são, com frequência, as principais responsáveis pelas tarefas domésticas e pelo cuidado dos filhos.[27] Esse cenário revela como as expectativas sociais em torno da maternidade e do estabelecimento do núcleo familiar influenciam profundamente a vida – e o bem-estar – das mulheres. Sendo assim, é crucial compreender como essas dinâmicas se manifestam no contexto familiar.

SEXUALIDADE NA VIDA ADULTA

No cerne da vida adulta, também cumpre ressaltar o papel da sexualidade. Esta se manifesta ao longo de toda a nossa vida; sofrendo modificações à medida que vão ocorrendo os desenvolvimentos corporal e psíquico, em que outras capacidades são adquiridas, dando origem a novas formas de expressão. Esse desenvolvimento varia de pessoa para pessoa e também depende dos diferentes fatores, como, por exemplo, aspectos sociais e econômicos (diferentes culturas e momentos históricos), o contexto familiar (valores morais e religiosos), o contexto subjetivo (questões emocionais e cognitivas), entre outros.

Na infância, a sexualidade se expressa por meio de curiosidade, questionamentos, exploração do próprio corpo e do outro, com o reconhecimento das diferenças sexuais. O erotismo infantil, postulado inicialmente por Freud, é marcado por curiosidade do diálogo sobre sexo, descoberta do próprio corpo, masturbação e jogos ou brincadeiras sexuais. A descoberta do próprio corpo e do outro ainda não está influenciada pelas regras sociais, pois nem sempre a criança sabe o que pode fazer ou não. A adolescência é um período muito importante para a sexualidade, pois é quando descobrimos e vivenciamos nossas escolhas amorosas e sexuais e nos reconhecemos como sujeitos sexuados no mundo. Nessa fase, afirmamos nossa identidade, assumindo nossos desejos e a forma de sentir e amar. Assim nos preparamos para a vida adulta no que diz respeito à independência emocional e afetiva.

O adulto (já com o corpo físico desenvolvido) precisa enfrentar novos desafios da sexualidade: o cuidado de si e do outro, a maternidade e a paternidade, a possível relação conjugal e as experiências mais amadurecidas da resposta sexual (desejo, excitação, orgasmo). Todas essas questões estão atravessadas pelos processos de escolha das práticas sexuais, as manifestações e as condições da identidade sexual. Nesse sentido, a sexualidade se torna um atravessamento importante a ser considerado quando pensamos na saúde física e mental de adultos de todas as idades, visto que experiências negativas relacionadas à vida sexual – que podem estar atravessadas por questões relacionadas às regras e aos padrões definidos pela sociedade, mas também perpassam questões de papéis e vivências de gênero – têm um papel importante no contínuo saúde-doença.

A experiência da parentalidade também redefine a vida sexual. Para pessoas que optam por este caminho, a gravidez, o parto e o puerpério são um desafio vital sem precedentes, que influencia todos os aspectos da vida. De forma geral, a família precisa se fortalecer nesse processo, ainda que socialmente haja pouco reconhecimento da riqueza, das particularidades e das dificuldades desse momento pelo qual passam aqueles que escolhem gestar um filho. A parceria do núcleo familiar nessa fase é fundamental. Ressalta-se também que, nas famílias heteronormativas, os últimos anos vêm trazendo mudanças importantes, com os homens cada vez mais assumindo os cuidados básicos do bebê ao lado das mães, dentro do que se chama "novas masculinidades".[28]

No envelhecimento, o corpo, que nunca deixa de ser sexuado, passa por transformações que implicam uma série de mudanças igualmente importantes de serem consideradas. Essas mudanças no corpo, hoje bem auxiliadas pelos avanços da medicina, não impedem que as pessoas, até o final da vida, possam amar, ter relações sexuais e viver plenamente a vida erótica, se assim o desejarem.

CICLO DA VIDA FAMILIAR: ASSOCIAÇÃO COM O DESENVOLVIMENTO DOS ADULTOS

No cerne da vida adulta, entendemos a existência de uma decisão vital que molda o desenvolvimento psicológico e a dinâmica familiar: a escolha de ter filhos. Para compreender essa decisão, vamos explorar as características psicológicas que o indivíduo adulto desenvolve em cada etapa do ciclo vital de sua família de procriação.[29] Nossa análise se concentrará em casais, sejam hetero ou homoafetivos, que optam por ter filhos, reconhecendo que essa decisão acarreta implicações específicas no desenvolvimento individual e nas interações familiares. Não serão incluídos, neste contexto, os casais ou indivíduos que decidem não ter filhos, pois eles seguem um percurso desenvolvimental distinto. Contudo, é importante notar que, ao escrever este capítulo, observa-se uma crescente tendência mundial de escolha por não ter filhos, muitas vezes associada a preocupações com a crise climática e civilizatória que enfrentamos. Em muitos países ocidentais, as normas atuais para estilos de vida socialmente aceitáveis são mais flexíveis do que eram durante a primeira metade do século XX. As pessoas se casam mais tarde, quando se casam; mais pessoas têm filhos fora do casamento, se tiverem filhos; e mais pessoas rompem seus casamentos. Algumas pessoas permanecem solteiras, algumas se casam novamente, e outras vivem com um parceiro de qualquer sexo. Algumas pessoas casadas com carreiras distintas têm casamentos itinerantes, às vezes chamados de convivência à distância. Em síntese, não existe o tal casamento ou família "típicos".

O recorte proposto inclui principalmente as famílias de classe média urbana ocidental, "colorida" por nossa experiência clínica e pessoal no sul do Brasil, onde todos os autores residem. As classes médias urbanas brasileiras, americanas e mesmo europeias compartilham diversos valores comuns, enquanto cada país apresenta diferenças de organização familiar e social, dependendo da geografia, da etnia, da localização urbana ou rural e da classe social.

Por outro lado, ao longo das últimas décadas, "o Brasil atravessa um intenso e acelerado processo de modernização que afeta praticamente a sociedade como um todo... assim como a formação da família e da subjetividade".[30] Seria essa uma nova família? São alterações observáveis em toda a sociedade, interferindo em todos os níveis e sentidos nas relações e na formação de diferentes grupos. A sociedade e a família, como grupo social básico, vivem em um momento de conflito e muita desorganização que se refletem em um desprezo pelos valores mais tradicionais, levando a oscilações e mudanças na construção da subjetividade de cada um. Mudanças sociais (externas) se refletem em mudanças internas na construção da subjetividade, que tende à fragmentação da qual decorre um vazio no campo da intersubjetividade e dos relacionamentos, favorecendo as assim chamadas "cultura do narcisismo" e "sociedade do espetáculo".[31,32]

A VISÃO SISTÊMICA

Tem-se como princípio norteador nesta seção a teoria sistêmica, que se nutre de várias outras. A família seria, então, o grupo humano básico em que se desenvolvem as pessoas, verificando-se que aquilo que acontece com um membro da família afeta a todos os demais. De forma recíproca, o que ocorre à família influencia necessariamente a todos os seus membros. É preciso pensar a família como unidade,[33] como um organismo vivo, um sistema aberto que se desenvolve e se transforma com o tempo (não nasce e não morre, surge de famílias, se associa com outras famílias e se desfaz, transformando-se em novas famílias). A visão sistêmica preconiza que deve-se considerar pelo menos três gerações,[34] as quais se influenciam reciprocamente e definem regras de relacionamento e funcionamento que variam com o estágio do ciclo vital e as crises situacionais enfrentadas.

Se, por um lado, precisamos ser sensíveis às singularidades de cada família, também temos alguns dados bem estabelecidos sobre o que é essencial para um bom desenvolvimento psicológico. O estabelecimento de uma família exige que, no centro, encontrem-se adultos que se responsabilizem por suas vidas e ações e assumam as demandas básicas dos filhos: cuidados, amor e limites. Precisam, ao mesmo tempo, cuidar da satisfação de suas próprias necessidades, inclusive de realização sexual. Assim, entende-se que o relacionamento emocional do adulto deve ser consistente e flexível, conforme as etapas do ciclo vital e as peculiaridades da família, o mesmo valendo para suas relações no trabalho e no círculo social. Nos conflitos, preferencialmente evita-se o autoritarismo e buscam-se soluções negociadas. O casal costuma ser o alicerce da estrutura familiar, quando está relacionando-se bem, a comunicação é franca e o poder é partilhado com ambos os cônjuges sendo valorizados, mesmo que exerçam tarefas diferentes.

Para o bom desenvolvimento das relações entre adultos, é crucial a capacidade de dividir poder e responsabilidades com base em confiança e colaboração, reconhecendo a importância de cada um no cumprimento de tarefas essenciais. Os adultos devem servir como modelos de comunicação efetiva, incluindo aspectos negativos, em um ambiente afetuoso e respeitoso, priorizando a união. A capacidade de desenvolver bons recursos de solução de problemas em conjunto é fundamental, já que sempre haverá crises, sejam normativas ou acidentais. Esse processo envolve identificar o problema, evitar reações exageradas, encontrar soluções compartilhadas, implementá-las e avaliar os resultados. Essas capacidades não só integram a personalidade adulta, mas também promovem o desenvolvimento ético-moral familiar.

Ainda que a mudança e a impermanência sejam sinônimo de vida, os processos de transformação trazem consigo o medo dos riscos, e as pessoas esquecem-se, com frequência, que também trazem novas e criativas possibilidades. Dentro das famílias, cabe aos adultos, então, saber olhar as mudanças, enfatizando a esperança de com elas construir um ambiente mais harmônico, em que as diferenças acrescentem e não sejam interpretadas ou usadas como ameaça, já que a violência só explode quando não há espaço para a individuação e a diversidade, quando faltam oportunidades para o crescimento. Com a diminuição da influência de verdades absolutas, como as religiosas ou regras sociais rígidas, é vital que os adultos desenvolvam autonomia de pensamento, especialmente em um contexto de globalização da comunicação que muitas vezes promove a cópia acrítica de modelos comportamentais e dissemina informações falsas, que devem ser identificadas e combatidas.

Dentro das famílias, quando as relações entre adultos se deterioram, o divórcio torna-se uma opção viável. Uma consequência do divórcio mal-encaminhado é que os filhos muitas vezes ficam desassistidos ou envolvidos nos conflitos dos pais. Contudo, a ruptura também pode ser vista de forma otimista, como uma oportunidade de formar novas parcerias e expandir as redes sociais e familiares por meio de recasamentos, desde que os vínculos com os filhos sejam sólidos.

E o que ocorre com os papéis parentais após o divórcio? O que vemos é que existe uma clara tendência a se tornarem menos rigidamente definidos e mais semelhantes, exigindo que ambos os lados voltem sua atenção a aspectos anteriormente não contemplados pela divisão do trabalho e do cuidado. Após o que frequentemente é vivido como um período de caos, nas separações bem-feitas, o papel de mãe e de pai se complexifica, e ambos se tornam pessoas com desenvolvimento pessoal mais integral, capazes de uma relação melhor com seus filhos, em que os cuidados e a autoridade podem ser exercidos por ambos.

Também nos casais que se mantêm casados esse processo tende a ocorrer: o casal precisa equilibrar a competência e a autonomia laboral, ao mesmo tempo que deve desenvolver sua capacidade de mostrar-se cuidadoso e cuidador nas relações, sensível e intuitivo. O casal deixa de ser complementar para tornar-se mais simétrico, com mais chances de distribuir o poder de forma equitativa. Idealmente, também ocorrem modificações no sentido de diminuir a tradicional divisão em que o homem é encarregado do trabalho fora do lar, de trazer dinheiro e cuidar da proteção da família em relação ao mundo externo, enquanto a mulher só conhece o espaço entre as quatro paredes da casa e se dedica aos cuidados das crianças. Crescem as semelhanças e com isso a capacidade para a intimidade.

Os estudos sobre famílias com bom funcionamento, em que todos os seus membros se desenvolvem bem, têm sido unânimes em mostrar que um dos ingredientes para esse resultado é a presença de igual poder entre os cônjuges, mesmo quando seus papéis são diferentes, como nas famílias mais tradicionais.[35]

O risco que todas as famílias correm, neste mundo de competição desmedida, é trazer esse padrão para dentro de casa. Sintomas de ansiedade se exacerbam e depressão pode desenvolver-se. Quando o casal está atento à tendência de adotar na família os mesmos critérios da sociedade externa e se torna ativo e criativo no enfrentamento das questões introduzidas por suas diferenças e competições inevitáveis, ocorre um enriquecimento pessoal e seu relacionamento fica mais satisfatório em todos os níveis. Nesse processo de encontrar o equilíbrio, a busca por psicoterapia de casal pode se mostrar necessária, a qual deveria ser a primeira escolha. Tais questões também estão na base da origem e solução de boa parte dos sintomas que levam as famílias a procurarem ajuda para seus filhos. Quando a equipe parental falha e não consegue encontrar mais soluções alternativas às questões do desenvolvimento colocadas pelos filhos, pode necessitar de ajuda profissional. Boa parte dos casos de depressão infantil e dos transtornos de comportamento e de aprendizagem está associada com a dificuldade do grupo familiar de reorganizar-se frente aos desafios do desenvolvimento de seus membros, tanto jovens quanto adultos.

Sabemos que a vida das famílias é marcada por transições que coincidem com as crises de desenvolvimento dos indivíduos. Na fase da adultez tardia, quando adultos se tornam avós, novos desafios aparecem em todas as áreas da vida. Neste período, o desafio torna-se encontrar um novo equilíbrio nas relações pessoais e familiares, em especial sabendo respeitar a autoridade dos filhos como pais dos netos.[36]

Nesses pontos podem surgir impasses e bloqueios, desencadeando sintomas emocionais ou mesmo quadros psiquiátricos. É frequente que nesses momentos críticos de transição, o indivíduo e a família percam a noção do fluxo do tempo e passem a enxergar a situação presente como eterna. Portanto, quando se auxilia a família a perceber a relação entre os sintomas dos indivíduos e a atual crise vital familiar, introduzindo as noções de universalidade, transitoriedade e impermanência, abre-se uma nova perspectiva que ajuda a grande maioria a retomar o caminho natural do desenvolvimento.

CONSIDERAÇÕES FINAIS E PERSPECTIVAS FUTURAS

Concluindo, a definição e a experiência da vida adulta evoluem e se transformam de acordo com a passagem do tempo e das gerações, sendo comum o surgimento de conflitos geracionais relacionados a novos olhares e propósitos estabelecidos. Diversos estudos evidenciam diferenças entre os valores humanos, ideais relativamente estáveis que funcionam como princípios que guiam nossas atitudes e comportamentos ao longo da vida, ao comparar indivíduos de gerações e, consequentemente, idades diferentes de forma universal.[37] Essas diferenças parecem estar diretamente relacionadas com fatores geracionais e mudanças internas desenvolvimentais, conforme achados de estudos longitudinais, podendo ter implicações na evolução dos valores sociais a longo prazo.[38,39]

Essas distinções são geradas pela interação entre a cultura, a evolução tecnológica e a organização social e econômica pelas quais a humanidade transita, originando desafios únicos que são enfrentados de formas diferentes de acordo com a fase desenvolvimental que aquela geração está passando em determinado período histórico. Esse enfrentamento individual e coletivo molda as atitudes das pessoas em relação a vida familiar, trajetória educacional/ocupacional, vida política e vida social e traça metas e significados de realização pessoal.[40]

Dessa forma, a vida adulta se manifesta de maneiras diferentes em cada geração (para um *overview* de questões geracionais, ver Quadro 13.1), sendo as mudanças nos valores, expectativas e comportamentos notáveis. Isso é fundamental quando avaliamos questões relacionadas com a saúde mental de cada indivíduo, uma vez que não podemos estabelecer um padrão de adultez, incluindo formas de relações interpessoais, ocupacionais, organizacionais e pessoais, para pessoas de gerações diferentes, já que isso soaria como apelar para bordões falaciosos como: "no meu tempo isso era diferente".

QUADRO 13.1
QUESTÕES GERACIONAIS AO LONGO DO TEMPO

Boomers (1946-1964)

- A primeira geração a ter maior acesso à educação acadêmica, o que levou a atrasos na entrada na vida adulta tradicional, que era baseada na estabilidade profissional e na manutenção de uma família com papéis de gênero definidos.
- Influenciados pelos movimentos de direitos civis, feminismo e contracultura, os *Boomers* começaram a questionar normas sociais e redefiniram o conceito de adultez, priorizando a realização pessoal, o que resultou no adiamento do casamento e da formação de famílias.
- Muitos se dedicaram ao trabalho, fazendo da carreira uma parte central de sua identidade.
- Quanto à saúde mental, apesar do estigma persistente, houve uma redução em comparação à geração anterior, especialmente com o aumento de tratamentos psicoterápicos e clínicos a partir das décadas de 1960 e 1970.

Geração X (1965-1980)

- Primeira geração a experimentar a "adultescência", em que a entrada na vida adulta foi muitas vezes adiada em razão de um cenário de maior instabilidade financeira e familiar, com maior número de divórcios e casos de desemprego.
- Tendem a ser mais pragmáticos sobre carreiras e frequentemente mudam de emprego em busca de melhores oportunidades.
- As pessoas desta geração com frequência veem a vida adulta como um equilíbrio entre o trabalho e a vida pessoal, valorizando a independência e a flexibilidade e tendo uma visão crítica em relação às instituições.
- Temas de saúde mental passaram a ser mais discutidos na mídia, cultura popular e academia nas décadas de 1980 e 1990, embora o estigma ainda fosse significativo. Tendem a buscar tratamentos quando necessário, mas ainda utilizam estratégias de enfrentamento baseadas na autossuficiência, como o trabalho intenso ou *hobbies* para mitigar o estresse.

Geração Y (*Millennials*) (1981-1996)

- Transição para a vida adulta mais complicada pela explosão nos custos de educação e habitação, além da precarização e especialização do mercado de trabalho.

→

QUADRO 13.1
QUESTÕES GERACIONAIS AO LONGO DO TEMPO

- São conhecidos por priorizar experiências sobre bens materiais, com um foco em autenticidade, diversidade e justiça social. Eles também têm uma valorização de aspectos de saúde e apresentam um forte senso de comunidade, muitas vezes construído em torno de redes sociais.
- Para os *Millennials*, a carreira muitas vezes envolve trabalhos que se alinham com seus valores pessoais, sendo comum trocas de emprego ou iniciativas empreendedoras. Muitos buscam equilíbrio entre vida pessoal e profissional, e há uma crescente aceitação de novos arranjos familiares, como coabitação antes do casamento e adiamento ou escolha de não ter filhos.
- Em relação à saúde mental, foram a primeira geração a falar abertamente sobre o tema, compartilhar experiências e buscar tratamentos psiquiátricos e psicoterápicos, muito potencializado pelas ferramentas digitais. No entanto, a precariedade econômica, competitividade no mercado de trabalho e o aumento do custo de vida têm gerado estresse adicional, sendo maiores as taxas de *burnout* nesta população.

Geração Z (1997-2012)

- É uma geração nativa digital e que cresceu em um mundo acelerado, o que moldou sua visão da vida adulta.
- São conhecidos por buscar flexibilidade e propósito em suas carreiras, sendo comum a busca por trabalhos remotos, cargas horárias flexíveis e a baixa permanência em empregos específicos. Além disso, tendem a ser pragmáticos e céticos quanto às instituições tradicionais, colocando limites e exigindo mudanças estruturais, o que gera muitos conflitos com as gerações anteriores.
- Valorizam a individualidade e apresentam grande consciência social, sendo uma geração mais diversa e inclusiva que as anteriores. Eles podem continuar a tendência de adiar ou redefinir os marcos tradicionais da vida adulta, devido a incertezas econômicas e mudanças nos valores culturais.
- Mais abertos em relação aos cuidados com a saúde mental, tendo maior engajamento no assunto nos meios digitais e interesse em tratamentos e diagnósticos, sendo rápidos em identificar e rotular problemas psiquiátricos. Muitas vezes, têm pouco acesso a informações confiáveis e tratamentos especializados, seja pela falta de recursos ou pela busca de informações de forma rápida e por meio de redes sociais. Ferramentas digitais de promoção de saúde mental e de tratamento são amplamente utilizadas. Contudo, eles são mais propensos a terem maiores taxas de estresse emocional e se sentirem ansiosos ou inseguros sobre o futuro, principalmente devido a crises econômicas, políticas, sanitárias e, principalmente, mudanças climáticas.

REFERÊNCIAS

1. Werchan DM, Amso D. A novel ecological account of prefrontal cortex functional development. Psychol Rev. 2017;124(6):720-39.
2. World Health Organization. The UHC compendium supports a life course approach [Internet]. Geneva: WHO; 2025 [capturado em 05 fev. 2025]. Disponível em: https://www.who.int/universal-health-coverage/compendium/interventions-by-life-course.
3. Adulthood. In: American Psychological Association. APA dictionary of psychology [Internet]. Washington: APA; 2023 [capturado em 05 fev. 2025]. Disponível em: https://dictionary.apa.org/adulthood.
4. Settersten RA. The new landscape of adult life: road maps, signposts, and speed lines. Res Hum Dev. 2007;4(3-4):239-52.
5. Billari FC, Liefbroer AC. Towards a new pattern of transition to adulthood? Adv Life Course Res. 2010;15(2-3):59-75.
6. Tavakkoli M, Valarezo E, García LF. Perceptions of adulthood and mental health. Int J Environ Res Public Health. 2004;1(1):773.
7. Wright M, von Stumm S. Perceptions of adulthood: what does it mean to be grown-up? J Adult Dev. 2024.
8. Ingrand I, Paccalin M, Liuu E, Gil R, Ingrand P. Positive perception of aging is a key predictor of quality-of-life in aging people. PLoS ONE. 2018;13(10):e0204044.
9. Numan A, Muazzam A, Arnett JJ. Dimensions of emerging adulthood in Pakistan: a demographic profile. J Adult Dev. 2024.
10. Arnett JJ. Emerging adulthood: a theory of development from the late teens through the twenties. Am Psychol. 2000;55(5):469-80.

11. Froeseler MVG. Percepções de adultez emergente e indicadores de saúde mental entre jovens brasileiros [Tese]. Minas Gerais: Universidade Federal de Minas Gerais; 2019.
12. Arnett JJ, Žukauskienė R, Sugimura K. The new life stage of emerging adulthood at ages 18-29 years: implications for mental health. Lancet Psychiatry. 2014;1(7):569-76.
13. Solmi M, Radua J, Olivola M, Croce E, Soardo L, Salazar De Pablo G, et al. Age at onset of mental disorders worldwide: large-scale meta-analysis of 192 epidemiological studies. Mol Psychiatry. 2022;27(1):281-95.
14. Syed M, Mitchell LL. Race, ethnicity, and emerging adulthood: retrospect and prospects. Emerg Adulthood. 2013;1(2):83-95.
15. Hendry LB, Kloep M. How universal is emerging adulthood? An empirical example. J Youth Stud. 2010;13(2):169-79.
16. Lee DB, Anderson RE, Hope MO, Zimmerman MA. Racial discrimination trajectories predicting psychological well-being: from emerging adulthood to adulthood. Dev Psychol. 2020;56(7):1413-23.
17. Cardozo G, Dubini P, Gonzalez AS. Transición de jóvenes varones en conflicto con la ley penal hacia la vida adulta en Córdoba (Argentina). Psicol Conoc Soc. 2019;9(1):31-58.
18. Moraes Martinez AL, Soares-Silva AP. O momento da saída do abrigo por causa da maioridade: a voz dos adolescentes. Psicol Rev. 2008;14(2):113-32.
19. Salvatore C, Daftary-Kapur T. The Influence of Emerging Adulthood on the Risky and Dangerous Behaviors of LGBT populations. Soc Sci. 2020;9(12):228.
20. Scroggs B, Vennum A. Gender and sexual minority group identification as a process of identity development during emerging adulthood. J LGBT Youth. 2021;18(3):287-304.
21. Kurth C, Pihkala P. Eco-anxiety: what it is and why it matters. Front Psychol. 2022;13:981814.
22. Prescott SL, Greeson JM, El-Sherbini MS; The Planetary Health Community Convened by the Nova Institute for Health. No health without mental health: taking action to heal a world in distress: with people, places, and planet 'in mind.' Challenges. 2022;13(2):37.
23. Arnett JJ. Emerging adulthood: what is it, and what is it good for? Child Dev Perspect. 2007;1(2):68-73.
24. Mehta CM, Arnett JJ, Palmer CG, Nelson LJ. Established adulthood: a new conception of ages 30 to 45. Am Psychol. 2020;75(4):431-44.
25. Mehta CM, Arnett JJ. Toward a new theory of established adulthood. J Adult Dev. 2023;30:1-5.
26. Mehta CM, LaRiviere K. You have those adult responsibilities, but you're still getting your feet on the ground: the lived experience of established adulthood. J Adult Dev. 2023;30(1):36-52.
27. Arenas DL, Viduani A, Bastos TM, Laskoski PB, Bassols AMS, Hauck S. Burnout in Brazilian women working from home during the COVID-19 pandemic: the role of motherhood. J Child Fam Stud. 2024;33(2):416-25.
28. Jablonka I. Homens justos: do patriarcado às novas masculinidades. São Paulo: Todavia; 2021.
29. Falceto OG, Waldemar JOC. O ciclo vital da família. In: Eizirik CL, Bassols MAS, organizadores. O ciclo da vida humana: uma perspectiva psicanalítica. 2. ed. Porto Alegre: Artmed; 2013.
30. Figueira SA. Psicanalistas e pacientes na cultura psicanalítica. In: Figueira SA. Efeito psi: a influência da psicanálise. Rio de Janeiro: Campus; 1988. p. 131-49.
31. Lasch C. Politics and social theory: a reply to the critics. Salmagundi. 1979;(46):194-202.
32. Debord G. La société du spectacle. Paris: Gallimard; 1992.
33. Minuchin S, Nichols MP, Lee WY. Famílias e casais: do sintoma ao sistema. Porto Alegre: Artmed; 2009.
34. Andolfi MA. Terapia familiar multigeracional: instrumentos e recursos do terapeuta. Belo Horizonte: Artesão; 2018.
35. Carter B, McGoldrick M, organizadores. As mudanças no ciclo de vida familiar: uma estrutura para a terapia familiar. Porto Alegre: Artmed; 1995.
36. Sprey J, Matthews SH. Contemporary grandparenthood: a systemic transition. Ann Am Acad Pol Soc Sci. 1982;464(1):91-103.
37. Lyons ST, Duxbury L, Higgins C. An empirical assessment of generational differences in basic human values. Psychol Rep. 2007;101(2):339-52.
38. Vilar R, Liu JH fu, Gouveia VV. Age and gender differences in human values: a 20-nation study. Psychol Aging. 2020;35(3):345-56.
39. Leijen I, Van Herk H, Bardi A. Individual and generational value change in an adult population, a 12-year longitudinal panel study. Sci Rep. 2022;12(1):17844.
40. Twenge JM. Generations: the real differences between gen z, millennials, gen x, boomers, and silentes, and what they mean for America's future. New York: Atria Books; 2023.

14

ENVELHECIMENTO E MORTE

MAURÍCIO KUNZ

O envelhecimento e a morte são processos naturais e universais que, além do declínio físico e cognitivo, também proporcionam oportunidades de crescimento e adaptação. Profissionais de saúde desempenham um papel crucial na promoção do bem-estar dos idosos, educando sobre o envelhecimento, identificando riscos e incentivando práticas que preservam a saúde. Uma abordagem integrativa, considerando fatores biológicos, psicológicos, sociais e ambientais, é essencial para compreender esse processo de forma ampla. O aumento da expectativa de vida impõe desafios que demandam políticas públicas e cuidados preventivos. Enquanto o envelhecimento biológico envolve declínio funcional e maior vulnerabilidade a doenças, o aspecto psicológico varia conforme as experiências individuais e socioculturais, influenciando a adaptação dos idosos. O envelhecimento cognitivo é um processo contínuo e não patológico, afetando algumas funções, mas preservando e aprimorando outras. A morte, embora inevitável, é vivenciada de maneiras diversas conforme crenças e culturas, e o luto, como resposta natural à perda, pode ser compreendido por diferentes modelos teóricos para oferecer suporte adequado aos enlutados.

DESCRITORES: velhice; envelhecimento; finitude; morte; luto.

ESTADO DA ARTE

O envelhecimento e a morte são fenômenos universais e inevitáveis que desempenham papéis centrais na experiência humana. Sob a perspectiva da psicologia desenvolvimental, esses processos não só refletem o declínio físico e cognitivo, mas também oferecem oportunidades para crescimento, adaptação e transformação.

Os profissionais de saúde e as instituições têm funções cruciais na promoção e manutenção da saúde em idosos. Esses atores são responsáveis por educar indivíduos e suas famílias sobre o processo natural de envelhecimento, identificando fatores de risco para o declínio cognitivo, como doenças cardiovasculares, hipertensão, diabetes e insônia, e promovendo estratégias para controlá-los, o que inclui práticas que promovam a saúde cognitiva, como a atividade física, a intelectual e a participação social.

É importante enfatizar que o envelhecimento do cérebro, embora natural, não significa necessariamente declínio funcional significativo ou inevitável.

Este capítulo explora o envelhecimento e a morte como parte do ciclo vital, destacando os aspectos biopsicossociais envolvidos, os desafios enfrentados em cada fase da vida adulta tardia e os recursos psicológicos que promovem a adaptação e o bem-estar.

ENVELHECIMENTO: UMA ABORDAGEM INTEGRATIVA

Uma abordagem integrativa para estudar o processo de envelhecimento em seres humanos é essencial, pois este é um fenômeno multidimensional, influenciado por fatores biológicos, psicológicos, sociais e ambientais. Compreender esse processo em sua totalidade requer a combinação de diversas disciplinas e perspectivas, o que permite uma visão mais completa e precisa.

O envelhecimento envolve mudanças complexas que afetam diferentes sistemas do corpo e interações com o ambiente. Fatores como genética, estilo de vida, ambiente social e histórico de saúde se influenciam mutuamente. Fatores de risco para o envelhecimento, como doenças crônicas, e fatores protetores, como atividade física e engajamento social, podem ser mais bem compreendidos quando analisados em conjunto.

O envelhecimento é um processo contínuo, influenciado por fatores desde a infância até a velhice. Entender como as experiências em diferentes fases da vida afetam o envelhecimento permite desenvolver políticas públicas e práticas que promovam o bem-estar em todas as idades.

Aspectos emocionais e cognitivos do envelhecimento estão intimamente ligados a fatores físicos e sociais. Uma abordagem integrativa pode ajudar a identificar interações importantes, como o impacto de doenças cardiovasculares na saúde cerebral ou o papel da rede de suporte social na prevenção da depressão.

O envelhecimento populacional tem implicações significativas para a sociedade, incluindo questões relacionadas à previdência, aos cuidados de saúde e à participação social. Abordagens integrativas permitem um planejamento mais eficiente para lidar com esses desafios e maximizar a contribuição dos idosos para a sociedade.

A integração multidisciplinar de áreas como biologia, neurociência, psicologia, sociologia, economia e saúde pública estimula colaborações científicas que geram descobertas mais abrangentes e aplicáveis.

Compreender as diferenças nos processos de envelhecimento entre populações diversas ajuda a reduzir disparidades em saúde, garantindo que intervenções e recursos sejam acessíveis e relevantes para todos os grupos.

Em resumo, uma abordagem integrativa não apenas amplia o conhecimento sobre o envelhecimento humano, mas também promove estratégias mais eficazes para melhorar a qualidade de vida e enfrentar os desafios associados ao envelhecimento da população global.[1]

EPIDEMIOLOGIA DO ENVELHECIMENTO

Com o aumento da expectativa de vida e a redução das taxas de natalidade, especialmente em países desenvolvidos e em desenvolvimento, vivemos um momento histórico único que apresenta inúmeros desafios. O estudo da epidemiologia do envelhecimento auxilia na formulação de políticas públicas e estratégias de intervenção que promovam a qualidade de vida dos idosos, reduzindo desigualdades em saúde e ampliando o acesso a cuidados preventivos e terapêuticos. Na sequência são apresentadas as principais observações relacionadas a essa área.

MUDANÇAS NA PIRÂMIDE POPULACIONAL

O envelhecimento populacional está ocorrendo em todos os países, mas de maneira mais acentuada em nações desenvolvidas. Em países em desenvolvimento, a transição demográfica está acelerada, levando ao aumento da população idosa em curto período. A redução das taxas de fertilidade e o aumento da longevidade são os principais motores dessa mudança.

AUMENTO DA EXPECTATIVA DE VIDA

A expectativa de vida global aumentou devido a avanços médicos, melhorias nas condições de vida e maior acesso a cuidados de saúde. No entanto, o aumento da longevidade não necessariamente acompanha o aumento da qualidade de vida, especialmente em países com desigualdades sociais e econômicas significativas.[2]

ENVELHECIMENTO E MORBIDADE

Apesar do aumento da longevidade, os anos vividos com doenças crônicas ou incapacitantes também aumentaram. Condições como diabetes, doenças cardiovasculares, osteoartrite e demências são as principais responsáveis pelo ônus da morbidade na velhice.

DESIGUALDADES NO ENVELHECIMENTO

Fatores socioeconômicos influenciam significativamente como os indivíduos envelhecem. Indivíduos de baixa renda com menor nível educacional e acesso limitado a cuidados de saúde tendem a sofrer de pior saúde na velhice.

IMPLICAÇÕES PARA POLÍTICAS DE SAÚDE

O envelhecimento populacional demanda maior investimento em serviços de saúde e cuidados de longo prazo. Sistemas de saúde devem se adaptar para gerenciar condições crônicas e promover intervenções preventivas voltadas à população idosa.

NECESSIDADE DE DADOS POPULACIONAIS

A coleta e a análise de dados epidemiológicos são essenciais para compreender as necessidades dessa população e orientar políticas públicas eficazes. Indicadores como expectativa de vida saudável (HALE, do inglês *health-adjusted life expectancy*) e taxas de mortalidade por doenças relacionadas à idade são fundamentais para planejar intervenções.

Em síntese, embora o envelhecimento populacional seja uma conquista das sociedades modernas, ele também representa desafios significativos, exigindo adaptações nos sistemas de saúde e maior foco em equidade e sustentabilidade.[3]

ASPECTOS BIOLÓGICOS DO ENVELHECIMENTO

O envelhecimento é caracterizado por mudanças progressivas no funcionamento biológico. As principais alterações incluem o declínio da capacidade funcional, mudanças neurocognitivas e a maior suscetibilidade a doenças crônicas. Essas mudanças afetam significativamente a autonomia e a qualidade de vida dos indivíduos e exigem intervenções que promovam a manutenção da saúde física e mental.

DECLÍNIO DA CAPACIDADE FUNCIONAL

O declínio da capacidade funcional ao longo do envelhecimento humano ocorre devido a uma série de alterações biológicas progressivas que afetam diversos sistemas do organismo. Esse processo resulta da interação entre fatores genéticos, ambientais e do estilo de vida, levando à diminuição da eficiência fisiológica e da resiliência do corpo frente a desafios externos.

No **sistema musculoesquelético**, há perda gradual de massa muscular (sarcopenia), redução da força e da flexibilidade, além da diminuição da densidade óssea (osteopenia e osteoporose), o que aumenta o risco de quedas e fraturas. O **sistema cardiovascular** também sofre alterações, com enrijecimento arterial, aumento da pressão arterial e redução da capacidade de resposta ao esforço, comprometendo a circulação sanguínea e o transporte de oxigênio para os tecidos.

O **sistema nervoso** apresenta redução no número de neurônios e na velocidade da condução nervosa, impactando a cognição, os reflexos e a coordenação motora. Já no **sistema endócrino**, há uma diminuição na produção de hormônios essenciais, como o estrogênio, a testosterona e o hormônio do crescimento, o que contribui para a perda de massa muscular e alterações metabólicas.

Além disso, o **sistema imunológico** sofre um processo chamado **imunossenescência**, caracterizado pela redução da resposta imune e por maior suscetibilidade a infecções, doenças crônicas e processos inflamatórios. O acúmulo de dano celular, associado ao estresse oxidativo e à diminuição da capacidade de reparo do DNA, também acelera o envelhecimento funcional.

Embora o declínio da capacidade funcional seja um processo natural, sua progressão pode ser modulada por fatores como alimentação equilibrada, prática regular de exercícios físicos, estimulação cognitiva e hábitos saudáveis, permitindo um envelhecimento mais ativo e com melhor qualidade de vida.[4-6]

MUDANÇAS NEUROCOGNITIVAS

O envelhecimento está associado a diversas mudanças neurocognitivas, que podem variar em intensidade entre os indivíduos. Essas alterações resultam de modificações estruturais e funcionais no cérebro, afetando diferentes domínios cognitivos conforme é apresentado na sequência.

DECLÍNIO DA VELOCIDADE DE PROCESSAMENTO

- Uma das primeiras e mais evidentes alterações é a diminuição da velocidade com que o cérebro processa informações, o que torna as tarefas cognitivas mais lentas e exige maior esforço para a realização de múltiplas atividades simultaneamente.

ALTERAÇÕES NA MEMÓRIA - A memória de curto prazo e a memória de trabalho podem ser afetadas, resultando em maior dificuldade para armazenar e recuperar novas informações (memória episódica). Entretanto, a memória semântica (conhecimento adquirido ao longo da vida) e a memória implícita (habilidades automáticas) tendem a ser preservadas.

DIFICULDADE NA ATENÇÃO SELETIVA E DIVIDIDA - Com o envelhecimento, há maior dificuldade em manter a atenção diante de múltiplos estímulos ou em alternar o foco entre diferentes tarefas, o que pode impactar o desempenho em atividades que exigem concentração intensa.

DIMINUIÇÃO DA FLEXIBILIDADE COGNITIVA - A capacidade de adaptação a novas situações e de alternância entre diferentes formas de pensamento pode ser reduzida, tornando o aprendizado de novas habilidades e a resolução de problemas mais desafiadoras.

MUDANÇAS NA FUNÇÃO EXECUTIVA - O controle sobre processos como planejamento, tomada de decisões e inibição de respostas impulsivas pode ser menos eficiente devido à redução da conectividade em áreas do córtex pré-frontal.

ALTERAÇÕES ESTRUTURAIS CEREBRAIS - Há uma redução do volume cerebral, especialmente em regiões como o hipocampo (envolvido na memória) e o córtex pré-frontal. Além disso, ocorre uma diminuição da plasticidade sináptica, comprometendo a capacidade de adaptação neuronal.

PRESERVAÇÃO DA INTELIGÊNCIA CRISTALIZADA - Embora algumas funções cognitivas diminuam, a inteligência cristalizada (conhecimento acumulado e experiência) tende a permanecer estável ou até mesmo aumentar com o tempo, permitindo que idosos utilizem sua sabedoria e experiência para compensar perdas cognitivas.

Alguns desses processos podem impactar atividades do dia a dia, como dirigir e tomar decisões financeiras, gerando preocupações para os próprios indivíduos e suas famílias. Por exemplo, os idosos são frequentemente alvos de fraudes financeiras, o que destaca a necessidade de medidas protetivas e suporte para manter a independência e a segurança. Além disso, a variabilidade individual torna o envelhecimento cognitivo mais evidente em situações novas, estressantes ou que exigem respostas rápidas, enquanto habilidades em ambientes familiares tendem a ser menos afetadas.

Embora essas mudanças sejam normais no envelhecimento saudável, algumas condições patológicas, como a doença de Alzheimer e outras demências, podem acelerar e intensificar o declínio neurocognitivo. Estratégias como estímulo cognitivo, atividades físicas, alimentação equilibrada e manutenção de um estilo de vida ativo podem ajudar a preservar as funções cerebrais e retardar o impacto dessas alterações.[7,8]

ASPECTOS PSICOLÓGICOS E SOCIAIS DO ENVELHECIMENTO

O envelhecimento traz consigo uma série de mudanças psicológicas que podem influenciar a qualidade de vida e o bem-estar dos indivíduos. Entre os principais aspectos psicológicos, destacam-se as transformações cognitivas, emocionais e sociais, que variam amplamente de acordo com fatores individuais e ambientais. Essas mudanças não ocorrem de forma linear nem universal, refletindo a diversidade das experiências de vida e dos contextos socioculturais.

No campo emocional, o envelhecimento pode estar associado a maior estabilidade emocional e regulação das emoções. Muitos idosos relatam níveis elevados de satisfação com a vida, possivelmente devido a um foco maior em relações significativas e experiências positivas. No entanto, o envelhecimento também pode trazer desafios emocionais, como luto pela perda de amigos ou cônjuges, adaptação a mudanças físicas e preocupações com a independência. O apoio social desempenha um papel fundamental na saúde emocional, ajudando a mitigar sentimentos de isolamento ou solidão. Fatores como aposentadoria e o "ninho vazio" podem levar à redefinição de papéis e identidades, assim, familiares e amigos, a rede de suporte, são cruciais para o bem-estar e a resiliência. Além disso, o preconceito contra pessoas idosas pode impactar negativamente a autoestima e o acesso a oportunidades. O envolvimento em atividades voluntárias, grupos sociais e *hobbies* pode trazer benefícios significativos, promovendo o bem-estar psicológico e a conexão social.

Um dos aspectos psicológicos mais relevantes na terceira idade é o enfrentamento das perdas. O envelhecimento frequentemente traz a perda de papéis sociais, como o de trabalhador ativo, a morte de cônjuges ou amigos próximos e, em alguns casos, o declínio na saúde física. Essas perdas podem desencadear sentimentos de tristeza, solidão e até depressão. Contudo, indivíduos que conseguem encontrar novos significados para suas vidas, seja por meio de atividades sociais, *hobbies* ou espiritualidade, costumam demonstrar maior resiliência emocional.

Os relacionamentos interpessoais também desempenham um papel crucial na saúde psicológica durante a terceira idade. Estudos mostram que idosos que mantêm conexões significativas com familiares e amigos tendem a ser mais felizes e saudáveis. Redes de apoio social ajudam a mitigar o isolamento, oferecem suporte emocional e proporcionam oportunidades para a troca de experiências. Além disso, a convivência intergeracional, como o contato com netos, pode ser uma fonte importante de alegria e propósito.

A adaptação à aposentadoria é outro fator que pode impactar o bem-estar psicológico. Para algumas pessoas, deixar o trabalho formal significa uma perda de identidade e propósito, enquanto, para outras, representa uma oportunidade de explorar novos interesses e viver de maneira mais livre. A forma como cada indivíduo lida com essa transição depende de sua capacidade de adaptação e dos recursos emocionais e financeiros disponíveis.

O processo de envelhecimento também é influenciado pela cultura. Em algumas sociedades, os idosos são valorizados por sua sabedoria e experiência, o que contribui para um envelhecimento mais positivo. Em outras, no entanto, o envelhecimento pode ser acompanhado por preconceitos e discriminação, conhecidos como "idadismo", que podem afetar negativamente a autoestima e o bem-estar dos idosos.

Por fim, o envelhecimento psicológico não é apenas sobre perdas, mas também sobre ganhos. A experiência acumulada ao longo da vida pode levar a uma maior capacidade de lidar com adversidades e a uma perspectiva mais equilibrada sobre a vida. Promover a saúde psicológica dos idosos requer uma abordagem integrada, que considere as dimensões cognitivas, emocionais e sociais e forneça suporte para que eles vivam essa fase com autonomia, dignidade e realização pessoal.

A busca por significado é outro tema central nessa fase. De acordo com a teoria psicossocial de Erik Erikson, o estágio de "integridade *versus* desesperança" caracteriza a velhice. Nesse momento, os indivíduos revisam suas vidas, buscando reconciliar suas experiências com um senso de realização e aceitação. Aqueles que alcançam a integridade tendem a sentir orgulho de suas conquistas e a encarar o fim da vida com serenidade. Por outro lado, aqueles que experimentam a desesperança podem se concentrar nos arrependimentos e sentir angústia diante da proximidade da morte.

Apesar dos desafios, a terceira idade é um período em que muitos indivíduos demonstram grande capacidade de adaptação e resiliência. O conceito de envelhecimento bem-sucedido enfatiza a importância de manter a saúde física e mental, engajar-se em atividades significativas e estabelecer conexões sociais fortes. Além disso, o desenvolvimento de uma mentalidade positiva em relação ao envelhecimento pode ser um poderoso fator protetor contra os efeitos emocionais negativos.

ASPECTOS COGNITIVOS

O envelhecimento cognitivo é um processo natural, contínuo e variável que ocorre ao longo da vida, envolvendo mudanças em diferentes funções cognitivas. Algumas habilidades, como memória e tempo de reação, podem diminuir, enquanto outras, como sabedoria e conhecimento, podem se manter ou até melhorar. Diferente de doenças neurodegenerativas, como o Alzheimer, o envelhecimento cognitivo não é uma condição patológica, nem resulta na morte de neurônios.

Diversos fatores influenciam o envelhecimento cognitivo, incluindo genética, educação, cultura e comportamentos ao longo da vida. Há evidências de que ações como atividade física regular, controle de fatores de risco cardiovasculares, engajamento social e intelectual, sono adequado e monitoramento médico podem promover a saúde cognitiva. Programas de conscientização e educação são fundamentais para ajudar indivíduos e suas famílias a compreenderem que o envelhecimento do cérebro é um processo natural e que existem medidas práticas para mantê-lo saudável.

A saúde cognitiva em idades avançadas também depende de esforços conjuntos entre profissionais de saúde, instituições e políticas públicas, o que inclui regulamentações para proteger os idosos contra práticas enganosas relacionadas a produtos e intervenções voltadas à cognição. Embora mais pesquisas sejam necessárias, há um consenso crescente sobre a importância de medidas preventivas e educacionais para promover uma vida mentalmente ativa e independente.

As instituições, por sua vez, podem criar programas e políticas públicas que ofereçam suporte aos idosos. Isso inclui iniciativas educacionais sobre saúde cognitiva, programas para evitar delírios hospitalares causados por medicamentos, e o desenvolvimento de ambientes que favoreçam a independência, como transporte acessível e serviços financeiros adaptados. Organizações governamentais e reguladoras também têm a responsabilidade de monitorar e regulamentar produtos e serviços voltados para a melhoria da cognição, evitando promessas enganosas e garantindo a eficácia das intervenções oferecidas.

A colaboração entre profissionais de saúde, instituições e comunidades é essencial para construir uma rede de suporte que permita aos idosos envelhecerem com qualidade de vida, mantendo sua autonomia e capacidade cognitiva pelo maior tempo possível. Essa abordagem integrada também ajuda a mitigar os impactos econômicos e sociais do envelhecimento cognitivo, beneficiando tanto os indivíduos quanto a sociedade como um todo.[2,9-11]

MORTE E LUTO

A EXPERIÊNCIA DA MORTE

A morte é uma realidade universal, mas as experiências relacionadas a ela são moldadas por fatores culturais, pessoais e desenvolvimentais. Para a psicologia, entender como os indivíduos enfrentam a finitude é essencial para promover suporte adequado. Perspectivas culturais, incluindo crenças e práticas religiosas ou espirituais, influenciam como as pessoas compreendem e lidam com a morte. O medo da morte também pode variar com a idade, sendo mais pronunciado na meia-idade e frequentemente substituído por aceitação na velhice.

O PROCESSO DE LUTO

O luto é uma resposta natural à perda e envolve dimensões emocionais, cognitivas e comportamentais. As principais teorias que procuram explicar esse processo incluem as descritas a seguir.

MODELO DE ESTÁGIOS DO LUTO

Os estágios do luto, propostos por Elisabeth Kübler-Ross em 1969, descrevem as reações emocionais comuns diante da perda, sejam elas decorrentes da morte de um ente querido, de um diagnóstico terminal ou de outras situações significativas. O primeiro estágio é a **negação**, em que a pessoa tem dificuldade em aceitar a realidade da perda, funcionando como um mecanismo de defesa temporário. Em seguida, vem a **raiva**, caracterizada por sentimentos de revolta, questionamentos e frustração diante da situação. O terceiro estágio é a **barganha**, no qual o indivíduo tenta negociar com um poder superior ou consigo mesmo para reverter ou adiar a perda. O quarto estágio, a **depressão**, envolve tristeza profunda, introspecção e um senso de vazio diante da inevitabilidade da situação. Por fim, no estágio da **aceitação**, a pessoa compreende e começa a lidar com a perda de forma mais serena, adaptando-se à nova realidade. Embora esses estágios sejam frequentemente apresentados em sequência, eles não seguem uma ordem rígida e podem ser vivenciados de forma não linear, variando conforme cada indivíduo e situação.[12]

MODELO DE PROCESSAMENTO DUAL DO LUTO

Proposto por Margaret Stroebe e Henk Schut, sugere que a adaptação à perda envolve um equilíbrio dinâmico entre dois tipos de enfrentamento: a **orientação para a perda** e a **orientação para a restauração**. Na orientação para a perda, o indivíduo se concentra diretamente na ausência do ente querido, experimentando emoções intensas, como tristeza, saudade e angústia. Já na orientação para a restauração, há um foco na reconstrução da vida, que inclui adaptação a novas responsabilidades, mudanças na rotina e busca por novas fontes de significado. Diferentemente de modelos lineares, esse modelo reconhece que os enlutados oscilam entre esses dois processos ao longo do tempo, permitindo uma adaptação gradual e flexível ao luto. Esse ciclo de alternância entre enfrentamento da dor e busca de reequilíbrio emocional é essencial para uma recuperação saudável, respeitando o ritmo e as necessidades individuais de cada pessoa.[13]

TEORIA DO APEGO

Desenvolvida por John Bowlby, oferece uma base fundamental para compreender o luto, pois sugere que a perda de um ente querido desencadeia reações emocionais intensas devido aos vínculos afetivos estabelecidos ao longo da vida. Segundo Bowlby, o apego é um mecanismo inato que proporciona segurança e proteção, e, quando ocorre a separação definitiva pela morte, a pessoa enlutada experimenta uma resposta de sofrimento profundo. O luto, nesse contexto, pode ser entendido como um processo de adaptação à ausência, no qual o indivíduo busca, consciente ou inconscientemente, restabelecer o vínculo perdido. Esse processo pode envolver diferentes fases, como anseio pela pessoa falecida, desorganização emocional e, eventualmente, a reestruturação da vida sem a presença do ente querido. A intensidade e a duração do luto variam conforme a natureza do apego, sendo que perdas de vínculos mais seguros podem levar a um processo mais equilibrado de adaptação, enquanto vínculos inseguros podem resultar em um luto prolongado ou complicado.[14]

Embora o luto seja muitas vezes associado ao sofrimento, ele também pode ser um período de crescimento e transformação. Muitas pessoas relatam maior resiliência, empatia e apreciação pela vida após uma perda significativa.

Para aqueles que enfrentam perdas, é essencial oferecer suporte baseado em:

- **Escuta ativa e empatia:** Criar um espaço seguro para expressão emocional;
- **Psicoeducação:** Explicar os processos normais do luto para reduzir a ansiedade;
- **Terapia de grupo:** Facilitar a conexão com outros que compartilham experiências semelhantes;
- **Terapia focada no significado:** Ajudar indivíduos a reinterpretarem a perda de forma construtiva.

CONSIDERAÇÕES FINAIS E PERSPECTIVAS FUTURAS

O envelhecimento e a morte são processos desafiadores, mas também fundamentais para a compreensão do que significa ser humano. Uma perspectiva desenvolvimental nos permite reconhecer as complexidades e as oportunidades associadas a essas etapas da vida. Ao promover uma abordagem integrada e empática, profissionais de saúde podem apoiar indivíduos e famílias a enfrentarem esses desafios com dignidade, resiliência e crescimento.

REFERÊNCIAS

1. Warren L. John Rowe and Robert Kahn. 1997. Successful ageing. The Gerontologist, 37 (4), 433-440. Ageing Soc. 1998;18(3):371-8.
2. Oeppen J, Vaupel JW. Broken limits to life expectancy. Science. 2002;296(5570):1029-31.
3. Peils TT. Gerontology. social gerontology. In: Filllt HM, Rockwood K, Young J. Brocklehurst's textbook of geriatric medicine and gerontology. 8th ed. Amsterdam: Elsevier; 2010. p. 184-6.
4. López-Otín C, Blasco MA, Partridge L, Serrano M, Kroemer G. Hallmarks of aging: an expanding universe. Cell. 2023;186(2):243-78.
5. Barzilai N, Cuervo AM, Austad S. Aging as a biological target for prevention and therapy. JAMA. 2018;320(13):1321-2.
6. López-Otín C, Galluzzi L, Freije JMP, Madeo F, Kroemer G. Metabolic control of longevity. Cell. 2016;166(4):802-21.
7. Blazer DG, Yaffe K, Karlawish J. Cognitive aging: a report from the institute of medicine. JAMA. 2015;313(21):2121-2.
8. Grady C. The cognitive neuroscience of ageing. Nat Ver Neurosci. 2012;13(7):491-505.
9. Partridge L, Deelen J, Slagboom PE. Facing up to the global challenges of ageing. Nature. 2018;561(7721):45-56.
10. Shenk D, Groger L, editors. Aging education in a global context. London: Routledge; 2005.
11. Förstl H. Successful aging: perspectives from the behavioral sciences. In: Baltes PB, Baltes MM, editors. Cambridge: Cambridge University; 1990.
12. Kübler-Ross E, Wessler S, Avioli LV. On death and dying. JAMA. 1972;221(2):174-9.
13. Stroebe M, Schut H. The dual process model of coping with bereavement: rationale and description. Death Stud. 1999;23(3):197-224.
14. Neimeyer RA, editor. Meaning reconstruction & the experience of loss. Washington: APA; 2001.

15
SEXUALIDADE AO LONGO DO CICLO VITAL

CARMITA H. N. ABDO
JOÃO AFIF ABDO

DESCRITORES: comportamento sexual; desenvolvimento humano; desenvolvimento sexual; saúde sexual; sexualidade.

O estudo da sexualidade ganhou relevância, especialmente nas últimas décadas, constatando sua estreita relação com saúde física e mental. Coube a Freud apresentar pela primeira vez os estágios do desenvolvimento psicossexual e a descrição das zonas erógenas (oral, anal, pré-genital e genital). A partir de então, o comportamento sexual, desde a infância à senilidade, recebeu aportes importantes quanto à influência de elementos neuropsicológicos, endocrinológicos e socioculturais, entre outros, na construção de uma sexualidade saudável, ou não, para homens e mulheres. O ciclo de resposta sexual linear, projetado como próprio para ambos os sexos, passou a ser considerado iminentemente masculino, enquanto modelos femininos eram propostos, a partir do século XXI, demonstrando as peculiaridade de desempenho sexual de mulheres e homens adultos. A atividade sexual dos idosos foi comprovada como possível e satisfatória para aqueles que envelhecem com saúde e privilegiam bons hábitos de vida. Campo aberto para novas pesquisas, o estudo da sexualidade passa a se ocupar mais recentemente das diferenças relacionadas à orientação e à identidade sexual, bem como daquelas decorrentes do sexo virtual e das preferências consideradas não convencionais.

ESTADO DA ARTE

O estudo da sexualidade tem obtido destaque nas últimas décadas, conforme tem sido constatada sua estreita relação com a saúde física e a mental. Como consequência, a atividade sexual satisfatória passou a ser elencada como um dos pilares da qualidade de vida. O desenvolvimento da sexualidade ao longo da vida tornou-se objeto de preocupação e pesquisa para diversas áreas de saúde e educação.

Este capítulo traz uma breve resenha desse desenvolvimento, tanto o saudável quanto o patológico, sinalizando sua repercussão sobre a função sexual em cada uma das etapas da vida de homens e mulheres. Essa temática será apresentada de forma sucinta, em decorrência e consideração ao limite de páginas próprio de um capítulo. Por essa razão, nos restringiremos ao título do capítulo, sem nos ocuparmos da diversidade que caracteriza o comportamento sexual. Da mesma forma, o tratamento de condições patológicas da sexualidade não cabe neste texto.

DESENVOLVIMENTO DA SEXUALIDADE NA INFÂNCIA E NA PUBERDADE

No início do século XX, Freud apresentou pela primeira vez os estágios do desenvolvimento psicossexual.[1] Essa descrição, que permanece válida até os dias atuais, revela que o amadurecimento do sistema nervoso central (SNC) e o da sexualidade ocorrem paralelamente, no sentido craniocaudal, desde a vida intrauterina até o final da adolescência. Ou seja, conforme o SNC vai amadurecendo, propicia novas alternativas de prazer sexual, as quais variam quanto ao foco gerador de satisfação (zonas erógenas), bem como quanto à modalidade (sexo solitário ou compartilhado). O Quadro 15.1 sintetiza essa descrição. Portanto, o desenvolvimento sexual da criança envolve aspectos neurológicos, cognitivos, físico-motores, afetivos e sociais.[2]

A puberdade, com início entre 8 e 13 anos para as meninas e 10 e 14 anos para os meninos, caracteriza-se por processos biológicos e sociais que resultam na maturação das características sexuais primárias e secundárias, ou seja, na aquisição da maturidade sexual e reprodutiva. Esses processos sofrem influências genéticas e ambientais. Em condições de vida estressantes, o ritmo puberal pode ser acelerado, o que determinará a puberdade precoce, que pode comprometer a saúde e o bem-estar.[2,3]

A adolescência representa a fase de maior crescimento da vida extrauterina, com mudanças biológicas, emocionais e sociais ocorrendo na segunda década da vida[4] e levando a evidentes alterações na aparência física, além de comportamentos diferenciados, autonomia e maior exposição a situações do cotidiano.[5]

Para a Organização Mundial da Saúde (OMS), este é um período da vida entre os 10 e os 19 anos, o qual pode ser compreendido como adolescência precoce (10-15 anos) e adolescência tardia (16-19 anos).[6] Já a American Academy of Pediatrics divide a adolescência em três fases, a saber: inicial (11-14 anos), intermediária (15-17 anos) e tardia (18-21 anos).[3] Do ponto de vista da sexualidade, a adolescência representa a última fase do desenvolvimento psicossexual, quando se completa a capacidade biológica para o prazer compartilhado e a capacidade psicológica para a intimidade.[2]

A sexarca (iniciação sexual) depende de múltiplos fatores. Revisão de literatura destacou idade, gênero, aspectos culturais, socioeconômicos e escolaridade, bem como religião, família e prática de namoro como

QUADRO 15.1
ESTÁGIOS DO DESENVOLVIMENTO PSICOSSEXUAL

	Idade	Fase	Zona erógena	Meta do desenvolvimento	Prazer
Sexo solitário	Vida intrauterina – 2 anos	Oral	Boca	Amamentação e desmame	Sugar e morder
	2 – 3 anos	Anal	Ânus	Controle dos esfíncteres	Expulsar/reter as fezes
	4 anos	Pré-genital	Genital	Identificação com genitor do mesmo gênero	Masturbação/ autoerotização
	6 – 10(12) anos	Latência	Social	Socialização	Prazer das etapas anteriores se mantém
Sexo compartilhado	13 anos à idade adulta	Genital	Genitais	Maturidade e intimidade	Busca de parceria para troca de carícias

Fonte: Elaborado com base em Freud.[1]

responsáveis por essa iniciação, mais cedo ou mais tardiamente.[7] A atividade sexual na adolescência destaca-se pelo início da estruturação do desejo sexual (pensamentos e atração sexual), quando atuam os centros cerebrais relacionados ao afeto (núcleo *accumbens* e amígdala), ricos em receptores esteroides. A conscientização do interesse sexual por outra pessoa emerge das alterações neuroendocrinológicas que estão ocorrendo. Paixões súbitas podem surgir. Satisfação com a autoimagem e a autoestima favorecem melhor função sexual na transição para a idade adulta. Já a insatisfação nessas áreas causa conflitos e prejudica o desempenho sexual.[8-10]

O início do século XXI foi marcado por grandes mudanças nos comportamentos afetivo-sexuais, especialmente entre os jovens. Os relacionamentos passaram a ser mais "voláteis e fluidos", em que a sensação de provisoriedade e liberdade era buscada, em detrimento do compromisso com a permanência e a durabilidade. Esse cenário acompanhou transformações sociais aceleradas, que marcaram essa fase da contemporaneidade;[11] observaram-se um crescente processo de individualização, a imposição da cultura do eu e a fragilidade dos laços afetivos.[12]

Posteriormente, a pandemia da covid-19 propiciou o crescimento do uso de pornografia pela Internet, já que os encontros presenciais estavam coibidos e o tédio remetia à procura de alternativas. Com isso, houve maior aceitação da variedade de comportamentos sexuais "não convencionais" e senso de autorização para praticá-los.[13]

A geração Z passou a exercer a iniciação sexual virtual mais frequentemente, permanecendo nessa forma até dez anos antes de se lançar em encontros presenciais.[14,15]

O Quadro 15.2 sumariza o desenvolvimento na pubescência e na adolescência, comparando mudanças físicas e psíquicas e do comportamento sexual.

São comportamentos sexuais esperados em um desenvolvimento natural e saudável:[3]

- Espontâneos, curiosos, leves, facilmente desapegados, agradáveis, mútuos e consensuais.
- Adequados para a idade e o desenvolvimento da criança e do adolescente, etapa por etapa.
- Atividades ou jogos entre aqueles de mesma idade, mesmo grau de desenvolvimento e nível de habilidade.
- Aquisição e compreensão de informações atreladas à curiosidade sobre outros aspectos da vida.

Esses comportamentos sinalizam como será a atividade sexual na vida adulta, se funcional ou disfuncional. Também evidenciam as preferências e a orientação sexual do indivíduo, bem como sua identidade (cisgênero, transgênero ou não binário).[3]

SEXUALIDADE DE MULHERES E HOMENS ADULTOS

CICLO DE RESPOSTA SEXUAL: MODELO LINEAR E MODELO CIRCULAR

De acordo com o que foi projetado à época para representar tanto o ciclo feminino como o masculino, o modelo linear de resposta sexual está constituído por quatro fases sucessivas:[16,17]

1. Desejo (fantasias sexuais e interesse em praticar a atividade sexual).

QUADRO 15.2
DESENVOLVIMENTO SEXUAL EM PUBESCENTES E ADOLESCENTES ENTRE 13 E 17 ANOS

Características	Comportamento sexual típico
- Mudanças hormonais - Menstruação em meninas/ejaculação em meninos - Desenvolvimento de características sexuais secundárias - Mais conscientização sobre mudanças corporais - Maior necessidade de privacidade - Mudanças de humor - Confusão sobre mudanças corporais - Confusão sobre autoidentidade - Medo de relacionamentos - Dúvidas sobre sexualidade - Medo de gravidez - Medo de não ser atraente e não encontrar parceiro(a)	- Fazem perguntas sobre relacionamentos e comportamento sexual - Usam linguagem sexual - Conversam entre si sobre atos sexuais - Masturbação na intimidade - Experimentação sexual com outros adolescentes da mesma idade - Contato físico consensual - Estimulação manual - Sexo oral - Carícias - Às vezes, relações sexuais completas e consensuais

Fonte: Elaborado com base em Hyde e Delamater.[18]

2. Excitação (caracterizada pelo prazer e pelas mudanças fisiológicas e emocionais associadas).
3. Orgasmo (clímax do prazer).
4. Resolução (sensação de bem-estar geral, relaxamento e retorno às condições fisiológicas e emocionais anteriores ao início do ato sexual).

Esse modelo resulta de proposta inicial de Masters e Johnson,[16] posteriormente modificada por Kaplan,[18] e foi adotado pela American Psychiatric Association (APA) desde 1980, para efeito de representação do ato sexual e para diagnóstico e orientação terapêutica das disfunções sexuais, no *Manual diagnóstico e estatístico dos transtornos mentais,* desde a edição DSM-IV-TR.[19] Foi também adotado pela Classificação Internacional de Doenças, desde a décima edição (CID-10)[20] (Figura 15.1).

A partir do início dos anos 2000, cogitou-se que não havia evidências para suportar que o modelo linear represente o ciclo sexual da mulher,[21] sugerindo-se ser tal modelo caracteristicamente masculino[22] e propondo-se esquemas femininos alternativos.[23-25]

Basson[25,26] desenvolveu um modelo sexual que redefiniu as fases da resposta feminina. Diferente do padrão linear, a motivação para a atividade sexual foi aqui considerada dependente de múltiplos aspectos. Além do desejo espontâneo, o novo modelo considera que uma vez iniciada a atividade, por estímulo externo, a consequente excitação também pode gerar desejo (responsivo), o qual aumenta a excitação. Recompensas positivas (como proximidade física, comprometimento emocional e vínculo), decorrentes de atividades sexuais prévias, podem fornecer motivação para iniciar fu-

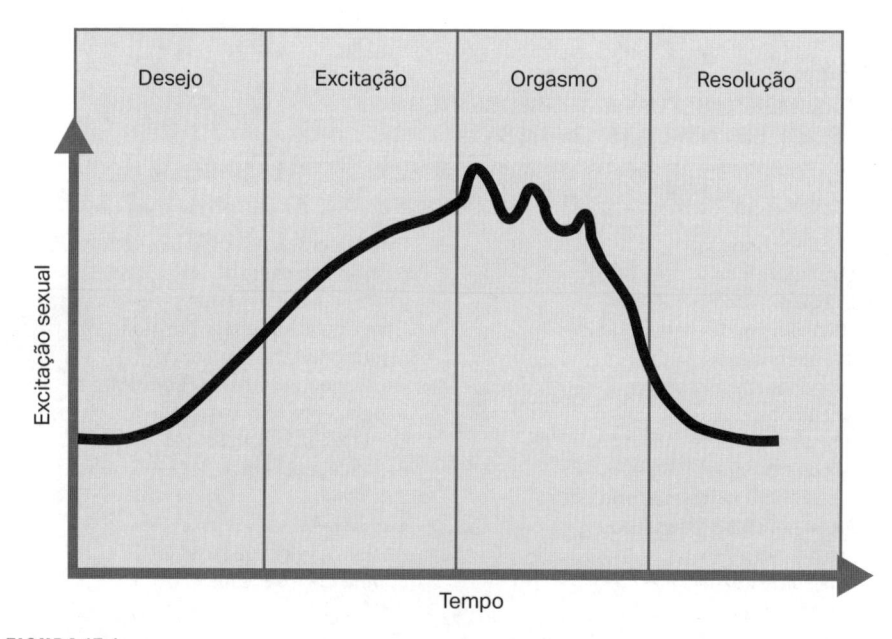

FIGURA 15.1
Modelo linear (projetado como masculino e feminino) do ciclo de resposta sexual.
Fonte: Elaborada com base em Masters e Johnson[16] e Kaplan.[17]

turos atos sexuais.[25,26] Esse modelo prevê que as fases da resposta sexual podem se sobrepor (desejo e excitação podem ocorrer juntos em vez de um preceder o outro, por exemplo).[26,27] A Figura 15.2 apresenta esse modelo.

Os seguintes aspectos específicos da resposta sexual feminina foram valorizados, a partir de então:[25-27]

- A excitação e o desejo estão relacionados, podendo um fortalecer o outro, a ponto de não serem percebidos separadamente por muitas mulheres.
- Elementos relacionais (não sexuais) são preditores da motivação sexual da mulher; raiva e ressentimento pela parceria podem inibir um possível estímulo sexual, da mesma forma que constrangimento e medo, devido a experiências anteriores negativas.
- O modelo feminino de resposta sexual é circular, cada uma das fases atuando como estímulo à próxima e sendo estimulada pela anterior, ou seja, em vez de progressão linear e sequencial (desejo, excitação e orgasmo), o ciclo de resposta da mulher mescla elementos sexuais e não sexuais, os quais interferem em todas as fases.
- Sentimento de satisfação ou frustração define o panorama do encontro sexual, ao final do ciclo.

Vale lembrar que o modelo circular pode ser representativo da atividade sexual de um homem, mas isso em casos mais raros. Da mesma forma, algumas mulheres têm resposta sexual linear, mas são minoria.[26]

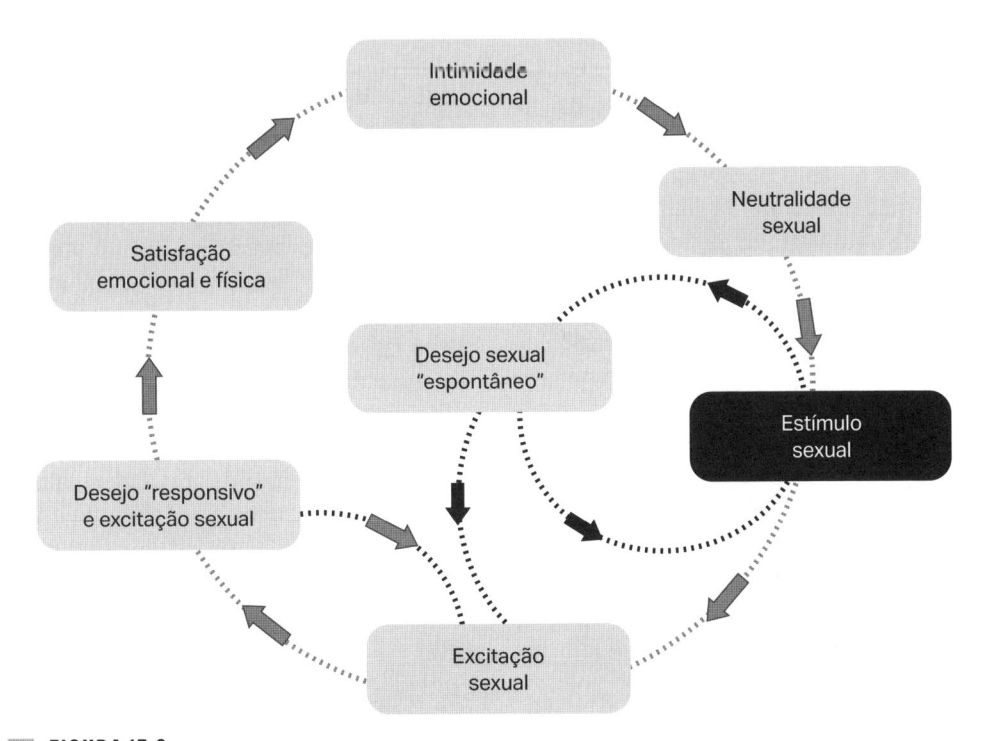

FIGURA 15.2
Modelo circular (feminino) do ciclo de resposta sexual.
Fonte: Elaborada com base em Basson.[26]

FISIOLOGIA DA RESPOSTA SEXUAL FEMININA

A resposta sexual feminina e masculina é desencadeada a partir de estímulos originados no cérebro (fantasias e emoções) ou a partir dos órgãos dos sentidos (visuais, olfativos, táteis, auditivos e gustativos), os quais alcançam o córtex frontal e, por meio do sistema límbico e do tronco cerebral, medeiam a excitação sexual. Isso significa que influxos eferentes decorrem da estimulação das zonas erógenas que sensibilizam os receptores somestésicos, alcançam o centro reflexo espinal e, por meio dos tratos ascendentes e descendentes da medula, deflagram reações facilitadoras ou inibidoras da resposta sexual. Hormônios sexuais, dopamina, acetilcolina, norepinefrina, óxido nítrico e peptídeo intestinal vasoativo exercem ação facilitadora, enquanto serotonina, prolactina e opioides endógenos são inibidores.[28,29]

No preparo dos genitais para o intercurso, adequações físicas e emocionais são induzidas pela excitação, propiciando a resposta sexual feminina: vasocongestão local, seguida de miotonia com tumescência e lubrificação vaginal, aumento e elevação do útero, expansão da porção posterior da vagina e ingurgitamento do clitóris.[28]

No instante do orgasmo, os músculos da vagina, do períneo e o útero apresentam contrações clônicas reflexas, o canal vaginal posterior se expande, o terço anterior da vagina e o esfíncter anal externo se contraem.[30] Pela liberação dos neurotransmissores ocorrem: turgidez dos mamilos e aumento das aréolas mamárias, enrubescimento facial, aumento da frequência cardíaca e respiratória, bem como da pressão arterial e da temperatura, piloereção, miotonia generalizada, sudorese e dilatação das pupilas.[30,31] Tais mudanças físicas têm como objetivo a manifestação sexual e, em um relacionamento heterossexual, a recepção/condução do sêmen no canal da vagina, para propiciar a reprodução.[32]

Ao orgasmo segue-se a fase de resolução, quando, por mecanismo neuroquímico (produção de endorfinas), ocorre sensação de bem-estar e de relaxamento. O corpo volta, então, às condições de repouso (por desaceleração da frequência cardíaca e respiratória, normalização da pressão arterial e da temperatura, entre outros).[16]

Vários fatores, de ação pontual ou contínua, podem inibir a resposta sexual feminina, desencadeando disfunções sexuais. Doenças psiquiátricas, fadiga, conflitos conjugais, falta de atração pelo parceiro, estimulação inadequada das zonas erógenas, educação rígida ou história de trauma (p. ex., abuso psicológico ou sexual na infância/adolescência), doenças sistêmicas e efeitos adversos de alguns medicamentos são os mais comumente observados.[33]

FISIOLOGIA DA RESPOSTA SEXUAL MASCULINA

A excitação no homem se caracteriza pela ereção. A ejaculação (expulsão do sêmen) acompanha o orgasmo masculino. Apesar de simultâneos, ejaculação e orgasmo são eventos distintos: a ejaculação é um fenômeno físico caracterizado pela emissão do esperma durante a atividade sexual, enquanto o orgasmo é um fenômeno sensitivo que se caracteriza pela sensação de prazer e bem-estar, no clímax da atividade sexual.[32]

A ejaculação, que ocorre durante a terceira fase do ciclo de resposta sexual masculino, consiste em dois estágios: emissão e expulsão.[35] Na emissão, o colo vesical se fecha e o líquido seminal é depositado na uretra posterior. Esse estágio se caracteriza por inevitabilidade ejaculatória, ou seja, nesse momento já é tarde para se tentar retardar a ejaculação; a expulsão seguirá automaticamente.[34,36]

À expulsão (com ejeção do sêmen), seguem-se o relaxamento do esfíncter externo e a contração coordenada do assoalho pélvico. Sensações premonitórias correspondem às alterações corporais decorrentes da excitação sexual: elevação testicular, miotonia, respiração acelerada e frequência cardíaca aumentada. Tais sensações antecedem e sucedem o estágio da emissão.[36] Neurotransmissores serotoninérgicos e dopaminérgicos têm papel central no reflexo ejaculatório.[37]

A fisiologia da ejaculação requer interação complexa das vias somáticas, simpáticas e parassimpáticas. A emissão ocorre devido ao fluxo simpático e parassimpático, causando a liberação de fluido seminal a partir da próstata, das vesículas seminais e das ampolas do canal deferente na uretra prostática, juntamente com o fechamento do colo da bexiga. A emissão resulta da estimulação do fluxo simpático toracolombar.[38]

Após a emissão, o líquido seminal é expulso da uretra pelas contrações coordenadas dos músculos estriados bulboesponjoso e isquiocavernoso, enquanto o colo da bexiga permanece fechado.[38]

O orgasmo masculino é um processo neurobiológico complexo, que resulta da atividade sexual (sensação física) e/ou excitação (consciência cognitiva). Quando ocorre a ejaculação, o cérebro processa a sensação de aumento de pressão na uretra posterior, levando à emissão de líquido seminal e à contração da musculatura periuretral. Esse processo desencadeia o orgasmo.[38]

■ DISFUNÇÕES SEXUAIS

O *Manual diagnóstico e estatístico dos transtornos mentais*, 5ª edição revisada (DSM-5-TR), define disfunção sexual como a incapacidade do indivíduo de participar do ato sexual com satisfação. Essa dificuldade deve ser persistente ou recorrente, além de vivenciada como algo indesejável, desconfortável e incontrolável, levando a sofrimento significativo.[19]

Para a Classificação Internacional de Doenças (CID-11), as disfunções sexuais são síndromes que compreendem as várias formas pelas quais indivíduos adultos podem ter dificuldade em experimentar atividade sexual satisfatória e não coercitiva.[20]

O Quadro 15.3 apresenta uma breve descrição das disfunções sexuais femininas e masculinas, segundo o DSM-5-TR e a CID-11.

O Quadro 15.4 apresenta os critérios diagnósticos das disfunções sexuais.[19]

FATORES DE RISCO PARA DISFUNÇÕES SEXUAIS

As disfunções sexuais resultam de fatores de base física, psíquica, emocional e/ou relacional, além de condições socioculturais e econômicas, que agem de forma isolada ou conjunta. Os principais fatores de risco para essas disfunções são:[33]

- Hábitos de vida não saudáveis (estresse, tabagismo, uso de drogas, consumo excessivo de bebidas alcoólicas, sedentarismo e obesidade).
- Doenças físicas, psiquiátricas e efeitos adversos de medicamentos (hipertensão, dislipidemias, diabetes melito, doenças cardiovasculares; depressão e transtornos de ansiedade; distúrbios hormonais (deficiência de androgênios e estrogênios, hiperprolactinemia e hiper/hipotireoidismo); uso de medicamentos (antidepressivos, estabilizantes do humor, anti-hipertensivos, antiarrítmicos, anticancerígenos, diuréticos).
- Normas culturais (tabus, mitos, preconceitos e expectativas errôneas), condi-

QUADRO 15.3
CLASSIFICAÇÃO DAS DISFUNÇÕES SEXUAIS FEMININAS E MASCULINAS DE ACORDO COM O DSM-5-TR E A CID-11

DSM-5-TR	CID-11	Descrição
Transtorno do desejo sexual masculino hipoativo		Diminuição ou ausência de pensamentos ou fantasias sexuais e falta de desejo por atividade sexual
	HA00 Desejo sexual hipoativo	Em homens e mulheres. Ausência ou redução acentuada de desejo ou de motivação para participar de atividade sexual
Transtorno do interesse/excitação sexual feminino		Falta ou redução de interesse significativo por atividade sexual; redução de pensamentos ou fantasias sexuais; redução da excitação aos estímulos sexuais e durante a atividade sexual
	HA01.0 Disfunção da excitação sexual da mulher	Ausência ou redução acentuada de resposta à estimulação sexual, que ocorre apesar do desejo por atividade sexual e da estimulação sexual adequada
Transtorno erétil	HA01.1 Disfunção erétil do homem	Disfunção erétil do homem durante a atividade sexual
Ejaculação retardada	HA03.1 Ejaculação do homem retardada	Atraso acentuado/ausência de ejaculação, recorrente e persistente, na atividade sexual em parceria
Transtorno do orgasmo feminino	HA02 Diusfunções orgásticas	Atraso, ausência ou redução acentuada da intensidade do orgasmo, em mais de 75% das atividades sexuais
Ejaculação prematura (precoce)	HA03.0 Ejaculação precoce do homem	Ejaculação rápida, persistente e indesejável, que ocorre em torno de um minuto ou menos após a penetração vaginal
Transtorno da dor gênito-pélvica/ penetração	HA20 Transtorno doloroso à penetração sexual	Anteriormente chamado de dispareunia e vaginismo. Dificuldade ou dor durante a penetração vaginal. Pode incluir medo ou ansiedade em relação à penetração ou tensionamento e contração dos músculos do assoalho pélvico durante a relação sexual
Disfunção sexual induzida por substância/ medicamento	HA40.2 Disfunção sexual associada ao uso de substância psicoativa ou medicamento	Algum transtorno na função sexual causado pelo início do uso de alguma substância/medicamento, aumento de dose ou descontinuação de alguma substância/medicamento

→

QUADRO 15.3
CLASSIFICAÇÃO DAS DISFUNÇÕES SEXUAIS FEMININAS E MASCULINAS DE ACORDO COM O DSM-5-TR E A CID-11

DSM-5-TR	CID-11	Descrição
Disfunção sexual não especificada	HA0Z Disfunções sexuais não especificadas	Quando há sintomas característicos e predominantes de disfunção sexual que causam sofrimento clinicamente significativo, mas não satisfazem os critérios diagnósticos para outras disfunções sexuais
Outra disfunção sexual especificada	HA0Y Outra disfunção sexual especificada	Os critérios para uma disfunção sexual específica não são satisfeitos e não há informações suficientes para que seja feito um diagnóstico mais específico

Fonte: Elaborado com base em American Psychiatric Association[19] e World Health Organization.[20]

QUADRO 15.4
CRITÉRIOS DIAGNÓSTICOS DAS DISFUNÇÕES SEXUAIS FEMININAS E MASCULINAS SEGUNDO O DSM-5-TR

O DSM-5-TR estabelece uma série de critérios para cada disfunção sexual, quatro deles comuns a todas elas para confirmar o diagnóstico

Critérios principais
A. Dificuldade sexual persistente ou recorrente (estão incluídos descritores específicos dos sintomas de cada disfunção)
B. Duração mínima de *6 meses* dos sintomas do critério A
C. *Sofrimento* pessoal clinicamente significativo
D. Não é mais bem explicado por outro transtorno mental não sexual, não está relacionado a grave conflito no relacionamento ou a outros estressores, nem é atribuído a efeitos de substância/medicação ou a condição médica geral

Especificadores
- Quanto ao início da disfunção sexual
  - Ao longo da vida
  - Adquirida
- Quanto à ocorrência da disfunção sexual
  - Generalizada
  - Situacional
- Quanto à intensidade (sofrimento)
  - Mínima
  - Moderada
  - Grave

Investigação de fatores associados que desencadeiam ou agravam as disfunções sexuais
- Parceria (p. ex., disfunção sexual da parceria, condição de saúde da parceria)
- Relacionamento (comunicação precária, divergência quanto ao desejo por atividade sexual)

→

QUADRO 15.4
CRITÉRIOS DIAGNÓSTICOS DAS DISFUNÇÕES SEXUAIS
FEMININAS E MASCULINAS SEGUNDO O DSM-5-TR

- Vulnerabilidade individual (autoimagem corporal insatisfatória, história de abuso sexual ou emocional), comorbidades psiquiátricas (depressão ou ansiedade) ou estressores (desemprego, privações)
- Cultura/religião (proibições/inibições quanto à atividade sexual, atitudes a respeito da sexualidade)
- Condições médicas relevantes para prognóstico, curso e tratamento

Fonte: Elaborado com base em American Psychiatric Association.[19]

ções socioeconômicas e conflitos relacionais.
- Dificuldade de acesso aos serviços de saúde.
- Preocupação, cansaço, violência física/sexual, distorções cognitivas, rigidez de costumes e autocontrole excessivo.

SEXUALIDADE E ENVELHECIMENTO

Estudos epidemiológicos demonstram que boa parcela dos idosos permanece sexualmente ativa, os homens mais do que as mulheres.[39,40] No entanto, estereótipos ainda hoje são atribuídos aos idosos, ignorando o valor da satisfação sexual em relação à qualidade de vida e ao bem-estar emocional dessa população. Entre as gerações mais antigas, o comportamento sexual não era discutido abertamente ou envolvia apenas a atividade genital. Disso resultam atitudes negativas em relação ao sexo oral, à masturbação e às preliminares, constrangimento em discutir o assunto ou desconhecimento de que condições físicas e mentais levam à diminuição do interesse sexual.[41]

Apesar de não haver idade limite para a resposta sexual adequada, alterações fisiológicas próprias do envelhecimento comprometem parcial ou integralmente a função sexual de homens e mulheres,[42] conforme resume o Quadro 15.5.

As condições que mais influenciam a função e o comportamento sexual no envelhecimento incluem: saúde física e mental dos parceiros, disponibilidade de parceria sexualmente funcional, história e práticas sexuais ao longo da vida e possibilidade de privacidade.[43]

A partir dos 40-50 anos de idade, com o advento do climatério e da menopausa para as mulheres e a redução gradativa de testosterona para os homens (o que é mais acentuado naqueles não saudáveis), ambos podem referir queixas semelhantes, inclusive as relacionadas a pior funcionamento sexual.[43]

ENVELHECIMENTO MASCULINO E DIMINUIÇÃO DOS NÍVEIS DE TESTOSTERONA

No homem, a partir da quarta década da vida, inicia-se o comprometimento lento e progressivo da função das gônadas, resultando em menor produção de testosterona. A deficiência androgênica pode tornar-se clinicamente significativa para a saúde física, sexual e cognitiva do homem, sobretudo quando ocorre concomitantemente com doenças crônicas, alterações endócrinas, obesidade, efeitos adversos de medicamentos e consumo excessivo de álcool. Esse quadro manifesta sintomatologia característica: menor desejo sexual, disfunção eré-

QUADRO 15.5
ALTERAÇÕES FISIOLÓGICAS DA FUNÇÃO SEXUAL PRÓPRIAS DO ENVELHECIMENTO

Homem

- Produção de testosterona decresce gradativamente, podendo ocasionar prejuízo à função sexual
- Quantidade de esperma e capacidade fértil diminuem
- Desejo (libido) pouco se modifica em indivíduos saudáveis
- Mais estímulos táteis são necessários para a excitação/ereção
- Ereções são mais difíceis de se obter e manter
- Há menor rigidez do pênis por diminuição do fluxo sanguíneo na região pélvica e menor relaxamento da musculatura lisa
- Ejaculação é mais fraca e o volume ejaculatório é menor
- Aumenta o período refratário (intervalo entre um e outro episódio de interesse em sexo/ato sexual)

Mulher

- Desejo (libido) pode diminuir, pelo decréscimo dos hormônios sexuais
- Há redução do fluxo sanguíneo na região pélvica
- Vagina encurta e estreita; mucosa vaginal se atrofia, determinando menos lubrificação
- Mais preliminares são necessárias para a excitação
- Contrações da vagina diminuem em intensidade e quantidade durante o orgasmo

Fonte: Elaborado com base em Agronin.[42]

til, depressão, prejuízo da função cognitiva, alterações no padrão do sono, diminuição da massa muscular e da densidade mineral óssea, aumento da gordura visceral, fadiga, sudorese e rarefação dos pelos corporais.[44]

Alguns sintomas desse hipogonadismo do adulto são bidirecionais: a dificuldade de ereção abala o humor e a autoestima, enquanto a depressão se correlaciona com disfunção erétil. Além disso, a depressão e a ansiedade podem diminuir a produção androgênica, conduzindo ao hipogonadismo, que altera a função sexual, a função cognitiva e o humor.[44]

Evidências comprovam que a terapia com testosterona em homens hipogonádicos pode ter efeito benéfico em vários aspectos da função sexual (desde que não haja contraindicação ao seu uso); em contrapartida, não há evidências de benefícios da terapia com testosterona para tratar a disfunção sexual em homens eugonádicos.[45]

São contraindicações à terapia androgênica em homens com hipogonadismo: câncer de próstata local avançado ou metastático; câncer de mama; desejo de ter filhos; hematócrito > 0,54; insuficiência cardíaca crônica grave. São contraindicações relativas: sintomas graves do trato urinário inferior; hematócrito basal 48–50%; história familiar de tromboembolismo venoso.[45]

PÓS-MENOPAUSA E TERAPIA DE REPOSIÇÃO HORMONAL PARA MULHERES

Estrogênios são importantes para a função e a manutenção do epitélio vaginal, das células do estroma, dos músculos lisos e para o trofismo nervoso. Têm efeitos vasodilatadores e aumentam o fluxo sanguíneo vaginal, clitoridiano e uretral, por meio das vias da óxido nítrico sintase e do polipeptídeo intestinal vasoativo, promovendo congestão genital e lubrificação da vagina, além de modularem limiares sensoriais. Os sintomas sexuais genitais são mais frequentes em mulheres com níveis de estradiol < 50 pg/mL.[46]

A partir da menopausa, a terapia hormonal com estrogênio ou estrogênio-progestogênio melhora o desejo sexual, quando este estiver prejudicado pelo intercurso doloroso, decorrente de atrofia da mucosa vaginal (por deficiência estrogênica). Níveis baixos de estrogênios também causam encurtamento e estreitamento do canal vaginal, perda de elasticidade desses tecidos, rarefação dos pelos pubianos e menor lubrificação vaginal durante a fase de excitação, alterações essas que podem produzir dor durante a penetração, levando a mulher à perda do interesse pela atividade sexual.[47]

Estudos mostram efeito positivo do estrogênio sistêmico na função sexual de mulheres com menopausa natural.[48,49] O uso de estrogênio sistêmico e tópico se associa a benefícios significativos em alguns domínios da função sexual na menopausa.[50]

Baixos níveis circulantes de testosterona determinam alterações na função sexual feminina, embora não obrigatoriamente constituam o fator determinante para tais alterações. Além dos efeitos nos genitais, os androgênios exercem papel neuroestrutural no hipotálamo e no sistema límbico, influenciando a liberação de alguns neurotransmissores envolvidos na sensação de prazer e na percepção. Parece haver, também, uma coparticipação de estrogênios e androgênios na estruturação da resposta sexual feminina, envolvendo efeitos conjuntos nos genitais e no cérebro.[51]

A insuficiência androgênica em mulheres se manifesta por desânimo, fadiga, diminuição da sensação de bem-estar, insônia, humor disfórico, diminuição da lubrificação vaginal pós-menopáusica (apesar de adequada terapêutica estrogênica), diminuição da libido, do prazer e da receptividade sexual, alterações na cognição e na memória, perda ou adelgaçamento dos pelos pubianos e perda de massa óssea e muscular.[52]

No Brasil, a terapia androgênica está aprovada exclusivamente para desejo sexual hipoativo em mulheres pós-menopausadas, pós-ooforectomia, pós-quimio e radioterapia em ovário, desde que estejam sob tratamento estrogênico.[53] Está contraindicada na presença de doenças cardiovasculares, doenças hepáticas, câncer de mama ou câncer de útero. Podem ocorrer efeitos adversos (hirsutismo facial e corporal, acne, aumento de peso, agravamento da voz) relacionados com a dose empregada, a via de administração e a sensibilidade individual da mulher, sendo reversíveis após a suspensão do tratamento (exceto o agravamento da voz).[54]

CONSIDERAÇÕES FINAIS E PERSPECTIVAS FUTURAS

O estudo da sexualidade, funcional e disfuncional, convencional ou parafílica, de indivíduos cisgênero, transgênero e não binários se tornou imprescindível, ao longo das últimas décadas, para o profissional de saúde que trata o indivíduo como um todo e se preocupa com sua qualidade de vida.

Muito se agregou neste campo desde os estudos pioneiros, trazidos por Freud e os que o seguiram. As vertentes desse campo se multiplicaram. Perspectivas futuras certamente vão tratar do sexo não convencional, do sexo virtual, do papel da pornografia na atualidade e da assexualidade como uma orientação sexual a ser considerada. Além disso, maior aprofundamento no que tange aos aspectos etiopatológicos e terapêuticos dos transtornos da sexualidade é um caminho inevitável, se desejamos melhor diagnosticar e tratar aqueles que apresentam sofrimento em função de uma prática sexual insatisfatória. Finalmente, mitos, tabus e expectativas irreais devem ser o foco da atenção dos que trabalham com a saúde e a educação sexual.

REFERÊNCIAS

1. Freud S. Obras completas. Madrid: Nueva Madrid; 1972.
2. Mayrink C, Scivoletto S. Desenvolvimento da sexualidade. In: Saadeh A, Scivoletto S, coordenadores. Incongruência de gênero: infância, adolescência e fase adulta da vida. Santana de Parnaíba: Manole; 2024. p. 28-34.
3. Hagan JF, Shaw JS, Duncan P. Promoting healthy sexual development and sexuality. In: Hagan JF Jr, Shaw JS, Duncan PM, editors. Bright futures: guidelines for health supervision of infants, children, and adolescents. 4th ed. Elk Grove Village: AAP; 2017. p. 217-28.
4. Kanauth RK, Gonçalves H. Juventude na era da Aids: entre o prazer e o risco. In: Almeida MI, Eugenio F, organizadores. Culturas jovens: novos mapas do afeto. Rio de Janeiro: Zahar; 2006. p. 92-120.
5. Damasceno VO, Vianna VRA, Vianna JM, Lacio M, Lima JRP, Novaes JS. Imagem corporal e corpo ideal. Rev Bras Ci Mov. 2006;14(1):87-96.
6. World Health Organization. WHO recommendations on adolescent sexual and reproductive health and rights. Geneva: WHO; 2018.
7. Santos TMB, Albuquerque LBB, Bandeira CF, Colares VSA. Fatores que contribuem para o início da atividade sexual em adolescentes: revisão integrativa. Rev Atenção Saúde. 2015;13(44):64-70.
8. Fortenberry JD. Puberty and adolescent sexuality. Horm Behav. 2013;64(2):280-7.
9. Ernst M, Romeo RD, Andersen SL. Neurobiology of the development of motivated behaviors in adolescence: a window into a neural systems model. Pharmacol Biochem Behav. 2009;93(3):199-211.
10. Ellis BJ, Essex MJ. Family environments, adrenarche, and sexual maturation: a longitudinal test of a life history model. Child Dev. 2007;78(6):1799-817.
11. Bauman Z. Amor líquido: sobre a fragilidade dos laços humanos. Rio de Janeiro: Zahar; 2004.
12. Bauman Z. Tempos líquidos. Rio de Janeiro: Zahar; 2007.
13. Kostopoulou E. Impact of COVID-19 on adolescent sexual life and attitudes: have we considered all the possible secondary effects of the pandemic? Eur J Pediatr. 2023;182(6):2459-69.
14. Ueda P, Mercer CH, Ghaznavi C, Herbenick D. Trends in frequency of sexual activity and number of sexual partners among adults aged 18 to 44 years in the US, 2000-2018. JAMA Netw Open. 2020;3(6):e203833.
15. Twenge JM, Sherman RA, Wells BE. Sexual inactivity during young adulthood is more common among u.s. millennials and igen: age, period, and cohort effects on having no sexual partners after age 18. Arch Sex Behav. 2017;46(2):433-40.
16. Masters WH, Johnson VE. Human sexual response. Boston: Little, Brown and Company; 1966.
17. Kaplan HS. The new sex therapy. New York: Brunner-Routledge; 1974.
18. Hyde J, DeLamater JD. Sexuality and the life cycle: childhood and adolescence. In: Hyde J, DeLamater J, editors. Understand human sexuality. 12nd ed. New York: McGraw-Hill; 2013. p. 284-310.
19. American Psychiatric Association. Manual diagnóstico e estatístico de transtornos mentais: DSM-5-TR. 5. ed. Porto Alegre: Artmed; 2023.
20. World Health Organization. ICD-11: international classification of diseases 11th revision [Internet]. Geneva: WHO; 2024 [capturado em 29 jan. 2025]. Disponível em: https://icd.who.int/.
21. Tiefer L, Hall M, Tavris C. Beyond dysfunction: a new view of women's sexual problems. J Sex Marital Ther. 2002;28 Suppl 1:225-32.
22. Bean JL. Expressions of female sexuality. J Sex Marital Ther. 2002;28 Suppl 1:29-38.
23. Carpenter D, Janssen E, Graham C, Vorst H, Wicherts J. Women's scores on the sexual inhibition/sexual excitation scales (SIS/SES): gender similarities and differences. J Sex Res. 2008;45(1):36-48.
24. Perelman MA. The sexual tipping point: a mind/body model for sexual medicine. J Sex Med. 2009;6(3):629-32.
25. Basson R. The female sexual response: a different model. J Sex Marital Ther. 2000;26(1):51-65.
26. Basson R. Using a different model for female sexual response to address women's problematic low sexual desire. J Sex Marital Ther. 2001;27(5):395-403.
27. Basson R. Women's sexual dysfunction: revised and expanded definitions. CMAJ. 2005;172(10):1327-33.
28. Berman JR, Adhikari SP, Goldstein I. Anatomy and physiology of female sexual function and dysfunction: classification, evaluation and treatment options. Eur Urol. 2000;38(1):20-9.
29. Munarriz R, Kim NN, Goldstein I, Traish AM. Biology of female sexual function. Urol Clin North Am. 2002;29(3):685-93.
30. Arias-Castillo L, García L, García-Perdomo HA. The complexity of female orgasm and ejaculation. Arch Gynecol Obstet. 2023;308(2):427-34.
31. Salonia A, Giraldi A, Chivers ML, Georgiadis JR, Levin R, Maravilla KR, et al. Physiology of women's sexual function: basic knowledge and new findings. J Sex Med. 2010;7(8):2637-60.
32. Levin RJ. Can the controversy about the putative role of the human female orgasm in sperm transport be settled with our current physiological knowledge of coitus? J Sex Med. 2011;8(6):1566-78.
33. McCabe MP, Sharlip ID, Lewis R, Atalla E, Balon R, Fisher AD, et al. Risk factors for sexual dysfunction among women and men: a consensus statement from the fourth international consultation on sexual medicine 2015. J Sex Med. 2016;13(2):153-67.
34. Giuliano F. Neurophysiology of erection and ejaculation. J Sex Med. 2011;8 Suppl 4:310-5.

35. Johnson RD. Descending pathways modulating the spinal circuitry for ejaculation: effects of chronic spinal cord injury. Prog Brain Res. 2006;152:415-26.
36. Perelman MA. A new combination treatment for premature ejaculation: a sex therapist's perspective. J Sex Med. 2006;3(6):1004-12.
37. Alwaal A, Breyer BN, Lue TF. Normal male sexual function: emphasis on orgasm and ejaculation. Fertil Steril. 2015;104(5):1051-60.
38. Giuliano F, Clement P. Neuroanatomy and physiology of ejaculation. Annu Rev Sex Res. 2005;16:190-216.
39. Nicolosi A, Laumann EO, Glasser DB, Moreira ED Jr, Paik A, Gingell C. Sexual behavior and sexual dysfunctions after age 40: the global study of sexual atitudes and behaviors. Urology. 2004;64(5):991-7.
40. Lindau ST, Schumm LP, Laumann EO, Levinson W, O'Muircheartaigh CA, Waite LJ. A study of sexuality and health among older adults in the United States. N Engl J Med. 2007;357(8):762-74.
41. Agronin ME. Sexuality and aging. In: Steffens DC, Blazer DG, Thakur ME, editors. The American Psychiatric Publishing textbook of geriatric psychiatry. 5th ed. Arlington: APP; 2015. p. 389-414.
42. Agronin ME. Sexual disorders in elderly patients. In: Balon R, Segraves RT, editors. Clinical manual of sexual disorders. Washington: APP; 2009. p. 403-22.
43. Stowell M, Hall A, Warwick S, Richmond C, Eastaugh CH, Hanratty B, et al. Promoting sexual health in older adults: findings from two rapid reviews. Maturitas. 2023;177:107795.
44. Corona G, Goulis DG, Huhtaniemi I, Zitzmann M, Toppari J, Forti G, et al. European Academy of Andrology (EAA) guidelines on investigation, treatment and monitoring of functional hypogonadism in males: endorsing organization: European Society of Endocrinology. Andrology. 2020;8(5):970-87.
45. Salonia A, Bettocchi C, Boeri L, Capogrosso P, Carvalho J, Cilesiz NC, et al. European Association of Urology guidelines on sexual and reproductive health-2021 update: male sexual dysfunction. Eur Urol. 2021;80(3):333-57.
46. Sarrel P, Dobay B, Wiita B. Estrogen and estrogen-androgen replacement in postmenopausal women dissatisfied with estrogen-only therapy: sexual behavior and neuroendocrine responses. J Reprod Med. 1998;43(10):847-56.
47. Goldstein I, Dicks B, Kim NN, Hartzell R. Multidisciplinary overview of vaginal atrophy and associated genitourinary symptoms in postmenopausal women. Sex Med. 2013;1(2):44-53.
48. Sherwin BB. The impact of different doses of estrogen and progestin on mood and sexual behavior in postmenopausal women. J Clin Endocrinol Metab. 1991;72(2):336-43.
49. Wiklund I, Karlberg J, Mattsson LA. Quality of life of postmenopausal women on a regimen of transdermal estradiol therapy: a double-blind placebo-controlled study. Am J Obstet Gynecol. 1993;168(3 Pt 1):824-30.
50. Nappi RE, Polatti F. The use of estrogen therapy in women's sexual functioning (CME). J Sex Med. 2009;6(3):603-16; quiz 618-9.
51. Fernandes CE, Rennó Jr. J, Nahas EAP, Melo NR, Ferreira JAS, Machado RB, Peixoto S. Síndrome de insuficiência androgênica: critérios diagnósticos e terapêuticos. Rev Psiquiatr Clín. 2006;3(33):152-61.
52. Braunstein GD. Androgen insufficiency in women: summary of critical issues. Fertil Steril. 2002;77(Suppl 4):S94-9.
53. Federação Brasileira das Associações de Ginecologia e Obstetrícia. Febrasgo position statement: uso de androgênios nas diferentes fases da vida: climatério [Internet]. Rio de Janeiro: Febrasgo; 2022 [capturado em 29 jan. 2025]. Disponível em: https://www.febrasgo.org.br/images/pec/CNE_pdfs/FPS---N1---Janeiro-2022---portugues.pdf.
54. Pompei LM, Machado RB, Wender COM, Fernandes CE. Consenso brasileiro de terapêutica hormonal da menopausa: Associação Brasileira de Climatério (SOBRAC). São Paulo: Leitura Médica; 2018.

PARTE 3

FATORES DE RISCO E DE PROTEÇÃO RELACIONADOS À SAÚDE MENTAL

16

VIOLÊNCIA

BIBIANA DE BORBA TELLES
SOFIA CID DE AZEVEDO
ALEXANDRE MARTINS VALENÇA
LISIEUX E. DE BORBA TELLES

DESCRITORES: violência; violência por parceiro íntimo; homicídio; saúde mental; prevenção.

Na prática da assistência em saúde, desde a formação universitária, o médico convive com os diferentes personagens envolvidos nas agressões, atuando na identificação das sequelas decorrentes dessas ações e no tratamento de todos os envolvidos, bem como na busca pela promoção da prevenção de novas vitimizações e violações dos direitos básicos da população. A vitimização pode se manifestar de forma única ou reiterada, na forma de negligência, abuso físico, abuso psicológico, abuso sexual e mesmo abuso financeiro, sendo, muitas vezes, praticada dentro dos lares e invisível aos olhos da sociedade. Enquanto os homens são as maiores vítimas dos tipos de violência fatal, a violência doméstica é a forma de agressão mais prevalente no mundo contra mulheres e crianças, não resultando necessariamente em morte, mas produzindo morbidade e impacto continuado sobre a autoestima, a saúde física e mental da vítima e da família. O capítulo aborda a relação dessas violências com o gênero de vítimas e agressores, as fases do ciclo vital, bem como sua prevalência, suas manifestações clínicas, seus fatores de risco e suas consequências, finalizando com orientações de encaminhamento.

ESTADO DA ARTE

A Organização Mundial da Saúde (OMS) conceitua violência como "o uso de força física ou poder, em ameaças ou na prática, contra si próprio, outra pessoa ou contra um grupo ou comunidade que resulte ou possa resultar em sofrimento, morte, dano psicológico, desenvolvimento prejudicado ou privação".[1]

O médico, desde sua formação, lida com as consequências das agressões e atua no tratamento dos envolvidos, além de promover a prevenção de novas vitimizações. Essas violências podem ocorrer repetidamente e se manifestar como negligência, abusos físicos, psicológicos, sexuais ou financeiros, muitas vezes acontecendo dentro dos lares e de forma invisível para a sociedade.

Portadores de transtornos mentais podem ser vítimas e/ou praticar condutas agressivas de diferentes gravidades, ocorridas em seus lares, na comunidade ou nos locais em que se encontrem internados.[2]

O capítulo explora como essas violências se relacionam com o sexo de vítimas e agressores, analisa sua ocorrência ao longo das diferentes fases da vida, descreve sua prevalência, manifestações clínicas, fatores de risco e impactos, e conclui com recomendações para encaminhamento adequado.

OS HOMENS NO CONTEXTO DA VIOLÊNCIA

O número de homicídios é considerado o melhor indicador internacional de violência. Em 2022, foi verificado que 72,4% do total de homicídios no Brasil foram praticados com o uso de armas de fogo. Naquele mesmo ano, o país registrou um total de 33.580 homicídios por armas de fogo, que corresponde à taxa de 15,7 assassinatos por esse meio para cada 100 mil habitantes.[3]

No Brasil, os homicídios atingem mais a população masculina, jovem, sendo cometidos em locais públicos e por pessoas desconhecidas, muitas vezes relacionados ao tráfico.

Enquanto os homens são as principais vítimas de violências fatais, a violência doméstica é a forma mais comum de agressão contra mulheres e crianças. Apesar de nem sempre levar à morte, ela causa morbidade e afeta de maneira duradoura a autoestima e a saúde física e mental da vítima e de sua família.

VIOLÊNCIA NO CICLO VITAL DA MULHER

A violência contra a mulher é extremamente prevalente, assumindo diversas formas no decorrer do seu ciclo vital. Estimativas da OMS apontam que um terço das mulheres sofreu violência física ou sexual durante a vida.[4] Na primeira infância, a forma mais frequente de violência é a negligência, cujos principais autores são pais e mães, na mesma proporção. Entre os 10 e os 14 anos, as meninas são vitimadas principalmente por violência sexual, tendo homens que ocupam as funções de pai e padrasto como os principais agressores. Dos 15 aos 60 anos, a violência física é a mais prevalente, sendo provocada por **pais**, **padrastos**, namorados ou maridos. As mulheres idosas voltam a ser vítimas de negligência, e a participação feminina na forma de agressoras volta a crescer. As consequências sofridas pelas vítimas são incalculáveis e incluem danos a curto e longo prazos para a saúde física e mental das vítimas e de toda a sociedade, o que evidencia a importância das ações preventivas, do tratamento, do acompanhamento e das legislações relacionadas.

FORMAS DE VIOLÊNCIA CONTRA A MULHER

VIOLÊNCIA PSICOLÓGICA

A violência psicológica é o tipo de violência doméstica que mais ocorre de forma isolada, além de estar quase sempre presente em casos de violência física e/ou sexual. Estima-se que quase 50% das mulheres no mundo já tenham sofrido essa forma de violência, praticada por parceiro íntimo, em algum momento da vida.[5] Agressores se utilizam da violência psicológica para degradar e exercer controle sobre suas vítimas, utilizando estratégias como ameaças, constrangimento, humilhação, manipulação, isolamento, chantagem, ridicularização e restrição do direito de ir e vir. Como resultado, a vulnerabilidade emocional e o isolamento social sofridos pelas vítimas perpetuam um ciclo vicioso, dificultando cada vez mais que o padrão seja quebrado.[6]

Apesar de ser a forma mais comum de violência contra a mulher, a violência psicológica não é a mais denunciada, sugerindo que a ausência de lesões físicas seja um fator que dificulta não apenas o reconhecimento da agressão, mas também a sua comprovação. Ainda que na maioria dos casos os agressores sejam parceiros íntimos, a violência psicológica também ocorre de forma expressiva em relações familiares, no mercado de trabalho e em situações cotidianas da sociedade, por meio de agressões verbais, provocações, intimidação, tortura psicológica, xingamentos, difamação, controle financeiro, culpabilização de vítimas e justificativas da violência masculina como forma de "punição" pelo "mau comportamento" de uma mulher.[7] Assim como todas as demais formas de violência de gênero, há uma forte influência do machismo e de ideias patriarcais de inferioridade feminina. Esta soma de fatores estigmatiza ainda mais as vítimas, que temem ser julgadas e culpabilizadas pelas agressões.

VIOLÊNCIA FÍSICA

A violência física pode ser compreendida como qualquer conduta que ofenda a integridade ou saúde corporal da mulher, com uso da força física de forma intencional, não acidental, com o objetivo de ferir, lesar, provocar dor e sofrimento, deixando, ou não, marcas evidentes no corpo. Inclui espancar, estrangular, ferir com queimaduras ou armas de fogo, atirar objetos, sacudir, apertar os braços, lesionar com objetos cortantes ou perfurantes, torturar, entre outros.

Estimativas publicadas pela OMS indicam que aproximadamente uma em cada três mulheres nas Américas sofreu violência física e/ou sexual por parte do parceiro íntimo ou violência sexual por não parceiro em sua vida.[4] A forma de violência mais notificada no Brasil foi a violência física, com prevalência estimada de 36,7% dos casos, correspondendo a 51.407 registros no ano de 2022.[3] Já uma metanálise brasileira publicada recentemente encontrou prevalência de violência física de 22,4% durante a vida e 11,5% no último ano.[8] A violência física contra mulheres costuma ser concomitante ou subsequente a outros tipos de violência, como a psicológica, a qual muitas vezes é ainda mais subestimada devido a maior dificuldade de identificação. Isso evidencia que a identificação dos casos de violência física é também uma oportunidade de avaliação das demais formas de violência.

VIOLÊNCIA SEXUAL

A violência sexual consiste em qualquer conduta que constranja a presenciar, a manter ou a participar de relação sexual não desejada mediante intimidação, ameaça, coação ou uso da força. Inclui estuprar, impedir o uso de métodos contraceptivos, forçar a mulher a abortar, forçar matrimônio, gravidez ou prostituição, obrigar a mulher a praticar atos sexuais que causem desconforto ou repulsa, limitar ou anular o exercício dos direitos sexuais e reprodutivos da mulher.

Uma revisão sistemática encontrou prevalência global de agressões sexuais sofridas por adolescentes e adultas no último ano de até 59,2%.[9] Dados do Anuário Brasileiro de Segurança Pública de 2023 apontam para 74.930 vítimas de estupro no ano de 2022, com 88% das vítimas sendo do sexo feminino e 56,8% negras. Destaca-se, também, que a maior parte das vítimas era crianças (61,4% tinham entre 0 e 14 anos), e que a maioria dos crimes ocorreu na residência da vítima (68,3%). Em relação ao agressor, temos alta prevalência de conhecidos das vítimas (86,1% em vítimas de 0 a 13 anos e 77,2% em vítimas com mais de 14 anos), sendo 64,4% de familiares em crianças até 13 anos e 24,3% de parceiros atuais ou ex-parceiros em maiores de 14 anos. Foram registrados também 6.114 casos de assédio sexual e 27.530 casos de importunação sexual, o que correspondeu a um aumento nos registros em relação ao relatório anterior.[10]

VIOLÊNCIA PATRIMONIAL

São todos os atos destrutivos ou omissões do agressor que afetam a saúde emocional e a sobrevivência dos membros da família. Inclui roubar, destruir bens pessoais (como roupas, objetos, documentos, animais de estimação) ou bens da sociedade conjugal (residência, móveis, terras), recusar pagar pensão alimentícia ou participar dos gastos básicos para a sobrevivência do núcleo familiar, usar recursos econômicos de pessoa idosa, tutelada ou incapaz, destituindo-a de gerir seus próprios recursos e deixando-a sem provimentos ou cuidados.[11]

FEMINICÍDIO

Quando mulheres são expostas a violências repetidas e duradouras, a tendência é que as agressões se tornem cada vez mais graves e intensificadas. A consequência mais grave desse processo de vitimização é o feminicídio, uma das principais causas de óbito prematuro em mulheres. As taxas de mortalidade por feminicídio variam amplamente, influenciadas por fatores sociais e culturais de cada localidade. Baixo nível socioeconômico, presença de histórico criminal e abuso de substâncias são fatores de risco para os agressores que cometem feminicídio. Histórico psiquiátrico de transtornos do humor, transtornos psicóticos e transtornos da personalidade também estão associados aos perpetradores.[12] De forma geral, as vítimas tendem a ser mais jovens que seus agressores, mas, ao contrário do que muitos acreditam, os períodos de gestação e puerpério e a tentativa de separação e distanciamento do agressor não protegem mulheres do óbito por feminicídio. Também é frequente que as vítimas tenham buscado atendimentos de emergência por outras agressões ocorridas nos 12 meses prévios ao óbito.[13]

A VIOLÊNCIA CONTRA VULNERÁVEIS

VIOLÊNCIA CONTRA CRIANÇAS E ADOLESCENTES

A violência contra crianças e adolescentes costuma ser praticada por sujeitos em condições de superioridade em relação à vítima, seja econômica, social, por idade, inteligência ou força. Pode-se apresentar em ações ou omissões que causem dano sexual, físico ou psicológico à vítima, ocorrendo contra a sua vontade ou de forma imposta por meio de sedução, coação e/ou poder.[14]

No Brasil, enfrentamos altas taxas de violência contra crianças e adolescentes. Dados do Anuário de Segurança Pública de 2023 apontam 22.527 casos de crianças e adolescentes vítimas de maus tratos, com 60% dessas vítimas entre 0 e 9 anos. As crianças entre 0 e 13 anos representaram mais de 60% das vítimas de estupro, com 1 em cada 10 casos com menos de 4 anos de idade. Destaca-se o perfil dos agressores, tendo em vista que 86% das vítimas nesse período foram violentadas por pessoas conhecidas, sendo 64% familiares.[10]

Dados brasileiros de 2012 a 2022 sugerem que exista uma transição no tipo mais frequente de violência com o decorrer das faixas etárias: infantes são as principais vítimas de negligência (61,7%), crianças são a maioria das vítimas de violência psicológica (53,5%) e sexual (65,1%), e adolescentes são as principais vítimas de violência física (59,3%). Também é descrita uma variação relacionada ao sexo, sendo meninas a maior parte das vítimas de violência (60,1%), com maior ocorrência de violência física (52%), psicológica (64%) e sexual (86%), enquanto meninos são as principais vítimas de negligência (53,3%).[3]

VIOLÊNCIA CONTRA GESTANTES E PUÉRPERAS

Durante o período reprodutivo da vida da mulher, as gestações são o momento de maior vulnerabilidade à violência. Mulheres que já foram previamente vítimas de violência em seus relacionamentos apresentam mais chances de se tornarem vítimas durante a gravidez, o que, por sua vez, aumenta o risco de vitimização no puerpério.[15,16] A forma mais comum é a violência psicológica, seguida de violência física e violência sexual.[17] Gestações não planejadas e faixas etárias mais jovens apresentam o maior risco de vitimização, que também pode ser potencializado por fatores relacionados ao parceiro, como o abuso de álcool e substâncias ilícitas.[18-20]

VIOLÊNCIA CONTRA IDOSOS

A violência sofrida por mulheres com 60 anos ou mais tem prevalência anual estimada em 14,1%, sendo a sua forma mais comum a violência psicológica, seguida de negligência (falha ou recusa em prover os cuidados necessários), violência econômica (exploração financeira e extorsão), sexual e física.[21] Entre os principais agressores estão as famílias, os cônjuges, amigos, cuidadores e outros profissionais assistenciais. Na maioria dos casos, as vítimas começam a sofrer os abusos ainda na idade adulta, seguindo envolvidas no ciclo de violência conforme envelhecem e se tornam mais frágeis e vulneráveis. Quando os agressores são seus parceiros íntimos, a violência que era previamente física evolui para violência psicológica e negligência, potencializadas por gatilhos como aposentadoria, filhos amadurecendo e saindo da casa dos pais e diagnósticos de doenças crônicas ou terminais.[22]

■ CONSEQUÊNCIAS

A relação entre a violência e transtornos psiquiátricos nas vítimas é bidirecional, pois eles podem surgir como consequência das violências vividas, mas também podem atuar como fatores de risco por tornarem as vítimas ainda mais vulneráveis. Transtornos do humor e de ansiedade são os mais prevalentes nas vítimas, que também apresentam mais ideação suicida e tentativas de suicídio que mulheres não expostas a essa violência.[23] Já a queixa somática mais comum nas vítimas é dor, nas suas mais diversas formas: cefaleia, artralgia, lombalgia, cólicas abdominais e dor pélvica, que costumam ser crônicas, podendo perdurar por anos após a exposição ao abuso. Também foram identificadas maiores incidências de doenças cardiovasculares, diabetes, doenças respiratórias, fadiga, tontura, crises não epilépticas psicogênicas, doenças gastrintestinais e desnutrição nesta população.[24]

Os impactos de violências vividas na infância podem perdurar até a vida adulta. Maus-tratos na infância são fator de risco também para transtornos mentais, destacando-se o transtorno depressivo maior, o transtorno de estresse pós-traumático, transtornos de ansiedade, transtorno por uso de substâncias e transtornos de conduta.[25-27] Já as gestantes vítimas de violência apresentam maior risco de atraso no início do pré-natal, além de frequência mais irregular em consultas.[78] Para os bebês, há maior risco de baixo peso ao nascer e tamanho pequeno para a idade gestacional, assim como de partos prematuros, e também menor ocorrência e duração de aleitamento materno exclusivo.[29,30] Vítimas de violência têm maior probabilidade de reproduzir a prática de maus-tratos e abusos com seus filhos, levando à perpetuação da violência.[31] No caso de vítimas idosas, a exposição à violência ocasiona sofrimento psíquico e estados negativos persistentes, mas também está associada a consequências potencialmente fatais, aumentando taxas de mortalidade em comparação com aquelas que não foram expostas.[32]

SINAIS DE ALERTA

Alguns aspectos que devem chamar a atenção durante o atendimento de vítimas de violência na infância e adolescência incluem história vaga, inconsistente com o grau de lesão, que difere nas versões fornecidas; além de demora excessiva na procura por atendimento; lesão grave explicada como autoinfligida ou atribuída a outras crianças pequenas ou animais de estimação; e múltiplas lesões anteriores, com hospitalizações frequentes ou busca por pronto-atendimento recorrente.[33]

Durante consultas médicas com pacientes idosas, alguns sinais devem chamar a atenção do profissional responsável pela avaliação: atrasos entre o surgimento de lesões ou doenças e a busca por atendimento; explicações e justificativas implausíveis ou vagas para os problemas de saúde apresentados, sejam elas dadas pela paciente ou por seu acompanhante; relatos diferentes/incongruentes fornecidos por paciente e acompanhante; busca frequente por atendimentos emergenciais por descompensação de doenças crônicas mesmo quando já existe plano de cuidado definido, busca de atendimento por idosas com prejuízo funcional importante desacompanhadas; e resultados de exames incompatíveis com os relatos fornecidos na anamnese.

LIDANDO COM SITUAÇÕES DE VIOLÊNCIA

Preconceito, desigualdade, discriminação e estigmatização são obstáculos para a identificação e a denúncia da violência psicológica, impedindo a reabilitação física e psíquica das vítimas. Seja isolada ou sobreposta a outras formas de violência, ela impacta significativamente na vida e na saúde das vítimas. Logo, seu rastreio sistemático deve ser incluído na avaliação médica. Podem ser acrescentados na anamnese questionamentos mais amplos, como se a paciente se sente segura em seu relacionamento/ambiente de trabalho/conjunto familiar, e perguntas mais diretas, investigando a ocorrência de ameaças, humilhações e chantagens.[34] Quando uma mulher consegue revelar que experienciou situações de violência, cabe ao profissional de saúde escutar de forma atenta e empática, validando as experiências e os sentimentos relatados, além de encaminhar para os serviços de apoio adequados.[6]

Na vigência de qualquer suspeita, é importante observar atentamente como se relacionam e se comportam a paciente e seu possível agressor, além de entrevistar a vítima também sozinha, para investigar diretamente a ocorrência de maus-tratos, e conversar em separado também com o possível agressor, buscando inconsistências. Recomenda-se, ainda, documentar em prontuário tudo que for observado e registrar quem e quais são as pessoas que participam da rede de cuidados da paciente.[32]

Casos suspeitos ou confirmados de maus-tratos contra crianças e adolescentes no Brasil são de notificação compulsória por parte dos profissionais de saúde desde 1990, com a implementação do Estatuto da Criança e do Adolescente (ECA). A violência contra essa população tem comprovado impacto negativo a curto, médio e longo prazos na saúde física e mental das vítimas, comprometendo também as práticas parentais futuras e gerando um ciclo intergeracional de violência. Também é de notificação compulsória a suspeita de violência contra pessoas idosas, sendo considerada como violência "qualquer ação ou omissão que lhe cause morte, dano ou sofrimento físico ou psicológico". Considerando que os principais agressores nesta faixa etária são aqueles considerados "cuidadores", o receio de sofrer ainda mais negligência e abandono pode fazer as vítimas sentirem medo de denunciar. Entretanto, como essas violências podem representar risco adicional de mortalidade, cabe ao profissional de saúde priorizar a segurança das possíveis vítimas, acionando também outras esferas do cuidado multidisciplinar quando necessárias.

VIOLÊNCIA E DOENÇA MENTAL

Até o início dos anos 1980, havia um consenso de que a esquizofrenia não levaria a um risco maior de comportamento violento do que aquele encontrado na população geral. Entretanto, novas evidências epidemiológicas têm se acumulado nos últimos 20 anos, indicando que indivíduos com transtornos mentais graves, especialmente aqueles com esquizofrenia, apresentam um risco maior (comparados à população geral) de cometer um crime violento, embora a proporção de violência social atribuível a este risco seja pequena.[35] Para indivíduos com transtornos psicóticos, considera-se que a própria condição psicopatológica seja um fator de risco para comportamento violento.

Um estudo examinou os antecedentes criminais de 2.861 indivíduos que tiveram uma primeira internação hospitalar devido à esquizofrenia, dos anos de 1975 a 2000, comparados a igual número de indivíduos na comunidade, pareados por idade, sexo e região residencial. Foram considerados atos violentos: agressão, lesão física séria e homicídio. Observou-se que os pacientes com esquizofrenia foram significativamente mais condenados por pelo menos um ato violento, comparados aos indivíduos da comunidade (8,2% e 1,8%, respectivamente). Outro achado importante é que os pacientes com problemas de abuso de substâncias psicoativas tiveram mais condenações por delitos do que aqueles que não utilizavam drogas (68% e 11,7%, respectivamente). Comparados ao grupo-controle, indivíduos com esquizofrenia tiveram 3,6 a 6,6 vezes mais risco de ter pelo menos uma condenação por comportamento violento.[36]

Outro estudo continuou a pesquisar esse tema, relacionando registros de crimes violentos praticados por 8.003 indivíduos com esquizofrenia, com admissões psiquiátricas hospitalares, na Suécia. A esquizofrenia estava associada a um aumento de crime violento, sendo mínima essa associação quando não houve abuso de substâncias psicoativas. Por outro lado, comparados à população geral, indivíduos com esquizofrenia e abuso de substâncias perpetraram quatro vezes mais crimes violentos.[37]

A investigação da relação entre transtornos psicóticos, uso de substâncias e comportamento violento também foi objeto de estudo de Lamsma e colaboradores.[37] Esses autores investigaram 1.792 indivíduos com transtornos psicóticos de duas amostras (Holanda e Reino Unido), pesquisando a associação entre frequência e uso de diferentes substâncias e comportamento violento. Encontraram que o uso de *Cannabis*, estimulantes, álcool e alucinógenos aumenta o risco desse comportamento. De acordo com os últimos autores, há quatro formas de o abuso de substâncias levar ao comportamento violento.

- Primeiro, há o efeito psicofarmacológico da intoxicação ou abstinência da substância (desinibição, intensificação das emoções negativas) que pode baixar o limiar para violência. Esse abuso também pode induzir ou exacerbar sintomas positivos (delírios e alucinações), que podem contribuir para o comportamento violento.
- Segundo, o abuso de substâncias pode interferir com o tratamento. Indivíduos com uso problemático de substâncias apresentam menor probabilidade de procurar ou aderir a tratamento. As substâncias também podem reduzir o efeito terapêutico dos antipsicóticos, acarretando piora ou persistência de sintomas positivos da psicose.
- Terceiro, a violência pode ocorrer durante o cometimento de crimes que visam ao acesso a substâncias ou ao dinheiro para obtê-las.
- Por último, os usuários podem se envolver em mercados ilegais de drogas, onde o comportamento violento é comum.

Há pelo menos duas trajetórias para surgimento de comportamento violento na esquizofrenia: uma inclui pacientes sem história prévia de comportamento violento, que apresentam esse comportamento no início da doença, nos quais os sintomas positivos (delírios e alucinações) explicam a violência; e a outra inclui aqueles pacientes com disposição criminogênica crônica, que apresentam comportamento violento e antissocial desde a infância, independentemente do estado mental.[38]

Outros autores apontam diversos fatores de risco para comportamento violento na esquizofrenia: sexo masculino, idade jovem, baixo *status* socioeconômico, baixo nível educacional, sintomas positivos, maior tempo de duração da psicose não tratada, início precoce da doença, não colaboração com o tratamento, história de abuso físico ou sexual, abuso de substâncias e presença de transtorno de personalidade antissocial.[39]

A conexão entre transtorno bipolar e violência parece ser maior durante os episódios agudos do transtorno. Pacientes maníacos apresentaram comportamento violento na comunidade durante as duas semanas que antecederam a admissão hospitalar e tiveram taxas mais elevadas de violência durante os três primeiros dias de hospitalização. Os pacientes maníacos frequentemente se tornam violentos quando se sentem restritos ou quando limites são colocados pela equipe de atendimento. O risco de violência no transtorno bipolar é maior na fase maníaca do que na depressiva.[40]

Variáveis psicopatológicas parecem também ter importância no comportamento violento ou homicida de indivíduos com transtornos afetivos graves. Pacientes maníacos podem apresentar violência não premeditada, súbita e grave, decorrente de ideação persecutória ou frustração diante do estabelecimento de limites. Um estudo de revisão encontrou que a frequência de homicídios na depressão psicótica é maior do que na depressão não acompanhada de sintomas psicóticos.[41]

O homicídio tem sido um tipo de comportamento violento muito estudado. Nesse aspecto, um estudo coreano avaliou 219 pacientes bipolares de uma unidade forense, internados entre os anos de 1987 e 2008. Foi encontrado que, no momento da prisão, 190 (87%) internos com transtorno bipolar estavam na fase maníaca, enquanto 29 (13%) estavam na fase depressiva. No grupo de mania, ofensa violenta foi a mais frequente, seguida de outras ofensas (36%) e homicídio (19%). Por outro lado, no grupo de depressão, o homicídio foi a ofensa mais comum (90%), seguida de outras ofensas violentas (7%) e ofensas diversas (3%).[42]

No que diz respeito à associação entre transtornos do humor, uso de substâncias psicoativas e comportamento violento, foram estudados 3.743 indivíduos bipolares com 37.429 indivíduos da população geral, comparando registros de crimes com internações hospitalares em psiquiatria. Foi descoberto que o risco de crime violento entre os pacientes bipolares com abuso de substâncias comórbido foi 21,3%, sendo significativamente maior do que entre os pacientes sem tal comorbidade, cujo risco desse comportamento foi minimamente elevado. Para os autores, os achados desse estudo sugerem a necessidade de avaliação de risco de violência e manejo de pacientes bipolares que apresentem comorbidade com abuso de substâncias.[43]

Pacientes psiquiátricos com história criminal seriam beneficiados com programas de tratamento que frequentemente os excluem. A presença de história criminal deveria ser um indicador de maior necessidade de abordagens integrativas e não exclusão de tratamento. É importante que os serviços de saúde mental trabalhem para prevenir a perda de contato e a não adesão ao tratamento, que com frequência precedem o comportamento violento cometido por pessoas com transtornos mentais graves. Também é fundamental que a sociedade e as autoridades governamentais atenuem barreiras de acesso a tratamento psiquiátrico e psicossocial.

Embora as evidências estatísticas e empíricas apontem para uma relação positiva entre transtornos mentais graves e comportamento violento, isto certamente representa uma pequena proporção da violência ocorrida na comunidade. Em países com altos índices de violência, como no Brasil, onde a violência e a criminalidade têm intensa associação com a precariedade de condições socioeconômicas, o percentual de crimes violentos associados a transtornos mentais talvez seja ainda menor. O objetivo de pesquisas sobre a associação entre violência e transtornos mentais não é estigmatizar, e sim compreender melhor os fatores que contribuem para essa associação, bem como propor políticas de saúde mental e intervenções terapêuticas para pacientes com transtornos mentais e comportamento violento.

CONSIDERAÇÕES FINAIS E PERSPECTIVAS FUTURAS

Frente à alta prevalência das diferentes formas de violências descritas, sua complexidade e as sequelas deixadas em todos os envolvidos, é primordial que as equipes de saúde tenham formação adequada voltada para detecção, avaliação, tratamento e prevenção iniciadas desde a graduação.

Cada atendimento representa uma oportunidade de identificar uma vítima de violência, o que reforça a necessidade de profissionais observadores e treinados para avaliar este tipo de risco e proporcionar os cuidados e orientações adequados para cada situação.

Da mesma forma, os agressores precisam ser avaliados, tratados e encaminhados do ponto de vista da saúde e legal. O atendimento a homens agressores tem como objetivos auxiliá-los a compreenderem os desencadeantes e a gravidade de seu comportamento disruptivo, identificar violências prévias, informá-los sobre o impacto de seus comportamentos agressivos na vida da vítima e da família e auxiliá-los a exercitarem formas mais adequadas de expressar sua agressividade.

Apenas atendimentos abrangentes e continuados com equipe multiprofissional podem oferecer esperança de interromper o ciclo de violências tão graves e frequentemente transgeracionais.

REFERÊNCIAS

1. Mikton CR, Butchart A, Dahlberg LL, Krug EG. Global status report on violence prevention 2014. Am J Prev Med. 2016;50(5):652-9.
2. Telles LEB, Azambuja MRF, Day VP. Aspectos legais e forenses dos portadores de vulnerabilidades e/ou patologias psiquiátricas. In: Cataldo Neto A, Gauer GJC, Furtado NR, organizadores. Psiquiatria para estudantes de medicina. 2. ed. Porto Alegre: EDIPUCRS; 2013. p. 656-69.
3. Cerqueira D, Bueno S, coordenadores. Atlas da violência 2024: retrato dos municípios brasileiros [Internet]. Brasília: IPEA; 2024 [capturado em 31 jan. 2025]. Disponível em: https://repositorio.ipea.gov.br/handle/11058/14231.
4. World Health Organization. Global and regional estimates of violence against women: prevalence and health effects of intimate partner violence and non-partner sexual violence. Geneva: WHO; 2013.
5. World Health Organization. Understanding and addressing violence against women: intimate partner violence. Geneva: WHO; 2012 [capturado em 31 jan. 2025]. Disponível em: https://www.who.int/publications/i/item/WHO-RHR-12.36.
6. Azevedo SC, Telles LEB. Violência psicológica e o papel do psiquiatra: uma revisão narrativa. Debates Psiquiatr. 2023;13:1-19.
7. Office on Women's Health. Emotional and verbal abuse [Internet]. Rockville: OASH; 2024 [capturado em 31 jan. 2025]. Disponível em: https://womenshealth.gov/relationships-and-safety/other-types/emotional-and-verbal-abuse.
8. Nakamura IB, Silva MT, Garcia LP, Galvao TF. Prevalence of physical violence against brazilian women: systematic review and meta-analysis. Trauma Violence Abuse. 2023;24(2):329-39.
9. Dworkin ER, Krahé B, Zinzow H. The global prevalence of sexual assault: a systematic review of international research since 2010. Psychol Violence. 2021;11(5):497-508.
10. Fórum Brasileiro de Segurança Pública. Violência doméstica e sexual. In: 17º Anuário Brasileiro de Segurança Pública. São Paulo: Fórum Brasileiro de Segurança Pública; 2023. p. 127-62.
11. Brasil. Ministério da Saúde. Violência intrafamiliar: orientações para a prática em serviço. Brasília: MS; 2002.
12. Garcia-Vergara E, Almeda N, Martín Ríos B, Becerra-Alonso D, Fernández-Navarro F. A comprehensive analysis of factors associated with intimate partner femicide: a systematic review. Int J Environ Res Public Health. 2022;19(12):7336.
13. Rios AMFM, Magalhães PVS, Telles LEB. Violência contra mulheres: feminicídio. Debates Psiquiatr. 2019;9(2):38-42.
14. Werner J, Werner M. Perícias em direito de família. In: Taborda JJV, Abdalla Filho E, Chalub M, organizadores. Psiquiatria Forense. 2. ed. Porto Alegre: Artmed; 2012.
15. Ribeiro MRC, Pessoa BPT, Sauaia GA, Schraiber LB, Queiroz RCS, Batista RFL, et al. Violence against women before and during gestation: differences in prevalence rates and perpetrators. Rev Bras Saúde Mater Infant. 2020;20(2):491-501.
16. Silva EP, Ludermir AB, Araújo TVB, Valongueiro SA. Freqüência e padrão da violência por parceiro íntimo antes, durante e depois da gravidez. Rev Saúde Pública. 2011;45(6):1044-53.
17. Huldani H, Abdelbasset WK, Jasim SA, Suksatan W, Jalil AT, Thangavelu L, et al. Intimate partner violence against pregnant women during the COVID-19 pandemic: a systematic review and meta-analysis. Women Health. 2022;62(6):556-64.
18. Audi CAF, Segall-Corrêa AM, Santiago SM, Andrade MGG, Pèrez-Escamila R. Violência doméstica na gravidez: prevalência e fatores associados. Rev Saúde Pública. 2008;42(5):877-85.
19. Conceição HN, Coelho SF, Madeiro AP. Prevalência e fatores associados à violência por parceiro íntimo na gestação em Caxias, Maranhão, 2019-2020. Epidemiol Serv Saúde. 2021;30(2):e2020848.

20. Ribeiro MRC, Silva AAM, Alves MTSSB, Batista RFL, Rocha LMLN, Schraiber LB, et al. Psychological violence against pregnant women in a prenatal care cohort: rates and associated factors in São Luís, Brazil. BMC Pregnancy Childbirth. 2014;14:66.
21. Yon Y, Mikton C, Gassoumis ZD, Wilber KH. The prevalence of self-reported elder abuse among older women in community settings: a systematic review and meta-analysis. Trauma Violence Abuse. 2019;20(2):245-59.
22. Meyer SR, Lasater ME, García-Moreno C. Violence against older women: a systematic review of qualitative literature. PLoS One. 2020;15(9):e0239560.
23. Gunarathne L, Bhowmik J, Apputhurai P, Nedeljkovic M. Factors and consequences associated with intimate partner violence against women in low- and middle-income countries: a systematic review. PloS One. 2023;18(11):e0293295.
24. Dillon G, Hussain R, Loxton D, Rahman S. Mental and physical health and intimate partner violence against women: a review of the literature. Int J Famaly Med. 2013;2013:313909.
25. Hussey JM, Chang JJ, Kotch JB. Child maltreatment in the United States: prevalence, risk factors, and adolescente health consequences. Pediatrics. 2006;118(3):933-42.
26. Kaplan SJ, Pelcovitz D, Salzinger S, Weiner M, Mandel FS, Lesser ML, et al. Adolescent physical abuse: risk for adolescent psychiatric disorders. Am J Psychiatry. 1998;155(7):954-9.
27. Teicher MH, Samson JA. Childhood maltreatment and psychopathology: a case for ecophenotypic variants as clinically and neurobiologically distinct subtypes. Am J Psychiatry. 2013;170(10):1114-33.
28. Alhusen JL, Ray E, Sharps P, Bullock L. Intimate partner violence during pregnancy: maternal and neonatal outcomes. J Womens Health. 2015;24(1):100-6.
29. Donovan B, Spracklen CN, Schweizer ML, Ryckman KK, Saftlas AF. Intimate partner violence during pregnancy and the risk for adverse infant outcomes: a systematic review and meta-analysis. BJOG. 2016;123(8):1289-99.
30. Ribeiro MRC, Batista RFL, Schraiber LB, Pinheiro FS, Santos AM, Simões VMF, et al. Recurrent violence, violence with complications, and intimate partner violence against pregnant women and breastfeeding duration. J Womens Health. 2021;30(7):979-89.
31. Comitê Científico do Núcleo Ciência pela Infância. Prevenção de violência contra crianças. São Paulo: Fundação Maria Cecília Souto Vidigal; 2023.
32. World Health Organization. World report on violence and health. Geneva: WHO; 2002.
33. Christian CW; Committee on Child Abuse and Neglect, American Academy of Pediatrics. The evaluation of suspected child physical abuse. Pediatrics. 2015;135(5):e1337-54.
34. Telles LEB, Valença AM, Barros AJS, Silva AG. Domestic violence in the COVID-19 pandemic: a forensic psychiatric perspective. Braz J Psychiatry. 2021;43(3):233-4.
35. Hodgins S, Alderton J, Cree A, Aboud A, Mak T. Aggressive behaviour, victimization and crime among severely mentally ill patients requiring hospitalisation. Br J Psychiatry. 2007;191:343-50.
36. Wallace C, Mullen PE, Burgess P. Criminal offending in schizophrenia over a 25-year period marked by deinstitutionalization and increasing prevalence of comorbid substance use disorders. Am J Psychiatry. 2004;161(4):716-27.
37. Lamsma J, Cahn W, Fazel S. Use of illicit substances and violent behaviour in psychotic disorders: two nationwide case-control studies and meta-analyses. Psychol Med. 2020;50(12):2028-33.
38. Hodgins S, Klein S. New clinically relevant findings about violence by people with schizophrenia. Can J Psychiatry. 2017;62(2):86-93.
39. Hachtel H, Harries C, Luebbers S, Ogloff JR. Violent offending in schizophrenia spectrum disorders preceding and following diagnosis. Aust N Z J Psychiatry. 2018;52(8):782-92.
40. Yesavage JA. Bipolar illness: correlates of dangerous inpatient behaviour. Br J Psychiatry. 1983;143:554-7.
41. Good MI. Primary affective disorder, aggression, and criminality: a review and clinical study. Arch Gen Psychiatry. 1978;35(8):954-60.
42. Yoon JH, Kim JH, Choi SS, Lyu MK, Kwon JH, Jang YI, et al. Homicide and bipolar I disorder: a 22-year study. Forensic Sci Int. 2012;217(1-3):113-8.
43. Fazel S, Lichtenstein P, Grann M, Goodwin GM, Långström N. Bipolar disorder and violent crime: new evidence from population-based longitudinal studies and systematic review. Arch Gen Psychiatry. 2010;67(9):931-8.

17

ÁLCOOL E OUTRAS DROGAS

ANNE ORGLER SORDI
HELENA FERREIRA MOURA
MARIA EDUARDA SARZI PASA
SILVIA BASSANI SCHUCH GOI
FLAVIO PECHANSKY

DESCRITORES: transtorno relacionado ao uso de substâncias; dependência química; álcool; drogas de abuso.

O uso de substâncias psicoativas é um tema complexo e importante, devendo ser abordado ao longo de todo o curso de medicina. A complexidade se dá em múltiplas esferas – devido não somente aos diferentes modelos teóricos que explicam o comportamento aditivo, mas também a todas as questões culturais e políticas que permeiam esse tema. Há consenso hoje na literatura científica de que o uso de álcool e drogas pode decorrer de uma série de vulnerabilidades biopsicossociais, além de ser fator de risco para inúmeras comorbidades clínicas e psiquiátricas. Dessa forma, aprender a como investigar o uso dessas substâncias quando se avalia um paciente, compreendendo os mais diferentes sentimentos que podem ser desencadeados por essa relação médico-paciente, e ter noções básicas dos cuidados que podem ser oferecidos a esses indivíduos é fundamental dentro do currículo médico.

ESTADO DA ARTE

Os transtornos por uso de substâncias (TUSs) constituem um tema bastante complexo que engloba aspectos biopsicossociais. O uso de álcool propicia mais de 200 tipos diferentes de doenças, além de ser responsável direta ou indiretamente por ¼ das mortes em indivíduos de 20 a 39 anos.[1] Para além do álcool, o consumo de outras substâncias psicoativas (SPAs) – como a cocaína e o *crack* – está diretamente associado ao aumento da violência urbana, e muitas vezes isso é tratado apenas como um problema político social, e não como um problema de saúde. Ainda assim, muito pouco do treinamento médico é dedicado a um tópico tão prevalente. No ensino de psiquiatria norte-americano, por exemplo, apenas 2% do currículo é dedicado ao ensino de como tratar as adições. Considerando as faculdades de medicina, esse percentual é ainda menor. Essa disparidade provavelmente é resultado dos muitos anos em que a dependência química foi estigmatizada dentro da medicina.[2] Para muitos profissionais da saúde, ela ainda é considerada de um ponto de vista moral. Em casos mais graves ainda, encontramos profissionais da saúde que pensam que usuários de substâncias não são merecedores de tratamento. Uma vez que a dependência e o abuso alteram a relação do indivíduo com a busca pela saúde física e mental, a adesão a outros tratamentos se torna extremamente prejudicada, aumentando a percepção preconceituosa de que o dependente químico não quer receber tratamento médico.

A importância dada ao ensino dos tratamentos dos TUSs ganhou um pouco mais de relevância nos últimos anos, quando – dada a sua grande frequência na população – tornou-se imperativo que uma proporção maior de médicos pudessem dar conta do aumento de casos de dependência de opioides nos Estados Unidos. Ainda assim, muitos dos programas de ensino focam em disciplinas que abordam instrumentos de avaliação, estratificação de risco e protocolos de tratamento dos TUSs. Ainda falta um investimento muito importante no ensino sobre como abordar essa população de forma empática e sem julgamento, como criar uma relação apropriada com indivíduos que muitas vezes já romperam vínculos importantes na vida, ou como lidar com os desafios da baixa adesão ao tratamento que é prevalente em usuários de substância. Muitos pacientes procurarão os serviços de saúde por outras queixas relacionadas direta ou indiretamente ao seu consumo de álcool e outras drogas. O entendimento de que cada consulta ambulatorial ou avaliação de paciente internado é uma oportunidade para explorar essa temática e uma janela de oportunidade para trabalhar prevenção ou mesmo tratamento do uso de substâncias é um conhecimento que deve ser trabalhado ao longo de todo o curso de medicina. Além disso, as diretrizes mais atuais relacionadas ao ensino sobre transtornos aditivos sugerem que esse aprendizado aconteça para além das fronteiras dos hospitais – onde está a grande maioria dos indivíduos com esses problemas.[3] Proporcionar aos alunos oportunidades de conhecer diferentes serviços frequentados por esses usuários – como os Centros de Atenção Psicossocial, grupos de ajuda mútua, abrigos – ou mesmo convidar um usuário de substâncias em recuperação para conversar com os estudantes pode proporcionar uma jornada com impacto emocional que vai muito além das fronteiras do conhecimento que está nos livros, quebrando barreiras importantes de preconceito que dificultam o aprendizado sobre esta condição.

MODELOS TEÓRICOS SOBRE O TRANSTORNO POR USO DE SUBSTÂNCIAS

O conceito de transtorno aditivo e de como ele se desenvolve ainda está em construção e vem sendo discutido ao longo de muitos anos. Para fins diagnósticos na área da psiquiatria, os critérios descritos no *Manual Diagnóstico e Estatístico de Transtornos Mentais* (DSM) seguem sendo a referência. Antigamente, existia uma distinção mais clara entre padrão de uso de substâncias problemático, abuso de substâncias e dependência. Hoje, o DSM-V prefere categorizar esse transtorno dentro de um *continuum* de gravidade, visto que não existe uma linha divisória que aponte onde começam os problemas relacionados ao uso de álcool e drogas.[4] Os critérios se baseiam principalmente na falta de controle, nos prejuízos, riscos e sintomas de abstinência relacionados ao uso da substância.

Inúmeras teorias têm sido propostas para explicar esse complexo diagnóstico. A psicanálise foi uma das primeiras linhas de estudo que ofereceu um modelo teórico para a dependência química. Khantzian foi um dos importantes autores a se debruçar sobre este tema, ao propor a teoria da automedicação, na qual o indivíduo buscaria uma SPA no intuito de amenizar algum sintoma de desconforto emocional.[5] Ele também postula que as pessoas que recorrem ao uso de substância apresentam maior vulnerabilidade em relação aos distúrbios de senso de *self*, aos instintos e à necessidade de satisfação, buscando predominantemente algum tipo de controle ou homeostase a partir do efeito conhecido e identificável do uso de substâncias, *versus* desafios complexos da vida relacional.[6] De maneira semelhante, a psicologia do desenvolvimento também contribuiu com a ideia de que a dependência química pode ter suas origens nas experiências infantis primitivas, remetendo à formação do vínculo mãe-bebê. Enquanto a relação de apego saudável entre mãe e bebê proporciona uma sensação de segurança e resiliência perante o perigo, as relações disfuncionais favorecem um desenvolvimento com falhas na capacidade de adaptação às adversidades, deixando o indivíduo mais vulnerável a recorrer ao uso de drogas como forma de aliviar o medo, a ansiedade e o vazio.[7]

As teorias cognitivo-comportamentais também tiveram uma contribuição importante no campo das adições. Albert Bandura, um dos importantes autores a contribuírem neste campo com a teoria da aprendizagem social, afirmava que o ambiente tinha um papel fundamental na formação do comportamento, devido aos seus reforçadores positivos ou negativos. A partir dessa perspectiva, o efeito da substância se caracteriza por ser um reforçador de comportamento e acaba por moldar a maneira como o indivíduo se relaciona com o ambiente.[8] Anos mais tarde, Warren Bickel apresentou uma evolução desse conceito com a teoria do *delay discounting*. Essa teoria postula que o usuário de substâncias tem uma necessidade de gratificação imediata, apresentando uma preferência por recompensas rápidas – mesmo que de menor valor – em detrimento de recompensas maiores que necessitariam de maior tempo e esforço para serem adquiridas. Dessa forma, as decisões impulsivas exercem um controle maior sobre a função executiva cerebral. Esse processo estabelece um padrão de aprendizado que é comum – e que foi testado cientificamente – em vários transtornos aditivos (p. ex., TUS, adições comportamentais, obesidade).[9]

Uma mudança de paradigma importante surgiu a partir do avanço de estudos que procuraram explorar as bases neurobiológicas do TUS, desenvolvendo o conceito da dependência química como uma doença cerebral crônica e recidivante. Volkow e Koob[10] são dois pesquisadores que se debruçaram em explicar o sistema de recompensa cerebral. Eles afirmam que a dependência é resultado de uma profunda desregulação dos circuitos motivacionais que causa a saliência pelo uso da substância e a atenuação de recompensas relacionadas a outros estímulos. As alterações provocadas pelo uso de substâncias envolvem diversas neuroadaptações, especialmente nos sistemas dopaminérgico, glutamatérgico e opioide. E quanto mais precoce é o uso de substâncias, mais evidentes se mostram essas alterações, podendo, inclusive, provocar alterações na morfologia cerebral.[10]

Novas teorias têm proposto uma forma de compreender a dependência química por meio de modelos transdiagnósticos que consideram que as emoções e os comportamentos possam ser derivados da predição de risco. Sugere-se que a mente estaria constantemente analisando informações, aprendendo com elas e prevendo riscos relacionados aos estímulos. Dessa forma, indivíduos tomam decisões e agem para minimizar riscos (modo alarme), buscar recompensas (modo busca) e manter a homeostase interna e com o ambiente externo (modo de equilíbrio). As adições seriam vistas como uma desregulação crônica desse sistema, gerada por fatores biopsicossociais, com uma maior ativação do modo alarme e do modo busca.[11]

É importante considerar que todas essas teorias desenvolvidas ao longo dos anos não são excludentes. Muito pelo contrário, elas se complementam para explicar um transtorno psiquiátrico complexo que se desenvolve a partir de vulnerabilidades intrínsecas do indivíduo (genética, neurobiologia), experiências de vida e cultura/política em que esse indivíduo está inserido.

ESTIGMA E PRECONCEITO COM USUÁRIOS DE SUBSTÂNCIAS

A palavra estigma tem origem grega e se refere a marcas (cortes ou queimaduras) que eram colocadas em pessoas para representar aquelas que eram indignas de conviver em sociedade, por terem praticado atos imorais. Atualmente, a palavra ainda é utilizada para caracterizar um indivíduo, ou um grupo, com adjetivos que diminuam seus valores perante a sociedade.[12]

No que concerne aos indivíduos usuários de SPAs, o preconceito e o estigma atribuídos a este grupo datam de muitos séculos. Inicialmente, a dependência química era vista como uma escolha de uma pessoa que optava por não seguir os padrões morais da sociedade. Foi somente a partir da década de 1960 que Jellinek definiu pela primeira vez o alcoolismo como uma condição médica, atribuindo características comuns às diferentes tipologias do transtorno – como fissura, perda de controle e dificuldade de se manter abstêmio.[13] Esse conceito foi sendo aperfeiçoado ao longo dos anos, e, atualmente, Nora Volkow e Koobs publicaram importantes artigos explicando as adições como uma doença cerebral (conceito de *brain disease*).[14] Essa definição trouxe uma certa esperança no sentido de que, se os transtornos aditivos podem ser considerados uma doença neurobiológica, então deve haver uma medicação que possa atuar nessas vias para "curar" as adições.

Houve pouca evolução na busca de medicações que solucionassem o comportamento aditivo. Em função disso, o estigma aos indivíduos usuários de substâncias passou a ser não somente do ponto de vista moral, como biológico. O paciente com TUS passou a ser considerado um doente com pouca chance de melhora. Muitas características são atribuídas, inclusive por profissionais da saúde, aos pacientes com TUS: imprevisíveis, impulsivos, emocionalmente instáveis, agressivos, difíceis, com prognóstico ruim. Uma das características desse transtorno é o comportamento de busca pela substância em detrimento de obrigações como trabalho, autocuidado, cumprimento de regras, etc. Dessa forma, a sociedade ainda os vê como perigosos, imorais, sujos, preguiçosos, mentirosos, não confiáveis para um emprego.[12]

Uma contribuição significativa para a redução do estigma relacionado aos usuários de substâncias é o entendimento de que as dependências são resultado de um processo mais global que não só abarca as vulnerabilidades genéticas e neurobiológicas do indivíduo, mas que são também resultado do ambiente em que ele vive. Dessa forma, a responsabilidade pela escolha de uso de substâncias não é exclusiva do indivíduo, mas também do aumento ao acesso a álcool e outras substâncias, fruto de uma série de pressões contemporâneas para eficiência, rapidez e rápida resolução de sensações de desconforto. Por outro lado, projetos de prevenção, aspectos legais e regulação de mercado, entre outros, podem determinar se o indivíduo estará mais ou menos propenso ao uso conforme a sua vulnerabilidade intrínseca.[8]

Outra forma de reduzir o estigma é por meio da educação continuada da sociedade e dos serviços de saúde. Já foi demonstrado que o contato de alunos das áreas da saúde com dependentes em recuperação é uma maneira importante de valorizar o sujeito e sua história, acima do seu diagnóstico.[8,12] Outra medida eficaz é debater terminologias muitas vezes utilizadas pela mídia, como "viciado" e "drogado", que por sua conotação de demérito prejudicam a relação médico-paciente. Poucos estudos existem sobre maneiras eficazes de reduzir o estigma sobre os usuários de álcool e drogas, mas um novo campo que tem sido explorado e que parece trazer bons resultados é a exposição de pessoas famosas, em redes sociais, contando sua história relacionada às adições, dificuldades e enfrentamentos, promovendo o desenvolvimento de empatia a uma condição que pode trazer muito sofrimento ao ser humano, bem como aumentando o senso de responsabilidade social sobre o problema.[12]

▌ AVALIAÇÃO DO PACIENTE

Quando falamos sobre a avaliação de um transtorno aditivo, é importante diferenciarmos se o paciente veio em busca do atendimento para tratar o seu uso de substâncias ou se está sendo atendido por outra comorbidade clínica ou psiquiátrica. Se a pessoa busca o atendimento porque está identificando um problema relacionado ao uso de substâncias, a avaliação pode ser mais direcionada ao problema. Nesse caso, algumas informações podem ser obtidas de forma mais direta e com a colaboração do paciente, como as apresentadas no Quadro 17.1.[15]

Todavia, devemos considerar que uma proporção muito maior de pacientes usuários de álcool e outras drogas vão buscar atendimento por queixas clínicas que muitas vezes estão associadas direta ou indiretamente ao transtorno aditivo – por suas consequências (p. ex., cardiopatias, hepatopatias, doenças infectocontagiosas, etc.). Nesses casos, a investigação deve ser mais cuidadosa e levar em consideração eventuais resistências, visto que muitos pacientes podem se sentir desconfortáveis, envergonhados ou culpados em falar diretamente sobre seu uso de substâncias. É fundamental que o primeiro passo seja a construção de uma aliança terapêutica em que o paciente genuinamente acredite

QUADRO 17.1
AVALIAÇÃO DIRECIONADA AO USO DE SUBSTÂNCIAS

O que investigar

- Quais são as substâncias que o paciente utiliza.
- Com que frequência e em quais quantidades.
- Quando foi seu último uso.
- Quais são os efeitos positivos e negativos que essa substância provoca.
- Como foi sua experiência de tratamento até então.
- Quais são os fatores motivadores para ele buscar esse tipo de ajuda.
- Quem é a rede de apoio psicossocial do paciente.

que o médico está ali para ajudá-lo com seu problema, estando isento de julgamentos.[16] Uma sugestão é iniciar perguntando ao paciente sobre hábitos de vida mais gerais e, conforme ele vai se engajando na conversa, poder ir especificando mais sobre consumo de substâncias.

Algumas escalas estruturadas e validadas para o português como o CAGE Questionnaire, o Alcohol Use Disorders Identification Test (AUDIT-C) e o Substance Involvement Screening Test (ASSIST) podem ajudar a estruturar melhor essa avaliação.[17,18] Todas essas escalas podem ser acessadas facilmente de forma *online*.

É importante saber que o TUS é fortemente associado a outras comorbidades psiquiátricas, especialmente os transtornos do humor, os transtornos de ansiedade e o risco de suicídio. Dessa forma, quando se identifica um paciente que faz uso problemático de álcool ou outras drogas, uma investigação psiquiátrica mais abrangente pode ser muito significativa.[19]

FATORES DE RISCO E DE PROTEÇÃO

Diversos fatores e vulnerabilidades definirão se um indivíduo vai ou não desenvolver uma adição. Variáveis biológicas, como o desenvolvimento cerebral, a idade de início de uso ou experimentação, comorbidades psiquiátricas, resiliência e alterações de neuroplasticidade, diferentes graus de sensibilidade ao estresse, conceitos farmacogenômicos (p. ex., heterogeneidade de metabolização das drogas), são potenciais determinantes de uma pessoa vir a ser adicta. Por essa razão, é importante não só identificar os fatores de risco e tentar atenuá-los, mas promover fatores de proteção para o uso de substâncias.[20] Os adolescentes são o grupo mais propenso ao uso de drogas, pois durante este período do ciclo vital, eles apresentam forte inclinação para a experimentação, curiosidade, suscetibilidade à pressão dos colegas, rebelião contra a autoridade e muitas ambivalências sobre si mesmos – o que os torna mais vulneráveis ao uso dessas substâncias.[21,22] Durante a adolescência, o processo básico de desenvolvimento geralmente envolve mudar as relações entre o indivíduo e os múltiplos níveis do contexto ao qual o jovem está habituado. Além disso, este é o período de maior janela de desenvolvimento cerebral e de maturação do córtex pré-frontal, área responsável pelo controle de impulsos e de processos executivos superiores, como de tomada de decisão, extremamente necessários para o equilíbrio das funções mentais. O uso de substâncias nessa fase prejudica esta maturação saudável, determinando prejuízos na vida adulta e predispondo à instalação de um transtorno aditivo.[23]

Para melhor compreensão, os fatores de risco e de proteção podem ser divididos em domínios individuais, familiares e ambientais.[20,24]

DOMÍNIO INDIVIDUAL

FATORES DE RISCO: Os traços pessoais, como impulsividade e rebeldia, estão associados à iniciação precoce do uso de substâncias. A dificuldade de regulação emocional indica uma propensão a se envolver em comportamentos de risco. Uma história de maus-tratos no passado ou trauma psíquico na infância também apresenta uma associação positiva com o abuso de drogas na adolescência. Diagnósticos psiquiátricos – e principalmente transtornos mentais não tratados ou não identificados – sugerem um indivíduo mais vulnerável.[25] A acessibilidade à droga, bem como a percepção dos jovens sobre as fragilidades na aplicação de leis relativas ao porte e ao uso de substâncias também podem ser facilitadores do uso.

FATORES DE PROTEÇÃO: A religiosidade e/ou espiritualidade são consideradas uma "fonte de forças", independentemente da religião professada, sugerindo cuidados físicos e mentais, associados ao não uso de drogas.[26] Perspectivas de futuro do adolescente em situação de risco, como o estabelecimento de uma meta ou plano de vida e a devoção à sua realização, são promotoras de bem-estar e de diminuição da chance de se envolver com SPAs.

DOMÍNIO FAMILIAR

FATORES DE RISCO: Questões genéticas e epigenéticas podem contribuir para a predisposição ao uso de SPAs. Por exemplo, mães que fumaram tabaco e consumiram álcool durante a gestação aumentam o risco de abuso dessas substâncias na prole.[27] Além disso, o baixo nível educacional dos pais, falta de supervisão parental e negligência, bem como presença de familiares usuários de substâncias preveem um risco maior de abuso de drogas no futuro, reduzindo a percepção dos jovens sobre os danos do uso.[28]

FATORES DE PROTEÇÃO: As abordagens para a prevenção do uso de substâncias por adolescentes se baseiam no reconhecimento de que os pais desempenham um papel crucial na promoção de comportamentos saudáveis e, portanto, se concentram no fortalecimento das habilidades parentais. A influência que os pais exercem sobre seus filhos foi comprovada por inúmeros estudos que relacionam um conjunto bem definido de práticas parentais (ou seja, monitoramento, disciplina, comunicação) e qualidades dos relacionamentos entre pais e jovens (ou seja, cuidado, apoio, aceitação, apego) como capaz de diminuir as chances do uso de álcool e drogas.[29] A supervisão parental é um dos maiores fatores de proteção para o uso de substâncias. É importante salientar que isso depende do equilíbrio entre o cuidar, saber onde o filho está, com quem está, o que visualiza e com quem interage no celular, porém sem manter atitudes recorrentemente repressoras, que podem gerar o efeito contrário. São fatores protetivos o diálogo e a disciplina com o estabelecimento de regras e limites, sem ser restritivo ou punitivo, oferecendo apoio e proteção.

DOMÍNIO AMBIENTAL

FATORES DE RISCO: É indiscutível que colegas e amigos que abusam de drogas aumentam a chance de um indivíduo se tornar um usuário de substâncias. A pressão dos pares incentiva que os jovens desejem ser como o outro, pela necessidade de aceitação. Problemas de desempenho escolar, *bullying* e escassez de programas de psicoeducação em álcool e drogas nas escolas, bem como a tolerância ao uso, aumentam as chances de uso de SPAs.[30] A exposição ao *marketing* de álcool e a disponibilidade fácil de bebidas alcoólicas têm se mostrado fatores importantes no início e na intensificação do consumo entre menores de 18 anos. Jovens expostos à publicidade de bebidas alcoólicas são mais propensos a iniciarem o uso e se envolverem em comportamentos de consumo excessivo e perigoso.[31] A pobreza extrema, um ambiente com maior vulnerabilidade social, a pouca efetividade de dispositivos de inserção e assistência social devido a limitações de território e acessibilidade, bem como o tráfico em regiões vulneráveis e arredores acabam por gerar condições favoráveis ao uso de drogas, assim como maior oferta de consumo.[32]

FATOR DE PROTEÇÃO: Uma política de prevenção e intervenção precoce na escola, com disponibilidade de informações e acolhimento dos alunos, bem como a promoção de atividades de lazer e esporte dentro de comunidades são estratégias sociocomportamentais que aumentam o anteparo ao uso de substâncias.[33] Fortes crenças religiosas integradas na sociedade servem como um fator de proteção crucial que pode prevenir o envolvimento de adolescentes e adultos jovens nesse tipo de comportamento.[34] Finalmente, uma legislação específica e com aplicação e fiscalização em oposição ao uso de SPAs protege contra o avanço do uso de álcool e drogas na sociedade.

PRINCIPAIS SUBSTÂNCIAS PSICOATIVAS

Existem diferentes maneiras de classificar as SPAs. Em termos de ensino, facilita dividi-las por suas semelhanças em relação aos efeitos provocados no sistema nervoso central (SNC). As principais estão listadas no Quadro 17.2.

QUADRO 17.2
PRINCIPAIS SUBSTÂNCIAS PSICOATIVAS

Substância	Sintomas na intoxicação	Sintomas na abstinência	Principais características para o manejo clínico
Depressores do SNC			
Álcool	- Euforia, agitação - Incoordenação motora - Alteração de humor - Alteração da atenção - Disartria - Ataxia - Rebaixamento do sensório - Coma	- Hiperatividade autonômica - Alterações de humor - Náusea e/ou vômitos - Cefaleia, hipertermia - Tremores das mãos - Insônia, ansiedade - *Delirium*, convulsões - Nistagmo, ataxia	Durante a abstinência, atentar para o risco de *delirium tremens* e para a síndrome de Wernicke-Korsakoff
Benzodiazepínicos e fármacos Z	- Disartria - Incoordenação motora	- Hiperatividade autonômica	Não é infrequente a presença de

→

QUADRO 17.2
PRINCIPAIS SUBSTÂNCIAS PSICOATIVAS

Substância	Sintomas na intoxicação	Sintomas na abstinência	Principais características para o manejo clínico
	- Alteração da atenção - Ataxia - Rebaixamento do sensório - Coma	- Alterações de humor - Náusea e/ou vômitos - Tremores das mãos e da língua - Insônia, ansiedade - Náuseas e vômitos - *Delirium*, convulsão	sonambulismo com o uso de fármacos Z
Opioides	- Euforia seguida de sonolência - Analgesia - Miose - Redução da frequência respiratória e cardíaca - Náuseas e vômitos	- Alterações de humor - Dor abdominal - Náuseas, vômitos e diarreia - Lacrimejamento e rinorreia - Sudorese, hipertermia - Midríase, bocejos, piloereção - Diminuição do limiar da dor	Opioides, especialmente os injetáveis, têm alto poder letal em casos de *overdose*
Estimulantes do SNC			
Cocaína	- Euforia, agressividade, impulsividade - Sensação de poder, irritabilidade - Aumento da pressão arterial (IAM, AVE) - Insônia, paranoia	- Depressão - Ansiedade - Irritabilidade - Inquietação - Sono, fome - Embotamento afetivo	Os primeiros dias de abstinência podem culminar com sintomas de depressão e pensamentos de morte
Anfetaminas	- Sintomas semelhantes aos da intoxicação por cocaína	- Sintomas semelhantes aos da abstinência por cocaína	Os derivados de anfetaminas são muito utilizados no contexto de festas (p. ex., MDMA) e podem provocar edema agudo de pulmão, rabdomiólise, IAM
Perturbadores do SNC			
Maconha	- Euforia, ansiedade - Alucinações	- Irritabilidade	O uso de maconha está

→

QUADRO 17.2
PRINCIPAIS SUBSTÂNCIAS PSICOATIVAS

Substância	Sintomas na intoxicação	Sintomas na abstinência	Principais características para o manejo clínico
	- Lentificação e incoordenação psicomotora - Hipotenacidade - Conjuntivas hiperemiadas - Aumento do apetite	- Agressividade - Ansiedade, pânico - Insônia - Diminuição do apetite - Sintomas depressivos	relacionado a prejuízo na memória e a baixo rendimento intelectual
Alucinógenos	- Pensamento delirante - Alucinações, sinestesias - Alterações de humor - Despersonalização	Os alucinógenos clássicos não costumam causar sintomas de abstinência	A presença de *flashback* significa a revivência dos sintomas de intoxicação, mesmo sem a substância
Cetamina	- Euforia, agitação, ansiedade - *Delirium* - Dissociação - Disfunção renal - Hipertermia - Rebaixamento do sensório - Rabdomiólise, IAM	- Depressão grave - Ansiedade - Insônia	Pode provocar espessamento da bexiga, levando a problemas urológicos irreversíveis

IAM, infarto agudo do miocárdio; AVE, acidente vascular encefálico; MDMA, 3,4-metilenodioximetanfetamina.

BASES DO TRATAMENTO PARA TRANSTORNO POR USO DE SUBSTÂNCIAS

O tratamento do TUS pode ser estruturado em várias etapas, que se adaptam ao nível de motivação para a mudança, à gravidade dos sintomas de abstinência e/ou à dependência (Quadro 17.3 e Figura 17.1). Frequentemente, quando não há risco imediato para o indivíduo ou terceiros, começa-se com abordagens motivacionais. Estas têm o objetivo de conscientizar a pessoa sobre os perigos do uso das SPAs e a necessidade de mudança de comportamento. Posteriormente, avalia-se a gravidade dos sintomas de abstinência para decidir sobre a necessidade de intervenção farmacológica e o local adequado para o tratamento, seja ele ambulatorial ou hospitalar. Após a fase de desintoxicação, o foco do tratamento deve ser auxiliar o indivíduo no desenvolvimento de estratégias para prevenir recaídas e na recuperação do funcionamento social. Além disso, é crucial avaliar e tratar co-

QUADRO 17.3
ESTÁGIOS DE PRONTIDÃO PARA A MUDANÇA

Estágio de mudança	Característica do estágio
Pré-contemplação	A substância não é considerada como problema
Contemplação	Ambivalência de pensamento sobre mudança e ausência de planejamento para tentativa
Preparação	Há uma decisão de mudança, com preparações para tal
Ação	Implementação do planejamento com ações concretas
Manutenção	Modificação do comportamento de forma sustentada

Fonte: Elaborado com base em Prochaska e DiClemente.[38]

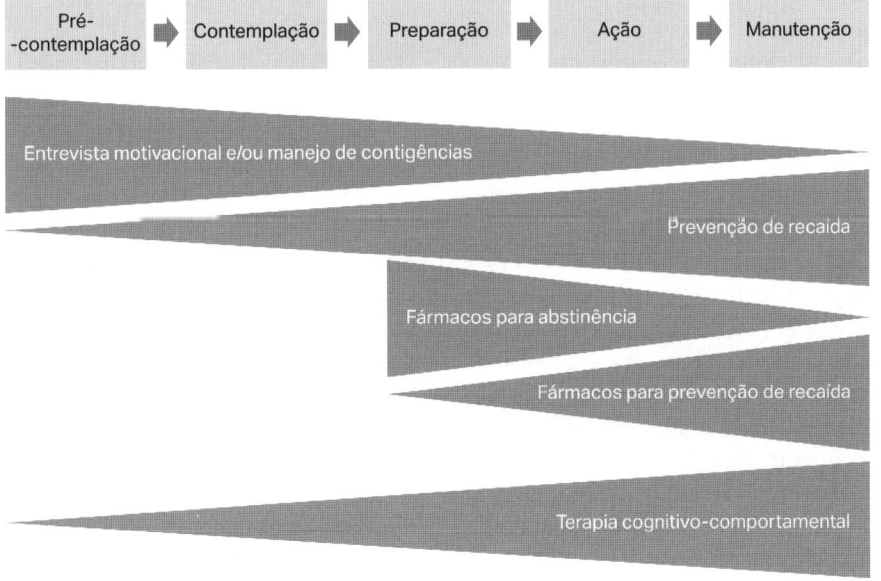

FIGURA 17.1
Abordagens terapêuticas conforme o estágio motivacional.
Fonte: Elaborada com base em von Diemen e colaboradores.[35]

morbidades clínicas e/ou psiquiátricas de forma integrada ao tratamento do TUS.[35]

ABORDAGENS PSICOTERÁPICAS

INTERVENÇÃO BREVE: Em uma intervenção breve, o profissional de saúde realiza uma rápida avaliação dos comportamentos de risco do indivíduo, fornecendo informações, orientações e apoio para promover mudanças positivas em seu cotidiano. Esta abordagem é particularmente eficaz para pacientes que não buscam necessariamente um tratamento especializado, mas que podem se beneficiar de uma prevenção ou intervenção precoce, por apresentarem um estilo de consumo de risco de SPAs.[36]

ENTREVISTA MOTIVACIONAL (EM): É uma técnica colaborativa centrada no cliente, que busca aumentar a motivação interna para mudanças comportamentais saudáveis por meio da reflexão sobre as ambivalências do indivíduo. A EM parte do princípio de que a mudança de comportamento se dá em estágios (Quadro 17.3) e que a motivação para mudar pode oscilar ao longo do tempo. As técnicas desta abordagem incluem empatia, escuta reflexiva, desenvolvimento de discrepâncias entre comportamentos e valores pessoais, e suporte à autoeficácia, ajudando o indivíduo a explorar suas próprias razões e recursos para a mudança.[37]

TERAPIA COGNITIVO-COMPORTAMENTAL (TCC): Esta abordagem busca compreender como pensamentos, emoções e comportamentos influenciam o uso de substâncias e emprega técnicas cognitivas e comportamentais para promover mudanças. Entre as estratégias estão a identificação e o desafio de crenças distorcidas sobre o uso de substâncias, o desenvolvimento de habilidades de enfrentamento para lidar com gatilhos de recaída e o reforço de comportamentos saudáveis e alternativos ao uso de substâncias para manter a abstinência.[35]

MANEJO DE CONTINGÊNCIAS: Trata-se de uma intervenção baseada no reforço positivo, que oferece incentivos ou recompensas em troca de comportamentos saudáveis, como a abstinência de substâncias ou a participação no tratamento. Esta abordagem é especialmente eficaz quando combinada com outras intervenções, como a TCC.[35]

TERAPIA FAMILIAR: Reconhecendo o papel vital da família no desenvolvimento e na manutenção dos transtornos por uso de substâncias, a terapia familiar é crucial. Ela fortalece os sistemas de apoio ao paciente, promovendo comunicação eficaz, resolução de conflitos e apoio emocional dentro da família. Além disso, educa os membros da família sobre os transtornos, ensina habilidades para prevenir recaídas e incentiva mudanças saudáveis no ambiente doméstico. Pode ser utilizada de forma concomitante com as técnicas anteriores.

ABORDAGENS FARMACOLÓGICAS PARA TRANSTORNO POR USO DE SUBSTÂNCIAS

A abordagem farmacológica varia conforme a substância usada e o estágio do tratamento. Para a desintoxicação, existem protocolos bem definidos e de acesso gratuito para cada substância. Também é necessário considerar as condições comórbidas presentes, sejam psiquiátricas ou clínicas. Para o tratamento do TUS, incluindo alívio da fissura e prevenção de recaída, há evidências mais sólidas para o uso de fármacos voltados a álcool, tabaco e opioides (Quadro 17.4). Para as outras substâncias, ainda há necessidade de mais estudos.[39-42]

REDE DE ATENDIMENTO NO SISTEMA ÚNICO DE SAÚDE PARA OS USUÁRIOS DE SUBSTÂNCIAS PSICOATIVAS[43]

Existe uma rede de serviços articulada no Sistema Único de Saúde (SUS), a Rede de Atenção Psicossocial (RAPS), tanto em âmbito ambulatorial quanto hospitalar, para

QUADRO 17.4
TRATAMENTO FARMACOLÓGICO DO TRANSTORNO POR USO DE SUBSTÂNCIAS

Substância	Fármacos recomendados
Álcool	Naltrexona, acamprosato, dissulfiram
Tabaco	Vareniclina, bupropiona, terapia de reposição de nicotina (adesivo e goma)
Opioides	Metadona, buprenorfina, naltrexona de liberação prolongada

acolher e acompanhar o tratamento de pacientes com transtornos mentais, incluindo o TUS. A principal porta de entrada para essa rede é pela atenção primária (APS), representada pelas Unidades Básicas de Saúde (UBSs). As UBSs atendem uma população de um território pré-determinado e, de preferência, que vive próxima àquele serviço. São responsáveis por acolher, diagnosticar, tratar e coordenar os cuidados oferecidos por outros pontos da rede. Nas UBSs, existe a equipe multiprofissional, composta por outros profissionais para auxiliar com os casos. São eles: nutricionistas, assistente social, fisioterapeutas e psicólogos.

Casos mais complexos podem ser acompanhados pelos Centros de Atenção Psicossocial (CAPSs). Mais especificamente em relação ao abuso de substâncias, existe o CAPS Álcool e Drogas (CAPSad), que é focado para atender a esse tipo de demanda com ajuda também de uma equipe que conta com profissionais de diversas áreas. Esse serviço é de porta aberta, ou seja, não precisa de encaminhamento para acolher os pacientes, e em alguns casos funciona 24 horas (CAPSad III). Para os pacientes que são acompanhados no CAPS e estão em situação de vulnerabilidade social ou familiar devido ao abuso de substâncias, a rede de assistência do SUS oferece uma moradia provisória. Tais residências são as Unidades de Acolhimento (UAs), e, assim, essas pessoas são abrigadas temporariamente para que possam concluir seu tratamento.

Se for necessário, como no caso de estabilização clínica em uma intoxicação aguda ou síndrome de abstinência associada a complicações clínicas, os pacientes podem receber cuidados em um leito de saúde mental de um hospital geral. Além disso, as Unidades de Pronto-Atendimento (UPAs) são especializadas em atender emergências. Vale também citar os serviços de remoção oferecidos pelo Serviço de Atendimento Móvel de Urgência (SAMU), que também compõem a RAPS.

Em geral, casos mais graves precisam de intervenção e cuidado hospitalar, representados pela internação hospitalar. Esses casos podem envolver atos de agressão a si ou ao outro, juízo de realidade comprometido, tentativa de suicídio ou situações de vulnerabilidade social, como a falta de rede de apoio.

Para os casos com comorbidades psiquiátricas graves, como esquizofrenia ou transtorno bipolar, a RAPS não prevê atendimento integral em saúde mental. Assim, em situações de crise, como surto psicótico ou risco de suicídio, em que a hospitalização se faz necessária para garantir a segurança e a estabilização do paciente, há muito pouca disponibilidade de leitos ou serviços especializados pelo SUS.

POPULAÇÕES ESPECIAIS: IDOSOS, GESTANTES E ADOLESCENTES

Algumas populações são mais vulneráveis aos efeitos das SPAs. Conhecer essas particularidades é importante na estruturação do tratamento (Quadro 17.5).

USO DE SUBSTÂNCIAS POR ESTUDANTES DE MEDICINA E MÉDICOS

Médicos e estudantes de medicina são extremamente vulneráveis a transtornos psiquiátricos, incluindo o TUS. Apresentam alguns fatores de risco específicos, como o conhecimento sobre os efeitos e o fácil acesso a drogas vendidas sob prescrição médica, como opioides e estimulantes. Ademais, o conhecimento técnico sobre medicamentos e farmacologia pode propiciar a automedicação.[48,49]

Outro ponto que também contribui para essa vulnerabilidade é a cultura de perfeccionismo e competitividade cultivada na medicina, algo que, no Brasil, surge desde antes de entrar na universidade, com os vestibulares, e se perpetua até o final da graduação, com as provas de ingresso na residência médica.[48,49] Com isso, o uso abusivo de substâncias pode decorrer da busca pelo alívio de estresse (p. ex., por meio de álcool, maconha, benzodiazepínicos) e/ou pela necessidade de alta *performance* para atender (por meio de estimulantes).

A procura por tratamento é um tema sensível nessa população. O médico, ainda enquanto estudante, está sujeito a várias pressões e expectativas da sociedade. Somam-se a isso o medo de demérito profissional e a exposição diante dos colegas.

QUADRO 17.5
PARTICULARIDADES DOS EFEITOS DAS SUBSTÂNCIAS PSICOATIVAS EM POPULAÇÕES ESPECIAIS, SEUS DESAFIOS NO DIAGNÓSTICO E CONSIDERAÇÕES NO TRATAMENTO

População	Peculiaridades	Desafios no diagnóstico	Considerações no tratamento
Adolescentes[44]	**Desenvolvimento cerebral**: O uso de substâncias pode prejudicar o desenvolvimento cerebral, afetando funções cognitivas e emocionais. **Comportamento de risco**: Maior impulsividade e propensão a comportamentos de risco.	**Sintomas similares à adolescência normal**: Alterações de humor, comportamento e rendimento escolar podem ser confundidos com fases normais do desenvolvimento. **Estigma e sigilo**: Relutância em procurar ajuda devido ao estigma e ao desejo de manter o uso em segredo dos pais.	**Enfoque familiar**: Importância da participação da família no tratamento. **Intervenções adaptadas**: Uso de abordagens terapêuticas apropriadas para a faixa etária.

→

QUADRO 17.5
PARTICULARIDADES DOS EFEITOS DAS SUBSTÂNCIAS PSICOATIVAS EM POPULAÇÕES ESPECIAIS, SEUS DESAFIOS NO DIAGNÓSTICO E CONSIDERAÇÕES NO TRATAMENTO

População	Peculiaridades	Desafios no diagnóstico	Considerações no tratamento
Gestantes[45,46]	**Risco para o feto:** Uso de substâncias pode causar problemas graves de desenvolvimento, incluindo síndrome de abstinência neonatal, defeitos congênitos e problemas de crescimento.	**Estigmatização e medo de perda da guarda:** Medo de perder a guarda da criança e estigmatização podem levar à ocultação do uso e a evitar a busca por tratamento.	**Tratamento especializado:** Necessidade de cuidados especializados que considerem tanto a saúde da mãe quanto a do feto. **Programas de intervenção perinatal:** Programas voltados para gestantes que integram cuidados pré-natais e tratamento do uso de substâncias.
Idosos[47]	**Menor tolerância:** Diminuição da capacidade de metabolizar e eliminar substâncias, aumentando a vulnerabilidade aos efeitos adversos. **Polifarmácia:** Uso comum de múltiplos medicamentos que podem interagir com substâncias abusadas, levando a complicações. **Ciclo de vida:** Maior risco de uso de substâncias devido à solidão, ao luto e à aposentadoria.	**Subdiagnóstico:** Problemas de uso de substâncias muitas vezes são subdiagnosticados, sendo erroneamente atribuídos ao envelhecimento ou a outras condições médicas.	**Adaptação do tratamento:** Tratamentos devem ser ajustados para considerar comorbidades, capacidade funcional e possíveis interações medicamentosas.

Essas questões, associadas à propensão à automedicação, são fatores limitantes na busca por ajuda e tratamento. Uma maneira de lidar com esses desafios é trazer o tópico para discussões nas escolas médicas. A inclusão do tema de saúde mental do médico como componente obrigatório do currículo, somada a constantes revisões e reflexões diante de estudos de casos, pode ser uma ferramenta útil para este fim.[48]

CONSIDERAÇÕES FINAIS E PERSPECTIVAS FUTURAS

O transtorno por uso de substâncias permanece um desafio de grande relevância para a saúde pública, exigindo uma abordagem integrada e livre de estigmas. Como discutido ao longo deste capítulo, os fatores biopsicossociais que permeiam o desenvolvimento das adições exigem do profissional de saúde não apenas conhecimento técnico, mas também habilidades empáticas e éticas para acolher e tratar esses indivíduos. A inclusão de conteúdos voltados ao manejo clínico, à compreensão dos fatores de risco e proteção e à redução do preconceito é fundamental na formação médica. Para o futuro, destaca-se a necessidade de fortalecer políticas públicas que garantam acesso à rede de atenção psicossocial, incentivar a pesquisa sobre tratamentos inovadores e expandir estratégias de prevenção, sobretudo entre populações vulneráveis.

■ REFERÊNCIAS

1. National Institute on Alcohol Abuse and Alcoholism. Global burden [Internet]. Bethesda: NIAAA; 2023 [capturado em 09 fev. 2025]. Disponível em: https://www.niaaa.nih.gov/alcohols-effects-health/alcohol-topics/alcohol-facts-and-statistics/global-burden.
2. DeJong SM, Balasanova AA, Frank A, Ruble AE, Frew JR, Hoefer M, et al. Addiction teaching and training in the general psychiatry setting. Acad Psychiatry. 2022;46(3):381-8.
3. Balasanova AA, Ritvo A, Renner JA Jr. A call for increased addiction psychiatrist engagement in medical student education. Am J Addict. 2022;31(5):403-5.
4. American Psychiatric Association. Manual diagnóstico e estatístico de transtornos mentais: DSM-5-TR. 5.ed. rev. Porto Alegre: Artmed; 2023.
5. Khantzian, Edward J. The self-medication hypothesis of substance use disorders: a reconsideration and recent applications. Harv Rev Psychiatry. 1997;4(5):231-44.
6. Kessler F, von Diemen L, Seganfredo AC, Brandão I, Saibro P, Scheidt B, et al. Psicodinâmica do adolescente envolvido com drogas. Rev Psiquiatr Rio Gd Sul. 2003;25 suppl 1:33-41.
7. Sable P. Attachment, ethology and adult psychotherapy. Attach Hum Dev. 2004;6(1):3-19.
8. Smith MA. Social learning and addiction. Behav Brain Res. 2021;398:112954.
9. Bickel WK, Stein JS, Moody LN, Snider SE, Mellis AM, Quisenberry AJ. Toward narrative theory: interventions for reinforcer pathology in health behavior. Nebr Symp Motiv. 2017;64:227-67.
10. Koob GF, Volkow ND. Neurobiology of addiction: a neurocircuitry analysis. Lancet Psychiatry. 2016;3(8):760-73.
11. Loreto BBL, Sordi AO, Castro MN, Ornell F, Guarnieri EP, Roza TH, et al. Proposing an integrative, dynamic and transdiagnostic model for addictions: dysregulation phenomena of the three main modes of the predostatic mind. Front Psychiatry. 2024;14:1298002.
12. Sussman S. Commentary: addiction, stigma, and neurodiversity. Eval Health Prof. 2021;44(2):186-91.
13. Kissin B. The disease concept of alcoholism. In: Smart RG, Glaser FB, Israel Y, Kalant H, Popham RE, Schmidt W, editors. Research advances in alcohol and drug problems. Vol 7. Boston: Springer; 1983.
14. Volkow ND, Koob GF, McLellan AT. Neurobiologic advances from the brain disease model of addiction. N Engl J Med. 2016;374(4):363-71.
15. Laranjeira R, Alves HNP, Araújo MR, Baltieri DA, Bernardo WM, Castro LAGP, et al. Abordagem geral do usuário de substâncias com potencial de abuso [Internet]. São Paulo: AMB; 2008 [capturado em 09 fev. 2025]. Disponível em: https://amb.org.br/files/_BibliotecaAntiga/abordagem-geral-do-usuario-de-substencias-com-potencial-de-abuso.pdf.
16. Hartmann I, Sordi AO, Castro MN, Goi PD, Hartmann TC. Drogas: uso, uso nocivo e dependência. In: Duncan BB, Schmidt MI, Giugliani ERJ, Duncan MS, Giugliani C, organizadores. Medicina ambulatorial: condutas de atenção primária baseadas em evidências. 5. ed. Porto Alegre: Artmed; 2022.
17. Goodman DJ, Wolff KB. Screening for substance abuse in women's health: a public health imperative. J Midwifery Womens Health. 2013;58(3):278-87.
18. Williams N. The CAGE questionnaire. Occup Med. 2014;64(6):473-4.
19. Schmick A, Jenewein J, Böttger S. Diagnose, diagnosis, differential diagnosis and therapy of substance use disorders in general hospital. Neuropsychiatr. 2018;32(2):57-68.
20. Nawi AM, Ismail R, Ibrahim F, Hassan MR, Manaf MRA, Amit N, et al. Risk and protective factors of drug abuse among adolescents: a systematic review. BMC Public Health. 2021;21:2088.
21. Degenhardt L, Stockings E, Patton G, Hall WD, Lynskey M. The increasing global health priority of substance use in young people. Lancet Psychiatry. 2016;3(3):251-64.
22. Susan MS, Peter SA, Dakshitha W, George CP. The age of adolescence. Lancet Child Adolesc Health. 2018;2(3):223-8.
23. Crews F, He J, Hodge C. Adolescent cortical development: a critical period of vulnerability for addiction. Pharmacol Biochem Behav. 2007;86(2):189-99.
24. Cioffredi L, Kamon J, Turner W. Effects of depression, anxiety and screen use on adolescent substance use. Prevent Med Rep. 2021;22:101362.
25. Chuang CWI, Sussman S, Stone MD, Pang RD, Chou CP, Leventhal AM, et al. Impulsivity and history of behavioral addictions are associated with drug use in adolescents. Addict Behav. 2017;74:41-7.
26. Sanchez ZVM, Oliveira LG, Nappo SA. Fatores protetores de adolescentes contra o uso de drogas com ênfase na religiosidade. Ciênc Saúde Coletiva. 2004;9(1):43-55.
27. Cecil CAM, Walton E, Smith RG, Viding E, McCrory EJ, Relton CL, et al. DNA methylation and substance-use risk: a prospective, genome-wide study spanning gestation to adolescence. Transl Psychiatry. 2016;6(12):e976.
28. Guttmannova K, Skinner ML, Oesterle S, White HR, Catalano RF, Hawkins JD. The interplay between marijuana-specific risk factors and marijuana use over the course of adolescence. Prev Sci. 2019;20(2):235-45.

29. Solmi M, Civardi S, Corti R, Anil J, Dermurtas J, Lange S, et al. Risk and protective factors for alcohol and tobacco related disorders: an umbrella review of observational studies. Neurosci Biobehav Rev. 2021;121:20-8.
30. El Kazdouh H, El-Ammari A, Bouftini S, El Fakir S, El Achhab Y. Adolescents, parents and teachers' perceptions of risk and protective factors of substance use in Moroccan adolescents: a qualitative study. Subst Abuse Treat Prev Policy. 2018;13(1):31.
31. Hurley E, Dietrich T, Rundle-Thiele S. A systematic review of parent based programs to prevent or reduce alcohol consumption in adolescents. BMC Public Health. 2019;19(1):1451.
32. Schenker M, Minayo MCS. Fatores de risco e de proteção para o uso de drogas na adolescência. Ciênc Saúde Coletiva. 2005;10(3):707-17.
33. Allen ML, Garcia-Huidobro D, Porta C, Curran D, Patel R, Miller J, et al. Effective parenting interventions to reduce youth substance use: a systematic review. Pediatrics. 2016;138(2):e20154425.
34. Gomes FC, Andrade AG, Izbicki R, Almeida AM, Oliveira LG. Religion as a protective factor against drug use among Brazilian university students: a national survey. Rev Bras Psiquiatr. 2013;35(1):29-37.
35. von Diemen L, Goi BSS, Kessler F, Pechansky F. Psicoterapias no tratamento dos transtornos por uso de substâncias: álcool e outras substâncias. In: Cordioli AV, Grevet EH, organizadores. Psicoterapias: abordagens atuais. 4. ed. Porto Alegre: Artmed; 2019.
36. Sarkar S, Pakhre A, Murthy P, Bhuyan D. Brief interventions for substance use disorders. Indian J Psychiatry. 2020;62 suppl 2:S290-8.
37. Miller WR, Rollnick S. Motivational interviewing: preparing people to change addictive behavior. New York: Guilford; 1991.
38. Prochaska JO, DiClemente CC. Stages and processes of self-change of smoking: toward an integrative model of change. J Consult Clin Psychol. 1983;51(3):390-5.
39. Laranjeira R, Alves HNP, Araújo MR, Baltieri DA, Bernardo WM, Castro LAGP, et al. Abuso e dependência: maconha [Internet]. São Paulo: AMB; 2002 [capturado em 09 fev. 2025]. Disponível em: https://amb.org.br/files/_BibliotecaAntiga/abuso-e-dependencia-da-maconha.pdf.
40. Associação Médica Brasileira. Abuso e dependência de cocaína [Internet]. São Paulo: AMB; 2021 [capturado em 09 fev. 2025]. Disponível em: https://amb.org.br/wp-content/uploads/2021/09/ABUSO-E-DEPENDENCIA-DE-COCAINA-FINAL-2016.pdf.
41. Bicca C, Ramos FLP, Campos VR, Assis FD, Pulchinelli Jr A, Lermnen Jr N, et al. Abuso e dependência dos opioides e opiáceos [Internet]. São Paulo: AMB; 2012 [capturado em 09 fev. 2025]. Disponível em: https://amb.org.br/files/_BibliotecaAntiga/abuso_e_dependencia_de_opioides.pdf.
42. Bahji A, Crockford D, Brasch J, Schutz C, Buckley L, Danilewitz M, et al. Training in substance use disorders, part 1: overview of clinical practice recommendations. Can J Psychiatry. 2024;69(6):428-56.
43. Brasil. Ministério da Saúde. Rede de atenção psicossocial [Internet]. Brasília: MS; 2024 [capturado em 09 fev. 2025]. Disponível em: https://www.gov.br/saude/pt-br/composicao/saes/desmad/raps.
44. Nelson LF, Weitzman ER, Levy S. Prevention of substance use disorders. Med Clin North Am. 2022;106(1):153-68.
45. National Institute on Drug Abuse. Substance Use while pregnant and breastfeeding [Internet]. Gaithersburg: NIDA; 2015 [capturado em 09 fev, 2025]. Disponível em: https://nida.nih.gov/publications/research-reports/substance-use-in-women/substance-use-while-pregnant-breastfeeding.
46. Silva SA, Pires AP, Guerreiro C, Cardoso A. Balancing motherhood and drug addiction: the transition to parenthood of addicted mothers. J Health Psychol. 2013;18(3):359-67.
47. Kuerbis A. Substance use among older adults: an update on prevalence, etiology, assessment, and intervention. Gerontology. 2020;66(3):249-58.
48. Mihailescu M, Neiterman E. A scoping review of the literature on the current mental health status of physicians and physicians-in-training in North America. BMC Public Health. 2019;19:1363.
49. Srivastava AB. Impaired physicians: obliterating the stigma. Am J Psychiatry Resid J. 2018;13(3):4-6.

18
QUALIDADE DE VIDA E SAÚDE MENTAL

BRUNO PEROSA CARNIEL
MARCELO PIO DE ALMEIDA FLECK
NEUSA SICA DA ROCHA

DESCRITORES: qualidade de vida; perspectiva do paciente.

Qualidade de vida foi definida pela Organização Mundial da Saúde (OMS) como a percepção do indivíduo sobre sua posição na vida no contexto da cultura e dos sistemas de valores nos quais ele vive e em relação aos seus objetivos, expectativas, padrões e preocupações. É considerada uma medida de desfechos relatados pelos pacientes (PROMs, do inglês *patient report outcomes measures*) que inclui, no atendimento em saúde, informações sobre a perspectiva dos pacientes. Essas medidas acrescentam informações importantes e complementares às medidas obtidas pelo clínico para avaliar não só os transtornos mentais, mas também outras condições médicas. Fatores físicos, psicológicos, sociais e ambientais impactam a qualidade de vida, e este aspecto multidimensional é central para definir onde intervir a fim de otimizar as intervenções em saúde, especialmente em condições crônicas (físicas ou mentais). Neste capítulo, abordaremos a definição da qualidade de vida, sua mensuração e as implicações clínicas envolvidas.

ESTADO DA ARTE

Em 1948, a Organização Mundial da Saúde (OMS) definiu o conceito de saúde como "o estado de completo bem-estar físico, mental e social, e não apenas a ausência de doença ou enfermidade".[1] Essa definição positiva de saúde influenciou o desenvolvimento posterior do conceito de qualidade de vida. A qualidade de vida tem diferentes concepções, sendo uma das principais e mais utilizadas a desenvolvida pela OMS, que serviu de ponto de partida para o projeto World Health Organization Quality of Life (WHOQOL). Qualidade de vida foi definida como "a percepção do indivíduo sobre sua posição na vida no contexto de cultura e sistemas de valores nos quais ele vive e em relação aos seus objetivos, expectativas, padrões e preocupações".[2] Para abranger esses diferentes aspectos, o grupo WHOQOL definiu seis domínios que comporiam o construto: físico, mental, relações sociais, meio ambiente, nível de independência e espiritualidade/religiosidade e crenças pessoais.[2]

À medida que a qualidade de vida passou a ser um desfecho secundário em muitos estudos na área da saúde, uma nova área do conhecimento, denominada qualidade de vida relacionada à saúde (QVRS), se desenvolveu. A QVRS se concentra nos aspectos que estão diretamente relacionados ao estado de saúde do indivíduo, como sintomas de doenças ou condições de saúde, efeitos colaterais de tratamentos e o *status* funcional nas áreas física, mental e social.[3] Essa medida é um indicador útil da saúde geral, pois capta informações sobre o estado físico e mental dos indivíduos, bem como o impacto do estado de saúde na qualidade de vida.[3] Ambas as medidas, qualidade de vida e QVRS, têm sido cada vez mais inseridas na prática clínica.

Os sistemas de saúde têm reconhecido cada vez mais a perspectiva do paciente como elemento fundamental não só na avaliação da qualidade dos serviços de saúde, mas na forma como eles são prestados.[4] Assim, foram criadas diversas PROMs, as quais envolvem questionários padronizados que coletam informações sobre diversos aspectos das condições de saúde a partir da perspectiva do indivíduo.[4] Dentre esses questionários, as medidas de qualidade de vida e QVRS são ferramentas importantes para avaliação de desfechos em doenças mentais e físicas.[3]

QUALIDADE DE VIDA E FATORES DETERMINANTES

O conceito de qualidade de vida incorpora a saúde física, o estado psicológico, o nível de independência, os relacionamentos sociais, as crenças pessoais e suas relações com características relevantes do ambiente da pessoa. É uma avaliação subjetiva a partir da perspectiva do indivíduo, inserida em um contexto cultural, social e ambiental, e não pode ser limitada a termos como estado de saúde, estilo de vida, satisfação com a vida, estado mental ou bem-estar.[5] Segundo a OMS, existem aspectos determinantes para a qualidade de vida do indivíduo, os quais podem ser agrupados em diferentes domínios da qualidade de vida: domínios físico, psicológico, social e ambiental.

Fatores físicos do indivíduo, como dor, mobilidade, capacidade de exercer suas atividades de vida diária e trabalho, têm influência importante na qualidade de vida.[5] A dor, por exemplo, seja aguda ou crônica, é uma experiência comum para muitas pessoas ao longo da vida, decorrente de doenças, lesões ou diversos outros fatores, e tem um impacto perceptível na qualidade de vida.[6] A duração e a qualidade do sono, do mesmo modo, além de estarem associadas a sintomas depressivos e ansiosos, estresse e fadiga, afetam o funcionamento físico e mental do indivíduo, reduzindo a qualidade de vida.[7] Da mesma forma, pessoas que convivem com doenças crônicas, devido à interferência em suas funções físicas, mentais e sociais, apresentam menores níveis de qualidade de vida.[8]

Além dos aspectos físicos, aspectos psicológicos como as crenças pessoais, os padrões de pensamento, a autoestima, a autoimagem e sentimentos positivos e negativos também influenciam a qualidade de vida.[5] A espiritualidade está associada a níveis mais elevados de qualidade de vida e pode ser uma estratégia para lidar com situações ambientais adversas, mesmo entre indivíduos saudáveis, melhorando o bem-estar.[9] O mesmo ocorre em pessoas com doenças mentais como a depressão maior.[10] No caso da autoestima, sua inclusão na abordagem do tratamento de pacientes com transtornos mentais pode influenciar positivamente a qualidade de vida.[11] Por fim, padrões positivos de pensamento estão também associados a melhor qualidade de vida.[12]

No âmbito social, os relacionamentos interpessoais têm papel importante na qualidade de vida dos indivíduos, principalmente devido ao apoio social – definido como a percepção de um indivíduo sobre a quantidade de ajuda ou cuidado disponível em seus relacionamentos e contatos sociais – e à qualidade desse suporte.[13,14] Em contextos estressantes como a pandemia de covid-19, por exemplo, o apoio social pode minimizar sintomas depressivos, impactando positivamente a qualidade de vida.[15] Em pacientes hospitalizados, o suporte social adequado aumenta significativamente a qualidade de vida durante o período de internação.[16]

Outro aspecto importante para a qualidade de vida dos indivíduos é o ambiente em que vivem, o qual envolve questões de moradia, segurança, lazer, transporte e outros serviços, além de recursos financeiros.[5] A disponibilidade e a satisfação com os espaços públicos para lazer, como áreas verdes, por exemplo, estão associadas a melhor qualidade de vida.[17] Por outro lado, questões como insegurança alimentar e financeira têm impacto negativo.[18]

MENSURAÇÃO DA QUALIDADE DE VIDA

A medida da qualidade de vida tem sido utilizada para a avaliação de intervenções clínicas e políticas de saúde. Sua mensuração permite uma análise abrangente de como diferentes condições e tratamentos impactam a vida dos indivíduos, proporcionando informações para profissionais de saúde, pesquisadores e formuladores de políticas públicas. A crescente discussão sobre a qualidade de vida e sua inserção na prática clínica está relacionada ao reconhecimento da importância de entender o impacto das intervenções de saúde na vida das pessoas. Mensurar a qualidade de vida é particularmente importante para pacientes com doenças crônicas, incapacitantes ou que ameaçam a vida, condições que afetam aspectos físicos, psicológicos e sociais.[19] Nesse contexto, desde o surgimento do conceito de qualidade de vida, diferentes instrumentos foram criados em busca de uma medida que trouxesse a perspectiva do paciente sobre sua saúde e as demais áreas envolvidas.

Esses instrumentos podem variar dependendo do foco e da população-alvo, desde idosos, adultos e crianças a populações com doenças específicas.[20-22] Dentre os instrumentos mais importantes, o WHOQOL-100 e suas versões abreviadas (World Health Organization Quality of Life

Abbreviated Instrument [WHOQOL-BREF] e o Europe Health Interview Surveys Quality of Life Abbreviated Instrument [EUROHIS QOL-8 Item]) derivam da definição de qualidade de vida da OMS. Por serem validadas em diferentes países e contextos culturais, essas ferramentas permitem comparações em muitos países e regiões do mundo.

Outros instrumentos importantes e muito usados, apesar de mensurarem apenas a qualidade de vida relacionada à saúde, são o European Quality of Life-5 Dimensions (EQ-5D)[23] e o Short Form 36 Health Survey (SF-36),[24] além de sua forma abreviada 12-Item Short-Form Health Survey (SF-12).[25] No Quadro 18.1, podemos ver as diferentes características e aplicações dessas ferramentas.

É crescente a busca por instrumentos de avaliação de qualidade de vida mais breves que sejam robustos psicometricamente. Avanços nos métodos estatísticos têm permitido o desenvolvimento dessas mensurações abreviadas. Esse perfil de instrumento interessa não só a grandes estudos de base populacional, como também à prática clínica diante da popularização crescente do cuidado embasado em medidas.

QUADRO 18.1
INSTRUMENTOS DE MENSURAÇÃO DA QUALIDADE DE VIDA E QUALIDADE DE VIDA RELACIONADA A SAÚDE, ESTRUTURA E APLICABILIDADE

Instrumento	Dimensões e estrutura	Aplicabilidade
WHOQOL-100	Inclui sete domínios: - Físico - Psicológico - Nível de independência - Relações sociais - Ambiente - Espiritualidade, religião e crenças pessoais	Diversos contextos culturais e clínicos, especialmente para comparações internacionais. Enfatiza o contexto cultural e a percepção individual da qualidade de vida, incluindo aspectos não diretamente relacionados à saúde.
WHOQOL-BREF	Versão abreviada do WHOQOL-100 Inclui quatro domínios: - Físico - Psicológico - Social - Ambiental	
EUROHIS QOL-8 Item	Versão abreviada do WHOQOL-100 e do WHOQOL-BREF. Inclui um item de cada um dos seis domínios do WHOQOL100 + dois itens genéricos.	

→

QUADRO 18.1
INSTRUMENTOS DE MENSURAÇÃO DA QUALIDADE DE VIDA E QUALIDADE DE VIDA RELACIONADA A SAÚDE, ESTRUTURA E APLICABILIDADE

Instrumento	Dimensões e estrutura	Aplicabilidade
EQ-5D	Inclui cinco domínios: • Mobilidade • Autocuidado • Atividades habituais • Dor/Mal-estar • Ansiedade/Depressão	Fornece uma medida rápida e simples da qualidade de vida, focando em aspectos funcionais e de bem-estar. Amplamente utilizado em estudos de custo-efetividade e pesquisas sobre a eficácia de intervenções, além de prática clínica para avaliações rápidas e monitoramento.
SF-36	Inclui oito domínios: • Função física • Capacidade funcional • Aspectos emocionais • Dor corporal • Saúde geral • Vitalidade • Aspectos sociais • Saúde mental	Fornece uma visão geral abrangente da saúde física e mental e pode ser usado para avaliar a saúde em diferentes populações e condições de saúde. Muito utilizado em pesquisas clínicas, estudos populacionais e para avaliar o impacto de condições crônicas e intervenções.
SF-12	Versão abreviada do SF-36	

QUALIDADE DE VIDA E SAÚDE MENTAL

No campo da psiquiatria, a necessidade de avaliar o efeito de diferentes intervenções, não apenas na melhora de sintomas, requer a utilização de desfechos mais amplos capazes de captar o resultado sobre os diferentes aspectos da vida de uma pessoa.[22] Devido à relevância da perspectiva do paciente em relação à experiência de viver com um transtorno, medidas de desfecho relatadas pelo paciente, projetadas para refletirem a experiência subjetiva dos indivíduos em relação a condições de saúde e tratamentos, têm se tornado cada vez mais necessárias.[26] As medidas de qualidade de vida, por serem multidimensionais, preenchem especificamente esse hiato existente na literatura.

Os transtornos mentais são caracterizados por um comprometimento da cognição, do comportamento e das emoções, o qual tem um impacto significativo na funcionalidade e nas atividades de vida diária, prejudicando a qualidade de vida dos indivíduos que sofrem com essas condições.[27] Muitos estudos mostram o impacto negativo de diferentes transtornos mentais na qualidade de vida, especialmente os transtornos de ansiedade[28] e os transtornos depressivos.[29,30] No caso da depressão, a qual impacta diversos aspectos da vida do indivíduo, como sua capacidade laboral e relações interpessoais, por exemplo, a medida da qualidade de vida auxilia no manejo da doença, por meio de intervenções personalizadas adaptadas às necessidades individuais e aos resultados do tratamento.[31]

Incorporar os valores e as prioridades do paciente facilita um processo de tomada de decisão compartilhada, promovendo a identificação mútua de metas e prioridades entre paciente e médico. Assim, a qualidade de vida é uma ferramenta importante a ser incluída na prática clínica.

CONSIDERAÇÕES FINAIS E PERSPECTIVAS FUTURAS

Embora a avaliação de qualidade de vida esteja sendo cada vez mais reconhecida como um desfecho essencial dos cuidados na psiquiatria moderna, sua aplicação no cotidiano clínico ainda está em estágios iniciais. A continuidade de estudos que abordem sua aplicabilidade na prática clínica e o reconhecimento da importância de trazer a perspectiva dos pacientes para o cuidado médico são perspectivas futuras a serem alcançadas.

REFERÊNCIAS

1. World Health Organisation. The constitution of the World Health Organisation. Washington: WHO; 1948.
2. The World Health Organization Quality of Life assessment (WHOQOL): position paper from the World Health Organization. Soc Sci Med. 1995;41(10):1403-9.
3. Revicki DA, Kleinman L, Cella D. A history of health-related quality of life outcomes in psychiatry. Dialogues Clin Neurosci. 2014;16(2):127-35.
4. Churruca K, Pomare C, Ellis LA, Long JC, Henderson SB, Murphy LED, et al. Patient-reported outcome measures (PROMs): a review of generic and condition-specific measures and a discussion of trends and issues. Health Expect. 2021;24(4):1015-24.
5. Development of the World Health Organization WHOQOL-BREF quality of life assessment. The WHOQOL Group. Psychol Med. 1998;28(3):551-8.
6. Pandelani FF, Nyalunga SLN, Mogotsi MM, Mkhatshwa VB. Chronic pain: its impact on the quality of life and gender. Front Pain Res. 2023;4:1253460.
7. Bener A, Morgul E, Tokaç M, Ventriglio A, Jordan TR. Sleep quality, quality of life, fatigue, and mental health in COVID-19 post-pandemic Türkiye: a cross-sectional study. Front Public Health. 2024;12:1250085.
8. Van Wilder L, Pype P, Mertens F, Rammant E, Clays E, Devleesschauwer B, et al. Living with a chronic disease: insights from patients with a low socioeconomic status. BMC Fam Pract. 2021;22(1):233.
9. Borges CC, Santos PR, Alves PM, Borges RCM, Lucchetti G, Barbosa MA, et al. Association between spirituality/religiousness and quality of life among healthy adults: a systematic review. Health Qual Life Outcomes. 2021;19(1):246.
10. Mosqueiro BP, Rocha NS, Fleck MPA. Intrinsic religiosity, resilience, quality of life, and suicide risk in depressed inpatients. J Affect Disord. 2015;179:128-33.
11. Barbalat G, Plasse J, Gauthier E, Verdoux H, Quiles C, Dubreucq J, et al. The central role of self-esteem in the quality of life of patients with mental disorders. Sci Rep. 2022;12(1):7852.
12. Sadeghloo A, Shamsaee P, Hesari E, Akhondzadeh G, Hojjati H. The effect of positive thinking training on the quality of life of parents of adolescent with thalassemia. Int J Adolesc Med Health. 2019;34(3).
13. Cohen S. Social relationships and health. Am Psychol. 2004;59(8):676-84.
14. Eisenberger NI. An empirical review of the neural underpinnings of receiving and giving social support: implications for health. Psychosom Med. 2013;75(6):545-56.
15. Schmitt AA Jr, Brenner AM, Alves LPC, Claudino FCA, Fleck MPA, Rocha NS. Potential predictors of depressive symptoms during the initial stage of the COVID-19 outbreak among Brazilian adults. J Affect Disord. 2021;282:1090-5.
16. Zdun-Ryżewska A, Basiński K, Majkowicz M, Podolska M, Landowski J, Walden-Gałuszko K. Association between social support and quality of life in patients with affective disorders. Eur J Psychiatry. 2018;32(3):132-8.
17. Chang KKP, Wong FKY, Chan KL, Wong F, Ho HC, Wong MS, et al. The impact of the environment on the quality of life and the mediating effects of sleep and stress. Int J Environ Res Public Health. 2020;17(22):8529.
18. Karam J, Haddad C, Sacre H, Serhan M, Salameh P, Jomaa L. Financial wellbeing and quality of life among a sample of the lebanese population: the mediating effect of food insecurity. Front Nutr. 2022;9:906646.
19. Addington-Hall J, Kalra L. Who should measure quality of life? BMJ. 2001;322(7299):1417-20.
20. Krantz E, Wide U, Trimpou P, Bryman I, Landin-Wilhelmsen K. Comparison between different instruments for measuring health-related quality of life in a population sample, the WHO MONICA Project, Gothenburg, Sweden: an observational, cross-sectional study. BMJ Open. 2019;9(4):e024454.
21. Pequeno NPF, Cabral NLA, Marchioni DM, Lima SCVC, Lyra CO. Quality of life assessment instruments for adults: a systematic review of population-based studies. Health Qual Life Outcomes. 2020;18(1):208.
22. van Krugten FCW, Feskens K, Busschbach JJV, Hakkaart-van Roijen L, Brouwer WBF. Instruments to assess quality of life in people with mental health problems:

a systematic review and dimension analysis of generic, domain- and disease-specific instruments. Health Qual Life Outcomes. 2021;19(1):249.
23. EuroQol Group. EuroQol: a new facility for the measurement of health-related quality of life. Health Policy. 1990;16(3):199-208.
24. Ware JE Jr, Sherbourne CD. The MOS 36-item short-form health survey (SF-36). I. Conceptual framework and item selection. Med Care. 1992;30(6):473-83.
25. Ware J Jr, Kosinski M, Keller SD. A 12-item short-form health survey: construction of scales and preliminar tests of reliability and validity. Med Care. 1996;34(3):220-33.
26. Basch E. Patient-reported outcomes: harnessing patients' voices to improve clinical care. N Engl J Med. 2017;376(2):105-8.
27. GBD 2019 Mental Disorders Collaborators. Global, regional, and national burden of 12 mental disorders in 204 countries and territories, 1990-2019: a systematic analysis for the Global Burden of Disease Study 2019. Lancet Psychiatry. 2022;9(2):137-50.
28. Wilmer MT, Anderson K, Reynolds M. Correlates of quality of life in anxiety disorders: review of recent research. Curr Psychiatry Rep. 2021;23(11):77.
29. Pardeller S, Kemmler G, Hoertnagl CM, Hofer A. Associations between resilience and quality of life in patients experiencing a depressive episode. Psychiatry Res. 2020;292:113353.
30. Wilzer E, Zeisel A, Roessner V, Ring M. Association between anxiety, depression and quality of life in male and female German students during the COVID-19 pandemic. BMC Psychiatry. 2024;24(1):212.
31. Dionisie V, Puiu MG, Manea M, Pacearcă IA. Predictors of changes in quality of life of patients with major depressive disorder-a prospective naturalistic 3-month follow-up study. J Clin Med. 2023;12(14):4628.

19

AS RELAÇÕES INTERPESSOAIS

GIULIO BERTOLLO ALEXANDRINO
VITÓRIA M. T. EVALDT
MARCELO PIO DE ALMEIDA FLECK
NEUSA SICA DA ROCHA

DESCRITORES: relações interpessoais; relação médico-paciente; apoio social; processo saúde-doença; terapia interpessoal.

As relações interpessoais são fundamentais para o desenvolvimento pessoal e profissional. Na medicina, a relação médico-paciente é fator primordial na prática clínica, pois é a partir dela que se desenvolverá a conexão com o problema do paciente e a promoção de saúde. Entender as bases dos relacionamentos é fundamental para gerar segurança em uma situação difícil como o processo saúde-doença, na qual poderá haver momentos que requerem a superação de barreiras que impedem uma boa prática clínica. Além disso, entender as relações interpessoais pode promover melhores desfechos clínicos e sociais na vida do paciente. A partir disso, este capítulo abordará os seguintes tópicos necessários para uma melhor relação médico-paciente: 1) definição de relacionamento interpessoal; 2) tipos de relações interpessoais; 3) a relação médico-paciente; 4) barreiras nas relação médico-paciente; 5) como se formam as relações interpessoais; 6) relações interpessoais e apoio social; 7) interferência das relações interpessoais no processo saúde-doença; e 8) uso das relações como foco de uma psicoterapia: a terapia interpessoal para depressão.

ESTADO DA ARTE

O exercício da medicina implica um intenso e constante envolvimento com outras pessoas, a começar pela relação com o paciente, base de toda a prática médica. No entanto, os contatos interpessoais do clínico não se restringem aos pacientes, afinal, ele é, em geral, parte de uma equipe multidisciplinar na qual é necessário estabelecer relações de trabalho e de amizade com outros profissionais de saúde. Além disso, o médico frequentemente também está subordinado a chefias e/ou coordena grupos de trabalho.

Valores universais de relações humanas saudáveis e eticamente embasadas precisam estar presentes nos diferentes tipos de relacionamentos interpessoais. Entre esses valores universais, destacam-se respeito, empatia, honestidade, responsabilidade, lealdade, justiça, compreensão, solidariedade, amor e tolerância.

O aprofundamento do conhecimento do médico sobre relações interpessoais e sobre como os psiquiatras, em específico, utilizam esses conhecimentos pode ajudá-lo a enriquecer sua prática clínica. Este capítulo tem por objetivo fornecer ao clínico geral um conjunto de informações sobre relações interpessoais capaz de servir como subsídio para o aprofundamento de seu conhecimento nesse campo.

O QUE É RELACIONAMENTO INTERPESSOAL?

As relações ou relacionamentos podem ser considerados elementos-chave para o desenvolvimento civilizatório. A relação interpessoal, por sua vez, se refere à conexão de duas ou mais pessoas na qual são estabelecidos vínculos afetivos, que podem ser familiares, amorosos, sociais, sexuais, religiosos, espirituais e laborais. Essas relações impactam a vida funcional do indivíduo, o bem-estar, a saúde e a qualidade de vida.[1]

Outro elemento-chave para o desenvolvimento social e, principalmente, das relações, é a comunicação. A comunicação tem papel central nas dinâmicas interpessoais e pode sofrer influência das diferentes características individuais, como as culturais e ambientais, sendo de extrema importância para a criação e o fortalecimento de vínculos.[2,3]

Os relacionamentos interpessoais apresentam desdobramentos e impactos para o indivíduo a nível pessoal e social, seja na relação consigo mesmo, com o ambiente de trabalho e de estudo ou com outros indivíduos. Uma vez que o ser humano é um ser de relações, a intercomunicação e os vínculos entre as pessoas proporcionam uma sensação de pertencimento. Isso possibilita o desenvolvimento do indivíduo, seu crescimento pessoal e a geração de conexões que oportunizam a formação de uma rede de apoio.[4,5]

No âmbito coletivo, o desenvolvimento de relações proporciona um ambiente de comunicação com consequente aumento da rede social. Além disso, expande o sentimento de pertencimento e, como resultado, a sociabilização, a confiança e a cooperação. Essa vinculação promove sensação de bem-estar e desenvolvimento de novas habilidades. Em contrapartida, o isolamento social é um fator de risco associado ao aumento de todas as causas de morte em adultos, além de ser considerado um critério importante no diagnóstico de doenças como a depressão. Por exemplo, homens com poucos vínculos tendem a fumar, beber e ter menor cuidado com a saúde; mulheres nessas condições apresentam menor cuidado de saúde relatada e pior saúde mental. Portanto, entender e estabelecer as conexões sociais é de extrema importância para o indivíduo, pois é um método de prevenção de doenças e de adesão à saúde de forma geral.[5]

TIPOS DE RELAÇÕES INTERPESSOAIS

Há vários tipos de relações interpessoais, e diferentes autores propõem algumas maneiras de caracterizá-los. Uma das divisões possíveis compreende as relações interpessoais divididas como: relações familiares, amorosas, de amizade, religiosas/espirituais e profissionais.

RELAÇÕES FAMILIARES: As relações familiares estabelecem os primeiros vínculos afetivos e são pontos-chave para as futuras relações. Elas referem-se ao relacionamento do indivíduo com familiares consanguíneos ou adotivos e também a relações provenientes de um casamento.[6]

RELAÇÕES AMOROSAS: As relações formais ou informais com parceiros são caracterizadas por paixão, intimidade, confiança e respeito.[7,8]

RELAÇÕES DE AMIZADE: Os amigos são indivíduos que a pessoa escolhe por pensar e se comportar de maneira semelhante e, a partir dessa escolha, se desenvolvem laços de confiança, amor e respeito. É uma relação em que a presença do outro permite livre comunicação e sentimento de pertencimento.[9]

RELAÇÕES RELIGIOSAS E ESPIRITUAIS: A relação religiosa é a maneira pela qual um indivíduo se conecta a uma religião. A religião, por sua vez, é um sistema organizado de crenças, práticas, rituais e símbolos designados para facilitar a aproximação com experiências do sagrado ou transcendente. Já espiritualidade é a relação do ser humano com questões sobre significado da vida e razão de viver, não limitada a tipos de religião. Tanto as relações de religiosidade quanto as de espiritualidade estabelecem a conexão do indivíduo com a sua crença, estimulam comportamentos saudáveis, oferecem significado para o sofrimento e dão suporte social em momentos difíceis. Para além das questões filosóficas e espirituais, o estabelecimento dessas conexões favorece ao indivíduo maior cuidado na saúde, a fim de enfrentar os momentos difíceis associados ao adoecimento, de dar sentido ou explicação à doença ou uma tentativa de cura pela fé. A nível físico, esse cuidado pode acarretar diminuição de valores pressóricos e da incidência de doenças cardiovasculares, favorecer a redução do consumo de tabaco e álcool, influenciar o aumento da atividade física, proporcionar maior bem-estar e reduzir as taxas de depressão. Além disso, o papel da religião intrínseca está associado a resiliência, qualidade de vida e menos tentativas de suicídio.[10-13]

RELAÇÕES PROFISSIONAIS: São as conexões entre duas ou mais pessoas em um mesmo ambiente corporativo, como a relação entre dois colegas de trabalho, funcionário e chefe, vendedor e consumidor, médico e paciente. Por meio dessa relação, há maior conexão nas atividades profissionais, o que leva a melhores êxitos nos objetivos da função laboral.[5]

RELAÇÃO MÉDICO-PACIENTE

A relação médico-paciente é um subtipo das relações profissionais, pois é a partir dela que o médico acaba tomando sua conduta sobre o caso clínico do paciente enfermo.

Hipócrates, pai da medicina, dizia "Aplicarei os regimes para o bem do doente segundo o meu poder e entendimento, nunca para causar dano ou mal a alguém. A ninguém darei por comprazer nem remédio mortal, nem um conselho que induza a perda".[5,14]

O contato entre o médico e o paciente inicia por meio da anamnese, momento em que o profissional obtém dados, desenvolve e mantém um relacionamento terapêutico e comunica informações. Esse relacionamento é fundamental para a clareza da situação em que o paciente se encontra e para a melhor tomada de decisão, tendo como base os princípios bioéticos do Código de Ética Médica, descritos a seguir.[15]

AUTONOMIA: O paciente tem autonomia para escolher o que é melhor para ele. É um princípio bioético relacionado ao respeito com as decisões feitas pelo paciente. O médico tem o dever de mostrar os diferentes tipos de tratamento (não farmacológico, farmacológico, cirúrgico) e deixar que o paciente escolha qual caminho deve ser seguido para a cura da doença.

BENEFICIÊNCIA: O médico deve fazer o bem para o paciente, sem causar dano. Esse princípio deve levar em conta o bem-estar de quem está sendo tratado pelo médico, além de promover a saúde. Isso quer dizer que não basta diagnosticar e tratar corretamente, precisa-se de médicos que previnam doenças, antes mesmo da lesão.

NÃO MALEFICIÊNCIA: O termo já vem descrito na literatura desde Hipócrates em seu juramento – *primum non nocere*, que significa: em primeiro lugar, não causar dano. É o dever do médico de proporcionar o melhor tratamento sem prejudicar o paciente.

JUSTIÇA: É uma condição fundamental, pois propõe equidade no tratamento dos pacientes. Isso significa que todos têm os mesmos direitos, ofertando mais a quem mais precisa. Esse princípio encontra-se na Constituição da República Federativa do Brasil e faz parte dos princípios do SUS. Promover equidade não significa discriminar, mas sim promover equivalência de oportunidades e dar cuidado assistencial a todos.

A relação médico-paciente, como outras relações interpessoais, sofre grande influência dos níveis de confiança, principalmente quanto ao profissional. Aspectos como a maior duração do relacionamento, mais tempo de atendimento e o estilo de comunicação centrada no paciente adotado pelo médico estão associados a maiores níveis de confiança no profissional.[16]

Ao longo da vida, são inúmeras as etapas nas quais o paciente conta com o profissional: nascimento, desenvolvimento, o enfrentamento de doenças, a cura e a morte. Para superá-las, é importante entender não só o processo saúde-doença, mas também a relação interpessoal como forma de suporte social durante esse processo.[17]

BARREIRAS NAS RELAÇÕES MÉDICO-PACIENTE

Existem fatores que podem ser considerados barreiras capazes de comprometer relações médico-paciente. Essas barreiras podem ser trabalhadas e superadas e são divididas em barreiras pessoais, situacionais ou socioculturais.[18]

- As barreiras pessoais são do indivíduo e podem ser por questões de gênero, etnia, problemas psiquiátricos, medo de rejeição, inflexibilidade, distorções do *self*, maneira de comunicação e/ou insegurança.
- As barreiras situacionais dependem do indivíduo e do ambiente e podem se dar

devido a epidemias, desastres naturais, barreiras geográficas, distanciamento ou questões laborais.
- As barreiras socioculturais dependem da diversidade cultural, social, linguística e étnica.

Estar atento às barreiras existentes é de extrema importância, uma vez que a relação entre o profissional e o paciente é um fator intimamente ligado à adesão do paciente ao tratamento.[16] Essas barreiras podem ser superadas, e, para algumas delas, há métodos que podem trabalhar a comunicação entre os indivíduos. A terapia interpessoal (TIP) é um método de tratamento da depressão em que a dupla terapêutica trabalha algumas dessas barreiras. Adiante, serão apresentadas as bases desse tipo de terapia e formas de ultrapassar essas barreiras.[18,19]

COMO SE FORMAM AS RELAÇÕES INTERPESSOAIS?

Desde sua concepção, a teoria psicanalítica, com seus diferentes autores, se ocupou de pensar e desenvolver questionamentos acerca das relações interpessoais. Freud, em sua teoria sobre as pulsões, descreve que a conexão entre um bebê e a mãe se dá por pulsões libidinais. Para o pai da psicanálise, o bebê nasce sem um aparelho psíquico formado, e é a partir do aparelho psíquico da mãe e da relação por eles construída que, aos poucos, o novo aparelho vai se estruturando. Melanie Klein, em contrapartida, se preocupou com as relações mãe-bebê para a formação da teoria objetal, pois é a partir dessa relação que o bebê consegue dar os primeiros passos para a formação de relações interpessoais e de sua personalidade. A teoria das relações objetais descreve que o bebê vivencia duas posições – a posição esquizoparanoide e a posição depressiva. Na primeira posição, o bebê divide os objetos entre bons e maus; o seio que alimenta e o seio que priva das necessidades são divididos, e o bebê sente o amor e o ódio pela figura cuidadora. Já na posição depressiva, ele começa a integração psíquica e passa a perceber que o objeto bom e o objeto mau são a mesma pessoa. É então que o bebê começa a fundir os sentimentos, aprende a lidar com frustrações e passa a desenvolver as capacidades de amar e de se preocupar, formando suas relações interpessoais. Outro psicanalista importante é Donald Winnicott, que descreveu a teoria sobre a preocupação materna primária. Segundo Winnicott, a mãe que se conecta com os sentimentos e as necessidades do bebê e responde de forma adequada – com cuidado, atenção, carinho – forma bons vínculos com os filhos, e a criança consegue criar bons vínculos com outras pessoas.[20-23]

Além destes, ressalta-se a contribuição de John Bowlby com a teoria do apego. Bowlby nasceu em Londres em 1907, foi psicólogo, psiquiatra e psicanalista. Em sua obra, o autor descreve que as primeiras relações dependem do cuidador e do ambiente. Para ele, os bebês são biologicamente pré-programados para formarem vínculos e se aproximam de adultos que forneçam cuidado. Durante a evolução da espécie humana, os bebês que ficaram próximos de suas mães sobreviveram para terem seus próprios filhos, e há a hipótese de que tanto os bebês quanto as mães desenvolveram uma necessidade biológica de manter um contato entre si. Por isso, quando começa a engatinhar, antes de explorar o mundo à sua volta, o bebê necessita de uma figura conhecida para se sentir seguro. E é a partir dali que se formam suas relações. No entanto, sabe-se que nem todos os bebês se sentem seguros ao explorarem o ambiente, pois, possivelmente, sua figura adulta não esteve presente (ou esteve parcialmente presente), ou seja, o bebê se sente inseguro e tem dificuldade de vinculação. Mary Ainsworth e Mary Main seguiram a teoria de Bowlby e descreveram quatro tipos de apego, conforme a seguir.[24,25]

APEGO SEGURO: A criança consegue vasculhar o ambiente livremente, quando a mãe está presente. Na sua ausência, a criança também consegue, em menor intensidade, desbravar o local, mas, quando a mãe retorna, ela exprime um sentimento de conforto, buscando a mãe e, após, retorna à exploração do local. Esse tipo de apego supre a demanda do filho em relação à mãe, levando a relações mais seguras e estáveis no futuro. Na vida adulta, esse indivíduo tende a ter bons relacionamentos, duradouros e de confiança.

APEGO EVITATIVO: A criança não consegue desbravar o ambiente e se mostra indiferente à saída ou ao retorno da figura cuidadora. É característico também um comportamento mais prazeroso com terceiros, quando comparado com a relação com a figura de apego, que é mais rígida e indisponível à criança, sem suprir as necessidades do filho. Na vida adulta, esse padrão de apego tem repercussões na intimidade, e o indivíduo tende a apresentar maior dificuldade em manter relações próximas e expressar sentimentos.

APEGO AMBIVALENTE: A criança explora pouco o ambiente, mesmo na presença da mãe. Há ansiedade de separação em relação a essa figura e maior dificuldade de estabelecer relação com os outros. Também há dificuldade de restabelecer o vínculo, quando ela retorna, pois a criança a deseja, mas se mostra ressentida e com raiva no retorno da mãe. Em geral, essas figuras não conseguem suprir as demandas dos filhos e se mostram distônicas aos sentimentos deles. Na vida adulta, pessoas com esse padrão de apego resistirão em se aproximar dos outros, e esses indivíduos tendem a vivenciar rompimentos frequentes por desconfiança e sentimentos de angústia.

APEGO DESORGANIZADO: A criança apresenta comportamento contraditório, evitativo e resistente aos pais. Há uma confusão de sentimentos, podendo expressar forte sentimento de apego com demonstração de raiva. Na vida adulta, os relacionamentos são voláteis, há dificuldade de ver os outros sem distorções significativas e dificuldade em formar relacionamentos e afetos significativos.

RELAÇÕES INTERPESSOAIS E APOIO SOCIAL

Thoits[26] descreve que o apoio social está relacionado com os recursos sociais com os quais um indivíduo pode contar quando está lidando com problemas e circunstâncias da vida. Mais tarde, em 1999, Cullen e colaboradores[27] ampliaram o significado para que ele abrangesse não só os recursos sociais, mas também o capital humano, cultural e material, e conceituaram que essa relação poderia ser entre indivíduos ou entre o indivíduo e a comunidade, o estado. Esse tipo de apoio pode estar subjacente (manifestações, grupos de amizade, grupos religiosos) ou declarado (justiça, programas de apoio governamentais). O apoio social é composto pelos seguintes eixos: instrumental (apoio em tarefas), informativo (consultivo) e emocional (amor, atenção). Esses três eixos apoiam o indivíduo em hábitos saudáveis e melhoram a saúde mental. Os primeiros laços de apoio geralmente são os pais, que fornecem base para o crescimento do indivíduo, e, quando propiciam um apego seguro e permanecem como rede de apoio, acabam por estimular o crescimento saudável do indivíduo. Esse indivíduo estabelece conexões com outras pessoas, que fornecem uma rede de apoio para sua geração. No entanto, nem todas as redes de apoio são saudáveis; por exemplo, jovens que, para se enturmarem, procuram o uso de substâncias (como álcool, maconha, cocaína), encontram um grupo que estimula o uso e agrava os problemas de saúde mental. Por isso, estimular boas políticas públicas para mitigação de problemas sociais diminui a violência, o tráfico e o uso de droga, ou seja, o apoio social vai além de relacionamento interpessoal, depende de apoios subjacentes e governamentais para um desenvolvimento saudável.[26-28]

INTERFERÊNCIA DAS RELAÇÕES INTERPESSOAIS NO PROCESSO SAÚDE-DOENÇA

O processo saúde-doença pode afetar o curso da vida, e uma das principais doenças que interferem nas relações interpessoais é a depressão. Essa doença mental acomete 4.212,34 a cada 100.000 pessoas no mundo, e há uma estimativa de que 3,8% da população mundial a experiencie em algum momento da vida. A tristeza e a perda de interesse são os sintomas mais característicos da depressão, além de serem acompanhados por alteração no peso e sono, problemas de concentração, dificuldade de tomar decisões, sentimentos de culpa e incapacidade, pensamentos de morte, fadiga, fraqueza, ansiedade e agitação. Todos esses sintomas impactam na vida cotidiana e deterioram a qualidade de vida, afastando as pessoas de suas relações em casa, no trabalho e no lazer.[29]

A depressão pode acometer qualquer pessoa, sendo mais comum em mulheres do que em homens. Como resulta de uma interação biológica, psicológica e social, seu tratamento vai além do uso de antidepressivos, pois, nos fatores psicológicos e sociais, espera-se que as medicações tenham um efeito limitado. Por isso, entender as relações interpessoais do indivíduo é uma maneira de conectar a depressão com os vínculos. A psicoterapia interpessoal é uma das formas de tratamento recomendadas pela Organização Mundial da Saúde (OMS) para tratamento da depressão. Esse tipo de psicoterapia liga os sintomas depressivos aos eventos de vida e trabalha as relações interpessoais do paciente e seus desdobramentos na sua vida emocional.[30]

VINHETA CLÍNICA

Ana (nome fictício), 19 anos, solteira, branca, estudante de jornalismo, natural de Sorocaba, procedente de Porto Alegre, católica. Procura atendimento psicoterápico por recente término do relacionamento amoroso.

Ana tem o sonho de se tornar jornalista desde pequena. Isso se deu após o falecimento de sua avó materna, há 10 anos, que era escritora. A partir dali, interessou-se pela profissão e dedicou-se aos estudos. Quando entrou para o ensino médio, conheceu seu namorado, Diogo (nome fictício), que tinha o sonho de ser médico, mas desistiu após prestar vestibular duas vezes. Ana passou no seu primeiro vestibular na Universidade Federal de Porto Alegre e estava muito feliz pela conquista. Seu namorado a apoiou na ida para a nova cidade. No momento, ela está cursando o quarto semestre da graduação, e, devido aos estudos, sentia já há algum tempo que houve um distanciamento do até então namorado. Diogo foi estudar engenharia civil em uma universidade particular de São Paulo, onde Ana o visitou durante as últimas férias. Ela percebeu que algo estava estranho, notando um distanciamento emocional entre eles. Na primeira semana do semestre, quando Ana já tinha retornado para casa, Diogo a informou, por mensagem de texto, que estava em outro relacionamento e que o namoro com Ana estava acabado. Ela ficou desesperada, entristecida, não conseguia dormir direito, sentia-se culpada pelo término, chorava todos os dias e engordou 5 kg em dois meses. Seus colegas viram que as notas das primeiras avaliações do semestre tinham sido horríveis e que ela não estava conseguindo dar as aulas de monitoria, atividade que anteriormente era muito prazerosa para ela. Sua melhor amiga da faculdade ligou para os pais da paciente, que vieram até Porto Alegre e a levaram em um psiquiatra. Foi diagnosticada com depressão e recebeu fluoxetina, 20 mg/dia, além de indicação de terapia interpessoal.

USO DAS RELAÇÕES INTERPESSOAIS COMO FOCO DE UMA PSICOTERAPIA: A TERAPIA INTERPESSOAL PARA DEPRESSÃO

A TIP consiste em uma terapia estruturada, de tempo limitado, cujo objetivo principal é a identificação de uma área-problema que se relaciona com o episódio depressivo em tratamento. O fundamento da TIP é apoiado nas ideias da escola interpessoal de Adolf Meyer e Harry Sullivan e trabalha o relacionamento do paciente com as outras pessoas e o ambiente. Além disso, também traz consigo fundamentos da escola psicanalítica, como os de Freud e Bowlby, utilizados para a compreensão psicodinâmica do paciente.[31]

Para Aldolf Meyer, não havia a necessidade de separar o estudo da mente do estudo do corpo. De acordo com ele, os níveis de satisfação (ou bem-estar) das pessoas dependiam do quanto elas eram capazes de atingir os seus objetivos de vida e receber a aprovação dos outros no contexto das suas aspirações pessoais, influenciadas por suas oportunidades, competências e habilidades.[32]

Já Harry Sullivan negava a existência da mente e denominou o seu sistema de pensamento psiquiátrico como psiquiatria interpessoal. Ele baseou os seus pontos de vista inteiramente nos acontecimentos e intercâmbios que ocorrem nas relações interpessoais entre duas ou mais pessoas. Assim, acontecimentos e intercâmbios interpessoais – em contraste com acontecimentos que se alegam ocorrer na mente – podem ser diretamente observados, analisados e descritos por observadores profissionais, que estão olhando e escutando o que está sucedendo. Esses acontecimentos interpessoais podem ser registrados e recordados mediante o emprego de aparelhos gravadores e equipamento audiovisual. Além disso, reações fisiológicas nas pessoas envolvidas podem ser avaliadas.[33]

Em relação a esses enfoques teóricos, a TIP pressupõe alguns conceitos:

- A depressão é um fenômeno complexo e **multideterminado**, com causas biológicas, psicológicas e sociais.
- A TIP reconhece os sintomas depressivos, o contexto interpessoal/social e a personalidade do indivíduo na depressão.
- A TIP trabalha o foco da depressão com o contexto interpessoal/social, não trabalha diretamente questões da personalidade na terapia; o paciente trabalhará habilidades interpessoais que poderão melhorar os traços da personalidade.

As áreas-problema da TIP podem ser divididas em: disputa interpessoal, luto, transição de papéis e déficit interpessoal. Uma vez definida a área-problema, o terapeuta foca seu trabalho com o paciente na sua resolução e trabalha com seu inventário interpessoal.[19,34]

O QUE SÃO AS ÁREAS-PROBLEMA?

DISPUTA INTERPESSOAL

A disputa é a divergência entre o indivíduo e a outra pessoa, como disputas de casais (divórcio, decisão de procriação), de colegas (disputas no trabalho), de amigos (brigas por times, namoradas), entre outros. Este pode ser um dos focos da terapia em que o terapeuta tentará ligar os sintomas depressivos aos problemas da disputa. No entanto, nem sempre esse foco é claro, certas disputas interpessoais são veladas, não ditas, e isso pode levar uma pessoa à depressão sem que ela perceba que o que está atrapalhando é um impasse na relação com o outro. O foco da terapia é ajudar a pessoa a descobrir que ela e a outra parte estão em disputa, além de ensinar e treinar habilidades para resolver esse conflito.[30,31]

TRANSIÇÃO DE PAPÉIS

A transição de papéis fala sobre mudanças na vida da pessoa de forma positiva ou negativa, impactando as relações interpessoais. São mudanças no *status* social, na posição na empresa, na transição do colégio para a faculdade, no descobrimento de uma doença, na separação, na mudança de cidade/país. A pessoa não está preparada para esse novo papel e se depara com dificuldade para lidar com a nova situação, como, por exemplo, quando aparecem sintomas depressivos após um término de relacionamento. O papel do terapeuta é reconhecer pelo que a pessoa está passando, ligar os sintomas a essa circunstância, trabalhar o lado positivo e negativo do término e a habilidade para o novo papel.[30,31]

LUTO

A morte de alguém significativo (cônjuge, pais, filhos, amigos próximos) pode levar ao desenvolvimento de sintomas depressivos; no luto normal, os sintomas desaparecem ao longo das semanas. No entanto, dependendo da situação e do papel do ente querido, o luto pode se complicar e levar à depressão; nesses casos, a TIP pode ser necessária para ajudar a pessoa a lastimar a perda, e o papel do terapeuta é ajudar o paciente a se conectar com outras pessoas ou atividades.[30,31]

DÉFICIT INTERPESSOAL

O déficit interpessoal consiste em sentimentos de solidão, tédio e/ou distância emocional dos outros. A pessoa percebe pouco apoio dos outros, tem dificuldade de fazer amigos, manter relacionamentos e se conectar com familiares. Além disso, os sintomas depressivos podem piorar caso haja um luto, uma transição de papéis ou uma disputa com uma das poucas pessoas de seu círculo de amizade. Nessa área-problema, o objetivo é descobrir o que contribuiu para solidão e treinar habilidade de iniciar e manter amizades e relacionamentos.[30,31]

O QUE É O INVENTÁRIO INTERPESSOAL?

Após uma entrevista clínica, o paciente, junto com o terapeuta, preenche o inventário interpessoal – uma revisão das relações interpessoais atuais do paciente. Estas podem mostrar o padrão de funcionamento do paciente, a relação de comportamentos mais próximos e distantes e o funcionamento da família e a relação com a comunidade. O inventário tem papel norteador na área-problema porque mostrará conflitos, perdas, transições e perdas. Por exemplo, a mudança de cidade por motivos de estudo pode trazer afastamento das relações familiares e de amigos.[31]

VINHETA CLÍNICA E TERAPIA INTERPESSOAL

Ana iniciou a TIP com o próprio psiquiatra e, junto com ele, percebeu que ela poderia ter uma disputa interpessoal e uma transição de papéis. Decidiram, em conjunto, que seria melhor trabalhar questões relacionadas à transição de papéis, uma vez que o fim do relacionamento resultou na necessidade de pensar e trabalhar os novos papéis que a vida atual exigia – estar solteira, mudar de cidade, ser estudante universitária. Conseguiram ver juntos os momentos em que ela se deprimiu, já que ter se mudado fez com que ela se afastasse das relações, exigindo uma nova vida em Porto Alegre. Esse afastamento foi percebido por meio do inventário interpessoal, como mostrado na Figura 19.1.

O inventário é feito por um desenho de três círculos, um dentro do outro. Após, foi solicitado que Ana colocasse na figura os nomes das pessoas de acordo com o grau de proximidade que ela tinha com essas pessoas. As relações mais próximas ficam dentro do menor círculo, e as afastadas podem estar no círculo maior ou fora dele. A partir do inventário, a dupla paciente-terapeuta pode ver as conexões interpessoais, assim, ela conseguiu restabelecer suas conexões com a família e os amigos e expressar o quanto sente saudades de seu estado.

CONSIDERAÇÕES FINAIS E PERSPECTIVAS FUTURAS

Relacionamentos interpessoais são fenômenos inerentes à vida social de qualquer indivíduo, seja pela via familiar, relacionamentos de amizade, vínculos laborais ou outras configurações de troca entre dois ou mais sujeitos. Em paralelo a isso, os impactos nesses relacionamentos estão intima-

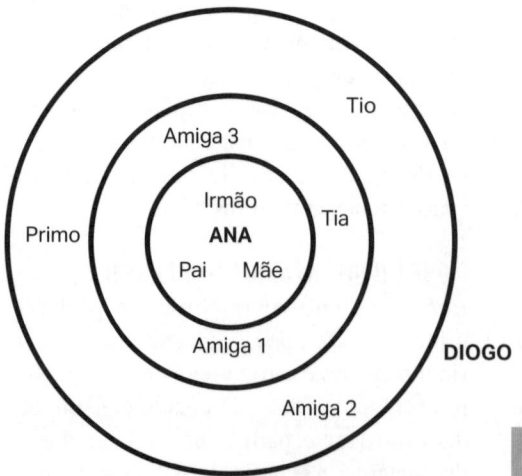

FIGURA 19.1
Inventário pessoal de Ana.

mente relacionados com sofrimento emocional e prejuízo na qualidade de vida. No contexto da prática clínica, há de se considerar não apenas a relação médico-paciente, mas os diferentes contextos em que o médico está exposto, como equipes multidisciplinares e relações com as instituições de saúde. A consciência dos processos que se estabelecem nas relações interpessoais auxilia o médico a lidar melhor nestes diferentes contextos.

REFERÊNCIAS

1. Griffin JB Jr. Interpersonal relationships. In: Walker HK, Hall WD, Hurst JW, editors. Clinical methods: the history, physical, and laboratory examinations. 3rd ed. Boston: Butterworths; 1990.
2. Lee CT, Doran DM. The role of interpersonal relations in healthcare team communication and patient safety: a proposed model of interpersonal process in teamwork. Can J Nurs Res. 2017;49(2):75-93.
3. Chichirez CM, Purcărea VL. Interpersonal communication in healthcare. J Med Life. 2018;11(2):119-22.
4. Cook B. Interpersonal Supports. In: Volkmar FR, editor. Encyclopedia of autism spectrum disorders. New York: Springer; 2013.
5. National Institute of Health. Interpersonal relations [Internet]. Bethesda: NIH; 2024 [capturado em 14 fev. 2025]. Disponível em: https://hr.nih.gov/working-nih/competencies/competencies-dictionary/interpersonal-relations.
6. Sharma R. The family and family structure classification redefined for the current times. J Family Med Prim Care. 2013;2(4):306-10.
7. Goodboy AK, Booth-Butterfield M. Love styles and desire for closeness in romantic relationships. Psychol Rep. 2009;105(1):191-7.
8. Lee JA. The colors of love: an exploration of the ways of loving. Toronto: New Press; 1973.
9. Rawlins WK. Friendship: interpersonal aspects. In: Wright JD, editor. The Blackwell encyclopedia of sociology. Oxford: Blackwell; 2007.
10. Idler EL. Religious Involvement and the health of the elderly: some hypotheses and an initial test. Soc Forces. 1987;66(1):226-38.
11. Koenig HG, King DE, Carson VB, editors. Handbook of religion and health. New York: Oxford University; 2011.
12. Rocha NS, Fleck MPA. Avaliação de qualidade de vida e importância dada à espiritualidade/religiosidade/crenças pessoais (SRPB) em adultos com e sem problemas crônicos de saúde. Arch Clin Psychiatry. 2011;38(1):19-23.
13. Mosqueiro BP, Rocha NS, Fleck MP. Intrinsic religiosity, resilience, quality of life, and suicide risk in depressed inpatients. J Affect Disord. 2015;179:128-33.
14. Conselho Regional de Medicina do Estado do Rio Grande do Sul. Juramento de Hipócrates [Internet]. Porto Alegre: CREMERS; 2020 [capturado em 14 fev. 2025]. Disponível em: https://cremers.org.br/juramento-de-hipocrates/.
15. Conselho Federal de Medicina. Código de ética médica: resolução CFM nº 2.217/2018. Brasília: CFM; 2019.
16. Garcia A, organizador. Relacionamento interpessoal: olhares diversos. Vitória: UFES; 2005.
17. Wills TA. Social support and interpersonal relationships. In: Clark MS, editor. Prosocial behavior. Newbury Park: Sage; 1991. p. 265-89.
18. Philip S, Manias E, Woodward-Kron R. Nursing educator perspectives of overseas qualified nurses' intercultural clinical communication: Barriers, enablers and engagement strategies. J Clin Nurs. 2015;24(17-18):2628-37.
19. Weissman MM, Markowitz JC, Klerman GL. Clinician's quick guide to interpersonal psychotherapy. New York: Oxford University; 2007.
20. Freud S. As pulsões e seus destinos. Belo Horizonte: Autêntica; 2019.
21. Klein M. A década de 30 e a posição depressiva. In: Cintra EM, Figueiredo LC, editores. Melanie Klein estilo e pensamento. São Paulo: Escuta; 2010. p. 76-102.
22. Klein M. A década de 40 e a posição esquizoparanóide. In: Cintra EM, Figueiredo LC, editores. Melanie Klein estilo e pensamento. São Paulo: Escuta; 2010. p. 102-24.
23. Winnicott DW. Desenvolvimento emocional primitivo. In: Winnicott DW. Textos selecionados da pediatria à psicanálise. Rio de Janeiro: Francisco Alves; 1993. p. 269-86.
24. Bowlby J. A secure base: parent-child attachment and healthy human development. New York: Basic Books; 1988.
25. Ainsworth MDS. Object relationships, dependency, and attachment: a theoretical review of the infant-mother relationship. Child Dev. 1969;40:969-1026.
26. Thoits PA. Mechanisms linking social ties and support to physical and mental health. J Health Soc Behav. 2011;52(2):145-61.
27. Cullen FT, Wright JP, Chamlin MB. Social support and social reform: a progressive crime control agenda. Crime Delinquency. 1999;45(2):188-207.
28. Uchino BN. Social support and physical health: understanding the health consequences of relationships. New Haven: Yale University; 2004.
29. Global Burden of Disease Collaborative Network. Global burden of disease study 2021 (GBD 2021). Seattle: IHME; 2021.
30. World Health Organization. Group interpersonal therapy (IPT) for depression. Geneva: WH; 2016.
31. Weissman MM. Comprehensive guide to interpersonal psychotherapy. New York: Basic Books; 2000.
32. Christiansen C. Adolf Meyer revisited: connections between lifestyles, resilience and illness. J Occup Sci. 2007;14(2):63-76.
33. Chapman AH, Silva DVE. Base para uma psiquiatria cientifica: os conceitos de Harry Stack Sullivan. Arq Neuropsiquiatr. 1980;38(1):76-80.
34. Barbisam GK, Rebouças CV, Fleck MP, Rocha NS. Psicoterapias nos transtornos depressivos: terapia interpessoal e terapia psicodinâmica. In: Cordioli AV, Grevet EH, organizadores. Psicoterapias: abordagens atuais. 4. ed. Porto Alegre: Artmed; 2019. p. 510-21.

20
RITMO BIOLÓGICO E EXERCÍCIO

MANUELA SILVA SILVEIRA DA MOTA
DEBORA TORNQUIST
GUILHERME RODRIGUEZ AMANDO
EDUARDA BITENCOURT
FELIPE BARRETO SCHUCH
MARIA PAZ L. HIDALGO

DESCRITORES: ritmos biológicos; exercícios; sono; ciclo sono-vigília; depressão.

A cronobiologia estuda os ritmos biológicos, regulados por um sistema interno e sincronizado com pistas externas, como o ciclo claro-escuro (*zeitgeber*), sendo a luz solar o principal marcador temporal. Esse sistema temporal tem sido impactado negativamente pela luz artificial (lâmpadas, telas, etc.) e pela demanda de funcionamento social 24/7, podendo gerar a cronodisrupção. A cronodisrupção se associa a potenciais prejuízos no humor e a risco aumentado de desenvolvimento de transtornos relacionados a este, como a depressão. Algumas pistas sociais exercem a função de sincronizadores, como a atividade física. Além de sincronizador, a atividade física, por sua vez, se associa a menor risco de desenvolvimento de depressão. Neste capítulo, abordaremos o papel dos ritmos biológicos na promoção da saúde, destacando a função da atividade física e do exercício físico na prevenção e no tratamento de problemas de sono e na depressão.

ESTADO DA ARTE

A cronobiologia é o estudo dos ritmos biológicos. O ser humano apresenta um sistema temporizador capaz de nos sincronizar às pistas externas (p. ex., ciclo claro-escuro). A mais potente pista externa, marcador de tempo ou *zeitgeber* é o sinal fótico. O sinal fótico decorre da rotação da Terra ao redor do Sol, resultando em um ciclo de claro/escuro que gera um tempo na natureza. Essa capacidade de se sincronizar a esta pista tem proporcionado a adaptação de diferentes espécies, durante milhares de anos. Nos tempos atuais, esse sinal tem sido enfraquecido pela exposição à luz artificial como lâmpadas, telas de *smartphones* e televisão, bem como pela necessidade de manter as atividades econômicas durante as 24 horas do dia, gerando diferentes jornadas e escalas de trabalho.

Além do sinal fótico, outros marcadores temporais denominados *zeitgebers* não fóticos são fundamentais como forma de prevenir a cronorruptura (p. ex., desalinhamento entre ritmos internos e externos) do organismo, como é o caso dos horários de alimentação, de trabalho e de prática de exercício físico. Assim, o nosso organismo se adapta às diferentes exigências sociais por meio do processo de sincronização. Em seres humanos, o sistema temporizador interno é responsável pela regulação e sincronização de funções fisiológicas essenciais, dentre as quais o ciclo sono-vigília se destaca como uma manifestação evidente do ritmo circadiano. Uma vez que a sincronização falha, observamos o fenômeno de cronorruptura, que pode se expressar com o aparecimento de doenças e transtornos mentais, em especial depressão, insônia e ansiedade.

Nesse contexto, o exercício físico atuaria como *zeitgeber*, podendo ser um sincronizador do sistema temporizador, auxiliando na promoção da regulação do ciclo sono-vigília e melhorando a qualidade e a duração do sono. O exercício físico tem um importante papel na promoção da saúde mental. Além de seu efeito regulador no sono, se observam um efeito nos transtornos do humor, potencialmente sendo um fator protetor contra a incidência, e melhora nos sintomas de depressão. Portanto, o efeito fótico e o exercício estão associados entre si e têm relevância no tratamento de transtornos do humor, sobretudo da depressão. Diante do exposto, este capítulo objetiva descrever a geração e o papel dos ritmos biológicos na promoção da saúde, destacando a atividade física e o exercício físico como atuantes na prevenção e no tratamento de problemas de sono e de transtornos do humor.

RITMOS BIOLÓGICOS

Seres vivos de diferentes espécies possuem um sofisticado sistema temporizador interno, responsável por regular a ritmicidade de diversas funções fisiológicas essenciais para a vida[1,2] (Figura 20.1). Ele regula uma ampla variedade de processos, desde expressão, inativação e repressão de genes em ciclos específicos[3,4] até a organização do sistema como um todo.[5-8] A regulação rítmica de inúmeros aspectos da fisiologia humana e de outros mamíferos já foi amplamente descrita, incluindo metabolismo de hormônios e neuro-hormônios,[9-11] interleucinas e componentes celulares função-específicos,[12,13] regulação do ciclo sono-vigília,[14,15] e outros comportamentos.[16] Portanto, a variabilidade do sistema será refletida em mudanças de comportamento nas 24 horas, como, por exemplo, na ritmicidade da atividade/repouso (Figura 20.1). Esse comportamento pode apresentar mudanças nos padrões, como diminuição de amplitude e atraso/avanço de fase, que são normais e esperadas com o avanço da idade. Logo, nosso corpo está em constante movimento e mudança, e isto ocorre por termos um sistema temporizador que nos permite a sincronização ao tempo geofísico (claro/escuro) e às necessidades sociais.

Uma estrutura importante para a geração e manutenção do sistema temporizador é o núcleo supraquiasmático (NSQ). Ele está localizado no hipotálamo e é considerado o "maestro" que coordena esses ritmos, atuando como um sincronizador ou marca-passo central.[17] De acordo com estímulos disponíveis, o NSQ utiliza informações ambientais para a sincronização central e, posteriormente, para relógios periféricos distribuídos em diversos tecidos e órgãos, regulando funções tecido-específicas.[18] A informação luminosa é considerada o mais potente *zeitgeber* (do alemão "doador de tempo"; pista temporal externa) ou sincronizador dos ritmos biológicos (Figura 20.1). A literatura aponta que a luz tem a capacidade de alinhar os ritmos se o organismo estiver exposto a um ciclo claro/escuro bem definido (dias com exposição à luz natural, noites com exposição ao escuro). No entanto, alguns fatores podem causar disrupção nos ritmos, como comportamentos que levam ao enfraquecimento de pistas ambientais (p. ex., trabalho de turno, viagens transmeridionais). Na atualidade, devido ao advento da luz artificial e dos ambientes internos e locais de trabalho com pouca ou nenhuma iluminação natural durante o dia e à exposição à luz artificial durante a noite, cada vez mais torna-se um desafio maior manter o sistema circadiano funcionando de forma ideal (ver Quadro 20.1).[19] A iluminação artificial durante a noite tem escalado potencialmente nas grandes cidades, levando ao fenômeno que denominamos poluição luminosa. Logo, o enfraquecimento dos sinais temporais tem o potencial de desregular processos fisiológicos. Um exemplo disto é a interrupção, pela exposição à luz artificial, da secreção de melatonina pela pineal, uma vez que, para produzi-la, o organismo precisa estar no escuro. Essas disrupções podem levar a resultados adversos para a saúde,[20,21] como aumento da predisposição a transtornos do humor (ver Quadro 20.1).[22-30]

Em relação ao humor, a luz pode ter sua influência via núcleo supraquiasmático, mas também pela ação direta via estruturas relacionadas ao humor, como a habênula.[31-33] Ambas as vias envolvem o papel fundamental de células ganglionares da retina intrinsecamente fotossensíveis (ipRGCs) à luz. As ipRGCs contêm melanopsina, um fotopigmento que as torna capazes de responderem diretamente à luz; quando ativadas por ele, enviam a informação luminosa ao NSQ e a outras regiões do sistema nervoso central (SNC), através do trato retino-hipotalâmico.[34] Além do humor, os estudos mostram que a sinalização proveniente do NSQ parece influenciar no aumento do alerta e da vigilância como resposta ao estímulo luminoso.[35] Indiretamente, embora o resultado final ainda seja o alinhamento de ritmos biológicos com os mesmos comportamentos presentes na via direta, a regulação indireta de processos fisiológicos é feita, primeiro, pela modulação de processos relacionados aos ritmos circadianos e do ciclo sono-vigília.[31]

■ CICLO SONO-VIGÍLIA

Dormir e acordar são as manifestações mais claras do nosso sistema circadiano (Figura 20.1). Em 1982, Borbély[45] propôs um modelo para a regulação dos ciclos de sono e dividiu didaticamente o sistema regulatório nos processos homeostático "S" e circadiano "C".

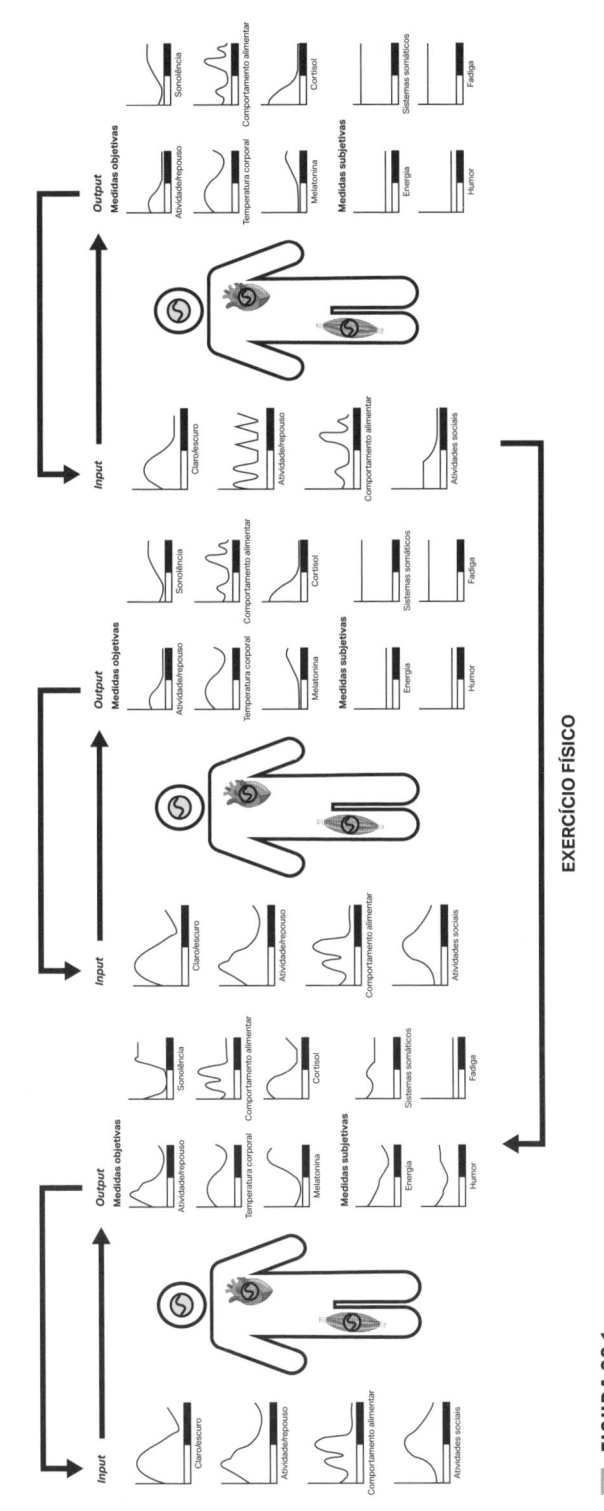

FIGURA 20.1

A relação entre ritmos biológicos, processo de saúde-doença e exercício físico.

A figura ilustra a importância desta relação utilizando quatro ritmos biológicos: claro/escuro, atividade/repouso, comportamento alimentar e atividades sociais. Cada parte da figura mostra a progressão do estado de saúde para a doença. Na primeira parte (esquerda), o humano saudável exibe ritmos sincronizados provenientes de um forte sinal fótico (luz; principal *zeitgeber*), promovendo a homeostase fisiológica de seu organismo. Na segunda parte (central), os ritmos estão levemente desordenados por conta do sinal fótico menos robusto, indicando uma perda parcial de ritmicidade. Na terceira parte (direita), os ritmos estão completamente dessincronizados devido à falta desse sincronizador, caracterizando uma cronorruptura que possivelmente resultará em processos patológicos. Contudo, mesmo diante da perda total da ritmicidade, o exercício físico parece ser uma estratégia terapêutica eficaz para restaurar a homeostase rítmica do organismo, levando-o novamente ao seu estado original.

QUADRO 20.1
RESUMO DAS PRINCIPAIS EVIDÊNCIAS PUBLICADAS PELOS AUTORES

Autores	Tipo de estudo	Variáveis de interesse	Amostra incluída	Principais achados
Pearce e colaboradores[36]	Metanálise de estudos de coorte	Desfecho: depressão incidente Exposição: atividade física	15 estudos 191.130 sujeitos (64% mulheres)	Adultos que acumularam metade do volume recomendado de atividade física (4,4 horas mMET/semana) tiveram 18% (IC 5%: 13%; 23%) menos risco de depressão em comparação com adultos que relataram nenhuma atividade física. Adultos que atendem às recomendações de atividade física (8,8 horas mMET/semana) tiveram 25% (IC 95%: 18%; 32%) menos risco de depressão em comparação com adultos que relataram nenhuma atividade física. Se adultos menos ativos tivessem alcançado as recomendações de atividade física, 11,5% (IC 95%; 7,7%; 15,4%) dos casos de depressão poderiam ter sido prevenidos.
Heissel e colaboradores[37]	Metanálise de ensaios clínicos randomizados	Desfecho: sintomas depressivos Exposição: exercício físico	41 estudos 2.264 participantes	Intervenções de exercício tiveram um grande efeito, favorecendo o exercício em relação às condições de controle (DMP: −0,95; IC 95%: −1,18; −0,71). Grandes efeitos foram encontrados em estudos com indivíduos com transtorno depressivo maior (DMP: −0,99; IC 95%: −1,39; −0,61), intervenções de exercícios supervisionados (DMP: −1,03; IC 95%: −1,28; −0,77) e efeitos moderados quando as

QUADRO 20.1
RESUMO DAS PRINCIPAIS EVIDÊNCIAS PUBLICADAS PELOS AUTORES

Autores	Tipo de estudo	Variáveis de interesse	Amostra incluída	Principais achados
Schuch e colaboradores[38]	Metanálise de estudos de coorte	Desfecho: depressão incidente Exposição: atividade física	49 estudos 266.939 sujeitos	análises foram restritas a estudos de baixo risco de viés (DMP:-0,67, IC95%: -0,99; -0,34). Pessoas com altos níveis de atividade física tiveram 17% (IC 95%: 12%; 21%) menos chances de desenvolver depressão do que pessoas com baixos níveis de atividade física. Jovens ativos apresentaram chances 10% (IC 95%: 2%; 13%) menores de desenvolver depressão; adultos, 22% (IC 95%: 13%; 30%); e idosos, 21% (IC 95%: 14%; 28%). Atividade física teve um efeito protetor de 16% (IC 95%: 11%; 21%) contra a incidência de triagem positiva para sintomas depressivos e de 14% (IC 95%: 2%; 25%) para diagnóstico de depressão grave.
Schuch e colaboradores[39]	Metanálise de ensaios clínicos randomizados	Desfecho: sintomas depressivos Exposição: exercício físico	25 estudos 1.487 adultos - 757 no grupo de exercício e 730 no grupo-controle	Melhora significativa de sintomas depressivos favorecendo o grupo de exercício (DMP: 0,98; IC 95%: 0,68; 1,28). Estudos incluindo pessoas com diagnóstico de depressão apresentaram uma redução maior nos sintomas quando comparados a estudos em amostras sem diagnóstico clínico (DMP: 1,14; IC 95%: 0,46; 1,81).

QUADRO 20.1
RESUMO DAS PRINCIPAIS EVIDÊNCIAS PUBLICADAS PELOS AUTORES

Autores	Tipo de estudo	Variáveis de interesse	Amostra incluída	Principais achados
Levandoviski e colaboradores[22]	Estudo transversal	Desfecho: sintomas depressivos (BDI) Exposição: fenótipo circadiano (cronotipo) e horários de sono	4.051 adultos	Exercícios aeróbicos (DMP: 1,04; IC 95%: 0,65; 1,43) com intensidades moderadas (DMP: 1,33; IC 95%: 0,46; 2,19) ou vigorosas (DMP: 1,34, IC 95%: 0,43; 2,24), com um formato misto supervisionado/não supervisionado (DMP: 3,01; IC 95%: -0,61; 1,97) e supervisionados por profissionais qualificados em exercícios físicos (DMP: 1,26, IC 95%: 0,54; 1,97) foram associados a maiores efeitos na redução de sintomas.
				Tanto o cronotipo quanto os escores de BDI correlacionaram-se positivamente com o *jet lag* social. Os escores de BDI foram significativamente mais altos em indivíduos com mais de 2 horas de *jet lag* social do que no restante da população. O desalinhamento entre o tempo circadiano e o social parece ser um fator de risco para o desenvolvimento da depressão.
Adan e colaboradores[40]	Revisão de escopo	Objetivo: investigar as propriedades psicométricas e a validade das medidas	–	As diferenças entre as tipologias circadianas devem ser compreendidas a partir de uma perspectiva ampla, levando-nos a afirmar que estão associadas a diferentes estilos de vida. Embora devamos evitar

QUADRO 20.1
RESUMO DAS PRINCIPAIS EVIDÊNCIAS PUBLICADAS PELOS AUTORES

Autores	Tipo de estudo	Variáveis de interesse	Amostra incluída	Principais achados
		de tipologia circadiana, bem como os fatores individuais, ambientais e genéticos que influenciam nesta tipologia.		uma simplificação que associe a tipologia matutina a aspectos negativos, os dados indicam que um padrão de tipologia vespertina é um fator de risco para alguns transtornos, enquanto a tipologia matutina atua como um fator de proteção. Embora isso seja importante ao longo de todo o ciclo da vida, parece ser mais crucial na adolescência, quando o estilo de vida adulto começa a se formar, e na fase de envelhecimento, quando problemas de saúde relacionados aos hábitos de vida são mais frequentes.
Ávila Moraes e colaboradores[23]	Estudo transversal	Desfecho: sintomas depressivos (HAM-D BDI, MADRS) Exposição: actigrafia (atividade, exposição à luz e temperatura)	30 adultos	Pacientes em seu primeiro episódio depressivo apresentaram uma diminuição na amplitude em comparação com o grupo-controle. A amplitude também foi reduzida em pacientes com depressão crônica. A duração do tempo em que a temperatura permaneceu acima da média foi maior nos grupos depressivos do que no grupo-controle, sugerindo que essa variável é um bom indicador do tempo que os indivíduos podem ter passado na cama ou com baixo nível de atividade.

QUADRO 20.1
RESUMO DAS PRINCIPAIS EVIDÊNCIAS PUBLICADAS PELOS AUTORES

Autores	Tipo de estudo	Variáveis de interesse	Amostra incluída	Principais achados
Harb e colaboradores[19]	Estudo transversal	Desfecho: níveis plasmáticos de cortisol e melatonina, sintomas depressivos (SRQ-20, MA), qualidade do sono (PSQI) Exposição: presença ou ausência de janela	20 mulheres adultas	Os níveis de cortisol à noite foram significativamente diferentes entre os grupos "sem janela" e "com janela". Em relação aos níveis de melatonina, os grupos diferiram pela manhã e à noite. O grupo "com janela" apresentou níveis mais baixos de melatonina pela manhã, mas níveis mais altos à noite em comparação com o grupo "sem janela". Níveis mais elevados de cortisol correlacionaram-se positivamente com transtornos psiquiátricos menores e sintomas depressivos (MA) à noite. Níveis mais baixos de melatonina à noite correlacionaram-se com sintomas depressivos e pior qualidade do sono (PSQI).
Krawczak e colaboradores[24]	Estudo longitudinal	Desfecho: avaliação clínica para episódio depressivo atual (MINI), sintomas depressivos durante o pós-parto (PDPI-R), sintomas depressivos (EPDS), sintomas de mania (YMRS)	33 mulheres adultas	Mudanças na eficiência do sono, medidas objetivamente por meio de actigrafia, e ritmos diários percebidos pelos próprios indivíduos, avaliados com a escala BRIAN, foram preditivos de mudanças no humor no pós-parto. Mudanças na estabilidade intermediária dos ritmos de atividade, uma medida objetiva da estabilidade do ritmo circadiano dia a dia, também correlacionaram-se com mudanças nos sintomas de humor do final da gravidez ao início do pós-parto.

QUADRO 20.1
RESUMO DAS PRINCIPAIS EVIDÊNCIAS PUBLICADAS PELOS AUTORES

Autores	Tipo de estudo	Variáveis de interesse	Amostra incluída	Principais achados
		Exposição: actigrafia (horários e parâmetros de sono, atividade), qualidade de sono (PSQI), ritmos biológicos diários (BRIAN)		Mulheres com diagnóstico de transtorno do humor, embora clinicamente estáveis, relataram piora no humor, sono e ritmos diários na transição do final da gravidez para o período pós-parto. Enquanto as pontuações médias do PSQI ultrapassaram o limite para má qualidade do sono, as pontuações médias do EPDS ficaram abaixo do limite para possível depressão.
Tonon e colaboradores[25]	Estudo transversal	Desfecho: sintomas depressivos (HAM-D, BDI) Exposição: actigrafia (atividade, exposição à luz)	15 adultos	Níveis de atividade noturna diferenciam indivíduos com depressão do tipo melancólica dos indivíduos com depressão não melancólica com transtorno depressivo maior grave ou refratário. A análise da curva ROC, baseada na atividade média durante a madrugada (da 1h às 6h), conseguiu discriminar o subtipo melancólico com alta especificidade. Níveis mais altos de atividade motora noturna observados no grupo não melancólico são consistentes com a ideia de que a agitação psicomotora é mais característica da depressão não melancólica, indicando também a possibilidade de fragmentação do sono neste grupo.

QUADRO 20.1
RESUMO DAS PRINCIPAIS EVIDÊNCIAS PUBLICADAS PELOS AUTORES

Autores	Tipo de estudo	Variáveis de interesse	Amostra incluída	Principais achados
Tonon e colaboradores[41]	Validação de questionário	Objetivo: traduzir e validar o Índice de Higiene do Sono (SHI) para o português brasileiro	30 adultos	O SHI apresenta uma consistência interna aceitável (α de Cronbach = 0,75). Pior higiene do sono (maior pontuação no SHI) correlacionou-se com pior qualidade do sono ($r = 0,4$), sonolência excessiva diurna ($r = 0,41$) e sintomas depressivos ($r = 0,3$).
Tonon e colaboradores[26]	Revisão de escopo	Objetivo: descrever as principais evidências experimentais e clínicas que associam a melatonina à depressão	–	Um possível efeito terapêutico da melatonina para transtornos do humor só pode ser esperado se for compatível com a regulação fisiológica da melatonina. Os estudos sobre a farmacodinâmica da melatonina exógena ou de agonistas da melatonina devem sempre prever diferentes resultados clínicos, dependendo da via de administração, da dosagem e do *timing*, uma vez que essas substâncias podem potencialmente representar (ou interferir em) diferentes ações fisiológicas.
Francisco e colaboradores[42]	Estudo transversal	Desfecho: sintomas depressivos (CDI), sintomas relacionados a transtornos psiquiátricos (SDQ)	186 adolescentes	Uma maior ritmicidade percebida em fatores afetivos parece estar relacionada à presença e à intensidade dos sintomas psiquiátricos. Além disso, uma maior ritmicidade percebida em fatores afetivos e uma menor ritmicidade percebida em fatores cognitivos parecem estar

QUADRO 20.1
RESUMO DAS PRINCIPAIS EVIDÊNCIAS PUBLICADAS PELOS AUTORES

Autores	Tipo de estudo	Variáveis de interesse	Amostra incluída	Principais achados
		Exposição: ritmicidade autopercebida de sintomas relacionados à depressão (MEhI-Y), horários de sono (MCTQ), cronotipo (PPPS)		relacionadas à presença e à intensidade dos sintomas depressivos. Uma maior ritmicidade percebida nas variáveis cognitivas parece estar relacionada a pontuações mais baixas para sintomas psiquiátricos.
Tonon e colaboradores[27]	Estudo transversal	Desfecho: grupo de risco para desenvolver transtorno depressivo maior (IDEA-RS) Exposição: horários de sono (MCTQ), cronotipo (PPFS), higiene do sono (SHI), insônia (AIS), actigrafia (atividade, exposição à luz, temperatura), sintomas depressivos (MFQ-C)	96 adolescentes	Adolescentes em um episódio depressivo atual apresentam sintomas relevantes de insônia e alterações nas rotinas de sono: início tardio do sono, duração do sono mais curta e diferenças entre as fases de sono nos dias escolares e nos fins de semana (maior *jet lag* social). Em comparação com adolescentes em baixo risco para depressão, aqueles em alto risco apresentaram maior insônia, menor amplitude relativa, maior exposição à luz artificial durante a noite e maior *jet lag* social. Essas diferenças podem estar associadas ao espectro de sintomas depressivos apresentados por este grupo, mas também sugerem que algumas alterações no sono e nos ritmos biológicos que são características do transtorno

QUADRO 20.1
RESUMO DAS PRINCIPAIS EVIDÊNCIAS PUBLICADAS PELOS AUTORES

Autores	Tipo de estudo	Variáveis de interesse	Amostra incluída	Principais achados
Xavier e colaboradores[28]	Estudo longitudinal	Desfecho: sintomas depressivos (HAM-D) Exposição: horários de sono, 6-sulfatoxi-melatonina, parâmetros de actigrafia (atividade, exposição à luz e temperatura)	98 mulheres adultas	depressivo maior já estão presentes em indivíduos em risco para o transtorno. Os níveis de atividade (M10), o *timing* do período mais ativo (M10c) e a fragmentabilidade dos ritmos de (IV) exposição à luz foram associados a uma melhor resposta ao tratamento em mulheres, reforçando que esses aspectos relacionados a um ajuste cronobiológico eficaz podem ser bons preditores do tratamento. Os comportamentos relacionados a horários de sono e os níveis de 6-sulfatoximelatonina não foram associados a uma resposta terapêutica eficiente.
Couto-Pereira e colaboradores[43]	Estudo longitudinal	Desfecho: sintomas depressivos (PHQ-9), ansiosos (GAD-7) e bem-estar (WHO-5) Exposição: regularidade de rotinas (RRS), incluindo sono, alimentação, trabalho e exercício físico	1.390 adultos	Forte associação negativa entre o escore total de regularidades de rotinas e a gravidade dos sintomas de ansiedade e depressão (PHQ-9: r = −0,51 (−0,55; −0,47), GAD-7: r = −0,37 (−0,42; −0,33)). Forte associação positiva entre o escore total de regularidades de rotinas e bem-estar (WHO-5: rS = 0,44 (0,40; 0,48), p < 0,001). O escore total de regularidades de rotina se mostrou como um mediador da associação

QUADRO 20.1
RESUMO DAS PRINCIPAIS EVIDÊNCIAS PUBLICADAS PELOS AUTORES

Autores	Tipo de estudo	Variáveis de interesse	Amostra incluída	Principais achados
				entre o ponto médio do sono nos dias livres e saúde mental (PHQ-9: b = 0,11, 95% IC = 0,06; 0,17, p < 0,001; GAD-7: b = 0,08, 95% IC = 0,03; 0,13, p = 0,004) em análises longitudinais, se mostrando um importante preditor dos estados de saúde mental.
Bonatto e colaboradores[44]	Estudo transversal	Desfecho: bem-estar (WHO-5), sintomas depressivos (PHQ-9). Exposição: exposição à luz do dia ao ar livre	1.095 adultos	A exposição à luz do dia ao ar livre foi associada ao bem-estar (WHO-5) e aos sintomas depressivos (PHQ-9) nos modelos de mediação, com efeitos totais mais elevados quando a exposição ocorria todos os dias (β = 4,13 ± 0,53/ β = −3,81 ± 0,67), por mais de 4 horas (β = 3,77 ± 0,91/ β = −3,83 ± 1,31) e durante a manhã (β = 3,41 ± 0,53/ β = −3,74 ± 0,70) em comparação à falta de exposição.
Nexha e colaboradores[30]	Estudo longitudinal	Desfecho: sintomas depressivos (PHQ-9), sintomas ansiosos (GAD-7). Exposição: sintomas relacionados à depressão (MRh-RD), instabilidade ce sintomas (AVF)	153 mulheres adultas	Uma maior instabilidade, tanto durante o dia quanto entre dias, dos sintomas afetivos correlacionou-se com pontuações elevadas no GAD-7 e no PHQ-9. Para sintomas somáticos e cognitivos, uma maior instabilidade entre dias foi associada a pontuações mais altas. A associação entre maior instabilidade dos sintomas e piora da saúde mental apoia

QUADRO 20.1
RESUMO DAS PRINCIPAIS EVIDÊNCIAS PUBLICADAS PELOS AUTORES

Autores	Tipo de estudo	Variáveis de interesse	Amostra incluída	Principais achados
				ainda mais a utilidade do monitoramento diário da gravidade dos sintomas em indivíduos em alto risco ou com transtornos psiquiátricos diagnosticados.
Tonon e colaboradores[29]	Revisão de escopo	Objetivo: destacar a fisiopatologia das perturbações do sono no transtorno bipolar e consolidar a compreensão e as aplicações clínicas desses fenômenos	–	O estudo da função circadiana e do sono é fundamental para compreender diversos aspectos do transtorno bipolar, como a evolução e flutuação do sono e do humor, o que é essencial para prever episódios de alteração de humor. Compreender as conexões entre os ritmos circadianos, distúrbios do sono e a fisiopatologia do transtorno bipolar pode informar sobre os estados clínicos, tratamento e intervenções voltadas para a melhoria da qualidade de vida dos indivíduos com este transtorno.

AI, Escala de Insônia de Atenas (do inglês *Athens Insomnia Scale*); AVR, variabilidade real absoluta (do inglês *absolute real variability*); BDI, Inventário de Depressão de Beck (do inglês *Beck Depression Inventory*); BRIAN, Entrevista de Ritmos Biológicos para Avaliação em Neuropsiquiatria (do inglês *Biological Rhythms Interview of Assessment in Neuropsychiatry*); CDI, Inventário de Depressão Infantil (do inglês *Children's Depression Inventory*); DMP, Diferença Média Padronizada; EPDS, Escala de Depressão Pós-Natal de Edimburgo (do inglês *Edinburgh Postnatal Depression Scale*); HAM-D, Escala de Depressão de Hamilton (do inglês *Hamilton Depression Rating Scale*); IC 95%, intervalo de confiança de 95%; IDEA-RS, Identificação de Risco para Episódios de Depressão Maior (do inglês *Identifying Depression Early in Adolescence Risk Score*); MADRS, Escala de Depressão de Montgomery-Åsberg (do inglês *Montgomery-Åsberg Depression Rating Scale*); MCTQ, Questionário de Cronotipo de Munique (do inglês *Munich ChronoType Questionnaire*); MFQ-C, Questionário de Humor e Sentimentos - Versão Infantil (do inglês *Mood and Feelings Questionnaire - Child*); MINI, Entrevista Neuropsiquiátrica Internacional Mini (do inglês *Mini International Neuropsychiatric Interview*); MRhIY, Ritmicidade Autopercebida de Sintomas Relacionados à Depressão; MRhRD, Ritmicidade Autopercebida Relacionada ao Ritmo Diário; mMET, Equivalente Metabólico de Tarefa Modificado (do inglês *Metabolic Equivalent of Task* modificado); PDPI-R, Inventário de Preditores de Depressão Pós-Parto - Revisado (do inglês *Postpartum Depression Predictors Inventory - Revised*); PPPS, Preferência por Estados Físicos e Psicológicos (do inglês *Preference for Physical and Psychological States*); PSQI, Índice de Qualidade do Sono de Pittsburgh (do inglês *Pittsburgh Sleep Quality Index*); SDQ, Questionário de Forças e Dificuldades (do inglês *Strengths and Difficulties Questionnaire*); SHI, Índice de Higiene do Sono (do inglês *Sleep Hygiene Index*); SRQ-20, Questionário de Autorrelato-20 (do inglês *Self-Reporting Questionnaire–20*); YMRS, Escala de Avaliação de Mania de Young (do inglês *Young Mania Rating Scale*).

Segundo o processo "S", o momento fisiológico ideal de sono depende do passar do tempo desde o último episódio de sono, por meio do acúmulo da adenosina no cérebro. Ao ser acumulada ao longo do dia, a adenosina produz a sensação de cansaço, responsável pela nossa reação de entender quando é necessário dormir, criando uma pressão ou impulso gradual ao sono. Por outro lado, o processo "C" refere-se à oscilação dependente do processo de encarrilhamento, que indica a propensão do organismo ao sono em alguns momentos do dia, independentemente do horário do último episódio de sono. Segundo a proposta original deste modelo, o sono aconteceria a partir da intersecção de uma pressão alta do sistema homeostático "S" com a fase específica do processo circadiano "C".[45]

Embora por muito tempo os dois processos tenham sido estudados à parte, atualmente, trabalha-se com a hipótese de que ambos são parte do mesmo sistema, com influência mútua e mecanismos complementares interligados fisiologicamente.[45] O controle do ciclo sono-vigília é complexo e envolve várias áreas e vias cerebrais. A excitação cortical e a vigília são mantidas por meio da atividade neuronal sustentada das vias colinérgicas e aminérgicas do segmento pontino, do *locus coeruleus* e dos núcleos da rafe, mediados por orexina/hipocretina. Já os neurônios da área pré-óptica ventrolateral (VLPO) têm vias de saída para os centros de estimulação do hipotálamo e do tronco cerebral através de vias diretas ao tálamo. Essas células realizam a inibição do sistema monoaminérgico do tronco cerebral e do sistema hipotalâmico orexina/hipocretina via ácido γ-aminobutírico (GABA) e galanina.

As características do sono não são homogêneas, tanto em relação à fase em que ocorre como na duração. Em seres humanos, vamos observar uma variabilidade que vai desde aqueles que dormem e acordam muito cedo, de forma espontânea (matutinos), como aqueles que vão dormir e acordar em horários mais tardios (vespertinos). Essa característica é chamada de cronotipo e pode se modificar de acordo com o ciclo da vida.[40] Por exemplo, nos adolescentes, observamos o fenômeno de atraso de fase. Quando lhes é permitido, os adolescentes acordam e dormem mais tarde, apresentando maior dificuldade para as atividades que ocorrem muito cedo. Isto é de suma importância, pois a organização das atividades sociais (p. ex., horários de escola) deveriam levar em conta a necessidade de recuperação fisiológica de forma a evitar a cronorruptura. Já com o envelhecimento, observamos um adiantamento de fase que pode ser acompanhado de maior fragmentação do sono. A duração do sono também varia entre os seres humanos, e a necessidade de horas de dormir pode variar de poucas a muitas horas. Essa característica pode mudar com o passar dos anos, podendo ocorrer uma diminuição do período de sono decorrente dos anos. Essas mudanças são esperadas com o envelhecimento, e não há a indicação de medicamentos para modificá-las.[46,47]

Já as alterações dos mecanismos de sono-vigília são fatores de risco para a incidência de depressão, demonstrando que os ritmos biológicos podem apresentar um importante papel na fisiopatologia.[48,49] Mecanismos relacionados a alterações no ritmo circadiano, desregulações neuroinflamatórias e melatonina podem explicar essa relação.[49] Além da ação circadiana, estudos vêm apontando que problemas de sono, em especial a insônia, se mostram como importantes preditores do desenvolvimento do transtorno depressivo e de outras psicopatologias em geral.[50] Por exemplo, pessoas não deprimidas com insônia apresentam o dobro de risco de desenvolver transtorno depressivo quando comparadas com pessoas sem problemas de sono.[51] Dessa forma, estudos sugerem que o tratamento e/ou a prevenção da insônia e dos prejuízos de sono como um todo se mostrariam, também, como uma estratégia de prevenção para transtornos depressivos.[50] Vale ressaltar que o tratamento com melhor evidência consiste nas medidas relacionadas à higiene do sono, que devem ser prescritas conforme as características de cada paciente. Portanto, as medidas farmacológicas não são a primeira linha no tratamento de insônia (ver Quadro 20.1).[41]

MARCADORES TEMPORAIS (ZEITGEBERS) DOS RITMOS BIOLÓGICOS

Além da luz, a ingestão de alimentos, atividades sociais e físicas também podem ser sincronizadores não fóticos agindo na sincronização de ritmos circadianos[52-54] (ver Figura 20.1). Nesse contexto, o exercício físico tem demonstrado possuir propriedades de mudança de fase, tanto imediatas quanto a longo prazo,[52] alterando, por exemplo, os ritmos de melatonina, hormônio estimulante da tireoide e temperatura corporal.[52]

A literatura sugere fortemente que o exercício físico atuaria como um *zeitgeber* não fótico para o sistema circadiano humano, de maneira que o *timing* do exercício seria uma estratégia terapêutica ou preventiva útil para auxiliar a promoção da saúde.[52] Um estudo recente encontrou que a regularidade de rotinas, entre elas, da rotina de exercício físico, atua como um mediador na relação entre exposição à luz diurna e desfechos de saúde mental, como bem-estar e sintomas depressivos (ver Quadro 20.1).[44]

Aqui cabe esclarecer que a atividade física e o exercício físico, embora considerados sinônimos, não o são. A atividade física é definida como qualquer movimento corporal produzido pelos músculos esqueléticos que acarrete em gasto de energia acima dos níveis de repouso,[55] podendo esta acontecer nos domínios de lazer (tempo livre), deslocamento (transporte), ocupacional (trabalho/estudo) e na execução de tarefas domésticas. Já o exercício físico é caracterizado como uma forma planejada e estruturada sistematicamente de atividade física, que objetiva manter ou aprimorar alguma das capacidades físicas.[55]

Os efeitos do exercício físico na saúde mental incluem diferentes mecanismos.[56,57] No âmbito dos mecanismos fisiológicos, o exercício físico gera alterações no fluxo sanguíneo de diferentes áreas do cérebro, pois estimula diversos processos neuroplásticos e a neurogênese. Logo, essa prática aumenta a síntese cerebral de serotonina, de enzimas antioxidantes e de níveis séricos e cerebrais do fator derivado do cérebro (BDNF).[56,57] Além disso, o exercício físico é capaz de promover a redução dos níveis de cortisol e de marcadores pró-inflamatórios nos tecidos periféricos e cerebrais.[56,57]

Mecanismos hormonais também são importantes, tendo em vista que a prática de exercícios físicos potencializa a secreção de uma série de hormônios, como endorfina, dopamina e serotonina. As endorfinas aumentam a sensação de relaxamento e o prazer, reduzindo o estresse; a dopamina está associada a sensações de felicidade, motivação, contentamento e bem-estar; e a serotonina impacta o humor, memória, o apetite e o sono.[58] Desse modo, mecanismos subjacentes também podem mediar a associação da atividade física com saúde mental, como a melhora de outros comportamentos como o sono, da cognição e da qualidade de vida.[56] Logo, se justificaria a realização de estudos sobre os horários em que cada tipo de exercício físico deveria ser realizado, a fim de maximizar o efeito terapêutico.

Dentre os mecanismos psicossociais, o exercício físico pode promover a autoeficácia e o apoio social.[56] A atividade física pode promover maior interação social e conexões interpessoais e servir como um sistema de apoio social, especialmente quando realizada em grupo,[58] o que poderia potencializar o efeito do *zeitgeber* social.

ATIVIDADE FÍSICA, EXERCÍCIO FÍSICO E SONO

Evidências sugerem que a atividade física, além de atuar como *zeitgeber* e regular o ciclo sono-vigília, impacta em desfechos de saúde relacionados à qualidade e à duração do sono em diversas populações.[59,60] Uma revisão sistemática que incluiu 23 artigos, predominantemente estudos transversais, revisões sistemáticas e metanálises, revelou que a atividade física se associa a diversos parâmetros do sono e a melhor qualidade do sono em geral.[60] Por exemplo, um estudo de base populacional com uma amostra de 1.200 participantes e utilizando medidas de acelerometria (tempo total de sono, janela de tempo de sono e porcentagem de sono) e atividade física (leve, moderada e vigorosa) demonstrou que atividades leves durante o dia, principalmente pela manhã, se associam a diferentes desfechos do sono, como tempo total e porcentagem de sono.[61] Nesse mesmo sentido, um estudo com 2.100 estudantes universitários da Croácia relatou que a atividade física insuficiente está associada a risco maior de má qualidade do sono, distúrbios do sono, longas latências (mais de 60 minutos) e durações (menos de sete horas) de sono, uso de medicamentos para dormir e disfunção diurna.[62] Maiores níveis de atividade física, medidas por acelerometria, um instrumento objetivo que é capaz de capturar uma fração importante dos deslocamentos realizados, se associam a desfechos de sono como o aumento da quantidade de sono não rápido dos olhos (NREM) e a diminuição do sono de movimentos rápidos dos olhos (REM), bem como a uma latência REM mais longa.[63]

Os benefícios do exercício são observados em pessoas com ou sem diagnóstico de problemas do sono. Por exemplo, uma revisão sistemática com metanálise de estudos controlados e randomizados relatou que o exercício físico melhorou a qualidade do sono de adultos idosos com insônia (diferença média padronizada [DMP]: -0,57; IC 95%: -0,73 a -0,4; $p < 0,001$; $I2 = 53\%$) e sem insônia (DMP: -0,61; IC 95%: -0,75 a -0,47; $< 0,00001$; $I2 = 73\%$), e em ambos os grupos combinados (DMP: -0,59; IC 95%: -0,70 a -0,49; $p < 0,0001$, $I2 = 68\%$).[64]

A relação entre sono e atividade física parece ser bidirecional: à medida que se aumenta a atividade física, tende-se a ter um sono de melhor qualidade, e o sono também exerce uma influência significativa sobre o desempenho durante o exercício diário.[59] O sono de qualidade é importante para a prática de exercício físico, visto que possibilita a recuperação tecidual e metabólica. Descansar adequadamente após o treino fortalece os músculos e tecidos, ajudando a prevenir a fadiga e as lesões relacionadas ao exercício, sendo o sono profundo crucial para a reparação do tecido muscular.[59] Esse efeito ocorre devido a maior produção de hormônios essenciais, como o hormônio do crescimento e a testosterona, estimuladores potentes da reparação tecidual.[59]

Outro aspecto importante a ser considerado é o efeito do exercício físico ao ar livre. Pesquisas indicam o impacto sinérgico entre a exposição à luz natural (*zeitgeber* fótico) e a prática de exercício (*zeitgeber* não fótico), em que indivíduos que praticam exercício físico com exposição solar apresentam melhorias na qualidade do sono[65] e nas respostas hormonais relacionadas ao sono.[65] Além disso, práticas que envolvem atividade física em ambientes verdes, como caminhadas em parques, têm destaque como métodos terapêuticos eficazes para melhorar os resultados do sono.[66] Uma possível explicação para esse fator é que o exercício ao ar livre pode ajudar a reduzir o estresse e melhorar o bem-estar psicológico por meio de dois mecanismos: potencializando a presença de luz natural e, com isto, auxiliando na sincronização robusta do ritmo circadiano (ver Quadro 20.1)[44] e pela prática em si, já que também funciona como um *zeitgeber* não fótico.[67]

Enquanto maiores níveis de atividade física se associam a melhor qualidade do sono, maiores períodos de sedentarismo podem trazer consequências negativas para o sono.[68] Uma metanálise demonstrou que comportamento sedentário prolongado está ligado a um risco aumentado de insônia e distúrbios do sono.[69] Foi observado que um aumento de 10% no tempo gasto em comportamento sedentário foi associado a uma diminuição de 1,76 minutos na duração do sono em adultos idosos.[70] Em contrapartida, reduzir o tempo gasto em comportamento sedentário pode melhorar a qualidade do sono.[68]

Um dos potenciais mediadores da relação entre atividade física e sono parece ser relacionado a sintomas depressivos. A inatividade física foi observada como um fator de risco comum para problemas relacionados ao sono e, também, para sintomas depressivos.[71] Há uma associação evidente entre má qualidade do sono e sintomas depressivos,[71] em que problemas de sono são fatores de risco estabelecidos para o desenvolvimento subsequente de doenças mentais, dentre elas, a depressão.

ATIVIDADE FÍSICA, EXERCÍCIO FÍSICO E DEPRESSÃO

Um crescente corpo de evidências tem demonstrado que o exercício físico se apresenta como um fator protetor contra a incidência de depressão.[36] De fato, metanálises de estudos de coorte demonstraram que pessoas com altos níveis de atividade física têm uma probabilidade menor, de aproximadamente 20%, de desenvolvimento de depressão comparadas a indivíduos com baixos níveis de atividade física, sendo esta associação consistente entre jovens, adultos e idosos (ver Quadro 20.1).[38] Mesmo em níveis abaixo das recomendações semanais de atividade física preconizadas para se obter benefícios à saúde, são observados efeitos da atividade física como um fator protetor para depressão. Por exemplo, pessoas que acumularam semanalmente metade do tempo recomendado (4,4 horas de tarefa equivalente metabólica marginal por semana – mMET horas/semana ou o equivalente a aproximadamente 75 minutos de atividade moderada ou 40 minutos de atividade vigorosa por semana) apresentaram redução de 18% (IC 95%: 13%; 23%) no risco relativo de depressão.[36] Entre os indivíduos que acumulam mais de 8,8 mMET por semana, ou o recomendado de 150 minutos de atividade física moderada ou 75 minutos de intensa, se observou um risco 25% (IC 95%: 18%-32%) menor de depressão.[36] Essa metanálise aponta ainda para um efeito teto da atividade física para depressão, em que participar de 300 minutos ou mais de atividade física por semana confere benefícios adicionais limitados.[36]

É importante ressaltar que os efeitos da atividade física nos sintomas depressivos parecem depender do domínio em que essa atividade é realizada. Em adultos brasileiros, foi demonstrado que, mesmo em níveis baixos, a atividade física no lazer foi associada a menores sintomas depressivos, enquanto atividades físicas realizadas nos contextos ocupacionais, domésticos e de transporte foram associadas a maiores sintomas depressivos.[72] Em adultos mais velhos, atividades domésticas e de transporte estavam relacionadas a menores sintomas depressivos.[72] O exercício físico também é eficaz no tratamento de transtornos do humor, promovendo redução nos sintomas depressivos, sendo recomendado por *guidelines* como parte de uma estratégia terapêutica.[73] Metanálises de ensaios clínicos randomizados demonstram efeitos grandes do exercício físico nos sintomas depressivos, com reduções significativas nos sintomas depressivos no grupo de exercício em indivíduos com depressão comparado ao grupo-controle (DMP: -0,95; IC 95%: -1,18; -0,71).[37] Esses efeitos são observados tanto em pacientes com diagnóstico clínico de depressão, quanto em amostras sem diagnóstico, mas com sintomas depressivos elevados.[37]

Além disso, a literatura demonstra evidências de que a exposição a espaços verdes e azuis (expossoma) pode estar associada à saúde mental[74,75] e de que a atividade física pode desempenhar um papel mediador nessa relação,[74,76] por combinar os benefícios à saúde da atividade física e da exposição à luz.

A mediação da atividade física na relação entre espaços verdes e saúde mental parece ser dependente do domínio em que a atividade física é realizada. Foi observado que a atividade física realizada em espaços verdes no domínio do lazer (β = 0,223; IC 95%: 0,136; 0,324), mas não no domínio do deslocamento, foi mediadora da relação entre ambientes verdes percebidos e bem-estar mental.[76] Além disso, a atividade física apresentou associação apenas com ambientes verdes percebidos pelo indivíduo, mas não com o ambiente verde medido, o que pode ser explicado pelo fato de o ambiente medido não considerar fatores como a acessibilidade e a qualidade dos espaços.[76] Os mecanismos que têm sido estudados para explicar uma potencial associação entre exposição a espaços verdes e azuis e saúde mental podem ser divididos em três fatores principais:[74]

- **Redução de danos (mitigação):** Os espaços reduzem os efeitos da exposição a poluição atmosférica, sonora e ao calor.
- **Restauração de capacidades (restauração):** As qualidades intrínsecas desses ambientes podem ter qualidades restauradoras, proporcionando redução da ativação fisiológica, bem-estar e alívio do estresse e mitigando emoções negativas, promovendo a autoconsciência e a capacidade de se reinventar do indivíduo.
- **Capacidades de construção (armazenamento):** O acesso a esses espaços favorece as interações sociais, e a acessibilidade a eles pode impactar a atividade física, não apenas sobre a decisão de realizar uma atividade, mas também sobre a frequência, já que consiste em um local confortável e bonito para prática, e pode superar a barreira de ausência de espaços físicos adequados.

Este último também pode explicar, em parte, a influência da atividade física na relação entre espaços verdes e saúde mental,[74] dado que o acesso a espaços verdes e azuis estimula a prática de atividade física e que tanto esses espaços quanto a atividade física podem impactar a saúde mental.

Vale ressaltar que, nesses estudos, a avaliação da qualidade da exposição à luz (intensidade, espectro, frequência, hora de exposição) nos diferentes ambientes (expossomas) ainda precisa ser mais bem explorada.

CONSIDERAÇÕES FINAIS E PERSPECTIVAS FUTURAS

O sistema temporizador interno é responsável por regular a ritmicidade de diversas funções fisiológicas essenciais para a vida dos seres humanos. O modelo para a regulação dos ciclos de sono é dividido didaticamente em sistema regulatório nos processos homeostático e circadiano, sendo que tanto as alterações do ritmo circadiano como as alterações homeostáticas do sono estão associadas ao surgimento de transtorno do humor.

Além disso, existem marcadores do ritmo circadiano, os quais podem ser fóticos (ciclo claro/escuro) e não fóticos (atividade física e exercício físico), e também estão associados ao surgimento de transtorno do humor. Evidências sugerem que a atividade física, além de atuar como *zeitgeber* e regular o ciclo sono-vigília, impacta desfechos de qualidade e duração do sono em diversas populações e que tanto a atividade física quanto o exercício físico são estratégias com evidência para a promoção da saúde mental e o tratamento de transtornos do humor, em especial a depressão.

Estudos futuros podem explorar intervenções de atividade física para regular os ritmos circadianos em populações com transtornos do humor, avaliando a eficácia de diferentes modalidades, intensidades e horários de exercício na promoção da saúde mental e na melhora do sono. Além disso, essas investigações podem buscar identificar interações entre marcadores fóticos e não fóticos, como a exposição à luz natural combinada com atividade física. É importante ressaltar que já existem evidências suficientes que deveriam nortear a inclusão do estudo dos ritmos biológicos e do papel do exercício físico para a promoção à saúde e para o desenvolvimento e a implementação de estratégias de prevenção e tratamento adequado, em especial para alterações de sono e depressão.

REFERÊNCIAS

1. Bell-Pedersen D, Cassone VM, Earnest DJ, Golden SS, Hardin PE, Thomas TL, et al. Circadian rhythms from multiple oscillators: lessons from diverse organisms. Nat Rev Genet. 2005;6(7):544-56.
2. Bechtold DA, Gibbs JE, Loudon ASI. Circadian dysfunction in disease. Trends Pharmacol Sci. 2010;31(5):191-8.
3. Ko CH, Takahashi JS. Molecular componentes of the mammalian circadian clock. Hum Mol Genet. 2006;15 Spec No 2:R271-7.
4. Buhr ED, Takahashi JS. Molecular componentes of the mammalian circadian clock. Handb Exp Pharmacol. 2013;(217):3-27.
5. Abe M, Herzog ED, Yamazaki S, Straume M, Tei H, Sakaki Y, et al. Circadian rhythms in isolated brain regions. J Neurosc. 2022;22(1):350-6.
6. Guilding C, Hughes ATL, Piggins HD. Circadian oscillators in the epithalamus. Neuroscience. 2010;169(4):1630-9.
7. Hogenesch JB, Panda S, Kay S, Takahashi JS. Circadian transcriptional output in the SCN and liver of the mouse. Novartis Found Symp. 2003;253:171-83.
8. Panasiuk A, Tarasewicz M, Chodowiec A, Łokić A, Gan K. Biological rhythms of the liver. Clin Exp Hepatol. 2024;10(1):1-8.
9. Amaral FG, Cipolla-Neto J. A brief review about melatonin, a pineal hormone. Arch Endocrinol Metabol. 2018;62(4):472-9.
10. Neumann AM, Schmidt CX, Brockmann RM, Oster H. Circadian regulation of endocrine systems. Auton Neurosci. 2019;216:1-8.
11. Androulakis IP. Circadian rhythms and the HPA axis: a systems view. WIREs Mech Dis. 2021;13(4):e1518.
12. Fonken LK, Frank MG, Kitt MM, Barrientos RM, Watkins LR, Maier SF. Microglia inflammatory responses are controlled by an intrinsic circadian clock. Brain Behav Immun. 2015;45:171-9.
13. Zeng Y, Guo Z, Wu M, Chen F, Chen L. Circadian rhythm regulates the function of imune cells and participates in the development of tumors. Cell Death Discov. 2024;10(1):199.
14. Dijk DJ, Duffy JF. Circadian regulation of human sleep and age-related changes in its timing, consolidation and EEG characteristics. Ann Med. 1999;31(2):130-40.
15. Franken P, Dijk DJ. Sleep and circadian rhythmicity as entangled processes serving homeostasis. Nat Rev Neurosci. 2024;25(1):43-59.
16. Dollish HK, Tsyglakova M, McClung CA. Circadian rhythms and mood disorders: time to see the light. Neuron. 2024;112(1):25-40.
17. Roenneberg T, Merrow M. The circadian clock and human health. Curr Biol. 2016;26(10):R432-43.
18. Hastings MH, Maywood ES, Brancaccio M. Generation of circadian rhythms in the suprachiasmatic nucleus. Nat Rev Neurosci. 2018;19(8):453-69.

19. Harb F, Hidalgo MP, Martau B. Lack of exposure to natural light in the workspace is associated with physiological, sleep and depressive symptoms. Chronobiol Int. 2015;32(3):368-75.
20. McClung CA. Circadian genes, rhythms and the biology of mood disorders. Pharmacol Ther. 2007;114(2):222-32.
21. Lyall LM, Wyse CA, Graham N, Ferguson A, Lyall DM, Cullen B, et al. Association of disrupted circadian rhythmicity with mood disorders, subjective wellbeing, and cognitive function: a cross-sectional study of 91 105 participants from the UK Biobank. Lancet Psychiatry. 2018;5(6):507-14.
22. Levandovski R, Dantas G, Fernandes LC, Caumo W, Torres I, Roenneberg T, et al. Depression scores associate with chronotype and social jetlag in a rural population. Chronobiol Int. 2011;28(9):771-8.
23. Ávila Moraes C, Cambras T, Diez-Noguera A, Schimitt R, Dantas G, Levandovski R, et al. A new chronobiological approach to discriminate between acute and chronic depression using peripheral temperature, rest-activity, and light exposure parameters. BMC Psychiatry. 2013;13:77.
24. Krawczak EM, Minuzzi L, Simpson W, Hidalgo MP, Frey BN. Sleep, daily activity rhythms and postpartum mood: A longitudinal study across the perinatal period. Chronobiol Int. 2016;33(7):791-801.
25. Tonon AC, Fuchs DFP, Gomes WB, Levandovski R, Fleck MPA, Hidalgo MPL, et al. Nocturnal motor activity and light exposure: objective actigraphy-based marks of melancholic and non-melancholic depressive disorder: brief report. Psychiatry Res. 2017;258:587-90.
26. Tonon AC, Pilz LK, Markus RP, Hidalgo MP, Elisabetsky E. Melatonin and depression: a translational perspective from animal models to clinical studies. Front Psychiatry. 2021;12:638981.
27. Tonon AC, Constantino DB, Amando GR, Abreu AC, Francisco AP, Oliveira MAB, et al. Sleep disturbances, circadian activity, and nocturnal light exposure characterize high risk for and current depression in adolescence. Sleep. 2022;45(7):zsac104.
28. Xavier NB, Abreu ACVO, Amando GR, Steibel EG, Pilz LK, Freitas JJ, et al. Chronobiological parameters as predictors of early treatment response in major depression. J Affect Disord. 2023;323:679-88.
29. Tonon AC, Nexha A, Silva MM, Gomes FA, Hidalgo MP, Frey BN. Sleep and circadian disruption in bipolar disorders: From psychopathology to digital phenotyping in clinical practice. Psychiatry Clin Neurosci. 2024;78(11):654-66.
30. Nexha A, Pilz LK, Oliveira MAB, Xavier NB, Borges RB, Frey BN, et al. Greater within- and between-day instability is associated with worse anxiety and depression symptoms. J Affect Disord. 2024;356:215-23.
31. LeGates TA, Fernandez DC, Hattar S. Light as a central modulator of circadian rhythms, sleep and affect. Nat Rev Neurosci. 2014;15(7):443-54.
32. Copenhaver AE, Roberts RC, LeGates TA. Light-dependent effects on mood: mechanistic insights from animal models. In: Santhi N, Spitschan M, editors. Progress in brain research. Amsterdam: Elsevier; 2022. p. 71-95.
33. Weil T, Daly KM, Castillo HY, Thomsen MB, Wang H, Mercau ME, et al. Daily changes in light influence mood via inhibitory networks within the thalamic perihabenular nucleus. Sci Adv. 2022;8(23):eabn3567.
34. Hattar S, Liao HW, Takao M, Berson DM, Yau KW. Melanopsin-containing retinal ganglion cells: architecture, projections, and intrinsic photosensitivity. Science. 2002;295(5557):1065-70.
35. Aschoff J. Exogenous and endogenous componentes in circadian rhythms. Cold Spring Harb Symp Quant Biol. 1960;25:11-28.
36. Pearce M, Garcia L, Abbas A, Strain T, Schuch FB, Golubic R, et al. Association between physical activity and risk of depression: a systematic review and meta-analysis. JAMA Psychiatry. 2022;79(6):550-9.
37. Heissel A, Heinen D, Brokmeier LL, Skarabis N, Kangas M, Vancampfort D, et al. Exercise as medicine for depressive symptoms? A systematic review and meta-analysis with meta-regression. Br J Sports Med. 2023;57(16):1049-57.
38. Schuch FB, Vancampfort D, Firth J, Rosenbaum S, Ward PB, Silva ES, et al. Physical activity and incident depression: a meta-analysis of prospective cohort studies. Am J Psychiatry. 2018;175(7):631-48.
39. Schuch FB, Vancampfort D, Richards J, Rosenbaum S, Ward PB, Stubbs B. Exercise as a treatment for depression: a meta-analysis adjusting for publication bias. J Psychiatr Res. 2016;77:42-51.
40. Adan A, Archer SN, Hidalgo MP, Di Milia L, Natale V, Randler C. Circadian typology: a comprehensive review. Chronobiol Int. 2012;29(9):1153-75.
41. Tonon AC, Amando GR, Carissimi A, Freitas JJ, Xavier NB, Caumo GH, et al. The Brazilian-Portuguese version of the Sleep Hygiene Index (SHI): validity, reliability and association with depressive symptoms and sleep-related outcomes. Sleep Sci. 2020;13(1):37-48.
42. Francisco AP, Tonon AC, Amando GR, Hidalgo MP. Self-perceived rhythmicity in affective and cognitive functions is related to psychiatric symptoms in adolescents. Chronobiol Int. 2023;40(2):103-13.
43. Couto-Pereira NS, Nexha A, Borges RB, Amando GR, Francisco AP, Amaral FG, et al. Routine regularity during a global pandemic: Impact on mental health outcomes and influence of chronotype. Chronobiol Int. 2024;41(3):456-72.
44. Bonatto FS, Pilz LK, Borges RB, Xavier NB, Tonon AC, Amaral FG, et al. Daylight exposure and mood in real life: Direct association and mediating role of sleep and routine regularity. Chronobiol Int. 2024;41(8):1128-41.
45. Borbély AA. A two process model of sleep regulation. Hum Neurobiol. 1982;1(3):195-204.
46. Nowell PD, Mazumdar S, Buysse DJ, Dew MA, Reynolds CF III, Kupfer DJ. Benzodiazepines and zolpidem for chronic insomnia: a meta-analysis of treatment efficacy. JAMA. 1997;278(24):2170-7.
47. Buscemi N, Vandermeer B, Friesen C, Bialy L, Tubman M, Ospina M, et al. The efficacy and safety of drug treatments for chronic insomnia in adults: a meta-analysis of RCTs. J Gen Intern Med. 2007;22(9):1335-50.
48. Steiger A, Pawlowski M. Depression and sleep. Int J Mol Sci. 2019;20(3):607.
49. Pandi-Perumal SR, Monti JM, Burman D, Karthikeyan R, BaHammam AS, Spence DW, et al. Clarifying the role of sleep in depression: a narrative review. Psychiatry Res. 2020;291:113239.
50. Hertenstein E, Feige B, Gmeiner T, Kienzler C, Spiegelhalder K, Johann A, et al. Insomnia as a predictor of

mental disorders: a systematic review and meta-analysis. Sleep Med Rev. 2019;43:96-105.
51. Baglioni C, Battagliese G, Feige B, Spiegelhalder K, Nissen C, Voderholzer U, et al. Insomnia as a predictor of depression: a meta-analytic evaluation of longitudinal epidemiological studies. Journal of Affective Disorders. 2011;135(1-3):10-9.
52. Lewis P, Korf HW, Kuffer L, Groß JV, Erren TC. Exercise time cues (zeitgebers) for human circadian systems can foster health and improve performance: a systematic review. BMJ Open Sport Exerc Med. 2018;4(1):e000443.
53. Gillman AG, Rebec GV, Pecoraro NC, Kosobud AEK. Circadian entrainment by food and drugs of abuse. Behav Processes. 2019;165:23-8.
54. Mistlberger RE. Food as circadian time cue for appetitive behavior. F1000Res. 2020;9:F1000 Faculty Rev-61.
55. Caspersen CJ, Powell KE, Christenson GM. Physical activity, exercise, and physical fitness: definitions and distinctions for health-related research. Public Health Rep. 1985;100(2):126-31.
56. Kandola A, Ashdown-Franks G, Hendrikse J, Sabiston CM, Stubbs B. Physical activity and depression: towards understanding the antidepressant mechanisms of physical activity. Neurosci Biobehav Rev. 2019;107:525-39.
57. Oliveira LRS, Machado FSM, Rocha-Dias IE, Magalhães COD, De Sousa RAL, Cassilhas RC. An overview of the molecular and physiological antidepressant mechanisms of physical exercise in animal models of depression. Mol Biol Rep. 2022;49(6):4965-75.
58. Samsudin N, Bailey RP, Ries F, Hashim SNAB, Fernandez JA. Assessing the impact of physical activity on reducing depressive symptoms: a rapid review. BMC Sports Science, Medicine and Rehabilitation. 2024;16:1-15.
59. Kline CE. The bidirectional relationship between exercise and sleep: implications for exercise adherence and sleep improvement. Am J Lifestyle Med. 2014;8(6):375-9.
60. Alnawwar MA, Alraddadi MI, Algethmi RA, Salem GA, Salem MA, Alharbi AA. The effect of physical activity on sleep quality and sleep disorder: a systematic review. Cureus. 2023;15(8):e43595.
61. Wendt A, Silva ICM, Gonçalves H, Menezes A, Barros F, Wehrmeister FC. Short-term effect of physical activity on sleep health: a population-based study using accelerometry. J Sport Health Sci. 2022;11(5):630-8.
62. Štefan L, Sporiš G, Krističević T, Knjaz D. Associations between sleep quality and its domains and insufficient physical activity in a large sample of Croatian young adults: a cross-sectional study. BMJ Open. 2018;8(7):e021902.
63. Zapalac K, Miller M, Champagne FA, Schnyer DM, Baird B. The effects of physical activity on sleep architecture and mood in naturalistic environments. Sci Rep. 2024;14(1):5637.
64. Silva VPO, Silva MPO, Silva VLS, Mantovani DBC, Mittelmann JV, Oliveira JVV, et al. Effect of physical exercise on sleep quality in elderly adults: a systematic review with a meta-analysis of controlled and randomized studies. J Ageing Long. 2022;2(2):85-97.
65. Lee H, Kim S, Kim D. Effects of exercise with or without light exposure on sleep quality and hormone reponses. J Exerc Nutrition Biochem. 2014;18(3):293-9.
66. Shin JC, Parab KV, An R, Grigsby-Toussaint DS. Greenspace exposure and sleep: a systematic review. Environ Res. 2020;182:109081.
67. Shen B, Ma C, Wu G, Liu H, Chen L, Yang G. Effects of exercise on circadian rhythms in humans. Front Pharmacol. 2023;14:1282357.
68. Koohsari MJ, Yasunaga A, McCormack GR, Shibata A, Ishii K, Liao Y, et al. Sedentary behaviour and sleep quality. Sci Rep. 2023;13(1):1180.
69. Yang Y, Shin JC, Li D, Na R. Sedentary behavior and sleep problems: a systematic review and meta-analysis. Int J Behav Med. 2017;24(4):481-92.
70. Le Cornu Q, Chen M, van Hees V, Léger D, Fayosse A, Yerramalla MS, et al. Association of physical activity, sedentary behaviour, and daylight exposure with sleep in an ageing population: findings from the Whitehall accelerometer sub-study. Int J Behav Nutr Phys Act. 2022;19(1):144.
71. Cheval B, Maltagliati S, Sieber S, Cullati S, Sander D, Boisgontier MP. Physical inactivity amplifies the negative association between sleep quality and depressive symptoms. Prev Med. 2022;164:107233.
72. Lopes MVV, Matias TS, Costa BGG, Schuch FB, Chaput JP, Silva KS. The relationship between physical activity and depressive symptoms is domain-specific, age-dependent, and non-linear: an analysis of the Brazilian national health survey. J Psychiatr Res. 2023;159: 205-12.
73. Marx W, Manger SH, Blencowe M, Murray G, Ho FYY, Lawn S, et al. Clinical guidelines for the use of lifestyle-based mental health care in major depressive disorder: World Federation of Societies for Biological Psychiatry (WFSBP) and Australasian Society of Lifestyle Medicine (ASLM) taskforce. World J Biol Psychiatry. 2023;24(5):333-86.
74. Zhang L, Zhou S, Kwan MP, Chen F, Lin R. Impacts of individual daily greenspace exposure on health based on individual activity space and structural equation modeling. Int J Environ Res Public Health. 2018;15(10):2323.
75. Freymueller J, Schmid HL, Senkler B, Lopez Lumbi S, Zerbe S, Hornberg C, et al. Current methodologies of greenspace exposure and mental health research-a scoping review. Front Public Health. 2024;12:1360134.
76. Li H, Li Y, Wang Z, Zhang G. Green physical activity for leisure connects perceived residential greenspace and mental well-being. Front Public Health. 2023;11:1254185.

21

VULNERABILIDADES NO CICLO VITAL DA MULHER

PATRICIA FABRICIO LAGO
BEATRIZ FREITAS DE CARVALHO
CAMILA GIUGLIANI
TAMIRES MARTINS BASTOS

DESCRITORES: vulnerabilidade feminina; ciclo vital; interseccionalidade; desigualdade de gênero; saúde mental; direitos sexuais e reprodutivos.

O ciclo vital feminino é atravessado por vulnerabilidades ligadas a fatores biológicos, sociais e culturais. Algumas diferenças biológicas entre homens e mulheres, em geral ignoradas ou minimizadas pela medicina, criam lacunas no conhecimento e afetam negativamente o diagnóstico e o tratamento de doenças em mulheres. Além disso, a cultura patriarcal reforça desigualdades de gênero, perpetuando estigmas em torno da menstruação, da gestação, do aborto e da menopausa, e pressões sociais estéticas afetam sua saúde. As mulheres são mais suscetíveis à violência doméstica e a diversos transtornos mentais e enfrentam, desde a infância, barreiras no acesso ao cuidado de saúde. Vulnerabilidades são exacerbadas por fatores interseccionais como raça, classe social e orientação sexual, agravando a precariedade no acesso a serviços de saúde e direitos reprodutivos. Este capítulo busca explorar essas questões e promover práticas de saúde humanizadas e sensíveis às necessidades femininas ao longo de seu ciclo vital.

ESTADO DA ARTE

Mulheres e homens são iguais? Sim e não. Se todos os seres humanos são – ou deveriam ser – iguais perante a lei e igualmente valorizados e respeitados, há, entre os gêneros, inúmeras diferenças biológicas, comportamentais, culturais e sociais. Algumas destas representam vulnerabilidades que atravessam a experiência feminina, apresentando-se nas diferentes etapas do ciclo vital da mulher. A medicina, no contexto da cultura ocidental marcada pelo machismo estrutural, toma o masculino como norma.[1] São notórias as lacunas de informação sobre as especificidades do corpo feminino. A anatomia do clitóris foi descrita somente em 2005,[2] significativa omissão que reflete estruturas sociais e políticas que historicamente cerceiam a autonomia das mulheres. Meltzer assinala que determinados contextos culturais podem interferir diretamente no desenvolvimento pleno do indivíduo, limitando sua capacidade de amadurecimento emocional e psicológico.[3] Nas mulheres, tal barreira cultural se manifesta de várias formas, seja na invisibilização e repressão de suas necessidades emocionais e físicas, na violência ou na imposição de padrões estéticos e comportamentais que impactam negativamente sua saúde.

Alguns transtornos mentais são mais prevalentes nesta população (ver Tabela 21.1). Além disso, o atendimento, o diagnóstico e o tratamento de mulheres nos serviços de saúde são também afetados negativamente. Atitudes de julgamento, culpabilização, reforço de estereótipos e outras formas de violência muitas vezes são "normalizadas" por profissionais e pacientes, havendo também situações de abuso. Assim, busca-se aqui: 1) entender fatores relacionados à vulnerabilização das mulheres; 2) sensibilizar o olhar para práticas mais conscientes e humanizadas no acolhimento à mulher em seu ciclo vital, evitando a reprodução de violências sistêmicas; 3) melhorar a resposta de profissionais da área da saúde às necessidades específicas das mulheres em sua diversidade.

CICLO VITAL DA MULHER: IDENTIFICANDO VULNERABILIDADES

Há crescentes indícios de que "as células diferem entre si segundo o sexo, independentemente de seu histórico de exposição a hormônios sexuais".[1] Isso resulta em diferenças por sexo em todos os tecidos e sistemas do corpo humano, assim como na incidência e gravidade das doenças mais comuns e na resposta a fármacos e vacinas. Alguns exemplos: mulheres têm menor capacidade de metabolização do álcool e maior propensão a doenças autoimunes, manifestam de forma distinta doenças cardiovasculares, respondem pouco ou não respondem a determinados analgésicos e anti-hipertensivos e são mais suscetíveis a infecções sexualmente transmissíveis (ISTs).[1] Essas diferenças são, em geral, desconhecidas ou negligenciadas, e a falta de dados separados por sexo nas pesquisas prejudica a abordagem médica adequada às mulheres.

A capacidade de gerar dentro de si a vida está relacionada a outro fator de vulnerabilização: há desigualdade na distribuição das responsabilidades reprodutivas, seja em termos fisiológicos – a gestação – como em termos sociais – no cuidado dos filhos. As pílulas anticoncepcionais representaram importante avanço, mas uma série de violências ainda incide sobre a autonomia feminina, resultando em gravidez indesejada e abortos inseguros, por exemplo.

A violência doméstica, forma de opressão masculina fortemente associada às de-

TABELA 21.1
PROPORÇÃO APROXIMADA DA PREVALÊNCIA DE TRANSTORNOS PARA MULHERES (M) E HOMENS (H)

Transtorno	M:H
Transtorno depressivo maior	2:1
Transtorno de ansiedade generalizada	2:1
Anorexia nervosa	8:1
Bulimia nervosa	5:1
Transtorno de estresse pós-traumático	2:1
Transtorno obsessivo-compulsivo	M>H

Fonte: Elaborada com base em American Psychiatric Association.[4]

sigualdades de gênero, é uma importante vulnerabilização da mulher, não raro identificada pela primeira vez nos ambientes de assistência à saúde. Além desta, há inúmeras outras situações em que atravessamentos socialmente enraizados afetam negativamente a saúde feminina. No campo laboral, as mulheres são as grandes responsáveis pelo trabalho não remunerado, a chamada "economia do cuidado";[1] e há significativa discrepância salarial entre os gêneros, o que resulta em sobrecarga física e psicológica e limitações à autonomia financeira feminina. Também é causa de adoecimento de brasileiras a pressão estética, forma de controle que influi na relação frequentemente conflituosa que elas mantêm com seus corpos. Os transtornos alimentares são mais prevalentes em mulheres, que também se expõem mais a riscos de intervenções estéticas invasivas.

Todas as questões aqui examinadas são agravadas em mulheres pobres, negras, LGBTQIA+, indígenas, quilombolas, encarceradas, com deficiências e em situação de rua. Havendo justaposição de especificidades, essas mulheres estão ainda mais expostas a contextos de privação de direitos humanos e a maior risco de adoecimento, além do convívio sistemático com preconceito, que em si traz prejuízos à saúde.

Assim, após nos determos nos conceitos de vulnerabilidade e interseccionalidade, relevantes ao tema, vamos examinar os principais contextos associados à vulnerabilização das mulheres brasileiras: questões relacionadas ao ciclo reprodutivo, à violência, ao trabalho e à pressão cultural estética.

VULNERABILIDADE E INTERSECCIONALIDADE

Vulnerabilidade consiste em "um conjunto de aspectos individuais e coletivos relacionados à maior suscetibilidade de indivíduos e comunidades a um adoecimento ou agravo e, de modo inseparável, à menor disponibilidade de recursos para sua proteção".[5] Alude a um declínio do bem-estar social e material não limitado à privação de renda, abrangendo restrição de acesso aos meios para satisfazer necessidades básicas.[6] Todos e todas somos, em alguma medida, vulneráveis, e este não é um estado estático. Assim, há que se falar em processos de vulnerabilização: as pessoas se tornam vulnerabilizadas a partir de um contexto cuja complexidade inclui a interação de diversos fatores que criam uma condição de vulnerabilidade.[7]

O conceito de interseccionalidade é oriundo do feminismo negro e considera a complexidade de outras categorias de opressão invisibilizadas no movimento feminista. O racismo e o sexismo se articulam e são vivenciados de forma desigual entre as mulheres, em razão de sua raça e categoria social.[8] Assim, fatores como classe social, lugar onde mora, *status* social que adquire, orientação sexual, entre outros, precisam ser considerados porque se conjugam e impactam na saúde das mulheres.

VULNERABILIZAÇÃO NO CICLO REPRODUTIVO DAS MULHERES

O Brasil está entre os 50 piores países para se nascer mulher, segundo a organização *Save The Children*.[9] Esse dado reflete as múltiplas vulnerabilidades que afetam o desenvolvimento de meninas brasileiras, relacionadas à violência, à saúde reprodutiva e ao acesso à educação. Meninas brasileiras enfrentam altos índices de violência física e sexual, e a taxa de gravidez na adolescência é uma das principais causas de evasão escolar.[10,11] A intersecção entre raça e classe social impacta ainda mais meninas negras e indígenas, agravando sua vulnerabilidade.[12,13]

O início da vida reprodutiva de mulheres e pessoas com útero é marcado pela menarca, que afeta de forma singular sua vida. O sangramento menstrual é culturalmente vinculado a ideias de vergonha, nojo ou sujeira. Mulheres menstruadas são estigmatizadas, estão "naqueles dias" e precisam lidar com dores, cansaço e mudanças de humor por vezes incapacitantes. Muitas não têm acesso aos recursos necessários para a saúde menstrual (água, saneamento, privacidade para higiene íntima, absorventes, roupa íntima, etc.): a *precariedade menstrual* tem inúmeros efeitos negativos na saúde.[14] Tendo que recorrer a opções pouco higiênicas ("trapos" velhos, porções de musgo, pedaços de colchão), mais de 50% delas sofrem infecções urinárias. Ainda, pelo estigma e risco de vazamento, restringem seus movimentos, prejudicando o acesso a trabalho, educação, alimentos, serviços, informações e interação com outras pessoas.[1]

À possibilidade de gestar soma-se a já referida responsabilidade pela reprodução. Os métodos contraceptivos, na maioria, são intervenções sobre o corpo feminino: pílulas hormonais, dispositivos intrauterinos, implantes, injeções e cirurgias. O preservativo masculino é pouco aceito pelos homens; o feminino, que daria maior autonomia às mulheres, é pouco divulgado. Assim, são comuns as relações sexuais inseguras, seja pela negativa do parceiro em usar preservativo, seja por *stealthing* (ver Quadro 21.2). A laqueadura tubária, apesar de ter mais riscos e maior custo, é mais utilizada (2,3 vezes mais em 2023, no Brasil) do que as vasectomias, método contraceptivo cirúrgico definitivo no homem.[15]

O machismo estrutural também é o pano de fundo da chamada *cultura do estupro*, ao naturalizar a violência dos homens e a repressão sexual das mulheres, julgando seu jeito de vestir e de portar-se, as responsabilizando pela violência sexual. Pesquisa recente mostra que 42% dos homens e 37% das mulheres pensam que "mulheres que se dão ao respeito não são estupradas". Em 88,7% dos casos de estupro, as vítimas são mulheres; em 24,3% dos casos, o agressor é um parceiro ou ex-parceiro íntimo.[16] A culpabilização da vítima gera adoecimento psíquico e silenciamento das mulheres.

Gestações indesejadas são frequentes, seja pela fragilidade do planejamento reprodutivo ou por violência sexual. É uma situação tabu: não se fala em gestação indesejada, e o aborto no Brasil é criminalizado. A vivência solitária de uma gestação indesejada configura mais uma violência, além do risco de morte por aborto inseguro. Mesmo quando o aborto é permitido por lei, ou seu acesso é impedido e/ou a longa busca pelo aborto legal é marcada por julgamentos morais, hostilidade e discriminação.[17] Nas situações em que o aborto não é permitido, o percurso é ainda mais crítico e solitário, resultando em altos índices de morbidade (infecções, sepse, sequelas, infertilidade) e mortalidade. No Brasil, estima-se entre 500 mil e 1 milhão de abortos provocados por ano, e que uma em cada sete mulheres brasileiras realizou ao menos um aborto na vida.[18] Poucos desses casos chegam a um atendimento, o que evidencia alarmante lacuna de cuidado.

Quando a gravidez evolui, seguem-se os cuidados no pré-natal, parto e pós-parto. A implementação recente de políticas públicas como a Rede Cegonha contribuiu para qualificar essa linha de cuidado. Ainda assim, ocorrem vivências de violência obstétrica ou maus-tratos, desrespeito e abuso no parto. A prevalência desse tipo de violência no Brasil varia de 25 a 62%, e inclui negação da presença do acompanhante, insultos, falas discriminatórias, racismo, intervenções não indicadas e trato desrespeitoso. Aumenta as taxas de desfechos negativos, como depressão pós-parto, transtornos de ansiedade, transtorno de estresse pós-traumático, dificuldades no aleitamento e demora em consultar serviços de saúde após o parto.[18]

No puerpério, período emocionalmente suscetível, a mulher sente-se exausta e enfrenta pressões para ser uma mãe ideal. Contar com rede de apoio é determinante, mas não é a realidade para muitas. Também a amamentação pode ser permeada por dificuldades, dor, insegurança e culpa. Profissionais de saúde têm papel importante no cuidado da puérpera, acolhendo suas angústias, ajudando-a a aliviar as pressões e a encontrar soluções para os desafios enfrentados.

Há desigualdade no acesso à reprodução assistida, sendo reduzida sua disponibilidade no sistema público. Em tal processo, marcado por intervenções invasivas, a mulher depara-se com o peso da expectativa com relação à resposta do seu corpo. É socialmente responsabilizada, mesmo tendo a mesma proporção que os homens na origem da infertilidade. As angústias envolvidas são invisibilizadas: desconfiança sobre a fisiologia feminina, culpa, medo, desvalorização e submissão. Nesse contexto, a pressão social pelo congelamento de óvulos alimenta a insegurança das mulheres e um mercado bilionário que lucra com isso.

O olhar interseccional é aqui essencial, pela complexa gama de opressões. Mulheres negras, indígenas, com baixa escolaridade, pobres, são mais vulneráveis à violência sexual (e buscam menos os órgãos de proteção) e à obstétrica e estão sob maior risco de morrer por aborto.[16,19,20] Assim, a despeito dos avanços, a autonomia reprodutiva e os direitos sexuais e reprodutivos são ainda amplamente restringidos para as mulheres conforme sua raça/cor e classe social.

Importante estratégia interseccional é a **justiça reprodutiva**, que visa reconhecer as singularidades de mulheres e pessoas com possibilidade de gestar e as assimetrias no acesso aos serviços de saúde reprodutiva, educação, lazer, cultura, alimentação, moradia e espiritualidade.[21] O Quadro 21.1 apresenta aspectos a serem considerados na avaliação da mulher no ciclo reprodutivo.

Passado o ciclo reprodutivo, as alterações hormonais na menopausa e pós-menopau-

QUADRO 21.1
ASPECTOS A SEREM LEMBRADOS E SUGESTÕES DE PERGUNTAS PARA ABORDAGEM ADEQUADA DA MULHER NO CICLO REPRODUTIVO

Gênero

"Como você gostaria que eu te chamasse?" "Com qual gênero você se identifica?"
"Você se relaciona com homens, com mulheres ou com ambos?"

Menstruação

Atentar às condições para menstruação saudável: sintomas, impactos (absenteísmo escolar e laboral), acesso a saneamento básico, privacidade para higiene íntima, absorventes, roupa íntima. Identificar *precariedade menstrual*.

Contracepção e prevenção de infecções sexualmente transmissíveis

Examinar o desejo de contracepção, considerando preferências e possibilidades. Conversar sobre todos os métodos disponíveis: preservativo feminino e as opções masculinas, incluindo vasectomia; verificar condições desiguais de negociação com o parceiro/violência sexual.

Gestação

Frente ao teste de gestação ou gravidez confirmada, perguntar:
"*Como você está se sentindo?*". Procurar saber se ela deseja a gestação.
Nunca dar os parabéns sem saber se a pessoa deseja.

Pré-natal e puerpério	No pré-natal, conversar sobre plano de parto, rede de apoio e direitos da gestante (prevenção de violência obstétrica). No pós-parto, buscar escutá-la sobre sua experiência de parto. Se identificadas situações de violência, escutá-la, ter postura acolhedora e disponível; reforçar relação terapêutica de confiança.
Pós-parto	Apoiar dificuldades na amamentação, reforçar a importância da rede de apoio, ajudar a aliviar pressões e culpas. Reforçar a competência e a autoconfiança, desfazer o mito da mãe ideal.
Abortamento	Em abortamento espontâneo ou provocado (já realizado ou intenção de): não expressar juízo de valor; ter postura acolhedora e disponível para o seguimento do cuidado; reforçar relação terapêutica de confiança.
Infertilidade	Examinar expectativas e angústias, ter postura acolhedora e não julgadora. Buscar aliviar a pressão e responsabilização pela função reprodutora, compartilhando-as com o parceiro/parceira.
Climatério/ menopausa	Estar atento às alterações hormonais esperadas. Perguntar sobre relações familiares, rede de apoio, atividades, aspectos financeiros. Sobretudo, oportunizar espaço de escuta acolhedora e identificar fatores de risco e protetivos que possam ser trabalhados.

→

QUADRO 21.1
ASPECTOS A SEREM LEMBRADOS E SUGESTÕES DE PERGUNTAS PARA ABORDAGEM ADEQUADA DA MULHER NO CICLO REPRODUTIVO

Violência sexual	
Ocorrência	*"Você já foi forçada a ter relações sexuais, mesmo com seu parceiro?"* *"Você já teve relação sem ter dado consentimento?"* *"Já ocorreu de alguém transar com você quando você estava com a consciência alterada (por uso de álcool/outra substância)?"*
Acolhimento à vítima de violência	Evitar atitudes ou palavras de julgamento que reforcem culpa e vergonha; ter postura acolhedora e disponível; indagar se ela já contou para outro profissional, evitando ter que contar de novo (revitimização); permitir que se expresse com suas próprias palavras, no seu ritmo, evitando interrupções; evitar curiosidade, perguntas sobre detalhes da situação de violência vivida ou pressão para obter informações; estimular a adoção de estratégias de proteção; realizar o atendimento de saúde sem prejuízo das ações de proteção; analisar em equipe os procedimentos possíveis e encaminhamento* do caso para os demais serviços da rede de saúde, informando à paciente e/ou à família.

* Para mais informações, ver o Guia do Aborto Legal: https://themis.org.br/wp-content/uploads/2021/06/Guia-Aborto--Legal-1-1.pdf.

sa elevam o risco de doenças cardiovasculares, osteoporose e transtornos mentais, como depressão e ansiedade.[22,23] Nas idosas, a perda de autonomia e as doenças crônicas,[24] junto com o isolamento social ligado à viuvez e à saída dos filhos, dificultam o acesso a atendimento e agravam sua saúde. Também a pressão estética e o preconceito à velhice reforçam a invisibilidade social, piorando a qualidade de vida. Além disso, o abuso financeiro, forma comum de violência contra idosas, compromete sua autonomia e segurança econômica. Essas especificidades devem ser consideradas no atendimento a idosas, atuando tanto na prevenção e no tratamento de doenças quanto na promoção de sua dignidade e bem-estar. Estimular a vida social e a prática regular de exercícios físicos é crucial, traz benefícios cardiovasculares, ósseos e mentais, além de melhorar a qualidade de vida e a autonomia funcional.

CASO CLÍNICO

Jussara, 37 anos, vem à consulta na unidade básica de saúde com queixa de sintomas depressivos. Casada há 15 anos, tem dois filhos, de 7 e 5 anos, trabalha 40 horas semanais como professora em uma escola de ensino fundamental. Você pergunta: "Você acha que algo pode estar acontecendo que está fazendo você se sentir mais triste?". Ela diz que não percebe nada, que apenas está triste e não vê motivos para levantar-se da cama de manhã.

Você, estudante de medicina do 10º semestre, discute o caso com seu preceptor, e juntos levantam algumas questões que podem ajudar na conversa com Jussara. Que perguntas você poderia fazer a ela?

RESPOSTA: Algumas perguntas que ajudariam a estreitar a conversa com Jussara e identificar possíveis fatores associados aos seus sintomas depressivos são as seguintes.

- Como anda a sua rotina do dia a dia? Como está o trabalho? O que você costuma fazer depois do trabalho? (Atentar para tripla jornada, esgotamento, sobrecarga com trabalho doméstico e cuidado dos filhos.)
- Como está a relação com seu marido? Vocês têm passado tempo juntos? Têm tido relações sexuais? Já aconteceu de você fazer sexo contra a sua vontade? Com o seu marido ou outra pessoa? (Atentar para situações de violência, incluindo violência sexual dentro do próprio casamento.)
- Com quem você pode contar para apoio com os filhos? E para cuidar da casa? Você tem tido momentos para conversar com outras pessoas, amigas, parentes? Ou para fazer outras coisas de que você gosta? (Atentar para espaços de escuta e compartilhamento, que sejam protetores da sua saúde.)

VIOLÊNCIA

A violência contra a mulher é definida pela Organização das Nações Unidas (ONU) como "qualquer ato de violência de gênero que resulte ou possa resultar em danos físicos, sexuais ou psicológicos às mulheres, incluindo ameaças de tais atos, coerção ou privação arbitrária de liberdade, seja na vida pública ou privada".[25] Essa violência resulta da interação de múltiplos fatores individuais, familiares, comunitários e sociais, no contexto cultural da desigualdade de gênero e da aceitabilidade normativa da violência.[25] Embora os índices de violência contra a mulher sejam altos e constantes em geral, situações de crise humanitária – pandemias, crises climáticas e deslocamentos migratórios – e determinados contextos políticos ou culturais que reforçam o machismo estrutural podem agravar, levar a novas formas de violência contra as mulheres e dificultar acesso a auxílio. Atualmente, observa-se sua exacerbação no rastro do aumento do conservadorismo no mundo.[26]

A maior parte das mulheres sente medo e receia sofrer algum tipo de violência em espaços públicos.[1] Os dados relativos a essa violência são subnotificados, em especial os crimes sexuais contra mulheres em trânsito (encarar, tocar, bolinar, ejacular, expor a genitália e estuprar). Além da vergonha, do estigma e do medo de serem culpabilizadas e desacreditadas, elas também não sabem o que define um assédio, ou a quem denunciar. Mesmo assim, pesquisa brasileira mostra que 2/3 das mulheres (em comparação a menos de 1/5 dos homens) já foram vítimas de assédio e violência em seus deslocamentos.[1]

Violência por parceiro íntimo também impacta a vida das mulheres. Definida como "comportamentos de parceiro ou ex-parceiro que causem danos físicos, sexuais ou psicológicos, incluindo agressão física, coerção sexual, abuso psicológico e comportamentos controladores", responde pela maior parte dos feminicídios, que é assassinato de uma mulher por razões da condição de sexo feminino e/ou em decorrência da violência doméstica e familiar.[27] Essas formas de violência frequentemente se associam à violência sexual – qualquer ato sexual, tentativa de consumar um ato sexual ou ato dirigido contra a sexualidade de uma pessoa por meio de coerção, independentemente de seu relacionamento com a vítima. Inclui estupro (penetração, por coerção física ou outra, da vagina ou ânus com o pênis, outra parte do corpo ou um objeto), tentativa de estupro, toque sexual indesejado e outras formas de violência sexual sem contato. O Quadro 21.2 lista

QUADRO 21.2
APRESENTAÇÕES DA VIOLÊNCIA CONTRA A MULHER

- Feminicídio
- Aborto forçado ou impedido (se legal)
- Violência doméstica
- Violência obstétrica
- Violência patrimonial
- Silenciamento
- *Gaslighting* – manipulação de alguém para que duvide da sua própria percepção, memória e sanidade
- *Stealthing* – remoção não consentida do preservativo
- *Upskirting* – o ato de fotografar por baixo da saia sem autorização
- *Downblousing* – obtenção de imagens por câmeras ocultas ou fotografias feitas às escondidas
- Pornografia *deepfake* – manipulação de imagens sem consentimento

os tipos de violência contra a mulher, e o Quadro 21.3, os principais indicadores de violência sofrida.

Dados atuais indicam que uma em cada três mulheres sofreu violência física e/ou sexual, e mais de 25% sofreram violência física e/ou sexual por parceiro íntimo pelo menos uma vez na vida. Estima-se que ocorram 822 mil estupros/ano no país, sendo apenas 8,2% notificados. Globalmente, até 38% dos assassinatos de mulheres são cometidos por parceiros. Na última década, mais de 49 mil mulheres foram assassinadas no Brasil, com recorde de feminicídios em 2022.[28] A cada seis horas uma mulher é morta, fazendo do Brasil um dos países que mais matam mulheres no mundo.

Tal violência afeta seriamente a saúde física, mental, sexual e reprodutiva das mulheres a curto e longo prazos, afetando também a saúde e o bem-estar de seus filhos. O custo social e econômico é elevado para as mulheres, suas famílias e a sociedade, gerando:

- Consequências letais, como homicídio ou suicídio;
- Lesões – 42% das vítimas relatam lesão decorrente de violência;[3]
- Gravidez indesejada, abortos, problemas ginecológicos e ISTs, incluindo HIV. Mulheres que sofreram abuso físico ou sexual têm 1,5 vezes mais chances de sofrer ISTs e o dobro da incidência de aborto espontâneo, aumentando em 41% o parto prematuro;[3]
- Depressão, tentativas de suicídio, estresse pós-traumático, transtornos de ansiedade, do sono e alimentares, insônia, problemas com álcool, tabaco e drogas. Transtornos mentais incidem em quase metade das mulheres que relataram violência, tanto no último ano como nos últimos sete anos.[29]
- Problemas crônicos de saúde como síndromes de dor (cefaleia, costas, abdominais ou pélvicas crônicas), distúrbios gastrintestinais, limitações de mobilidade;

QUADRO 21.3
INDICADORES DE VIOLÊNCIA CONTRA A MULHER

- Queixas crônicas, vagas e repetitivas
- Lesões físicas mal explicadas
- Complicações em gestações anteriores, abortos de repetição
- Entrada tardia no pré-natal
- Companheiro controlador, reage quando separado da mulher
- Depressão
- Ansiedade
- Infecção urinária de repetição
- Dor crônica ou sem localização precisa
- Dor que não tem nome ou lugar
- Dor pélvica crônica
- Fibromialgia
- Síndrome do intestino irritável
- Tentativas de suicídio
- Transtornos sexuais

Fonte: Elaborado com base em UN2.[30]

- Comportamentos de risco e tendência à repetição: prática (por homens) e sofrimento (por mulheres) de atos de violência.

Os serviços e profissionais de saúde constituem um espaço privilegiado, em razão da privacidade e do sigilo que propiciam, para a detecção de violência e suas consequências para a saúde física e mental. São fundamentais a ação preventiva, a identificação, o diagnóstico e o tratamento das consequências, bem como o apoio às mulheres na busca de proteção para si.

MULHER E TRABALHO

São inegáveis os avanços na relação mulher-trabalho. Ainda assim, inúmeras questões relativas ao trabalho assalariado e/ou doméstico atingem a sua saúde mental e física e originam e perpetuam outras vulnerabilidades.

As mulheres têm mais dificuldade para encontrar postos de trabalho; estão expostas a interrupções na trajetória profissional e ao assédio sexual e/ou moral no local de trabalho; são menos remuneradas e ainda acumulam – a "dupla jornada" – o exaustivo e desvalorizado trabalho doméstico e cuidado de filhos e enfermos na família.[15] Apesar de apresentarem em média maior escolaridade, o rendimento delas corresponde a 78,9% deles.[31] Assim, exercendo a mesma função, elas precisam trabalhar dois meses a mais no ano para receberem o mesmo que os homens.[32] Salários e cargos inferiores geram dependência financeira e menos recursos para lidar com situações abusivas, seja no ambiente laboral ou doméstico, e repercutem sobre a aposentadoria e a possibilidade de poupar, agravando o empobrecimento das mulheres na velhice.

A diferença entre os gêneros na chamada "economia do cuidado" é ampliada no recorte racial: mulheres negras correspondem a 61,5% dos 5,8 milhões de pessoas que se ocupam do trabalho doméstico, já havendo dados sobre seus efeitos adversos na saúde mental.[33] Além de sentimentos de injustiça e sobrecarga, desequilíbrio de esforço-recompensa e porcentagem conflitante de tempo nas diferentes dimensões (trabalho/família/tempo pessoal), as "domésticas" apresentam menor contato com outros indivíduos em seu cotidiano, dificultando o auxílio em situações de violência.

Pela invisibilidade do tema, pouco se sabe sobre o impacto desse cenário na saúde das mulheres, que se infere danoso. A dupla jornada está associada à sobrecarga e ao estresse, bem como a menor tempo para descanso, autocuidado, estudo e lazer. A realização profissional tem impacto na autoestima e, consequentemente, na saúde mental: 32% da diferença de prevalência de depressão entre homens e mulheres seria explicada por diferentes oportunidades no mercado de trabalho, controlando para outros fatores.[34]

VULNERABILIZAÇÃO RELACIONADA À AUTOIMAGEM CORPORAL

No contexto do machismo estrutural, a mulher deve corresponder ao suposto desejo masculino, a "ditadura da beleza" tendo efeito deletério sobre a saúde e a autoimagem feminina. A interseccionalidade de gênero, raça, classe social e outras identidades sociais agrava as pressões estéticas, tornando algumas mulheres mais vulneráveis aos seus efeitos.

A ênfase em atributos físicos estereotipados pode iniciar até antes do nascimento. É frequente a pressão pelo uso de brincos para identificar "corretamente" bebês do sexo feminino; meninas tendem a ter sua aparência comentada, enquanto nos meninos o foco é no comportamento. A partir da puberdade e adolescência, a insatisfação com o corpo é até três vezes mais frequente em meninas.

Descontentamento normativo designa o estado de constante desagrado com o próprio corpo. Acomete sobretudo mulheres,[35] e sua incidência varia de 20 a 70% em pré-escolares,[36] atingindo proporções alarmantes na adolescência: em 75% há insatisfação com a imagem.[37] Abrange todas as fases do ciclo vital, e mais de 90% das mulheres entre 25 e 89 anos apresentam discrepância entre a silhueta atual e a desejada.[38] O Quadro 21.4 apresenta uma sugestão de avaliação sobre a pressão estética.

Dados internacionais apontam para o papel da mídia e, mais recentemente, das redes sociais, na pressão cultural pela "forma ideal" feminina, associada à juventude e à magreza;[39] e também na insatisfação corporal, principalmente em adolescentes.[40] Esta constitui fator de risco para transtornos alimentares, ansiedade, depressão e outras alterações da saúde mental. Mesmo insatisfações menores com o corpo podem interferir de forma negativa no comportamento, sendo necessário atentar para as implicações da autoimagem no comportamento. Da mesma forma, o aumento na busca por procedimentos estéticos requer que profissionais da saúde estejam capacitados para

QUADRO 21.4
ABORDAGEM ADEQUADA RELACIONADA À ESTÉTICA FEMININA

Pressão estética	O que evitar	Abordagem adequada
Adornos	"O brinquinho pode ser colocado daqui a 15 dias."	"A decisão de furar as orelhas de um bebê é muito pessoal. Podemos conversar sobre riscos e cuidados necessários para que os pais decidam quanto a colocar brincos."
Peso corporal	"Você precisa emagrecer para melhorar seus exames." "Você parece desnutrida." Comentários sobre aparência	"Como você tem se sentido em relação a seu corpo?" "Gostaria de conversar agora sobre outro aspecto de sua saúde, que é o peso: como é isso pra você?"
Corpo sem pelos	"Você precisa se depilar." "Você sempre teve tantos pelos?"	Comentar se relevante à clínica. "Pelos no corpo da mulher muitas vezes são um assunto sensível. Como é essa questão para você?"
Mamas	"Seus seios são bem pequenos." "Suas mamas são grandes, devem estar atrapalhando."	Comentar se relevante ao quadro clínico, evitando adjetivos ou julgamentos. "Como você se sente em relação ao tamanho de seus seios?"
Mudanças durante/após gestação	"Você precisa voltar ao seu peso anterior à gravidez o mais rápido possível."	"Você tem alguma preocupação específica relacionada às mudanças que tem observado em seu corpo?"
Envelhecimento	"Você precisa de Botox."	"Vamos conversar sobre como cuidar da sua pele de forma saudável."

identificar situações em que tal busca é sintoma de conflitos psicológicos – e não fruto de um desejo amadurecido e realista.[41]

Por fim, um alerta relativo a um recorte racial: pesquisas apontam para a associação entre produtos químicos para alisar cabelo e a incidência de câncer uterino. Seu uso segue sem proibição, apesar de já relacionado a câncer de mama.[42]

CONSIDERAÇÕES FINAIS E PERSPECTIVAS FUTURAS

É forçoso admitir que as principais vulnerabilidades que afetam a saúde e o bem-estar das mulheres brasileiras resultam direta ou indiretamente da misoginia que permeia nossas estruturas sociais e culturais. Esse termo de origem grega – *miseó* (ódio) + *gyné* (mulher) – designa a aversão, repulsa ou desprezo pelas mulheres e valores femininos. Como vimos, manifesta-se de múltiplas formas, entre elas, a invisibilização, a violência doméstica ou obstétrica e a discriminação nos atendimentos de saúde, gerando vulnerabilidade que se estende ao longo de todo o ciclo vital feminino. Desde a infância, as meninas são expostas a uma série de barreiras, como a violência sexual e a evasão escolar, que limitam seu pleno desenvolvimento. Esses fatores não apenas influenciam negativamente a saúde física e mental da mulher, mas também põem em risco sua vida, podendo comprometer sua autonomia e inserção social, o que exige um olhar atento e sensível por parte dos profissionais da saúde.

Há, assim, necessidade urgente de políticas públicas que garantam o acesso igualitário à educação e à saúde, além de mecanismos que combatam de modo efetivo a violência e o preconceito racial e de gênero. Da mesma forma, os profissionais da saúde precisam não só considerar os processos de vulnerabilização que atravessam a vida das mulheres, mas também assumir uma atitude ativa, com acolhimento e respeito, sem julgamentos morais, em prol do cuidado integral das mulheres e pessoas com útero.

Por fim, ressalta-se que este tópico alude aos direitos sanitários de mais da metade da população: há hoje, no Brasil, cerca de 6 milhões de mulheres a mais que homens, formando maioria no SUS, tanto nos postos de trabalho quanto nos atendimentos.[43] A medicina de gênero e as políticas públicas inclusivas merecem destaque na formação profissional e humana na área da saúde, a qual, tendo por vocação a promoção da vida, não pode fazer parte da estrutura cultural que oprime, adoece e mata mulheres.

REFERÊNCIAS

1. Perez CC. Mulheres invisíveis: o viés dos dados em um mundo projetado para homens. Rio de Janeiro: Intrínseca; 2022.
2. O'Connell HE, Sanjeevan KV, Hutson JM. Anatomy of the clitoris. J Urol. 2005;174(4 Part 1):1189-95.
3. Meltzer D, Williams MH. The apprehension of beauty, the role of aesthetic conflict in development, art, and violence. London: The Harris Meltzer Trust; 1988.
4. American Psychiatric Association. Manual diagnóstico e estatístico de transtornos mentais: DSM-5-TR. 5. ed. Porto Alegre: Artmed; 2022.
5. Paiva V, Ayres JR, Buchalla CM. Vulnerabilidade e direitos humanos: prevenção e promoção da saúde: livro I: da doença à cidadania. Curitiba: Juruá; 2012.
6. Monteiro SRRP. O marco conceitual da vulnerabilidade social. Soc Debate. 2011;17(2):29-40.
7. Porto MFDS. Complexidade, processos de vulnerabilização e justiça ambiental: um ensaio de epistemologia política. Rev Crítica Ciênc Sociais. 2011;(93):31-58.
8. Crenshaw K. Documento para o encontro de especialistas em aspectos da discriminação racial relativos ao gênero. Rev Estud Fem. 2002;10(1):171-88.
9. Jungmann M. Brasil está entre os 50 piores lugares do mundo para as meninas, diz relatório [Internet]. Agência Brasil; 2016 [capturado em 16 fev. 2025]. Disponível em: https://agenciabrasil.ebc.com.br/direitos-humanos/noticia/2016-10/brasil-esta-entre-os-50-piores-lugares--do-mundo-para-garotas-aponta.
10. Menezes G, Aquino EML. Pesquisa sobre o aborto no Brasil: avanços e desafios para o campo da saúde coletiva. Cad Saúde Pública. 2009;25(suppl 2):s193-204.
11. Dunkle KL, Decker MR. Gender-Based Violence and HIV: reviewing the evidence for links and causal pathways in the general population and high-risk groups. Am J Reprod Immunol. 2013;69(Suppl 1):20-6.

12. Werneck J. Racismo institucional e saúde da população negra. Saúde Soc. 2016;25(3):535-49.
13. Taquette SR, Meirelles ZV. Discriminação racial e vulnerabilidade às DST/Aids: um estudo com adolescentes negras. Physis Rev Saúde Coletiva. 2013;23(1):129-42.
14. United Nations. The sustainable development goals report [Internet]. New York: UM; 2024 [capturado em 16 fev. 2024]. Disponível em: https://unstats.un.org/sdgs/report/2024/The-Sustainable-Development-Goals-Report-2024.pdf.
15. Brasil. Ministério da Saúde. TabNet [Internet]. Brasília: MS; 2025 [capturado em 16 fev. 2025]. Disponível em: https://datasus.saude.gov.br/informacoes-de-saude-tabnet/.
16. Bueno S, Lima RS. Anuário brasileiro de segurança pública 2019. São Paulo: Fórum Brasileiro de Segurança Pública; 2019.
17. Ruschel AE, Machado FV, Giugliani C, Knauth DR. Mulheres vítimas de violência sexual: rotas críticas na busca do direito ao aborto legal. Cad Saúde Pública. 2022;38(10):e00105022.
18. Leite TH, Marques ES, Esteves-Pereira AP, Nucci MF, Portella Y, Leal MDC. Desrespeitos e abusos, maus tratos e violência obstétrica: um desafio para a epidemiologia e a saúde pública no Brasil. Ciênc Saúde Coletiva. 2022;27(2):483-91.
19. Cardoso BB, Vieira FMDSB, Saraceni V. Aborto no Brasil: o que dizem os dados oficiais? Cad Saúde Pública. 2020;36(Suppl 1):e00188718.
20. Tempesta GA, Eneile M. Racismo obstétrico: a política racial da gravidez, do parto e do nascimento. Amaz Rev Antropol. 2021;12(2):751-78.
21. Lopes F. Justiça reprodutiva: um caminho para justiça social e equidade racial e de gênero. Organicom. 2022;19(40):216-27.
22. Leite TH, Pereira APE, Leal MC, Silva AAM. Disrespect and abuse towards women during childbirth and postpartum depression: findings from birth in Brazil study. J Affect Disord. 2020;273:391-401.
23. De Lorenzi DRS, Baracat EC, Saciloto B, Padilha I Jr. Fatores associados à qualidade de vida após menopausa. Rev Assoc Médica Bras. 2006;52(5):312-7.
24. Fiedler MM, Peres KG. Capacidade funcional e fatores associados em idosos do sul do Brasil: um estudo de base populacional. Cad Saúde Pública. 2008;24(2):409-15.
25. World Health Organization. Violencia contra la mujer [Internet]. Geneva: WHO; 2021 [capturado em 16 fev. 2025]. Disponível em: https://www.who.int/es/news-room/fact-sheets/detail/violence-against-women.
26. Barnabé TA, Melo YL, Garcia GF, Formiga DO. A crescente da extrema direita no cenário político mundial: um estudo do bolsonarismo. Manduarisawa. 2023;7(1):279-302.
27. Cerqueira D, Bueno S, coordenadores. Atlas da violência 2024 [Internet]. Brasília: Ipea; 2024 [capturado em 16 fev. 2025]. Disponível em: https://repositorio.ipea.gov.br/handle/11058/14031.
28. Fórum Brasileiro de Segurança Pública. Anuário Brasileiro de Segurança Pública [Internet]. São Paulo: FBSP; 2024 [capturado em 16 fev. 2025]. Disponível em: https://publicacoes.forumseguranca.org.br/handle/123456789/253.
29. Mendonça MFS, Ludermir AB. iolência por parceiro íntimo e incidência de transtorno mental comum. Rev Saúde Pública. 2017;51:1-8.
30. UN2: identificação de sinais e sintomas de violência. In: Atenção a homens e mulheres em situação de violência por parceiro íntimo [Internet]. Florianópolis: UFSC; 2024 [capturado em 16 fev. 2025]. Disponível em: https://unasus-cp.moodle.ufsc.br/pluginfile.php/150903/mod_resource/content/63/modeloUn2/index.html.
31. Instituto Brasileiro de Geografia e Estatística. Estatísticas de gênero: indicadores sociais das mulheres no Brasil [Internet]. 3. ed. Brasília: IBGE; 2024 [capturado em 16 fev. 2023]. Disponível em: https://biblioteca.ibge.gov.br/visualizacao/livros/liv102066_informativo.pdf.
32. Brasil. Ministério das Mulheres. Igualdade salarial [Internet]. Brasília: Ministério das Mulheres; 2024 [capturado em 16 fev. 2025]. Disponível em: https://www.gov.br/mulheres/pt-br/assuntos/igualdade-salarial.
33. Brasil. Ministério do Desenvolvimento e Assistência Social, Família e Combate à Fome. Nota informativa n°2/2023 [Internet]. Brasília: MDS; 2023 [capturado em 16 fev. 2025]. Disponível em: https://mds.gov.br/webarquivos/MDS/7_Orgaos/SNCF_Secretaria_Nacional_da_Politica_de_Cuidados_e_Familia/Arquivos/Nota_Informativa/Nota_Informativa_N_2.pdf.
34. Gueltzow M, Bijlsma MJ, Van Lenthe FJ, Myrskylä M. The role of labor market inequalities in explaining the gender gap in depression risk among older US adults. Soc Sci Med. 2023;332:116100.
35. Rodin J, Silberstein L, Striegel-Moore R. Women and weight: a normative discontent. Nebr Symp Motiv. 1984;32:267-307.
36. Tatangelo G, McCabe M, Mellor D, Mealey A. A systematic review of body dissatisfaction and sociocultural messages related to the body among preschool children. Body Image. 2016;18:86-95.
37. Carvalho GXD, Nunes APN, Moraes CL, Veiga GVD. Insatisfação com a imagem corporal e fatores associados em adolescentes. Ciênc Saúde Coletiva. 2020;25(7):2769-82.
38. Runfola CD, Von Holle A, Trace SE, Brownley KA, Hofmeier SM, Gagne DA, et al. Body dissatisfaction in women across the lifespan: results of the UNC-SELF and Gender and Body Image (GABI) studies. Eur Eat Disord Rev. 2013;21(1):52-9.
39. Swami V, Frederick DA, Aavik T, Alcalay L, Allik J, Anderson D, et al. The attractive female body weight and female body dissatisfaction in 26 countries across 10 world regions: results of the international body project I. Pers Soc Psychol Bull. 2010;36(3):309-25.
40. Vuong AT, Jarman HK, Doley JR, McLean SA. Social media use and body dissatisfaction in adolescents: the moderating role of thin- and muscular-ideal internalisation. Int J Environ Res Public Health. 2021;18(24):13222.
41. The International Society of Aesthetic Plastic Surgery. Global survey 2022 [Internet]. Mount Royal: ISAPS; 2023 [capturado em 16 fev. 2025]. Disponível em: https://www.isaps.org/discover/about-isaps/global-statistics/global-survey-2022-full-report-and-press-releases/.
42. Eberle CE, Sandler DP, Taylor KW, White AJ. Hair dye and chemical straightener use and breast cancer risk in a large US population of black and white women. Int J Cancer. 2020;147(2):383-91.
43. Instituto Brasileiro de Geografia e Estatística. Panorama Censo 2022 [Internet]. Rio de Janeiro: IBGE; 2022 [capturado em 16 fev. 2025]. Disponível em: https://censo2022.ibge.gov.br/panorama/.

22
ESPIRITUALIDADE, *MINDFULNESS* E BEM-ESTAR

BRUNO PAZ MOSQUEIRO
MIRIAM G. BRUNSTEIN

A compreensão e a integração de fatores como religiosidade, espiritualidade e *mindfulness* no cuidado em saúde têm sido temas com crescente interesse na literatura científica e na prática médica nas últimas décadas. Além dos aspectos importantes no atendimento dos pacientes, ao fortalecer o vínculo e promover a satisfação com os tratamentos, diversas evidências científicas reforçam os benefícios dessas práticas para a saúde física e mental e a promoção do bem-estar. Diretrizes científicas recentes recomendam a abordagem da religiosidade e da espiritualidade de forma ativa nos atendimentos por meio da coleta da história espiritual e, quando indicado, por intervenções específicas como psicoterapias integradas à espiritualidade. Ademais, diversos protocolos e abordagens terapêuticas baseadas em *mindfulness* têm sido estudados e propostos, permitindo o desenvolvimento da atenção plena e seus benefícios para diversas condições de saúde. Além disso, a busca de sentido, valores e conexão por meio de espiritualidade, as práticas contemplativas, o *mindfulness* e a meditação constituem aspectos relevantes na vida de muitos estudantes e profissionais da saúde e contribuem na promoção de saúde e bem-estar psicológico. Portanto, o desenvolvimento desses temas durante a formação e vida profissional pode auxiliar a prevenir adoecimento e *burnout*, contribuindo na atuação profissional e no bem-estar pessoal.

DESCRITORES: religiosidade; espiritualidade; *mindfulness*; saúde mental; medicina.

ESTADO DA ARTE

A religiosidade e a espiritualidade (R/E) constituem temas de grande interesse na humanidade, presentes em diversas culturas ao longo da história e na vida de muitas pessoas como importante fator relacionado ao bem-estar e à saúde mental.[1] No mundo, mais de 84% das pessoas referem pertencer a um grupo religioso, e a maior parte dos 16% que não pertencem relata crenças relacionadas à fé e à espiritualidade.[2] Estudos representativos da população brasileira reforçam a relevância do tema, pois 83% das pessoas e 75% dos adolescentes consideram a religiosidade algo muito importante em suas vidas.[3]

O *mindfulness*, ou atenção plena, é uma habilidade humana desenvolvida e praticada há milhares de anos, individualmente ou em grupo, tanto dentro de tradições religiosas, sobretudo o budismo, ou, mais recentemente, em contextos não religiosos. Em várias culturas orientais, muitas das práticas que desenvolvem atenção plena fazem parte da busca de desenvolvimento espiritual e estão presentes na cultura e vida quotidiana. No Ocidente, a popularidade do *mindfulness* aumentou muito desde a virada do século, a partir de adaptações para contextos não religiosos, desenvolvidas como abordagens para promoção de saúde e bem-estar em instituições seculares.[4,5] No entanto, para além da busca de bem-estar e foco, essa difusão pode estar associada à necessidade humana inata de cultivar paz interior, compaixão, conexão e propósito, de uma nova maneira, fora das religiões organizadas.[6]

Nas últimas décadas, um crescente número de pesquisas científicas de qualidade tem procurado compreender a importância e o impacto de medidas de religiosidade, espiritualidade e *mindfulness* em diferentes desfechos de saúde. Revisões sistemáticas identificam um efeito geral protetor da R/E para saúde física e medidas de bem-estar psicológico e felicidade.[7] Na saúde mental, tem efeitos positivos nos transtornos depressivos, transtorno bipolar, transtornos por uso de substâncias, transtornos mentais graves como esquizofrenia e psicoses e particularmente na prevenção do risco de suicídio.[8,9] Muitas pessoas encontram na fé e na espiritualidade um importante recurso para lidar com momentos difíceis, busca de sentido e significado na vida. Revisão sistemática recente publicada pela revista JAMA reforça a relevância da abordagem dos aspectos espirituais de forma ativa e integrada na medicina, em especial em situações de sofrimento e adoecimento grave.[10] Diretrizes nacionais e internacionais reforçam a importância e a integração do tema na prática clínica, no ensino e na pesquisa para saúde, inclusive como aspecto relevante na promoção de satisfação e propósito na vida de muitos estudantes e equipes.[11,12]

Nos últimos 20 anos, metanálises demonstraram a utilidade de abordagens terapêuticas baseadas em *mindfulness* (ATBM) para aumentar o bem-estar físico e psicológico em adultos saudáveis,[12,13] bem como para melhorar atenção e cognição, contribuir no desenvolvimento de estratégias para lidar com situações estressantes e gerenciar emoções, trazendo impacto positivo na qualidade de vida.[14] Em populações clínicas e não clínicas, as intervenções reduzem os níveis de estresse e ansiedade, com maiores evidências de eficácia para depressão e uso de substâncias, manejo de dor, síndrome do cólon irritável e câncer.[14,16-19] Também podem trazer benefícios no tratamento de hipertensão, diabetes e artrite reumatoide, devido à redução da ativação do sistema nervoso simpático.[13,19] No entanto, embora os resultados de pesquisa sejam promissores, há uma série de limitações metodológicas, e é importante manter um olhar crítico.[5,14,17]

O presente capítulo tem por objetivo discutir as principais evidências sobre a importância de espiritualidade, religiosidade e *mindfulness* na promoção de saúde e bem-estar e os principais desafios e recomendações para abordagem desses temas na formação dos profissionais de saúde e no cuidado com os pacientes.

▓ TEORIA E CLÍNICA

Não existe uma definição única para religiosidade e espiritualidade. A própria distinção entre os termos é algo recente na literatura científica. Comumente encontramos a expressão religiosidade/espiritualidade (R/E) em diversos estudos se referindo de forma ampla a ambos os conceitos. Definições recentes compreendem a religiosidade e a espiritualidade essencialmente como uma busca de conexão com "o sagrado e transcendente".[1] A espiritualidade representa essa busca pessoal de conexão, e a religião é entendida como "o sistema organizado de crenças, práticas e rituais, ou aspecto institucional" no qual muitas pessoas encontram formas de exercer sua espiritualidade.[1] Diversos instrumentos têm sido utilizados em pesquisas científicas e refletem a diversidade de dimensões relacionadas à R/E que se fazem presentes na vida das pessoas, incluindo religiosidade intrínseca, frequência a encontros religiosos e práticas individuais, *coping* religioso-espiritual e bem-estar espiritual entre as principais medidas utilizadas nos estudos.[8]

Outros conceitos mais amplos de espiritualidade são especialmente úteis na prática clínica. Eles ressaltam que muitos indivíduos experienciam sua espiritualidade em uma diversidade de contextos na vida. Em definição proposta pela Dra. Christina Puchalski, por exemplo, a espiritualidade é entendida como "o aspecto dinâmico e intrínseco da humanidade por meio do qual as pessoas buscam sentido último, propósito e transcendência, e experienciam as relações consigo mesmas, com a família, com o outro, com a comunidade, a sociedade, a natureza e o significante e sagrado".[20]

Mindfulness, por sua vez, pode ser descrito como a habilidade de prestar atenção à nossa experiência do momento presente, notando os pensamentos, sensações físicas e emoções, bem como o mundo ao nosso redor, com atitudes de curiosidade, abertura, aceitação e gentileza. É um estado mental ou de consciência, estável e não reativo, que nos permite observar nossas tendências mentais e comportamentais.[4,5] A definição operacional de *mindfulness* mais difundida é a de Kabat-Zinn: "*Mindfulness* é a consciência que emerge por prestar atenção, intencionalmente, ao momento presente, e sem julgamento, ao desenrolar da experiência momento a momento".[15,14] Trata-se de aprender a observar todas as situações que vivemos, em tempo real, sem avaliar sua verdade, importância ou valor, sem tentar delas escapar, evitá-las ou alterá-las.[5] Consiste em algo vivencial, um aspecto da nossa condição humana, também descrita como o suave esforço de estar continuamente presente com a experiência, sem querer controlar, ou ter algum tipo de vivência específica, simplesmente notando o que quer que surja neste exato momento.[21]

Esse estado mental, desenvolvido especialmente por meio da prática de meditação *mindfulness*, leva a um estado de "atenção fluida", pois não busca manter o foco em qualquer objeto ou frase específica (reza, mantra), e as cognições são observadas, aceitas como são, sem serem manipuladas. Abandonamos expectativas e objetivos, e isso nos permite desconditionar a automaticidade que normalmente domina o processamento cognitivo. *Mindfulness* também pode ser considerado um atributo da consciência, uma vez que a consciência abrange a atenção, as emoções, a consciência corporal e as mudanças na autopercepção.[16] Essa ampliação da autoconsciência é a base do processo de autorregulação emocional e comportamental, pois nos permite fazer a escolha de atitudes menos reativas e, portanto, nos abre a oportunidade de desenvolver comportamentos mais eficazes e adaptados às circunstâncias.[5,14,16]

DESAFIOS E ESTRATÉGIAS

INTERESSE E BARREIRAS PARA ABORDAGEM DA ESPIRITUALIDADE NA SAÚDE

Boa parte dos pacientes tem interesse em conversar sobre sua R/E nos atendimentos de saúde. No entanto, estudos demonstram que a maioria das pessoas refere nunca ter sido questionada sobre o tema. A diferença de interesse entre os profissionais e pacientes é chamada de *religious gap* e constitui um dos desafios presentes para abordagem desses aspectos no cuidado em saúde.[10,22]

De forma interessante, a maior parte dos profissionais reconhece a importância da R/E para seus pacientes e gostaria de saber como abordá-la da melhor forma nos atendimentos.[10,23] As principais barreiras percebidas pelos profissionais incluem a percepção de falta de tempo, a falta de treinamento e a dúvida sobre possíveis conflitos éticos na relação entre a religiosidade dos pacientes e a medicina. Algumas estratégias auxiliam na superação dos principais desafios e barreiras para maior integração da espiritualidade na clínica, incluindo treinamento durante a formação médica e aprendizado sobre como abordar o tema de forma ética e aberto à diversidade cultural e religiosa da população.[22]

ESPIRITUALIDADE NA SAÚDE E NO CUIDADO DOS PACIENTES

Diretrizes éticas são fatores essenciais na integração de fatores religiosos e espirituais dos pacientes nos atendimentos. A abordagem precisa ser **centrada na pessoa**, ou seja, com foco nas crenças, experiências e vivências trazidas pelos pacientes, independente das crenças e experiências dos profissionais. Deve ser **não proselitista**, evitando-se qualquer postura de divulgação ou empenho por parte dos profissionais em convencer os pacientes a favor ou contra determinadas ideias, causas, doutrinas, ideologias ou religiões. Recomenda-se também uma atenção a aspectos **contratransferenciais** para evitar abordagens que possam trazer vieses muito a favor ou muito contrários a R/E dos pacientes, de modo que os profissionais devem fazer uma reflexão pessoal sobre sua história pessoal com a espiritualidade.[22,24]

Existem diversas formas de integrar a espiritualidade na prática clínica, desde a coleta da história espiritual na anamnese, o diagnóstico diferencial entre experiências religiosas-espirituais e transtornos mentais, a presença de cuidados espirituais em ambulatórios e hospitais e o uso de intervenções clínicas especializadas nas psicoterapias e abordagens de *mindfulness*. O diálogo e a aproximação dos profissionais de saúde com comunidades ou líderes religiosos podem ser estratégias importantes em alguns casos para resolver eventuais conflitos existentes entre tratamentos de saúde e crenças R/E, além de reforçar efeitos positivos da fé e do suporte social, diminuir o estigma e facilitar o acesso a tratamentos de outras pessoas presentes em comunidades e grupos religiosos.[10,22]

Diversas pesquisas científicas nas últimas décadas confirmam a importância da espiritualidade nos contextos de saúde em atendimento hospitalar, particularmente em cuidados paliativos e adoecimento grave.[10] Em revisão aprofundada sobre o tema liderada pela Dra. Tracy Balboni, da Universidade de Harvard, por exemplo, 70 a 80% dos pacientes com câncer em estágio avançado consideram a R/E como algo importante em seu tratamento; 45% dos pacientes consideram que influencia nas suas escolhas de tratamento; e 84% dos indivíduos referem que a R/E representa importante fator para lidar com o câncer.[25] Estudos confirmam uma relação da R/E com melhor qualidade de vida em pacientes com câncer, efeito que se mantém significativo mesmo na presença de sintomas físicos mais intensos, como dor ou limitações funcionais.[26] Em um dos estudos, notadamente, a "ausência de dor" e a percepção de "estar em paz com Deus" foram os principais preditores de bem-estar e qualidade de vida em pacientes internados com doenças em estágios avançados e em final de vida.[25,27]

OBTENÇÃO DA HISTÓRIA ESPIRITUAL: COMO FAZER?

A coleta da história espiritual é um momento significativo da entrevista com o paciente e constitui oportunidade para conhecer os valores, as crenças e as experiências que trazem sentido e significado para vida de muitos destes. Estudos identificam que o simples questionamento sobre R/E melhora a percepção de vínculo com o profissional de saúde e a satisfação com o tratamento recebido.[22] É importante que perguntas sobre R/E sejam incluídas de forma ativa na anamnese, ou seja, sem esperar que os pacientes tragam espontaneamente suas crenças durante os atendimentos, pois muitas pessoas têm dúvidas sobre o quanto esse tema vai ser valorizado e compreendido sem julgamentos pelos profissionais de saúde.[10,22] Perguntas podem ser feitas de forma aberta, respeitosa, sensível à diversidade cultural das pessoas, criando um ambiente que permita aos pacientes expressarem suas experiências e, eventualmente, dúvidas e conflitos sobre sua fé e espiritualidade.

Alguns instrumentos com questões semiestruturadas podem ser utilizados de forma complementar e facilitam a abordagem. Entre eles, o instrumento FICA, desenvolvido na Universidade de Washington, nos Estados Unidos, é muito útil para um primeiro levantamento do tema, identificando a importância, os benefícios e potenciais conflitos que possam estar presentes no atendimento dos pacientes (Quadro 22.1).[28]

PSICOTERAPIAS INTEGRADAS À ESPIRITUALIDADE

A R/E pode ser integrada em diferentes tipos de psicoterapia, utilizando conceitos e técnicas convencionais associadas a conteúdos específicos das crenças religiosas ou espirituais dos pacientes. Estudos demonstram benefícios similares das psicoterapias integradas à espiritualidade (*spiritually integrated psychotherapy*) aos das técnicas convencionais, com ganhos adicionais no bem-estar espiritual para muitos indivíduos. Existem modelos para terapia cognitivo-comportamental, psicoterapias de apoio ou terapia interpessoal.[29] A R/E pode ser integrada na compreensão teórico-conceitual nas psicoterapias dinâmicas, permitindo um entendimento mais amplo de experiências de espiritualidade ou do sagrado como um recurso importante no processo psicoterápico.[30]

Pesquisas recentes publicadas pela Universidade de Harvard (The Harvard Human

QUADRO 22.1
ROTEIRO DA ENTREVISTA "FICA"

F *(fé, significado, sentido)*	Você possui alguma fé ou religião? Caso não possua uma crença religiosa, o que traz sentido e propósito à sua vida?
I *(importância e influência)*	O quão importantes são a fé, a espiritualidade ou a religiosidade em sua vida? A espiritualidade ou religiosidade o ajudam de alguma forma em momentos difíceis ou com o tratamento? Tem sido uma fonte de apoio e suporte? Tem trazido dúvidas ou dificuldades ao seu tratamento?
C *(comunidade)*	Você participa de alguma comunidade ou grupo religioso? Existe algum outro grupo ou comunidade ou pessoas que gostam muito de você, o apoiam e auxiliam nesse momento? Você frequentava anteriormente algum grupo e deixou de participar? Como era sua experiência?
A *(abordagem no tratamento)*	Você gostaria de abordar algum desses aspectos ligados a sua fé, crenças e valores, em seu tratamento? De alguma forma tem influenciado ou trazido dúvidas sobre seu tratamento? Você gostaria de dividir essas dúvidas com a equipe de saúde?

Fonte: Elaborado com base em Puchalski e Romer.[28]

Flourishing Program) têm revelado a importância da R/E na promoção de uma vida plena e satisfatória. Em estudo com mais de 5.000 crianças e adolescentes nos Estados Unidos, com idade média de 8 a 14 anos, acompanhados por mais de oito anos, aqueles que frequentavam grupos religiosos semanalmente apresentavam, no início da idade adulta, maiores níveis de satisfação com a vida, afeto positivo, menos uso de substâncias como maconha e menos comportamentos de risco sexual, bem como maior predisposição a fatores positivos como voluntariado, melhores relações interpessoais (*forgiveness*) e maior propósito de vida.[31] Em adultos jovens, a R/E foi um dos principais preditores de um alto propósito de vida (capacidade de identificar objetivos e sentido de vida além de objetivos mais imediatos ou pessoais), que por sua vez foi relacionado a maiores bem-estar psicológico, satisfação com a vida, autoestima, capacidade de regulação emocional, saúde física e saúde mental.[32]

MINDFULNESS

Quando falamos em *mindfulness*, estamos nos referindo às diversas práticas para desenvolver e treinar a mente no estado de presença. Embora essas técnicas provavelmente sejam tão antigas quanto a humanidade e tenham se desenvolvido dentro de praticamente todas as tradições religiosas ou espirituais, no Ocidente começaram a se popularizar a partir dos anos 1970, com o mestre zen budista Thich Nhat Hahn, que buscava desenvolver maneiras de utilizar os ensinamentos tradicionais para auxiliar a enfrentar os desafios da vida moderna e secular. Já o Dr. Jon Kabat-Zinn, professor da Universidade de Massachusetts, fez a adaptação de conceitos e práticas criando o primeiro protocolo de *mindfulness* para redução de estresse em uma população clínica, denominado Redução do Estresse Baseada em *Mindfulness* (MBSR, do inglês *Mindfulness-Based Stress Reduction*).[15,17]

Devido à universalidade das práticas e dos ensinamentos, *mindfulness* pode ser praticado em diversos contextos ou rotinas de vida: comunidades religiosas ou cursos seculares; individualmente ou em grupo; em práticas como ioga ou outras práticas em movimento; em um tempo reservado para sessões de meditação ou na prática da atenção plena durante as atividades cotidianas (caminhar, comer, etc.), presencialmente ou *online*; e até com instrutor ou por meio de aplicativos e livros, o que abre a oportunidade para que qualquer pessoa interessada possa praticar.[4,17,14]

Abordagens de *mindfulness* seculares vêm se mostrando úteis e eficazes para objetivos diversos, como desempenho acadêmico, profissional ou fins terapêuticos. Embora possa haver controvérsias quanto à legitimidade dessa desvinculação das tradições espirituais, também pode ser compreendida como uma espiritualidade inclusiva, uma combinação da dimensão espiritual com benefícios associados ao aumento da resiliência física, mental, social e do desenvolvimento existencial.[33] No entanto, há uma preocupação de que, fora do seu enquadramento original, *mindfulness* seja vulnerável a dissociar-se dos seus fundamentos éticos.[33] Assim, em muitos programas e protocolos laicos para ensino de *mindfulness*, há uma ênfase em atitudes e valores, descritos no Quadro 22.2. Eles são tidos como fundamentais para cultivar esse estado de consciência atrelando a dimensão ética a partir da tomada de consciência de nossa condição humana e suas vicissitudes.[15,21,16]

QUADRO 22.2
ATITUDES EM *MINDFULNESS*

Mente de principiante	Olhar para cada experiência como se fosse pela primeira vez.
Não julgar	Ter abertura e acolhimento ao que acontece, com curiosidade, deixando de lado críticas, recriminações e preconceitos, mas mantendo o discernimento.
Paciência	Entender que todas as situações têm seu próprio tempo para acontecer e se desenrolar. Ao tentar antecipar, não se percebe o que está ocorrendo neste momento.
Confiança	Confiar nas pessoas, no seu corpo, na natureza, na vida, confiar que as coisas são exatamente como devem ser, mesmo que possamos não compreender.
Não esforço	Realizar as tarefas e as práticas sem querer chegar a algum objetivo ou estado de consciência específico, mas se envolver na vida com presença e cuidado.
Aceitação	Entender que as coisas são como são e não como gostaríamos que fossem, o que é diferente de resignação ou passividade.
Soltar ou entregar	É não resistir nem se apegar às coisas tal como estão sendo neste momento; está intimamente ligado à aceitação.

QUADRO 22.2
ATITUDES EM *MINDFULNESS*

Compaixão	É a capacidade de sintonizar ou empatizar com o sofrimento de alguém, com uma atitude não julgadora e acolhedora, tendo a intenção de aliviar esse sofrimento. É fundamental que se desenvolva a partir de uma atitude de **autocompaixão.**
Gratidão	Reconhecer o valor de estar vivo e podendo aprender com tudo o que ocorre.
Generosidade	É decorrência da consciência da nossa conexão com todos ao nosso redor, trazendo a compreensão de que nossa atenção é o melhor que podemos oferecer.
Amabilidade	Ser amigável, bondoso e gentil com todos os seres, inclusive nós mesmos.
Equanimidade	É um senso de equilíbrio e perspectiva diante da vida, uma amplitude, que nos permite nos relacionarmos com tudo que possa surgir na nossa experiência.

MINDFULNESS PARA A SAÚDE

O MBSR criado por Jon Kabat-Zinn em 1979 foi intencionalmente projetado para ensinar *mindfulness* integrado à vida cotidiana como recurso para lidar com situações estressantes em pacientes com doenças crônicas.[5,15,17] *Mindfulness* é ensinado em grupo pela apresentação de conceitos básicos, exercícios psicoeducacionais e práticas meditativas formais, informais e em movimento, ao longo de oito semanas, com encontros de 2 horas, e há a orientação de realizar práticas diárias em casa. Os participantes aprendem a perceber pensamentos, sentimentos e sensações físicas que surgem na experiência presente e a manter o foco da atenção nesses conteúdos sem se moverem em direção à reatividade condicionada mal-adaptativa;[5] além disso, exploram as vivências no intuito de desenvolver e integrar atividade mental e corporal de forma não crítica.[5,13,15]

A partir desse primeiro protocolo, foram desenvolvidos outros para fins específicos. A terapia comportamental baseada em *mindfulness* (MBCT, do inglês *mindfulness based cognitive therapy*), desenvolvida por Segal e Teasdale, incorpora elementos da terapia cognitiva comportamental às práticas de *mindfulness* e busca a prevenção de recaídas de depressão. MBSR e MBCT são as intervenções mais pesquisadas, mas há outros programas de referência como Prevenção de Recaídas Baseada em *Mindfulness* (MBRP, do inglês *Mindfulness Based Relapse Prevention*) de Marlatt, ou Manejo de Dor Baseado em *Mindfulness* (MBPM, do inglês *Mindfulness Based Pain Management*) de Burch.[14,33-35] As abordagens ATBM oferecem aos participantes uma gama de vivências que, para alguns, impacta de forma profunda em toda a vida, enquanto outros adquirem seletivamente algumas ferramentas, como estratégias para a redução do estresse profissional.[35] As ATBMs deram origem a outras intervenções que incluem *mindfulness* como um aspecto em seu repertório terapêutico (Quadro 22.3).[35]

MINDFULNESS E BEM-ESTAR

A atenção plena pode agregar um valor considerável à promoção da saúde e do

QUADRO 22.3
INTERVENÇÕES BASEADAS EM *MINDFULNESS*

Abordagens tendo *mindfulness* como metodologia central

- Redução do Estresse Baseada em *Mindfulness* (MBSR)
- Terapia comportamental baseada em *mindfulness* (MBCT)
- Prevenção de Recaídas Baseada em *Mindfulness* (MBRP)
- Manejo de Dor Baseado em *Mindfulness* (MBPM)

Abordagens que incluem *mindfulness* como ferramenta terapêutica

- Terapia de aceitação e compromisso (ACT)
- Terapia focada na compaixão
- Terapia comportamental dialética (DBT)
- Autocompaixão consciente
- Psicologia positiva

bem-estar, pelo potencial em melhorar comportamentos como alimentação saudável, sono e atividade física, além de reduzir a dependência a medicamentos e serviços de saúde, impactando em todas as fases da intervenção em saúde, desde a prevenção à gestão de longo prazo. A pesquisa em neurociências identificou dimensões centrais do bem-estar emocional treináveis pelo *mindfulness* que resultam em mudanças positivas no cérebro por meio da neuroplasticidade, a saber, consciência ou atenção plena, conexão, *insight*, propósito.[19]

Embora a prática de *mindfulness* seja, por vezes, apresentada para otimização de desempenho e uma "felicidade superficial", na verdade, envolve aprender a abraçar fenômenos psicológicos desconfortáveis e imperfeições em vez de tentar superá-los ou descartá-los e, por meio da tolerância afetiva, mudar a forma de lidar com as situações, reduzindo ruminações e sofrimento emocional.[5,36] Ela é orientada para as semelhanças existenciais entre as pessoas, sua interdependência e interconexão dentro de um todo maior, atenuando o impacto tóxico da solidão que afeta saúde e longevidade.[16]

Em uma estrutura cultural na qual o alívio sintomático, o desempenho e a adaptação são valores dominantes, valores humanísticos ou existenciais como autoconhecimento, compaixão ou interconexão tendem a ser marginalizados. E como o *mindfulness* foi popularizado e legitimado pela neurociência como uma abordagem de mudança comportamental, pode-se perder de vista os aspectos sociais, contextuais e éticos, bem como suas intenções originais de ser um caminho para o *insight* e a sabedoria.[36] No entanto, na associação robusta entre *mindfulness* e espiritualidade, bem como na destes com a redução dos sintomas médicos e do sofrimento psicológico, há uma visão emergente de que pudessem ser componentes significativos de programas de promoção de saúde e ser desenvolvidos também em um contexto secular.

IMPLEMENTAÇÃO, LIMITAÇÕES E EFEITOS NEGATIVOS DO *MINDFULNESS*

É importante notar, no entanto, que a atenção plena não é uma panaceia ou uma abordagem para todos. Variáveis como o tipo de treinamento e o tempo dedicado às práticas podem influenciar nos desfechos, sendo necessárias mais pesquisas para compreender o que funciona melhor para quem e onde.[33] Efeitos colaterais negativos do *mindfulness*, embora raros, incluem a exacerbação de sintomas de depressão e ansiedade, euforia, sintomas relacionados ao trauma e psicose e, geralmente, estão associados à vigência de quadros psiquiátricos agudos.[5] Outra questão que tem sido criticada é a da banalização das práticas e sua descontextualização, o que foi chamado de movimento *"McMindfulness"*,[13] ressaltando que a formação e a experiência do instrutor influenciam a eficácia da intervenção; portanto, sua qualificação é fundamental, bem como as práticas regulares e o desenvolvimento profissional contínuo.[5,33,37]

LIMITAÇÕES E EFEITOS NEGATIVOS DA RELIGIOSIDADE E DA ESPIRITUALIDADE

Apesar do aumento no número de estudos científicos de qualidade sobre espiritualidade e saúde, alguns desafios e limitações precisam ser observados. É importante reconhecer que em alguns contextos a R/E pode apresentar efeitos negativos, que precisam ser conhecidos e abordados pelas equipes de saúde. A maior parte dos estudos de qualidade sobre espiritualidade e depressão (49%), por exemplo, identifica um efeito positivo da R/E, entretanto, em 10% dos estudos os achados são inversos, e pessoas com maior R/E podem apresentar maiores níveis de sintomas depressivos.[8] Esses achados podem ser explicados pela presença de conflitos espirituais (*religious struggles*) ou por estratégias de enfrentamento de R/E negativas, incluindo sentimentos de culpa, punição, castigo, dúvidas sobre a fé, conflitos com grupos religiosos ou posturas passivas diante das dificuldades ("Espero que minha fé, religiosidade me cure, mas não procuro ou aceito outros recursos e tratamentos.").[38]

ESPIRITUALIDADE E *MINDFULNESS* DOS ESTUDANTES E PROFISSIONAIS DA SAÚDE

Embora os profissionais da saúde façam o seu melhor para prestar cuidados de excelência aos seus pacientes, muitas vezes não priorizam o próprio autocuidado, dando pouca atenção a comportamentos de estilo de vida saudáveis, tendo baixos níveis de bem-estar e altos níveis de estresse.[31,37] Exigências do trabalho contribuem para estresse e esgotamento: o sofrimento dos pacientes, falhas dos tratamentos, expectativas sobre eficiência e produtividade (suas e alheias), jornadas prolongadas, excesso de pacientes e questões burocráticas.[36,37] Desse modo, os profissionais de saúde são uma população com risco de altos níveis de estresse, *burnout* e fadiga de compaixão.[14]

Foi demonstrado que o **estresse** reduz significativamente a atenção e a concentração, prejudica as habilidades de tomada de decisão e diminui a capacidade dos profissionais de saúde de se comunicarem de forma eficaz, de transmitirem empatia e de estabelecerem relacionamentos significativos com os pacientes.[4] *Burnout* é uma síndrome caracterizada por alto grau de exaustão emocional, despersonalização, baixa realização pessoal e no trabalho e tem alta associação com depressão.[37] A fadiga da compaixão é definida como "capacidade ou interesse reduzido do cuidador em ser empático ou 'suportar' o sofrimento dos clientes, resultantes do conhecimento sobre um evento traumático vivenciado por eles".[14] Em conjunto, esses sintomas trazem sérias consequências para os indivíduos (baixa qualidade de vida, doenças físicas, emocionais e suicídio) e para o trabalho (absenteísmo, alta rotatividade de profissionais, erros), com repercussões negativas no atendimento aos pacientes.[5,37]

A formação profissional também é considerada particularmente estressante. Desde cedo, os estudantes de medicina e de outras áreas da saúde são expostos a estressores como a tarefa de desenvolver uma identidade profissional, preocupações com o desempenho acadêmico, desafio em dominar as habilidades necessárias para aplicação do aprendizado teórico e um senso de urgência em cumprir o compromisso de ajudar os pacientes.[4, 36] Os residentes médicos tendem a priorizar a realização profissional acima das necessidades familiares, sociais, espirituais, mentais e financeiras, e os que apresentam níveis mais elevados de *burnout* são os mais propensos a desvalorizarem suas necessidades pessoais. Isso é reforçado por uma "cultura" do treino clínico excessivamente abnegado e autocrítico, que leva a negligenciar fontes alternativas de gratificação e autoestima.[5] Assim, o aprendizado de enfrentamento eficiente do estresse é um fator crítico no desenvolvimento desses profissionais.[36]

Revisões sistemáticas avaliaram diversas abordagens de *mindfulness* em profissionais de saúde e estudantes, com efeitos positivos significativos tanto para aspectos pessoais quanto para suas habilidades profissionais. *Mindfulness* demonstrou ser efetivo em diminuir estresse, aumentar atenção e resiliência, melhorar depressão, ansiedade, sono e fadiga de compaixão.[37,14] Nessa população, a prática de *mindfulness* também se mostrou benéfica para melhorar qualidade de vida, aumentar autocompaixão e autocuidado. O desenvolvimento dos mecanismos psicológicos subjacentes à prática de *mindfulness* pode ter impacto na regulação da experiência presente e no aumento da autoconsciência, facilitando a escuta e a adoção de uma atitude aberta às experiências de outras pessoas. Isso pode levar a melhorias na resposta empática, visto que são necessárias observações precisas de si mesmo para a compreensão adequada dos outros.[16] Esses benefícios podem promover a qualidade da aliança terapêutica, com forte impacto na eficácia dos tratamentos.[36]

A religiosidade e a espiritualidade são aspectos importantes para vários estudantes no início da graduação e, para muitos, um fator relacionado a bem-estar, propósito e vocação profissional.[11,20] Práticas e experiências espirituais permitem uma visão ampliada do ser humano e do mundo, e certamente influenciam na forma como muitos profissionais encontram sentido e propósito diante do sofrimento e da vida.[39] Estudos demonstram que expressões positivas e saudáveis da R/E podem estar associadas a maior resiliência e menor incidência de *burnout* na prática médica. A falta de referências e treinamento sobre o tema durante a formação, a grande quantidade de conteúdos na grade curricular e uma ênfase crescente ao longo do curso nos aspectos técnicos podem contribuir para um distanciamento dos estudantes com o tema e dificuldades para abordar esse aspecto com os pacientes.[10,22]

Pressupostos filosóficos de uma aparente incompatibilidade entre a ciência e a religião podem também gerar um distanciamento da espiritualidade ao longo da formação acadêmica.[39] De forma geral, nos livros de medicina existem poucas menções sobre espiritualidade e saúde, e a maioria das referências aborda aspectos negativos da R/E.[38] A falta de conhecimento e contato com referências recentes pode reforçar essa ideia. O crescente número de publicações científicas de qualidade e o reconhecimento da importância do tema como aspecto muito relevante na vida das pessoas têm modificado esse paradigma. Artigo recente presente na revista *Nature* demonstra, inclusive, que para muitos cientistas a espiritualidade pode ser uma fonte de inspiração e propósito para a carreira acadêmica.[40] O reconhecimento da importância da fé, espiritualidade e religiosidade certamente não implica uma fusão de interesses de instituições religiosas ou espirituais nas universidade, que possui suas atribuições, metodologias e funções na sociedade bem definidas e distintas, mas sim em postura de respeito, consideração e abertura para diversidade de crenças religiosas-espirituais ou não religiosas que estão presentes na vida pessoal de muitos cientistas e profissionais.

CONSIDERAÇÕES FINAIS E PERSPECTIVAS FUTURAS

A religiosidade, a espiritualidade e o *mindfulness* são temas com crescente interesse na literatura científica e na prática médica, demonstrando ganhos na promoção de saúde e bem-estar. A compreensão desses temas de acordo com as principais evidências científicas recentes e diretrizes éticas permite a abordagem na prática clínica de forma qualificada em benefício de muitos pacientes.

O cultivo de um senso de significado interior e paz, que pode ocorrer como uma função da meditação de atenção plena, apresentado inteiramente dentro de um contexto secular ou quando associado a práticas religiosas e espirituais, pode ser um elemento importante na saúde e no bem-estar dos profissionais, permitindo maior conexão com a vida, propósito e resiliência diante dos desafios da formação médica.

REFERÊNCIAS

1. Moreira-Almeida A, Bhugra D. Religion, spirituality and mental health: setting the scene. In: Moreira-Almeida A, Mosqueiro BP, Bhugra D, editors. Spirituality and mental health across cultures. Oxford: Oxford University; 2021. p. 11-25.
2. Pew Research Center. The changing global religious landscape. Washington: Pew Research Center; 2017.
3. Moreira-Almeida A, Pinsky I, Zaleski M, Laranjeira R. Religious involvement and sociodemographic factors: a Brazilian national survey. Rev Psiq Clín. 2010;37(1):12-5.
4. Stevens BA. Mindfulness: a positive spirituality for ageing? Australas J Ageing. 2016;35(3):156-8.
5. The Mindfulness Initiative; Institute of Health Promotion and Education. Health promotion and mindfulness. a joint paper from The Mindfulness Initiative and the Institute of Health Promotion and Education [Internet]. Altrincham: IHPE; 2023 [capturado em 16 fev. 2025]. Disponível em: https://ihpe.org.uk/wp-content/uploads/2023/06/Health-Promotion-and-Mindfulness.pdf.
6. Crane RS. Implementing mindfulness in the mainstream: making the path by walking it. Mindfulness. 2017;8(3):585-94.
7. Koenig H, Al-Zaben F, VanderWeele T. Religion and psychiatry: recent developments in research. BJPsych Advances. 2020;26(5):262-72.
8. Braam AW, Koenig HG. Religion, spirituality and depression in prospective studies: a systematic review. J Affect Disord. 2019;257:428-38.
9. Chen Y, Koh HK, Kawachi I, Botticelli M, VanderWeele TJ. Religious service attendance and deaths related to drugs, alcohol, and suicide among US Health Care Professionals. JAMA Psychiatry. 2020;77(7):737-44.
10. Balboni TA, VanderWeele TJ, Doan-Soares SD, Long KNG, Ferrell BR, Fitchett G, et al. Spirituality in serious illness and health. JAMA. 2022;328(2):184-97.
11. Moreira-Almeida A, Sharma A, van Rensburg BJ, Verhagen PJ, Cook CC. WPA position statement on spirituality and religion in psychiatry. World Psychiatry. 2016;15(1):87-8.
12. Portella CFS, Ghelman, Abdala V, Schveitzer MC, Afonso RF. Meditation: evidence map of systematic reviews. Front Public Health. 2021;9:742715.
13. Garcia-Campayo J, López Del Hoyo Y, Navarro-Gil M. Contemplative sciences: a future beyond mindfulness. World J Psychiatry. 2021;11(4):87-93.
14. Prudenzi A, Graham CD, Flaxman PE, O'Connor DB. Wellbeing, burnout, and safe practice among healthcare professionals: predictive influences of mindfulness, values, and self-compassion. Psychol Health Med. 2022;27(5):1130-43.
15. Kabat-Zinn J. Full catastrophe living: using the wisdom of your body and mind to face stress, pain, and illness. New York: Dell Publishing; 1990.
16. Silva JP, Pereira AM. Perceived spirituality, mindfulness and quality of life in psychiatric patients. J Relig Health. 2017;56(1):130-40.
17. Greeson JM, Chin GR. Mindfulness and physical disease: a concise review. Curr Opin Psychol. 2019;28:204-10.
18. Goldberg SB, Tucker RP, Greene PA, Davidson RJ, Wampold BE, Kearney DJ, et al. Mindfulness-based interventions for psychiatric disorders: a systematic review and meta-analysis. Clin Psychol Rev. 2018;59:52-60.
19. Carmody J, Reed G, Kristeller J, Merriam P. Mindfulness, spirituality, and health-related symptoms. J Psychosom Res. 2008;64(4):393-403.
20. Puchalski C, Ferrell B, Virani R, Otis-Green S, Baird P, Bull J, et al. Improving the quality of spiritual care as a dimension of palliative care: the report of the consensus conference. J Palliat Med. 2009;12(10):885-904.
21. Garrote-Caparrós E, Bellosta-Batalla M, Moya-Albiol L, Cebolla A. Effectiveness of mindfulness-based interventions on psychotherapy processes: a systematic review. Clin Psychol Psychother. 2022;29(3):783-98.
22. Mosqueiro BP, Costa MA, Caribé A, Oliveira FO, Pizutti L, Zimpel R, et al. Brazilian Psychiatric Association guidelines on the integration of spirituality into mental

health clinical practice: part 1: spiritual history and differential diagnosis. Braz J Psychiatry. 2023;45(6):506-17.
23. Best M, Butow P, Olver I. Doctors discussing religion and spirituality: a systematic literature review. Palliat Med. 2016;30(4):327-37.
24. Moreira-Almeida A, Koenig HG, Lucchetti G. Clinical implications of spirituality to mental health: review of evidence and practical guidelines. Rev Bras Psiquiatr. 2014;36(2):176-82.
25. Balboni TA, Balboni MJ. Religion and spirituality in palliative medicine. In: Balboni MJ, Peteet JR, editors. Spirituality and religion within the culture of medicine: from evidence to practice. Osford: Oxford University; 2017.
26. Brady MJ, Peterman AH, Fitchett G, Mo M, Cella D. A case for including spirituality in quality of life measurement in oncology. Psychooncology. 1999;8(5):417-28.
27. Steinhauser KE, Christakis NA, Clipp EC, McNeilly M, McIntyre L, Tulsky JA. Factors considered important at the end of life by patients, family, physicians, and Other care providers. JAMA. 2000;284(19):2476-82.
28. Puchalski C, Romer AL. Taking a spiritual history allows clinicians to understand patients more fully. J Palliat Med. 2000;3(1):129-37.
29. Captari LE, Hook JN, Hoyt W, Davis DE, McElroy-Heltzel SE, Worthington EL Jr. Integrating clients' religion and spirituality within psychotherapy: a comprehensive meta-analysis. J Clin Psychol. 2018;74(11):1938-51.
30. Lomax JW, Kripal JJ, Pargament KI. Perspectives on "sacred moments" in psychotherapy. Am J Psychiatry. 2011;168(1):12-8.
31. Chen Y, VanderWeele TJ. Associations of religious upbringing with subsequent health and well-being from adolescence to young adulthood: an outcome-wide analysis. Am J Epidemiol. 2018;187(11):2355-64.
32. Chen Y, Kim ES, Koh HK, Frazier AL, VanderWeele TJ. Sense of mission and subsequent health and well-being among young adults: an outcome-wide analysis. Am J Epidemiol. 2019;188(4):664-73.
33. Irving JA, Dobkin PL, Park J. Cultivating mindfulness in health care professionals: a review of empirical studies of mindfulness-based stress reduction (MBSR). Complement Ther Clin Pract. 2009;15(2):61-6.
34. Melnyk BM, Kelly SA, Stephens J, Dhakal K, McGovern C, Tucker S, et al. Interventions to improve mental health, well-being, physical health, and lifestyle behaviors in physicians and nurses: a systematic review. Am J Health Promot. 2020;34(8):929-41.
35. Conversano C, Ciacchini R, Orrù G, Di Giuseppe M, Gemignani A, Poli A. Mindfulness, Compassion, and self-compassion among health care professionals: what's new? A systematic review. Front Psychol. 2020;11:1-21.
36. Solhaug I, Eriksen TE, Vibe M, Haavind H, Friborg O, Sørlie T, et al. Medical and psychology student's experiences in learning mindfulness: benefits, paradoxes, and pitfalls. Mindfulness. 2016;7:838-50.
37. The British Psychological Society. Mindfulness based approaches: a guide for psychologists [Internet]. London: BPS; 2022 [capturado em 16 fev. 2025]. Disponível em: https://www.bps.org.uk/guideline/mindfulness-based-approaches-guide-psychologists.
38. Pargament KI, Lomax JW. Understanding and addressing religion among people with mental illness. World Psychiatry. 2013;12(1):26-32.
39. Moreira-Almeida A, Costa MA, Coelho HS. Science of life after death. New York: Springer; 2022.
40. McNamara P, Newsome W, Linkenhoker B, Grafman J. Neuroscientists must not be afraid to study religion. Nature. 2024;631(8019):25-7.

23

TECNOLOGIA E SAÚDE MENTAL

MATHEUS DE LIMA RUFFINI
FABIANA RAMOS LIMA AMADEI CASAROLLI
JOÃO PEDRO MAESTRI
BRUNO BRAGA MONTEZANO
IVES CAVALCANTE PASSOS

DESCRITORES: tecnologia; saúde mental; teleatendimento; psiquiatria de precisão; inteligência artificial; aplicativos.

Este capítulo apresenta uma visão abrangente sobre o uso de tecnologias digitais para ações em saúde mental. Intervenções digitais em saúde referem-se ao uso de tecnologias para triagem, monitoramento, tratamento e prevenção de recorrência de doenças. A importância desse tema veio à tona sobretudo durante e após a pandemia de covid-19, em que a tecnologia digital se tornou fundamental para o atendimento em saúde mental. Assim, este capítulo discutirá o estado atual das pesquisas sobre intervenções digitais em saúde mental, destacando avanços e desafios recorrentes. Apresenta também o conceito de fenótipo digital, enfatizando seu papel na personalização das intervenções. Aplicativos móveis, teleatendimento e outras plataformas digitais serão abordados, demonstrando como essas ferramentas têm sido eficazes em ampliar o acesso e melhorar os resultados no tratamento em saúde mental. Ainda, modelos de inteligência artificial, que estão sendo aplicados para prever e diagnosticar condições de saúde mental em estudos científicos, e o uso da realidade virtual também serão contemplados. Por fim, serão discutidas as perspectivas para a integração dessas tecnologias no cuidado da saúde mental.

ESTADO DA ARTE

No contexto de um mundo cada vez mais digital, nota-se, nos últimos anos, um aumento significativo no número de estudos sobre uso de tecnologias digitais no campo da saúde mental.[1] Nessa circunstância, uma revisão de literatura publicada em 2024 destacou que intervenções digitais foram mais frequentemente testadas com intuito de promoção de saúde mental em adolescentes entre 13 e 18 anos, sobretudo com o surgimento da pandemia de covid-19, que acelerou a adoção dessas tecnologias devido às limitações para interações presenciais.[2] Além disso, uma revisão sistemática de 2021 obteve resultados que mostraram boa eficácia das intervenções utilizando aplicativos móveis nos transtornos de saúde mental.[3] Em relação à depressão, o estudo Strengthening Mental Health and Research Training (SMART) mostrou, no grupo intervenção, uma redução significativa de nove pontos na escala Patient Health Questionnaire-9 (PHQ-9), que avalia a gravidade da depressão, indicando uma melhora clínica relevante, enquanto outro estudo obteve, após a intervenção digital, uma redução de nove pontos na escala de ansiedade General Anxiety Disorder-7 (GAD-7).[3] Em razão deste e de outros estudos, as diretrizes de tratamento em saúde mental, como a Canadian Network for Mood and Anxiety Treatments (CANMAT), uma das principais diretrizes para tratamento de depressão, têm destacado o uso de intervenções digitais no tratamento de transtornos do humor.[1] A revisão conduzida para a elaboração de uma diretriz CANMAT sobre manejo de depressão aponta que as intervenções digitais em saúde são úteis principalmente para indivíduos com sintomas depressivos leves a moderados, não sendo a primeira linha para pacientes com sintomas graves.[1]

Entre as vantagens dessas intervenções estão o acesso ao tratamento em momentos e locais convenientes, *feedback* em tempo real e personalização para diferentes populações.[1] Contudo, ainda existem desafios, os quais incluem a falta de avaliação rigorosa da eficácia e de segurança das intervenções comercialmente disponíveis; além disso, o engajamento dos usuários tende a diminuir com o tempo.[1]

Além das intervenções digitais baseadas em aplicativos, outra modalidade de intervenção digital que tem ganhado destaque é o teleatendimento, especialmente a telepsiquiatria. Essa modalidade cresceu de forma significativa, em especial após a pandemia de covid-19, tornando-se uma alternativa eficaz para tratamento de transtornos mentais como depressão e ansiedade. Suas vantagens incluem maior acessibilidade, redução de custos e conveniência, especialmente para populações em áreas remotas.

A inteligência artificial também tem transformado o tratamento em saúde mental, permitindo diagnósticos mais precisos e intervenções personalizadas. Modelos preditivos de inteligência artificial têm sido usados para identificar comportamentos suicidas e diferenciar transtornos como depressão e bipolaridade, obtendo boa acurácia. Outras intervenções promissoras são a realidade virtual, capaz de criar ambientes imersivos, e os *chatbots*, que podem atuar como agentes de diálogo, tornando a intervenção mais interativa e ajudando a estabelecer uma relação de confiança entre pacientes e a tecnologia terapêutica.[2] Além dessas intervenções, outras tecnologias que têm sido utilizadas para auxiliar no diagnóstico de doenças mentais e avaliar tratamentos são os sensores móveis e a fenotipagem digital, que permitem quantificar dados comportamentais em tempo real, facilitando diagnósticos.[2] A Figura 23.1 apresenta um modelo de como tecnologias relacionadas à psiquiatria digital, como o fenótipo digital, o teleatendimento e intervenções digitais, podem ser implementadas na prática clínica.

Outro ponto em que as tecnologias em saúde mental podem ajudar é no meio acadêmico. A população universitária apresenta frequência elevada de problemas de saúde mental, entretanto, poucos buscam tratamento devido ao estigma e à falta de recursos.[4] Uma revisão de literatura publicada em 2023 apontou que as intervenções digitais em saúde são bem aceitas entre estudantes de ensino superior, e aquelas como o MoodTrainer e o MoodGYM foram capazes de melhorar o bem-estar psicológico de alunos universitários.[4]

Em suma, embora as intervenções digitais na saúde mental representem uma modalidade promissora, é imprescindível garantir que os desafios de engajamento e segurança sejam enfrentados de forma sistemática e eficaz.[5,6] Apenas com estudos a longo prazo e com uma abordagem centrada no usuário será possível maximizar os benefícios dessas inovações, proporcionando um cuidado mais acessível e efetivo para os pacientes. O presente capítulo vai discutir algumas dessas novas tecnologias no campo da saúde mental, ressaltando aspectos relacionados à efetividade e às limitações.

FENÓTIPO DIGITAL

O fenótipo humano é compreendido como um conjunto de características observáveis

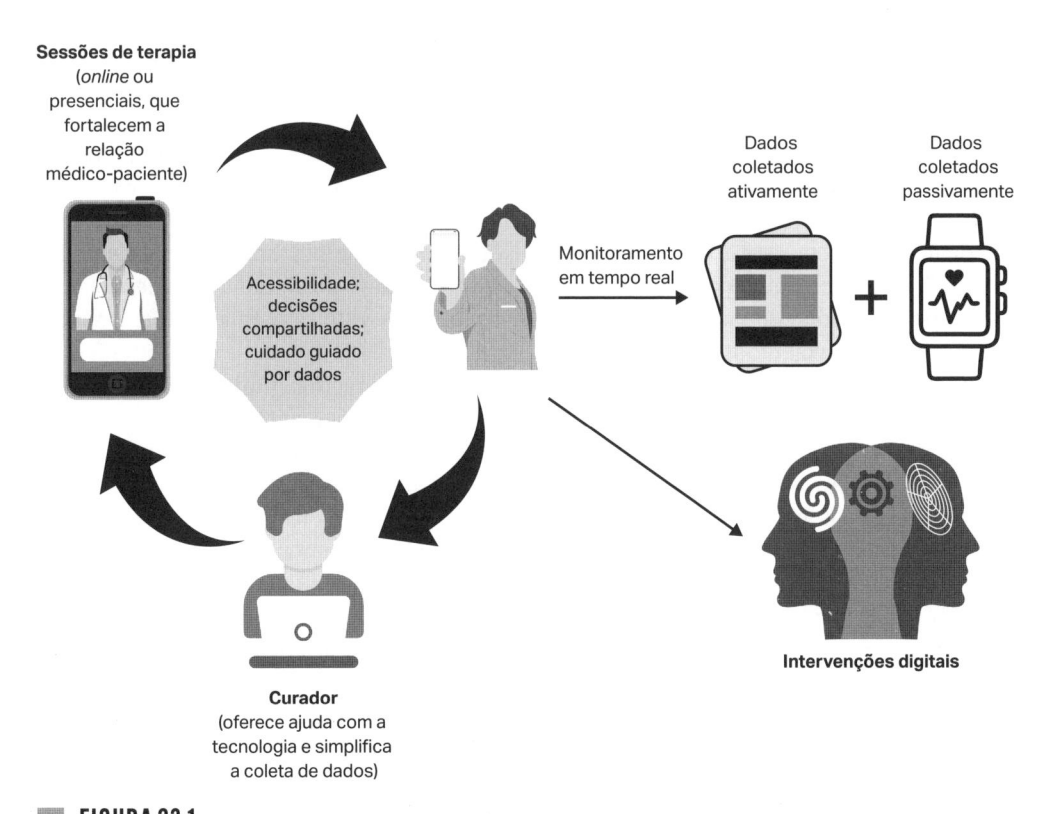

FIGURA 23.1
Esquema representativo da psiquiatria digital.

e mensuráveis de um indivíduo, incluindo seus atributos físicos, bioquímicos, fisiológicos e comportamentais. Ainda, o fenótipo é o resultado da interação entre o genótipo e o ambiente. Esse ambiente pode ser definido por múltiplos fatores, como exposição solar, poluição atmosférica, patógenos, dentre outras características relacionadas ao estilo de vida do indivíduo, abrangendo hábitos alimentares, níveis de atividade física, consumo de tabaco, álcool e outras drogas. Tais fatores e características influenciam na expressão dos genes que, ao longo do tempo, podem alterar e moldar o fenótipo humano de um indivíduo.[7,8] Nesse contexto, o fenótipo digital é definido como a quantificação contínua do fenótipo humano em nível individual, dentro do seu ambiente próprio, por meio de aplicativos em dispositivos móveis e outros dispositivos pessoais.[9]

Esta quantificação, extraída dos dispositivos, engloba dados e informações fornecidas e relatadas ativamente pelo paciente, como seu estado de humor, peso e ciclo menstrual. Além disso, pode ser extraída de dados passivos, capturados de forma instantânea e contínua pelo dispositivo, sem interação direta do usuário. À medida que os dados são coletados, uma variedade de informações é registrada.

Cada aplicativo, dispositivo de GPS e até mesmo plataforma de *streaming* armazena e é capaz de oferecer dados significativos sobre os padrões e comportamentos dos usuários. Informações como o tempo dedicado à visualização de filmes, a prática de atividades esportivas e padrões de busca na Internet, entre outros, contribuem para a análise e a identificação de possíveis sintomas e condições de saúde mental. Os dados ativos e passivos coletados instantaneamente constituem a base para a construção da fenotipagem digital, proporcionando um amplo conjunto de informações clínicas para aprimorar as práticas de saúde mental.[10]

Uma recente revisão sistemática da literatura investigou a eficácia dos sensores de *smartphones* na detecção de padrões comportamentais associados a estresse, ansiedade e depressão leve em participantes não clínicos. Nesta revisão, foram analisados 40 estudos, categorizados em três grupos: estudantes universitários, adultos sem nenhum vínculo com alguma organização específica e adultos empregados. A duração dos estudos variou de 10 dias a três anos, e diversos sensores passivos, como GPS, Bluetooth e acelerômetro, foram utilizados para monitorar mobilidade, padrões de sono, uso do telefone e interações sociais. Os resultados indicaram que estudantes e adultos com estresse, ansiedade ou depressão apresentaram comportamentos como visitas a menos locais, maior sedentarismo, sono irregular e mais uso do telefone. Em adultos empregados, menor mobilidade foi associada a melhor desempenho no trabalho. A revisão concluiu que os sensores de *smartphones* são eficazes na identificação de padrões comportamentais relacionados a transtornos do humor, oferecendo uma ferramenta valiosa para a fenotipagem digital.[8]

A fenotipagem digital emerge, portanto, como uma ferramenta para facilitar o psicodiagnóstico em diversas áreas da psicologia e da medicina. A integração de tecnologias digitais na rotina de monitoramento de saúde representa um passo importante na evolução do cuidado psicossocial, oferecendo novas oportunidades para intervenções mais eficazes e adaptadas às necessidades individuais. Sua premissa fundamental é que as "pegadas digitais" deixadas por uma pessoa em redes sociais, *smartphones* e outras fontes possam ser exploradas, na intenção de se obterem *insights* refinados sobre as características psicológicas e variáveis do estado de saúde mental do usuário.[11]

APLICATIVOS

O uso de aplicativos para acompanhamento clínico está sendo estudado em diversos diagnósticos, como esquizofrenia, transtornos alimentares, transtornos do humor e transtornos de ansiedade.[10] A ampla disponibilidade e a popularidade dos aplicativos móveis de saúde refletem a crescente aceitação e utilidade dessas ferramentas no cotidiano dos pacientes. De acordo com uma pesquisa da Fundação Getúlio Vargas (FGV),[12] o número de celulares no Brasil já ultrapassou a população, alcançando a marca de 234 milhões de aparelhos. Essa ampla disseminação do acesso aos *smartphones* e à Internet móvel tem possibilitado que um número crescente de pessoas se beneficie dos aplicativos de saúde mental.[10]

A utilização dessas tecnologias promove engajamento mais ativo dos pacientes em seus próprios tratamentos, proporcionando um monitoramento contínuo e personalizado, que é essencial para a detecção precoce de sintomas. Por consequência, oportuniza intervenções mais eficazes e rápidas. A facilidade do meio digital dos cuidados de saúde potencializa não apenas a eficiência dos tratamentos, mas também a qualidade de vida dos pacientes, oferecendo suporte contínuo e adaptado às necessidades individuais. Isso capacita os indivíduos não só a gerenciarem sua condição de forma mais autônoma, mas também a integrarem o tratamento mais facilmente em suas rotinas diárias.

O uso de aplicativos móveis como intervenção para a redução de sintomas depressivos tem se mostrado eficaz. Uma revisão sistemática e metanálise publicada em 2023 avaliou 13 ensaios clínicos randomizados, totalizando 1.470 participantes, e revelou que os aplicativos móveis contribuíram significativamente para a redução dos sintomas depressivos.[13] O estudo relatou uma redução média nos sintomas com um tamanho de efeito médio de 0,50 (IC 95%, 0,40 a 0,61), demonstrando que essas intervenções podem ter um impacto significativo em comparação com grupos-controle.[13] Além disso, esses aplicativos oferecem uma alternativa para indivíduos que enfrentam barreiras ao acesso a tratamentos presenciais, como limitações financeiras, estigmatização social e escassez de recursos de saúde mental.

Por fim, vale ressaltar que o CANMAT, em sua diretriz publicada em 2024, integra o uso de aplicativos digitais como uma intervenção promissora no tratamento da depressão, especialmente em casos de depressão leve a moderada.[1] Esses aplicativos, em geral, oferecem suporte em áreas como monitoramento de sintomas, incentivo ao autocuidado e adesão ao tratamento. O CANMAT recomenda o uso de aplicativos que forneçam estratégias baseadas em evidências, como técnicas de terapia cognitivo-comportamental (TCC), treinamento de atenção plena (*mindfulness*) e rastreamento de humor, ajudando os pacientes a gerenciarem sua saúde mental de forma mais contínua.[1] No entanto, o CANMAT ressalta que os aplicativos devem ser usados como parte de uma abordagem mais ampla de tratamento, e não como substitutos para intervenções tradicionais como a psicoterapia presencial e a farmacoterapia, sugerindo que mais estudos são necessários para avaliar o impacto a longo prazo dessas ferramentas.[1]

TELEATENDIMENTO

A telemedicina pode parecer um conceito novo, mas vem sendo utilizada há várias décadas. Em 1961, o Centro Médico da Universidade de Nebraska já realizava experimentos com televisões bidirecionais para conduzir sessões de psicoterapia em grupo.[14] No entanto, até o surgimento da covid-19, a telemedicina não era amplamente adotada e enfrentava resistência por parte de muitos especialistas. Com o novo contexto imposto pela pandemia, a telepsiquiatria ganhou destaque, oferecendo uma solução viável para o distanciamento social. Estudos recentes indicam que a telepsiquiatria é, pelo menos, tão eficaz quanto o tratamento presencial tradicional para muitos transtornos mentais.[10]

A telepsiquiatria pode ser definida como a prestação remota de cuidados psiquiátricos, por meio da utilização de diversas tecnologias de telecomunicação, sendo a videoconferência a forma mais utilizada.[15]

A psiquiatria é uma das especialidades médicas que mais pode se beneficiar das tecnologias de teleatendimento, uma vez que a avaliação é predominantemente baseada em métodos conversacionais. A telepsiquiatria, como ferramenta terapêutica, tem sido objeto de discussão e análise por décadas, e o interesse na área vinha crescendo mesmo antes da pandemia de covid-19.[16]

Uma metanálise analisou 32 ensaios clínicos randomizados (ECRs) que comparavam telepsiquiatria com tratamento psiquiátrico presencial, a fim de investigar a eficácia dessas abordagens em uma variedade de transtornos mentais. Em sua maioria, os resultados indicam que ambos os métodos apresentam eficácia similar para tratamento psiquiátrico, embora haja variações dependendo do tipo de transtorno. Por exemplo, a telepsiquiatria mostrou-se superior no tratamento de sintomas depressivos e apresentou taxas de desistência mais baixas em condições como declínio cognitivo leve, comprometimento cognitivo e demência vascular. Em contrapartida, o tratamento presencial demonstrou maior eficácia no manejo de transtornos alimentares e menor taxa de abandono entre indivíduos com abuso de substâncias. Esses achados destacam a necessidade de protocolos adaptados para maximizar os benefícios da telepsiquiatria em diferentes contextos clínicos.[16]

Sabe-se que o teleatendimento na psiquiatria pode oferecer vantagens para terapeutas e pacientes, tornando o tratamento mais acessível e conveniente. A telepsiquiatria é mais custo-efetiva, alivia a escassez de profissionais em regiões carentes e amplia o acesso aos serviços de saúde mental para populações difíceis de alcançar, como as residentes em áreas rurais ou com dificuldades físicas de locomoção. Além disso, promove cuidados personalizados e oferece proteção física ao terapeuta. Tudo isso pode melhorar as taxas de adesão e a qualidade do tratamento psiquiátrico para determinados pacientes.[10,17]

No entanto, a telepsiquiatria também enfrenta alguns obstáculos. Há preocupações com a privacidade e a segurança dos dados, além da necessidade de competência tecnológica por parte tanto dos terapeutas quanto dos pacientes, e questões relacionadas aos limites terapêuticos. Problemas na construção da relação terapêutica e a perda de controle terapêutico também são aspectos críticos. O manejo de situações de emergência, como tentativas ou ideação suicida e surtos psicóticos, é particularmente desafiador em consultas *online*. Portanto, é crucial estabelecer diretrizes claras para determinar quais pacientes se beneficiariam do teleatendimento e quais seriam contraindicados.[17]

A telepsiquiatria enfrenta desafios significativos, especialmente devido à natureza crônica dos transtornos psiquiátricos, que requerem tratamentos de longo prazo.

A eficácia do teleatendimento psiquiátrico em períodos prolongados é uma questão crucial. Os ECRs da metanálise discutida anteriormente têm durações curtas, inferiores a 1 ano. Esse cenário levanta preocupações sobre o estabelecimento e a qualidade da relação terapêutica a longo prazo, que pode ser menos robusta em comparação com o atendimento presencial.[16] A telepsiquiatria não é uma solução temporária; ela veio para ficar, tornando-se uma ferramenta segura, eficaz, acessível e indispensável para a prática psiquiátrica. É importante que pesquisas futuras se concentrem em aprimorar essa alternativa, incluindo a implementação de tecnologias como aplicativos de tratamento para apoiar as consultas. Além disso, é fundamental fornecer treinamento específico e de alta qualidade aos profissionais da área, capacitando-os com habilidades e técnicas apropriadas para o teleatendimento, como posturas adequadas e habilidades de comunicação para otimizar as consultas *online*.[16,18]

O teleatendimento emergiu não apenas como uma resposta adaptativa à pandemia de covid-19, mas como uma solução perene para a psiquiatria. A Internet é progressivamente utilizada como uma ferramenta valiosa para a saúde mental, e o espaço virtual está cada vez mais humanizado, em que relações afetivas são estabelecidas em diversos contextos. Apesar dos desafios mencionados, o potencial da telepsiquiatria para proporcionar cuidados acessíveis e eficazes é inegável.

■ INTELIGÊNCIA ARTIFICIAL

Frequentemente, o diagnóstico de transtornos mentais é desafiador, levando a tratamentos inadequados ou tardios, o que pode gerar um prognóstico pernicioso.[19] Nesse contexto, a inteligência artificial surge como uma ferramenta promissora para ajudar a identificar doenças psiquiátricas, utilizando algoritmos e técnicas de aprendizado de máquina (*machine learning*, ou ML) para analisar grandes quantidades de dados e identificar padrões.[19]

O ML, uma subárea da inteligência artificial, utiliza algoritmos para identificar padrões e prever fenômenos a partir de uma base de dados. No contexto psiquiátrico, alguns estudos têm demonstrado a utilidade de modelos de ML para prever tentativas de suicídio e também para identificar quais indivíduos desenvolverão determinado transtorno psiquiátrico, como bipolaridade ou transtorno de déficit de atenção/hiperatividade (TDAH), a partir de dados clínicos e demográficos e sintomas prodrômicos.[20,21]

Uma possibilidade é utilizar algoritmos de ML para prever tendências de comportamento suicida na população. Um estudo avaliou os indivíduos em duas ondas com um intervalo de três anos, incluindo uma amostra representativa dos Estados Unidos.[22] Na primeira onda, foram avaliados 43.093 participantes; na segunda, foram reavaliados 34.653 participantes, com uma taxa de retenção de 80,4%. Os modelos foram desenvolvidos com dados clínicos e demográficos da onda 1 para identificar quem iria tentar suicídio em três anos, conforme avaliado na onda 2. Os modelos preditivos mostraram desempenho superior ao acaso, com área sob a curva (AUC, do inglês *area under the curve*) de até 89% e acurácia balanceada superior a 80%.[22]

As principais variáveis identificadas pelos modelos como preditoras para a tentativa de suicídio foram transtorno da personalidade *borderline* e transtorno de estresse pós-traumático (TEPT).[22] A identificação precoce de quem poderá tentar suicídio por meio de modelos de inteligência artificial pode ajudar no estabelecimento de estratégias terapêuticas de prevenção em um nível individual, visto que medicamentos e terapias, como a TCC para suicídio e a terapia comportamental dialética, têm sido efetivos para a prevenção do comportamento suicida.[22]

A utilização de modelos de ML também vem sendo implementada em outras áreas da psiquiatria, como na predição de TDAH. Um modelo preditivo foi desenvolvido em uma amostra *a priori* (coorte ALSPAC) e validado em três amostras externas (E-Risk, Pelotas 1993 e MTA).[19] A coorte ALSPAC foi realizada no Reino Unido, com 5.113 participantes avaliados na infância e adolescência; o estudo E-Risk, também no Reino Unido, recrutou 2.040 gêmeos; a coorte de Pelotas, no Brasil, avaliou 4.039 participantes aos 18-19 anos; e o estudo MTA teve 717 participantes acompanhados até a idade adulta jovem.[20]

O desfecho foi definido como uma variável dicotômica de predição de TDAH na adolescência tardia ou idade adulta jovem, com avaliações específicas para cada coorte.[20] As variáveis preditoras incluíram sexo feminino, *status* socioeconômico, depressão materna, entre outros. O modelo de ML apresentou AUC entre 56% e 78%[21] ao ser aplicado nas coortes de validação.[20]

O transtorno bipolar e o transtorno depressivo maior são áreas nas quais os modelos de ML têm sido aplicados com sucesso também. Um estudo buscou utilizar um algoritmo de ML para prever e estratificar o risco de desenvolver transtorno bipolar até os 22 anos.[21] Foram incluídos 3.781 indivíduos da Coorte de Nascimentos de Pelotas de 1993, no sul do Brasil, na qual os participantes foram acompanhados ao nascimento e aos 11, 15, 18 e 22 anos.[21] O estudo procurou quantificar os pacientes que tiveram diagnóstico de transtorno bipolar tipo I e II, além do transtorno bipolar sem outra especificação, utilizando critérios do *Manual diagnóstico e estatístico de transtornos mentais*, quarta edição (DSM-IV). Apenas na visita de acompanhamento, aos 18 anos, o algoritmo foi capaz de prever quem desenvolveria transtorno bipolar aos 22 anos, com uma AUC de 0,82.[21] As variáveis mais importantes para prever o transtorno bipolar foram risco de suicídio, transtorno de ansiedade generalizada (TAG), abuso físico parental e problemas financeiros.[21]

Outro estudo utilizou três modelos de ML para prever a incidência e a cronicidade de casos de depressão em uma grande coorte ocupacional brasileira, o ELSA-Brasil.[23] Tal coorte incluiu 15.105 indivíduos de seis cidades brasileiras – São Paulo, Rio de Janeiro, Salvador, Porto Alegre, Belo Horizonte e Vitória –, sendo necessário que a pessoa fosse funcionário público ativo ou aposentado, com idade entre 35 e 74 anos.[23] A primeira onda do estudo ocorreu de 2008 a 2010; e a segunda, de 2012 a 2014.[24] As variáveis preditoras incluíram informações sociodemográficas, clínicas, transtornos mentais diagnosticados pela versão portuguesa do Clinical Interview Schedule – Revised (CIS-R), uso de psicotrópicos e eventos negativos da vida (assalto, hospitalização, luto, entre outros). Este obteve AUC entre 71% e 90%, variando com o algoritmo utilizado.[23]

A neuroimagem estrutural e funcional, com outras fontes de dados, como genética e eletrencefalograma, tem sido utilizada experimentalmente para classificar pacientes com transtorno bipolar.[24] Um estudo buscou revisar pesquisas que identificaram pacientes com transtorno bipolar avaliados utilizando técnicas de ML, focando principalmente no diagnóstico, mas incluindo também tratamento e prognóstico.[25] Este estudo também realizou uma metanálise de acurácia diagnóstica com artigos que utilizaram dados de neuroimagem (estrutural ou funcional) para avaliar pacientes com transtorno bipolar em comparação com controles saudáveis, excluindo artigos que compararam pacientes bipolares com outros diagnósticos psiquiátricos.[25] Dessa forma, obteve-se AUC de 0,698 para imagem por ressonância magnética estrutural; 0,754 para imagem por ressonância magnética funcional; e 0,712 para ambas combinadas.[25]

A previsão de respostas ao tratamento em nível individual ainda é um desafio em transtornos mentais, visto que métodos estatísticos tradicionais fornecem resultados em nível de grupo, mas falham em capturar *nuances* individuais.[26] Assim, os modelos de ML podem ajudar nessas limitações ao lidarem com grandes quantidades de dados e ao identificarem padrões não lineares.[26] Um estudo que buscou prever a resposta de pacientes com esquizofrenia no primeiro episódio (sem tratamento prévio) a tratamentos com risperidona, com base em padrões encontrados por algoritmos de ML na interpretação de imagens de ressonância magnética, obteve acurácia balanceada de 82,5%.[27] Outro estudo multicêntrico criou um modelo para previsão de resposta ao lítio em pacientes com transtorno bipolar e teve uma AUC de 0,80.[28] Os resultados são promissores, mas necessitam de validação para posterior implementação na prática clínica.

Em resumo, as aplicações de ML na psiquiatria têm mostrado grande potencial para transformar a prática clínica, oferecendo suporte na tomada de decisões mais precisas e personalizadas. Ao analisar dados complexos de maneira eficiente, essas tecnologias podem melhorar a identificação de transtornos, prever respostas terapêuticas e possibilitar intervenções mais eficazes (Figura 23.2).

CHATBOTS

Outro sistema que envolve inteligência artificial são os *chatbots*. Esses sistemas utilizam linguagem natural para interagir com os usuários, simplificando tarefas e possibilitando interação usuário-máquina.[10,29] No contexto de saúde mental, os *chatbots* podem ajudar psiquiatras ao realizarem

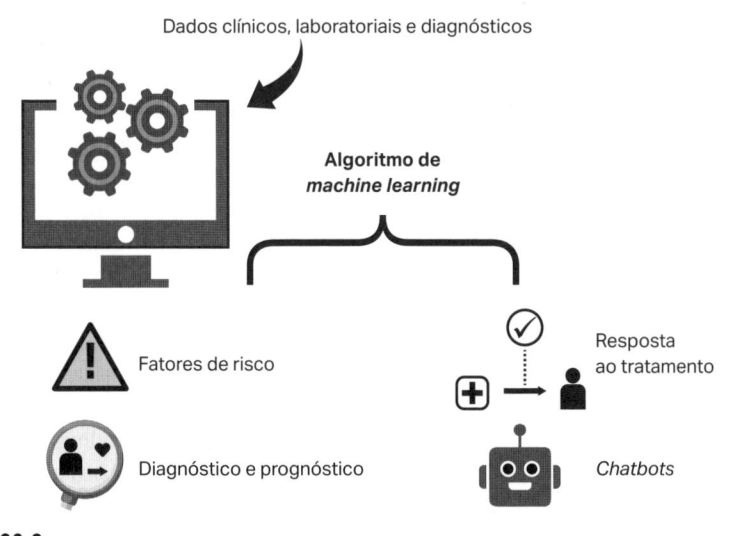

FIGURA 23.2
Principais aplicações de *machine learning* na psiquiatria.

triagens e monitoramento de condições de saúde mental.[10,29] Eles também podem aplicar questionários de triagem validados e utilizar técnicas de terapia cognitivo-comportamental, psicoeducação e *mindfulness* para ajudar os usuários a reconhecerem e lidarem com suas emoções, além de enviar lembretes de medicação e incentivar mudanças no estilo de vida.[10,29] Os *chatbots* também facilitam a coleta de dados clinicamente relevantes de forma padronizada, o que melhora a comunicação entre pacientes e clínicos; contudo, é necessário garantir que os usuários estejam cientes e autorizem a coleta e o uso de seus dados.[10,29]

■ REALIDADE VIRTUAL

Realidade virtual é uma tecnologia que permite que o indivíduo interaja, de maneira intuitiva e em tempo real, com uma simulação gerada por um computador de um ambiente virtual e tridimensional.[30] Os sistemas de realidade virtual atuais utilizam, geralmente, equipamentos chamados "*head-mounted displays*", que são uma espécie de óculos ou capacete que funcionam como uma interface entre homem e computador, dando ao usuário a sensação de imersão no ambiente virtual.[10] Esses dispositivos rastreiam continuamente os movimentos da cabeça e do corpo, permitindo que os usuários explorem e interajam com objetos e avatares (personagens digitais) no espaço virtual. Os ambientes virtuais podem ser criados utilizando programas de *software* especializados para gerar imagens fotorrealistas ou utilizando vídeos e imagens do mundo real captadas por câmeras especiais que compõem cenários em 360°.[31]

A capacidade da realidade virtual de criar e de controlar ambientes virtuais que simulam situações do mundo real permite o seu uso não apenas para fins terapêuticos, mas também para fins diagnósticos.[31,32] Os ambientes da realidade virtual são geralmente projetados para se assemelharem às situações da vida real e oferecem a oportunidade de estudar os participantes em um cenário realista, porém padronizado, controlado e monitorado. Os equipamentos utilizados podem, por exemplo, acompanhar o movimento dos olhos e escanear expressões faciais do paciente, assim como gravar o seu comportamento no ambiente virtual. Uma revisão literária investigou se a realidade virtual – por meio da exposição de pacientes a ambientes virtuais e subsequentes ou momentâneas medições fisiológicas, além de aplicações de questionários – seria capaz de provocar e medir sintomas psiquiátricos simultaneamente, buscando uma diferença significativa em medidas diagnósticas entre pacientes com transtornos psiquiátricos e um grupo-controle saudável. Dos 39 estudos analisados, 37 mostraram a realidade virtual capaz de provocar e medir sintomas psiquiátricos como esquizofrenia, transtornos alimentares, transtorno de ansiedade, TDAH e transtorno por uso de substâncias. Além disso, em 14 estudos foram encontradas semelhanças significativas entre as medidas obtidas com a realidade virtual e com métodos diagnósticos tradicionais.[10,33]

O uso da realidade virtual para o tratamento de transtornos psiquiátricos tem apresentado um número crescente de estudos na literatura.[34] O benefício da terapia baseada em realidade virtual reside na sua capacidade de expor o paciente de forma repetida a situações precipitantes e desafiadoras, permitindo que, sob orientação profissional e em um ambiente seguro e controlado, ele aprenda respostas saudáveis adaptativas.[32] Por exemplo, um ECR demonstrou que a exposição à interação social em um ambiente virtual, aliada a estratégias de terapia cognitiva-comportamental, reduz os sintomas paranoides em pacientes com psicose.[35] Atualmente, terapias baseadas em realidade virtual são desenvolvidas e estudadas principalmente para transtornos relacionados a ansiedade/fobias; contudo, também são utilizadas para transtornos do neurodesenvolvimento e outros transtornos mentais como depressão, esquizofrenia, transtorno delirante, transtornos alimentares e transtornos por uso de substâncias.[36]

ANSIEDADE E FOBIAS

A exposição gradual e controlada dos pacientes a ambientes temidos na realidade virtual, combinada com técnicas de TCC, pode reduzir significativamente os sintomas fóbicos.[10] No entanto, os estudos que compararam a realidade virtual ao tratamento clássico mostraram pouca ou nenhuma evidência de superioridade.[36]

TRANSTORNOS DO NEURODESENVOLVIMENTO

Distúrbios do neurodesenvolvimento abrangem principalmente o TDAH e os transtornos do espectro autista. O segundo tem recebido avanços no campo da terapia baseada em realidade virtual, com o desenvolvimento de estratégias para treinamento de habilidades sociais em crianças e adultos com dificuldade na interação social, porém as evidências nesta área ainda são escassas.[36]

OUTROS TRANSTORNOS MENTAIS

Estudos sobre o tratamento de transtornos mentais graves, como esquizofrenia, por meio da realidade virtual têm mostrado resultados promissores na melhora dos sintomas positivos, como alucinações.[35] Estratégias também têm sido testadas para o tratamento da depressão; um estudo específico revelou que a interação do paciente em um ambiente virtual, inicialmente praticando compaixão para com uma criança digital (avatar) e, posteriormente, recebendo essa mesma compaixão em outro cenário, mostrou-se eficaz na redução dos sintomas depressivos.[37] Contudo, ainda existem muitas limitações na literatura sobre o uso da realidade virtual em psiquiatria. Poucos estudos fornecem evidências robustas, frequentemente apresentando fragilidades metodológicas como amostras pequenas, falta de alocação randômica, ausência de acompanhamento longitudinal, inexistência de grupos-controle.[10,36] Estudos mais confiáveis e ensaios clínicos de alta qualidade são necessários para suprir essas lacunas.

Em relação aos efeitos adversos da realidade virtual, *"cybersickness"* (fenômeno que se assemelha à cinetose) está entre os mais comuns, manifestando-se por sintomas como náusea, tontura, desorientação, instabilidade postural e fadiga.[38] Além da *"cybersickness"*, os trabalhos analisados relataram piora dos sintomas de ansiedade e TEPT em alguns casos.[38] Há também uma preocupação com o risco de pacientes tornarem-se dependentes dos ambientes virtuais, além da possibilidade de piora dos pensamentos delirantes em pacientes psicóticos.[10]

A realidade virtual surge como uma promissora ferramenta diagnóstica e terapêutica psiquiátrica. Embora a literatura atual apresente limitações que necessitam ser superadas, os benefícios observados, como melhor controle e padronização das intervenções, além da expectativa de redução de custos e maior acessibilidade, indicam um elevado potencial. Futuras intervenções baseadas em realidade virtual devem se concentrar no desenvolvimento de abordagens inovadoras para tratar sintomas complexos e resistentes ao tratamento tradicional, ampliando as possibilidades terapêuticas e melhorando os resultados clínicos.

CONSIDERAÇÕES FINAIS E PERSPECTIVAS FUTURAS

A saúde mental digital, impulsionada pelo avanço das ferramentas de intervenção digital, representa uma área de crescimento acelerado e promissor. Essas tecnologias, além de se destacarem pela flexibilidade e capacidade de superar barreiras geográficas e temporais, têm o potencial de ampliar significativamente o acesso a terapias e programas de autocuidado. Ao oferecer suporte contínuo e personalizado, elas emergem como uma alternativa clínica viável, trazendo uma nova perspectiva para o enfrentamento dos desafios relacionados à saúde mental.

Os aplicativos de saúde mental desempenham um papel crucial ao conectar a psicologia e a psiquiatria ao futuro, fornecendo ferramentas adicionais para monitoramento, educação e intervenção. No entanto, é essencial enfatizar que essas tecnologias devem complementar, e não substituir, a terapia tradicional e a relação entre profissional e paciente. A interação humana, baseada na confiança e no vínculo terapêutico, continua a ser o alicerce essencial para um tratamento eficaz.[10] Além disso, é importante abordar questões éticas, com atenção especial à privacidade e à segurança da informação. A confiança dos usuários nessas tecnologias depende diretamente de como suas informações são protegidas e utilizadas. Assim, estabelecer e seguir diretrizes éticas robustas será fundamental para o avanço, o sucesso e uma melhor aceitação das intervenções digitais em saúde mental.

Em resumo, o futuro da saúde mental digital é promissor, com o potencial de transformar a abordagem tradicional por meio de soluções inovadoras e integradoras. A combinação de tecnologias digitais aliada com o cuidado humano pode criar um sistema de saúde mental mais acessível e eficiente, beneficiando um número crescente de pacientes.

REFERÊNCIAS

1. Lam RW, Kennedy SH, Adams C, Bahji A, Beaulieu S, Bhat V, et al. Canadian Network for Mood and Anxiety Treatments (CANMAT) 2023 update on clinical guidelines for management of major depressive disorder in adults. Can J Psychiatry. 2024;69(9):641-87.
2. Chen T, Ou J, Li G, Luo H. Promoting mental health in children and adolescents through digital technology: a systematic review and meta-analysis. Front Psychol. 2024;15:1356554.
3. Rosas JC, Gómez-Ayala MC, Marroquín-Rivera A, Botero-Rodríguez F, Cepeda M, Suárez-Obando F, et al. Modelos de atención en salud mental basados en tecnologías: revisión sistemática de la literatura. Rev Colomb Psiquiatr. 2021;50 Suppl 1:32-43.
4. Mahsan IP, Daud NAM, Zulkefli MY, Ibrahim N, Mokhtar ES, Alim MM. Mental health digital interventions technology: a systematic review. J Adv Res Appl Sci Eng Technol. 2023;33(3):124-36.
5. Sasseville M, LeBlanc A, Tchuente J, Boucher M, Dugas M, Gisèle M, et al. The impact of technology systems and level of support in digital mental health interventions: a secondary meta-analysis. Syst Rev. 2023;12(1):78.
6. Johnson JA, Sanghvi P, Mehrotra S. Technology-based interventions to improve help-seeking for mental health concerns: a systematic review. Indian J Psychol Med. 2021;44(4):332-40.
7. Onnela JP, Rauch SL. Harnessing smartphone-based digital phenotyping to enhance behavioral and mental health. Neuropsychopharmacology. 2016;41(7):1691-6.
8. Choi A, Ooi A, Lottridge D. Digital phenotyping for stress, anxiety, and mild depression: systematic literature review. JMIR Mhealth Uhealth. 2024;12:e40689.
9. Barnett I, Torous J, Staples P, Sandoval L, Keshavan M, Onnela JP. Relapse prediction in schizophrenia through digital phenotyping: a pilot study. Neuropsychopharmacology. 2018;43(8):1660-6.
10. Passos IC, Gallois CB, organizadores. Psiquiatria digital. Porto Alegre: Artmed; 2024.
11. Montag C, Sindermann C, Baumeister H. Digital phenotyping in psychological and medical sciences: a reflection about necessary prerequisites to reduce harm and increase benefits. Curr Opin Psychol. 2020;36:19-24.
12. Castells M, Fernandes AM, Quintão C. Sociedade em rede no Brasil: cenários da vida digital no país. Rio de Janeiro: FGV; 2023.

13. Lam RW, Milev RV, Rotzinger S, Sassi RB, Kennedy SH; Canadian Network for Mood and Anxiety Treatments (CANMAT). CANMAT 2023 update on clinical guidelines for depression and anxiety treatments. J Clin Psychiatry. 2023;84(7):323-9.
14. Cowan A, Johnson R, Close H. Telepsychiatry in psychotherapy practice. Innov Clin Neurosci. 2020;17(4-6):23-6.
15. Gutiérrez-Rojas L, Alvarez-Mon MA, Andreu-Bernabeu Á, Capitán L, Las Cuevas C, Gómez JC, et al. Telepsychiatry: the future is already present. Span J Psychiatry Ment Health. 2023;16(1):51-7.
16. Hagi K, Kurokawa S, Takamiya A, Fujikawa M, Kinoshita S, Iizuka M, et al. Telepsychiatry versus face-to-face treatment: systematic review and meta-analysis of randomised controlled trials. Br J Psychiatry. 2023;223(3):407-14.
17. Stoll J, Müller JA, Trachsel M. Ethical issues in online psychotherapy: a narrative review. Front Psychiatry. 2020;10:993.
18. Hariman K, Ventriglio A, Bhugra D. The future of digital psychiatry. Curr Psychiatry Rep. 2019;21(9):88.
19. Passos ICP, Ballester P, Rabelo-da-Ponte FD, Kapczinski F. Precision psychiatry: the future is now. Can J Psychiatry. 2021;67(1):21-5.
20. Caye A, Agnew-Blais J, Arseneault L, Gonçalves H, Kieling C, Langley K, et al. A risk calculator to predict adult attention-deficit/hyperactivity disorder: generation and external validation in three birth cohorts and one clinical sample. Epidemiol Psychiatr Sci. 2020;29:e37.
21. Rabelo-da-Ponte FD, Feiten JG, Mwangi B, Barros FC, Wehrmeister FC, Menezes AM, et al. Early identification of bipolar disorder among young adults: a 22-year community birth cohort. Acta Psychiatr Scand. 2020;142(6):492-503.
22. Machado CS, Ballester PL, Cao B, Mwangi B, Caldieraro MA, Kapczinski F, et al. Prediction of suicide attempts in a prospective cohort study with a nationally representative sample of the US population. Psychol Med. 2022;52(14):2985-996.
23. Librenza-Garcia D, Passos IC, Feiten JG, Lotufo PA, Goulart AC, Santos IS, et al. Prediction of depression cases, incidence, and chronicity in a large occupational cohort using machine learning techniques: an analysis of the ELSA-Brasil study. Psychol Med. 2021;51(16):2895-903.
24. Passos IC, Ballester PL, Barros RC, Librenza-Garcia D, Mwangi B, Birmaher B, et al. Machine learning and big data analytics in bipolar disorder: a position paper from the International Society for Bipolar Disorders Big Data Task Force. Bipolar Disord. 2019;21(7):582-94.
25. Librenza-Garcia D, Kotzian BJ, Yang J, Mwangi B, Cao B, Lima LNP, et al. The impact of machine learning techniques in the study of bipolar disorder: a systematic review. Neurosci Biobehav Rev. 2017;80:538-54.
26. Passos IC, Mwangi B. Machine learning-guided intervention trials to predict treatment response at na individual patient level: an important second step following randomized clinical trials. Mol Psychiatry. 2018;25(4):701-2.
27. Cao B, Cho RY, Chen D, Xiu M, Wang L, Soares JC, et al. Treatment response prediction and individualized identification of first-episode drug-naïve schizophrenia using brain functional connectivity. Mol Psychiatry. 2018;25(4):906-13.
28. Nunes A, Ardau R, Berghöfer A, Bocchetta A, Chillotti C, Deiana V, et al. Prediction of lithium response using clinical data. Acta Psychiatr Scand. 2020;141(2):131-41.
29. Straw I, Callison-Burch C. Artificial intelligence in mental health and the biases of language based models. PLoS One. 2020;15(12):e0240376.
30. Kim S, Kim E. The use of virtual reality in psychiatry: a review. Soa Chongsonyon Chongsin Uihak. 2020;31(1):26-32.
31. Bell IH, Nicholas J, Alvarez-Jimenez M, Thompson A, Valmaggia L. Virtual reality as a clinical tool in mental health research and practice. Dialogues Clin Neurosci. 2020;22(2):169-77.
32. Torous J, Bucci S, Bell IH, Kessing LV, Faurholt-Jepsen M, Whelan P, et al. The growing field of digital psychiatry: current evidence and the future of apps, social media, chatbots, and virtual reality. World Psychiatry. 2021;20(3):318-35.
33. van Bennekom MJ, Koning PP, Denys D. Virtual reality objectifies the diagnosis of psychiatric disorders: a literature review. Front Psychiatry. 2017;8:163.
34. Cieślik B, Mazurek J, Rutkowski S, Kiper P, Turolla A, Szczepańska-Gieracha J. Virtual reality in psychiatric disorders: a systematic review of reviews. Complement Ther Med. 2020;52:102480.
35. Freeman D, Bradley J, Antley A, Bourke E, DeWeever N, Evans N, et al. Virtual reality in the treatment of persecutory delusions: randomised controlled experimental study testing how to reduce delusional conviction. Br J Psychiatry. 2016;209(1):62-7.
36. Dellazizzo L, Potvin S, Luigi M, Dumais A. Evidence on virtual reality-based therapies for psychiatric disorders: meta-review of meta-analyses. J Med Internet Res. 2020;22(8):e20889.
37. Falconer CJ, Rovira A, King JA, Gilbert P, Antley A, Fearon P, et al. Embodying self-compassion within virtual reality and its effects on patients with depression. BJPsych Open. 2016;2(1):74-80.
38. Lundin RM, Yeap Y, Menkes DB. Adverse effects of virtual and augmented reality interventions in psychiatry: systematic review. JMIR Ment Health. 2023;10:e43240.

LEITURAS RECOMENDADAS

Han M, Lee E. Effectiveness of mobile health application use to improve health behavior changes: a systematic review of randomized controlled trials. Healthc Inform Res. 2018;24(3):207-26.

Milne-Ives M, Lam C, De Cock C, Van Velthoven MH, Meinert E. Mobile apps for health behavior change in physical activity, diet, drug and alcohol use, and mental health: systematic review. JMIR Mhealth Uhealth. 2020;8(3):e17046.

PARTE 4

ÉTICA, RELAÇÃO MÉDICO-PACIENTE E DESAFIOS AO LONGO DA FORMAÇÃO E DA CARREIRA

24
PRINCÍPIOS BÁSICOS DA ÉTICA EM SAÚDE

GABRIELA DE MORAES COSTA
LISIEUX E. DE BORBA TELLES
FELIX HENRIQUE PAIM KESSLER

DESCRITORES: ética; relação médico-paciente; tomada de decisão; ética em pesquisa.

A prática médica envolve desafios ético-jurídicos complexos, especialmente na psiquiatria, onde decisões podem gerar dilemas morais e incertezas. Para mitigar esses desafios, é essencial que médicos sejam treinados desde a graduação para compreender as normas que regulamentam a profissão. Além do conhecimento técnico baseado em evidências, os profissionais frequentemente precisam recorrer aos princípios da ética para lidar com questões que transcendem a técnica, como recusa terapêutica, ameaças à vida e decisões sobre terminalidade. Psiquiatras, devido à sua familiaridade com as nuances humanísticas da medicina, são frequentemente chamados para auxiliar nesses casos, ajudando colegas, pacientes e familiares a encontrar soluções adequadas. A tomada de decisão ética deve ser pautada por um raciocínio estruturado, considerando também os aspectos jurídicos que regem a profissão. Assim, além de garantir um cuidado de qualidade, o médico reduz o risco de alegações de má prática. Assim, este capítulo busca fornecer ferramentas para que os profissionais consolidem suas decisões clínicas com embasamento ético e jurídico, contribuindo para uma atuação mais segura e responsável.

ESTADO DA ARTE

Na prática profissional da medicina, é necessário instrumentalizar-se para melhor lidar com as questões ético-jurídicas mais comumente vistas, o que pode auferir redução tanto do nível de estresse laboral, quanto da superveniência de uma alegação de má prática. Os casos que discutiremos ao longo deste capítulo ilustram o alto nível de complexidade frequentemente observado em situações que ensejam dilemas éticos na medicina, em especial na psiquiatria. Além disso, explicaremos formas de aplicar o raciocínio ético aos desafios clínicos no sentido de aprimorar os cuidados ao paciente.[1,2]

É relevante salientar que, conforme determinado no código de ética do estudante de medicina,[3] o futuro médico deve, desde a graduação, conhecer, discutir com seus docentes e compreender como será a sua vida profissional de acordo com as normas que a regulamentam.

Com efeito, a faculdade e a residência médica ensinam a tomada de decisão ancorada no raciocínio clínico, na técnica cirúrgica e na medicina baseada em evidências. Em contraste com essas decisões técnicas, há questionamentos de outra natureza que, não incomumente, evocam angústia e incerteza no profissional. Dilemas para os quais o médico não sente que tenha recebido treinamento o suficiente para uma abordagem analítica e sistemática da situação, nos quais, não raramente, acabará por tomar decisões com base em bom senso, intuição e valores pessoais. Nesse diapasão, os psiquiatras, comumente afeitos às *nuances* humanísticas da medicina, são com frequência chamados a contribuírem com conhecimentos e habilidades em situações altamente complexas do ponto de vista clínico e ético, auxiliando colegas, pacientes e familiares em casos, por exemplo, de recusa terapêutica, ameaça à vida e terminalidade.[4,5]

O trabalho desenvolvido por Beauchamp e Childress[6] define quatro princípios éticos fundamentais nos cuidados clínicos:

- Não maleficência (uma obrigação de evitar causar danos);
- Beneficência (uma obrigação de beneficiar os pacientes sempre que possível e de buscar o seu bem);
- Respeito pela autonomia (a capacidade de tomar decisões deliberadas ou fundamentadas por si mesmo e de agir com base em tais decisões);
- Justiça (equidade – tratamento baseado nas necessidades específicas do paciente).

Destarte, o médico deverá identificar explicitamente o papel desses princípios bioéticos nas necessidades de cuidados do paciente. Em seguida, deverá resolver tensões éticas que possam emergir quando esses princípios entrarem em conflito, o que não é tão incomum, especialmente em casos graves ou complexos.

Por fim, a ponderação para a resolução do dilema ético deverá revestir-se de conhecimentos sobre o direito médico e as principais normativas que regulamentam o exercício profissional.[1] Sem pretender esgotar temáticas que se encontram em constante evolução, no presente capítulo traçaremos considerações altamente relevantes para auxiliar os colegas a consolidarem suas decisões clínicas consubstanciando-as mediante preceitos ético-jurídicos.

TEORIAS E PRÁTICAS CLÍNICAS

DIREITOS HUMANOS E CAPACIDADE DE TOMADA DE DECISÃO

É papel do médico garantir ao paciente a participação, de maneira autônoma, em decisões que afetem a sua vida e a sua saúde e modifiquem a sua expectativa com relação ao futuro.[7] Todavia, esse respeito à autonomia não é absoluto, na medida em que possa violar outros princípios primordiais, como o da não maleficência. Portanto, não é desejável leniência excessiva de forma que o paciente fique exposto a potenciais riscos, desconhecidos por um leigo, ao mesmo tempo em que não é recomendável o paternalismo excessivo, mediante a transferência de todas as decisões para o médico. Busca-se, idealmente, um equilíbrio decisório, por meio de um tratamento colaborativo, com decisões compartilhadas. Enfatiza-se que dois erros principais devem ser evitados: o de suplantar o direito de um indivíduo competente de participar ativamente de suas decisões terapêuticas e o de falhar em proteger um indivíduo incompetente de tomar más decisões que resultarão em danos potenciais à sua saúde.[8,9] Outrossim, a avaliação da capacidade em consentir com o tratamento é um problema complexo que envolve aspectos éticos, jurídicos e clínico-psiquiátricos.[7]

Embora pareça sedutora a ideia de uma consulta rápida, técnica e focada que simplesmente responda a uma pergunta complexa com uma resposta simples, os dilemas éticos costumam englobar múltiplas partes interessadas, cada uma com o seu próprio conjunto de preocupações. Nesse sentido, uma consulta breve, centrada apenas no paciente, aumenta a chance de omissões, ou de erros. Ademais, o consentimento é um processo, ao invés de um ato isolado. Portanto, a sua avaliação deveria ocorrer, idealmente, em pelo menos dois momentos/dias distintos.[4,5]

Dessa forma, uma das estratégias propostas para a tomada de decisão em ética clínica é o "método dos quatro tópicos". Esse modelo utiliza a premissa de que as decisões relativas a dilemas éticos devem ser operacionalizadas de maneira sistemática, considerando fatores operantes e possíveis resultados. Essa abordagem examina a situação de uma forma global e organizada, permitindo aos envolvidos ponderarem e priorizarem as considerações em quatro áreas principais: análise das indicações médicas; compreensão das preferências do paciente; considerações sobre qualidade de vida; contexto psicossocial e recursos. Apenas o processo de separar as questões desta forma poderia fazer emergir uma solução razoável e prática.[2]

Com efeito, Appelbaum e Roth[5] revisitaram tal metodologia, enfatizando os aspectos clínicos e psicodinâmicos que permeiam a avaliação da capacidade.

TÓPICO 1: ANÁLISE DAS INDICAÇÕES MÉDICAS

Além da literatura médico-científica, os princípios bioéticos da beneficência e da não maleficência são os mais frequentemente considerados nesta etapa da análise. Deve-se observar o diagnóstico, as opções terapêuticas e o prognóstico do paciente nas formas usuais de tratamento (o que seria razoável e indicado por um médico atuando em circunstâncias semelhantes, em vez de um tratamento de vanguarda).[4]

No que tange aos processos de partilha de informações, o consentimento informado ou a recusa terapêutica implicam a comunicação cuidadosa de todas as informações relativas à natureza de um processo de doença, com e sem a intervenção recomendada.[7]

Para esse fim, Appelbaum[9] recomendou a verificação dos seguintes domínios: compreensão das informações relevantes; apreciação da situação e de suas consequências; raciocínio acerca das opções e comunicação de uma escolha. Por exemplo: "Diga-me, em suas próprias palavras, qual problema está ocorrendo com a sua saúde?"; "Quais são os tipos de tratamentos indicados?"; "Quais são os possíveis desconfortos/riscos e benefícios/ganhos em fazer esse tratamento, em fazer um tratamento alternativo e em não fazer tratamento algum?". As funções cognitivas devem ser apreciadas pelo médico (preferencialmente consubstanciadas por meio de testagem),[10] já que um declínio cognitivo poderia afetar diretamente o entendimento das informações e a ponderação ao sopesar prós e contras do plano terapêutico sugerido, impactando na sua devida compreensão.[9]

TÓPICO 2: COMPREENSÃO DAS PREFERÊNCIAS DO PACIENTE

As preferências relacionadas aos cuidados médicos são determinadas por seus valores pessoais e pelas suas avaliações personalíssimas acerca dos riscos e benefícios dos cuidados que lhe serão prestados. Nesta etapa, a autonomia é um princípio ético primordial. Deve-se observar se as preferências apresentadas são influenciadas pela expressão sintomatológica de alguma doença (p. ex., uma crença delirante, ou se estão distorcidas por alterações de humor), em vez de mais bem explicadas por *nuances* socioculturais. Assim, aprecia-se o significado da decisão no contexto da história de vida e dos valores do indivíduo, perscruta-se se há coerência biográfica. A história de vida, o *insight* e a capacidade de comunicação (por palavras ou gestos, de maneira livre, sem coação ou influência indevida) moldam a expressão das preferências.[4] Pode-se questionar, por exemplo: "Por que você acha que seu médico recomendou este tratamento?"; "Como você chegou a essa decisão?"; "O que o faz crer ser esta a melhor opção no seu caso?".[9] As ameaças a essa capacidade são extraordinariamente diversas e podem variar desde manifestações de doença (p. ex., alexitimia, delírios niilistas) até o ambiente de cuidados (p. ex.,

tratamento em um hospital militar ou em uma unidade prisional).[4]

Como a competência emana de uma concepção jurídica, o médico termina por definir a capacidade do paciente para a execução de determinado ato. Assim, a obtenção de consentimento é uma prática médica obrigatória sob o prisma jurídico.[5] Ela é também assinalada no Código de Ética Médica (CEM),[1] vedando ao médico deixar de obter consentimento do paciente, ou de seu representante legal, após esclarecê-lo sobre o procedimento a ser realizado, salvo em caso de risco iminente de morte.

Embora seja habitualmente utilizada a forma verbal de consentimento, juntamente com o seu devido registro no prontuário médico, o Conselho Federal de Medicina (CFM)[7] recomenda a sua elaboração escrita: o termo de consentimento livre e esclarecido (TCLE). Indivíduos com deficiência mental ou física e adolescentes não devem ser afastados do processo de informação e compreensão, que deve sempre ocorrer no limite de sua capacidade. Assim, poderão auferir a sua anuência, a ser exercitada por meio do assentimento livre e esclarecido, em conjunto com o seu representante legal. Portanto, além do critério etário (essencialmente jurídico), o desenvolvimento psicológico e a possibilidade de comunicação também integram a capacidade e devem ser verificados quando da obtenção do TCLE.[7,11]

TÓPICO 3: CONSIDERAÇÕES SOBRE A QUALIDADE DE VIDA

Lesões, doenças e efeitos adversos de tratamentos podem afetar a qualidade de vida de um paciente. A análise ética desse tópico deve concentrar-se fundamentalmente na opinião do examinando, mas também pode incluir cuidadores ou outros entes significativos na rotina diária do paciente. Tais aspectos revestem-se ainda de maior importância quando o caso é considerado fora de possibilidades terapêuticas/curativas, quando o prognóstico é dito reservado, ou ainda quando as preferências do paciente não são claras.[4,7] Aqui devem ser incluídas discussões sobre ortotanásia (morte digna, sem excesso de interferência médica que cause sofrimento) e diretivas antecipadas,[12] caso não tenham sido realizadas anteriormente.[5]

TÓPICO 4: CONTEXTO PSICOSSOCIAL E RECURSOS

A análise abrangente de um dilema ético deve incluir questões sociofamiliares, financeiras, religiosas, comunitárias e outros fatores psicossociais intervenientes. Sob esse prisma, os prováveis desfechos devem ser analisados em um contexto mais amplo, além da relação médico-paciente, mediante o estudo de efeitos prováveis sobre, por exemplo, familiares/cuidadores, equipe assistencial, alocação de recursos limitados, segurança da sociedade.[4,5]

Em um artigo inestimavelmente informativo de Wright e Roberts,[4] a apreciação de casos clínicos por meio da análise dos fatores anteriormente explanados complementa as orientações existentes[9] e aprimora a relação entre pacientes e equipe.[4] Vejamos a seguir.

CASO CLÍNICO 1[4]

JH, uma mulher de 42 anos, casada, sem filhos e sem histórico de transtorno psiquiátrico, deseja doar anonimamente um rim para transplante, em uma "doação altruísta". Durante a avaliação executada pela equipe cirúrgica, ela foi diagnosticada com hipertensão arterial sistêmica leve e informada acerca dos riscos futuros de uma nefropatia. Nesse momento, foi solicitada uma consultoria psiquiátrica a fim de determinar a capacidade de tomada de decisão da doadora. Ao consultor, a paciente relatou que trabalhava como bibliotecária há 20 anos, que seu marido era piloto de avião e que optaram por não constituir prole devido às frequentes ausências do companheiro relacionadas ao trabalho. Quando questionada sobre um histórico de comportamento altruísta, relatou fazer apenas algumas doações eventuais para instituições de caridade, mas que agora desejava "devolver algo à humanidade". Além disso, demonstrou satisfação por ter sido elogiada pelo nefrologista da equipe de transplantes por seu ato abnegado e estava intrigada com a ideia de parte dela "viver" em outra pessoa. Disse ainda ao psiquiatra que vinha experimentando alguns sintomas de depressão e os atribuiu às discussões que tinha com o marido, principalmente relacionadas à sua falta de apoio ao desejo de ser mãe e à vontade dele em fazer uma vasectomia. Reconheceu que a doação do rim se tornara um "ponto de discórdia" entre o casal e comentou sobre dúvidas em permanecer casada. Questionamentos adicionais levaram a paciente a revelar uma sensação de vazio, e ela foi um tanto receptiva quando o psiquiatra sugeriu que ela poderia estar procurando "corrigir" isso doando um rim. Assim, foi agendada uma reunião envolvendo a potencial doadora, o seu esposo, o nefrologista e o psiquiatra consultor, na qual a paciente trouxe à tona arrependimentos e conflitos conjugais. O marido expressou preocupação por acreditar que os riscos cirúrgicos não deveriam ser negligenciados e que, ao tomar essa decisão, a esposa tentava fazê-lo sentir-se culpado por não desejar uma família. O psiquiatra acreditava que a paciente poderia estar sublimando o desejo de ser mãe no desejo de doar um rim. Ele considerou o contexto psicossocial instável, temendo que essas questões, caso não fossem abordadas adequadamente, pudessem levar à decepção pós-transplante, assim como a problemas conjugais mais profundos, ou mesmo ao agravamento da depressão. Por fim, todas as partes envolvidas concordaram que a doação do rim deveria ser adiada até que a paciente e seu marido tivessem a oportunidade de explorar adequadamente essas questões dinâmicas em psicoterapia.[4]

CASO CLÍNICO 2[4]

GL, sexo masculino, 72 anos, solteiro e sem filhos, chega ao pronto-socorro trazido pelo irmão, com história de anorexia grave, emagrecimento e dor epigástrica há seis meses. Ao exame, encontra-se desnutrido, ictérico, com níveis acentuadamente elevados de bilirrubina e fosfatase alcalina. Uma tomografia computadorizada abdominal revelou uma massa na cabeça do pâncreas. Quando informado que poderia ter câncer, o paciente insistiu categoricamente que não acreditava e parecia desconfiado das intenções do médico. Ao buscar o seu consentimento para um colangiopancreatografia retrógrada endoscópica, o paciente reconheceu vagamente a possibilidade de ter uma doença mais grave. Todavia, declarou que um exame confirmatório não se fazia necessário "porque Deus sempre o curava". Além da recusa terapêutica, o paciente manifestou o desejo de sair do hospital. O irmão declarou que o paciente sempre fora "um lobo solitário", "um excêntrico" e que nunca detivera relacionamentos interpessoais significativos, ou mesmo restara nos empregos por muito tempo. Embora recentemente viesse falando sobre Deus, nunca frequentara nenhuma igreja. O paciente nunca consultara um psiquiatra, e o irmão negou histórico de comportamento impulsivo ou agressivo. O irmão acreditava que o médico deveria respeitar a recusa terapêutica e apoiava a vontade do paciente em deixar o hospital. Outrossim, uma consultoria psiquiátrica foi solicitada a fim de avaliar a capacidade do paciente para a tomada de decisão relativa aos cuidados médicos. Após explicar-lhe alternativas e dar-lhe tempo para a reflexão, o psiquiatra consultor perguntou ao paciente por que ele havia sido hospitalizado, e ele afirmou "Dizem que tenho câncer" e não se demonstrou disposto a mais questionamentos.

O psiquiatra consultor acreditava que o paciente poderia sofrer de uma doença psicótica crônica, como a esquizofrenia ou um transtorno da personalidade do grupo A, embora tenha ressaltado que um câncer de pâncreas poderia manifestar sintomatologia neuropsiquiátrica. O exame do estado mental evidenciou déficit cognitivo moderado, comprometimento do *insight* e crítica de morbidade, ideias supervalorizadas e crenças paranoides. O psiquiatra acreditava que o paciente tinha recebido do médico informações iniciais adequadas sobre a hipótese diagnóstica e os exames indicados e que, embora denotasse alguma compreensão básica dos fatos do seu caso, ele não demonstrava uma apreciação das implicações pessoais desses fatos. Ainda, os déficits cognitivos e as alterações no pensamento afetavam a sua capacidade de raciocínio e a expressão da sua vontade. O psiquiatra refletiu se aspectos culturais e crenças religiosas (p. ex., um sentido verdadeiro de fé e otimismo associados às experiências de vida) poderiam explicar a falha em reconhecer a gravidade da sua situação. Contudo, havia evidências provenientes da história pregressa do paciente de que suas crenças religiosas não faziam parte de um contexto mais amplo de vida pessoal, familiar ou cultural. O psiquiatra sugeriu que alguma restauração da capacidade de decisão do paciente poderia ocorrer mediante o tratamento com medicamento antipsicótico. Todavia, na ausência de um diagnóstico claro e de um perigo iminente, o psiquiatra ponderou se um tratamento coercitivo seria a melhor alternativa. Como a maior probabilidade era de que se tratasse de um carcinoma pancreático avançado, de prognóstico reservado a despeito do tratamento a ser instituído, o médico acreditava que a qualidade de vida do paciente seria precária devido a anorexia, fraqueza e dor. Quando o psiquiatra aventou os riscos caso fossem prestados cuidados de menor qualidade ao paciente por ele ser mentalmente doente, os membros da equipe enfatizaram que assistiriam o paciente de acordo com os seus protocolos de tratamento padrão, mas somente mediante a obtenção de consentimento do paciente/representante legal. No entanto, admitiram que não gostariam de tratar de maneira obstinada um paciente não cooperativo e com possibilidades terapêuticas tão limitadas. Considerando a qualidade de vida gravemente comprometida, a despeito de fatores etiológicos ou avaliações adicionais, concomitantemente à recusa terapêutica do paciente apoiada por seu familiar/responsável, a equipe médica optou por oferecer tratamentos sintomáticos paliativos e conceder a alta hospitalar ao paciente, sob a supervisão do irmão.

No Caso 2,[4] a tomada de decisão da equipe foi extremamente difícil, e as preferências do paciente, embora fortemente influenciadas pela doença psiquiátrica, foram respeitadas mediante a implementação de salvaguardas éticas suficientes (p. ex., envolvimento da família, garantia de cuidados paliativos de acompanhamento e aprimoramento da qualidade de vida). Caso o psiquiatra consultor houvesse simplesmente respondido que o paciente não detinha capacidade cognitiva em consentir com o tratamento, sem a análise dos demais fatores, o resultado poderia ter sido a intervenção e o tratamento coercitivos, mas ainda com um prognóstico muito ruim e possibilidades terapêuticas bastante limitadas. Enfaticamente, cumpre ao psiquiatra consultor determinar a presença e a contribuição da doença psiquiátrica para o quadro clínico apresentado. Destarte, a análise mais ampla e sistemática levou a uma compreensão para além dos fatos médicos básicos, que são, em geral, os fatores mais importantes a serem considerados. Fatores externos (p. ex., desejos de familiares/cuidadores, custos do tratamento, alocação de recursos de saúde escassos ou limitados, bem-estar da sociedade) têm menor peso quando comparados com a indicação médica e a preferência do paciente. No entanto, a sua apreciação na equação ganha destaque sempre que as etapas anteriores forem dúbias, as recomendações médicas não tenham robustez ou gerem muita incerteza, ou, ainda, quando o paciente não pode expressar a sua vontade.[4]

Conforme descrito por Drane[8] e ressaltado por Appelbaum,[9] um modelo de capacidade para consentir ou recusar cuidados médicos em "escala móvel" pode ser instituído, sendo mais flexível quando a decisão de intervir ou deixar de intervir afetar drasticamente o prognóstico e a qualidade de vida do indivíduo, contanto que salvaguardas éticas suficientes sejam proporcionadas. Nessa esfera, o imperativo da não maleficência detém maior enfoque. Ele sugeriu que decisões relativas aos cuidados de baixo risco/alto benefício exigem que o paciente apenas esteja ciente da situação geral e aquiesça com o cuidado. À medida que aumenta a relação risco-benefício dos cuidados médicos, a competência implica uma compreensão mais sofisticada dos possíveis resultados das diferentes opções terapêuticas e maior capacidade de articular preferências. De maneira semelhante, quanto maior o risco, mais rigoroso deverá ser o padrão em vigor.[8]

E quando um paciente poderá retirar o seu consentimento previamente efetuado? A qualquer momento durante o tratamento, exceto se a retirada resultar em prejuízos ou riscos ou o procedimento já tiver iniciado e não puder ser interrompido sem que isso implique a possibilidade de dano.[7]

Há, contudo, situações excepcionais em que o médico tem respaldo legal para justificar a não obtenção de consentimento.[7] Por exemplo, o inciso I do § 3º do art. 146 do Código Penal[13] exclui a tipicidade da conduta nas situações de intervenção médica sem o consentimento do paciente ou de seu representante legal, quando devidamente justificada por iminente perigo de vida. Mediante uma emergência médica, o profissional, ao examinar o que é melhor para o seu paciente (privilégio terapêutico), adotará o procedimento cientificamente reconhecido que determinar mais adequado ao caso.[14] Entretanto, se o paciente houver elaborado previamente as suas diretivas antecipadas de vontade/testamento Vital[12] (efetuado quando estava em pleno gozo das faculdades mentais), o médico deverá levá-las em consideração (reforçando a vedação a práticas distanásicas, ou manobras "fúteis").

Em determinadas situações, não se pode individuar o paciente de um grupo em risco, por exemplo, quando a pessoa tem um agravo transmissível ou causador de graves riscos a terceiros. Embora configurem situações de saúde pública, nas quais há necessidade de preservar um bem comum, a dispensa do consentimento só poderá ocorrer após o esgotamento de todas as possibilidades de convencimento do paciente e conferência com outros médicos. Além do mais, a conduta médica deverá ser descrita pormenorizadamente no prontuário do paciente, com todos os dados que consubstanciaram a tomada de decisão e tratativas infrutíferas em busca da voluntariedade; ainda, conforme o caso, poderá ser comunicado à autoridade competente.[7]

Sob a égide do Conselho Federal de Medicina, os médicos são orientados a não aceitarem a recusa terapêutica quando esta caracterizar abuso de direito.[15] Por exemplo, situações que coloquem em grave risco a saúde de terceiros; recusa terapêutica ao tratamento de doença transmissível ou de qualquer outra condição semelhante que exponha a população a grave risco de contaminação. Tais atos devem ser registrados em prontuário e cientificados ao diretor técnico do estabelecimento de saúde para providências junto às autoridades competentes. Cumpre alertar, contudo, que a recusa terapêutica na relação médico-paciente tem sido alvo de debates e críticas na esfera jurídica atual. O tratamento psiquiátrico hospitalar de indivíduos com transtornos mentais encontra abrigo na Lei nº 10.216/2001,[16] segundo a qual "a internação, em qualquer de suas modalidades, só será indicada quando os recursos extra-hospitalares se mostrarem insuficientes". Portanto, é obrigatória a emissão de laudo médico que justifique a internação psiquiátrica, com a descrição de motivos, emitida por médico devidamente registrado no Conselho Regional de Medicina do estado onde se localize o estabelecimento.

Os tipos de internações psiquiátricas no Brasil são os seguintes:[16]

- Internação voluntária – se dá com o consentimento do usuário;
- Internação involuntária – se dá sem o consentimento do usuário e a pedido de terceiro;
- Internação compulsória – é determinada pela Justiça.

O paciente internado voluntariamente deve assinar um TCLE à admissão declarando a sua opção por esta modalidade de tratamento, e o seu término "dar-se-á por solicitação escrita do paciente ou por determinação do médico assistente". Sempre que um paciente for internado contra a sua vontade, o responsável técnico da unidade hospitalar terá um prazo de até 72 horas para efetuar a comunicação da internação involuntária ao Ministério Público Estadual (MPE). O término dessa modalidade de internação "dar-se-á por solicitação escrita do familiar, ou responsável legal, ou quando estabelecido pelo especialista responsável pelo tratamento" e também deve ser comunicado ao MPE.[16]

PUBLICIDADE MÉDICA, TELEMEDICINA E PROFISSIONALISMO NA ERA DIGITAL

A prática médica encontra-se em constante evolução. Aliadas a isso, a internet e outras tecnologias se expandem rapidamente e vêm sendo incorporadas ao processo terapêutico. Nessa arena tecnológica hodierna, a interação digital entre médicos e pacientes só aumentará, gerando desafios éticos peculiares. Não obstantes a revolução no acesso à informação e os substanciais avanços científicos, delineiam-se possíveis ameaças à privacidade do médico e à neutralidade terapêutica. Com ênfase, renomados autores[17] recomendam ao profissional o resguardo de sua privacidade nas mídias sociais, além da discussão no âmbito da relação médico-paciente de eventuais solicitações dos pacientes por esses meios, a fim de que sejam ponderadas as suas possíveis ramificações, bem como evitados os mal-entendidos. Portanto, é primordial que haja um profissionalismo digital, com autodisciplina e fidelidade às normas reguladoras.[18]

Aos estudantes de medicina é permitido o uso de plataformas de mensagens instantâneas para comunicação entre si e seus preceptores, em caráter privativo, a fim de dirimir dúvidas ou enviar dados dos casos (atendidos obrigatoriamente sob supervisão médica).[3] Há, contudo, a ressalva de que as informações tenham absoluto caráter confidencial, nunca extrapolando os limites do próprio grupo. Ainda, em atividades de aprendizagem prática e/ou teórica, é dever do acadêmico de medicina "dedicar sua atenção inteiramente ao atendimento e/ou conteúdo ministrado, evitando distrações com aparelhos eletrônicos e conversas alheias à atividade".[3]

Com o objetivo de alinhar o arcabouço ético às tendências atuais de divulgação do trabalho médico nas redes sociais, o CFM optou por modernizar as regras sobre publicidade médica (Quadro 24.1).[19] A norma vigente proíbe o sensacionalismo e a autopromoção, mas deixa de vetar publicações que visem à formação ou à ampliação de clientela. De maneira análoga, também o Código de Ética do estudante de medicina veta a divulgação de assuntos médicos por alunos de forma sensacionalista, promocional ou de conteúdo inverídico.[3]

A fim de nortear e traçar limites à atuação do médico em serviços mediados por tecnologias de comunicação, bem como conferir segurança e confidencialidade dos dados, o CFM publicou a Resolução nº 2.314/2022, que define e regulamenta a telemedicina no Brasil.[20] No Quadro 24.2, destacamos alguns pontos-chave dessa normativa.[20]

Como a medicina prima pelo benefício e pelos melhores resultados ao paciente, é dever do médico avaliar se a telemedicina é o método mais adequado às necessidades do paciente, em dada situação.[20] Caso o médico tenha falhado em verificar que um exame direto presencial era absolutamente necessário e, em decorrência dessa falta, sobrevenha algum dano ao paciente, o médico poderá ser responsabilizado, civil e/ou penalmente. Vejamos o Caso 3.[1,20]

CASO CLÍNICO 3

O Dr. Geraldo, psiquiatra, recebeu uma ligação da filha de seu paciente, o Sr. Casemiro, de 67 anos. Ele o vinha atendendo há quatro anos, após um episódio de depres-

QUADRO 24.1
PONTOS-CHAVE DAS REGRAS DE PUBLICIDADE MÉDICA[19]

A publicação nas redes sociais de autorretrato (*selfie*), imagens e/ou áudios é permitida, contanto que não haja características de sensacionalismo ou concorrência desleal.

É vedado ao médico o anúncio de especialidade que não esteja registrada junto ao Conselho Regional de Medicina, sendo mandatório o acompanhamento do número do registro da especialidade (RQE) quando da divulgação.

O médico não deve se engajar em publicidade que induza à garantia de resultado, a fim de preservar a medicina como atividade-meio (responsabilidade civil subjetiva).

É vedado ao médico o oferecimento de consultorias em materiais publicitários como substituto da consulta médica.

Fica permitido o uso de imagens de pacientes quando a finalidade for educativa, mediante a aplicação de TCLE, sem qualquer manipulação e sem a identificação do paciente.

Quando forem utilizadas imagens de antes e depois de procedimentos, estas devem vir apresentadas em conjuntos (ao menos quatro pacientes), acompanhadas de texto educativo contendo indicações e possíveis evoluções satisfatórias e insatisfatórias/complicações, bem como quando sinais/sintomas apontam para procurar um médico.

QUADRO 24.2
PONTOS-CHAVE DA PRÁTICA DA TELEMEDICINA NO BRASIL

É facultada ao médico a escolha de optar, ou não, por essa modalidade de atendimento; todavia, a autonomia profissional fica limitada aos princípios de beneficência e não maleficência do paciente.

A. O padrão-ouro no atendimento ao paciente continua sendo a modalidade presencial; portanto, a telemedicina tem caráter complementar e não substitutivo ao ato médico presencial.
B. Embora a primeira consulta possa ser realizada por telemedicina (estabelecimento da relação médico-paciente de modo virtual), o atendimento presencial deve ser indicado pelo médico: sempre que o julgar necessário; na evidência de riscos; em intervalos não superiores a 180 dias no caso de doenças crônicas ou doenças que requeiram acompanhamento por longo prazo.

É necessário o registro da consulta por telemedicina, sendo suficiente a sua descrição em prontuário (não é requerido o registro completo, incluindo áudio e vídeo).

É mandatória a sua utilização "dentro de protocolos rígidos de segurança digital e suficientes para a finalidade proposta", mediante a garantia de confidencialidade, tanto na transmissão, quanto no recebimento de dados.

É obrigatório um TCLE pré-estabelecido entre paciente e médico (enviado por meios eletrônicos ou de gravação de leitura do texto com a concordância).

O médico deve ser detentor de assinatura digital (padrão ICP-Brasil), estar regularmente inscrito no Conselho Regional de Medicina de sua jurisdição e determinar previamente com o paciente qual será a contraprestação financeira relativa ao atendimento *online*.

Fonte: Elaborado com base em Conselho Federal de Medicina.[20]

são unipolar grave, com características ansiosas, para o qual havia prescrito um antidepressivo. Em uma ou outra ocasião, o paciente fizera uso de um benzodiazepínico para o manejo de ataques de pânico não bem resolvidos apenas com medidas comportamentais. Atualmente, vinha sendo efetuado o acompanhamento pela modalidade de telemedicina, a pedido do próprio paciente. Na referida ligação, a filha disse que o Sr. Casemiro vinha se mantendo bem desde o último atendimento *online*, há três meses, mas que "hoje não estava legal, estava apresentando uma crise forte de ansiedade e estavam sem o remedinho para os nervos." Assim, solicitou gentilmente ao Dr. que lhe fizesse a prescrição e ela iria ao seu consultório buscá-la. Já que conhecia bem o paciente, o Dr. Geraldo anuiu ao pedido e deixou a receita do benzodiazepínico com a sua secretária. Muitas semanas se passaram, e o Dr. Geraldo foi surpreendido por uma intimação judicial. Ao consultar o número do processo, tomou ciência dos fatos. A filha do Sr. Casemiro relatava que o Dr. Geraldo agira de maneira açodada e negligente: sem examinar o paciente, expedira-lhe uma medicação controlada, e a filha – bem-intencionada, porém leiga – administrara o que lhe foi prescrito e o mantivera em casa. Por essa razão, o Sr. Casemiro morrera de infarto, sem assistência médica. Como o Dr. Geraldo "lhes havia usurpado a possibilidade de um tratamento condigno e de salvamento", agora deveria indenizar a filha pelos graves danos sofridos (de ordem psicológica – dano moral –, incluindo ressarci-la do tratamento psiquiátrico que passou a requerer após o luto), além dos custos funerais.

CONFIDENCIALIDADE

Manter a confidencialidade do paciente é um forte imperativo para os médicos que deve ser observado com prudência, havendo circunstâncias especialíssimas em que a relativização/quebra do sigilo é necessária, ou aceita, conforme o Quadro 24.3.[1]

De maneira análoga, o estudante de medicina deverá guardar sigilo a respeito das informações obtidas a partir da relação com os pacientes e com os serviços de saúde, incluindo aquelas contidas em prontuários, papeletas, exames e demais folhas de observações médicas.[3]

ÉTICA EM PESQUISA COM SERES HUMANOS NO BRASIL

A lei que regulamenta a pesquisa com seres humanos, atualizada em 2024, instituiu o Sistema Nacional de Ética em Pesquisa com Seres Humanos, visando garantir a dignidade, a segurança e o bem-estar do participante.[21]

Compõem as responsabilidades do pesquisador, dentre outras:[21]

- "Assegurar, quando se tratar de ensaio clínico, o acompanhamento clínico dos participantes da pesquisa durante a condução do estudo e após o seu término, pelo prazo e nas condições definidos no protocolo aprovado pelo Comitê de Ética em Pesquisa (CEP).
- Disponibilizar, quando solicitado, o acesso direto aos registros e documentos da pesquisa para o monitor, o auditor, os demais representantes do patrocinador, o CEP, a instância nacional de ética em pesquisa e a autoridade sanitária.
- Apresentar relatórios parciais com informações sobre o andamento da pesquisa, anualmente e sempre que solicitado, ao CEP que a tenha analisado.
- Comunicar prontamente ao patrocinador, à autoridade sanitária, ao CEP e à instância nacional de ética em pesquisa todos os eventos adversos graves ou inesperados.

QUADRO 24.3
SITUAÇÕES PREVISTAS EM LEI/CÓDIGO DE ÉTICA MÉDICA
QUE ENSEJAM A QUEBRA DE SIGILO[1,21]

A liberação do segredo profissional pode ocorrer quando o médico obtiver a autorização expressa de seu paciente para tal.
Quando a comunicação de um agravo for compulsória, é dever do médico comunicar tal fato à autoridade competente, como é o caso, por exemplo, das situações de suspeita de violência. O médico responde criminalmente pela omissão de notificação de doença. Esses casos representam uma excepcional restrição ao interesse do indivíduo em prol da saúde e da segurança coletivas.
Para sua defesa judicial, o médico poderá apresentar a ficha ou o prontuário médico à autoridade competente. Outrossim, se o médico for intimado como testemunha para depor sobre fatos relacionados ao atendimento de seu paciente, deverá comparecer em juízo e declarar o seu impedimento.
Os pais ou responsáveis têm direito às informações sobre a saúde da criança. Já o CEM condiciona a autonomia e o sigilo à capacidade de discernimento do adolescente para o ato em questão e à isenção de riscos decorrentes da não revelação do segredo médico.
É vedado ao médico revelar informações confidenciais obtidas quando do exame médico de trabalhadores, inclusive por exigência dos dirigentes de empresas ou de instituições, salvo se o silêncio puser em risco a saúde dos empregados ou da comunidade.
Não comete delito o médico que revela segredo profissional por justa causa. Deve-se sempre avaliar caso a caso e registrar detalhadamente a situação no prontuário médico do paciente. Aqui um eventual prejuízo provocado pela quebra de sigilo é arbitrado como menor do que o prejuízo a ser evitado pela revelação do segredo; esse risco a ser prevenido é, tipicamente, grave, iminente e não pode ser de outra forma evitado (p. ex., por meio da internação do paciente).
O fornecimento de atestados com o diagnóstico (codificado ou não) só pode dar-se quando por justa causa, em exercício de dever legal ou por solicitação do próprio paciente ou de seu representante legal.

Fonte: Elaborado com base em Conselho Federal de Medicina.[1,22]

- Manter armazenados e sob sua guarda, em meio físico ou digital, os dados e os documentos essenciais da pesquisa pelo prazo de cinco anos após o seu término ou descontinuação formal, e pelo prazo de dez anos no caso de produtos de terapias avançadas.
- Assegurar os direitos dos participantes da pesquisa e zelar por seu bem-estar e sua segurança."

Os estudantes de medicina envolvidos em pesquisas científicas também devem respeitar os princípios éticos e as disposições encontradas nas diretrizes e normas brasileiras regulamentadoras desse tema.[3]

CONSIDERAÇÕES FINAIS E PERSPECTIVAS FUTURAS

A prática médica encontra-se em constante evolução, sendo moldada pelos costumes e pelo avanço tecnológico. Não obstante, o seu objetivo final deverá sempre visar ao melhor interesse do paciente, e, para tal, a bússola será a literatura científica, porém as condutas deverão ser ancoradas nos preceitos ético-jurídicos. Não almejamos esgotar esse importante tema, tampouco isso seria possível, mas a leitura deste capítulo pretende permitir a instrumentalização dos futuros médicos, no sentido de proporcionar-lhes maior segurança nas suas tomadas de decisão, atuando dentro dos limites que amparam e estipulam direitos e deveres quando da assistência, na busca das melhores práticas direcionadas aos interesses de seus pacientes.

■ REFERÊNCIAS

1. Conselho Federal de Medicina. Código de ética médica: resolução CFM nº 2.217, de 27 de setembro de 2018, modificada pelas Resoluções CFM nº 2.222/2018 e 2.226/2019 [Internet]. Brasília: CFM; 2019 [capturado em 31 jan. 2025]. Disponível em: https://portal.cfm.org.br/images/PDF/cem2019.pdf.
2. Siegler M. Decision-making strategy for clinical-ethical problems in medicine. Arch Intern Med. 1982;142(12):2178-9.
3. Conselho Federal de Medicina. Código de ética do estudante de medicina. Brasília: CFM; 2018.
4. Wright MT, Roberts LW. A basic decision-making approach to common ethical issues in consultation-liaison psychiatry. Psychiatr Clin North Am. 2009;32(2):315-28.
5. Appelbaum PS, Roth LH. Clinical issues in the assessment of competency. Focus. 2023;21(1):106-10.
6. Beauchamp TL, Childress JF. Principles of biomedical ethics. New York: Oxford University; 1979.
7. Conselho Federal de Medicina. Recomendação CFM nº 1/2016 [Internet]. Brasília: CFM; 2016 [capturado em 31 jan. 2025]. Disponível em: https://portal.cfm.org.br/images/Recomendacoes/1_2016.pdf.
8. Drane JF. Competency to give an informed consente: a model for making clinical assessments. JAMA. 1984;252(7):925-7.
9. Appelbaum PS. Clinical practice: assessment of patients' competence to consent to treatment. N Engl J Med. 2007;357(18):1834-40.
10. Smid J, Studart-Neto A, César-Freitas KG, Dourado MCN, Kochhann R, Barbosa BJAP, et al. Declínio cognitivo subjetivo, comprometimento cognitivo leve e demência: diagnóstico sindrômico: recomendações do departamento científico de neurologia cognitiva e do envelhecimento da Academia Brasileira de Neurologia. Dement Neuropsychol. 2022;16(3 suppl 1):1-24.
11. Brasil. Lei nº 8.069, de 13 de julho de 1990 [Internet]. Brasília: Presidência da República; 1990 [capturado em 31 jan. 2025]. Disponível em: https://www.planalto.gov.br/ccivil_03/leis/l8069.htm.
12. Conselho Federal de Medicina. Resolução CFM nº 1.995/2012 [Internet]. Brasília: CFM; 1990 [capturado em 31 jan. 2025]. Disponível em: https://sistemas.cfm.org.br/normas/visualizar/resolucoes/BR/2012/1995.
13. Brasil. Decreto-Lei nº 2.848, de 7 de dezembro de 1940 [Internet]. Rio de Janeiro: Presidência da República; 1940 [capturado em 31 jan. 2025]. Disponível em: https://www.planalto.gov.br/ccivil_03/decreto-lei/del2848.htm.
14. Conselho Federal de Medicina. Resolução CFM nº 2.057/2013 [Internet]. Brasília: CFM; 2013 [capturado em 31 jan. 2025]. Disponível em: https://sistemas.cfm.org.br/normas/visualizar/resolucoes/BR/2013/2057.
15. Conselho Federal de Medicina. Resolução CFM nº 2.232/2019 [Internet]. Brasília: CFM; 2019 [capturado em 31 jan. 2025]. Disponível em: https://sistemas.cfm.org.br/normas/visualizar/resolucoes/BR/2019/2232.
16. Brasil. Lei nº 10.216, de 6 de abril de 2001 [Internet]. Brasília: Presidência da República; 2001 [capturado em 31 jan. 2025]. Disponível em: https://www.planalto.gov.br/ccivil_03/leis/leis_2001/l10216.htm.
17. Gabbard GO, Kassaw KA, Perez-Garcia G. Professional boundaries in the era of the Internet. Acad Psychiatry. 2011;35(3):168-74.
18. Sabin JE, Harland JC. Professional ethics for digital age psychiatry: boundaries, privacy, and communication. Curr Psychiatry Rep. 2017;19(9):55.
19. Conselho Federal de Medicina. Resolução CFM nº 2.336, de 13 de julho de 2023 [Internet]. Brasília: CFM; 2023 [capturado em 31 jan. 2025]. Disponível em: https://sistemas.cfm.org.br/normas/arquivos/resolucoes/BR/2023/2336_2023.pdf.
20. Conselho Federal de Medicina. Resolução CFM nº 2.314, de 20 de abril de 2022 [Internet]. Brasília: CFM; 2022 [capturado em 31 jan. 2025]. Disponível em: https://www.in.gov.br/en/web/dou/-/resolucao-cfm-n-2.314-de--20-de-abril-de-2022-397602852.
21. Brasil. Lei nº 14.874, de 28 de maio de 2024 [Internet]. Brasília: Presidência da República; 2024 [capturado em 31 jan. 2025]. Disponível em: https://www.planalto.gov.br/ccivil_03/_ato2023-2026/2024/lei/l14874.htm.
22. Conselho Federal de Medicina. Resolução CFM nº 2.381, de 20 de junho de 2024 [Internet]. Brasília: CFM; 2024 [capturado em 31 jan. 2025]. Disponível em: https://www.in.gov.br/en/web/dou/-/resolucao-cfm-n-2.381-de-20-de-junho-de-2024-569303790.

25

DESENVOLVIMENTO DE HABILIDADES PARA A CONSTRUÇÃO DA RELAÇÃO MÉDICO-PACIENTE

EUGENIO HORACIO GREVET
FELIPE PASSOS
FLÁVIO MILMAN SHANSIS

O vínculo entre médico e paciente tem papel essencial na prática médica. Desde o início da formação, o estudante deveria ser estimulado a desenvolver competências técnicas e habilidades para a construção de uma relação baseada em confiança, empatia e respeito com a pessoa que procura ajuda. Nesse sentido, uma atenção redobrada deve ser dada ao paciente em atendimento psiquiátrico. O método clínico centrado na pessoa (MCCP) tem se mostrado um facilitador para consolidação de uma boa relação médico-paciente (RMP). Assim, é esperado que um profissional da área da saúde desenvolva habilidades interpessoais, como escuta ativa e validação emocional, para complementar os seus conhecimentos técnicos. Para isso, são propostos métodos de aprendizado experimental, como, por exemplo, cenários de simulações realísticas, a fim de que o estudante possa aprimorar a RMP. Ainda, outras dimensões contribuem para a construção de uma boa RMP, como fatores psicossociais e culturais; portanto, cabe ao profissional assumir uma postura sensível a esses aspectos para garantir um atendimento inclusivo e respeitoso. No entanto, sabe-se que as diversas habilidades necessárias para a construção de um vínculo empático com pacientes exigem um aprendizado contínuo para o aperfeiçoamento da relação médico-paciente.

DESCRITORES: comunicação; cuidado centrado no paciente; habilidades interpessoais; humanização; relação médico-paciente; simulação realística.

ESTADO DA ARTE

Desde o início da formação médica, o estudante é estimulado a desenvolver habilidades de comunicação com o paciente, por meio da anamnese e da aplicação de conceitos semiológicos. No entanto, para além do contexto saúde-doença, também é esperado que o profissional desenvolva condições para a construção de um vínculo terapêutico baseado na confiança, na empatia e no respeito entre o médico e o paciente.

No âmbito da saúde mental e da psiquiatria não é diferente; pelo contrário, é necessário mais ainda que o profissional seja capaz de acolher, escutar e dar segurança para que o paciente fale e demonstre aspectos emocionais. Logo, a relação médico-paciente (RMP) exerce impacto direto na qualidade e na efetividade da consulta psiquiátrica, sendo uma forte aliada no diagnóstico preciso e na adesão ao tratamento.

Sendo assim, o desenvolvimento de técnicas e de facilitadores para o estabelecimento do vínculo médico-paciente tem sido um tema frequente em publicações médicas.[1,2] Conceitos psicodinâmicos e psicopatológicos, bem como de medicina da família e comunidade, trazem contribuições para uma definição de que a RMP é um processo dinâmico, humanizado, horizontal e, sobretudo, de diálogo.[3]

A comunicação é ponto crucial na RMP, pois por meio dela se desenvolve um ambiente de confiança e empatia, o que contribui para a adesão e o sucesso do tratamento. Nesse sentido, a entrevista psiquiátrica é uma aplicação da comunicação médica para compreensão do estado mental, emocional e comportamental do paciente. Diferente de outras entrevistas clínicas, que tendem a ser mais objetivas e direcionadas para a caracterização de sintomas e síndromes clínicas, o atendimento em saúde mental, além dessa necessária caracterização, tende a ser mais aberto e requer uma escuta ativa e empática, além de atenção aos padrões de comportamento e pensamentos do paciente.

Entretanto, nas últimas décadas, a incidência de transtornos mentais tem aumentado em todo o mundo, sendo mais diagnosticados nos serviços de saúde em geral e não exclusivamente na área de saúde mental. Dessa forma, todo profissional de saúde deve estar apto a oferecer ajuda, alívio e cuidado adequado à pessoa em sofrimento mental. Portanto, o presente capítulo busca apresentar os principais aspectos envolvidos na construção do vínculo médico-paciente, tendo a entrevista psiquiátrica como uma importante ferramenta nesse processo.

A CONSTRUÇÃO DO VÍNCULO MÉDICO-PACIENTE

A interação médico-paciente pode ter intensidade e duração diferentes em cada contexto de atenção à saúde. Por exemplo, em um atendimento de emergência, não há tempo hábil para desenvolvimento de uma relação médico-paciente, visto que o objetivo é fornecer cuidados imediatos e eficazes para estabilização de condições clínicas graves e prevenir complicações. No entanto, em outros cenários, a construção de um vínculo entre o médico e o paciente é essencial para a identificação dos cuidados necessários para a pessoa que procurou o serviço.

Existem diversas abordagens e sistematizações que podem ser usadas no atendimento médico.[4] No entanto, independente da postura adotada, os profissionais devem assumir uma conduta humanizada e buscar entender o paciente para além da sua doença, considerando também os seus aspectos emocionais, sociais e culturais.

Assim, o método clínico centrado na pessoa (MCCP)[5] é uma proposta que engloba os aspectos clínicos e subjetivos do paciente.

Ao longo do tempo, o MCCP foi adaptado para aplicar o conhecimento técnico com sensibilidade e empatia pelo paciente. Atualmente, é estruturado em quatro componentes interligados.

- **Abertura:** Por meio de um ambiente acolhedor e receptivo, o profissional busca explorar as necessidades do paciente, percorrendo tanto a saúde quanto a doença e a experiência do indivíduo com a sua doença.
- **Desenvolvimento da confiança:** A partir do entendimento por parte do clínico da pessoa como um todo, valorizando os determinantes sociais e culturais, o paciente se sente seguro para compartilhar questões sensíveis que podem estar relacionadas ao processo de adoecimento. Além disso, por parte do profissional, é esperada uma escuta ativa e empática.
- **Enfrentamento de resistências:** A elaboração do melhor plano terapêutico não depende apenas das competências técnicas do profissional, mas envolve também esclarecimento e paciência para solucionar eventuais hesitações e desconfianças por parte do paciente. Para isso, o plano terapêutico deve ser elaborado em conjunto com o paciente, sendo individualizado e capaz de superar resistências emocionais ou culturais ao tratamento.
- **Consolidação da relação médico-paciente:** Mais do que uma interação profissional, a relação entre médico e paciente deve ser vista como uma parceria embasada em respeito mútuo, compromisso e cooperação com o tratamento.

Dessa forma, é por meio de uma RMP sólida que se terá mais chances de alcançar melhores desfechos clínicos. Isso sugere que uma abordagem integrada do cuidado em saúde envolve empatia e confiança, elementos essenciais para maior qualidade no diagnóstico e na satisfação com o tratamento.

A empatia, entendida como a capacidade de compreender e validar as emoções do paciente, cria um ambiente seguro em que ele se sente ouvido e valorizado. Faz parte desse processo a consideração dos desejos e dos anseios da pessoa em relação ao tratamento e a recuperação de sua saúde. Como desdobramento, a confiança é desenvolvida a partir do momento em que o médico é visto como alguém interessado no bem-estar e na melhora do paciente.

Estudos sugerem que relações pautadas em empatia e confiança impactam positivamente na continuidade do cuidado e na adesão ao tratamento.[1] Cabe salientar que é esperado que o médico possua habilidades interpessoais capazes de gerar uma boa RMP. No Quadro 25.1 são apresentadas as habilidades esperadas.

ENSINO DE HABILIDADES INTERPESSOAIS E USO DE FERRAMENTAS NA RELAÇÃO MÉDICO-PACIENTE

ENSINO DE HABILIDADES INTERPESSOAIS

O êxito na RMP depende do treinamento contínuo das habilidades interpessoais. No ensino da entrevista psiquiátrica, modelos pedagógicos que combinam atividades práticas e teóricas se mostram mais efetivos para o desenvolvimento de habilidades de comunicação e de diagnóstico. Com a evolução e a inclusão de tecnologias no processo de aprendizado, o uso de simulações realís-

QUADRO 25.1
HABILIDADES INTERPESSOAIS ESPERADAS DE UM PROFISSIONAL DA SAÚDE

Habilidade	Escuta ativa	Comunicação verbal	Comunicação não verbal	Validação emocional	Desenvolvimento de confiança
Objetivo	Aprender a escutar sem interrupções, com a captação de sinais e *nuances* importantes para o processo diagnóstico e terapêutico	Transmitir informações de forma simples e condizentes com o nível de entendimento do paciente	Interpretar e utilizar sinais não verbais, como gestos, expressões faciais e postura durante a consulta	Desenvolver a habilidade de reconhecer e validar as emoções, os medos e anseios dos pacientes, promovendo um cuidado mais humanizado	Desenvolver uma relação genuína com os pacientes, fornecendo segurança para que possam se expressar e compartilhar suas emoções e expectativas com o tratamento

ticas tem gerado interessantes resultados no rendimento e na assimilação de conhecimento pelos estudantes e profissionais.[6,7]

Simulações com pacientes padronizados permitem que os alunos pratiquem, em ambientes controlados, os conhecimentos teóricos vistos em sala de aula encarando como se fossem situações reais. Além disso, modelos pedagógicos ativos promovem a construção de competência técnica e de empatia, que são essenciais para que vínculos terapêuticos consistentes sejam criados a partir desses ambientes simulados.

O uso de simulações mostrou-se efetivo para o desenvolvimento de habilidades médicas, como obtenção e relato da história médica, preenchimento da avaliação de estado mental e proposição de planos terapêuticos mais adequados. A efetividade desse método pedagógico é mais bem compreendida pelo ciclo de aprendizado experimental de Kolb, que busca explicar o processo de ensino e aprendizagem em cenários de simulação realística.[8]

Assim, a oportunidade de observação de entrevistas simuladas, acompanhadas de supervisão estruturada e posterior *feedback* (seja individual ou em grupo), é importante para o desenvolvimento de habilidades e a consolidação dos conhecimentos teóricos. O modelo proposto por David Kolb é constituído por quatro etapas interconectadas.[8]

- **Conceitualização abstrata:** Também é conhecida como *pré-briefing*. Nesse momento, os estudantes são preparados, os objetivos da sessão são estabelecidos e as expectativas são alinhadas. A figura do facilitador tem um importante papel na discussão de estratégias que podem ser utilizadas durante a prática.
- **Experimentação ativa:** É o momento de realização da atividade prática de entrevista com o paciente simulado, no qual o estudante deve explorar novas ideias e estratégias de comunicação, sem qualquer consequência no processo avaliativo.
- **Experimentação concreta:** É o momento de *feedback*. Eventuais fragilidades na entrevista simulada são discutidas individualmente e/ou em grupo, a partir da apresentação do que seria a referência de uma boa condução do caso simulado.

Nessa etapa, ferramentas avaliativas podem ser incluídas.
- **Observação reflexiva:** Com os comentários recebidos, o estudante é estimulado a refletir de forma crítica sobre a sua conduta, compreendendo o que funcionou e o que pode ser feito diferente.

Então, o ciclo é reiniciado com um novo momento de *pré-briefing* para que o aluno possa entender melhor seu desempenho e seja instruído sobre como aplicar as soluções listadas no *feedback*. É importante que o estudante veja as melhorias como objetivos e metas para os próximos atendimentos, tornando-se um agente ativo de seu próprio aprendizado.[6]

Estudos identificaram que alunos que passaram por aulas de simulação realística se sentem mais confiantes para condução de entrevistas com pacientes reais.[9,10] Portanto, as habilidades de comunicação e interpessoais são aperfeiçoadas ao longo de todo o tempo de formação, sendo colocadas em prova, principalmente, durante os estágios clínicos.

A partir do exposto, tem sido observado que a simulação realística demonstra importante efetividade na indução de melhores capacidades para uma boa RMP.

FERRAMENTAS NA RELAÇÃO MÉDICO-PACIENTE

A construção de um vínculo de confiança entre o paciente e o profissional é essencial para a condução de uma entrevista psiquiátrica efetiva. As habilidades interpessoais adquiridas são importantes para que o paciente se sinta seguro, respeitado, compreendido e livre de julgamentos.

Diferente de outros contextos clínicos, em saúde mental, o uso de perguntas abertas e reflexivas é estimulado, pois permite que o paciente expresse mais genuinamente os sinais e sintomas que o trazem ao consultório. Além disso, o profissional assume o papel de facilitador da expressão do paciente, conduzindo-o por meio dos aspectos clínicos, psicológicos, sociais, familiares e culturais que contribuem para o presente estado de sofrimento mental.[3]

A entrevista psiquiátrica tem como objetivo explorar os sintomas e o funcionamento mental do paciente, para que hipóteses diagnósticas possam ser consideradas. Utilizam-se instrumentos para caracterização de sintomas, sendo o Exame do Estado Mental (EEM) uma ferramenta essencial.[11] O EEM é constituído da avaliação de competências do paciente que são importantes para o contexto clínico, sendo elas aparência, consciência, nível de atenção, sensopercepção, orientação, memória, inteligência, afetividade e humor, pensamento, juízo crítico, conduta e linguagem. O domínio do EEM deve fazer parte do arcabouço técnico dos médicos em formação, visto que fornece uma visão geral do funcionamento psíquico do paciente durante a consulta.

ASPECTOS PSICOSSOCIAIS E CULTURAIS NA RELAÇÃO MÉDICO-PACIENTE

Fatores psicossociais e culturais permeiam as relações entre profissionais de saúde e pacientes. Afinal, a forma como cada pessoa expressa seus sintomas, pensamentos e emoções está sujeita a influências culturais, preconceitos e crenças. Em relação à área de saúde mental, sabe-se que muitos estereótipos e estigmas afetam não só a procura pelo atendimento especializado, mas também a adesão ao plano terapêutico.

Sendo membros da comunidade geral, os próprios profissionais da saúde podem carregar consigo preconceitos inconscientes que prejudicam a qualidade do atendimento e, até mesmo, influenciam no diagnóstico. Por exemplo, há o risco de certos transtornos mentais serem sub ou superdiagnosticados em populações específicas.[12,13] Dessa forma, o profissional deve buscar uma postura culturalmente sensível e empática ao manejar um paciente com transtorno psiquiátrico.

Outra dimensão que é muito importante para ser entendida na RMP é a compreensão do contexto socioeconômico no qual o indivíduo está inserido. Estudos sugerem que pacientes com menores renda e escolaridade enfrentam mais dificuldades de acesso a serviços de saúde e, até mesmo, de adesão ao tratamento.[14] Logo, o plano terapêutico deve ser discutido com o paciente para que se tenha um tratamento alinhado às finalidades do cuidado e às condições econômicas e cognitivas do indivíduo.

O profissional também deve ser sensível às questões de gênero, etnia e orientação sexual. O entendimento disso promove o fortalecimento do vínculo médico-paciente ao mostrar que as individualidades e experiências da pessoa são também consideradas na clínica. Nesse sentido, o discernimento médico e as habilidades de comunicação devem ser utilizados para adaptar a entrevista médica a fim de que cada paciente receba o tratamento adequado, inclusivo e respeitoso.

CONSIDERAÇÕES FINAIS E PERSPECTIVAS FUTURAS

A habilidade do profissional de saúde de desenvolver vínculos com o paciente será exigida durante toda a carreira. No âmbito de um atendimento em saúde mental, essa habilidade é muito mais sensível, dado o perfil do paciente em sofrimento. No entanto, para que uma boa RMP se estabeleça, essa habilidade precisa ser desenvolvida a partir de pressupostos teóricos e práticos que deveriam ser abordados para a formação desse profissional.

Assim, é importante que nos ambientes acadêmicos sejam enfatizadas a empatia, a compaixão e a compreensão de questões emocionais que fazem parte de qualquer atendimento clínico. Para isso, por exemplo, a utilização de simulações realísticas tem se mostrado bastante efetiva no desenvolvimento dessas capacidades, trazendo benefícios como confiança e mais segurança ao profissional ao conduzir uma consulta médica.

A comunicação, na forma da entrevista clínica, é uma importante ferramenta no cuidado contínuo e na construção de relações sólidas. O desenvolvimento dessa habilidade deve fazer parte das competências adquiridas na formação médica. Com o desenvolvimento da tecnologia, a utilização de simulações digitais e de inteligência artificial (como *large language model*, LLM) pode enriquecer o ensino das habilidades comunicativas esperadas em todo profissional da saúde. Dessa forma, a incorporação de ferramentas tecnológicas em metodologias ativas parece ter um futuro promissor no desenvolvimento de habilidades na relação médico-paciente.

Não se pode esquecer, contudo, que a prática de uma medicina centrada na pessoa e humanizada segue sendo um desafio constante para todos os profissionais envolvidos e é o pressuposto básico de toda a relação médico-paciente.

REFERÊNCIAS

1. François J, Audrain-Pontevia AF, Boudhraâ S, Vial S. Assessing the influence of patient empowerment gained through mental health apps on patient trust in the health care provider and patient compliance with the recom-

1. mended treatment: cross-sectional study. J Med Internet Res. 2024;26:e48182.
2. François J, Audrain-Pontevia AF, Menvielle L, Chevalier N. Empowering health care consumers in the era of internet of things. Int J Consum Stud. 2023;47(3):1060-75.
3. Mackinnon RA, Michels R, Buckley PJ. A entrevista psiquiátrica na prática clínica: de acordo com o DSM-5. 3. ed. Porto Alegre: Artmed; 2017.
4. Gusso G, Lopes JMC, Dias LC, organizadores. Tratado de medicina de família e comunidade: princípios, formação e prática. 2. ed. Porto Alegre: Artmed; 2019.
5. Stewart M, Brown JB, Weston WW, McWhinney IR, McWilliam CL, Freeman TR. Medicina centrada na pessoa: transformando o método clínico. 3. ed. Porto Alegre: Artmed; 2017.
6. Meyer EG, Battista A, Sommerfeldt JM, West JC, Hamaoka D, Cozza KL. Experiential learning cycles as an effective means for teaching psychiatric clinical skills via repeated simulation in the psychiatry clerkship. Acad Psychiatry. 2021;45(2):150-8.
7. Martin A, Jacobs A, Krause R, Amsalem D. The mental status exam: an online teaching exercise using video-based depictions by simulated patients. MedEdPORTAL. 2020;16:10947.
8. Kolb DA. Experiential learning: experience as the source of learning and development. 2nd ed. London: Pearson FT; 2014.
9. Montgomery A, Baird L, Traynor V, Chang HR, Smerdely P. Teaching delirium to undergraduate medical students: exploring the effects of a cross-professional group objective structured clinical examination compared to standard education. Australas J Ageing. 2023;42(1):118-26.
10. Sperling JD, Clark S, Kang Y. Teaching medical students a clinical approach to altered mental status: simulation enhances traditional curriculum. Med Educ Online. 2013;181:1-8.
11. Folstein MF, Folstein SE, McHugh PR. Mini-mental state: a practical method for grading the cognitive state of patients for the clinician. J Psychiatric Res. 1975;12(3):189-98.
12. Lee CH, Duck IM, Sibley CG. Ethnic inequality in diagnosis with depression and anxiety disorders. N Z Med J. 2017;130(1454):10-20.
13. Skurtveit S, Bramness JG, Hjellvik V, Hartz I, Nesvåg R, Hauge LJ, et al. Increase in diagnosis of depressive disorders contributes to the increase in antidepressant use in adolescents. Acta Psychiatr Scand. 2018;137(5):413-21.
14. Silva ICM, Restrepo-Mendez MC, Costa JC, Ewerling F, Hellwig F, Ferreira LZ, et al. Mensuração de desigualdades sociais em saúde: conceitos e abordagens metodológicas no contexto brasileiro. Epidemiol Serv Saúde. 2018;27(1):e000100017.

26

ENTREVISTANDO PACIENTES

CAROLINA BLAYA DREHER
MARCELO PIO DE ALMEIDA FLECK
LUCAS PRIMO DE CARVALHO ALVES
RAFAEL RAMOS AMARAL

DESCRITORES: entrevista clínica; paciente; anamnese; empatia; *setting* terapêutico; exame do estado mental; diagnóstico.

A entrevista clínica é uma habilidade básica que o médico precisa desenvolver para que, ao longo de um tempo pré-definido (a consulta), ele possa conhecer a história de vida de seu paciente, sua eventual psicopatologia e como essas duas instâncias interagem. Entrevistar é frequentemente considerado uma "arte", contrastando com os aspectos científicos da medicina que envolvem, por exemplo, o conhecimento de fisiopatologia ou a aplicação da medicina baseada em evidências. No entanto, essa ideia pode passar uma visão equivocada de que a habilidade de entrevistar é um "dom", algo mágico e misterioso, e não uma habilidade que precisa ser desenvolvida e aprendida com método e rigor. Ao longo do presente capítulo, será mostrado que a entrevista também se baseia na observação, no exame e no teste de hipóteses clínicas. No entanto, quando realizada com arte, a entrevista frequentemente oculta o rigor e o método que a norteia. A boa entrevista acaba dando a (falsa) impressão ao paciente de que ele está simplesmente conversando com uma pessoa agradável e interessada na sua história e nos seus problemas.

ESTADO DA ARTE

A evolução da prática médica vem mostrando que a aquisição, a valorização e a prática da entrevista médica vêm sendo progressivamente ameaçadas.[1] As tendências atuais de cuidados de saúde privilegiam exames e procedimentos de alta complexidade e tendem a considerar o tempo dedicado à interação com o paciente como não prioritário. Além disso, tarefas não relacionadas à entrevista competem por esse tempo limitado, como a quantidade de informações disponíveis no prontuário eletrônico, exigências de documentação e a divisão do tempo entre o paciente e o computador. Em uma única década (2005-2016), o tempo face a face entre o paciente e o médico caiu drasticamente de 55% para 27% da duração da consulta nos EUA, enquanto o tempo necessário para o prontuário eletrônico e o trabalho burocrático triplicou.[2,3] Embora não tenhamos dados, é provável que a realidade brasileira tenha seguido nessa mesma direção. No entanto, o tempo utilizado para uma entrevista tecnicamente bem conduzida costuma resultar em economia de tempo e custos em saúde, focando a investigação clínica e evitando testes adicionais, procedimentos e encaminhamentos desnecessários. Além disso, a entrevista realizada de forma plena em seus aspectos técnicos e humanísticos aumenta a qualidade do atendimento percebida pelo paciente.

A psiquiatria, por ser a última das especialidades médicas eminentemente clínicas em que o diagnóstico está baseado quase exclusivamente na observação clínica e na anamnese aprofundada, tem muito a contribuir no ensino dos princípios de uma boa entrevista médica. O objetivo do presente capítulo é descrever os principais elementos valorizados pelo psiquiatra ao entrevistar um paciente, aplicados à situação mais ampla da entrevista médica geral.

EMPATIA

A importância da empatia para a entrevista médica está muito bem estabelecida na literatura. Por exemplo, a empatia auxilia, durante a entrevista psiquiátrica, na construção de uma boa relação terapêutica e é um elemento essencial para obtenção de informações clínicas.[4] Nas consultas médicas, a empatia também está altamente relacionada à boa avaliação do profissional.[4] Da mesma forma, a empatia também está relacionada à adesão medicamentosa[5] e inversamente associada a processos médicos.[6] Pacientes com diabetes que avaliaram seus médicos como mais empáticos tiveram níveis de controle de glicemia e colesterol melhores que os demais. A empatia, junto com outras variáveis conhecidas como não específicas, compõem também o principal elemento de mudança nos processos psicoterápicos.[7]

O primeiro autor que incorporou os conceitos da empatia na condução das entrevistas médicas foi Rogers,[8] culminando com a criação do modelo de entrevista centrado no paciente. De acordo com Rogers, empatia é a percepção da emoção na outra pessoa como se estivesse sentindo, mas sem perder a perspectiva do "como se".[9] Brown[10] define que, para estabelecer um contato empático com outra pessoa, é necessária uma conexão verdadeira com as nossas próprias emoções. Esse processo não pode ser expresso sem tocar na própria percepção de vulnerabilidade. Essa mesma percepção é também respaldada por estudos de neuroimagem, ou seja, perceber a dor no outro ativa em nós mesmos as áreas cerebrais relacionadas à dor.[4]

A flexibilidade que cada indivíduo possui para se conectar com emoções dolorosas é variada; depende da maturidade, do tempo de profissão, mas também de características pessoais e de estressores. Por exemplo, estudantes de medicina costumam ser muito empáticos, mas, ao longo do curso e na residência, a empatia costuma reduzir até aumentar apenas posteriormente,[11] com alguns anos de profissão. É possível que o estresse de *"checklist"* ou mesmo o *burnout* influencie negativamente nesse processo. Por outro lado, a empatia reduz o *burnout* do aprendizado por meio da resiliência,[12] ou seja, ao cultivar a empatia e melhorar a flexibilidade cognitiva, poderíamos reduzir o *burnout*.

A empatia pode ser vista como uma dança, com encontro integrado de duas pessoas no qual uma influencia na resposta da outra. Inicialmente, o paciente expressa seus sentimentos, que são reconhecidos pelo clínico. Este sinaliza para o paciente que reconheceu os sentimentos, preferencialmente de uma forma não verbal. Isso pode ser feito por meio do silêncio atento, do contato visual, da mímica facial, da postura acolhedora ou mesmo por pequenos gestos que consentem o espaço destinado à expressão das emoções. Esse movimento fica bem representado quando o médico fornece o lenço para o paciente que chora. É como se ele dissesse "está tudo bem chorar". O paciente recebe, então, o cuidado fornecido pelo médico e fornece algum *feedback* para o clínico de que recebeu o reconhecimento da emoção.[13]

A utilização de falas empáticas pode ser adotada como estratégia adicional para a facilitação da entrevista e elas podem focar na percepção das emoções ou no conteúdo. As intervenções podem variar conforme o grau de certeza do entrevistador a respeito das emoções e o grau de atribuição intuitiva das falas do entrevistado, e essa variação deve se ajustar à necessidade do paciente conforme eles respondem a cada intervenção. Como na dança, o médico se ajusta aos passos do paciente. Pacientes mais resguardados geralmente toleram melhor frases com menor intensidade de certeza de emoções (p. ex., "Parece que tu sentes que tudo está colapsando ao teu redor"). Da mesma forma, toleram melhor baixa atribuição intuitiva das falas, ou seja, o médico repete aquilo que foi dito. Ou o médico fala com outras palavras, assegurando ao paciente que está prestando atenção nele e confirmando se está entendendo-o bem. Por outro lado, pacientes menos resguardados toleram e costumam se sentir confortados quando o médico intui a dor que não foi dita.

O grande avanço que ocorreu no campo da empatia nos últimos anos foi identificar que essa capacidade, que até então era vista como inata nos profissionais, é uma habilidade como outra qualquer que também pode ser treinada. Como o principal componente da empatia é expresso mais por parâmetros não verbais do que por verbais, os treinos costumam focar nessa área. Existem diversos modelos disponíveis na literatura, desde estratégias que incorporam o ensino das humanidades no currículo, até aquelas que filmam e sinalizam para o aluno os componentes não verbais. Devido à ampla heterogeneidade dos estudos, não é possível ainda uma comparação entre as diferentes ferramentas. Uma que facilmente pode ser incorporada na formação médica é a educação a respeito do tema. Por exemplo, o uso do acrônimo EMPATHY auxilia na formação médica ao esclarecer quais são os principais componentes não verbais. São eles:[6]

- E: contato visual (*eye contact*);
- M: expressão facial (*muscles of facial expression*);
- P: postura (*posture*);
- A: afeto (*affect*);
- T: tom de voz (*tone of voice*);
- H: escuta plena do paciente (*hearing the whole patient*);
- Y: sua resposta (*your response*).

Tão importante quanto saber o que fazer durante a entrevista é também atentar para o que não fazer. Por exemplo, durante uma entrevista em que surge material sensível, alguns médicos mudam o foco, fugindo do assunto, o que é percebido como grosseiro por muitos avaliadores externos. Outros descuidam justamente nos momentos de conflito, mostrando uma grande desregulação emocional. O treinamento de estratégias de comunicação[13] pode também auxiliar na construção dessa habilidade,[13] uma vez que a regulação emocional está intimamente ligada à empatia.

IMPORTÂNCIA DO *SETTING*

O *setting* é a expressão comumente usada para caracterizar o ambiente da entrevista, mas também se refere, por vezes, às regras gerais envolvidas nela, como limites físicos e combinados entre o paciente e o profissional.[14] O *setting* é um dos fatores que modula o primeiro contato do paciente com seu entrevistador, e a forma como é preparado pode influenciar diretamente na qualidade da conversa, de modo que idealmente deve ser um lugar tranquilo, sem ruídos e confortável. Em muitos casos, porém, o *setting* não é passivo de adaptação, como em ambientes de emergência em que às vezes são utilizadas salas não projetadas para uma entrevista psiquiátrica. Nesse caso, e especialmente em ambientes com barulhos e distrações, pode-se reconhecer esse fato verbalmente e sinalizar na fala e na postura que o foco no paciente está mantido.

Alguns ajustes podem ser necessários dependendo do contexto clínico. Por exemplo, prefere-se uma disposição dos móveis em que não haja uma mesa no centro. Alguns autores recomendam que as cadeiras estejam organizadas não exatamente frente a frente, mas sim de modo que um ângulo aberto entre elas permita uma sensação menor de confrontação, com maior facilidade também para que o paciente interrompa o contato visual, se não se sentir à vontade.[9] No entanto, essa disposição não é muitas vezes factível em consultas ambulatoriais. Em contextos de emergência, a prioridade é a segurança tanto do médico como do paciente. Assim, o fácil acesso à porta de saída deve ser assegurado ao médico. Em todos os contextos, deve-se sempre que possível fornecer um contexto de privacidade para que o paciente possa dividir suas experiências em sigilo.

FASES DA ENTREVISTA

O relato escrito de um caso clínico costuma seguir uma estrutura relativamente constante: identificação, história da doença atual, história médica pregressa, história familiar, perfil psicossocial e revisão de sistemas. De fato, esse formato apresenta um modelo que permite organizar os dados obtidos na entrevista, sistematizando o registro médico e facilitando a comunicação entre profissionais (Quadro 26.1).

No entanto, diferente do modelo do registro médico, a obtenção dos dados na entrevista não transcorre exatamente nessa ordem. Pelo contrário, a rigidez em seguir essa ordem pode levar a uma entrevista com pouco engajamento, sujeita a vieses de informação, dificultando o vínculo do paciente com o médico. O fato de a entrevista seguir um fluxo diferente e mais flexível do que o registro não significa que os dados necessários para o registro não serão obtidos. É justamente essa flexibilidade e as técnicas que veremos neste capítulo que farão esses dados serem obtidos de forma mais ampla, natural e confiável.

Shea[9] propõe que a macroestrutura de uma entrevista em psiquiatria possa ser

QUADRO 26.1
COMPONENTES QUE DEVEM SER DESCRITOS APÓS A COLETA DE DADOS EM UMA ENTREVISTA MÉDICA

Dados de identificação
Motivos para encaminhamento
História da doença atual • Sintomas e sua cronologia
Histórico médico anterior • Médico geral e psiquiátrico
Histórico familiar • Doenças acometidas em pai, mãe, irmãos, outros familiares
Histórico pessoal • Gravidez • Primeira infância • Infância e adolescência • Educação escolar • Educação complementar • Profissão (e serviço militar) • Histórico sexual (puberdade, menstruação) • Histórico matrimonial • Filhos
Dados sociais • Situação de vida: emprego, situação de moradia, problemas financeiros, relacionamentos • Crime, delinquência • Álcool, drogas, tabaco • Filiações e crenças sociais e religiosas • Rede de suporte
Personalidade pré-mórbida
Estado mental (aparência, consciência, atenção, sensopercepção, orientação, memória, inteligência, afeto, humor, pensamento, juízo crítico, conduta, linguagem)
Quantificação de sintomas baseada em medidas e calculadoras médicas
Revisão de sistemas: cardiovascular, pulmonar, digestivo, renal, endócrino, neurológico, etc.
Diagnóstico e avaliação
Diagnóstico diferencial
Plano terapêutico

Fonte: Elaborado com base em Oyebode.[15]

dividida em cinco fases: 1) introdução; 2) abertura; 3) corpo; 4) fechamento; e 5) encerramento. A seguir, serão descritas essas cinco fases em mais detalhes, seguindo o formato proposto pelo autor, tendo a psiquiatria como área de interesse. No entanto, essas mesmas fases podem ser facilmente adaptadas aos outros contextos da medicina.

INTRODUÇÃO

Em geral, a entrevista começa com uma fase de engajamento entre as duas partes.[9] O médico já inicia o encontro avaliando o paciente, e este, por sua vez, também faz uma avaliação, a fim de identificar o quão confiável é o profissional para a partilha do seu material pessoal. Quanto mais parecida com uma conversa for a entrevista, mais esse engajamento inicial será favorecido. Os minutos iniciais são muito valiosos para o estabelecimento dessa ligação, que parece ser mais dependente de aspectos emocionais do que racionais.[16] O objetivo da introdução é criar um ambiente de segurança para o paciente, que normalmente está com questionamentos como "Quem é esse médico?", "Ele é competente?", "Será que ele vai me entender?". Por isso, normalmente é mais útil não desperdiçar esse início checando os dados de identificação que surgirão naturalmente ao longo da entrevista. Nessa primeira abordagem, que costuma durar entre 2 e 5 minutos, quem costuma falar mais é o médico, que deve fornecer informações básicas sobre o que acontecerá nos próximos instantes. Algumas recomendações de tópicos iniciais a serem abordados:

- Apresentar-se (nome e função);
- Apresentar outros participantes da entrevista (se houver, com sua função);
- Instruir onde o paciente deve se sentar e onde colocar seus pertences;
- Informar se já sabe e o quanto sabe sobre o paciente (sem detalhes);
- Garantir que deseja saber a sua versão sobre o paciente;
- Informar quanto tempo tem de entrevista.

Além disso, na introdução, é fundamental abordar questões de confidencialidade e risco. O médico deve garantir ao paciente o sigilo médico sobre suas informações. No entanto, o paciente deve ser informado que a quebra da confidencialidade se justifica em uma situação de risco para o paciente ou para outrem. Convém também que se colete a informação de a quem o médico deverá se reportar em caso de risco. A introdução termina com uma frase de abertura, em geral uma pergunta aberta, como, por exemplo, "Como eu posso te ajudar hoje?".

ABERTURA

A segunda fase da entrevista é a fase de abertura, cujo objetivo é ouvir o paciente e suas queixas. Um clássico estudo avaliou que a primeira interrupção do paciente pelo médico ocorre, em média, nos primeiros 18 segundos da entrevista, um tempo surpreendentemente pequeno, dada a importância de deixar o paciente expressar suas demandas livremente.[17]

Nessa fase, deve haver um predomínio de perguntas abertas para que o paciente vá expondo espontaneamente a sua narrativa. Perguntas amplas como "Diga-me o que lhe traz aqui hoje?" costumam ser usadas nessa fase de abertura. Durante essa explanação inicial, é comum que o paciente já passe a dar a sua compreensão dos sintomas. O acolhimento da visão pessoal do paciente por parte do médico costuma ser uma estratégia empática, mas deve-se lembrar de também aprofundar a pesquisa de outras manifestações fenomenológicas. Ao longo do relato do paciente, é comum que ele abra algumas janelas de oportunidade para a exploração mais detalhada dos sintomas. Convém explorar cada uma dessas janelas, mas em um momento posterior, no corpo da entrevista.

Uma boa abertura se caracteriza por um bom engajamento do paciente, com um tempo de duração relativamente curto entre a pergunta do médico e a resposta do paciente (demonstrando pouca hesitação ou resistência), permeada por frases de facilitação pelo médico (p. ex., "a-ham", "me fale mais", "e o que aconteceu?"), além de frases de empatia de baixa valência, como "que difícil", ou "que ruim", ou "sinto muito". Uma abertura ruim, por sua vez, acaba ocorrendo quando já se utilizam perguntas fechadas ou moderadamente fechadas, levando a uma estruturação prematura da entrevista. O Quadro 26.2 apresenta os principais tipos de verbalizações que ocorrem em uma entrevista médica, segundo Shea.[9]

A avaliação precoce do exame do estado mental do paciente também auxilia na otimização do tempo. Por exemplo, um paciente que se apresenta em um estado maníaco ou mesmo psicótico terá, muitas vezes, dificuldades de fornecer dados clínicos. No caso de um paciente que se apresenta com sintomas depressivos moderados, o tempo da entrevista deverá contemplar uma avaliação de risco, bem como um tempo suficiente para já iniciar um tratamento farmacológico.

Ao final da abertura, o clínico deverá saber qual é a perspectiva do paciente sobre sua doença, qual é a sua perspectiva sobre o problema do paciente e como está a avaliação da entrevista como um todo, bem como ter uma avaliação inicial do estado mental do paciente.

O CORPO DA ENTREVISTA

No corpo da entrevista, que costuma durar a maior parte da consulta, a palavra-chave é estrutura. É nesse momento que o médico vai explorar as diversas janelas que o

QUADRO 26.2
PRINCIPAIS VERBALIZAÇÕES EM UMA CONSULTA MÉDICA

Tipo de verbalizações	Exemplos
Abertas	
1. Questões abertas 2. Comandos suaves	"Quais seus planos para o futuro?" "Conte-me sobre sua família."
Variáveis	
1. Perguntas de transição 2. Perguntas qualitativas 3. Perguntas de sondagem 4. Frases empáticas 5. Frases facilitadoras	"Você pode me contar sobre seus sentimentos?" "Como está o seu trabalho?" "Você era mesmo o primeiro da classe?" "Deve ter sido difícil para você." "Entendo... Certo..."
Fechadas	
1. Perguntas fechadas 2. Frases fechadas	"Que medicamentos você está usando?" "Ansiedade pode ser tratada com terapia cognitiva."

Fonte: Elaborado com base em Shea.[9]

paciente mencionou na fase de abertura, idealmente de maneira fluida e dialogada.

No caso de uma entrevista psiquiátrica, a ordem de prioridade inclui primeiro assegurar que o paciente não está sob risco, depois estabelecer algum diagnóstico, bem como fazer o direcionamento para alguma intervenção, seja farmacológica ou não farmacológica. A otimização do tempo costuma melhorar com os anos de prática, mas o treino dessa habilidade se encontra em saber explorar essas janelas de oportunidade.

Para o estabelecimento do diagnóstico psiquiátrico, a entrevista precisa, aos poucos, se direcionar para busca de sintomas. Convém ainda que a exploração seja predominantemente aberta. Por exemplo, um paciente conta que teve sintomas súbitos de ansiedade e acabou procurando a emergência. Diante desse cenário, o médico indaga o que ele sentiu. Se ainda não for possível o estabelecimento do diagnóstico, por fim o médico pergunta se o paciente notou algo na sua respiração, ou se tinha tremores, tontura ou "bola na garganta" até caracterizar o ataque de pânico nesse exemplo. Dessa forma, para a exploração dimensional dos sintomas, é necessário o conhecimento da psicopatologia.

É importante incluir nas entrevistas psiquiátricas uma busca ativa por comorbidades, bem como comportamentos de risco e preditores de pior curso de doença. Sabe-se que a maioria dos transtornos psiquiátricos inicia antes da vida adulta, e a comorbidade é mais a regra do que a exceção na psiquiatria.[18] A pesquisa ativa de comorbidades deve incluir, por meio de rastreio com perguntas inicialmente abertas, a busca de doenças frequentes e fatores de risco relevantes. Por exemplo, diante de um paciente que apresenta uma síndrome depressiva, é importante questionar se alguma vez ele já pensou que a vida não valia a pena. Se a resposta for positiva, investigar se alguma vez já pensou em fazer algo contra si; se a resposta a esta também for positiva, perguntar se já fez algo contra si próprio. A presença de tentativas[19] de suicídio prévias é o fator de risco mais ligado ao suicídio, embora a maior das pessoas que se suicidam o fazem na primeira tentativa.

O Quadro 26.3 ilustra perguntas de triagem para os transtornos psiquiátricos mais prevalentes. A busca da descrição dos sintomas psiquiátricos pode ser norteada pelos sintomas descritos no *Manual diagnóstico e estatístico de transtornos mentais*, 5ª edição (DSM-5)[20] ou na Classificação Internacional de Doenças (CID-11).[21] É importante lembrar que algumas doenças psiquiátricas somente serão identificadas se houver uma pergunta mais específica. Por exemplo, no caso do transtorno de estresse pós-traumático, é possível que o paciente evite justamente a lembrança do trauma e nada fale do evento por conta disso. Sugere-se, então, que a pergunta seja abrangente e não intrusiva, sempre tendo o cuidado para avaliar antes o desconforto do paciente e o quão confortável ele fica ao dividir com o médico a lembrança. Caso o paciente fique desconfortável, pode-se ainda investigar a repercussão do evento na vida dele sem mesmo saber qual foi o evento. Pessoas vítimas de trauma muitas vezes necessitam de uma forte ligação com o médico para contar abertamente qual foi o evento. O transtorno obsessivo-compulsivo[22] também frequentemente é omitido pelos pacientes, muitas vezes por conta da vergonha dos sintomas.

A busca por comorbidades clínicas também deve ser incluída de forma sistemática em todas as entrevistas médicas. Sugere-se que a pergunta foque tanto nas doenças quanto no uso de medicamentos. É importante ter em mente que muitos pacientes consideram que as doenças controladas com medicamentos não existem mais. As comorbidades crônicas mais prevalentes podem também ser triadas de forma ativa – o que

QUADRO 26.3
EXEMPLOS DE PERGUNTAS DE TRIAGEM PARA OS TRANSTORNOS PSIQUIÁTRICOS MAIS PREVALENTES

Transtorno psiquiátrico	Pergunta
Episódio depressivo	Alguma vez você sentiu tristeza de forma persistente por um certo período? Quanto tempo?
	Alguma vez você percebeu que não sentia mais prazer nas atividades de que antes gostava e isso durou por um período? Quanto tempo isso durou?
Mania ou hipomania	Alguma vez você ficou tão alegre ou ativo a ponto de as outras pessoas acharem que você não estava no seu estado habitual? Se sim, por quantos dias?
	Alguma vez você ficou tão irritado a ponto de brigar com pessoas que não eram da sua família? Quantos dias durou essa irritação? Conte-me o que mais você sentiu durante esse período.
Ansiedade generalizada	Você costuma se preocupar demais com tudo? O quanto essas preocupações interferem no seu dia?
Álcool	Como é o seu consumo de álcool? Com que frequência você consome uma grande quantidade, como, por exemplo, seis bebidas ou mais?
Uso de substância	Você já fez uso de alguma droga como maconha, cocaína, êxtase ou bala? Como era esse uso?
Trauma	Você já teve, ao longo da sua vida, algum trauma? Você fica confortável de dividir comigo o que aconteceu? Se sim, o que houve? O quanto esse evento afeta a sua vida hoje em dia?
Transtorno obsessivo-compulsivo	Você costuma ter muitas manias ou implicância com limpeza, número, cores, rotinas ou ordens corretas?

inclui doenças cardiovasculares, hipotireoidismo e diabetes. No caso de uma entrevista psiquiátrica, é importante lembrar que algumas doenças clínicas cursam com sintomas psiquiátricos. Dentre elas destacam-se o *delirium*, intoxicações medicamentosas, alterações metabólicas e neurológicas. Essas condições podem comprometer a capacidade do paciente de informar a sua própria história. Nesses casos, as informações clínicas surgem mais na avaliação objetiva do que na própria entrevista.

A entrevista deve também contemplar dados de histórico familiar, informação que auxilia no diagnóstico psiquiátrico. Além das doenças psiquiátricas, informações sobre suicídio ou tentativa de suicídio nos familiares e uso abusivo de álcool ou drogas, bem como internações, são importantes.

É necessário que a entrevista também contemple informações pessoais. Dados como cidade de origem, escolaridade, dificuldades ou não escolares, relacionamentos, religião, rede de apoio, além do histórico policial ou judicial são relevantes para a análise.

A transição da anamnese para o exame do estado mental pode ser até imperceptível. Por exemplo, um paciente que é capaz de chegar ao ambulatório no horário correto e conta sua história de forma organizada e linear não necessita de uma avaliação objetiva da orientação e da atenção. No entanto, sempre que estamos diante de um paciente que requer uma testagem formal dessas instâncias psíquicas, convém que o teste seja precedido de um aviso. Por exemplo, o médico pode dizer "Agora eu terei que te fazer algumas perguntas que preciso fazer para todos os pacientes". E então, segue-se a avaliação do exame do estado mental.

O EXAME DO ESTADO MENTAL

O exame do estado mental (EEM) é uma sistematização da avaliação de uma série de componentes comportamentais, cognitivos e emocionais do paciente, cujo objetivo é detectar anormalidades do funcionamento psíquico que sejam indicativos de alguma condição psiquiátrica ou neurológica. Embora ele seja frequentemente usado de maneira sistemática em entrevistas cujo foco seja alguma queixa psiquiátrica, a sua avaliação é feita com os mesmos princípios de comunicação de qualquer doença clínica, de modo que diversos componentes devem ser minimamente observados em toda consulta médica.[15]

Apesar de o EEM servir como linguagem universal para a descrição de sintomas, diversos autores o organizam de maneira ligeiramente diferente. Sugerimos, de maneira didática, que o EEM seja avaliado conforme proposto por Cordioli e colaboradores,[23] memorizado pelo mnemônico CASOMI AHPeJuCoL, correspondendo às funções psíquicas: consciência, atenção, sensopercepção, orientação, memória, inteligência, afeto (e humor), pensamento, juízo crítico, conduta e linguagem. O Quadro 26.4 informa sobre essas funções.

Uma forma de otimizar o tempo de avaliação do EEM é iniciar pela orientação, testar a memória imediata, avaliar a atenção e voltar para a avaliação da memória recente. Posteriormente, avaliar a inteligência por meio da capacidade de abstração ou de soluções de problemas e, por fim, avaliar o juízo crítico, perguntando ao paciente o que ele entende que está ocorrendo com ele.

FECHAMENTO

A quarta parte da entrevista é o fechamento, cujo objetivo é fornecer alguma resposta ao paciente, além de alguma esperança quanto ao atendimento. Essa esperança não significa uma falsa ideia de cura, mas sim um entendimento por parte do paciente de que ele foi compreendido, de que um processo terapêutico poderá se iniciar e que existem respostas para suas dúvidas. Em geral, algumas dúvidas que os pacientes costumam ter e que podem ser abordadas na fase de fechamento são:

- O que está errado comigo?
- Estou louco(a)?
- Eu falei o que é necessário?
- O médico entendeu meus problemas?
- O médico gostou de mim?
- Eu tenho um diagnóstico?
- Ficarei melhor?
- Quais são minhas opções de tratamento?

ENCERRAMENTO

O encerramento é uma etapa bastante curta, com duração de 2 a 3 minutos. Nesse momento, o médico deve informar o encerramento do tempo, fornecer documentos médicos (receitas, atestados, etc.), agendar

QUADRO 26.4
FUNÇÕES PSÍQUICAS AVALIADAS NO EXAME DO ESTADO MENTAL

Função psíquica	Definição	O que e como é avaliado/ Descrições comuns
Consciência	O estado de conhecimento acerca de si mesmo e do mundo	Alerta, sonolento, obnubilado, comatoso. Pode ser avaliada por meio da Escala de Coma de Glasgow.
Atenção	É onde está o foco da consciência e suas alterações	Normalmente são avaliadas a tenacidade (capacidade de concentração) e a vigilância (capacidade de desvio do foco da concentração). Em geral, quando um componente está aumentado, o outro está diminuído. Descrições: normotenaz (ou hipotenaz ou hipertenaz), normovigil (ou hipovigil ou hipervigil), normoproséxico. A testagem pode ser feita com cálculos de subtração sucessivos (100-7), ou pela soletração de uma palavra de trás para frente.
Sensopercepção	Tem um componente sensorial (audição, visão, olfato, paladar e tato) e perceptivo (a interpretação do sentido)	Alucinações (falsa percepção, na ausência de estímulo) e ilusões (distorção do estímulo sensorial).
Orientação	A capacidade de situar-se em tempo, espaço e pessoa	Orientado (desorientado) no tempo, espaço e pessoa.
Memória	A capacidade de armazenar e evocar informações	Avaliar memória imediata, de curto ou longo prazo. De longo prazo: semântica (fatos que "sabe" – p. ex., "A América foi descoberta por Cristóvão Colombo") e declarativa (fatos que "lembra" – p. ex., onde ocorreu a comemoração do Natal passado). Memória episódica: a amnésia anterógrada (antes de um evento específico) ou retrógrada (após um evento específico). A avaliação pode ser feita com três palavras não relacionadas.
Inteligência	Capacidade de entender, raciocinar e resolver problemas	Avaliada por testes formais de inteligência. Pode ser inferida na consulta como: na média para idade e escolaridade; abaixo da média (déficit intelectual); ou acima da média. A testagem pode ser feita com interpretação de ditados populares ou capacidade de solução de problemas.

→

QUADRO 26.4
FUNÇÕES PSÍQUICAS AVALIADAS NO EXAME DO ESTADO MENTAL

Função psíquica	Definição	O que e como é avaliado/ Descrições comuns
Afeto (e humor)	O estado emocional predominante e sua expressão. Mais modernamente, as alterações do humor são consideradas sintomas (relatadas pelo paciente) e descritas ao longo das últimas semanas; já as alterações do afeto são sinais (observados pelo médico) na própria consulta	Alterações do humor: eutímico (sem alterações); deprimido; eufórico; irritável. Alterações do afeto: podem ser quantitativas (a intensidade com o qual a expressão é alterada) – embotado, hipomodulado, normomodulado, lábil –; e qualitativas (a própria expressão) – choroso, apreensivo, grandioso.
Pensamento	O processo de formação de ideias e raciocínio	As alterações do processo de pensar podem ser com relação à formação (ou forma), ao curso e ao conteúdo. Alterações da forma: afrouxamento de associações, descarrilhamento, dissociação, desagregação. Alterações do curso: aceleração, lentificação, bloqueio, roubo de pensamento, fuga de ideias. Alterações do conteúdo: delírios (ideias errôneas), obsessões, hipocondria, ruminação.
Juízo crítico	Capacidade de avaliar a realidade e tomar decisões. Engloba o *insight*, que é o conhecimento acerca da própria condição patológica	Pode estar preservado, parcial ou ausente.
Conduta	O comportamento observável do indivíduo	Quaisquer comportamentos: cordialidade, agitação, uso de substâncias, compulsões, roubo.
Linguagem	A capacidade de expressar-se verbalmente e compreender o que é dito	Engloba a comunicação verbal e a não verbal. Pode ter como alterações as afasias, de expressão e alterações quantitativas (logorreia, mutismo) e da velocidade (bradilálico, normolálico, taquilálico).

Fonte: Elaborado com base em Cordioli e colaboradores.[23]

um novo atendimento (caso necessário) e proceder com informações burocráticas (pagamento, etc.).

O DIAGNÓSTICO PSIQUIÁTRICO

Esse diagnóstico nem sempre é definido em uma única entrevista. Em crianças e adolescentes, por exemplo, um maior seguimento com consultas seriadas pode ser necessário para seu estabelecimento. Embora seja ainda mais desafiador para os médicos generalistas, é importante identificar que, quando os médicos da assistência primária utilizaram duas ou mais entrevistas, a acurácia do diagnóstico aumentou drasticamente.[24]

Para a determinação do diagnóstico psiquiátrico, muitas vezes é necessária a busca de informações colaterais por meio entrevistas com terceiros. A necessidade de consentimento do paciente para a obtenção dessas informações depende da capacidade do paciente de tomar decisões. Em pacientes internados ou em avaliações em emergências, muitas vezes é necessário chamar um familiar ou mesmo o acompanhante. O foco dessas entrevistas deve ser a busca de informações e, se possível, na presença do paciente. No entanto, caso o paciente encontre-se em agitação psicomotora ou risco, não há problema em obter informações sem sua presença ou até mesmo por contato telefônico.[25]

Um recurso que pode auxiliar quando já existe a suspeita ou o diagnóstico firmado é o uso de escalas para o acompanhamento, que tem sido valorizado como parte do "cuidado embasado em medidas" e pode ter impacto sobre uma série de desfechos clínicos, auxiliando principalmente na quantificação de sintomas.[26] Neste último caso, é comum que se recorra a manuais que orientam a aplicação de cada instrumento, o que auxilia também na interpretação dos resultados.

ESTRATÉGIAS DE COMUNICAÇÃO E SITUAÇÕES COMUNS NA ENTREVISTA MÉDICA

FACILITANDO A COMUNICAÇÃO E ESCLARECENDO INFORMAÇÕES

Por vezes, o papel do entrevistador será de facilitar a comunicação com o paciente de forma a deixá-lo mais à vontade e espontâneo, sinalizando que ele pode prosseguir e que está sendo escutado ativamente. Uma forma de manter o fluxo de informações é usando expressões como "entendo", "sim", "a-ham". A linguagem não verbal pode auxiliar, de modo que o entrevistador pode assumir posturas que sinalizem sua atenção, como se inclinar discretamente na direção do paciente, evitando aquelas que podem expressar desinteresse ou distração. A depender da situação, pode ser adequado sorrir e gesticular, o que tende a tornar o paciente mais aberto às intervenções. Acenar com a cabeça,[9] procurando manter o contato visual, também é uma forma importante de expressar atenção ao paciente, podendo transmitir encorajamento, compreensão, concordância e outras mensagens sem precisar interrompê-lo.

Enquanto o paciente elabora seu relato, pode ser necessário realizar comentários para esclarecer o que está sendo dito naquele momento. Uma forma eficaz de fazer isso é resumir periodicamente o que o paciente conta ao longo da entrevista a fim de checar as informações e também demonstrar que está atento ao seu relato. O resumo pode começar com "Se entendi bem..." ou "O que você está dizendo é que...", validando o paciente e permitindo correções imediatas.

Algumas perguntas breves e direcionadas podem ser feitas sem interromper o fluxo de comunicação, como forma de demonstrar atenção à comunicação e de facilitar o entendimento de pontos que podem gerar confusão se não forem esclarecidos. Isso pode ser feito de forma gentil e com perguntas diretas, por vezes associando partes diferentes do relato.

Por fim, antes de se prosseguir à definição e à comunicação de uma hipótese diagnóstica e conduta, é uma estratégia interessante fazer um resumo mais detalhado da história do paciente e solicitar seu *feedback*. Essa prática facilita ao profissional entender se a ênfase e a forma que ele deu à história estão alinhadas com as percepções do paciente, uma forma de validação mútua que pode auxiliar significativamente no processo de decisão compartilhada e gerar maior adesão ao tratamento.

QUANDO O PACIENTE NÃO RELATA COM PRECISÃO FATOS DO PASSADO

Em praticamente toda consulta médica, é necessário extrair do paciente dados do passado que são relevantes para o momento atual, o que nem sempre é uma tarefa fácil, tanto para o médico como para o paciente. Memórias distorcidas, alterações cognitivas, discurso prolixo, entre outros fatores, podem influenciar negativamente na obtenção de dados relevantes da história médica prévia. Por exemplo, um paciente que já passou por diversas abordagens terapêuticas para um problema de saúde pode ter dificuldade em informar em qual delas obteve o melhor resultado. Do mesmo modo, um paciente com ansiedade generalizada pode não conseguir informar com precisão momentos de piora súbita dos sintomas, que caracterizariam ataques de pânico.

Existem algumas técnicas para evocar essas informações com maior validade.[9] Uma das mais utilizadas é a de perguntas-âncora, focadas tanto no tempo como no espaço. Essa estratégia deve ser empregada, preferencialmente, no corpo da entrevista, após o paciente já ter falado livremente na fase de abertura, pois sua utilização no início da consulta pode levar a uma estruturação precoce e impedir o paciente de contar sua história com naturalidade.

As perguntas-âncora no tempo partem do pressuposto de que alguns fatos são difíceis de precisar no passado, porém a correlação desse fato com outros eventos importantes da vida pode facilitar sua localização no tempo. Por exemplo, um paciente que vem sentindo dor torácica progressiva aos esforços pode ter dificuldade de informar há quanto tempo esse sintoma vem ocorrendo, ou então realizar uma estimativa equivocada, seja por superestimação ou subestimação do problema; no entanto, essa informação pode ser mais fácil de ser extraída com perguntas como "Esse sintoma já existia antes do nascimento do seu neto?". No caso de uma resposta afirmativa, o entrevistador pode seguir elencando outros fatos importantes do passado do paciente, até obter um dado mais confiável. Eventos que costumeiramente auxiliam no ancoramento no tempo são situações pessoais (nascimentos, casamentos, graduações, mudança de domicílio, etc.), datas comemorativas (natal, páscoa, férias, aniversários) e eventos sociais relevantes (eleições, pandemias, desastres naturais, etc.).

Já as perguntas ancoradas no espaço servem para localizar o paciente em uma situação específica. O objetivo é que o paciente evoque uma memória de um fato único, em vez de uma coleção de memórias semelhantes que podem parecer fundidas. Por exemplo, no caso de um paciente com queixa de dor abdominal intermitente que não associa o sintoma a nenhum desencadeador específico, o médico pode solicitar que ele relembre qual foi a última vez que teve dor, ou, melhor ainda, em qual situação o sintoma teve a sua maior intensidade. Um hábil entrevistador pode questionar detalhes sobre o evento, para então relacioná-lo ao sintoma.

QUANDO O PACIENTE FALA POUCO

Pacientes pouco motivados, muito tímidos, defendidos ou retraídos por quaisquer outras razões podem inicialmente não ser colaborativos no fornecimento de informações relevantes. Normalmente, isso é um sinal de que a entrevista não está indo bem, e a tendência é que ela se encerre rapidamente, seja por sentimentos contratransferenciais negativos – uma grande afronta ao sentimento de onipotência do médico – ou por falha de técnicas para retomar o engajamento do paciente.

A reação mais comum do médico diante desse desafio é a que a maioria das pessoas tem em situações nas quais a interação social é desagradável: evitar perguntas abertas, fazer o uso mais frequente de perguntas de transição, diminuir a quantidade de verbalizações de empatia e, finalmente, fazer diversas perguntas fechadas, com respostas "sim ou não" (ver Quadro 26.2). Essa reação é o oposto do que é esperado para tentar transformar uma entrevista fechada em uma maior colaboração do paciente. O Quadro 26.5 apresenta uma lista de técnicas, segundo Shea,[9] para lidar com situações em que o paciente fala pouco.

QUANDO O PACIENTE SAI DO FOCO DA CONSULTA COM MUITA FACILIDADE

Muitos pacientes, seja por características de personalidade, ou mesmo sintomas de ansiedade e mania, podem falar muito, desviando do foco da consulta e fornecendo detalhes irrelevantes para o seu atendimento. Embora em algumas circunstâncias seja desejável que o paciente mantenha uma narrativa de forma mais livre, em outras pode ocorrer que as perguntas realizadas sejam respondidas de forma tangencial, com assuntos que podem não ser essenciais àquele momento da entrevista. Nessas situações, pode ser importante interrompê-lo ou direcionar a consulta para que o fio de raciocínio do entrevistador também consiga se organizar e resultar em uma avaliação mais completa. Nesses casos, após a fase de abertura, é recomendável que o médico estruture a entrevista aos poucos, tomando atitudes mais brandas inicialmente e progredindo nas intervenções para direcionamento da consulta. Na Figura 26.1, há uma recomendação adaptada da progressão de intervenções conforme sugerido por Shea.[9]

A utilização de perguntas fechadas normalmente é a primeira atitude a ser tomada quando o assunto é desviado facilmente. Quando fazemos perguntas abertas do tipo "O que você se recorda de ter feito enquanto estava em mania?", existe uma maior chance de recebermos respostas vagas, enquanto indagações mais específicas, como "Você dormia menos que 3 horas por dia quando estava em mania?", podem direcionar a resposta para um dado mais pertinente. A diferença fundamental entre elas é também que o segundo tipo de pergunta facilita uma resposta do tipo "sim ou não", o que pode ser útil também quando é necessário coletar informações mais pontuais, em momentos como o final da consulta.

Semelhante às perguntas fechadas, pode-se também oferecer respostas ao paciente, em um modelo de "múltipla escolha". Para perguntar sobre o sono, pode-se questionar, por exemplo: "Você sentia dificuldades para começar a dormir ou o problema era despertar depois de já ter dormido?", em vez de "Como é seu sono?". A última pergunta pode facilmente levar a

QUADRO 26.5
TÉCNICAS PARA UTILIZAR QUANDO O PACIENTE FALA POUCO

Técnica	Explicação
Uso de questões abertas	Realizar uma combinação de perguntas abertas e verbalizações gentis para prosseguir falando. Muitas vezes, seis a sete perguntas abertas em série serão necessárias para tornar a entrevista mais aberta.
Verbalizações de empatia	O uso de verbalizações de empatia e de baixa valência intuitiva pode ser útil, especialmente quando conectadas com questões abertas em seguida.
Enfatização de tópicos	Enfatizar tópicos nos quais o paciente dê qualquer pista de que é um assunto importante para ele, mesmo que por um curto período de tempo.
Evitação de tópicos sensíveis	Evitar tópicos sensíveis em um primeiro momento, como uso de substâncias, sexualidade, suicídio, etc.
Tópicos de plano de fundo	Conversar sobre tópicos de plano de fundo, como trabalho, moradia, entre outros, antes de abordar o sintoma diretamente.
Evitação do uso de "swing questions" (perguntas de transição)	Evitar perguntas que iniciem com "Você pode me contar...?" ou "Você quer me contar...?", pois facilmente podem fechar a entrevista.
Comunicação não verbal	Aumentar as tentativas de contato visual, além de comunicações não verbais, como acenar com a cabeça positivamente.
Evitação de silêncios prolongados	Evitar silêncios prolongados na entrevista inicial antes de fazer a próxima pergunta. Eles podem ser úteis após o paciente já estar engajado, mas podem causar desconforto e impressão negativa em um primeiro momento.

Fonte: Elaborado com base em Shea.[9]

outras queixas e divagações. Esse estilo de questionamento é ainda mais objetivo do que as perguntas fechadas, de forma que deve ser feito com cautela e em assuntos adequados, com a intenção de se obter rapidamente uma informação. Outras abordagens de interrupção incluem também uma troca gentil de assunto, como "Estou entendendo o que está me contando, mas gostaria que falássemos também sobre...". Nessa técnica, pode-se também resgatar tópicos que não foram aprofundados anteriormente para melhor explorá-los.

É importante apontar que as interrupções, especialmente aquelas realizadas para uma mudança de assunto, devem ser feitas de forma cooperativa com o paciente, com gentileza e julgamento clínico adequado, uma vez que elas podem ser também um mecanismo desfavorável à coleta de informações.[26]

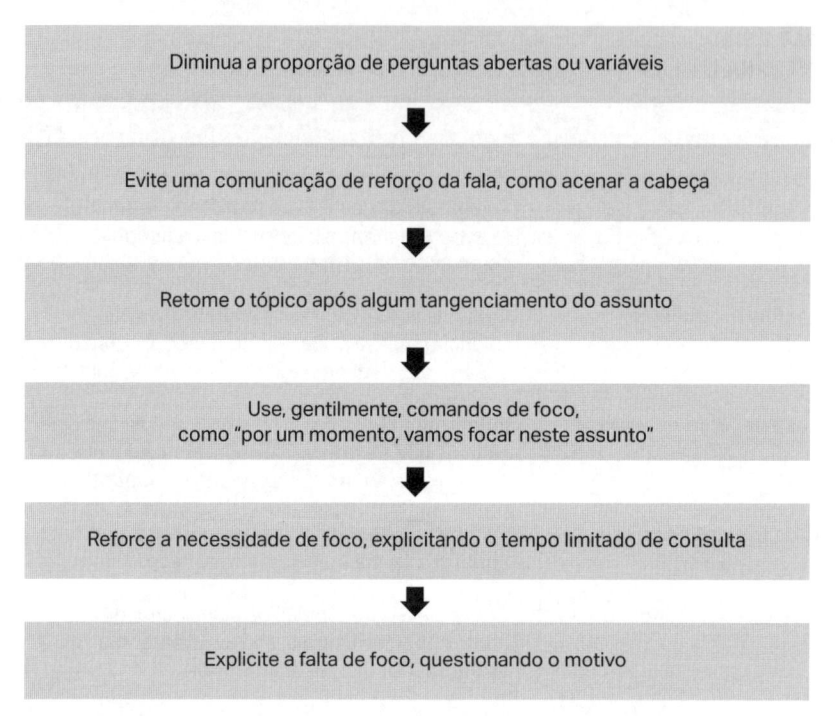

```
┌─────────────────────────────────────────────────────────────┐
│   Diminua a proporção de perguntas abertas ou variáveis     │
└─────────────────────────────────────────────────────────────┘
                              ▼
┌─────────────────────────────────────────────────────────────┐
│ Evite uma comunicação de reforço da fala, como acenar a cabeça │
└─────────────────────────────────────────────────────────────┘
                              ▼
┌─────────────────────────────────────────────────────────────┐
│   Retome o tópico após algum tangenciamento do assunto       │
└─────────────────────────────────────────────────────────────┘
                              ▼
┌─────────────────────────────────────────────────────────────┐
│              Use, gentilmente, comandos de foco,             │
│       como "por um momento, vamos focar neste assunto"       │
└─────────────────────────────────────────────────────────────┘
                              ▼
┌─────────────────────────────────────────────────────────────┐
│ Reforce a necessidade de foco, explicitando o tempo limitado de consulta │
└─────────────────────────────────────────────────────────────┘
                              ▼
┌─────────────────────────────────────────────────────────────┐
│      Explicite a falta de foco, questionando o motivo        │
└─────────────────────────────────────────────────────────────┘
```

FIGURA 26.1
Progressão de intervenções na entrevista médica, quando o paciente perde o foco com facilidade.

EVITANDO ERROS DE COMUNICAÇÃO

Alguns temas e tópicos em uma entrevista médica são particularmente mais propensos ao surgimento de erros de comunicação, ou seja, palavras e frases que podem ter significados diferentes para o médico e o paciente. Particularmente o uso de termos técnicos e temas em que há considerável tabu ou estigma são duas situações nas quais isso pode ocorrer.

Com relação a termos técnicos, eles podem ser empregados pelo médico, desde que seguidos de explicação sobre o seu significado, dentro de um contexto de educação em saúde. No entanto, com muita frequência, diversos desses termos estão presentes na mídia e nas redes sociais, de modo que são amplamente utilizados pelo público leigo. Termos como "depressão", "transtorno bipolar", "cefaleia", "antissocial", "disfunção erétil" são inerentemente termos técnicos, no entanto, podem ter significados muito diferentes para o público geral. Nesses casos, é sempre desejável fazer uma pausa e questionar o que o paciente deseja informar com aquela palavra.

De maneira semelhante, temas que podem ser tabus ou carregados de estigma podem ser mal-avaliados por conta do uso das palavras. Entre alguns exemplos, situam-se o uso nocivo de substâncias, abuso sexual, violência doméstica, suicídio, entre outros. Perguntas "direto ao ponto" sobre temas como esses podem resultar em respostas negativas, tanto por vergonha, como pelo contrário – uma subestimação desse problema. Pacientes podem fazer um uso realmente abusivo de substâncias, passarem por situações de abuso, sofrerem violência e terem pensamentos de morte, mas não nomearem essas situações com esses termos. A melhor estratégia nesses casos é perguntar de maneira indireta sobre esses tópicos, como fornecer exemplos e questionar se o paciente passou por momentos parecidos.

ABORDANDO TEMAS DIFÍCEIS

Alguns pacientes podem ter dificuldade em revelar alguns aspectos de suas vidas, seja por vergonha, medo de julgamento, ou por traumas associados ao tema em questão. Temas como homossexualidade, violência doméstica, uso de substâncias e comportamento psicótico prévio podem ser constrangedores, mesmo que o paciente já tenha revelado isso para outros profissionais. Nesses casos, pode ser necessária uma intervenção mais cuidadosa e empática para que informações sejam coletadas de forma efetiva e sem causar dano ou estresse adicional ao paciente. Isso requer atenção especial ao que o paciente comunica verbal e não verbalmente, de forma que o desconforto do paciente deve ser avaliado para definir também um limite para os questionamentos. Embora possa ser difícil ou mesmo desconfortável acessar o paciente dessa forma, quando essa exploração não é realizada, a validade da entrevista é reduzida, o que pode ter um impacto direto no diagnóstico e na conduta.

Dentre as técnicas mais utilizadas para os momentos mais sensíveis da entrevista, a normalização é uma das mais efetivas. Acontece pela realização de uma pergunta com alguma insinuação de que aquilo seja normal. Um exemplo para investigar sintomas depressivos seria dizer "Em situações como a sua, as pessoas muitas vezes se sentem sobrecarregadas e se isolam. Isso tem acontecido com você?". Isso indica ao paciente que o profissional considera aquele comportamento compreensível e aceitável. Também pode ser feita usando exemplos de outros pacientes em situações análogas, como ao investigar um possível transtorno de pânico com o questionamento: "Alguns pacientes ficam tão ansiosos a ponto de achar que poderiam perder o controle ou morrer, isso já aconteceu com você?".

De forma semelhante à normalização, reduzir a sensação de culpa associada a certas ações ou eventos da vida do paciente também pode ser eficaz. Uma maneira de fazer isso é assumir que o contexto pode justificar o que o paciente pode ter feito ou passado. Se há indícios de risco de suicídio, por exemplo, pode-se perguntar "Com todas as coisas difíceis que estão acontecendo na sua vida, você chegou a ter pensamentos de se machucar ou mesmo de morrer?". Formular a pergunta dessa forma sugere ao paciente que o entrevistador entende que situações de estresse extremo podem levar à suicidalidade, o que pode facilitar a admissão de experiências difíceis sem que o paciente se sinta excessivamente culpado ou envergonhado. Esse tipo de indagação também pode ser usado para avaliar outros riscos como heteroagressão e violência doméstica.[9,27,28]

■ CONSIDERAÇÕES FINAIS E PERSPECTIVAS FUTURAS

Ao longo deste capítulo foi proposta uma série de princípios e sugestões para que o médico possa aprimorar as suas habilidades na condução de uma boa entrevista médica. É fundamental destacar que, como toda a habilidade, existem pessoas que, em razão de suas características individuais, têm mais facilidade de desenvolvê-la. No entanto, todo médico pode evoluir na aplicação desses princípios. A entrevista médica pode ser aprimorada se for praticada de forma consciente e contínua e pela permanente autocrítica das técnicas utilizadas em cada consulta. O treino dessa habilidade também pode ser aprimorado com o *feedback* de médicos mais experientes, e a incorporação de estratégias de avaliação como OSCE[29] pode auxiliar no desenvolvimento dessa competência.

Shea[9] resume muito bem esses princípios quando afirma que "clínicos talentosos têm a habilidade de explorar esse vasto banco de dados de maneira que os pacientes saiam sentindo que participaram de uma conversa envolvente com um ser humano atencioso (o que de fato ocorreu), em vez de terem sido entrevistados por um psiquiatra com uma prancheta".

REFERÊNCIAS

1. Fava GA, Sonino N, Aron DC, Balon R, Berrocal Montiel C, Cao J, et al. Clinical interviewing: an essential but neglected method of medicine. Psychother Psychosom. 2024;93(2):94-9.
2. Kroenke K. Restoring and preserving the clinical interview. Psychother Psychosom. 2024;93(2):85-7.
3. Gottschalk A, Flocke SA. Time spent in face-to-face patient care and work outside the examination room. Ann Fam Med. 2005;3(6):488-93.
4. Decety J, Fotopoulou A. Why empathy has a beneficial impact on others in medicine: unifying theories. Front Behav Neurosci. 2015;8:457.
5. Kaplan JE, Keeley RD, Engel M, Emsermann C, Brody D. Aspects of patient and clinician language predict adherence to antidepressant medication. J Am Board Fam Med. 2013;26(4):409-20.
6. Riess H, Kraft-Todd G. Empathy: a tool to enhance nonverbal communication between clinicians and their patients. Acad Med. 2014;89(8):1108-12.
7. Lambert MJ, Barley DE. Research summary on the therapeutic relationship and psychotherapy outcome. Psychother Theory Res Pract Train. 2001;38(4):357-61.
8. Rogers CR. Client-centered therapy. Boston: Houghton Mifflin; 1951.
9. Shea SC. Psychiatric interviewing: the art of understanding: a practical guide for psychiatrists, psychologists, counselors, social workers, nurses, and other mental health professionals. Amsterdam: Elsevier; 2016.
10. RSA. Brené Brown sobre empatia [Internet]. YouTube; 2013 [capturado em 14 fev. 2025]. Disponível em: https://www.youtube.com/watch?v=1Evwgu369Jw.
11. Howick J, Dudko M, Feng SN, Ahmed AA, Alluri N, Nockels K, et al. Why might medical student empathy change throughout medical school? a systematic review and thematic synthesis of qualitative studies. BMC Med Educ. 2023;23(1):270.
12. Wu W, Ma X, Liu Y, Qi Q, Guo Z, Li S, et al. Empathy alleviates the learning burnout of medical college students through enhancing resilience. BMC Med Educ. 2022;22(1):481.
13. Arora S, Ashrafian H, Davis R, Athanasiou T, Darzi A, Sevdalis N. Emotional intelligence in medicine: a systematic review through the context of the ACGME competencies. Med Educ. 2010;44(8):749-64.
14. Novosel D. Setting as informed consent in psychotherapy. Swiss Med Wkly. 2019;149:w20145.
15. Oyebode F. Sims' symptoms in the mind: textbook of descriptive psychopathology: with expert consult access. 5th ed. Readfield: Saunders; 2014.
16. Haidt J. The righteous mind: why good people are divided by politics and religion. New York: Vintage Books; 2013.
17. Beckman HB, Frankel RM. The effect of physician behavior on the collection of data. Ann Intern Med. 1984;101(5):692-6.
18. McGorry PD, Mei C, Dalal N, Alvarez-Jimenez M, Blakemore SJ, Browne V, et al. The Lancet Psychiatry commission on youth mental health. Lancet Psychiatry. 2024;11(9):731-74.
19. Park CHK, Lee JW, Lee SY, Moon J, Jeon DW, Shim SH, et al. Suicide risk factors across suicidal ideators, single suicide attempters, and multiple suicide attempters. J Psychiatr Res. 2020;131:1-8.
20. American Psychiatric Association. Manual diagnóstico e estatístico de transtornos mentais: DSM-5. 5. ed. Porto Alegre: Artmed; 2014.
21. World Health Organization. ICD-11 for mortality and morbidity statistics [Internet]. Geneva: WHO; 2025 [capturado em 14 fev. 2025]. Disponível em: https://icd.who.int/browse/2025-01/mms/en.
22. Fineberg NA, Krishnaiah RB, Moberg J, O'Doherty C. Clinical screening for obsessive-compulsive and related disorders. Isr J Psychiatry Relat Sci. 2008;45(3):151-63.
23. Cordioli AV, Zimmermann HH, Kessler F. Rotina de avaliação do estado mental. Porto Alegre: UFRGS; 2004.
24. Mitchell AJ, Vaze A, Rao S. Clinical diagnosis of depression in primary care: a meta-analysis. Lancet. 2009;374(9690):609-19.
25. Dickson KS, Gala GJ, Moseley D. The role of decision-making capacity in gathering collateral information. J Clin Ethics. 2023;34(2):123-7.
26. Fortney JC, Unützer J, Wrenn G, Pyne JM, Smith GR, Schoenbaum M, et al. A tipping point for measurement-based care. Psychiatr Serv. 2017;68(2):179-88.
27. Plug I, van Dulmen S, Stommel W, olde Hartman TC, Das E. Physicians' and patients' interruptions in clinical practice: a quantitative analysis. Ann Fam Med. 2022;20(5):423-9.
28. Carlat DJ. The psychiatric interview: a practical guide. Philadelphia: Lippincott Williams & Wilkins; 2005.
29. Acero González ÁR, Romero Tapia ÁE, Guzmán Sabogal YR, Toro Herrera SM, Ruiz Moreno LM, Araujo Tabares RA. Assessing skills in psychiatry: experience and implementation of OSCE for medical students. Rev Colomb Psiquiatr. 2024;53(2):126-33.

27

ENTREVISTA MOTIVACIONAL

FELIPE RECH ORNELL
RENATA BRASIL ARAUJO
LISIA VON DIEMEN

DESCRITORES: adesão terapêutica; relação médico-paciente; entrevista motivacional; ambivalência; mudança comportamental.

O cuidado com o paciente vai além de um diagnóstico preciso e da prescrição terapêutica correta. Mesmo com avanços terapêuticos significativos, o uso inadequado de medicações e a interrupção precoce do tratamento comprometem o controle de doenças, sobretudo crônicas, aumentando a morbimortalidade e os custos em saúde. Diante disso, promover a adesão terapêutica é uma prioridade de saúde pública, sendo a relação médico-paciente um fator decisivo. A qualidade da comunicação e da interação entre ambos é crucial para melhorar a adesão e os desfechos clínicos. No entanto, muitos médicos enfrentam desafios na implementação de estratégias eficazes. A entrevista motivacional (EM) se destaca como um estilo de comunicação centrado no paciente, voltado para metas que promovem mudanças comportamentais, ao lidar com ambivalências e fortalecer a motivação do paciente. Com foco em empatia, evitação de confrontos, desenvolvimento de discrepâncias entre comportamentos atuais e metas desejadas, além de promoção da autoeficácia, a EM facilita o processo de mudança de forma colaborativa, respeitosa e autônoma. Estruturada em quatro processos – engajamento, foco, evocação e planejamento –, a EM promove a participação ativa do paciente, resultando em melhores desfechos clínicos e fortalecimento da adesão terapêutica, tornando-se uma ferramenta indispensável na prática médica.

ESTADO DA ARTE

O cuidado com o paciente* transcende um diagnóstico preciso e a prescrição terapêutica adequada. Além da competência técnica, a qualidade da relação médico-paciente e a habilidade do médico em motivar e engajar o paciente são fatores cruciais que influenciam diretamente a prática clínica, sendo determinantes para o sucesso terapêutico. Nas últimas décadas, houve grandes avanços nos arsenais medicamentosos, com melhora dos resultados terapêuticos e redução dos efeitos colaterais, entretanto, especialmente no manejo de doenças crônicas, a adesão ao tratamento e a redução de fatores de risco continuam sendo um desafio significativo. O uso inadequado de medicações e a descontinuação precoce do tratamento são questões que afetam diretamente o controle de diversas condições de saúde, gerando impacto significativo na morbimortalidade e no aumento dos custos com assistência à saúde, ocasionando problemas de saúde pública.[1] De acordo com a Organização Mundial da Saúde (OMS), aproximadamente 50% dos pacientes com doenças crônicas não seguem o tratamento conforme indicado, o que agrava o prognóstico dessas condições.[2]

Do ponto de vista conceitual, a adesão ao tratamento envolve três etapas interligadas: iniciação, implementação e manutenção. A não adesão pode ocorrer em qualquer uma dessas fases, seja por atraso, resistência ou recusa no início da medicação, pelo uso equivocado das doses prescritas ou pela interrupção precoce do tratamento.[2] Diversos fatores podem influenciar a adesão ao tratamento. Conforme a OMS, cinco dimensões principais precisam ser consideradas: fatores socioeconômicos (como nível educacional e condição financeira – inclusive para custear o tratamento), aspectos relacionados ao plano terapêutico (p. ex., complexidade do regime medicamentoso e efeitos colaterais), fatores individuais (p. ex., estado de saúde mental e crenças sobre o tratamento e suas consequências adversas), características da doença (gravidade e comorbidades associadas) e fatores relacionados ao sistema de saúde (incluindo a qualidade da relação médico-paciente e o acesso aos serviços).[3] Esses fatores interagem de forma complexa, exigindo uma abordagem ampla e integrativa.

Diante desse contexto, a implementação de estratégias que incentivem a adesão ao tratamento se torna uma prioridade de saúde pública. Nesse processo, a relação médico-paciente desempenha um papel fundamental na promoção da adesão terapêutica. As habilidades de comunicação do médico e a qualidade da interação são fundamentais para criar um ambiente que favoreça a adesão terapêutica e melhore os resultados clínicos. Embora os médicos estejam cientes da importância desse fator, muitas vezes enfrentam barreiras na aplicação de estratégias eficazes para identificar, reconhecer e manejar os aspectos que contribuem para a baixa adesão ou a interrupção do tratamento.[4]

A EM é um estilo de comunicação centrada no paciente e orientada para metas específicas, com o objetivo de promover mudanças comportamentais positivas, especialmente em casos de baixa adesão terapêutica e redução de fatores de risco que exijam mudança de comportamento. O foco principal da EM é auxiliar o paciente a lidar com sua ambivalência interna, por meio de estratégias como a expressão de empatia, a

---

* A EM utiliza o termo cliente, em vez de paciente, pois considera o indivíduo atendido como ativo no processo terapêutico; no entanto, em razão de este livro ser destinado a médicos, optamos, para fins de padronização, por utilizar o termo paciente.

evitação de confrontos, o desenvolvimento de discrepâncias entre os comportamentos atuais e os objetivos desejados, além do incentivo à autoeficácia. Essas ações ajudam a fortalecer a motivação intrínseca do paciente, facilitando o processo de mudança de forma colaborativa e respeitosa.

Diferentemente de uma intervenção psicoterapêutica formal, a EM pode ser aplicada por diversos profissionais de saúde, promovendo a autonomia e a competência do paciente, ao identificar as razões dele para a mudança e as barreiras que enfrenta para realizá-la. Este capítulo abordará os conceitos centrais e os princípios fundamentais da EM. Sem a pretensão de esgotar o tema, seu objetivo é familiarizar o leitor com essa intervenção, oferecendo ferramentas práticas que possam ser aplicadas no cotidiano da prática médica.

ENTREVISTA MOTIVACIONAL, O QUE É?

"A entrevista motivacional é um estilo de aconselhamento centrado na pessoa para abordar o problema comum de ambivalência sobre a mudança."[5]

A EM é um método desenvolvido por William Miller e Stephen Rollnick na década de 1980 com o objetivo de abordar pacientes ambivalentes quanto à mudança. Inicialmente desenvolvida com foco no tratamento para transtornos por uso de substâncias (TUS), a EM expandiu-se para outras áreas da saúde nas quais a mudança do comportamento ou do estilo de vida frequentemente é obstruída pela ambivalência do paciente. Atualmente, a EM é respaldada por um sólido corpo de evidências científicas que reconhecem seus benefícios na promoção da adesão terapêutica e da mudança de comportamento em diversas condições de saúde.[6]

De acordo com a EM, a mudança não é um evento, mas um processo gradual que envolve vários esforços e contratempos. Sua essência reside em não coagir as pessoas a mudarem contra sua vontade; em vez disso, investe em fortalecer o senso de autonomia e competência pessoal. Ela é fundamentada nos conceitos de motivação, prontidão para mudança e ambivalência, sendo a motivação compreendida como um estado fluido de prontidão para a transformação, e não como um traço estático da personalidade. Esse estado pode variar ao longo do tempo e das circunstâncias e está sujeito a influências internas e externas. Portanto, a falta de motivação não é considerada algo inerente ao paciente, mas algo que pode ser modificado.[7] Assim, se a ambivalência não for reconhecida e abordada, o aconselhamento clínico correto e bem-intencionado pode ser percebido pelos pacientes como um ataque à sua liberdade de escolha,[8,9] o que pode gerar reatância psicológica: um comportamento defensivo, por parte do paciente, para reafirmar a sua liberdade pessoal, a qual ele considera que está sendo ameaçada pelo médico.

Dessa forma, a EM evita abordagens prescritivas e confrontativas tradicionalmente utilizadas nos *settings* terapêuticos da época em que foi desenvolvida.[9] Para os criadores da EM, a confrontação revela-se pouco efetiva no tratamento de pacientes. Em contraponto, a atitude motivacional e empática do profissional tem potencial de enaltecer as razões internas do paciente e ajudar a criar dissonância cognitiva (quando o paciente sente um desconforto entre seu comportamento atual e seus objetivos de saúde) e resolver a ambivalência, em um contexto terapêutico de aceitação e compaixão.[9] O profissional tem como objetivo estimular o que Miller e Rollnick[9] denominaram "conversa sobre mudança", o que se contrapõe à "conversa de sustentação" do *status quo* – aquilo que se verifica mais nos pacientes ambivalentes no início do tratamento.

Por fim, é importante destacar que a EM não é um tipo de tratamento isolado: ela integra diversas abordagens oriundas da psicologia clínica e da psicologia social, podendo ser articulada com outros modelos terapêuticos.[10]

MODELO TRANSTEÓRICO DA MUDANÇA

No início da década de 1980, enquanto a EM estava surgindo, o modelo transteórico da mudança (MTM) também estava sendo desenvolvido por Prochaska e DiClemente.

Ele fornece uma base teórica relevante para compreender os processos de mudança comportamental.[11] Os autores sugerem que a mudança é um processo abrangendo diferentes níveis de prontidão e transformação, influenciados por fatores cognitivos, afetivos e comportamentais que afetam a transição entre os estágios; estes são denominados pré-contemplação, contemplação, determinação, ação e manutenção (Quadro 27.1).[11] Esses estágios são particularmente evidentes em contextos que envolvem conflito entre gratificações imediatas e consequências negativas a longo prazo, como adesão a dietas, prática de atividade física, uso de preservativos e consumo de substâncias.

O MTM oferece uma estrutura conceitual para entender as fases que as pessoas atravessam ao tentarem modificar um comportamento, auxiliando na identifica-

QUADRO 27.1
POSSÍVEIS FOCOS TERAPÊUTICOS DA EM DE ACORDO COM OS ESTÁGIOS DE MUDANÇA

Estágio motivacional	Objetivos do clínico
1. Pré-contemplação O indivíduo não reconhece seu comportamento como problemático e não considera a mudança. Frequentemente, só busca ajuda por pressão externa, mas retorna aos hábitos antigos quando essa pressão diminui.	**Promover a reflexão**: ajudar o paciente a pensar nos riscos e desafios do comportamento atual. **Criar dissonância cognitiva**: fazer o paciente perceber o conflito entre suas atitudes e seus comportamentos, incentivando a mudança. **Oferecer estratégias para minimizar danos**: dar orientações práticas para que o paciente possa reduzir os riscos enquanto trabalha na mudança.
2. Contemplação O indivíduo reconhece o problema, mas está indeciso quanto à mudança. Apesar de considerar a mudança necessária, ainda não se compromete em agir, permanecendo em um estado de ambivalência.	**Explorar prós e contras**: ajudar o paciente a avaliar os benefícios e as desvantagens da mudança. **Ambivalência**: discutir sentimentos contraditórios em relação à mudança e apresentar opções alternativas. **Motivações e riscos**: identificar os motivos para mudar e os riscos de manter o comportamento atual.

→

QUADRO 27.1
POSSÍVEIS FOCOS TERAPÊUTICOS DA EM DE ACORDO COM OS ESTÁGIOS DE MUDANÇA

Estágio motivacional	Objetivos do clínico
	Confiança na mudança: reforçar a crença do paciente em sua capacidade de mudar.
3. Determinação (ou preparação) O indivíduo reconhece que a mudança é necessária e começa a planejar como realizá-la. Ele busca informações e começa a planejar e tomar pequenas ações, preparando-se para mudanças maiores no futuro.	**Estabelecer objetivos:** ajudar o paciente a definir metas claras e factíveis. **Plano de ação:** apoiar na criação de um plano concreto para iniciar a mudança e tomar medidas práticas.
4. Ação A mudança de comportamento começa a ocorrer. O indivíduo toma medidas concretas para alterar o comportamento problemático e ganha confiança ao manter o compromisso consigo mesmo.	
5. Manutenção O foco é sustentar a mudança a longo prazo e evitar recaídas. O indivíduo se sente mais confiante, consegue lidar com gatilhos e constrói estratégias para manter o progresso.	**Prevenir recaídas:** auxiliar o paciente a identificar riscos e gatilhos, desenvolvendo estratégias eficazes para evitar recaídas.
Recaída (se ocorrer)* Se houver uma recaída, ela é vista como uma oportunidade de aprendizado, não como um fracasso. O indivíduo reavalia seus gatilhos, ajusta o plano de ação e continua o processo de mudança.	**Apoiar, revisar e progredir:** apoiar o paciente na análise de seu progresso e na revisão dos estágios anteriores, identificando pontos críticos que contribuíram para a recaída. Explorar estratégias para manejar esses desafios e incentivar o paciente a continuar avançando, sem perder a motivação.

*Na EM, a recaída é contemplada como uma oportunidade para aprender a como manter a mudança de comportamento a longo prazo.

Fonte: Elaborado com base em Hall e colaboradores.[14]

ção e no manejo de três componentes cruciais da motivação:[12]

1 **Disposição:** o quanto o paciente reconhece a importância de mudar.
2 **Habilidade:** o quanto o paciente confia em sua própria capacidade de mudar.
3 **Prontidão:** a prioridade que o paciente dá à mudança neste momento.

A EM teve sinergia com o MTM ao oferecer um método de tratamento inicial baseado em evidências para trabalhar com pacientes que ainda não estavam prontos para a mudança; ou seja, nos estágios de pré-contemplação, contemplação e preparação.[13] Posteriormente, Miller e Rollnick reconheceram seus benefícios em outros estágios do MTM.[12] No Quadro 27.1, são descritas as características de cada estágio motivacional e os objetivos do clínico em cada um deles.

APLICAÇÕES DA ENTREVISTA MOTIVACIONAL

Um sólido conjunto de evidências apoia a EM como uma abordagem eficaz e acessível para promover mudanças comportamentais em pacientes que demonstram ambivalência.[6] Uma revisão sistemática publicada em 2018 evidenciou os benefícios da EM na cessação ou prevenção de comportamentos prejudiciais à saúde, particularmente relacionados ao uso problemático de substâncias como álcool, *Cannabis* e tabaco.[10] Além disso, destacou efeitos positivos na promoção da atividade física em indivíduos com condições crônicas de saúde.[10] Uma revisão sistemática concluiu que a EM apresenta efeitos positivos estatisticamente significativos em diversos comportamentos relacionados à saúde, quando comparada ao tratamento padrão ou à ausência de tratamento. Metanálises demonstraram que a EM é eficaz para reduzir o consumo de substâncias, melhorar a atividade física, a higiene dental, o controle do peso corporal, a adesão ao tratamento, a disposição para mudança de comportamento e a mortalidade.

Esses achados destacam a versatilidade e eficácia da EM em várias condições de saúde. Com sua comprovada capacidade de motivar pacientes para a mudança, as aplicações práticas da EM na medicina são variadas e incluem as listadas a seguir:[14]

- **Adesão ao uso de medicação:** A EM ajuda os pacientes a manterem o uso correto de medicamentos, promovendo a adesão terapêutica.
- **Gerenciamento de fatores de risco SNAP*:** A EM é eficaz no gerenciamento de fatores como tabagismo, nutrição, álcool e atividade física, que são determinantes de várias condições de saúde.
- **Programas de prevenção ou manejo de diabetes e saúde cardiovascular:** A técnica é utilizada para motivar pacientes a se engajarem em programas que previnam ou tratem doenças crônicas, como diabetes e problemas cardiovasculares.
- **Manejo de uso nocivo/dependência de substâncias:** A EM é amplamente usada para reduzir o uso de álcool e drogas, tanto em adultos quanto em adolescentes.
- **Controle de comportamentos de risco:** A abordagem é eficaz na redução de comportamentos problemáticos, como jogo patológico e comportamentos sexuais de risco.
- **Controle da dor:** A EM pode auxiliar no gerenciamento da dor crônica.
- **Manejo do estresse:** É utilizada para ajudar os pacientes a lidarem melhor com o estresse, promovendo a saúde mental.
- **Realização de exames diagnósticos e encaminhamentos:** A EM incentiva os pacientes a concluírem exames de rastreamento e diagnósticos recomendados, além de aceitarem encaminhamentos para especialistas e outros profissionais de saúde.
- **Cessação do tabagismo:** A EM é eficaz em apoiar os pacientes a interromperem o uso de tabaco, ajudando-os a superarem ambivalências.
- **Redução de comportamentos sexuais de risco:** Auxilia a reduzir comportamen-

---

* SNAP é um acrônimo que se refere a quatro fatores de risco modificáveis relacionados ao estilo de vida, que têm impacto significativo na saúde. São eles: S: *smoking* (tabagismo), N: *nutrition* (nutrição), A: *alcohol* (álcool) e P: *physical activity* (atividade física).

tos sexuais de risco, promovendo maior conscientização a respeito da saúde sexual e prevenindo infecções sexualmente transmissíveis.
- **Melhora da adesão à terapia antirretroviral e redução do uso de substâncias entre pacientes com HIV:** A EM ajuda a aumentar a adesão à terapia antirretroviral e a reduzir o uso de substâncias entre pacientes HIV-positivos, promovendo melhores resultados na saúde e maior qualidade de vida.
- **Incentivo à prática regular de atividade física:** A EM é utilizada para motivar os pacientes a adotarem e manterem hábitos de atividade física, fundamentais para o controle de doenças crônicas e a melhoria da qualidade de vida.

O ESPÍRITO FUNDAMENTAL DA ENTREVISTA MOTIVACIONAL

Segundo Miller e Rollnick, o uso eficaz da EM depende não apenas das estratégias, mas também da incorporação do espírito colaborativo que a define. Esse espírito é essencial para engajar até mesmo os indivíduos aparentemente "desmotivados" e pode ser uma ferramenta poderosa na prática clínica. O espírito da EM visa incentivar e fortalecer uma relação de confiança, caracterizada por cinco componentes:[6,14]

1 **Parceria:** Uma colaboração igualitária, na qual o médico não assume o papel de especialista superior ao paciente. A EM é feita *com*, e não *para* o paciente.
2 **Aceitação:** Uma atitude fundamental de aceitação e empatia para com as necessidades, experiências e pontos de vista do paciente, garantindo sua autonomia de escolha e tomada de decisão em relação à mudança de comportamento.
3 **Compaixão:** Compaixão pela vida e experiência do paciente, priorizando as suas necessidades e valores.
4 ***Empowerment* (empoderamento):** O médico ajudará o indivíduo a identificar e utilizar a sua própria força e suas habilidades no processo de mudança.

PRINCÍPIOS ORIENTADORES DA ENTREVISTA MOTIVACIONAL

Na prática, implementar a EM pode ser desafiador. Miller e Rollnick simplificaram quatro princípios orientadores, representados pelo acrônimo *RULE*, que são úteis para enfrentar esses desafios. Em inglês, esses princípios são *resist* (resistir), *understand* (compreender), *listen* (ouvir) e *empower* (capacitar).[14] Eles estão resumidos no Quadro 27.2.[6,9] Além disso, o sucesso da EM está associado a dois componentes principais: o primeiro é relacional, pautado no uso da empatia nos princípios da EM, e o segundo é técnico e envolve o uso correto dos métodos específicos da EM.

ENTREVISTA MOTIVACIONAL NA PRÁTICA

A EM é conceitualmente estruturada em quatro processos interligados, fundamentais para sua eficácia.[6,9]

1 **Engajamento:** O primeiro passo vai além da simples interação entre profissional e paciente, focando na construção de uma relação terapêutica baseada em confiança e respeito mútuo.
2 **Foco:** Este segundo processo envolve a capacidade de manter a conversa centrada nas questões centrais que impul-

QUADRO 27.2
PRINCÍPIOS ORIENTADORES DA ENTREVISTA MOTIVACIONAL

1. Resistir (*resist*): o médico deve suprimir o impulso de persuadir ou aconselhar diretamente o paciente a abandonar o comportamento prejudicial. É crucial para a EM que o próprio paciente evoque os argumentos para a mudança.	**3. Ouvir com empatia** (*listen*): a escuta é uma habilidade fundamental na EM. O médico deve escutar mais do que falar e demonstrar interesse empático no que o paciente diz.
2. Compreender e explorar as motivações (*understand*): é essencial que o médico explore as percepções, preocupações e valores do paciente em relação ao seu comportamento prejudicial e suas motivações para mudar. O paciente deve verbalizar os argumentos a favor da mudança comportamental.	**4. Capacitar** (*empower*): o médico deve ajudar o paciente a explorar como pode realizar mudanças significativas em sua vida, promovendo desejo, esperança e otimismo. Isso fortalece a autoeficácia do paciente e sua capacidade de mudança.

Fonte: Elaborado com base em Hall e colaboradores.[14]

sionam o desejo de mudança. Ao evitar dispersões, o médico ajuda o paciente a identificar com precisão os problemas principais, promovendo um direcionamento claro da intervenção.

3 **Evocação:** O médico estimula o paciente a acessar suas próprias motivações e razões para a mudança, sendo facilitador do processo. Ele permite que o paciente explore seus próprios pensamentos e o que o impulsiona a mudar.

4 **Planejamento:** Finalmente, o planejamento traduz essas motivações em ações práticas. Juntos, médico e paciente criam um plano de ação detalhado, com metas claras, prazos e estratégias para implementar as mudanças.

Estratégias para estimular "conversa sobre mudança" são cruciais e podem ser facilitadas por meio de perguntas específicas, como as apresentadas no Quadro 27.3.

QUADRO 27.3
CONVERSANDO SOBRE A MUDANÇA

Tópicos para provocar a conversa sobre mudança	Perguntas para provocar conversas sobre mudança	Exemplo de conversa de mudança do paciente
Desvantagens do *status quo*	O que o preocupa em relação às apostas *online*? Quais dificuldades resultaram deste comportamento? De que forma isso o preocupa?	"Acho que, para ser honesto, se continuar gastando dinheiro em apostas *online*, estou preocupado que minha família pare de me perdoar pelo meu comportamento."
Vantagens da mudança	Como você gostaria que estivesse sua saúde daqui a 5 anos?	"Se eu seguir corretamente o tratamento com os antirretrovirais, pelo menos não vou precisar me

→

QUADRO 27.3
CONVERSANDO SOBRE A MUDANÇA

Tópicos para provocar a conversa sobre mudança	Perguntas para provocar conversas sobre mudança	Exemplo de conversa de mudança do paciente
Vantagens da mudança (Cont.)	Quais são as vantagens de tomar sua medicação antirretroviral de forma regular? O que seria diferente na sua vida se você tomasse o medicamento todos os dias?	preocupar tanto com minha saúde e poderei viver com mais tranquilidade, sem medo de ficar doente. Também não ficarei preocupada em transmitir o vírus para meu marido."
Otimismo para mudança	Quando você fez uma mudança significativa em sua vida antes? Como você fez isso? Que pontos fortes você possui que o ajudariam a fazer uma mudança?	"Eu parei de fumar há alguns anos e me senti muito mais saudável. Foi muito difícil, mas quando me dedico a algo, geralmente persisto."
Intenção de mudar	Esqueça por um momento como chegar lá. Se você pudesse mudar qualquer coisa agora, o que seria? O que faria valer a pena realizar essa mudança?	"Eu nunca pensei que chegaria a este ponto. Quero voltar a me sentir mais saudável e forte, com energia suficiente para aproveitar meu tempo com amigos e família. Quero praticar exercícios regularmente e me manter firme na dieta para controlar o diabetes."

Fonte: Elaborado com base em Hall e colaboradores.[14]

CONSTRUINDO A MOTIVAÇÃO PARA A MUDANÇA

Quando o paciente está com dúvidas com relação à mudança, o foco do clínico é resolver essa ambivalência e evocar a motivação para a mudança. Quatro habilidades fundamentais – representadas pela sigla PARR (*OARS* em inglês) – contribuem para direcionar o curso da entrevista e estabelecer um vínculo terapêutico alinhado com a essência da EM, auxiliando no processo motivacional.[5,14] Um resumo dessas habilidades é apresentado no Quadro 27.4.

Uma regra geral na prática da EM é fazer uma pergunta aberta para cada duas reflexões, resumos ou afirmações. As reflexões, é importante destacar, são ferramentas valiosas na EM, ajudando a explorar e resolver a ambivalência do paciente, a promover uma maior prontidão para a mudança e auxiliar no manejo da "conversa de sustentação" do *status quo* do paciente.[15] No Quadro 27.5, podem ser mais bem compreendidos os diferentes tipos de reflexão.

ESTRATÉGIAS PARA ELICIAR A CONVERSA SOBRE MUDANÇA

A seguir, estão listadas algumas estratégias para desenvolver a conversa sobre a mudança.[15,16]

QUADRO 27.4
PARR – AS HABILIDADES BÁSICAS DA ENTREVISTA MOTIVACIONAL NA PRÁTICA

Habilidades	Exemplos
Perguntas abertas Essas perguntas não podem ser respondidas com "sim" ou "não" e permitem ao paciente falar mais, ajudando o profissional de saúde a entender melhor os valores e objetivos do paciente. Elas abrem espaço para explorar as preocupações do paciente e incentivam a reflexão quanto às suas próprias declarações.	**Prefira** "Como você acha que a falta de atividade física está afetando sua saúde?" "O que o impede de seguir sua dieta para controle do diabetes?" "Quais são os maiores desafios que você enfrenta ao tomar seus remédios regularmente?" "Entendo que você tem algumas preocupações em relação ao controle da sua hipertensão. Poderia me falar mais sobre elas?" **Em vez de** "A falta de atividade física está afetando sua saúde?" "Há algo que impede você de seguir sua dieta para controle do diabetes?" "Você enfrenta dificuldades ao tomar seus remédios regularmente?" "Você tem preocupações com o controle da sua hipertensão?" **Dica**: As perguntas devem ser únicas, breves, claras e indiretas, facilitando uma conversa mais profunda.
Afirmações reforçadoras Essas afirmações expressam compreensão, reconhecimento ou apreço, apoiando o paciente durante o processo de mudança. Elas ajudam a fortalecer o relacionamento entre o médico e o paciente, validando os esforços deste para lidar com sua condição. São eficazes ao reconhecer e validar os pontos fortes e o comprometimento do paciente com a melhoria da saúde.	"Agradeço sua coragem em compartilhar sua dificuldade em controlar a vontade de comer doces e como isso interfere no manejo do diabetes." "Você parece ter lidado muito bem com os desafios da hipertensão nos últimos meses. Parece ter mantido o uso regular da medicação e a prática de atividade física." "Obrigado por estar aqui hoje para discutirmos sua saúde. Sei que pode ser difícil falar sobre isso."
Reflexões As reflexões apresentam os conteúdos significativos mencionados pelo paciente por meio de uma afirmação. Elas servem para capturar tanto o significado implícito quanto o sentimento por trás das palavras do paciente, ajudando-o a explorar mais profundamente suas motivações.	Paciente: "Minha esposa disse que eu precisava vir até aqui e me tratar. Não tive escolha!" Médico: "Você buscou tratamento para não perder a sua esposa."

QUADRO 27.4
PARR – AS HABILIDADES BÁSICAS DA ENTREVISTA MOTIVACIONAL NA PRÁTICA

Habilidades	Exemplos
Resumos Os resumos sintetizam os principais pontos abordados durante a entrevista, revisando-os com o paciente para garantir que ambos compreendem completamente o que foi discutido até o momento. Eles ajudam a demonstrar que o profissional está atento e compreende a perspectiva do paciente.	"Vou resumir o que discutimos até agora: você expressou preocupações quanto à dificuldade em seguir sua dieta, especialmente devido às tentações de comer doces, o que está impactando o controle do seu diabetes. Você acredita que pode fazer algumas mudanças na sua alimentação, mas reconhece que, no passado, as tentativas de manter uma dieta mais equilibrada foram desafiadoras. Isso reflete o que conversamos até aqui?"

Fonte: Elaborado com base em Hall e colaboradores.[14]

QUADRO 27.5
PRINCIPAIS TIPOS DE REFLEXÕES NA ENTREVISTA MOTIVACIONAL

Tipo de Reflexão	Subtipo	Descrição
Reflexão simples	Repetir	Repetir exatamente o que o paciente disse ou partes do que disse, incentivando-o a desenvolver mais o tema.
	Refrasear	Reformular o que o paciente disse, usando palavras ou ordem de sentença diferentes para incentivar uma compreensão mais profunda.
Reflexão complexa	Parafrasear	Inferir o sentido do que foi dito de forma mais ampla. Paciente: "Minha colega de trabalho está sempre atrás de mim para ver se estou bebendo." Médico: "Sua colega lhe persegue e quer lhe prejudicar no trabalho."
	Refletir sentimentos	Refletir sobre os sentimentos por trás do que o paciente disse, utilizando, se necessário, uma metáfora.
	Analogias ou metáforas	Usar analogias ou metáforas para resumir o que o paciente disse.
	Continuando o parágrafo	O médico diz algo que fica subentendido que o paciente iria dizer a seguir.
	Reflexão de dois lados	Resumir tanto o lado da conversa sobre mudança quanto o da conversa de sustentação em uma única intervenção.
	Subestimar	Diminuir a intensidade do que o paciente disse ou sentiu.
	Exagerar	Aumentar a intensidade do que o paciente disse ou sentiu.

FAZER PERGUNTAS EVOCATIVAS – Perguntas direcionadas para explorar o problema, as preocupações e a intenção do paciente em mudar seu comportamento. Exemplo: "De que maneira você acha que o sedentarismo está impactando sua saúde geral?". Essa pergunta ajuda a estimular uma reflexão mais profunda a respeito do impacto da falta de exercício em vários aspectos da saúde, não apenas na pressão arterial.

ELABORAR – O médico pode aprofundar temas mencionados pelo paciente que têm relação com a mudança desejada.

- Exemplo: "Você mencionou que tem dificuldade em tomar seus remédios regularmente. Pode me contar como isso afeta sua rotina diária?"

Essa pergunta incentiva o paciente a descrever sua experiência de maneira mais ampla, ajudando a identificar barreiras específicas para o comportamento desejado.

USAR EXTREMOS – O médico pode usar exemplos extremos para que o paciente reflita sobre seu comportamento atual.

- Exemplo: "Como você se sentiria se uma pessoa importante para você, como seu filho, repetisse o seu hábito de fumar?"

Ao usar essa abordagem, o paciente é incentivado a refletir mais criticamente quanto às implicações de seu comportamento.

USAR A AVALIAÇÃO DA IMPORTÂNCIA E DA CONFIANÇA NA MUDANÇA – Utilizar escalas para ajudar os pacientes a avaliarem o quão importante é a mudança e o quanto confiam na sua capacidade de realizá-la.

- Exemplo: "Em uma escala de zero a dez, o quão importante você acha que é controlar o diabetes para melhorar sua qualidade de vida? O que faz você dar essa nota e não zero?"; "De zero a dez, o quanto você confia na sua capacidade de mudar?"; "Por que deu esta nota e não dez?"

Essa versão permite ao paciente não só quantificar a importância e a confiança, mas também refletir quanto ao raciocínio por trás de sua avaliação.

OLHAR PARA TRÁS – Incentivar o paciente a lembrar de como era a vida antes do comportamento-problema. Exemplo: "Como era sua vida antes de você começar a lidar com esses desafios de saúde? O que mudou desde então?"

- Essas perguntas estimulam uma comparação entre a vida anterior e a situação atual, reforçando a necessidade de mudança.

OLHAR PARA FRENTE – Perguntar ao paciente como será o futuro se ele mudar ou não seu comportamento.

- Exemplo: "Como você imagina que sua vida poderia ser daqui a alguns anos se você fizer mudanças na sua rotina atual?"
- Esse questionamento permite que o paciente explore as possíveis consequências futuras de mudar ou não, tanto positivas quanto negativas.

EXPLORAR METAS – Perguntar a respeito das metas do paciente e avaliar como elas estão relacionadas ao comportamento que precisa ser mudado. Exemplo: "Quais são suas metas de saúde para o futuro, e como você acha que elas se conectam com os hábitos que você tem hoje?". Essa pergunta oferece ao paciente uma oportunidade de refletir quanto às suas metas a longo prazo e como seus hábitos atuais podem influenciá-las.

EXPLORAR VALORES – Perguntar quais são os valores do paciente e como eles se conectam com o seu comportamento-problema.

- Exemplo: "Você mencionou que valoriza muito sua família. Pode me contar como isso influencia suas decisões de saúde?"

Ao explorar valores, o médico ajuda o paciente a conectar suas decisões de saúde com os aspectos mais importantes de sua vida, facilitando uma reflexão mais profunda.

ARMADILHAS

Armadilhas comuns na prática da EM, com as quais os profissionais da saúde devem ter cuidado, foram sintetizadas previamente por Araujo e colaboradores[17] e incluem:

- **Armadilha da avaliação:** Quando o médico realiza um interrogatório com o paciente, preferindo perguntas fechadas que não incentivam a reflexão quanto ao comportamento em vez de perguntas abertas. Foca em avaliar e dirigir a entrevista, em detrimento de ouvir e compreender o paciente.
- **Armadilha do especialista:** O médico presume conhecer as necessidades do paciente e prescreve comportamentos sem considerar a perspectiva deste último.
- **Armadilha da rotulação:** O médico busca dar rótulos para o paciente (como o de "dependente"), sem considerar o impacto negativo dessa abordagem.
- **Armadilha do foco prematuro:** O médico tenta impor um tema de discussão ao paciente, ignorando sua prontidão para a mudança.
- **Armadilha da culpa:** O médico e o paciente podem se envolver em uma busca pelo culpado pelo comportamento-problema, o que é improdutivo para o tratamento.

- **Armadilha do bate-papo:** Limitar a entrevista a uma conversa casual, em vez de focar na motivação para a mudança, é contraproducente para os objetivos da entrevista motivacional.

DARN-CAT

Existem sete tipos de conversa sobre mudança, refletidos na sigla DARN-CAT, a qual representa diferentes tipos de falas que indicam o processo de mudança em pacientes. Esse conceito divide-se em duas partes principais: DARN e CAT.[18]

1. **DARN** refere-se à fase de preparação para a mudança, abrangendo desejo, capacidade, razões e necessidade. Essas declarações demonstram a intenção de mudança, como o desejo de melhorar a saúde ("Quero começar a controlar meu diabetes"), a percepção de que é possível implementar mudanças ("Acho que consigo começar a praticar mais exercícios"), as razões que justificam essas ações ("Se eu melhorar minha alimentação, terei mais energia") e a percepção da necessidade de mudança urgente ("Eu preciso reduzir meu peso para evitar complicações futuras").[18]
2. **CAT** reflete a mobilização para a ação, envolvendo compromisso, ativação e tomada de medidas. Nessa fase, o paciente expressa seu compromisso com a mudança ("Eu vou começar a caminhar todos os dias"), demonstra prontidão para iniciar os primeiros passos ("Estou pronto para adotar uma dieta equilibrada") e relata as ações já tomadas ("Já comecei a monitorar minha pressão arterial regularmente").[18]

As perguntas DARN-CAT são úteis para gerar questionamentos abertos que incentivam o diálogo a respeito de mudanças no comportamento do paciente e ajudam o profissional de saúde a identificar e reforçar as expressões de motivação. Engajar, focar e evocar são etapas fundamentais que preparam o cenário para que a ação seja mobilizada. À medida que o médico evoca e responde às falas do paciente que se encaixam no modelo DARN-CAT, é possível identificar sinais de prontidão para a mudança. Esses sinais, como o aumento da conversa sobre mudança, a diminuição da conversa de sustentação do *status quo* e a tomada de pequenos passos em direção à ação, indicam que o paciente está gradualmente se aproximando do comportamento desejado. Essas observações são essenciais para orientar uma abordagem motivacional eficaz, reforçando a confiança e a motivação do paciente para adotar mudanças positivas.

O Quadro 27.6, a seguir, apresenta uma síntese das estratégias DARN-CAT, destacando as fases da mudança, exemplos de perguntas que o médico pode utilizar para abordar o paciente e formas de identificar sinais de prontidão para a mudança.

FORTALECENDO O COMPROMISSO COM A MUDANÇA

Quando o paciente demonstrar prontidão para mudança, o clínico vai ajudá-lo a de-

QUADRO 27.6
ESTRATÉGIAS DARN-CAT APLICADAS À ENTREVISTA MOTIVACIONAL PARA CONDIÇÕES DE SAÚDE

Elemento	Definição	Exemplos de perguntas que o médico pode fazer	Falas do paciente que indicam ter decidido mudar
Desejo (Desire)	Declarações que expressam o desejo de mudar.	Pergunte: "Como você gostaria que as coisas mudassem?" "O que você espera que nosso trabalho conjunto realize?" "Do que você não gosta a respeito de como as coisas estão agora?" "Do que você não gosta a respeito dos efeitos da obesidade /hipertensão/ diabetes/consumo de álcool?" "O que você deseja para seu relacionamento com _____?" "Como você quer que sua vida seja diferente daqui a um ano?" "O que você espera desta consulta?"	"Eu gostaria de controlar minha pressão arterial."

→

QUADRO 27.6
ESTRATÉGIAS DARN-CAT APLICADAS À ENTREVISTA MOTIVACIONAL PARA CONDIÇÕES DE SAÚDE

Elemento	Definição	Exemplos de perguntas que o médico pode fazer	Falas do paciente que indicam ter decidido mudar
Capacidade *(Ability)*	Declarações que indicam que o paciente acredita ser capaz de mudar.	Pergunte: "Se você decidisse parar de beber, como você faria isso?" "O que você acha que pode mudar?" "Que ideias você tem de como você poderia _____?" "O que te encoraja a mudar se você decidir?" "Quão confiante você está de que poderia _____ se você decidisse?" "Das diferentes opções que você considerou, qual parece mais possível?" "Qual é a probabilidade de você conseguir _____?"	"Acho que posso me organizar para tomar a medicação no horário correto."
Razões *(Reasons)*	Declarações que explicam por que a mudança é importante, os motivos para mudar.	Pergunte: "Quais são algumas das razões que você tem para fazer essa mudança?" "Por que você iria querer parar ou reduzir o uso de _____?" "Qual é a desvantagem da forma como as coisas estão agora?" "Quais podem ser as coisas boas em parar de _____?" "O que faria valer a pena para você _____?" "Quais poderiam ser algumas das vantagens de _____?" "Quais seriam as três melhores razões para _____?"	"Fazer exercícios me daria mais energia e disposição no trabalho."
Necessidade *(Need)*	Declarações que refletem a urgência ou	Pergunte: "O que precisa acontecer?"	"Eu preciso parar de fumar imediatamente."

→

QUADRO 27.6
ESTRATÉGIAS DARN-CAT APLICADAS À ENTREVISTA MOTIVACIONAL PARA CONDIÇÕES DE SAÚDE

Elemento	Definição	Exemplos de perguntas que o médico pode fazer	Falas do paciente que indicam ter decidido mudar
Necessidade (Need) (Cont.)	necessidade de mudança.	"Quão importante é para você _____?" "O que faz você pensar que talvez precise fazer uma mudança?" "Quão sério ou urgente isso parece para você?" "O que você acha que precisa mudar?"	
Compromisso (Commitment)	Declarações que mostram que o paciente está comprometido com a mudança.	Pergunte: "O que você está disposto a fazer para começar a melhorar sua saúde?"	"Eu vou procurar um cardiologista e fazer os exames na próxima semana."
Ativação (Activation)	Declarações que demonstram que o paciente está pronto para agir.	Pergunte: "Quais são os primeiros passos que você pretende tomar?"	"Estou pronto para começar a fazer exercícios três vezes por semana."
Tomada de ação (Taking steps)	Declarações que mostram que o paciente já tomou medidas para mudar.	Pergunte: "O que você já começou a fazer para melhorar sua saúde?"	"Já reduzi de um maço para meio maço por dia."

Fonte: Elaborado com base em Miller e Rollnick.[5]

senvolver e implementar um plano de ação para alcançar suas metas e a elaborar um "plano de ação de mudança". Sem uma abordagem voltada para metas, a aplicação das estratégias da EM pode manter a ambivalência, levando à estagnação.

À medida que o compromisso com a mudança é fortalecido, um "plano de mudança" é estabelecido, envolvendo técnicas padrão de definição de metas que permitem evocar do paciente seus planos (em vez de instruir ou aconselhar). No caso da necessidade de aconselhamento para estabelecer metas apropriadas, isso precisa ser consentido pelo paciente, honrando sua autonomia. Exemplos de questões-chave para elaborar um "plano de mudança" incluem questionamentos direcionados a possíveis ações, mudanças planejadas e passos futuros.[14]

É comum, nesta etapa, os pacientes procurarem por respostas rápidas. Para reforçar sua autonomia, uma frase simples pode ser utilizada: "Você é o especialista em você, então não posso afirmar com certeza o que funcionará para você. No entanto, posso compartilhar o que as evidências indicam e exemplos de abordagens que foram úteis para outras pessoas na mesma situação".[14]

PONTOS-CHAVE DA ENTREVISTA MOTIVACIONAL

Conforme abordado até aqui, habilidades-chave como a exploração da ambivalência, a construção de uma aliança terapêutica e o uso da escuta reflexiva são fundamentais para aplicar a EM na prática clínica. Essas competências permitem ao médico criar um ambiente colaborativo que favoreça a adesão terapêutica e melhore os resultados clínicos. O Quadro 27.7 sintetiza esses pontos principais, oferecendo exemplos práticos e dicas para sua implementação no dia a dia clínico.[13,18]

CONSIDERAÇÕES FINAIS

A EM representa uma ferramenta valiosa para médicos que buscam promover mudanças comportamentais significativas em seus pacientes. Ao focar na construção de uma relação colaborativa e centrada no paciente, a EM permite que o profissional de saúde ajude esse indivíduo a explorar suas motivações internas e resolver ambivalências em relação ao tratamento ou à mudan-

---

QUADRO 27.7
PONTOS-CHAVE DA ENTREVISTA MOTIVACIONAL

1. Exploração da ambivalência: a ambivalência é comum no processo de mudança. Em vez de confrontá-la diretamente, o médico deve ajudar o paciente a explorar seus sentimentos conflitantes, aumentando a motivação para a mudança ao mostrar a discrepância entre o comportamento atual e suas metas de vida.

Exemplo prático: se um paciente expressa incerteza quanto a parar de fumar, o médico pode dizer: "Parece que parte de você quer parar de fumar por causa da sua saúde, mas outra parte acha difícil abrir mão do cigarro. Pode me contar mais sobre isso?". Isso ajuda o paciente a articular seus sentimentos contraditórios.

Dica: em vez de forçar a mudança, ajude o paciente a refletir a respeito dos prós e contras do comportamento.

2. Construir a aliança terapêutica: a EM baseia-se em uma relação colaborativa entre médico e paciente, em que ambos compartilham seu conhecimento. O médico age como facilitador, promovendo a mudança sem impor soluções, respeitando a autonomia do paciente.

Exemplo prático: adotar uma postura colaborativa, por exemplo, dizendo: "Como você acha que poderíamos trabalhar juntos para melhorar sua saúde?". Isso coloca o paciente em uma posição de parceria no processo de tomada de decisão.

Dica: evite uma abordagem paternalista ou diretiva; valorize o conhecimento e a experiência do paciente a respeito de sua própria vida.

QUADRO 27.7
PONTOS-CHAVE DA ENTREVISTA MOTIVACIONAL

3. Usar escuta reflexiva e empatia: a escuta reflexiva é essencial para construir empatia. O médico reflete as falas do paciente para validar seus sentimentos e incentivá-lo a explorar suas próprias razões para mudar, sem julgamentos.

Exemplo prático: se o paciente diz: "Estou com medo de que parar de beber me deixe ansioso", o médico pode refletir: "Você está preocupado que parar de beber possa aumentar sua ansiedade". Essa resposta mostra que você está ouvindo e compreendendo as preocupações do paciente.

Dica: use a escuta reflexiva para confirmar e validar os sentimentos do paciente, sem dar conselhos prematuros.

4. Guia direcionado, mas não impositivo: a EM é diretiva, mas respeita a autonomia do paciente. O médico guia a conversa em direção a metas específicas, como cessar o tabagismo, sem forçar decisões, ajudando o paciente a identificar suas próprias soluções.

Exemplo prático: em vez de dizer "Você precisa perder peso", pergunte: "O que você acha que poderia melhorar na sua alimentação para atingir suas metas de saúde?" Isso incentiva o paciente a identificar sua própria motivação para mudar.

Dica: oriente a conversa para metas específicas de saúde, mas permita que o paciente participe ativamente da criação dessas metas.

5. Evocar declarações de mudança (DARN-CAT): DARN-CAT é uma técnica que o médico usa para identificar falas que demonstram desejo, capacidade, razões e necessidade (DARN) e, posteriormente, estimular compromisso, ativação e tomada de ação (CAT), aumentando o engajamento do paciente na mudança.

Exemplo prático: pergunte ao paciente: "O que faria com que parar de fumar fosse importante para você?" ou "Como você conseguiu fazer mudanças difíceis no passado?". Essas perguntas ajudam a evocar pensamentos sobre mudança e ações que o paciente pode querer tomar.

Dica: use perguntas abertas para explorar desejo, capacidade, razões, necessidade, compromisso, ativação e tomada de ação (DARN-CAT).

6. Desenvolver discrepância: o médico ajuda o paciente a perceber a diferença entre seu comportamento atual e seus valores ou metas, facilitando a motivação para a mudança sem ser confrontador.

Exemplo prático: se um paciente expressa querer ser um bom pai, mas também relata beber regularmente, o médico pode dizer: "Você mencionou que quer estar presente para seus filhos, mas acha que o álcool está prejudicando isso. Como você vê a relação entre essas duas coisas?". Isso destaca a discrepância entre os valores do paciente e seu comportamento.

Dica: ajude o paciente a perceber a distância entre seus objetivos de vida e o comportamento atual, sem julgar ou criticar.

7. Evitando discórdia: discordar não é uma característica do paciente, mas uma reação à abordagem do médico. Evitar confrontos e focar na escuta ativa reduz a discordância e promove um ambiente colaborativo.

Exemplo prático: se o paciente reage defensivamente à ideia de mudar, diga: "Eu entendo que você não esteja pronto para parar de beber agora. Podemos falar sobre outras coisas. O que você gostaria de melhorar na sua saúde?". Isso desvia de uma confrontação e diminui a discordância do paciente.

Dica: quando perceber resistência, use empatia e reformule a abordagem para manter a conversa aberta.

→

QUADRO 27.7
PONTOS-CHAVE DA ENTREVISTA MOTIVACIONAL

8. Fortalecer a autoeficácia: a autoeficácia é fundamental para o sucesso da mudança. O médico deve reforçar a confiança do paciente em sua capacidade de mudar, usando exemplos de sucessos anteriores e oferecendo apoio contínuo.

Exemplo prático: se o paciente já tentou parar de fumar, pergunte: "O que funcionou bem da última vez que você tentou parar?" ou "Como você lidou com desafios semelhantes no passado?". Isso aumenta a confiança do paciente em sua capacidade de mudar.

Dica: reforce a autoeficácia destacando pequenos sucessos e habilidades que o paciente já demonstrou.

9. Evocação dos próprios recursos do paciente: em vez de dar conselhos, o médico deve evocar os próprios recursos e capacidades do paciente, ajudando-o a encontrar soluções dentro de si.

Exemplo prático: "O que você acha que ajudaria a superar essa dificuldade?"

Dica: explore as habilidades e estratégias que o paciente já utilizou no passado com sucesso.

10. Planejamento para a mudança: além de evocar declarações de mudança, o médico deve ajudar o paciente a criar um plano de ação concreto. Isso ocorre quando o paciente está pronto para dar o próximo passo em direção à mudança.

Exemplo prático: "Que passos você acha que poderia dar esta semana para reduzir o consumo de álcool?"

Dica: incentive o paciente a criar metas específicas e alcançáveis.

Integração na prática clínica

Consulta inicial: ao iniciar a consulta, use perguntas abertas como "O que o trouxe aqui hoje?" e ouça reflexivamente as preocupações do paciente.

Intervenções breves: para intervenções rápidas, como em um atendimento primário, aplique técnicas de DARN-CAT e desenvolva discrepância rapidamente, concentrando-se em pequenas mudanças viáveis.

Consultas de seguimento: use as consultas subsequentes para revisar o progresso e reforçar a autoeficácia. Por exemplo, "Como foi a última semana em relação à sua meta de beber menos?"

ça de seus comportamentos-problema. Ela não só facilita a adesão às intervenções, mas também fortalece a autonomia do paciente, ingrediente essencial para o sucesso terapêutico.

A utilização da EM é particularmente relevante no manejo de pacientes com condições crônicas, como diabetes, hipertensão, HIV e obesidade, casos em que a efetividade do tratamento depende da capacidade do paciente de implementar e manter mudanças comportamentais a longo prazo. A aplicação da EM em cenários clínicos variados – desde o controle de doenças crônicas até a cessação do tabagismo e a adesão à medicação – tem demonstrado sua eficácia na melhoria dos desfechos de saúde. Incorporar a EM à prática médica diária não apenas aumenta a efetividade terapêutica, mas também promove uma abordagem mais humanizada e centrada no paciente, fundamental para o desenvolvimento de uma relação médico-paciente sólida e de confiança.

Este capítulo apresentou diretrizes para a aplicação da EM no cotidiano da prática médica. Para maximizar o uso dessa abordagem, recomenda-se que os profissionais aprofundem seus conhecimentos por meio das obras de Miller e Rollnick, assegurando uma prática ainda mais eficaz na promoção da saúde e bem-estar.

REFERÊNCIAS

1. Kengne AP, Brière JB, Zhu L, Li J, Bhatia MK, Atanasov P, et al. Impact of poor medication adherence on clinical outcomes and health resource utilization in patients with hypertension and/or dyslipidemia: systematic review. Expert Rev Pharmacoecon Outcomes Res. 2024;24(1):143-54.
2. Papus M, Dima AL, Viprey M, Schott AM, Schneider MP, Novais T. Motivational interviewing to support medication adherence in adults with chronic conditions: Systematic review of randomized controlled trials. Patient Educ Couns. 2022;105(11):3186-203.
3. Jüngst C, Gräber S, Simons S, Wedemeyer H, Lammert F. Medication adherence among patients with chronic diseases: a survey-based study in pharmacies. QJM. 2019;112(7):505-12.
4. Burnier M. The role of adherence in patients with chronic diseases. Eur J Intern Med. 2024;119:1-5.
5. Miller WR, Rollnick S. Motivational interviewing: helping people change. 3rd ed. New York: Guilford; 2013.
6. Bischof G, Bischof A, Rumpf HJ. Motivational interviewing: an evidence-based approach for use in medical practice. Dtsch Arztebl Int. 2021;118(7):109-15.
7. Miller WR. Motivational interviewing with problem drinkers. Behav Psychother. 1983;11(2):147-72.
8. Steindl C, Jonas E, Sittenthaler S, Traut-Mattausch E, Greenberg J. Understanding psychological reactance: new developments and findings. Z Psychol. 2015;223(4):205-14.
9. Miller WR, Rollnick S. Motivational interviewing: preparing people for change. 2nd ed. New York: Guilford; 2002.
10. Frost H, Campbell P, Maxwell M, O'Carroll RE, Dombrowski SU, Williams B, et al. Effectiveness of motivational interviewing on adult behaviour change in health and social care settings: a systematic review of reviews. PLoS One. 2018;13(10):e0204890.
11. Raihan N, Cogburn M. Stages of change theory. In: StatPearls [Internet]. Treasure Island: StatPearls; 2025 [acesso em 2025 fev 21]. Disponível em: https://www.ncbi.nlm.nih.gov/books/NBK556005/.
12. DiClemente CC, Prochaska JO. Toward a comprehensive, transtheoretical model of change: stages of change and addictive behaviors. In: Miller WR, Heather N, editors. Treating addictive behaviors. New York: Plenum; 1998. p. 3-24.
13. Miller WR. The evolution of motivational interviewing. Behav Cogn Psychother. 2023;51(6):616-32.
14. Hall K, Gibbie T, Lubman DI. Motivational interviewing techniques: facilitating behaviour change in the general practice setting. Aust Fam Physician. 2012;41(9):660-7.
15. Miller WR, Stephen S. Motivational interviewing: helping people change. 4th ed. New York: Guilford; 2023.
16. Araujo RB, Castro MGT, Gonçalves HA, Pedroso RS. Entrevista motivacional. In: Araujo RB, organizador. Guia teórico-prático de terapias cognitivo-comportamentais para os transtornos do exagero. Novo Hamburgo: Sinopsys; 2021.
17. Araujo RB, Gonçalves HÁ, Pedroso RS. Entrevista motivacional. In: Araujo RB, organizador. Guia teórico-prático de terapias cognitivo-comportamentais para os transtornos do exagero. Novo Hamburgo: Sinopsys; 2021.
18. Motivational interviewing as a counseling style. In: Enhancing motivation for change in substance use disorder treatment: updated 2019. Rockville: Substance Abuse and Mental Health Services Administration; 2019.

28

ERRO MÉDICO E TRANSGRESSÕES AO LONGO DA FORMAÇÃO E CARREIRA

LISIEUX E. DE BORBA TELLES
GABRIELLE TEREZINHA FOPPA
MATEUS DE BORBA TELLES
RAMIRO RECKZIEGEL
FRANCISCO ARSEGO DE OLIVEIRA

DESCRITORES: erro médico; má prática; códigos de ética médica brasileiros; educação médica; medicina.

O erro médico pode ser considerado uma conduta inadequada, capaz de causar dano à vida ou deteriorar a saúde do paciente, por ação ou omissão do profissional. São critérios fundamentais a ocorrência do fato no exercício médico, a presença de dano, a ausência de dolo e a presença de nexo de causalidade. Ele pode acontecer em todas as fases dos processos de cuidado, da prevenção ao pós-alta, dando margem a ações contra o profissional nas esferas civil, penal, administrativa e disciplinar. A formação médica durante os períodos da faculdade e da residência deve enfatizar valores éticos e fornecer suporte e orientação adequados para os estudantes poderem enfrentar os dilemas éticos e desafios durante sua formação e carreira. A presença de estruturas de suporte e aconselhamento com treinamento de administradores, mentores, colegas ou familiares para atendimento dos profissionais que enfrentam o erro médico também tem respostas positivas.

ESTADO DA ARTE

A prática médica é o resultado de uma longa formação e de amadurecimento pessoal que levam a avanços nos padrões de saúde individual e coletiva da população, bem como à crescente satisfação e ao bem-estar dos pacientes e dos profissionais envolvidos.

No entanto, como é passível em seres humanos, desde a formação, estudantes e profissionais podem envolver-se de forma involuntária em resultados adversos, falhas e suas consequências. Lamentavelmente é possível observar um aumento de tais ocorrências em todo o mundo. Segundo Jha e colaboradoes, 43 milhões de eventos adversos acontecem na medicina todos os anos a um custo de cerca de US$ 132 bilhões em gastos excessivos com saúde e 23 milhões de anos de vida ajustados por incapacidade.[1] Alguns desses incidentes estão associados a erro humano, ocorrendo uma progressiva demanda de ações nos Conselhos Regionais de Medicina e nos Tribunais de Justiça.

O objetivo deste capítulo é dar luz a uma realidade pouco falada e estudada nos meios acadêmicos nacionais – a prática de infrações e erros médicos. Ressalta-se o importante papel do Código de Ética do Estudante de Medicina, o ensino da ética desde o início da formação médica, as vulnerabilidades do período da residência e os múltiplos fatores associados aos desfechos negativos durante o exercício da profissão, buscando a prevenção de novos episódios e o encaminhamento mais adequado de eventuais desfechos desfavoráveis.

TRANSGRESSÕES AO LONGO DA FORMAÇÃO

As transgressões durante a formação em medicina são violações do código de conduta esperado dos futuros médicos. Essas condutas podem variar em gravidade e natureza, mas todas representam desvios dos padrões éticos e comportamentais do estudante.[2] A posição de aluno não isenta o dever de portar-se de acordo com os princípios éticos essenciais que fundamentam o Código de Ética Médica (CEM), quais sejam: respeito pela autonomia, beneficência, não maleficência e justiça.[3]

Esses princípios, no entanto, devem ser entendidos no contexto particular de treinamento, pressupondo a adequada supervisão por professores, tutores ou profissionais capacitados para tal. Os pacientes têm o direito de saber o nível de treinamento de seus prestadores de cuidado, e é dever do estudante reconhecer suas limitações.[4] Uma particularidade da conduta e das transgressões potenciais do estudante quando comparadas às dos médicos já formados é justamente a condução ética e responsável com os seus estudos, estágios e avaliações, complementada por suas relações com a instituição de ensino e a sociedade como um todo.[2]

Transgressões ao longo da formação não são incomuns. Na verdade, pesquisas feitas com estudantes mostram que a grande maioria reconhece já ter se envolvido em ao menos uma transgressão, e que alarmantes 44,9% incorrem em má prática com frequência durante o curso. Aparentemente, estudantes do sexo masculino (OR 1,90, IC 95% 1,27-2,84) e aqueles sob estresse (OR 1,04, IC 95% 1,01-1,06) são os mais propensos a transgredir.[5]

Dados brasileiros sugerem que a prática ilegal da medicina por estudantes sem supervisão seja um problema subnotificado, especialmente em cidades do interior, sendo estimado que apenas 10,5% dos casos sejam reportados às autoridades. A principal motivação para essa transgressão é a financeira, o que estimula o debate sobre estágios remunerados na área como uma das formas de mitigar o problema.[6] No escopo de transgressões acadêmicas em si, destacam-se denúncias de fraude em currículos, plágio eletrônico explícito em trabalhos acadêmicos, chegando ao extremo de grupos de fabricação e venda de trabalhos de conclusão de curso, teses e dissertações.[7]

Uma das primeiras tentativas de criação de código de ética para o estudante de medicina no Brasil ocorreu em 1976, na Faculdade de Medicina da Universidade de Goiás, configurando um marco na aplicação de normas éticas voltadas para o estudante. Iniciativas semelhantes foram sendo implementadas em outras instituições, como a Universidade de São Paulo e a Direção Executiva Nacional dos Estudantes de Medicina (Denem).[8]

Sendo oportuno unificar e atualizar esses códigos na elaboração de uma carta de princípios universais, aplicáveis a todos os contextos, o Conselho Federal de Medicina criou a Comissão para elaboração do *Código de Ética do Estudante de Medicina*, em 25 de fevereiro de 2016, composta por representantes de diferentes organizações. Publicado em 2018, o documento final conta com 45 artigos organizados em seis diferentes eixos (Quadro 28.1).[2]

Quanto às transgressões do estudante de medicina, podemos explorar diversas situações transitando nesses mesmos eixos, somados aos princípios fundamentais e alinhados ao CEM[3] que compilam os aspectos básicos da relação do estudante com o paciente e com a medicina, bem como o seu papel de indivíduo em formação.

São exemplos de transgressões aos princípios fundamentais o desrespeito e a descriminação aos pacientes, a promoção da mercantilização da medicina, a violação da confidencialidade, entre outros. Revelar informações confidenciais sobre pacientes ou casos clínicos sem permissão, seja verbalmente, por escrito ou por meio de mídia social, é uma violação grave.[6]

No tocante ao Eixo 1, relação do estudante com as instituições de ensino e de saúde, destaca-se o respeito às normas da instituição – por exemplo, em relação ao uso de crachás de identificação visíveis, protocolos de acesso a áreas restritas, compartilhamento indevido de senhas, além do uso de vestimentas adequadas ao caráter sóbrio e à dignidade médica. Também configura transgressão o uso indevido de recursos, como materiais de laboratório, equipamentos ou insumos hospitalares.[2]

O Eixo 2 é mais específico, abordando a relação do estudante com o cadáver, seja completo ou em peças. Há também menção

QUADRO 28.1
EIXOS DO CÓDIGO DE ÉTICA DO ESTUDANTE DE MEDICINA

Eixo 1	Relação do estudante com as instituições de ensino e de saúde
Eixo 2	Relação do estudante com o cadáver
Eixo 3	Relações interpessoais do estudante
Eixo 4	Responsabilidade do estudante com os seus estudos/formação
Eixo 5	Relação do estudante com a sociedade
Eixo 6	Relação do estudante com a equipe multiprofissional

Fonte: Elaborado com base em Conselho Federal de Medicina.[2]

a modelos anatômicos, como bonecos para aprendizado prático, evidenciando o aspecto simbólico da prerrogativa de demonstração de respeito do futuro médico ao corpo humano, independente se vivo, morto ou representado. Configuram transgressão desde a vandalização dos materiais até práticas como a necrofilia ou sexualização de modelos e bonecos.[2]

As relações interpessoais do estudante são o enfoque do Eixo 3. Nele estão contidos os artigos sobre condutas inadequadas, desrespeitosas ou antiéticas em relação a colegas, pacientes, professores ou membros da equipe médica. Isso também pode envolver discriminação, assédio ou intimidação, inclusive nas situações de recepção (trote) aos novos ingressantes. Este eixo atenta ainda à privacidade e ao sigilo sobre informações obtidas por contato e/ou exame do paciente ou de seu prontuário.

O Eixo 4 aborda as responsabilidades do estudante com seus estudos e formação. O grande exemplo de transgressão dos artigos contidos neste eixo são o plágio e a fraude acadêmica. Isso inclui a cópia não autorizada de trabalho acadêmico de outros estudantes ou fontes externas, falsificação de dados em pesquisas ou relatórios e outras formas de desonestidade acadêmica.[7]

Na relação do estudante com a sociedade, que é o enfoque do Eixo 5, frisam-se alguns deveres do posicionamento esperado dos estudantes frente à comunidade como um todo. Além de reforçar que condutas interpessoais desrespeitosas configuram transgressões éticas, destaca-se a responsabilidade do futuro médico como formador de opinião, devendo prezar pela saúde coletiva, atendo-se à divulgação de informações pautadas pela boa prática médica e pela evidência científica, de forma a auxiliar a preservar a saúde pública.

Por fim, o Eixo 6 assinala a relação específica do estudante com a equipe multidisciplinar. Destacam-se nesse quesito as falhas na comunicação e colaboração, que podem gerar um ambiente inadequado para o aprendizado e melhor cuidado dos pacientes. Configuram transgressões o desrespeito à equipe multidisciplinar e a estudantes de outros cursos e instituições, bem como o abuso de autoridade.[2]

É essencial que os estudantes de medicina reconheçam e evitem essas transgressões éticas, pois elas podem ter consequências sérias, incluindo punições acadêmicas, impactos na reputação profissional e até mesmo impedimentos legais.[5] É de responsabilidade das escolas formativas assegurar o cumprimento dos deveres e direitos dos estudantes, sendo sua prerrogativa a aplicação de sanções que variam de advertências a expulsão do curso, dependendo da gravidade da infração.[9]

A formação médica deve enfatizar valores éticos, promover comportamentos profissionais exemplares e fornecer suporte e orientação adequados para os estudantes poderem enfrentar os dilemas éticos e desafios durante sua formação e, posteriormente, ao longo de sua carreira.[10] Para tanto, é recomendado às instituições de ensino e treinamento que mantenham comissões de ética com o objetivo de sanar dúvidas, receber denúncias e suspeitas de transgressão, bem como garantir o aconselhamento e o acompanhamento de casos específicos.[11]

Ao testemunhar uma situação em que acredita que alguma transgressão possa estar ocorrendo, o estudante deve adotar uma postura cuidadosa e responsável. A situação deve ser avaliada com atenção, buscando entender o contexto e a gravidade da possível infração ética. Convém reportar essa suspeita a um supervisor, mentor ou outro profissional de confiança na instituição (como um professor ou coordenador) para discutir suas observações e buscar aconselhamento.[5] Situações mais complexas podem requerer anotações ou registros documentais sobre horários dos eventos, indivíduos envolvidos, desdobramentos, entre outros. Mantida a impressão de transgressão ética, o passo final é reportar o incidente ao órgão apropriado dentro da instituição, como a comissão de ética ou o comitê disciplinar, que abrirá uma sindicância para apuração da denúncia.[11]

Cada instituição de ensino tem autonomia para determinar como serão conduzidos esses processos de sindicância, a composição da comissão disciplinar e as penalidades específicas conforme seus regulamentos internos. A apuração dos fatos é feita ouvindo-se as partes envolvidas e analisando os documentos e registros pertinentes a cada caso. Cabe ressaltar que, além do processo disciplinar interno da instituição de ensino, o aluno segue igualmente sujeito à responsabilidade civil e criminal dependendo do teor de suas infrações.[5]

É fundamental que os futuros médicos entendam e incorporem esses princípios éticos desde o início de sua formação, assegurando um padrão elevado de prática médica. Tais competências podem e devem ser aprimoradas e ensinadas no currículo de formação, por meio de programas integrados de treinamento em bioética realizados em diferentes fases do período de formação.[10,12]

ERRO MÉDICO E TRANSGRESSÕES AO LONGO DA RESIDÊNCIA

Em razão de suas particularidades, a prática médica sempre conviveu com a ocorrência de erros ao longo da sua história. Há situações, porém, que podem favorecer o seu acontecimento, como durante a residência médica, um fenômeno que não poupa nenhuma das suas inúmeras especialidades.[13]

A residência, apesar de ser considerada o padrão-ouro de formação médica, é reconhecida como uma fase crítica. É tradicionalmente conhecida por uma etapa intensa e cansativa de trabalho e estudos, caracterizada por uma curva de crescimento muito acelerado e que marcará definitivamente a carreira profissional do médico. Essas particularidades requerem, portanto, uma análise especial.

As premissas acadêmicas que deram origem à residência no final do século XIX eram sustentadas por quatro elementos considerados fundamentais para uma formação de boa qualidade.[14] O primeiro deles era a ideia de que o residente deveria assumir a total **responsabilidade pelo cuidado do paciente**. Isso queria dizer que, mesmo sob supervisão de médicos mais experientes, o sucesso ou o fracasso do tratamento levado a cabo recairia em grande parte sobre o médico que prestava assistência direta ao paciente. E essa dinâmica tinha um efeito pedagógico inestimável.

O segundo elemento se referia à **postura** que o médico deve assumir no processo de cuidado, no sentido de uma atitude de questionamento permanente sobre o problema de saúde em si, sobre os métodos de investigação empregados e sobre os tratamentos propostos.

Um terceiro aspecto era a **participação do residente na educação dos demais aprendizes** e de outros membros da equipe de saúde. Assim, era esperado que o residente exercesse um grau de liderança – delegada por seus superiores –, o que, aos poucos, o preparava para servir como referência profissional frente ao grupo.

Por fim, era exigida uma **dedicação intensiva aos estudos**, sem grandes distrações, a ponto de que os residentes eram compelidos a morarem nos próprios hospitais onde trabalhavam.

Todos esses princípios, em certo grau, ainda são verdadeiros nos dias atuais, uma vez que os métodos diagnósticos, medicamentos e outras formas de intervenção exigem cada vez mais o esforço do médico em treinamento frente a um contexto tão complexo e desafiador.

Podemos dizer que a formação de especialistas por meio da residência médica envolve, tradicionalmente, um tripé composto por conhecimentos, habilidades e atitudes. O domínio dessas três dimensões, juntamente com a incorporação de uma identidade profissional própria, é o que diferencia o médico de colegas de outras especialidades e que o habilita a uma prática específica e reconhecida como tal.

Outro aspecto importante a analisar em relação aos médicos residentes é a sua conotação ambígua entre educação e trabalho que remonta à sua origem. A legislação brasileira, por exemplo, define a residência médica como modalidade de ensino de pós-graduação, caracterizada como "treinamento em serviço". Assim, se por um lado é considerada *treinamento* – entendida como formação –, por outro lado esse processo é realizado "em serviço", ou seja, no trabalho.[15]

Desta forma, no momento em que há um erro ou uma transgressão, fica a dúvida se quem o comete é o "estudante" ou o "trabalhador". Na verdade, parece ser o conjunto de ambos, pois à medida que o residente avança no programa, ele passa progressivamente a ser cada vez menos estudante e assume uma postura de médico, com mais autonomia. Nessa perspectiva, o exercício da autonomia do residente, além de desejável, parece ser fundamental na direção do domínio completo de certos conhecimentos especializados.

Uma boa residência médica, entretanto, não é suficiente para solucionar todos os problemas relacionados a uma atenção à saúde segura. Residentes com desempenho considerado insatisfatório e, portanto, sujeitos a erros e transgressões, parecem ser um fenômeno universal.[16]

Assim, a questão do erro durante a residência médica é multifacetada e tem repercussões concretas sobre várias dimensões, que vão desde as permissões legais para o desempenho das funções até a mobilização do programa de residência, do grupo de preceptores e da instituição como um todo, com os objetivos de limitar as consequências dos erros e prevenir novos eventos.

Em função disso, especialmente em um ambiente educacional, os erros ou transgressões devem ser analisados sob o ponto de vista pedagógico. Para tanto, em primeiro lugar, deve haver um esforço para criar um ambiente institucional sem julgamentos. Isso favorece a discussão mais aberta de todos os fatores implicados. O passo seguinte é, obviamente preservando o sigilo e a confidencialidade de cada situação, discutir de forma clara e transparente os seus detalhes para estabelecer um ambiente próprio às mudanças necessárias e, em casos específicos, comprometer todas as partes envolvidas nos processos de melhoria.[17]

Nesse tema, nunca é demais enfatizar a importância do preceptor, um dos elementos-chave na concretização de qualquer programa de residência. Além do compartilhamento dos conhecimentos da especialidade e do acompanhamento do desenvolvimento de habilidades, o preceptor acaba tendo papel fundamental quanto à incorporação de atitudes, assumindo a figura de um modelo a ser seguido.[18]

É importante chamar a atenção para o fato de que mudanças geracionais entre preceptores e residentes devem ser levadas em conta na residência médica. Há novos valores, parâmetros e até mesmo formas de ensinar. Nesse sentido, é indiscutível que os jovens médicos aprendem de uma forma diferente do que no período em que seus preceptores eram residentes. Além disso, lidam de uma forma diferente ao estresse. Um exemplo disso é o aumento alarmante de queixas de *burnout* entre os residentes, fenômeno verificado em maior ou menor grau em todo o mundo e que acaba por expor pacientes a riscos.[18]

Assim, intimamente ligada à atuação dos preceptores está a avaliação dos médicos residentes. A despeito dos avanços obtidos, essa tarefa permanece sendo um grande desafio a ser superado. O que se busca na residência médica é o emprego de formas variadas de avaliação que consigam identificar fraquezas na formação e no cumprimento da matriz de competências de cada especialidade para que sejam corrigidas ainda durante o seu período de treinamento.

Levando em consideração os aspectos educacionais na ocorrência de erros médicos, é fundamental desenvolver um processo objetivo que busca estabelecer claramente qual é o tipo de erro ocorrido e quais são as dimensões implicadas – conhecimentos, habilidades ou atitudes – para, a partir de então, identificar a sua causa de maneira mais objetiva possível. Em relação à residência médica, os erros também devem ser analisados em diversos níveis: se o problema ocorreu no nível individual, no nível do programa ou é algo do sistema onde a formação se desenvolve e que poderia ter ocorrido com qualquer outro profissional envolvido. Com isso, será mais fácil estabelecer um plano de manejo imediato e traçar um plano de recuperação.

Esse plano de recuperação deve ser elaborado de modo criterioso e detalhado, uma vez que servirá de referência para o acompanhamento e registro de todas as ações relacionadas, inclusive as judiciais. Sinteticamente, esse plano deve conter:

- Os problemas identificados.
- As ações propostas para corrigi-los e evitar que ocorram novamente, com a designação dos respectivos responsáveis.
- Um prazo de execução para cada uma das ações propostas.
- Uma listagem sucinta de como essas ações serão avaliadas.
- Os resultados esperados.

Esse plano deve ser elaborado pelos supervisores diretos, e todos os itens devem ser consensuados com o residente envolvido e um preceptor adicional, que pode funcionar como tutor e que acompanhará todo o processo.

Por fim, não se pode minimizar o impacto do erro de residentes entre os seus colegas de residência. Como foi referido anteriormente, a residência constitui uma trajetória muito intensa no sentido da construção de uma identidade profissional de determinada especialidade médica. Nesse processo, a interação com colegas em formação adquire uma grande importância. Os pares acabam, mesmo que indiretamente, avaliando-se uns aos outros, identificando inconformidades e desajustes. Essa avaliação é feita tendo em mente a preservação do próprio grupo tanto frente à equipe de preceptores quanto ao público externo, composto por pacientes e colegas de outras organizações.

Esse parece ser um movimento de idas e vindas muito dinâmico. Pode, inicialmente, haver uma tentativa de "blindagem" do residente, no sentido da sua proteção frente ao grupo de preceptores, muitas vezes percebido como uma espécie de algoz. Mas quando as fragilidades passam a ser recorrentes e ultrapassam certos limites, o grupo se reorganiza e tende a adotar uma postura que acaba por excluir o elemento considerado desviante.

ERRO MÉDICO

Internacionalmente, o United States National Institute of Medicine define erro médico como "o fracasso de uma ação planejada em ser concluída conforme pretendido (erro de execução) ou o uso de um plano errado para alcançar um objetivo (erro de planejamento)". Ele pode acontecer em todas as fases dos processos de cuidado, da prevenção ao pós-alta, e assim pode ser classificado (erro diagnóstico, tratamento e prevenção; Quadro 28.2). Outros tipos não classificados incluem o fracasso de comunicação, a falha de equipamento e outras falhas de sistema.[19]

No Brasil, o conceito de erro médico ao longo dos anos foi sendo definido por diferentes autores. Gomes e colaboradores[20] definiram como "conduta inadequada, capaz de produzir dano à vida ou deteriorar a saúde do paciente, por ação ou omissão do profissional médico". Giostri[21] considera "o descumprimento da profissão, resultando em resultado ruim ou adverso, provocado pela ação ou omissão do profissional médico". Correia-Lima[22] descreve como "a conduta (omissiva ou comissiva) profissional atípica, irregular ou inadequada, contra o paciente durante ou em face de exercício médico que pode ser caracterizada como imperícia, imprudência ou negligência, mas nunca como dolo".

Para ser considerado erro médico, deve-se preencher alguns critérios fundamentais: ocorrer no exercício profissional, haver a presença de dano e a ausência de dolo e apresentar nexo de causalidade.[22]

O dano ocorre quando, como resultado a um certo evento, uma pessoa sofre uma lesão, contra a sua vontade, de qualquer bem ou interesse jurídico, patrimonial ou moral. Nem sempre a presença de dano significará erro médico: as lesões podem ser previsíveis e esperadas do procedimento (p. ex., cicatriz de uma cesárea) ou inesperadas, mas previsíveis (p. ex., anafilaxia por medicamento).[22,23]

O dolo é a indireta intenção de produzir o resultado ou assumir o risco de produzi-lo.[24] Assim, se diferencia o erro médico, em que fundamentalmente há ausência de dolo, dos casos que envolvem a culpa do profissional, ensejando a responsabilidade civil.[22]

No nexo de causalidade consideram-se a relação de causa e efeito entre a conduta médica com o dano produzido. Em muitos casos, o nexo etiológico gerador do dano só poderá ser esclarecido por meio da perícia médica.[22]

Detectado o erro médico, ele pode desencadear ações contra o profissional em

QUADRO 28.2
TIPOS DE ERRO MÉDICO

Tipos de erro	Exemplos
Erro de diagnóstico	Erro ou atraso no diagnóstico; não utilização dos exames indicados; uso de exames ou terapia obsoletos; e falha em agir com base nos resultados do monitoramento ou teste.[19]
Erro de tratamento	Erro no desempenho de uma operação, procedimento ou teste; erro na administração do tratamento; erro na dose ou método de uso de um medicamento; atraso evitável no tratamento ou na resposta a um teste anormal; e cuidados inadequados (não indicados).[19]
Erro de prevenção	Falha em fornecer tratamento profilático e monitoramento ou acompanhamento inadequado do tratamento.[9]

quatro esferas distintas: civil, penal, administrativa e disciplinar. Quando fundamentado no contrato entre o paciente e o médico, fica subordinado à jurisdição civil. Em alguns casos poderá ser extracontratual, como no atendimento a acidentado na rua ou quando cometer um ato ilícito penal ou descumprir normas regulamentares da profissão (fornecer atestado falso, não impedir que pessoa não habilitada exerça a profissão, lançar mão de tratamento cientificamente condenado ou atitudes charlatanescas, vindo a causar dano ao paciente). Na presença de atos ilícitos dolosos, como a omissão de socorro, fica subordinado à jurisdição penal. Quando o médico está ligado a um hospital público, pode, em primeira instância, responder a processo administrativo.[22]

Em todos os casos de erro médico pode-se responder ao Conselho Regional de Medicina (CRM) por infrações do CEM mediante denúncia.[1] Com a denúncia, instala-se uma sindicância no CRM local. A Presidência ou a Corregedoria do órgão nomeará um conselheiro para apresentar relatório conclusivo sobre o caso. Havendo elementos fáticos e documentais suficientes, será levado à Câmara de Sindicância para apreciação em sessão na qual se decidirá por uma ou mais das seguintes proposições: conciliação; termo de ajustamento de conduta (TAC); arquivamento, se indicar a inexistência de indícios de materialidade e/ou autoria de infração ao CEM; instauração de processo ético-profissional (PEP), se indicar a existência de indícios de materialidade e autoria de infração ao CEM, cumulada ou não de proposta de interdição cautelar; instauração de procedimento administrativo para apurar doença incapacitante. No caso de instauração de PEP, este será julgado no CRM. Ao término do PEP, a decisão será executada pelo órgão no prazo de até 90 dias.[25] Veja os Quadros 28.3 e 28.4.

O CEM não traz uma definição de erro médico, mas, em seu terceiro capítulo, que fala sobre responsabilidade profissional, regulamenta: "é vedado ao médico causar dano ao paciente, por ação ou omissão, caracterizável como imperícia, imprudência ou negligência".[22]

O médico necessita de autonomia no desempenho da atividade de curar o enfermo,

QUADRO 28.3
PENAS DISCIPLINARES APLICÁVEIS PELO CONSELHO REGIONAL DE MEDICINA AOS SEUS MEMBROS

Advertência confidencial em aviso reservado
Censura confidencial em aviso reservado
Censura pública em publicação oficial*
Suspensão do exercício profissional até 30 dias*°
Cassação do exercício profissional, *ad referendum* do Conselho Federal de Medicina*°

*Serão executadas mediante a publicação no Diário Oficial e no *site* do CRM e do CFM.
°Além da publicação dos editais e das comunicações endereçadas aos estabelecimentos onde o médico exerce suas atividades e à Vigilância Sanitária, serão apreendidas a carteira profissional e a cédula de identidade de médico. Quando o médico tiver inscrição em mais de um CRM, a sanção será executada em todos eles em um intervalo de até 10 dias.

Fonte: Elaborado com base em Brasil[26] e Robertson e Long.[27]

QUADRO 28.4
TIPOS DE ERRO MÉDICO (CÓDIGO DE ÉTICA MÉDICA)

Negligência	Decorre do descaso em relação aos deveres e compromissos éticos para com o paciente e a instituição, quando se age com indiferença ou sem precaução no procedimento realizado.[4] São exemplos: quando o médico deixa de atender o paciente e não o encaminha para outro colega, quando realiza prescrição sem ter avaliado o paciente, quando abandona o plantão ou quando esquece corpos estranhos no corpo do paciente em um procedimento cirúrgico.
Imprudência	Quando o médico realiza procedimento de risco para o paciente, sem respaldo científico ou sem esclarecer a parte interessada. Também se considera quando se utiliza técnica cirúrgica ainda não aceita pela comunidade médica, medicamentos sem a necessária comprovação científica dos resultados ou técnicas de cunho charlatanesco.[22] São exemplos: iniciar o processo anestésico sem ter cânula para intubação orotraqueal, realizar cirurgia em paciente sem a equipe cirúrgica mínima necessária ou realizar uma alta precoce.
Imperícia	Ocorre na falta de observação das normas técnicas, despreparo prático ou insuficiência de conhecimentos.[22] São exemplos: o médico que utiliza de meio de tratamento já abandonado por não atualização, o cirurgião que lesa órgão próximo ao procedimento ou aquele que faz cirurgias plásticas sem ter conhecimento ou formação para fazê-la.

mas ela tem seu preço ético e jurídico, e do médico serão cobradas a competência, a diligência e a seriedade no manejo das técnicas e nos juízos de avaliação do paciente. Atualmente, a imagem do profissional médico passa por um período de desgaste e crescente descrédito com a sociedade. Há uma progressiva demanda de ações nos CRM e nos Tribunais de Justiça em decorrência de erro médico.[22]

São muitos os fatores que contribuem para esse aumento: maior conscientização dos cidadãos em relação aos seus direitos; maciça exposição midiática da classe médica; deterioração das condições de trabalho; deficiente formação profissional e proliferação exagerada e injustificada das escolas médicas no Brasil; proletarização e má remuneração do trabalho médico, que levam o profissional a assumir vários subempregos em contratos de medicina de grupo ou plano de saúde, o que também compromete sua disponibilidade para atualização e reciclagem na área médica.[22]

Na maioria dos casos, são pessoas com boas intenções que cometem erros involuntariamente devido a fatores individuais, do local de trabalho, da comunicação, tecnológicos, psicológicos e organizacionais. Apesar da falibilidade humana, os sistemas de educação médica e de prestação de cuidados de saúde simplesmente não toleram erros. Mesmo que erros não intencionais e de sistema causem grande parte dos danos evitáveis aos pacientes, a estrutura atual ainda os avalia como erros individuais, e o foco permanece na alocação de culpa em vez de na melhoria real no conhecimento, nas habilidades e no sistema. Os médicos ainda são vistos como os principais tomadores de decisão das equipes de saúde, e, quando um erro ocorre, normalmente a culpa recai sobre eles.[27,28]

Além dos ambientes de treinamento e prática médica, a comunidade em geral, a mídia, os pacientes e até os próprios médicos esperam a perfeição. O medo de cometer erros pode alimentar o perfeccionismo do médico, causar baixa autoestima, culpa, dúvida e outros traços e comportamentos desadaptativos, como evitar o problema, guardar sentimentos para si ou abusar de drogas e álcool. Além disso, a falta de apoio da comunidade, familiar, dos pares ou do ambiente de trabalho pode contribuir para o impacto negativo sobre a saúde mental, emocional e física do médico envolvido no erro médico não intencional. Alguns profissionais chegam a abandonar a profissão em decorrência disso.[27]

CONSIDERAÇÕES FINAIS E PERSPECTIVAS FUTURAS

A prevenção do erro médico e a melhoria da qualidade da assistência prestada em saúde dependem do investimento em uma formação humanizada, ética e sólida durante o curso de medicina e o período da residência; bem como de educação continuada ao longo da carreira, de boa relação médico-paciente e do reconhecimento de todo o empenho do profissional por meio de uma remuneração justa.

Robertson e Long[27] sugerem algumas soluções para enfrentamento das consequências do erro médico. Inicia-se pela desmistificação de que erros são raros. Se não há espaço para erros, não há espaço para melhoria em um ambiente de aprendizagem aberto e livre de culpa. Ainda existe uma cultura profissional que coloca estresse indevido sobre os médicos, elogiando o perfeccionismo, encorajando padrões intransigentes e promovendo priorização do trabalho e estudo em detrimento de outras áreas da vida. Em resposta, desde a formação, os médicos devem ser ensinados que a aprendizagem dura a vida toda e que todos podem melhorar, começar a cuidar do próprio bem-estar, com uma dieta adequada, exercício físico, sono adequado, exercitar a atenção plena, não assumir muitas responsabilidades e envolver-se em atividades de que se gosta fora da medicina.[27,29]

A presença de estruturas de suporte e aconselhamento com treinamento de administradores, mentores, colegas ou familiares para atendimento dos profissionais que enfrentam o erro médico também tem respostas positivas.[27] Centralizar os esforços no problema e em melhorar o sistema, analisando logicamente o erro e aprendendo com ele, também pode ajudar a lidar com a situação e trazer melhorias no atendimento. Informar o paciente sobre o erro e desculpar-se, além de ético, pode também ajudar o médico, o paciente ou os familiares no enfrentamento; entretanto, exige um ambiente de apoio ao profissional e boas habilidades de comunicação que ajudem a tornar a revelação e o pedido de desculpas uma experiência positiva para os envolvidos.[27]

REFERÊNCIAS

1. Jha AK, Larizgoitia I, Audera-Lopez C, Prasopa-Plaizier N, Waters H, Bates DW. The global burden of unsafe medical care: analytic modelling of observational studies. BMJ Qual Saf. 2013;22(10):809-15.
2. Conselho Federal de Medicina. Código de ética do estudante de medicina. Brasília: CFM; 2018.
3. Conselho Federal de Medicina. Código de ética médica: Resolução CFM nº 2.217/18. Brasília: CFM; 2019.
4. Roberts LW. Ética em psiquiatria. In: Sadock BJ, Sadock VA, Ruiz P, edittors. Compêndio de psiquiatria. 11. ed. Porto Alegre: Artmed; 2017. 1392-9.
5. Vengoechea J, Moreno S, Ruiz A. Misconduct in medical students. Dev World Bioeth. 2008;8(3):219-25.
6. Lins L, Herbas S, Lisboa L, Damasceno H, Menezes M. Perception of illegal practice of medicine by brazilian medical students. J Med Ethics. 2014;40(6):432-4.
7. Schmitz PD, Menezes M, Lins L. Percepção de integridade científica para o estudante de medicina. Rev Bras Educ Méd. 2012;36(4):447-55.

8. Lisboa L, Lins L. Código de ética do estudante de medicina: uma análise qualitativa. Rev Bioét. 2014;22(1):182-90.
9. Papadakis MA, Teherani A. Disciplinary action by medical boards and prior behavior in medical school. N Engl J Med. 2017;353(25):2673-82.
10. González-Blázquez FJ, Ruiz-Hontangas A, López-Mora C. Bioethical knowledge in students and health professionals: a systematic review. Front Med. 2024;11:1252386.
11. Miles SH, Lane LW, Bickel J, Walker RM, Cassel CK. Medical ethics education: coming of age. Acad Med. 1989;64(12):705-14.
12. Costa GM, Telles LEB, Kessler FP. Princípios básicos da ética em saúde. In: Bassols AMS, Passos IC, Telles LEB, Hauck S, organizadores. Psicologia médica aplicada. No prelo.
13. Jagsi R, Kitch BT, Weinstein DF, Campbell EG, Hutter M, Weissman JS. Residents report on adverse events and their causes. Arch Intern Med. 2005;165(22):2607-13.
14. Ludmerer KM. Let me heal: the opportunity to preserve excellence in American medicine. New York: Oxford University; 2014.
15. Brasil. Decreto nº 80.281, de 5 de setembro de 1977. Brasília: Presidência da República; 1977.
16. Reamy BV, Harman JH. Residents in trouble: an in-depth assessment of the 25- year experience of a single family medicine residency. Fam Med. 2006;38(4):252-7.
17. Hevia A, Hobgood C. Medical error during residency: to tell or not to tell. Ann Emerg Med. 2003;42(4):565-70.
18. Boysen PG, Daste L, Northern T. Multigenerational challenges and the future of graduate medical education. Ochsner J. 2016;16(1):101-7.
19. Institute of Medicine (US) Committee on Quality of Health Care in America; Kohn LT, Corrigan JM, Donaldson MS, editors. To err is human: building a safer health system. Washington: National Academies; 2000.
20. Gomes JCM, Drumond JGF, França GV. Erro médico. 3. ed. Montes Claros: Unimontes; 2001.
21. Giostri HT. Erro médico à luz da jurisprudência comentada. Curitiba: Juruá; 2002.
22. Correia-Lima FG. Erro médico e responsabilidade civil. Brasília: CFM-Piauí; 2012.
23. Diniz MH. Curso de direito civil brasileiro. Vol. 7. 17. ed. São Paulo: Saraiva; 2001.
24. Croce D. Erro médico e o direito. 2. ed. São Paulo: Saraiva; 2002.
25. Conselho Federal de Medicina. Código de processo ético profissional (atual) [Internet]. Brasília: CFM; 2022 [capturado em 16 fev. 2025]. Disponível em: https://portal.cfm.org.br/etica-medica/codigo-de-processo-etico-profissional-atual.
26. Brasil. Lei nº 3.268, de 30 de setembro de 1957. Brasília: Presidência da Repúblicas; 1957.
27. Robertson JJ, Long B. Suffering in silence: medical error and its impact on health care providers. J Emerg Med. 2018;54(4):402-9.
28. World Health Organization. Patient safety [Internet]. Geneva: WHO; 2023 [capturado em 16 fev. 2025]. Disponível em: https://www.who.int/news-room/fact-sheets/detail/patient-safety.
29. Viduani AC, Arenas DL, Bastos TM, Bassols AMS, Hauck S. Saúde mental ao longo da carreira médica. In: Bassols AMS, Passos IC, Telles LEB, Hauck S. Psicologia médica aplicada. No prelo.

29

DOCUMENTOS MÉDICO-LEGAIS

MILENA FRANÇA
MATHEUS DUARTE RODRIGUES

DESCRITORES: documentos médico-legais; perícia médica; responsabilidade médica; ética médica.

Os documentos médico-legais são registros formais criados por médicos para representar fatos de interesse judicial ou administrativo. Eles são essenciais tanto na prática médica quanto nas investigações criminais e em processos judiciais. Esses documentos fornecem informações imparciais e técnicas que ajudam juízes, promotores e outras partes envolvidas a tomarem decisões. Ainda, garantem credibilidade e imparcialidade no processo judicial, evitando julgamentos baseados em suposições ou testemunhos imprecisos. Além disso, são úteis para a instrução de profissionais da saúde e do direito. No entanto, erros na elaboração desses documentos podem prejudicar a justiça, causar imprecisões, comprometer a reputação do profissional e colocar em risco os que estão sob avaliação.

ESTADO DA ARTE

Os documentos médico-legais são registros formais elaborados por profissionais de saúde, especialmente médicos, em diferentes contextos. Esses registros encontram-se presentes tanto na prática médica assistencial, quanto no âmbito de investigações criminais, questões judiciais ou administrativas, fornecendo informações técnicas e imparciais que auxiliam os profissionais da justiça e outras partes envolvidas, colaborando com a aquisição ao juízo de valor e culminando nas tomadas de decisões.

Alguns desses documentos são produzidos, de preferência, por especialistas na área de saúde, que aplicam conhecimentos científicos e técnicos para analisar as evidências. Essa objetividade confere maior credibilidade ao processo judicial, já que as informações são fornecidas por profissionais qualificados e imparciais. Eles ajudam a evitar julgamentos baseados em suposições ou testemunhos imprecisos, oferecendo uma análise objetiva dos fatos.

De maneira preventiva, a existência de registros detalhados e tecnicamente fundamentados pode atuar como um elemento decisivo para evidenciar ou refutar um ato infracional, sendo, portanto, necessária a confecção rigorosa e de acordo com os ditames éticos e técnicos.

Os documentos médico-legais também auxiliam como material didático para a formação de novos profissionais em medicina e áreas correlatas, além de colaborarem na atualização de conhecimentos para aqueles da esfera do direito.

A importância desses elementos está na sua capacidade de fornecer uma base técnica e confiável para a tomada de decisões em contextos em que a justiça, a ética e a ciência se encontram. Contudo, a má elaboração desses elementos pode gerar uma série de problemas graves tanto para o profissional envolvido quanto para os pacientes e o sistema judicial. Alguns dos principais problemas incluem os seguintes.

- **Comprometimento da justiça:** Documentos médico-legais mal redigidos ou incompletos podem dificultar ou inviabilizar a correta aplicação da justiça. Isso pode levar à absolvição de culpados ou à condenação injusta de inocentes.
- **Imprecisões e ambiguidades:** Erros ou falta de clareza nas informações podem gerar interpretações equivocadas por parte de juízes, advogados e peritos, comprometendo a análise dos fatos.
- **Responsabilidade profissional:** O médico pode ser responsabilizado civil e/ou penalmente por erros na elaboração dos documentos. Isso pode resultar na abertura de processos éticos.
- **Prejuízo à credibilidade profissional:** Um relatório mal elaborado pode prejudicar a reputação técnica do profissional, afetando sua credibilidade perante o sistema judiciário e a comunidade médica.
- **Riscos para os pacientes:** Em caso de pareceres incompletos ou incorretos, pode haver consequências diretas para a saúde dos pacientes, como diagnósticos errados ou inadequados, e comprometimento de direitos, como indenizações ou benefícios. Além disso, a confecção inadequada de uma prescrição médica pode promover danos irreparáveis ao paciente.
- **Dificuldades no seguimento do caso:** Laudos e pareceres mal redigidos dificultam o acompanhamento do caso, tanto no contexto jurídico quanto no âmbito médico, impactando o processo de investigação e a solução de litígios.
- **Impacto psicológico nas vítimas:** Para as vítimas e seus familiares, um documento mal escrito pode significar mais sofrimento, prolongando o processo judicial ou impedindo a justiça, bem como um

desdobramento com prejuízos para os tratamentos, que podem ser impactados inclusive pela incoerência gráfica.
- **Implicações éticas:** Erros na elaboração de documentos médico-legais também levantam questões éticas, uma vez que o médico tem a obrigação de ser preciso, objetivo e imparcial em seus relatórios.

Dado o impacto potencial dessas falhas, é crucial que os documentos médico-legais sejam confeccionados com extremo cuidado, rigor técnico e ético, garantindo que todos os aspectos relevantes do caso sejam abordados de forma clara e precisa.

DOCUMENTOS MÉDICO-LEGAIS

Os documentos médico-legais são expressões gráficas ou orais prestadas por médicos, em caráter público ou privado, que têm a finalidade de representar um fato a ser avaliado em juízo.[1] Conforme discorre a Resolução CFM nº 2.381/2024, tais elementos são emitidos por médicos e gozam de presunção de veracidade, produzindo os efeitos legais para os quais se destinam.[2] Ressalta-se no Art. 2º da supracitada resolução:[2]

§1º Todos os documentos médicos devem conter minimamente:

I – identificação do médico (nome e CRM/UF);
II – registro de Qualificação de Especialista (RQE), quando houver;
III – identificação do paciente (nome e número do CPF, quando houver);
IV – data de emissão;
V – assinatura qualificada do médico, quando documento eletrônico; ou
VI – assinatura e carimbo ou número de registro no Conselho Regional de Medicina, quando manuscrito;
VII – dados de contato profissional (telefone e/ou *e-mail*); e
VIII – endereço profissional ou residencial do médico.

As peças elencadas incluem receitas, prontuários, notificações, atestados, declarações, pareceres, depoimentos orais, relatórios, entre outros.[3] Esses documentos são elaborados tecnicamente em resposta a solicitação e compromisso prévios, seguindo princípios essenciais – apresentados no Quadro 29.1.

QUADRO 29.1
PRINCÍPIOS ESSENCIAIS DOS DOCUMENTOS MÉDICO-LEGAIS

Princípio	Direcionamento
Clareza	Utilizar corretamente todos os termos científicos, com uma linguagem acessível/menos rebuscada.
Fidelidade	Descrever a verdade de maneira imparcial.
Totalidade	Omitir informações pode tornar o documento inútil, senão prejudicial (atenção ao sigilo médico).

Fonte: Elaborado com base em Alcantara.[4]

RECEITAS

A prescrição de medicamentos pode ser a etapa final de um ato médico e só deve ser realizada por profissional legalmente habilitado.[5] Além disso, conforme o Conselho Federal de Medicina (CFM), em seu Parecer 20/2018, é vedada ao médico a prescrição medicamentosa quando este não tiver realizado exame direto do paciente (p. ex., repetição de receitas a favor).[6]

A receita médica deve ser redigida em língua portuguesa, de forma clara e legível, e conter todas as orientações essenciais para o uso adequado do medicamento, sejam eles formulações magistrais, preparadas artesanalmente ou produtos industrializados.[5]

Para atingir esse objetivo, uma receita médica deverá ser composta pelos seguintes itens:[5]

- **Cabeçalho:** Deve incluir o nome e o endereço do profissional ou da instituição onde ele trabalha, o registro no Conselho Regional de Medicina (CRM), o número de cadastro de pessoa física ou jurídica e, se aplicável, a especialidade e o registro de qualificação de especialidade (RQE).
- **Superinscrição:** Contém o nome e o endereço do paciente, sua idade e, quando relevante, indica "uso interno" para medicamentos administrados por via enteral ou "uso externo" para medicamentos administrados por via parenteral.
- **Inscrição:** Menciona o nome do fármaco, sua forma farmacêutica e concentração.
- **Subscrição:** Indica a quantidade total a ser fornecida.
- **Adscrição:** Detalha as orientações do profissional para o paciente. A prescrição deve ser datada e assinada pelo profissional, incluindo seu número de registro.

No Brasil, a prescrição dos fármacos é normatizada pelas leis federais 5.991/73 e 9.787/99 e pela Resolução 357/01 do Conselho Federal de Farmácia.[7-9] Alguns medicamentos não necessitam de prescrição médica para a sua dispensação e podem ser consultados na Lista de Medicamentos Isentos de Prescrição (LMIP).[10] Por sua vez, as substâncias sujeitas a controle especial estão descritas na Portaria 344/98, atualizada periodicamente pela Agência Nacional de Vigilância Sanitária (Anvisa).[11] Informações acerca de cada tipo de receita, como abrangência, validade, quantidade de medicamentos por receita e quantidade máxima a ser dispensada, podem ser consultadas na Figura 29.1. De modo geral, segue-se o seguinte direcionamento para a prescrição de medicamentos.

- **Receita simples:** Medicamentos anódinos ou de tarja vermelha.
- **Receita de controle especial (Figura 29.2):** Medicamentos que constam na lista C1 (outras substâncias sujeitas a controle especial), C2 (retinoicas para uso tópico) e C5 (anabolizantes).
- **Receita azul ou receita B (Figura 29.3):** Medicamentos que contenham substâncias psicotrópicas, presentes nas listas B1 e B2.
- **Receita amarela ou receita A (Figura 29.4):** Medicamentos das listas A1 e A2 (entorpecentes) e A3 (psicotrópicos).
- **Notificação de receita especial de retinoides:** Medicamentos que constam na lista C2 (retinoides de uso sistêmico).
- **Notificação de receita especial para talidomida.**

PRONTUÁRIOS

O CFM, em sua Resolução nº 1638/2002, Art. 1º, dispõe:[12]

Art. 1º – Definir prontuário médico como o documento único constituído

DOCUMENTOS MÉDICO-LEGAIS

ORIENTAÇÕES PARA DISPENSAÇÃO DE MEDICAMENTOS SUJEITOS A CONTROLE ESPECIAL

A quantidade a ser dispensada em cada prescrição atende a necessidade do tratamento a que o paciente estiver submetido de acordo com a posologia definida pelo médico

TIPO DE NOTIFICAÇÃO/ RECEITA	LISTAS	MEDICAMENTOS	ABRANGÊNCIA	COR DA NOTIFICAÇÃO E/OU RECEITA	QUANTIDADE MÁXIMA POR RECEITA E PERÍODO DE TRATAMENTO	QUANTIDADE MÁXIMA POR RECEITA	VALIDADE DA RECEITA	TALÃO DA NOTIFICAÇÃO IMPRESSO ÀS EXPENSAS DE:
Notificação de Receita A (NRA)	A1; A2; A3	Entorpecentes	Todo o território nacional (1)	AMARELA	5 ampolas e demais formas farmacêuticas: tratamento p/30 dias	1 medicamento ou substância	30 dias	Autoridade sanitária – talão com 20 folhas
Notificação de Receita B (NRB)	B1	Psicotrópicos	Todo o território nacional	AZUL	5 ampolas e demais formas farmacêuticas: tratamento p/60 dias	1 medicamento ou substância	30 dias	O profissional retira a numeração junto a DIVISA, escolhe a gráfica para impressão do talão.
Notificação de Receita B2 (NRB2)	B2	Psicotrópicos anorexígenos		AZUL Acompanhada do termo de responsabilidade de uso	Tratamento para no máximo 30 dias, sendo p/ sibutramina para até 60 dias			
Notificação de Receita Retinóides (NRR)	C2	Retinóide de uso sistêmico		BRANCA Acompanhada do termo de responsabilidade de uso	5 ampolas e demais formas farmacêuticas: tratamento p/30 dias	1 medicamento ou substância	30 dias	O profissional retira a numeração junto a DIVISA, escolhe a gráfica para impressão do talão.
Notificação de Receita Talidomida (NRT)	C3	Imunossupressores (talidomida)			Tratamento para no máximo 30 dias		20 dias	Serviços públicos de saúde
Receita de Controle Especial ou Comum em 2 vias	C1	Controle especial	Todo o território nacional (2)	RECEITA DE CONTROLE ESPECIAL DE COR BRANCA		3 medicamentos ou substâncias	30 dias	Profissional
	C5	Anabolizantes (Lei 9.965-27/04/2000)			5 ampolas e demais formas farmacêuticas: tratamento p/60 dias			
	A1; A2; B1	Adendos das listas			5 ampolas e demais formas farmacêuticas: tratamento p/180 dias			
	C1; B1	Antiparkinsonianos Anticonvulsivantes						
ANTIMICROBIANOS					Não há limitação do uso de itens contendo medicamentos antimicrobianos prescritos por receita. Desde que não sejam prescritos na mesma receita com medicamentos SUJEITOS A CONTROLE ESPECIAL		10 dias 90 dias p/ tratamento prolongado	Profissional

PORT. N° 344, DE 12 DE MAIO DE 1998 | RESOLUÇÃO N° 11, DE 22 DE MARÇO DE 2011 | RDC N° 20, DE 5 DE MAIO DE 2011 | RDC N° 50, DE 25 DE SETEMBRO DE 2014 | LEI 13.732, DE 8 DE NOVEMBRO DE 2018. (1) Desde que seja acompanhada da receita com justificativa do uso, quando para aquisição em outra unidade federativa. As farmácias ou drogarias ficarão obrigadas a apresentar dentro do prazo de 72 (setenta e duas) horas, à Autoridade Sanitária local, as Notificações de Receita A procedentes de outras Unidades Federativas, para averiguação e visto. (2) Há a obrigatoriedade de apresentar dentro do prazo de 72 (setenta e duas) horas, à Autoridade Sanitária local, as Receitas de Controle Especial procedentes de outras Unidades Federativas, para averiguação e visto. Obs.: Para consultar informações sobre a substância lenalidomina acesse: RDC N° 191, de 11 DE DEZEMBRO DE 2017.

FIGURA 29.1
Orientações para dispensação de medicamentos sujeitos a controle especial.
Fonte: Farmacêutico Digital.[13]

FIGURA 29.2
Modelo de receita de controle especial.

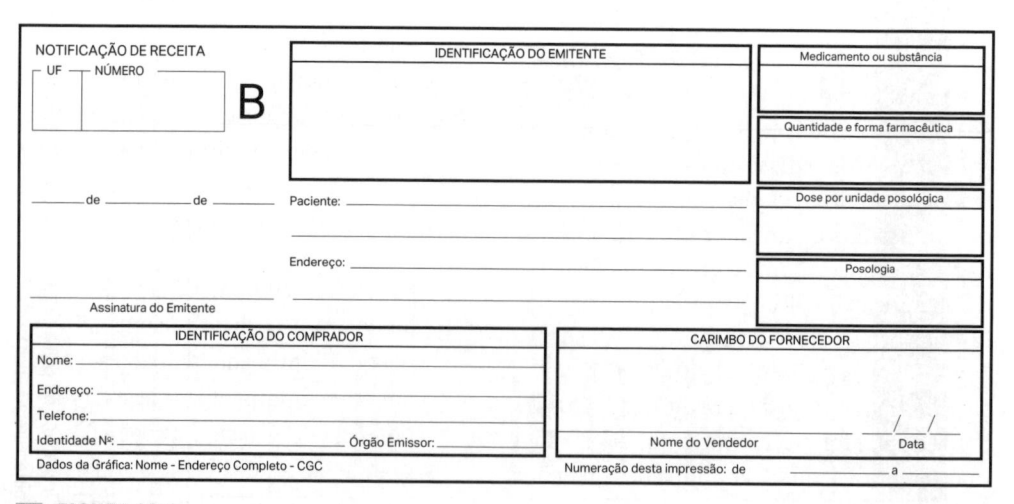

FIGURA 29.3
Modelo de receita azul ou receita B.

FIGURA 29.4
Modelo de receita amarela ou receita A.

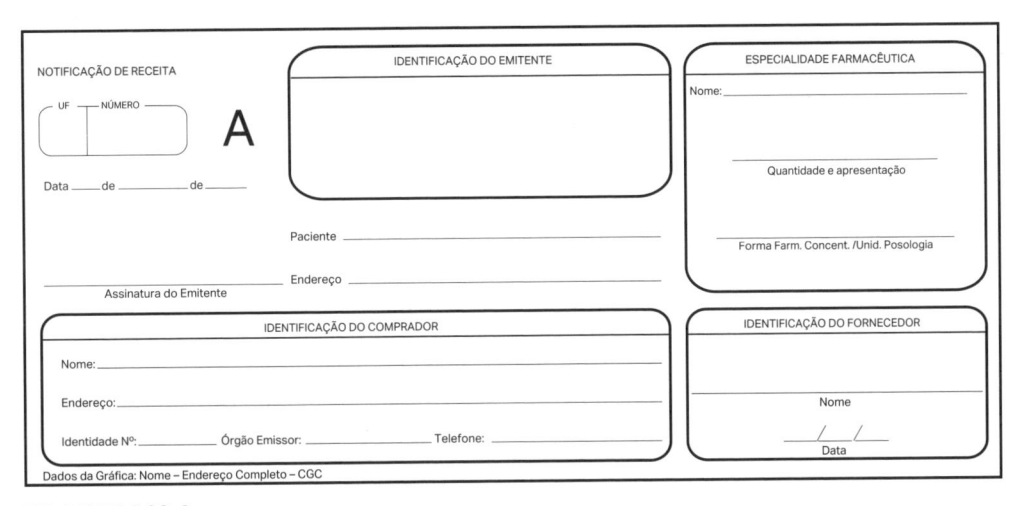

de um conjunto de informações, sinais e imagens registradas, geradas a partir de fatos, acontecimentos e situações sobre a saúde do paciente e a assistência a ele prestada, de caráter legal, sigiloso e científico, que possibilita a comunicação entre membros da equipe multiprofissional e a continuidade da assistência prestada ao indivíduo.

As anotações em prontuários médicos devem ser legíveis, como disposto no Art. 87 do Código de Ética Médica (CEM) elaborado pelo CFM.[14] Além disso, após qualquer anotação em prontuário médico, o responsável deverá assinar e carimbar ou, então, assinar, escrever seu nome legível e sua respectiva inscrição no CRM, haja vista que não há lei que obrigue o uso do carimbo, de acordo com o Parecer CFM nº 01/2014.[15] O profissional jamais deverá escrever a lápis, usar líquido corretor ou marca-texto, deixar folhas em branco ou fazer anotações que não se refiram ao paciente em seu prontuário. Este documento é único e devemos partir do pressuposto de que é importante em toda a sua totalidade.

Quanto à responsabilidade de guarda desses documentos, a Resolução CFM nº 1.821/2007 estabeleceu que esta compete ao médico, em seu consultório, e aos diretores clínicos e/ou diretores técnicos nos estabelecimentos de saúde.[16] Já no tocante ao tempo de arquivamento do prontuário, a Lei Federal nº 13.787/18 discorre em seu Art. 6º que decorrido o prazo mínimo de 20 anos a partir do último registro, os prontuários em suporte de papel e os digitalizados poderão ser eliminados.[17] Ainda acrescenta as seguintes determinações, que se fazem importantes para conhecimento:[17]

> § 1º Prazos diferenciados para a guarda de prontuário de paciente, em papel ou digitalizado, poderão ser fixados em regulamento, de acordo com o potencial de uso em estudos e pesquisas nas áreas das ciências da saúde, humanas e sociais, bem como para fins legais e probatórios.

§ 2º Alternativamente à eliminação, o prontuário poderá ser devolvido ao paciente.

§ 3º O processo de eliminação deverá resguardar a intimidade do paciente e o sigilo e a confidencialidade das informações.

No que diz respeito à quebra do sigilo médico-paciente, o CEM, em seu Art. 73, estabelece que é vedado ao médico "revelar fato de que tenha conhecimento em virtude do exercício de sua profissão, salvo por motivo justo, dever legal ou consentimento, por escrito, do paciente."[14]

Pode-se exemplificar a quebra do sigilo médico por "motivo justo" como aquela que ocorre na situação em que um paciente portador de uma doença contagiosa incurável de transmissão sexual, recusando o tratamento, decide por não informar e, portanto, não proteger seu parceiro sexual do risco de transmissão, ou ainda, que deliberadamente pratica o sexo de forma a contaminar outras pessoas. O "dever legal" inclui as situações de atestado de óbito e notificação compulsória de doenças. Por sua vez, a revelação do segredo médico acontece após solicitação por escrito por parte do paciente ou de seu representante legal.

Ainda a respeito do tema, cabe a Recomendação CFM nº 3/2014, Art. 1º:[18]

Art. 1º – Que os médicos e instituições de tratamento médico, clínico, ambulatorial ou hospitalar: a) forneçam, quando solicitados pelo cônjuge/companheiro sobrevivente do paciente morto, e sucessivamente pelos sucessores legítimos do paciente em linha reta, ou colaterais até o quarto grau, os prontuários médicos do paciente falecido: desde que documentalmente comprovado o vínculo familiar e observada a ordem de vocação hereditária, e b) informem os pacientes acerca da necessidade de manifestação expressa da objeção à divulgação do seu prontuário médico após a sua morte.

Analisando a recomendação citada, vale ressaltar que os prontuários, em seu formato original, permanecem arquivados, sendo fornecidas apenas as suas cópias, quando solicitadas. Além disso, caso em vida o paciente solicitar, por escrito, ao seu médico assistente, a não divulgação do conteúdo de seu prontuário após sua morte, sua vontade deverá ser respeitada. Neste caso, apenas um perito designado pela justiça poderá ter acesso às cópias de tal documento.

NOTIFICAÇÕES

São comunicações compulsórias (ou seja, obrigatórias) de um fato médico feitas a autoridades competentes, por razões sociais ou sanitárias. No Brasil, esses agravos são notificados em documentos padronizados e alimentam o Sistema de Informação de Agravos de Notificação (Sinan).

Além de doenças de interesse sanitário e epidemiológico, outros eventos de importância para a saúde pública tiveram sua notificação compulsória estabelecida e são de interesse de médicos e outros prestadores de serviço em saúde, a saber:

1. Lei 9.434/1997 e Lei 10.211/2001: notificação de ocorrência de morte encefálica, para fins de captação e distribuição de órgãos.[19,20]
2. Lei 13.931/2019: notificação de suspeita de violência contra a mulher.[21]
3. Lei nº 13.819/2019: comunicação de casos suspeitos ou confirmados de violência autoprovocada (suicídio consumado, tentativa de suicídio ou ato de automu-

tilação, este com ou sem ideação suicida).[22]

Ressalta-se, ainda, que no âmbito laboral, o CFM, em sua Resolução nº 2.323/2022, Art. 3º, estabelece que os médicos do trabalho e os demais médicos que atendem os trabalhadores devem:[23]

> IV – Notificar formalmente o empregador quando da ocorrência ou da suspeita de acidente ou doença do trabalho para que a empresa proceda à emissão de Comunicação de Acidente de Trabalho, devendo deixar registrado no prontuário do trabalhador.
> V – Notificar formalmente os agravos de notificação compulsória ou órgão competente do Ministério da Saúde quando suspeitar ou comprovar a existência de agravos relacionados ao trabalho, bem como notificar formalmente ao empregador a adoção dos procedimentos cabíveis, independentemente da necessidade de afastar o empregado do trabalho, devendo registrar tudo em prontuário.

A respeito da obrigatoriedade das notificações, o CFM, em seu Código de Ética Médica, capítulo III, Art. 21, dispõe que é vedado ao médico: "deixar de colaborar com as autoridades sanitárias ou infringir a legislação pertinente."[14] Ademais, deixar de notificar à autoridade pública doença cuja notificação é compulsória é um crime tipificado pelo Art. 269 do Código Penal – Decreto Lei 2848/40, que estabelece pena de detenção de seis meses a dois anos e multa.[24]

■ ATESTADOS

O atestado é uma emissão, por escrito, do resultado de um exame realizado em um paciente pelo médico que o atesta. Nele, descreve-se a doença ou sanidade do examinado, bem como suas consequências: para fins de licenças, dispensas ou justificativa de ausências no trabalho. De acordo com a Resolução CFM nº 2.381/2024, apenas médicos e odontólogos têm a prerrogativa de diagnosticar enfermidades em suas áreas de atuação e emitir os correspondentes atestados. Caso a solicitação da colocação de diagnóstico, codificado ou não, seja feita pelo próprio paciente ou seu representante legal, esta concordância deverá estar expressa no corpo do atestado e registrada em prontuário (Artigo 5º, §4º).[2]

Apesar de não ter uma forma definida, o atestado deve ser escrito em papel timbrado (p. ex., receituário), recomendando-se, entretanto, que em seu conteúdo estejam presentes os seguintes itens: a) cabeçalho (constando a qualificação do médico); b) identificação do paciente; c) referência à solicitação do interessado (p. ex., "autorizado pelo paciente"); d) finalidade a que se destina; e) o fato médico; f) as consequências (p. ex., tempo de repouso ou afastamento de suas atividades); g) local, data, assinatura e carimbo (no qual constem nome, Registro no CRM, Registro de Qualificação de Especialidade e especialidade do médico que atesta).[1,3]

Admite-se que, estando o médico inscrito regularmente no CRM correspondente, possui competência para atestar, independentemente de sua especialidade, desde que se sinta capacitado para tanto. Outrossim, o profissional deve prezar pela idoneidade do atestado, jamais o fornecendo de forma graciosa, imprudente ou falsa (Quadro 29.2).

O atestado falso pode originar-se de falsidade ideológica (quando seu conteúdo é fraudado) ou falsidade material (quando a pessoa que atesta não tem habilitação legal ou profissional para fazê-lo). Existe também o atestado falso piedoso, que é solicitado para

QUADRO 29.2
CLASSIFICAÇÃO DOS ATESTADOS MÉDICOS QUANTO A SUA FINALIDADE E CONTEÚDO

Classificação quanto à finalidade	
Oficiosos	Fornecido por interesse de pessoa física ou jurídica (p. ex., para justificar ausência em aulas ou provas).
Administrativos	Destinado aos fatos relativos ao serviço público (p. ex., licenças, aposentadorias, abono de faltas, ingresso por concurso público).
Judiciários	Solicitação da administração da justiça; em julgamentos (p. ex., quando os jurados justificam suas faltas no tribunal do júri).
Classificação quanto ao conteúdo	
Idôneo	Adequado, apropriado, inquestionável, ilibado.
Gracioso	É também chamado de atestado complacente ou de favor. Quando fornecido por amizade, simpatia ou outro motivo.
Imprudente	Quando dado de forma inconsequente, insensata e intempestiva, geralmente em benefício de terceiros, baseando-se apenas na credibilidade de quem o solicita.
Falso	Quando se sabe do seu uso indevido e criminoso, tendo caráter doloso.

Fonte: Elaborado com base em França[1] e Croce e Croce Jr.[3]

amenizar um diagnóstico mais severo, como no caso de doenças graves e incuráveis.[1,3]

■ DECLARAÇÕES

Ao contrário dos atestados, que além de identificarem um fato médico, desdobram-se em determinar as suas possíveis consequências, ou seja, justificativa de ausência laboral, período necessário para a recuperação de enfermidade ou a capacidade por parte do paciente de executar determinado ato imposto a ele, por exemplo, as declarações apenas relatam um testemunho, no intuito de esclarecer e explicar o que pode ser observado no indivíduo previamente avaliado. Dessa forma, as declarações podem ser confeccionadas também pelos profissionais de saúde que não estejam aptos a elaborarem um diagnóstico.

Somam-se a esses tipos de documentos as declarações de comparecimento aos serviços de saúde, que podem ser fornecidas pelo próprio médico que assistiu o paciente, bem como pelo setor administrativo do estabelecimento de saúde. Neste modelo, não há a recomendação de afastamento das atividades laborativas, ele apenas funciona como justificativa pela ausência do empregado, na vigência de seu período de trabalho, perante o empregador.

DECLARAÇÃO DE ÓBITO

A declaração de óbito (DO) é um documento que confirma o óbito de um paciente, desempenhando um papel higiênico-sanitário por fornecer dados estatísticos de mortalidade, além de permitir o direcionamento do cadáver. Esse documento é impresso em três vias pré-numeradas sequencialmente pelo Ministério da Saúde e é de preenchimento exclusivo do médico.[25]

Quando o óbito acontece de forma natural, o preenchimento do atestado de óbito é uma atribuição do próprio médico que tenha assistido o paciente. Nos casos de mortes naturais sem assistência médica ou mesmo nos casos de mortes naturais mal definidas, seu preenchimento compete aos médicos do serviço de verificação de óbito (SVO). Por outro lado, nas situações em que exista suspeita de morte violenta (p. ex., acidente, suicídio ou crime), o preenchimento da DO é de competência dos médicos do Instituto Médico Legal (IML).[25]

A DO é feita em três vias de cores diferentes e pré-numeradas sequencialmente (Quadro 29.3).

CONSULTAS

É um parecer técnico prestado em consequência de dúvidas de ordem médica. Quando se faz necessário, para uma melhor elucidação do quadro clínico do paciente, solicita-se a opinião, baseada na literatura científica, de um profissional de determinada especialidade. No âmbito judiciário, uma consulta médico-legal pode ser solicitada em situações em que exista conflito acerca da validade científica das informações prestadas pelas partes envolvidas no processo. Assim, ouve-se a opinião de uma autoridade no assunto em debate, que avalia o valor científico de um relatório médico prestado por outro perito.

DEPOIMENTOS ORAIS

Os depoimentos orais são esclarecimentos prestados pelo perito e apresentados verbalmente diante de autoridade policial ou judicial. Esses depoimentos ocorrem durante audiências de instrução e julgamento após convocação do juiz e têm por finalidade esclarecer dúvidas acerca de perícias realizadas por ele ou por outros peritos ou para abordar qualquer questão de interesse legal.[1,3]

É válido ressaltar que o perito atua como parte técnica do corpo judicante e não como testemunha. Nesse sentido, algumas instruções para a prestação de depoimento oral incluem:[1]

QUADRO 29.3
VIAS DA DECLARAÇÃO DE ÓBITO E SEUS RESPECTIVOS DESTINOS

Via	Destino
Primeira via (branca)	Encaminhada à Secretaria de Saúde.
Segunda via (amarela)	Entregue a família, que, por sua vez, deve levar ao cartório do registro civil, onde ficará retida e será emitida a correspondente certidão de óbito.
Terceira via (rosa)	Permanece nas unidades notificadoras (estabelecimentos de saúde, IML ou SVO) e é arquivada em prontuário do falecido.

Fonte: Elaborado com base em Brasil.[25]

1. Preparar-se com antecedência, estudando o caso e a literatura relacionada;
2. Ouvir atentamente as perguntas formuladas e certificar-se da compreensão antes de prestar o devido esclarecimento;
3. Responder de forma objetiva, evitando circunstancialidades;
4. Concluir as frases;
5. Responder uma pergunta por vez;
6. Manter-se calmo e confiante;
7. Emitir opiniões apenas quando solicitado;
8. Atentar-se aos elementos não verbais do discurso, como o volume da voz e a linguagem corporal;
9. Evitar discussões ou hostilidade quando confrontado;
10. Não hesitar em dizer "não sei responder a essa pergunta", "não entendi a pergunta" ou mesmo em pedir para repeti-la.

RELATÓRIOS

São os registros detalhados, por escrito, de todos os eventos específicos e de natureza permanente. Subdividem-se, de acordo com o Art. 4º da Resolução do CFM nº 2.381/2024, em:[2]

"VII. Relatório médico circunstanciado:
Documento exarado por médico que presta ou prestou atendimento ao(à) paciente, com data do início do acompanhamento; resumo do quadro evolutivo, remissão e/ou recidiva; terapêutica empregada e/ou indicada; diagnóstico (CID), quando expressamente autorizado pelo paciente, e prognóstico, não importando em majoração de honorários quando o paciente estiver em acompanhamento regular pelo médico por intervalo máximo de 6 (seis) meses, a partir do que poderá ser cobrado;

VIII. Relatório médico especializado: Solicitado por um(a) requerente que pode ser paciente assistido(a) ou não do médico, ou seu representante legal, para fins de perícia: a) O relatório médico especializado discorre sobre a enfermidade do requerente, descreve o diagnóstico, a terapêutica, a evolução clínica, o prognóstico, resultados de exames complementares, com acréscimos da discussão técnica da literatura científica e legislação quando aplicável, o que impõe estudo e pesquisa, e a conclusão sobre o fato que se quer comprovar; neste caso serão cobrados honorários pelo médico, quando em serviço privado".

Quando solicitado por uma autoridade competente, é realizado por peritos oficiais ou, na ausência destes, por especialistas não oficiais com diploma de curso superior e comprometimento moral. Os relatórios podem ser divididos em: laudo (escrito pelo próprio perito), auto (quando é ditado ao escrivão e diante de testemunhas) e parecer (escrito por assistente técnico).[1,3]

Esses relatórios são elaborados em sete partes: preâmbulo, quesitos, histórico, descrição, discussão, conclusão e respostas aos quesitos (Quadro 29.4).

Para construir de forma minuciosa cada uma das partes que compõem o relatório médico-legal, é fundamental que o perito desenvolva competências éticas essenciais. As mais importantes fazem parte do "decálogo ético do perito" exposto por França[1] e sintetizado na Figura 29.5.

CONSIDERAÇÕES FINAIS E PERSPECTIVAS FUTURAS

O conhecimento acerca do correto preenchimento dos documentos médico-legais é

QUADRO 29.4
PARTES DO RELATÓRIO MÉDICO-LEGAL

Partes do relatório	Itens e características
Preâmbulo	- Local e data - Autoridade que requereu e a que determinou - Nome e título dos peritos designados - Identificação do examinado - Finalidade da perícia
Quesitos	- Nas ações penais já estão definidos (quesitos oficiais), mas pode haver os quesitos acessórios - Nas ações civis não existem quesitos oficiais
Histórico	- Relatos de testemunhas e outras fontes de informação - Sem preocupação com a veracidade do que é informado
Descrição (*visum et repertum*)	- Parte mais importante - Descrever é relatar, não interpretar - Exame físico e exames complementares - Pode conter exame psíquico e súmula psicopatológica
Discussão (debate)	- Várias hipóteses – possíveis controvérsias de cada caso - Mostrar sapiência do perito neste item utilizando-se de citações da literatura
Conclusão	- Síntese diagnóstica - Análise sumária daquilo que os peritos puderam concluir após o exame minucioso
Respostas aos quesitos	- Permitem a formação de juízos - Importante serem objetivas e esclarecedoras - Pode ser solicitado mais tempo para que sejam respondidas

Fonte: Elaborado com base em França[1] e Croce e Croce Jr.[3]

indispensável para a prática da boa medicina, não somente por proteger os profissionais do risco de litígio, mas também por garantir a segurança dos pacientes por eles avaliados.

Por esse motivo, esse assunto deve ser uma parte estruturada e contínua do currículo dos estudantes da graduação. Quanto mais precocemente essa discussão for estabelecida na formação acadêmica, mais os futuros profissionais poderão sentir-se preparados e competentes o suficiente para lidarem com todos os desafios legais e éticos que surgem durante o exercício profissional.

No cenário brasileiro, os médicos precisam estar alertas e acompanhar constantemente as regulamentações e orientações emitidas pelo CFM e seus respectivos conselhos regionais a respeito da produção e do gerenciamento desses documentos. A educação continuada dos profissionais de saúde e o cumprimento rigoroso das atualizações propostas pelo CFM são práticas essenciais para o fortalecimento da medicina, assegurando a proteção jurídica e a segurança de todos os envolvidos.

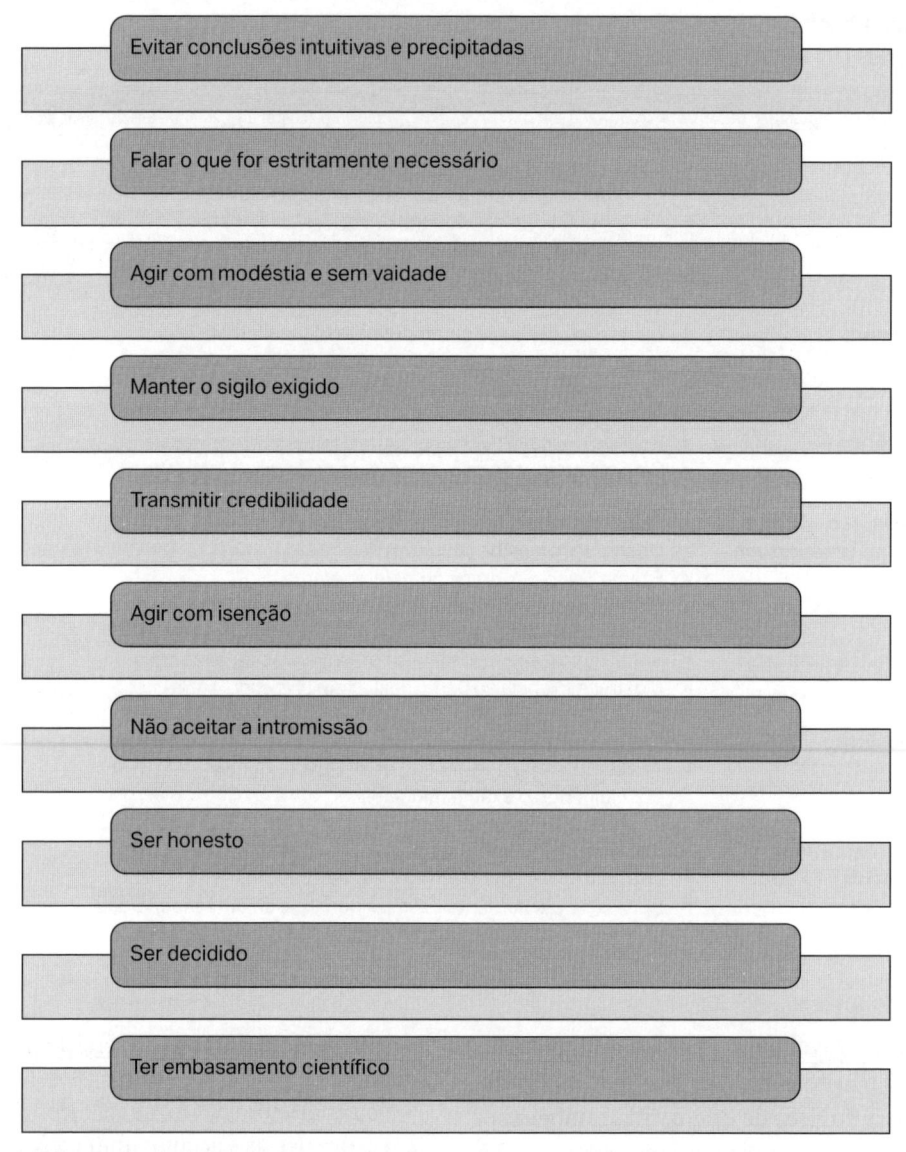

- Evitar conclusões intuitivas e precipitadas
- Falar o que for estritamente necessário
- Agir com modéstia e sem vaidade
- Manter o sigilo exigido
- Transmitir credibilidade
- Agir com isenção
- Não aceitar a intromissão
- Ser honesto
- Ser decidido
- Ter embasamento científico

FIGURA 29.5
Síntese do decálogo ético do perito.
Fonte: França.[1]

REFERÊNCIAS

1. França GV. Medicina legal. 11. ed. Rio de Janeiro: Guanabara Koogan; 2017.
2. Conselho Federal de Medicina. Resolução nº 2.381, de 20 de junho de 2024 [Internet]. Brasília: CFM; 2024 [capturado em 16 fev. 2025]. Disponível em: https://crmpi.org.br/wp-content/uploads/2024/07/2381_2024.pdf.
3. Croce D, Croce D Jr. Manual de medicina legal. 8. ed. São Paulo: Saraiva; 2012.
4. Alcantara HR. Perícia médica judicial. 2. ed. Rio de Janeiro: Guanabara Koogan; 2006.

5. Madruga CMD, Souza ESM. Manual de orientações básicas para prescrição médica. 2. ed. Brasília: CRM-PB/CFM; 2011.
6. Conselho Federal de Medicina. Parecer CFM nº 20/2018 [Internet]. Brasília: CFM; 2018 [capturado em 16 fev. 2025]. Disponível em: https://sistemas.cfm.org.br/normas/arquivos/pareceres/BR/2018/20_2018.pdf.
7. Brasil. Lei nº 5.991, de 17 de dezembro de 1973 [Internet]. Brasília: Presidência da República; 1973 [capturado em 16 fev. 2025]. Disponível em: https://www.planalto.gov.br/ccivil_03/leis/l5991.htm.
8. Brasil. Lei nº 9.787, de 10 de fevereiro de 1999 [Internet]. Brasília: Presidência da República; 1999 [capturado em 16 fev. 2025]. Disponível em: https://www.planalto.gov.br/ccivil_03/leis/l9787.htm.
9. Conselho Federal de Farmácia. Resolução nº 357, de 20 de abril de 2001 [Internet]. Brasília: CFF; 2001 [capturado em 16 fev. 2025]. Disponível em: https://www.cff.org.br/userfiles/file/resolucoes/357.pdf.
10. Brasil. Ministério da Saúde. Agência Nacional de Vigilância Sanitária. Instrução Normativa nº 285, de 7 de março de 2024 [Internet]. Brasília: Anvisa; 2024 [capturado em 16 fev. 2025]. Disponível em: https://www.in.gov.br/en/web/dou/-/instrucao-normativa-in-n-285-de-7-de-marco-de-2024-547762853.
11. Brasil. Ministério da Saúde. Agência Nacional de Vigilância Sanitária. Resolução da Diretoria Colegiada Anvisa nº 877, de 28 de maio de 2024 [Internet]. Brasília: Anvisa; 2024 [capturado em 16 fev. 2025]. Disponível em: https://www.gov.br/anvisa/pt-br/assuntos/medicamentos/controlados/arquivos/RDC877.pdf.
12. Conselho Federal de Medicina. Resolução nº 1.638, de 10 de julho de 2002 [Internet]. Brasília: CFM; 2002 [capturado em 16 fev. 2025]. Disponível em: https://www.rio.rj.gov.br/dlstatic/10112/5125745/4209117/RESOLUCAOCFMN1.638DE10DEJULHODE2002.pdf.
13. Farmacêutico Digital. Tabelas, imagens, fluxogramas e mapas mentais: farmacêutico digital [Internet]. Contagem: Farmacêutico Digital; 2021 [capturado em 16 fev. 2025]. Disponível em: https://farmaceuticodigital.com/downloads-gratis/tabelas-farmaceutico-digital#google_vignette.
14. Conselho Federal de Medicina. Código de ética médica: Resolução CFM nº 2.217, de 27 de setembro de 2018, modificada pelas Resoluções CFM nº 2.222/2018 e 2.226/2019 [Internet]. Brasília: CFM; 2019 [capturado em 16 fev. 2025]. Disponível em: https://portal.cfm.org.br/images/PDF/cem2019.pdf.
15. Conselho Federal de Medicina. Parecer CFM nº 1/14 [Internet]. Brasília: CFM; 2014 [capturado em 16 fev. 2025]. Disponível em: https://sistemas.cfm.org.br/normas/arquivos/pareceres/BR/2014/1_2014.pdf.
16. Conselho Federal de Medicina. Resolução nº 1.821, de 11 de julho de 2007 [Internet]. Brasília: CFM; 2007 [capturado em 16 fev. 2025]. Disponível em: https://www.gov.br/conarq/pt-br/legislacao-arquivistica/resolucoes/resolucao-cfm-no-1-821-de-11-de-julho-de-2007.
17. Brasil. Lei nº 13.787, de 27 de dezembro de 2018 [Internet]. Brasília: Presidência da República; 2018 [capturado em 16 fev. 2025]. Disponível em: https://www.planalto.gov.br/ccivil_03/_ato2015-2018/2018/lei/l13787.htm.
18. Conselho Federal de Medicina. Recomendação CFM nº 3/14 [Internet]. Brasília: CFM; 2014 [capturado em 16 fev. 2025]. Disponível: https://portal.cfm.org.br/images/Recomendacoes/3_2014.pdf.
19. Brasil. Lei nº 9.434, de 4 de fevereiro de 1997 [Internet]. Brasília: Presidência da República; 1997 [capturado em 16 fev. 2025]. Disponível em: http://planalto.gov.br/ccivil_03/leis/l9434.htm.
20. Brasil. Lei nº 10.211, de 23 de março de 2001 [Internet]. Brasília: Presidência da República; 2001 [capturado em 16 fev. 2025]. Disponível em: https://www.planalto.gov.br/ccivil_03/leis/leis_2001/l10211.htm.
21. Brasil. Lei nº 13.931, de 10 de dezembro de 2019 [Internet]. Brasília: Presidência da República; 2019 [capturado em 16 fev. 2025]. Disponível em: https://www.planalto.gov.br/ccivil_03/_ato2019-2022/2019/lei/l13931.htm.
22. Brasil. Lei nº 13.819, de 26 de abril de 2019 [Internet]. Brasília: Presidência da República; 2019 [capturado em 16 fev. 2025]. Disponível em: https://www.planalto.gov.br/ccivil_03/_ato2019-2022/2019/lei/l13819.htm.
23. Conselho Federal de Medicina. Resolução nº 2.323, de 06 outubro de 2022 [Internet]. Brasília: CFM; 2022 [capturado em 16 fev. 2025]. Disponível em: https://sistemas.cfm.org.br/normas/arquivos/resolucoes/BR/2022/2323_2022.pdf.
24. Brasil. Decreto-Lei nº 2.848, de 7 de dezembro de 1940 [Internet]. Brasília: Presidência da República; 1940 [capturado em 16 fev. 2025]. Disponível em: planalto.gov.br/ccivil_03/decreto-lei/Del2848compilado.htm.
25. Brasil. Ministério da Saúde. Declaração de óbito: manual de instruções para preenchimento [Internet]. Brasília: MS; 2023 [capturado em 16 fev. 2025]. Disponível: https://www.gov.br/saude/pt-br/centrais-de-conteudo/publicacoes/svsa/vigilancia/declaracao-de-obito-manual-de-instrucoes-para-preenchimento.pdf/view.

30

ÉTICA E TECNOLOGIA: OS DESAFIOS DO MUNDO DIGITAL

ELLEN BORGOGNA
SARAH ALINE ROZA
IGOR WISCHNESKI
JULIA VALLE PEZZINI
THIAGO HENRIQUE ROZA

A incorporação de ferramentas como telemedicina, publicidade médica digital, Internet e mídias sociais proporcionou avanços significativos para a sociedade e para a medicina, ao mesmo tempo que trouxe preocupações éticas relacionadas a privacidade, qualidade dos cuidados, justiça, equidade, bem como disseminação de notícias falsas e discurso de ódio. A inteligência artificial apresenta grande potencial na prática clínica, mas levanta questões sobre vieses discriminatórios e a falta de transparência nos algoritmos. Fóruns da Internet e redes sociais muitas vezes estão implicados nos tiroteios em massa, fenômeno emergente no Brasil, o que aponta para a necessidade de políticas de prevenção eficazes. O uso problemático das tecnologias, como a adição aos jogos digitais, e as implicações que esses transtornos têm na saúde mental das populações vulneráveis, particularmente em crianças e adolescentes também se constitui em um importante desafio a ser enfrentado.

DESCRITORES: ética; psiquiatria forense; inteligência artificial; uso problemático de tecnologias; telemedicina; publicidade médica.

ESTADO DA ARTE

O avanço tecnológico nas últimas décadas transformou profundamente a prática psiquiátrica, trazendo novas oportunidades e desafios éticos. A incorporação de tecnologias digitais, como a telemedicina, a inteligência artificial e as mídias sociais, revolucionou a forma como os profissionais de saúde mental se conectam com seus pacientes, avaliam diagnósticos e oferecem intervenções terapêuticas. No entanto, esses avanços também suscitam preocupações éticas significativas, incluindo a privacidade dos pacientes, a qualidade dos cuidados oferecidos e o potencial de exacerbação de desigualdades existentes. Segundo a Resolução CFM nº 2.336/23, a publicidade médica digital, por exemplo, requer uma regulamentação rigorosa para garantir a proteção da imagem dos pacientes e a veracidade das informações divulgadas.[1] Ademais, a Resolução CFM nº 2.314/2022 estabelece diretrizes para o uso da telemedicina, destacando a necessidade de plataformas confiáveis e do consentimento informado para proteger a privacidade dos pacientes.[2]

O uso da inteligência artificial na psiquiatria também é promissor, oferecendo novas possibilidades de diagnósticos mais precisos e intervenções personalizadas.[3] No entanto, a utilização de inteligência artificial traz consigo desafios éticos, como o risco de perpetuar vieses discriminatórios e a falta de transparência nos algoritmos utilizados.[3] Além disso, o impacto das mídias sociais na saúde mental, especialmente em relação ao discurso de ódio e à disseminação de *fake news*, tem sido amplamente discutido na literatura. Estudos destacam que a exposição ao discurso de ódio pode causar danos psicológicos significativos, incluindo aumento do estresse, diminuição da autoestima e desenvolvimento de sintomas de depressão e ansiedade.[4]

FAKE NEWS E DISCURSO DE ÓDIO

O crescimento da Internet e das redes sociais tem sido notável nos últimos anos, facilitando a disseminação de informações e notícias *online*, bem como a interação em tempo real por meio de plataformas de redes sociais. Elas mantêm os usuários atualizados sobre eventos globais e ampliam o acesso a conteúdos e informações, muitas vezes reforçando visões preexistentes.[5] Nesse sentido, o aumento de *fake news* e do discurso de ódio tem se tornado cada vez mais prevalente, impactando negativamente desfechos coletivos e individuais.[6]

O termo "*fake news*" refere-se a informações deliberadamente falsas ou enganosas, que são disseminadas com o intuito de manipular opiniões, influenciar comportamentos, obter ganhos políticos ou financeiros. Psicologicamente, as *fake news* exploram vulnerabilidades cognitivas e emocionais dos receptores, incluindo viés de confirmação, heurísticas de processamento de informação e necessidade de pertencimento.[7]

Um estudo realizado em 2018 revelou que as pessoas tendem a compartilhar notícias falsas com maior frequência quando essas informações estão alinhadas com suas crenças preexistentes, mesmo quando sabem que são falsas. Esse fenômeno é conhecido como viés de confirmação e destaca a influência dos processos cognitivos na propagação das *fake news*.[8] Além disso, a disseminação dessas notícias pode desencadear respostas emocionais intensas, como medo, raiva e ansiedade, levando a comportamentos impulsivos e irracionais.[9] A natureza viral das *fake news* nas redes sociais amplifica seu impacto psicológico, criando um ciclo de desinformação e polarização.

O discurso de ódio, definido como a expressão de linguagem que incita violência, discriminação ou preconceito contra grupos com base em características como raça, religião, gênero ou orientação sexual, tem sérias consequências para a saúde mental e o bem-estar social. Esse discurso reflete atitudes e crenças arraigadas, muitas vezes enraizadas em processos de socialização e identidade grupal.[10]

Estudos demonstraram que a exposição ao discurso de ódio pode causar danos psicológicos significativos, que incluem aumento do estresse, diminuição da autoestima e desenvolvimento de sintomas de depressão e ansiedade.[4] Além disso, o discurso de ódio cria um clima de hostilidade e divisão, minando a coesão social e a confiança nas instituições democráticas. Diante dos desafios representados pelas *fake news* e pelo discurso de ódio, é fundamental desenvolver estratégias de intervenção e prevenção baseadas em evidências científicas. Isso inclui a promoção da alfabetização midiática e digital, capacitando os indivíduos a avaliarem criticamente as informações que consomem e compartilham. Além disso, intervenções psicossociais, como a promoção do diálogo intergrupal e a construção de empatia, podem ajudar a mitigar os efeitos negativos do discurso de ódio, promovendo uma cultura de respeito e tolerância.[8,9]

Esses fenômenos representam desafios complexos que exigem abordagens multidisciplinares e colaborativas. A psicologia oferece *insights* valiosos sobre os processos cognitivos, emocionais e sociais subjacentes a esses fenômenos, informando a criação de estratégias eficazes para combater sua disseminação e o impacto negativo na sociedade.[8]

Durante a pandemia global de covid-19, houve um aumento exponencial de notícias falsas acerca da gravidade, dos métodos de prevenção e do tratamento da infecção pelo coronavírus. O termo "infodemia" tem sido utilizado para descrever a situação em que existe uma abundância esmagadora de informações, incluindo informações falsas, enganosas ou desnecessárias, em ambientes digitais e físicos durante uma epidemia.[11]

No entanto, a infodemia não é impulsionada apenas pela desinformação; em vez disso, pode influenciar e ser influenciada pelo ecossistema de informação mais amplo, que se refere à dinâmica de como as pessoas consomem, produzem, interagem e se comportam em torno da informação.[12] Existem duas dimensões principais no ecossistema de informação: o lado da oferta, que é moldado pela quantidade e qualidade dos meios de comunicação (incluindo fatores como o conteúdo e o alcance dos meios de comunicação, a utilização da Internet e dos dispositivos móveis, a presença de plataformas de redes sociais, e os quadros jurídicos que regem o setor dos meios de comunicação social), e o lado da procura, que abrange os comportamentos das pessoas em torno das fontes de informação midiáticas e não midiáticas (incluindo as necessidades de informação das pessoas, o acesso à informação, a confiança nas fontes, os comportamentos de partilha de informação e a literacia informacional).[12] Durante emergências, como uma pandemia, tanto o lado da oferta como o lado da procura do ecossistema de informação podem sofrer mudanças rápidas. Por exemplo, poderão surgir novas fontes de informação, e a procura de informação por parte das pessoas poderá aumentar devido ao medo ou à incerteza.[13]

A necessidade de pertencimento a um grupo é um fator psicológico já amplamente estudado. Com o aumento da permissividade do discurso de ódio, entende-se que atos de violência podem ser mais legitimados, sejam eles virtuais ou não. Nesse sentido, há um aumento de crimes de ódio, principalmente no Brasil, a populações ditas como mais vulneráveis, como mulheres, pessoas da comunidade LGBTQIAPN+, pessoas pretas ou indígenas.[14,15]

TIROTEIOS EM MASSA

Os tiroteios em grande escala são uma categoria de "homicídios em massa", na qual três ou mais pessoas são mortas em um evento específico envolvendo o uso de armas de fogo, não incluindo na contagem a morte do agressor.[16] Embora existam discrepâncias consideráveis nas estatísticas de tiroteios em massa, nos últimos 30 anos houve um aumento significativo na incidência desses eventos nos EUA.[16] Normalmente, os perpetradores desses ataques apresentam intenções suicidas e desejo de fama; eles também percebem-se como tendo sofrido vitimização por parte de outros, com frequência usando isso como justificativa para os ataques.[17] Além das vítimas relacionadas ao incidente, os tiroteios em massa também têm o potencial de causarem efeitos de longo prazo em indivíduos expostos, estando ligados à depressão, ao transtorno de estresse pós-traumático (TEPT) e aos sintomas de ansiedade.[17]

Esse fenômeno também tem aumentado em prevalência no cenário brasileiro e em outras partes do mundo. Recentemente, foi documentada uma globalização de tiroteios em massa, envolvendo características e métodos semelhantes aos dos perpetradores americanos.[18] Um relatório brasileiro apresenta que, ao longo dos últimos anos, houve um aumento acentuado no número de ataques a escolas no país.[19] Esse relatório mapeou e descreveu as características dos ataques violentos contra escolas ocorridos no Brasil entre 2001 e outubro de 2023, e que foram perpetrados por alunos ou ex--alunos das escolas vitimizadas (n = 36 ataques). Cerca de 60% da contagem total de ataques escolares ocorreram em 2022 e 2023. No período investigado, foram 137 vítimas sem contar os perpetradores (das quais 35 foram assassinadas nos ataques), e quase 95% das vítimas fatais morreram por ataques de arma de fogo. Vale ressaltar que todos os perpetradores eram do sexo masculino, com idades entre 10 e 25 anos.[19]

Outro aspecto importante associado aos assassinatos em massa é o papel dos fóruns da Internet e das páginas das redes sociais. Essas plataformas foram implicadas em vários ataques anteriores, sendo utilizadas para a transmissão ou o anúncio de ataques; além disso, os indivíduos interessados nesses atos violentos utilizam esses espaços *online* para a discussão de métodos e estratégias (com o objetivo de aumentar o impacto e a letalidade dos ataques), bem como para o estímulo de atos violentos por meio da disseminação de teorias da conspiração, discurso de ódio e propaganda extremista.[18,20]

Embora os assassinatos em massa sejam difíceis de prever, há provas de que esses atos são cuidadosamente premeditados, envolvendo meses ou até anos de intenso planejamento antes da prática da violência, com foco no aumento da letalidade de tais atos. Esse período de planejamento pode representar uma importante janela de oportunidade para estratégias preventivas.[18]

Além disso, existe um debate sobre o papel dos meios de comunicação na promoção da imitação generalizada desse comportamento. A extensa e detalhada cobertura midiática após um tiroteio em massa pode potencialmente funcionar como uma fonte de informação técnica sobre os métodos utilizados, bem como promover involuntariamente o *status* social do perpetrador, o que pode ser desejado por outros potenciais agressores como meio de reconhecimento.[21]

PUBLICIDADE PROFISSIONAL DIGITAL

Segundo dados da Demografia Médica no Brasil, estima-se que o número de médicos no país ultrapassará 1 milhão em 2035, aproximadamente o dobro em relação a 2020.[22] A ampliação da oferta alimenta, a cada ano, a competitividade do mercado de trabalho médico. Nesse cenário, grandes redes sociais como Instagram, Tik Tok e WhatsApp se tornaram instrumentos de *marketing* para profissionais em diversos estágios da carreira, possibilitando a criação de perfis profissionais com o fim de atrair e manter a lealdade de pacientes.[23] Frente à dinamicidade da presença médica no mundo digital, a Resolução CFM nº 2.336/23 regulamenta a publicidade e propaganda médica, assim atualizando, após mais de uma década, a Resolução CFM nº 1.974/2011.[24] A nova resolução busca flexibilizar proibições antes absolutas, estabelecendo critérios visando à proteção da imagem tanto do paciente quanto da prática médica, bem como ao combate da desinformação virtual.[25]

A capacidade de edição e rápido compartilhamento de imagens via redes sociais traz consigo preocupações em relação à privacidade dos pacientes e à veracidade das informações ali apresentadas. Nesse sentido, a resolução esclarece que, para poder postar fotografias de pacientes, o profissional deve obter autorização para o uso de sua imagem, respeitar seu pudor e privacidade e garantir o seu anonimato, não identificando-o. Além disso, a imagem não pode ser manipulada, deve ter caráter educativo e, em caso de fotos mostrando o antes e depois de um procedimento, deve-se informar possíveis complicações e constar os resultados em diferentes biotipos e tempos de evolução, quando possível.[1]

Já a profusão de informações divulgadas a cada segundo no ambiente digital é solo fértil para estratégias desleais de *marketing*, priorizando maior alcance e lucro independentemente da qualidade do serviço. Autopromoção, divulgação de soluções milagrosas e anúncios sensacionalistas de procedimentos e outras abordagens terapêuticas são algumas das práticas utilizadas nesse cenário por profissionais da saúde.[26] Em face disso, a resolução veta o uso de sensacionalismo na publicidade e propaganda médica, definindo-o como divulgação de procedimento com o fim de enaltecer ou priorizar a própria atuação, anunciar abordagens sem reconhecimento pelo Conselho Federal de Medicina (CFM), manipular dados científicos por interesses próprios, apresentar em público métodos que devam ser limitados ao ambiente médico, veicular conteúdos que causem pânico ou medo e induzir a percepção de garantia de resultados. Ela também proíbe postagens de caráter autopromocional e concorrência desleal, como conferir a si qualidades privilegiadas em relação a outros serviços, anunciar prestação de serviços médicos gratuitos e dirigir-se a outros médicos, especialidades ou técnicas de forma desrespeitosa.[1]

Ainda, no sentido de evitar a desinformação, a resolução proíbe ao profissional divulgar que trata de sistemas orgânicos, órgãos ou doenças específicas quando não especialista, e especifica que a realização de pós-graduação *lato sensu* pode ser exibida, desde que venha seguida de "NÃO ESPECIALISTA", em CAIXA-ALTA. O médico deve expor em seus perfis seu nome e o número de registro no CRM acompanhado da palavra "MÉDICO" e, para anunciar-se como especialista, deve concluir residência médica cadastrada na Comissão Nacional de Residência Médica ou ser aprovado em prova aplicada por sociedade de especialidade filiada à Associação Médica Brasileira, além de informar sempre o número de

Registro de Qualificação de Especialista (RQE) registrado no CRM, para que seja facilmente verificado.[1]

Por fim, o paciente da era digital caracteriza-se por elevada autonomia e voz ativa na decisão de sua terapêutica. Por meio de redes sociais e plataformas de pesquisa de profissionais médicos, ele pode escolher dentre uma gama de perfis o que mais lhe agrada. E em uma pesquisa no Google, tem acesso a milhares de informações – nem sempre acuradas – sobre seus problemas de saúde.[27] Soma-se a isso o enfoque na humanização do médico, valorizando-se o estabelecimento de relações de familiaridade, confiança e colaboração com o paciente, o que pode refletir em uma postura afetuosa e atenta nas redes sociais.[28] Considerando essa dinâmica, a resolução especifica que o médico pode postar *selfie* e mostrar em foto ou vídeo seu ambiente de trabalho, bem como compartilhar sentimentos como o prazer em trabalhar, a alegria em receber seus pacientes e os desafios do dia a dia, sempre prezando pela boa imagem da medicina.[1] Se, por um lado, essa prática fortalece sentimentos positivos de transferência, ressalta-se que ela não deve ofuscar a necessidade de clareza e qualidade das informações em saúde, bem como de transparência sobre os benefícios e malefícios dos serviços oferecidos, ainda mais em uma esfera sociodigital frequentemente orientada pela aparência.

TELESSAÚDE E TELEMEDICINA

A Resolução do CFM nº 2.314/2022 define a telemedicina como o "exercício da medicina mediado por tecnologias digitais, de informação e de comunicação (TDICs), para fins de assistência, educação, pesquisa, prevenção de doenças e lesões, gestão e promoção de saúde".[2] Não somente a teleconsulta, mas também abordagens diagnósticas, cirúrgicas e de gestão remotas, por exemplo, abrangem-se nessa modalidade.[2]

A transferência da assistência à saúde do meio físico ao digital exige plataformas confiáveis de transmissão de vídeo e armazenamento de dados para resguardar o sigilo médico e proteger a imagem do paciente. Por conseguinte, a resolução determina que o atendimento por telemedicina deve ser registrado em prontuário físico ou em sistema de registro eletrônico de saúde do paciente, em acordo com a Lei Geral de Proteção de Dados. Além disso, o médico deve informar as limitações da teleconsulta, e o paciente deve assinar termo de consentimento livre e esclarecido autorizando o atendimento por telemedicina e a transmissão de suas imagens e dados, podendo interromper o atendimento a distância e optar por consulta presencial quando assim preferir.[2]

Como a própria resolução frisa, a telemedicina é considerada um método complementar, sendo a consulta presencial o padrão-ouro. Os médicos devem realizar uma anamnese adequada e estar atentos às indicações de necessidade de exame físico, levando em conta que este permite descartar ou aventar novas hipóteses diagnósticas, bem como identificar sinais de gravidade que exigem hospitalização. O CFM ressalta que a telemedicina não deve substituir o direito constitucional ao acesso a atendimento presencial pelo Sistema Único de Saúde (SUS), seguindo os princípios de integralidade, equidade, universalidade a todos os pacientes.[2]

Ainda nesse tema, a resolução assegura ao médico a autonomia de decidir se utiliza ou recusa a telemedicina, indicando o atendimento presencial sempre que entender necessário, atendendo aos princípios de beneficência e não maleficência do paciente. Mesmo que a primeira consulta possa ser realizada de modo virtual, a resolução preconiza seguimento ao acompanhamento com consulta presencial. Ainda, em caso de doença crônica, o médico assistente deve realizar consultas presenciais em intervalos de no máximo 180 dias.[2]

USO PROBLEMÁTICO DE TECNOLOGIAS

O termo adição tecnológica (AT) apresenta definição variável dependendo dos autores consultados; em linhas gerais, é utilizado para englobar as adições comportamentais que surgiram com o advento das mídias digitais. O foco da literatura em ATs tem sido principalmente no transtorno do jogo pela Internet (TJI), introduzido provisoriamente como diagnóstico na quinta edição do *Manual Diagnóstico e Estatístico de Transtornos Mentais* (DSM-V), embora outras condições tenham sido estudadas, como adição em Internet, adição em mídias sociais, adição em telefones celulares, adição em pornografia e sexo virtual e a adição em compras *online*.[29,30]

Os estudos em ATs ainda são preliminares, com baixa qualidade de evidência devido à ausência de critérios diagnósticos padronizados para a maior parte das ATs, à falta de escalas psicométricas padronizadas, ao uso de escalas de autoavaliação em múltiplos estudos, à escassez de estudos longitudinais e ao uso de metodologias correlacionais utilizando amostras com indivíduos sadios e não com indivíduos previamente diagnosticados.[31,32]

O reconhecimento do TJI no DSM-V marca o início da padronização de estudos em ATs, com alguns autores propondo o uso desses critérios para outras adições tecnológicas, com a substituição do termo "jogo pela Internet" pelo nome da AT a ser avaliada.[30] Os critérios diagnósticos para TJI incluem uso persistente e recorrente de jogos pela Internet, predominantemente com outros jogadores envolvidos, causando prejuízo funcional e/ou sofrimento clínico associado a cinco de nove critérios, nos quais são incluídos: preocupação excessiva com jogos pela Internet; sintomas de abstinência; sintomas de tolerância; incapacidade de controle do hábito de jogos pela Internet; perda de interesse em demais aspectos da vida; uso excessivo de jogos a despeito de prejuízos percebidos em outras áreas da vida; omissão para familiares e pares da quantidade de horas gastas em jogos pela Internet; uso de jogos pela Internet para escapar de afetos negativos; e histórico de prejuízo em relacionamentos ou carreira devido ao uso de jogos pela Internet.[33]

Técnicas de ressonância magnética funcional (RMF) e tomografia por emissão de pósitrons (PET) demonstraram que as adições tecnológicas sequestram a circuitaria de recompensa cerebral centrada no núcleo *accumbens*, fazem anormalidades conectivas dopaminérgicas na circuitaria que se projeta do estriado ventral para múltiplas regiões do córtex e reduzem a funcionalidade de recaptura de dopamina. Globalmente, diminuem a responsividade cerebral à dopamina e podem gerar reduções volumétricas em regiões responsáveis por tomada de decisão, controle de impulsos, atenção e função executiva.[29]

Em adolescentes e crianças, a abstenção de uso de mídias digitais demonstrou efeito benéfico sobre a socialização e o reconhecimento de expressões faciais, enquanto o uso exacerbado de tecnologias relaciona-se a pior desenvolvimento de funções executivas e de linguagem e à piora da qualidade do sono.[34] Tanto em adolescentes quanto em adultos, o uso problemático de tecnologias foi relacionado à piora de sintomas atencionais, de impulsividade e de hiperatividade.[34] O uso excessivo de mídias sociais também está associado à autopercepção aumentada de isolamento social.[34]

De forma contrastante, alguns estudos de RMF demonstraram que o uso da Internet pode servir como exercício cognitivo e ser benéfico em populações idosas.[34]

A natureza imprevisível da recompensa associada a essas adições tecnológicas, como a imprevisibilidade do recebimento de "curtidas" em mídias sociais ou a imprevisibilidade de recompensas em jogos digitais, pode exacerbar o potencial aditivo de tais mídias de forma análoga a jogos de azar.[32]

A prevalência de TJI, segundo uma metanálise publicada em 2020, está em torno de 2,4% da população, sendo que a adição generalizada em Internet obteve prevalência de 7% no mesmo estudo.[35] Demais medidas de prevalência para adições tecnológicas sofrem pela carência de critérios diagnósticos e escalas psicométricas validadas. A adição generalizada em Internet, assim como o TJI, apresenta prevalência aumentada em homens no final da década dos 20 anos e no começo da década dos 30 anos, tendo geralmente um atraso de até uma década entre o início de uso problemático de computadores para o desenvolvimento de um transtorno aditivo.[30,36] Homens apresentam maior chance de desenvolverem adições tecnológicas relacionadas a jogos virtuais, enquanto mulheres apresentam maior chance de desenvolverem adições tecnológicas relacionadas a mídias sociais e tendem a apresentar mais comorbidades psiquiátricas do que homens.[30]

As principais comorbidades associadas com adições tecnológicas incluem transtornos do humor, ansiedade, transtornos por uso de substâncias, transtornos de controle de impulsos, transtornos do espectro autista e transtornos da personalidade principalmente do grupo B.[30,36] Indivíduos com problemas de socialização, baixo suporte familiar, dificuldades de fazer amizades, conflitos intrafamiliares, traumas infantis, uso de celulares frequente e de baixa duração, distúrbios do sono, baixa empatia, complexo desempenho escolar, vítimas de *bullying* e portadores de transtornos do espectro autista e transtorno de déficit de atenção/hiperatividade apresentam maior chance de desenvolver adições tecnológicas.[30]

Questões a serem destrinchadas em estudos futuros que podem mascarar ou dificultar tais diagnósticos incluem: a necessidade intrínseca à vida em sociedade moderna da integração digital no âmbito trabalhista, estudantil e de relações sociais; o impulso humano de interação e validação social e o efeito das mídias sociais sobre esse impulso; a incapacidade da abstinência total de tecnologias em um mundo cada vez mais digitalizado; o impacto da necessidade de atenção e validação social no consumo de mídias digitais; o impacto do medo da perda de conexões sociais devido a não estar constantemente utilizando mídias digitais (FOMO, do inglês *fear of missing out*); a diferenciação de sintomas de abstinência de tecnologias com o simples desconforto de reorganizar a rotina em uma sociedade altamente dependente do uso de tecnologias.[30-32]

CYBERBULLYING

Com a explosão de uma variedade de plataformas nas últimas décadas, as redes sociais emergiram como os veículos mais prevalentes de vitimização e perpetração do *cyberbullying*.[37] Definido como um ato agressivo e intencional, realizado por um grupo ou indivíduo, usando formas eletrônicas de contato, repetidamente e ao longo do tempo contra uma vítima que não consegue se defender facilmente, o *cyber-*

bullying pode afetar indivíduos de qualquer idade que têm acesso à Internet.[37] Exemplos comuns de *cyberbullying* incluem o envio de mensagens de texto maldosas ou a publicação de fotos e vídeos inadequadas de outras pessoas.[37]

Pesquisas demonstraram que o *cyberbullying* pode acontecer à velocidade do pensamento, utilizando um conjunto de tecnologias modernas, incluindo sons, fotos transformadas, mensagens intimidadoras, vídeos, apresentações de *slides* e buscas *online*.[38] Além disso, o *cyberbullying* pode acontecer a qualquer hora e em qualquer lugar, ao contrário do *bullying* tradicional; portanto, essa prática se torna mais prevalente do que o *bullying* tradicional.[37]

Estudos vêm indicando que os comportamentos de *cyberbullying* estão crescendo em ambientes educativos, trazendo implicações éticas e legais, incluindo consequências graves para a aprendizagem, a convivência e o desenvolvimento desses jovens.[38] Nesse contexto, o *cyberbullying* pode afetar a segurança, a autopercepção, a saúde mental, o engajamento acadêmico e os direitos de alguém.[39] Dessa forma, violar a sensação de bem-estar e o estilo de vida de um indivíduo se tornou agora uma importante questão ética a ser pensada nesse cenário de informações rápidas compartilhadas.[40]

Vítimas de *cyberbullying* podem desenvolver depressão, ansiedade e até comportamentos suicidas em decorrência das exposições e humilhações *online*.[40] Jovens que sofrem *cyberbullying*, por exemplo, têm duas vezes mais probabilidades de cometer suicídio em comparação com os que não sofrem com essa prática.[41] Além disso, os principais impactos do *cyberbullying* incluem angústia,[42] depressão,[41] solidão,[42] aumento de sintomas psicossomáticos,[43] ideação suicida,[44] baixa autoestima e redução do desempenho acadêmico.[45]

O *cyberbullying* inclui muitos dos mesmos problemas do *bullying* tradicional, mas estende a agressão para uma audiência ilimitada e permite que o anonimato faça mais vítimas. Acadêmicos, administradores escolares, professores, psicólogos, médicos, pais e alunos reconhecem que a perpetração e a vitimização do *cyberbullying* são tópicos importantes que merecem nossa atenção. A natureza anônima e a falta de autoridade no ciberespaço tornam os problemas ainda piores.[40] Nesse contexto, campanhas que promovam comportamentos envolvendo a ética cibernética e a responsabilidade social em ambientes virtuais, incluindo mostrar respeito mútuo, ser honesto e não roubar informações de terceiros, são fundamentais, a fim de reduzir o *cyberbullying* e comportamentos desajustados na Internet.[40]

CULTURA DO CANCELAMENTO

O termo "cultura do cancelamento" tornou-se popular na Internet nos últimos anos.[46] Anteriormente, o cancelamento era usado para rejeitar um objeto, mas agora a cultura do cancelamento está relacionada à retirada de apoio aos líderes comunitários, figuras públicas ou *influencers* em resposta a comportamentos ou opiniões consideradas inapropriadas por grande parte da audiência *online* em um contexto social específico.[47]

As redes sociais não apenas se tornaram um prisma para a troca de informações, mas também abriram caminho para o surgimento de culturas participativas digitais e de movimentos sociais engajados.[48] Tornou-se um local contestado por formas concorrentes de conhecimento, cultura e ideologia.[48] O ato de cancelar alguém, portanto, é uma daquelas práticas coletivas espontâneas iniciadas pelos usuários das redes sociais, sem considerar seus possíveis desdobramentos.[46] Inegavelmente, a cultura do cancelamento tornou-se parte integrante do vernáculo da cultura digital, dirigida principalmente contra figuras públicas que violam as normas frouxas de aceitabilidade social.[46]

Neste ponto, quase todo mundo que vale a pena conhecer, em certa medida, já foi cancelado por alguém em seu convívio social. No entanto, aqueles que foram cancelados publicamente violaram a tênue linha de aceitabilidade social, de acordo com a norma não marcada e totalmente ambígua do clima atual da mídia social, que se conecta a um clima político, ideológico e social.[47] Trata-se de um comportamento de afastamento de alguém cuja expressão – seja política, artística, religiosa ou outra – já foi bem-vinda, popular ou pelo menos tolerada, mas não é mais.[47] Além disso, é uma estratégia de tentar apagar alguém do discurso público – seja por meio de vergonha pública ou da exigência de sua exclusão ou retratamento.[47]

Portanto, não existe um parâmetro claro de que alguém mereça o cancelamento. Com a cultura do cancelamento de natureza ambígua, uma pessoa que sofre dessa forma de vergonha pública também tem um caminho extremamente vago e pouco claro para sua redenção. Essa cultura no âmbito digital demonstra como a circulação de conteúdos por meio de plataformas digitais facilita respostas rápidas e em grande escala a atos considerados problemáticos, muitas vezes capacitando grupos tradicionalmente marginalizados no momento, mas também destaca a escassez de avaliações e debates ponderados. Nesse enfoque, a cultura do cancelamento também produz novos dilemas éticos a serem debatidos e compreendidos.[46] Ainda assim, é importante não deixar que as condenações fáceis das redes sociais ofusquem o que está acontecendo em outros lugares, e que os relatos qualitativos de interações mais profundas em espaços digitais não removam o direito de um julgamento justo fora das redes sociais para aqueles que já foram condenados por elas.

INTELIGÊNCIA ARTIFICIAL

A expressão inteligência artificial (IA) foi cunhado pelo cientista computacional John McCarthy, definindo-o como a ciência por trás da criação de máquinas inteligentes; a principal técnica de IA utilizada no contexto de pesquisas em saúde é o aprendizado de máquina (ML, do inglês *machine learning*), técnica na qual um algoritmo correlaciona diferentes dados de pacientes para encontrar desfechos muitas vezes imperceptíveis a outras técnicas de análises de dados.[49]

A técnica mais utilizada de ML no contexto de saúde mental é o aprendizado de máquina supervisionado (SML, do inglês *supervised machine learning*), no qual os dados são pré-classificados – por exemplo, um grupo de pacientes com certo diagnóstico *versus* um grupo sem esse diagnóstico – para que sejam encontradas similaridades e diferenças entre os grupos pré-classificados. Outra modalidade de ML utilizada é o aprendizado de máquina não supervisionado (UML, do inglês *unsupervised machine learning*), em que o próprio algoritmo de ML utiliza-se de técnicas de agrupamento de dados para definir subgrupos dentro da base de dados; análises de UML necessitam de interpretação posterior dos desfechos por especialistas na área para que se obtenham conclusões sobre os achados.[49]

Algoritmos de aprendizado profundo (DL, do inglês *deep learning*) vão além, analisando bases de dados brutas e complexas sem interferência humana, sendo capazes de detectar subgrupos e correlações ocultas. Algoritmos de DL funcionam de forma análoga ao cérebro humano, utilizando-se de redes neurais artificiais e conferindo pesos distintos a diferentes dados em camadas de análise ditas "ocultas", nas quais a lógica por trás das análises muitas vezes é inacessível. A dificuldade de interpretação dos resultados de tais redes neurais artificiais gera o fenômeno conhecido como "caixa preta" (do inglês *black-box phenomenon*): embora o resultado da análise seja compatível com a realidade, a forma como o algoritmo chegou ao resultado é desconhecida.[49]

Complementar às técnicas descritas são as técnicas de processamento natural de linguagem (NLP, do inglês *natural language processing*), as quais constituem um campo de IA focado na interpretação da linguagem humana em forma de texto, transformando textos semanticamente diversos em dados objetivos. As técnicas de NLP são muito utilizadas para obter dados de prontuários, para estes, então, serem posteriormente analisados por técnicas de ML. Devido à subjetividade intrínseca ao contato com pacientes no contexto de saúde mental, técnicas avançadas de NLP tornam-se ainda mais necessárias para análise de grande números de prontuários.[49,50]

Os potenciais usos de técnicas de IA na saúde mental incluem a identificação de fatores de risco a nível populacional, a definição mais detalhada de categorias diagnósticas e a identificação de subgrupos ocultos, a melhora na acurácia diagnóstica, o desenvolvimento de ferramentas de rastreio e marcadores de prognóstico de acordo com o perfil biopsicossocial do paciente, a predição de resposta a fármacos, a identificação de doenças em seus estágios prodrômicos e o reconhecimento de pacientes em risco para desfechos desfavoráveis – por exemplo, a indicação de pacientes com alto risco de suicídio. Em potencial, existem ainda benefícios temporais – uma análise prévia por IA do prontuário e do perfil biopsicossocial de um paciente pode gerar dados que agilizam o raciocínio clínico e facilitam a documentação médica.[49] O cuidado em saúde mental é inerentemente humano e requer robusta relação médico-paciente; a agilização do cuidado, portanto, pode consistir em uma forma de alocar mais tempo diretamente à anamnese e ao contato com o paciente, aumentando a taxa de desfechos positivos.[50]

Em 1960, foi desenvolvido o primeiro programa de computador que objetivava emular a função de um psicoterapeuta, conhecido como ELIZA, com finalidades de pesquisa embrionária em NLP. Desde então, uma gama de programas foram desenvolvidos com o objetivo de emular a conversação com fins psicoterapêuticos. Exemplos incluem o Woebot, uma ferramenta que propõe-se a emular a terapia cognitivo-comportamental; Tess, um programa de mensagens de texto focado em emular conversas com psicoterapeutas e desenvolver estratégias de *coping*; Replika, um aplicativo de celular focado em *insights* sobre o próprio usuário; Kaspar e Nao, robôs desenvolvidos para estimular o reconhecimento de expressões faciais em pacientes com transtornos do espectro autista; o assistente virtual Siri, que pode interagir com crianças portadoras de transtornos do espectro autista incentivando e expandido o tema do hiperfoco atual, atividade raramente engajada por cuidadores desses pacientes. Outros programas desenvolvidos incluem as terapias com avatar, nas quais pacientes com fenômenos alucinatórios são encorajados a confrontarem alucinações auditivas, gradualmente ganhando controle sobre a reação emocional às alucinações.[51]

Estudos preliminares mostram que alguns pacientes podem revelar informações sensíveis a programas de IA que não seriam reveladas a terapeutas, tanto pelo teor das informações quanto pela capacidade de controlar a velocidade e a cadência da entrevista.[52] *Chatbots* são programas com tempo e paciência ilimitados, não se esquecem do que o paciente falou, não apresentam julgamentos e estão disponíveis em qualquer lugar e a qualquer momento, claras vantagens sobre terapeutas humanos que podem justificar o uso de tais ferramentas em larga escala para transtornos mentais de gravidade leve.[52]

Apesar do grande potencial, esses programas, em sua maioria, não foram validados com métodos clínicos convencionais, apresentam capacidade limitada de individualização da terapêutica e ainda não foram aprovados por instâncias reguladoras como a Food and Drug Administration (FDA) e a Agência Nacional de Vigilância Sanitária (Anvisa), portanto, essas intervenções permanecem com benefício inconclusivo.[50,51] Neste sentido, recomendações éticas para uso e pesquisa com *chatbots* e ferramentas semelhantes podem ser encontradas no Quadro 30.1.

A maioria dos estudos atuais em saúde mental utilizando IA considera de forma mínima ou desconsidera as implicações éticas dessas ferramentas.[52] Vieses discriminatórios, como raciais, de gênero e de classe econômica, podem ser exacerbados e perpetuados por desfechos obtidos por meio de ML em bases de dados enviesadas.[50] O uso de algoritmos de ML nem sempre é transparente – na maior parte dos estudos, a qualidade da base de dados e os métodos utilizados pelos algoritmos não são divulgados, o que prejudica a replicabilidade desses estudos (Figura 30.1).[50]

Embora um dos pontos positivos do uso de *chatbots* e ferramentas semelhantes seja a acessibilidade a populações vulneráveis, o uso não regulado de tais ferramentas pode mascarar a necessidade de expansão de equipes e serviços de saúde mental e pode ser feito erroneamente como substituto a esses serviços, prejudicando de forma indireta o acesso dessas populações aos tratamentos consolidados em literatura.[52]

Ainda não há definição sobre a responsabilidade legal de diagnósticos e intervenções incorretas realizadas por ferramentas como *chatbots* e terapias por avatar.[51]

Populações com capacidade cognitiva reduzida, como idosos com quadros demenciais e indivíduos com deficiência intelectual, e populações socioeconomicamente vulneráveis podem não entender o que é um *chatbot* ou um robô e suas limitações, afeiçoando-se a essas ferramentas como se

QUADRO 30.1
RECOMENDAÇÕES PARA USO ÉTICO DE *CHATBOTS* E FERRAMENTAS SEMELHANTES

Reconhecimento de limitações da ferramenta e recomendação de acesso a alternativas terapêuticas consolidadas em literatura
Reconhecimento pela própria ferramenta de situações críticas que demandem acesso a serviços de emergência, como a ideação suicida
Utilização sempre adjuvante à terapêutica consolidada em literatura
Realização de estudos longitudinais e robustos comprovando a segurança e a eficácia da ferramenta
Determinação da responsabilidade legal em caso de diagnósticos e terapêuticas incorretas, bem como no caso de não identificação de situações críticas
Implementação de medidas visando a melhor entendimento sobre a ferramenta por populações cognitivamente vulneráveis e medidas para lidar com o fenômeno de transferência

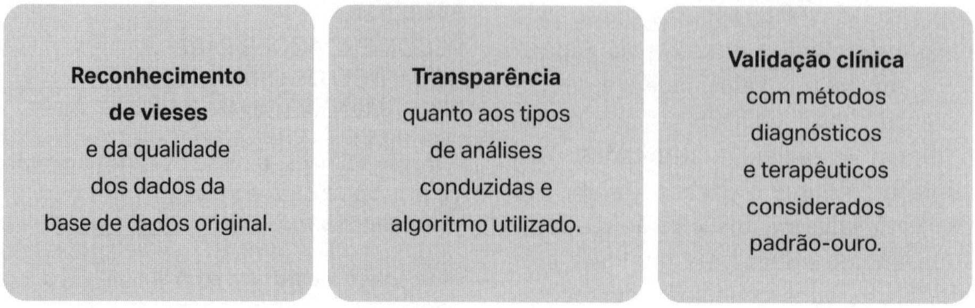

Reconhecimento de vieses
e da qualidade dos dados da base de dados original.

Transparência
quanto aos tipos de análises conduzidas e algoritmo utilizado.

Validação clínica
com métodos diagnósticos e terapêuticos considerados padrão-ouro.

FIGURA 30.1
Recomendações para uso ético de aprendizado de máquina em pesquisas futuras.

fossem terceiros por meio de mecanismos de transferência, revelando dados privados, interpretando comandos de forma incorreta ou sendo coagidos pelas ferramentas, realizando atividades potencialmente lesivas a si e a terceiros.[52]

Outra preocupação é a do efeito de longo prazo da interação repetida e profunda com *chatbots*, potencialmente causando maior isolamento social pela substituição de relações humanas por relações com robôs. Estratégias de convívio social adquiridas por meio de robôs ainda carecem de comprovação no quesito transposição para estratégias de convívio social com humanos.[52]

Além disso, discutir ética em IA envolve reconhecer o papel da inter-relação entre diferentes setores da sociedade na asseguração de uma ferramenta justa, benéfica e que respeite a autonomia humana, de suas fases de desenvolvimento à sua aplicação. Em busca disso, a abordagem de IA centrada em humanos idealiza a voz de cidadãos impactados no cerne dessa rede, conciliando o que é do interesse maior da sociedade com o desenvolvimento tecnológico impulsionado pelos ecossistemas de dados e serviços da área. Pautados na inclusão, comunicação e transparência, esses agentes devem almejar construir confiança e mostrar responsabilidade para com a sociedade e o meio ambiente, promovendo discussões longitudinalmente em uma dinâmica de mutualidade (Figura 30.2).[53]

CONSIDERAÇÕES FINAIS E PERSPECTIVAS FUTURAS

O uso de tecnologias digitais na psiquiatria oferece inúmeras possibilidades para melhorar o acesso ao tratamento e a eficácia das intervenções, mas também impõe uma responsabilidade ética significativa aos profissionais. Conforme discutido na Resolução CFM nº 2.314/2022, a telemedicina, quando mal-utilizada, pode violar a privacidade dos pacientes e comprometer a qualidade do atendimento.[2] Por outro lado, com uma abordagem ética robusta, que inclua a transparência, a responsabilidade e a proteção dos dados dos pacientes, é possível maximizar os benefícios da tecnologia, promovendo um cuidado mais acessível e personalizado. A inteligência artificial, apesar de suas limitações e seus desafios éticos, apresenta potencial para revolucionar a psiquiatria, desde que utilizada de maneira consciente e ética.[54]

A chave para navegar por esses desafios está na contínua avaliação crítica das práticas tecnológicas e na construção de um *framework* ético que acompanhe o ritmo das inovações. Assim, a psiquiatria poderá

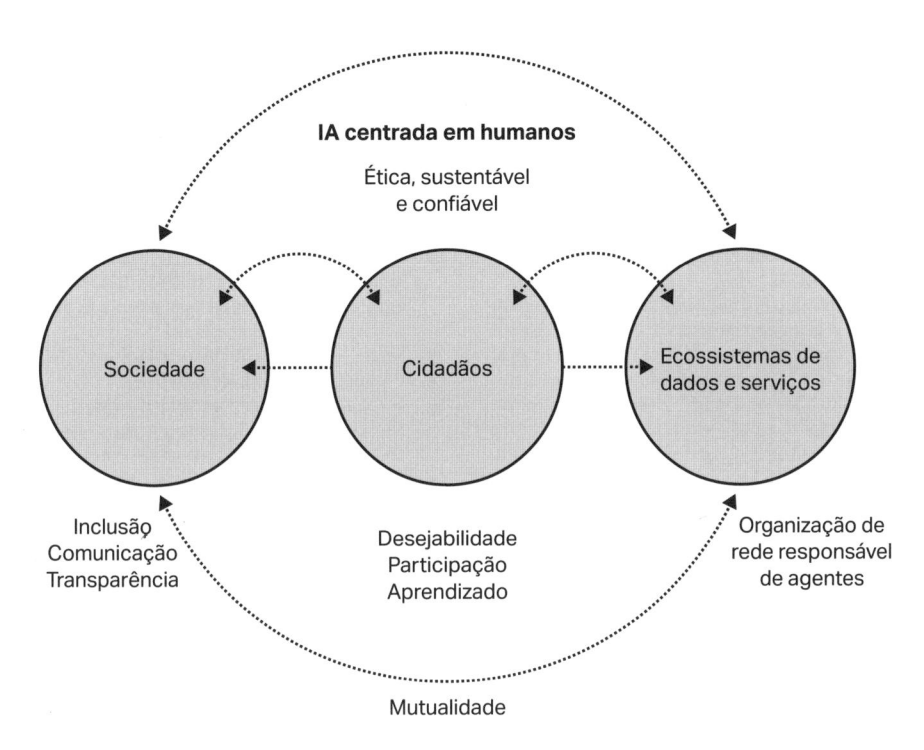

FIGURA 30.2
Uma abordagem sistêmica para o desenvolvimento e aplicação de inteligência artificial centrada em humanos.
Fonte: Elaborada com base e Sigfrids e colaboradores.[53]

manter-se fiel aos seus princípios, enquanto se adapta às exigências de um mundo cada vez mais digital. O estudo sobre os efeitos psicológicos do discurso de ódio reforça a necessidade de uma abordagem ética cuidadosa ao lidar com os impactos das tecnologias digitais na saúde mental.[4] Em resumo, a adoção responsável de tecnologias na psiquiatria deve ser acompanhada por um compromisso inabalável com os princípios éticos que sustentam a profissão.

REFERÊNCIAS

1. Conselho Federal de Medicina. Resolução CFM nº 2.336/2023. Brasília: CFM; 2023.
2. Conselho Federal de Medicina. Resolução CFM nº 2.314/2022. Brasília: CFM; 2022.
3. Olawade DB, Wada OZ, Odetayo A, David-Olawade AC, Asaolu F, Eberhardt J. Enhancing mental health with Artificial Intelligence: Current trends and future prospects. J Med Surg Public Health. 2024;3:100099.
4. Branscombe NR, Wann DL. Collective self-esteem consequences of outgroup derogation when a valued social identity is on trial. Eur J Soc Psychol. 1994;24(6):641-57.
5. Yu Y, Yan S, Zhang Q, Xu Z, Zhou G, Jin H. The influence of affective empathy on online news belief: the moderated mediation of state empathy and news type. Behav Sci. 2024;14(4):278.
6. Park A, Kim M, Kim ES. SEM analysis of agreement with regulating online hate speech: influences of victimization, social harm assessment, and regulatory effectiveness assessment. Front Psychol. 2023;14:1276568.
7. Gongane VU, Munot MV, Anuse AD. Detection and moderation of detrimental content on social media platforms: current status and future directions. Soc Netw Anal Min. 2022;12(1):129.
8. Pennycook G, Bear A, Collins ET, Rand DG. The implied truth effect: attaching warnings to a subset of fake news headlines increases perceived accuracy of headlines without warnings. Manage Sci. 2020;66(11):4944-57.

9. Vicario MD, Bessi A, Zollo F, Petroni F, Scala A, Caldarelli G, et al. The spreading of misinformation online. Proc Natl Acad Sci U S A. 2016;113(3):554-9.
10. Yin W, Zubiaga A. Towards generalisable hate speech detection: a review on obstacles and solutions. PeerJ Comput Sci. 2021;7:e598.
11. Fernández-Torres MJ, Almansa-Martínez A, Chamizo-Sánchez R. Infodemic and fake news in spain during the COVID-19 pandemic. Int J Environ Res Public Health. 2021;18(4):1781.
12. Ishizumi A, Kolis J, Abad N, Prybylski D, Brookmeyer KA, Voegeli C, et al. Beyond misinformation: developing a public health prevention framework for managing information ecosystems. Lancet Public Health. 2024;9(6):e397-406.
13. Vasconcellos-Silva PR, Castiel LD. Fake news and the seven sins of capital: a metaphorical analysis of vices in the context of the COVID-19 pandemic. Cad Saude Publica. 2022;38(5):e00195421.
14. Soral W, Bilewicz M, Winiewski M. Exposure to hate speech increases prejudice through desensitization. Aggress Behav. 2018;44(2):136-46.
15. Piazza JA. Fake news: the effects of social media disinformation on domestic terrorism. Dyn Asymmetric Confl. 2022;15(1):55-77.
16. Peterson JK, Densley JA, Hauf M, Moldenhauer J. Epidemiology of mass shootings in the United States. Annu Rev Clin Psychol. 2024;20(1):125-48.
17. Fowler KA, Leavitt RA, Betz CJ, Yuan K, Dahlberg LL. Examining differences between mass, multiple, and single-victim homicides to inform prevention: findings from the National Violent Death Reporting System. Inj Epidemiol. 2021;8(1):49.
18. Roza TH, Valença AM, Alexandre MFF, Silva AG, Telles LEB. Mass murders in Brazil: the rise of a tragic forensic and public health problem. Braz J Psychiatry. 2023;45(4):308-9.
19. Vinha T, Garcia C, Nunes CAA, Pietro Zambianco DD, Melo SG, Lahr TBS, et al. Ataques de violência extrema em escolas no Brasil: causas e caminhos [Internet]. São Paulo: D3e; 2023 [capturado em 15 fev. 2025]. Disponível em: https://d3e.com.br/relatorios/ataques-de-violencia-extrema-em-escolas-no-brasil/.
20. Telles LEB, Roza TH, Silva SMM, Bitencourt MO, Silva CGS, Telles BB, et al. Forensic psychiatry in the age of the internet: the use of internet forums on the promotion and planning of an adolescent mass shooting. Trends Psychiatry Psychother. 2023;45:e20210414.
21. Roza TH, Telles LEB. The rise of school shootings and other related attacks in Brazil. Lancet Reg Health Am. 2024;33:100724.
22. Scheffer M, editor. Demografia médica no Brasil 2023. São Paulo: FMUSP; 2023.
23. Schmidt ACFDA, Manfredini GB, Brito LC, Penido MS, Buch PH, Purim KSM. Publicidade médica em tempos de medicina em rede. Rev Bioét. 2021;29(1):115-27.
24. Conselho Federal de Medicina. Regras para publicidade médica: resolução CFM nº 1.974/11. Brasília: CFM; 2011.
25. Conselho Federal de Medicina. CFM moderniza resolução da publicidade médica [Internet]. Brasília: CFM; 2023 [capturado em 15 jan. 2025]. Disponível em: https://portal.cfm.org.br/noticias/cfm-atualiza-resolucao-da-publicidade-medica.
26. Romeiro DA, Mascarenhas IL, Godinho AM. Descumprimento da ética médica em publicidade: impactos na responsabilidade civil. Rev Bioét. 2022;30(1):27-35.
27. Coelho EQ, Coelho AQ, Cardoso JED. Informações médicas na internet afetam a relação médico-paciente? Rev Bioét. 2013;21(1):142-9.
28. Barros Junior RA. Médico e influenciador: um estudo sobre a comunicação em saúde no Instagram. In: XXI Congresso de Ciências da Comunicação na Região Centro-Oeste; 2029; Goiânia, Brasil.
29. Sherer J, Levounis P. Technological addictions. Curr Psychiatry Rep. 2022;24(9):399-406.
30. Sussman CJ, Harper JM, Stahl JL, Weigle P. Internet and video game addictions: diagnosis, epidemiology, and neurobiology. Child Adolesc Psychiatr Clin N Am. 2018;27(2):307-26.
31. Panova T, Carbonell X. Is smartphone addiction really an addiction? J Behav Addict. 2018;7(2):252-9.
32. Hartogsohn I, Vudka A. Technology and addiction: what drugs can teach us about digital media. Transcult Psychiatry. 2023;60(4):651-61.
33. American Psychiatric Association. Manual diagnóstico e estatístico de transtornos mentais: DSM-5. 5. ed. Porto Alegre: Artmed; 2014.
34. Small GW, Lee J, Kaufman A, Jalil J, Siddarth P, Gaddipati H, et al. Brain health consequences of digital technology use. Dialogues Clin Neurosci. 2020;22(2):179-87.
35. Pan YC, Chiu YC, Lin YH. Systematic review and meta-analysis of epidemiology of internet addiction. Neurosci Biobehav Rev. 2020;118:612-22.
36. Shaw M, Black DW. Internet addiction: definition, assessment, epidemiology and clinical management. CNS Drugs. 2008;22(5):353-65.
37. Huang Q, Singh VK, Atrey PK. On cyberbullying incidentes and underlying online social relationships. J Comput Soc Sci. 2018;1(2):241-60.
38. Maurya C, Muhammad T, Dhillon P, Maurya P. The effects of cyberbullying victimization on depression and suicidal ideation among adolescents and young adults: a three year cohort study from India. BMC Psychiatry. 2022;22(1):599.
39. Yang C, Chen C, Lin X, Chan MK. School-wide social emotional learning and cyberbullying victimization among middle and high school students: moderating role of school climate. School Psychology. 2021;36(2):75-85.
40. Huang CL, Alimu Y, Yang SC, Kang S. What you think is a joke is actually cyberbullying: The effects of ethical dissonance, event judgment and humor style on cyberbullying behavior. Comput Human Behav. 2023;142:107670.
41. Cole DA, Zelkowitz RL, Nick E, Martin NC, Roeder KM, Sinclair-McBride K, et al. Longitudinal and incremental relation of cybervictimization to negative self-cognitions and depressive symptoms in young adulthood. J Abnorm Child Psychol. 2016;44(7):1321-32.
42. Şahin M. The relationship between the cyberbullying/cybervictmization and loneliness among adolescents. Child Youth Serv Rev. 2012;34(4):834-7.

43. González-Cabrera J, Calvete E, León-Mejía A, Pérez-Sancho C, Peinado JM. Relationship between cyberbullying roles, cortisol secretion and psychological stress. Comput Human Behav. 2017;70:153-60.
44. Escobar Echavarría J, Montoya González LE, Bernal DR, Rodríguez DM. Cyberbullying and suicidal behaviour: what is the connection? About a case. Rev Colomb Psiquiatr. 2017;46(4):247-51.
45. Torres CE, D'Alessio SJ, Stolzenberg L. The effect of social, verbal, physical, and cyberbullying victimization on academic performance. Vict Offender. 2020;15(1):1-21.
46. Norris P. Cancel culture: myth or reality? Polit Stud. 2023;71(1):145-74.
47. Ng E. No grand pronouncements here...: reflections on cancel culture and digital media participation. Telev New Media. 2020;21(6):621-7.
48. Berryman C, Ferguson CJ, Negy C. Social media use and mental health among young adults. Psychiatr Q. 2018;89(2):307-14.
49. Graham S, Depp C, Lee EE, Nebeker C, Tu X, Kim HC, et al. Artificial intelligence for mental health and mental illnesses: an overview. Curr Psychiatry Rep. 2019;21(11):116.
50. Lee EE, Torous J, Choudhury M, Depp CA, Graham SA, Kim HC, et al. Artificial intelligence for mental health care: clinical applications, barriers, facilitators, and artificial wisdom. Biol Psychiatry Cogn Neurosci Neuroimaging. 2021;6(9):856-64.
51. Pham KT, Nabizadeh A, Selek S. Artificial intelligence and chatbots in psychiatry. Psychiatr Q. 2022;93(1):249-53.
52. Fiske A, Henningsen P, Buyx A. Your robot therapist will see you now: ethical implications of embodied artificial intelligence in psychiatry, psychology, and psychotherapy. J Med Internet Res. 2019;21(5):e13216.
53. Sigfrids A, Leikas J, Salo-Pöntinen H, Koskimies E. Human-centricity in AI governance: a systemic approach. Front Artif Intell. 2023;6:976887.
54. Dwyer DB, Falkai P, Koutsouleris N. Machine learning approaches for clinical psychology and psychiatry. Annu Rev Clin Psychol. 2018;14:91-118.

31

ENFRENTAMENTO DE CATÁSTROFES

SANTIAGO MADEIRA DIEFENTHAELER
MARINA LUIZA HARTMANN
GIOVANNA JOST TIBOLLA
FELIPE RECH ORNELL
SIMONE HAUCK

Diante do cenário de mudanças climáticas, as catástrofes naturais têm se tornado mais frequentes e intensas nas últimas décadas. A literatura demonstra que esses eventos causam impactos profundos na saúde mental, aumentando o risco de transtornos como transtorno de estresse pós-traumático (TEPT), depressão e ansiedade. Embora a maioria das pessoas se recupere, uma parcela significativa pode sofrer impactos a longo prazo. Fatores sociais são determinantes na recuperação, e o enfrentamento de catástrofes deve envolver um processo contínuo, antecipatório, proativo e integrado ao planejamento econômico da região. Nesse sentido, a resiliência comunitária tem sido apontada como um fator central, sendo sua promoção um objetivo comum de intervenções que visam melhorar a capacidade de resposta de uma comunidade. Esse processo inclui a qualidade das relações sociais, a interconexão da comunidade e da sociedade em diferentes níveis e a capacitação e o treinamento de atores locais, uma vez que esses eventos costumam sobrecarregar os serviços de saúde. O capítulo tem o objetivo de abordar o impacto das catástrofes na saúde mental e nas comunidades, destacando a importância de estratégias integradas que envolvam a sociedade, os serviços de saúde e o treinamento de atores locais para otimizar a resposta às crises e o suporte psicológico das populações afetadas.

DESCRITORES: mudança climática; eventos climáticos extremos; resiliência comunitária; capital social; transtorno de estresse pós-traumático.

ESTADO DA ARTE

Catástrofes podem ser definidas como eventos que excedem a capacidade local de resposta, exigindo auxílio externo devido a perdas materiais, humanas e psicológicas.[1] Embora ainda existam aspectos que precisam ser mais bem compreendidos, a literatura existente sobre a temática é rica e nos auxilia a identificar padrões nas populações afetadas por grandes catástrofes que podem auxiliar no seu enfrentamento. As catástrofes podem ser classificadas em eventos climáticos extremos (tempestades tropicais, furacões, ciclones, ondas de calor, ondas de frio, secas, chuvas intensas) e desastres ambientais (terremotos, *tsunamis*, deslizamentos de terra, incêndios florestais, rompimento de barragens, derramamento de petróleo, desastres químicos).[1,2]

Uma revisão sistemática e metanálise recente incluiu 41 estudos com o objetivo de estimar o impacto de desastres naturais na saúde mental.[3] Destes, 21 estudos avaliaram o impacto de desastres naturais comparando indivíduos expostos com uma população não exposta, e, em outros 20, foi realizada uma comparação pré- e pós-exposição. Foi avaliado o impacto de *tsunamis*, inundações, furacões, terremotos, incêndios florestais, deslizamentos de terra, erupções vulcânicas e tufões. Nos resultados, pode-se observar aumento significativo nas taxas de sofrimento psicológico (SMD combinado de 0,63, IC de 95% de 0,27 a 0,98, $p = 0,005$), bem como de transtornos psiquiátricos (razão de chances combinadas de 1,84, IC de 95% de 1,43 a 2,38, $p < 0,001$). Além disso, medidas contínuas de transtorno de estresse pós-traumático (TEPT) e depressão demonstraram aumento significativo.[3] Outra metanálise, com 22 estudos de diferentes locais, evidenciou que ansiedade e transtorno de ansiedade generalizada (TAG) estavam presentes em todos os estudos analisados. Além disso, os três principais transtornos psiquiátricos encontrados na maioria dos estudos foram: sintomas ansiosos, TAG e TEPT. Houve grande relação entre níveis de renda mais baixos, desemprego e a preexistência de complicações de saúde com um risco aumentado de distúrbios psicológicos após exposição a catástrofes.[4]

Em relação a populações e contextos específicos, metanálises de estudos com populações africanas afetadas por diferentes desastres revelam que, independentemente da diversidade desses eventos, o impacto na saúde mental é similar, sendo com frequência associado a sintomas de TEPT, depressão, ideação suicida e outros distúrbios psicológicos.[5] Outra metanálise que avaliou crianças e adolescentes explorou a relação entre estratégias de enfrentamento e indicadores de desajuste (como TEPT e depressão) e ajuste (como autoeficácia e compreensão emocional) após desastres naturais. Estratégias como resolução de problemas ($r = 0,31$) e apoio social ($r = 0,22$) mostraram-se favoráveis ao bem-estar. Curiosamente, a submissão ($r = 0,30$) também foi associada ao ajuste positivo, sugerindo que, em certos contextos, aceitar a situação pode ser benéfico. Além disso, fatores como idade, tipo de desastre e localização geográfica influenciaram a relação entre estratégias de enfrentamento e desajuste psicológico, indicando que a eficácia dessas estratégias varia de acordo com o contexto e as características demográficas. Esses achados são úteis para a adaptação às diferentes realidades das comunidades afetadas por calamidades, respeitando a individualidade de cada grupo.[6]

A maioria dos indivíduos afetados por catástrofes se recupera de eventuais sintomas psicológicos agudos e não desenvolve uma psicopatologia.[7,8] No entanto, especialmente em relação ao desenvolvimento de TEPT, os sintomas podem demorar até seis meses para surgir, e taxas mais altas de transtornos psiquiátricos são observadas em populações expostas por pelo menos três anos após o evento.[7] Além disso, em países com um perfil socioeconômico semelhante ao do Brasil, apenas uma em cada quatro pessoas com sintomas de TEPT busca tratamento psicológico.[9] Assim, medidas públicas devem priorizar o acesso a serviços de saúde mental ou oferecer alternativas que ampliem a cobertura do tratamento para condições psiquiátricas, acelerando a recuperação daqueles que não desenvolveriam psicopatologias e reduzindo as taxas daqueles que desenvolveriam.

Iniciativas assertivas voltadas para o aumento da resiliência comunitária têm um papel central. A capacidade de uma comunidade se adaptar e resistir coletivamente a situações adversas, baseada em suas redes de apoio e relações, se mostra amplamente eficaz como fator protetivo em intervenções de saúde mental após desastres, sobretudo em âmbito nacional.[10] Assim, é fundamental desenvolver estratégias de enfrentamento que sejam eficazes não apenas no nível individual, mas também no comunitário, especialmente em países em desenvolvimento, onde os recursos são, com frequência, limitados. Promover o enfrentamento coletivo fortalece a resiliência das comunidades diante de adversidades.

Essas estratégias coletivas são cruciais para mitigar os impactos psicológicos e materiais, promover a recuperação e reduzir a vulnerabilidade das populações, enfatizando a necessidade de uma abordagem integrada, que leve em conta as dinâmicas sociais e culturais no enfrentamento de desastres naturais. Assim, este capítulo oferece ferramentas práticas, baseadas na literatura mais recente sobre o enfrentamento de catástrofes, envolvendo diferentes camadas da comunidade.

RESILIÊNCIA COMUNITÁRIA E CAPITAL SOCIAL

RESILIÊNCIA COMUNITÁRIA

Resiliência comunitária é um conceito que vem atraindo cada vez mais o interesse de pesquisadores, organizações internacionais e responsáveis pela formulação de políticas públicas como uma possível alternativa para o enfrentamento das crescentes catástrofes naturais e não naturais ao redor do mundo. Ele começou a ser utilizado no contexto de sistemas sociais no início dos anos 2000, e, desde 2013, em consequência de uma série de campanhas internacionais, o número de publicações sobre o tema vem crescendo exponencialmente. Já em 2015, a Agenda de Desenvolvimento Sustentável para 2030 da ONU incluiu a resiliência em seis dos seus 17 objetivos, demonstrando a importância do tema no cenário global.[11]

No entanto, apesar da relevância do tópico, ainda não há consenso conceitual sobre a resiliência comunitária, e sua definição varia drasticamente na literatura. Em uma revisão sistemática que reuniu 80 artigos sobre o tema,[12] foram encontradas 75 definições diferentes, divididas em três grandes grupos, de acordo com a forma como a definiam: 1) como um processo, 2) como ausência de efeitos adversos e 3) como um conjunto de atributos. Algumas definições misturam esses três subtipos, como é o caso da definição de Norris e colaboradores,[13] em um dos artigos mais citados sobre o tema: "Um processo que liga um conjunto de capacidades adaptativas a uma trajetória positiva de funcionamento e adaptação após uma perturbação". Além disso, Patel e colaboradores,[12] em sua revisão, apresentam nove elementos centrais à resiliência comunitária, na tentativa de extrair o essencial do conceito (Quadro 31.1).

QUADRO 31.1
ELEMENTOS CENTRAIS À RESILIÊNCIA COMUNITÁRIA

Elemento-chave	Pontos importantes
Conhecimento local	Entendimento das vulnerabilidades da comunidade, experiência com desastres prévios, treinamento e educação e efetividade coletiva.
Relações e redes comunitárias	Conexão e coesão interna da comunidade, qualidade dos laços, confiança, valores comuns e capital social.
Comunicação	Efetividade da comunicação, infraestrutura, variedade de veículos, tecnologia, comunicação de risco e comunicação de crise.
Saúde	Condições de saúde preexistentes da comunidade, qualidade e abrangência dos serviços de saúde, infraestrutura resiliente capaz de funcionar mesmo durante catástrofes e rede de saúde mental.
Governança/liderança	Infraestrutura e serviços efetivos, eficazes e de rápida resposta, participação e representação da população local no planejamento de resposta e recuperação e empoderamento da comunidade.
Recursos	Recursos naturais, físicos, humanos, financeiros e sociais distribuídos e alocados de forma justa.
Investimento econômico	Distribuição de recursos financeiros, planejamento econômico com intervenções custo-efetivas e desenvolvimento econômico após o desastre. Deve abranger revitalização do mercado de trabalho e estímulos ao crescimento econômico com diversificação dos recursos e desenvolvimento sustentável, visando mitigar o risco de futuros desastres.
Preparo	Deve ocorrer em nível individual, coletivo e governamental. Inclui aferição ativa do risco e criação de planos de emergência prévios à catástrofe, promoção de simulações por entidades da comunidade e investimento em infraestrutura protetiva.
Perspectiva mental	São as atitudes, os sentimentos e as perspectivas da comunidade frente às incertezas em relação ao futuro geradas pelo desastre. Inclui a busca por senso de sentido, esperança e adaptabilidade, moldando a crença de que a comunidade conseguirá se recuperar e, por consequência, a disposição dos indivíduos em participar ativamente do processo de recuperação.

Fonte: Elaborado com base em Patel e colaboradores.[12]

Uma metassíntese recente sobre resiliência comunitária[14] demonstrou que, enquanto cerca de 90% das publicações interpretam o conceito como reativo ou responsivo, apenas 10% oferecem uma interpretação proativa. Isso sugere que a compreensão do conceito como um processo contínuo de previsão e preparação, experimentação, reflexão e aprendizado, que exige abordagens multidisciplinares em diferentes escalas e participação ativa em níveis individual, comunitário e governamental, ainda é ofuscada. Essa abordagem, conhecida como resiliência proativa, que poderia promover uma mudança importante em termos de resiliência e, portanto, melhores desfechos, pode demandar mudanças significativas no sistema vigente. Nesse sentido, noções de resiliência como uma simples reação a um evento agudo, buscando o retorno ao *status quo* (resiliência reativa), ou como um processo de aprendizado com eventos catastróficos (resiliência responsiva), ainda predominam, constituindo um desafio a governos e comunidades, no sentido de mudarem da postura reativa/responsiva para um modelo proativo.

A variedade de definições e inconsistências sobre a resiliência comunitária reflete a complexidade dos fatores envolvidos, dificultando o desenvolvimento de instrumentos que abranjam todas as suas dimensões, bem como a comparação de intervenções. À medida que avançamos na pesquisa, percebemos que a resiliência comunitária depende tanto de fatores objetivos quanto de subjetivos, incluindo particularidades culturais dinâmicas que variam conforme o contexto, complicando ainda mais sua padronização e medição.[15]

CAPITAL SOCIAL

Apesar das inconsistências conceituais, o papel central das relações comunitárias e da rede de apoio na resiliência comunitária é amplamente reconhecido. Todo evento catastrófico ocorre em uma comunidade com uma malha social dinâmica, e o conceito de capital social reflete a qualidade dessas relações. O capital social é visto como um mecanismo promotor da resiliência.[16]

O capital social pode ser dividido em três tipos: *"bonding"*, que envolve relações próximas, como familiares e amigos; *"bridging"*, que se refere a conexões menos próximas, mas que ainda compartilham algum vínculo comum, como em grupos religiosos ou esportivos; e *"linking"*, que envolve relações com hierarquias de poder, como agentes governamentais. Além disso, pode ser classificado como cognitivo (percepção de reciprocidade e confiança) e atitudinal (comportamento de participação e voluntariado).[10,16]

Uma revisão de escopo sobre o papel da resiliência comunitária e do capital social na saúde mental em desastres[10] mostrou que a resiliência comunitária está associada a bem-estar mental, maior acesso a tratamentos e maior resiliência psicológica. O capital social, em suas diversas formas, foi protetivo contra TEPT, com o *"bridging"* sendo o mais eficaz, e o capital cognitivo o único universalmente protetivo. Aumentar o capital social pode reduzir a necessidade de intervenções psicológicas após desastres, aliviando a sobrecarga nos serviços de saúde.

Na promoção da resiliência comunitária, é fundamental aumentar a coesão social e o senso de comunidade por meio de atividades recreativas, voluntariado e iniciativas que fortaleçam a confiança e o apoio comunitário. O modelo de abordagem de comunidade conectada sugere que organizações comunitárias atuem como intermediárias entre a comunidade e entidades externas, facilitando a coordenação e a resposta a desastres.[17]

UM EXEMPLO DE RESILIÊNCIA COMUNITÁRIA APÓS AS ENCHENTES DE MAIO DE 2024 NO RIO GRANDE DO SUL

Durante as enchentes de maio de 2024 no Rio Grande do Sul, alunos e servidores da Faculdade de Medicina da UFRGS foram fortemente impactados. Em resposta, três organizações comunitárias da faculdade se mobilizaram: 1) o Núcleo Acolher, que ofereceu apoio psicológico por pares, 2) a Associação Atlética Acadêmica XX de Setembro, e 3) o Centro Acadêmico Sarmento Leite. Professores, administradores e a diretoria também se uniram para articular recursos materiais e humanos em apoio aos membros afetados, demonstrando como o capital social e as redes comunitárias fortalecem a resiliência.[18]

As diferentes dimensões do capital social foram evidentes: o *bonding*, representado pelo apoio entre amigos e familiares próximos; o *bridging*, pela colaboração entre diversas organizações estudantis, que conectaram grupos distintos; e o *linking*, que estabeleceu a ponte entre alunos, professores e a diretoria da faculdade. Essas relações facilitaram a avaliação das necessidades da comunidade e a organização de ações rápidas e eficientes.[19]

Entre as ações realizadas, houve distribuição de itens essenciais, como água, alimentos, roupas e medicamentos, para atender às necessidades imediatas. Além disso, foram oferecidos atendimentos psiquiátrico e psicológico gratuitos. Grupos de voluntários foram formados para ajudar na limpeza das casas dos afetados. Parcerias com instituições como o Hospital de Clínicas de Porto Alegre e a Fundação Médica do Rio Grande do Sul permitiram a doação de móveis e eletrodomésticos, exemplificando a função integradora das organizações comunitárias ao estilo da abordagem de comunidade conectada.

Embora a iniciativa tenha sido organizada de forma emergencial, ela abrangeu aspectos centrais da resiliência comunitária e do capital social, fortalecendo as redes de apoio e destacando o papel essencial das organizações comunitárias na articulação do sistema social. Além disso, a confiança e a reciprocidade nas relações, componentes do capital social cognitivo, foram provavelmente fortalecidas pela experiência vivida.

TREINANDO OS TREINADORES E *"INSIDE HELPERS"*

Em eventos catastróficos, a capacidade local de resposta é frequentemente excedida pela extensão dos danos e pelo impacto nas infraestruturas de resposta. Assim, intervenções que mitiguem a sobrecarga dos serviços de saúde são essenciais. O modelo "treinando os treinadores" (*train-the-trainer*), amplamente utilizado em educação e negócios, mostra-se eficaz para disseminar rapidamente o conhecimento sobre cuidados em saúde mental durante catástrofes.[8]

Esse modelo consiste em capacitar agentes estratégicos da comunidade, ensinando tanto o conteúdo quanto métodos de transmissão para terceiros. Um exemplo de sucesso ocorreu na Índia, após o *tsunami* de 2004, quando o Instituto Nacional de Saúde Mental e Neurociências treinou professores e profissionais locais, que repassaram os conhecimentos a outros trabalhadores, oferecendo cuidados básicos em saúde mental para os sobreviventes.[20]

Outra vantagem desse modelo é o uso de *"inside helpers"* – membros da própria comunidade, como professores e voluntários – para realizar intervenções de saúde mental. Isso reduz a dependência de *"outside helpers"*, como profissionais de saúde, e pode ser mais eficaz, pois os membros da comunidade compartilham normas e valores culturais. Muitas vítimas preferem esse suporte comunitário a intervenções formais.[8] Além de aliviar a sobrecarga nos serviços de saúde, esse tipo de intervenção fortalece a resiliência comunitária, promovendo empoderamento, confiança e autossuficiência.

OS PRIMEIROS SOCORROS PSICOLÓGICOS

Os primeiros socorros psicológicos (PFAs, do inglês *psychological first aid*) são uma abordagem estruturada para apoiar indivíduos afetados por eventos traumáticos, como desastres. Suas etapas têm como objetivo promover a estabilização emocional, a segurança e a recuperação gradual dos sobreviventes.[21,22]

1 **Formação de relacionamento e verificação de segurança:** O primeiro passo é criar um vínculo de confiança, garantindo um ambiente seguro. O profissional deve se apresentar formalmente, verificar a segurança física e emocional do indivíduo e observar sinais de choque.
2 **Estabilidade psicológica:** Aqui, o objetivo é ajudar o indivíduo a retomar o controle emocional. Técnicas como visualização de um lugar seguro e fortalecimento de pensamentos positivos são usadas para estabilizar a pessoa.
3 **Coleta de informações:** Nessa fase, o profissional coleta informações sobre o evento traumático para avaliar as necessidades do indivíduo, verificando a gravidade dos danos, perdas e possíveis sinais de risco, como tendências suicidas ou homicidas.
4 **Resolução de problemas:** O foco aqui é ajudar o sobrevivente a organizar suas necessidades imediatas e desenvolver um plano de ação concreto, conectando-o a sistemas de apoio, como familiares e amigos.
5 **Recuperação:** A última fase visa a promover a recuperação a longo prazo, incentivando o indivíduo a visualizar um futuro positivo e fortalecer sua autoconfiança.

A Figura 31.1 apresenta os elementos centrais dos PFAs.

O modelo RAPID-PFA[23] é uma variação dos PFAs voltada para intervenções imediatas. Ele inclui cinco etapas interligadas:

1 Escuta reflexiva, para criar um ambiente de empatia.
2 Avaliação do estado emocional e funcional.

O QUE FAZER	O QUE NÃO FAZER
Tenha contato e engajamento empático	Não force a pessoa a falar
Garanta segurança e conforto	Evite frases como "tudo vai ficar bem"
Estabilize emocionalmente	Não diga o que a pessoa deve sentir
Afira necessidades imediatas	Não faça promessas irreais
Ofereça assistência prática	Não critique serviços de ajuda na frente da pessoa
Conecte com rede de apoio	
Informe sobre *coping* (enfrentamento)	

FIGURA 31.1
Elementos centrais dos primeiros socorros psicológicos.
Fonte: Elaborada com base em Center for the Study of Traumatic Stress.[26]

3 Priorização das necessidades mais urgentes.
4 Intervenção para estabilizar o indivíduo com técnicas de manejo de estresse.
5 Encaminhamento, quando necessário, para suporte especializado.

IMPACTO NOS PROFISSIONAIS DA LINHA DE FRENTE: SOLUÇÕES POSSÍVEIS

Assim como em emergências aéreas, nas quais é recomendado que os passageiros coloquem suas máscaras de oxigênio antes de ajudarem os outros, o autocuidado é essencial para os profissionais de resgate e atendimento a emergências. Esse princípio se aplica amplamente a bombeiros, policiais e profissionais de saúde que enfrentam situações extremas, expondo-se a riscos físicos e psicológicos intensos. Essas atividades, muitas vezes extenuantes e emocionalmente desgastantes, podem causar impactos profundos na saúde mental, como ansiedade, depressão e abuso de substâncias.[24,25]

Além desses quadros comuns, existem condições específicas relacionadas à exposição indireta ao trauma, conhecidas como "estresse baseado na empatia". Esse conceito engloba três fenômenos: estresse traumático secundário, fadiga por compaixão e trauma vicário. Embora cada um desses construtos tenha características próprias, eles compartilham uma base comum: o impacto emocional resultante do contato prolongado com o sofrimento de outras pessoas, especialmente em contextos de auxílio ou cuidado.

O estresse traumático secundário envolve a internalização dos sintomas da vítima, com o profissional exibindo sinais semelhantes aos do TEPT, como *flashbacks* e hipervigilância. A fadiga por compaixão, por sua vez, é caracterizada por um esgotamento gradual da empatia, levando ao distanciamento emocional e à dificuldade em continuar oferecendo suporte eficaz.[27-29] Já o trauma vicário implica uma transformação mais profunda e duradoura nas crenças e na visão de mundo do profissional, alterando sua percepção de segurança e sentido de vida.[30-32]

Além disso, é importante diferenciar esses fenômenos do *burnout*, que também envolve esgotamento emocional, mas resulta principalmente do estresse crônico no ambiente de trabalho, sem necessariamente estar ligado à exposição ao trauma.[33] Enquanto o *burnout* está relacionado a demandas excessivas e falta de apoio no trabalho, os transtornos baseados na empatia estão associados diretamente à exposição ao sofrimento alheio.

Essas condições são frequentes em profissões de cuidado, como médicos, psicólogos, assistentes sociais e professores, mas também podem afetar qualquer pessoa exposta ao trauma de terceiros de maneira recorrente. O reconhecimento precoce dos sintomas e a implementação de estratégias de prevenção são fundamentais para proteger a saúde mental desses profissionais. Intervenções eficazes incluem programas de gestão do estresse, suporte psicológico e estratégias de autocuidado.[34]

Para lidar com esses desafios, é crucial que os profissionais da linha de frente recebam treinamento especializado para reconhecerem os sinais de estresse e trauma.[35] Treinamentos voltados para o manejo do estresse e o desenvolvimento de resiliência emocional, aliados a estratégias de autocuidado, podem ajudar a prevenir o agravamento dessas condições. Além disso, é fundamental que esses profissionais tenham acesso facilitado a recursos de saúde mental, incluindo psicoterapias e, quando necessário, tratamentos farmacológicos.[35]

Ao assegurar que os profissionais de resgate e atendimento estejam psicologicamente saudáveis, não só se preserva o bem-estar deles, mas também se garante a qualidade do atendimento prestado às vítimas. Em última análise, proteger os profissionais resulta em uma resposta mais eficiente às emergências e contribui diretamente para o sucesso na recuperação das comunidades afetadas.

CONSIDERAÇÕES FINAIS E PERSPECTIVAS FUTURAS

Infelizmente, as catástrofes naturais e não naturais continuarão a ocorrer em escala global. Com as mudanças climáticas, esses eventos tendem a ser cada vez mais frequentes, intensos e devastadores. Diante desse cenário, o enfrentamento de catástrofes deixou de ser apenas um tema de interesse acadêmico, tornando-se uma prioridade de saúde pública.

O conhecimento sobre resiliência comunitária mostra que lidar com catástrofes é um processo multifacetado, envolvendo diversas áreas como economia, ecologia, política e saúde, e que vai muito além da resposta imediata ao evento. O planejamento e o preparo são essenciais para mitigar os efeitos adversos dessas crises de forma eficaz.

Ainda há a necessidade de mais estudos para identificar os principais fatores que determinam a resiliência comunitária. Maior consenso conceitual permitirá o desenvolvimento de instrumentos de medição mais abrangentes e precisos, possibilitando a comparação da eficácia de diferentes intervenções. Pesquisas futuras poderiam, por exemplo, explorar mais profundamente o papel das redes sociais locais e a importância das características culturais na promoção da resiliência. O desenvolvimento de métodos de análise de dados para prever o impacto de intervenções em variados contextos também seria um avanço importante para uma implementação mais eficaz de estratégias resilientes.

Além disso, seria essencial investir em estudos que ajudem a identificar as melhores práticas e ferramentas para fortalecer a resiliência em nível comunitário. Isso pode incluir a criação de plataformas para compartilhamento de informações entre diferentes comunidades e regiões, o desenvolvimento de guias de ação adaptáveis a distintas realidades culturais e sociais, e a integração de tecnologias que facilitem a mobilização e a comunicação em situações de emergência.

No que diz respeito à implementação de estratégias, o fortalecimento da resiliência comunitária requer uma abordagem integrada e colaborativa. As comunidades devem ser capacitadas a participarem ativamente na criação de planos de contingência, e esses planos precisam ser construídos com base em dados e evidências. A implementação eficaz de estratégias deve envolver programas educacionais para conscientizar as populações sobre os riscos e as formas de preparação, além de treinar líderes comunitários e voluntários para atuarem em situações de crise. O incentivo ao fortalecimento das redes sociais locais e à cooperação entre as instituições públicas e privadas também é fundamental para garantir uma resposta coordenada e eficiente.

Como defendido por Norris e colaboradores,[13] a resiliência comunitária é, em grande parte, uma abstração. Seu valor talvez resida não em ser precisamente quantificada, mas em estimular novas hipóteses sobre como preparar melhor as comunidades para lidar com catástrofes. A resiliência comunitária pode ser vista como uma lente que coloca o desenvolvimento socioeconômico no foco da preparação para desastres, oferecendo caminhos para fortalecer a capacidade de adaptação das comunidades aos desafios do futuro.

Nesse contexto, o capital social também se beneficiaria de avanços semelhantes aos necessários para a resiliência comunitária. São urgentes alternativas práticas e implementáveis como políticas públicas que promovam o capital social. O conceito nos lembra da importância das nossas relações sociais dentro das comunidades, questionando aspectos centrais da organização da sociedade moderna. As tecnologias de comunicação podem ser tanto aliadas quanto obstáculos. Por um lado, nunca estivemos tão conectados, com uma capacidade inédita de disseminar informações e mobilizar recursos. Por outro, enfrentamos comportamentos isolacionistas, promoção do individualismo e problemas graves com a disseminação de desinformação e os vieses algorítmicos que moldam os conteúdos que consumimos.

Corremos contra o tempo para encontrar maneiras mais efetivas de nos prepararmos para catástrofes e contra o dinamismo intrínseco da resiliência comunitária para tentar melhor explicá-la e compreendê-la. Talvez seja possível encontrar na velocidade do meio virtual uma forma de contornar essas desvantagens, investigando-se novas maneiras de promover resiliência comunitária e capital social que integrem melhor as ferramentas digitais. Por fim, tendo em vista que grande parte das nossas interações ocorre inevitavelmente no ambiente virtual e que as relações sociais têm um papel central, a busca por uma intersecção entre resiliência comunitária e o meio digital pode se tornar um campo promissor para o desenvolvimento de intervenções efetivas para o enfrentamento de catástrofes.

REFERÊNCIAS

1. Ribeiro MP, Freitas JL. Atuação do psicólogo na gestão integral de riscos e desastres: uma revisão sistemática da literatura. Gerais Rev Interinst Psicol. 2020;13(2):1-20.
2. Ritchie H, Rosado P, Roser M. Natural disasters: how many people die from disasters, and how are these impacts changing over time? [Internet]. Our World in Data; 2014 [capturado em 15 fev. 2025]. Disponível em: https://ourworldindata.org/natural-disasters.
3. Beaglehole B, Mulder RT, Frampton CM, Boden JM, Newton-Howes G, Bell CJ. Psychological distress and psychiatric disorder after natural disasters: systematic review and meta-analysis. Br J Psychiatry. 2018;213(6):716-22.
4. Keya TA, Leela A, Habib N, Rashid M, Bakthavatchalam P. Mental health disorders due to disaster exposure: a systematic review and meta-analysis. Cureus. 2023;15(4):e37031.
5. Deglon M, Dalvie MA, Abrams A. The impact of extreme weather events on mental health in Africa: a scoping review of the evidence. Sci Total Environ. 2023;881:163420.
6. Raccanello D, Rocca E, Barnaba V, Vicentini G, Hall R, Brondino M. Coping strategies and psychological maladjustment/adjustment: a meta-analytic approach with children and adolescents exposed to natural disasters. Child Youth Care Forum. 2023;52(1):25-63.
7. Mulchandani R, Armstrong B, Beck CR, Waite TD, Amlôt R, Kovats S, et al. The English national cohort study of flooding & health: psychological morbidity at three years of follow up. BMC Public Health. 2020;20(1):321.
8. Saeed SA, Gargano SP. Natural disasters and mental health. Int Rev Psychiatry. 2022;34(1):16-25.
9. The National Child Traumatic Stress Network. About PFA [Internet]. NCTSN; 2006 [capturado em 15 fev. 2025]. Disponível em: https://www.nctsn.org/treatments-and-practices/psychological-first-aid-and-skills-for--psychological-recovery/about-pfa.
10. Hall CE, Wehling H, Stansfield J, South J, Brooks SK, Greenberg N, et al. Examining the role of Community resilience and social capital on mental health in public health emergency and disaster response: a scoping review. BMC Public Health. 2023;23(1):2482
11. Yang Q, Yang D, Li P, Liang S, Zhang Z. A bibliometric and visual analysis of global community resilience research. Int J Environ Res Public Health. 2021;18(20):10857.
12. Patel SS, Rogers MB, Amlôt R, Rubin GJ. What do we mean by 'community resilience'? A systematic literature review of how it is defined in the literature. PLoS Curr. 2017;9:ecurrents.dis.db775aff25efc5ac4f0660ad9c9f7db2
13. Norris FH, Stevens SP, Pfefferbaum B, Wyche KF, Pfefferbaum RL. Community resilience as a metaphor, theory, set of capacities, and strategy for disaster readiness. Am J Community Psychol. 2008;41(1-2):127-50.
14. Carmen E, Fazey I, Ross H, Bedinger M, Smith FM, Prager K, et al. Building community resilience in a context to of climate change: the role of social capital. Ambio. 2022;51(6):1371-87.
15. Mayer B. A review of the literature on community resilience and disaster recovery. Curr Environ Health Rep. 2019;6(3):167-73.
16. Aldrich DP, Meyer MA. Social capital and community resilience. Am Behav Sci. 2015;59(2):254-69.
17. Poland B, Gloger A, Morgan GT, Lach N, Jackson SF, Urban R, et al. A connected community approach: citi-

zens and formal institutions working together to build community-centred resilience. Int J Environ Res Public Health. 2021;18(19):10175.
18. Diefenthaeler SM, Hartmann ML, Bassols AMS, Manfro GG, Hauck S. Brazil. Lancet Psychiatry. 2024;11(9):683.
19. Biolo A, Hauck S, Umpiere RN, Diefenthaeler SM, Hartmann ML, Desimon RH, et al. Actions and joint efforts of a public school of medicine to promote health and well-being during a climate disaster: a journey toward community resilience. Trends Psychiatry Psychother. 2024 Sep 3.
20. Becker SM. Psychosocial care for adult and child survivors of the tsunami disaster in India. J Child Adolesc Psychiatr Nurs. 2007;20(3):148-55.
21. Pazoki M, Keykhaei M, Pasdar A, Soltani A, Askari R, Azami-Aghdash S, et al. The long-term effects of COVID-19 on physical and mental health: a systematic review and meta-analysis. J Prev Med Hyg. 2021;62(4):148-55.
22. Pan American Health Organization. Primeiros cuidados psicológicos: guia para trabalhadores de campo [Internet]. Washington: PAHO; 2015 [capturado em 15 fev. 2025]. Disponível em: https://iris.paho.org/handle/10665.2/7676.
23. Everly GS Jr, Lee McCabe O, Semon NL, Thompson CB, Links JM. The development of a model of psychological first aid for non-mental health trained public health personnel: the Johns Hopkins RAPID-PFA. J Public Health Manag Pract. 2014;20 Suppl 5:S24-9.
24. Hauck S. Heróis anônimos das enchentes: o peso emocional por trás da capa. Rev Bras Psicoter. 2023;25(3):5-7.
25. Brooks SK, Dunn R, Amlôt R, Greenberg N, Rubin GJ Social and occupational factors associated with psychological distress and disorder among disaster responders: a systematic review. BMC Psychol. 2016;4:18.
26. Center for the Study of Traumatic Stress. Safety, recovery, and hope after disaster: helping communities and families recover [Internet]. Bethesda: CSTS; 2011 [capturado em 15 fev. 2025]. Disponível em: https://www.cstsonline.org/assets/media/documents/CSTS_FS_Safety,%20Recovery%20and%20Hope%20after%20Disaster%20Helping%20Communities%20and%20Families%20Recover.pdf.
27. Bride BE. Prevalence of secondary traumatic stress among social workers. Soc Work. 2007;52(1):63-70.
28. Figley CR, editor. Treating compassion fatigue. New York: Brunner-Routledge; 2002.
29. Stamm BH, editor. Secondary traumatic stress: self-care issues for clinicians, researchers, and educators. 2nd ed. Lutherville: Sidran Press; 1999.
30. Pearlman LA, Saakvitne KW. Trauma and the therapist: countertransference and vicarious traumatization in psychotherapy with incest survivors. New York: W. W. Norton & Company; 1995.
31. Tehrani N. Managing trauma in the workplace: supporting workers and organizations. J Adv Nurs. 2007;60(3):319-28.
32. Barros AJS, Teche SP, Padoan C, Laskoski P, Hauck S, Eizirik CL. Countertransference, defense mechanisms, and vicarious trauma in work with sexual offenders. J Am Acad Psychiatry Law. 2020;48(3):302-14.
33. Moser CM, Tietbohl-Santos B, Laskoski PB, Hauck S. Beyond the pandemic: longitudinal lessons on social support, sleep quality, and burnout among healthcare workers. J Occup Environ Med. 2024;66(11):874-9.
34. Aust B, Leduc C, Cresswell-Smith J, O'Brien C, Rugulies R, Leduc M, et al. The effects of different types of organisational workplace mental health interventions on mental health and wellbeing in healthcare workers: a systematic review. Int Arch Occup Environ Health. 2024;97(5):485-522.
35. Everly GS, Lating JM. The Johns Hopkins guide to psychological first aid. Baltimore: Johns Hopkins University; 2017.

32

SAÚDE MENTAL AO LONGO DA CARREIRA MÉDICA

ANNA CAROLINA VIDUANI
DANIEL LUCCAS ARENAS
TAMIRES MARTINS BASTOS
ANA MARGARETH SIQUEIRA BASSOLS
SIMONE HAUCK

DESCRITORES: saúde mental; estresse ocupacional; esgotamento profissional; educação médica; promoção da saúde; medicina.

A saúde mental ao longo da carreira médica tem sido tema de crescente preocupação nas últimas décadas. Em especial, destacam-se a alta prevalência de quadros como ansiedade, estresse, depressão e *burnout* entre estudantes e profissionais no Brasil e no mundo. Esses dados evidenciam a necessidade de intervenções para promoção de bem-estar e prevenção do adoecimento ao longo da carreira, uma vez que problemas relacionados à saúde mental não apenas afetam a trajetória acadêmica e a formação médica, mas também podem apresentar consequências importantes nos âmbitos individual e social. Assim, o objetivo deste capítulo é apresentar os desafios enfrentados ao longo da trajetória profissional, desde a fase de formação, com ênfase na apresentação de estratégias voltadas à promoção da saúde mental nas diferentes etapas. Destaca-se a importância de considerar fatores individuais, interpessoais e institucionais para promover ambientes saudáveis e sustentáveis ao longo da carreira médica.

ESTADO DA ARTE

A saúde mental ao longo da carreira médica tem sido tema de crescente preocupação nas últimas décadas. Diferentes estudos vêm demonstrando que estudantes de medicina apresentam elevadas prevalências de ansiedade, estresse, depressão e *burnout*,[1-3] não sendo incomum a afirmativa de que os cursos da área apresentam taxas de adoecimento superiores às da população geral. Esse cenário não parece melhorar durante a carreira médica, uma vez que níveis elevados de depressão e ansiedade também são encontrados entre residentes[4] e médicos de diferentes especialidades.[5]

De forma geral, entre estudantes, as prevalências globais de ansiedade, depressão e ideação suicida têm sido estimadas em torno de 33,8%, 28% e 5,8%, respectivamente.[2,3] Entre médicos formados, encontram-se taxas semelhantes: uma metanálise recente estimou uma prevalência de depressão ou sintomas depressivos de 28,8%, variando de 20,9 a 43,2%, dependendo do instrumento utilizado.[4] Em relação ao *burnout* ou esgotamento profissional, estudos apontam uma prevalência que chega a 44% entre estudantes;[3] entre médicos, a prevalência varia entre 25 e 50%.[6]

No Brasil, no que se refere ao cenário estudantil, a metanálise mais recente e abrangente encontrou frequências elevadas de ansiedade (32,9%), depressão (30,6%), *burnout* (13,1%), uso problemático de álcool (49,9%), baixa qualidade do sono (51,5%) e sonolência diurna excessiva (46,1%).[7] Já entre residentes e médicos, os estudos existentes são mais localizados, abrangendo hospitais ou especialidades circunscritas. Ainda assim, os resultados são congruentes com o cenário internacional, reforçando a presença importante de problemas de saúde mental nesta população.[8]

Além do sofrimento individual – com sintomas psiquiátricos e piora da qualidade de vida – as altas taxas de depressão e ansiedade em estudantes não apenas influenciam sua trajetória acadêmica, prejudicando seu desempenho e aumentando a chance de abandono do curso, mas também têm o potencial de impactar outros aspectos relacionados à sua saúde, como o aumento da propensão ao abuso de álcool e ao consumo de outras substâncias psicoativas. Consequências mais graves do adoecimento, como tentativas de suicídio, também têm sido documentadas no Brasil e no mundo.[9-10]

Uma metanálise sintetizando dados de mais de 200.000 médicos mostrou que, nas etapas posteriores da carreira, a ocorrência de *burnout* nos profissionais impacta os sistemas de saúde: em primeiro lugar por estar associada à troca mais frequente dos trabalhadores nos cenários assistenciais e, em menor intensidade, por meio de incidentes envolvendo a segurança dos pacientes. A associação entre *burnout* e condutas de baixo profissionalismo foi maior entre médicos mais jovens, em treinamento, trabalhando em emergências e em países de baixa e média renda.[11] Assim, este capítulo trata de um tema que reflete não só a preocupação com estudantes e profissionais, mas também a responsabilidade com a sociedade de modo mais amplo.

SAÚDE MENTAL AO LONGO DA CARREIRA MÉDICA: DESAFIOS E ESTRATÉGIAS

Pensar a saúde mental ao longo da carreira médica envolve reconhecer os diferentes elementos que interagem no processo da formação da identidade profissional. Tornar-se médico inclui a aquisição não apenas de conhecimentos e habilidades, mas também de atitudes, valores e comportamentos que permitem ao indivíduo identificar-se com a profissão. Esse processo é uma atividade negociada e co-construída dentro de um ambiente social e relacional ao longo de sua vida – estendendo-se para além dos anos iniciais da vida acadêmica.[14] Assim, a formação médica é uma trajetória tanto individual quanto coletiva, permeada pelas diversas maneiras como as sociedades compreendem os objetivos da formação e da prática da medicina.[12]

Nesse processo complexo, competência técnica e formação de identidade profissional parecem estar intrinsecamente ligadas aos diferentes ambientes educacionais e clínicos em que os estudantes aprendem a profissão. Juntos, estes fatores também influenciam a forma como problemas de saúde mental são compreendidos e acolhidos nesses locais. Diversos estudos apontam para uma suposição predominante na medicina de que médicos (e estudantes) devem apresentar níveis sobrenaturais de resiliência, tendo que navegar sem hesitação pelos rigores da educação médica.[13-14]

Portanto, considerar a saúde mental na trajetória profissional do médico implica examinar como diferentes fatores interagem ao longo do tempo, contribuindo para a formação de uma identidade profissional socialmente negociada, além de sua influência nos possíveis processos de adoecimento (Figura 32.1). A partir desse modelo, o presente capítulo busca sintetizar os desafios enfren-

FIGURA 32.1
Fatores que influenciam a formação da identidade profissional e a saúde mental ao longo da carreira médica.

tados ao longo das etapas de formação (Quadro 32.1) e o que a literatura apresenta em termos de intervenções potencialmente eficazes na promoção da saúde mental.

ESCOLHENDO A MEDICINA: ESCOLHA PROFISSIONAL E O PROCESSO DE INGRESSO NA UNIVERSIDADE

A escolha de uma profissão é, talvez, uma das grandes tarefas que marcam, na sociedade ocidental contemporânea, a fase final da adolescência. Se antigamente a escolha profissional era definida por critérios como herança, na contemporaneidade esse discurso perde força, dando espaço a um conjunto complexo de fatores que influenciam as possibilidades de escolha profissional. Entre eles destaca-se o fato de esta decisão ser, muitas vezes, influenciada por características individuais, como gostos e preferências. No entanto, é também importante

QUADRO 32.1
ETAPAS DA CARREIRA MÉDICA E PRINCIPAIS DESAFIOS IDENTIFICADOS

Escolha profissional e ingresso na universidade	Transição para a vida adulta em diferentes contextos sociais, oportunidade de preparo e de suporte para a nova fase, expectativas pessoais e familiares quanto ao curso e à carreira, pressões diversas relacionadas aos processos seletivos.
Faculdade de medicina	
Básico e clínico	Busca de autonomia em relação à família em conflito com necessidades variáveis de dependência, idade que coincide com a emergência do primeiro episódio de diferentes transtornos psiquiátricos, quebra de expectativas em relação à etapa anterior, alta carga horária teórica e prática, mudança na forma de estudo, alteração das rotinas de alimentação e sono, reestruturação da rede de apoio social.
Internato	Cultura institucional relacionada à inserção em equipes, limitações do sistema de saúde, aproximação e responsabilidade com pacientes (empatia e defesas), sensação de insuficiência na comparação com pares, heterogeneidade entre estágios e preceptores, escolha (ou não) da especialidade, ambivalência e urgência no gerenciamento do tempo, proximidade das provas de residência.
Anos iniciais de prática	
Residência médica	Escolha da instituição e da especialidade, carga de trabalho, pressão por resultados e conhecimento, conflitos relacionados à autonomia e hierarquia no manejo de casos complexos, fase de maior dificuldade para equilibrar trabalho e vida pessoal, ambiente institucional novo.
Mercado de trabalho	Segurança de pacientes, receios relacionados a processos e erros, demandas e pressões de gestores, rotinas da área de atuação e peculiaridades não vivenciadas anteriormente no ambiente de ensino, ambientes de trabalho e escassez de recursos humanos, realização/satisfação profissional.
Consolidação profissional	Mudanças da medicina, capacidade de adaptação e atualização dos profissionais, manutenção do equilíbrio com outras demandas da vida particular, satisfação ou não com as escolhas da trajetória, papéis de liderança e supervisão, quando parar.

considerar que a possibilidade de escolha recebe grande influência de aspectos como a posição social dos estudantes, a estrutura de oportunidades do sistema universitário (como o horário dos cursos, a disponibilidade de assistência estudantil, entre outros), e aspectos relacionados às características do mercado de trabalho.[15]

A escolha pela carreira médica é influenciada por diferentes motivações, que podem estar mais ou menos explícitas para os jovens que nela ingressam. A compreensão desses motivos pode ser um fator importante a considerar quando pensamos em saúde mental ao longo da trajetória profissional, uma vez que um descompasso entre as expectativas quanto ao curso, à carreira e à realidade pode gerar sofrimento significativo. Mais ainda, vale destacar que o período pré-vestibular, além de representar um rito de passagem para o início de uma vida profissional, também pode ser um período crítico em relação à saúde mental, uma vez que, além das incertezas e expectativas colocadas na escolha da profissão, os jovens precisam enfrentar um processo seletivo competitivo para ingressar na faculdade, em uma etapa da vida na qual o início dos sintomas de diversos transtornos mentais não é incomum. Nesse período, a pressão dos pares, professores ou familiares em relação ao desempenho, à carga horária e à demanda de estudos, bem como a exposição a diferentes contextos avaliativos, podem configurar estressores importantes que, quando não manejados, podem estar associados ao surgimento ou a piora dos sintomas de ansiedade, estresse, depressão e uso de substâncias. Embora estudos de intervenção voltados para a população de vestibulandos sejam escassos na literatura, mudança de hábitos de vida, orientação vocacional e estratégias psicoterápicas são algumas das possíveis alternativas a serem utilizadas para enfrentar esse período com mais saúde.[16]

A ENTRADA NA UNIVERSIDADE: ANOS INICIAIS E O CICLO BÁSICO

De forma geral, a entrada na universidade é um período intenso, marcado por diferentes sentimentos. Coexistem o alívio pelo término do período pré-vestibular e o anseio de, finalmente, tornar-se médico. Nessa etapa, tem início a formação da identidade profissional, processo que também ocorre à luz de outros desenvolvimentos identitários que se estabelecem ao longo da vida de um indivíduo. Assim, é importante considerar que a formação médica interage de forma direta com aspectos relacionados à maneira como os indivíduos pensam, se comportam, expressam sentimentos e emoções, bem como estabelecem relações com outras pessoas.[17]

Nesse sentido, é importante considerar que, com frequência, a formação se inicia nos anos finais da adolescência, período em que os indivíduos estão passando por diferentes processos de constituição subjetiva: hoje, a maior parte dos universitários brasileiros é composta por jovens com idades entre 18 e 24 anos.[18] Assim, a formação também acontece, em paralelo, com desafios inerentes a este momento do ciclo vital, sobretudo no que diz respeito à busca e à conquista de autonomia. O resultado disso é que alguns estudantes podem enfrentar um cenário de somatória de estressores, com risco aumentado de desenvolver transtornos mentais comuns, como ansiedade e depressão.

Estudos recentes apontam que identificação com o gênero feminino, baixo nível socioeconômico, experiências adversas no início da vida e histórico prévio de problemas de saúde física e mental são fatores de risco para o adoecimento durante a formação.[19] Além disso, aspectos relativos à personalidade dos indivíduos também têm papel central, uma vez que estudantes com menor estabilidade emocional e maior tendência a experimentar sentimentos negativos, bem como aqueles que apresentam padrões mais rígidos de busca por perfeição e autocrítica, estão mais propensos a vivenciarem o estresse de forma mais frequente e intensa.[17,20]

Assim, um aspecto importante a ser considerado é a maneira como indivíduos lidam com o estresse. Durante a formação médica, os indivíduos são expostos a diferentes desafios acadêmicos, profissionais e psicossociais, incluindo grande carga teórica e prática, conflitos no gerenciamento do equilíbrio entre trabalho, estudo e vida pessoal, e incertezas quanto ao futuro. Nesse sentido, o desenvolvimento de estratégias para a regulação emocional e o enfrentamento do estresse podem constituir aspectos importantes a serem considerados tanto em nível individual, como em intervenções mais amplas, uma vez que o acesso limitado às estratégias de regulação das emoções está relacionado a maiores níveis de depressão e ansiedade.[21] Da mesma forma, fatores como a falta de uma estratégia de estudos adaptada para as demandas dessa etapa (que exige mudanças em comparação às rotinas de estudo do colégio) e a desregulação do sono e da alimentação no período de avaliações podem contribuir para o aumento do estresse,[22] resultando em focos passíveis de intervenções. Como exemplo, temos as baseadas em *mindfulness* e meditação, que podem ser ofertadas de forma individual ou coletiva, presencial ou remota; além de modelos breves que utilizam técnicas terapêuticas derivadas da abordagem cognitivo-comportamental.[23]

Por fim, é primordial considerar a importância da reestruturação da rede de apoio social neste momento da formação. Muitas vezes, a transição para a universidade é um processo acompanhado pela saída da casa dos pais, com a separação da família e dos amigos. Nesse processo, é comum a necessidade de ajuste das antigas conexões, bem como do estabelecimento de novas relações. O suporte social é um dos mais importantes fatores de proteção durante a transição para a faculdade,[24] assim como em outras etapas da vida. Ainda, a qualidade do tipo de apoio dado por pessoas próximas nos momentos de necessidade está relacionada com a saúde mental dos estudantes universitários: quanto menor a qualidade da rede de apoio, maiores as chances de desenvolvimento de um transtorno mental.[25] Intervenções focadas em apoio de pares e de identificação de sinais de risco para o adoecimento mental podem ser úteis tanto para fortalecer a rede de suporte como para possibilitar uma intervenção precoce.[26]

A ENTRADA NO INTERNATO

A entrada no internato traz para os estudantes diferentes desafios. Nesta etapa, destaca-se a importância de pensar nos aspectos relacionados à cultura institucional dentro das faculdades, em especial no que diz respeito à forma de ensino e às interações entre alunos, veteranos, preceptores e professores. Nesse sentido, sobressaem aspectos como a verticalidade e a falta de diálogo na transmissão de conteúdos, que podem ser compreendidos a partir da interação entre interesse e aptidão de professores e alunos. Outro aspecto importante é que, muitas vezes, o início do internato e o trânsito entre diferentes especialidades pode criar nos estudantes uma sensação de insuficiência e de "urgência para saber", por sentirem que esta é a última oportunidade para aprenderem antes de se tornarem médicos –, logo, responsáveis pela vida de pacientes. Além disso, os anos finais da faculdade de medicina também apresentam estressores específicos que dizem respeito à necessidade de planejar o futuro profissional. São comuns, nesse período, as dúvidas quanto às habilidades aprendidas e à escolha da especialidade médica, assim como também é frequente a presença do sentimento de ambivalência: estudar orientado pelo caso de pacientes ou priorizar as provas teóricas e de seleção para a residência médica?[27]

Há também questões relacionadas ao aumento – em frequência e carga horária – do contato direto com os pacientes, que vem acompanhado da maior proximidade com seus sofrimentos. Este é um aspecto importante a ser ressaltado, uma vez que pode impactar a saúde mental dos estudantes. Por outro lado, sabemos que a empatia é um aspecto vital da relação entre pacientes e médicos, sendo um preditor de adesão ao tratamento e, em alguns casos, até mesmo de desfechos positivos.[28] Hoje em dia, entende-se que a empatia envolve tanto aspectos afetivos, os quais dizem respeito às respostas emocionais que permitem a um indivíduo se identificar e entender as experiências afetivas dos outros, quanto cognitivos, que envolvem a habilidade de entender, de modo racional, a experiência dos outros, sem a necessidade de evocar uma resposta emocional. Níveis altos dos aspectos emocionais da empatia, sem a correspondente habilidade de lidar e manejar esses sentimentos, tanto internamente, quanto na relação com pacientes e equipe, podem contribuir para o aumento de estresse e sofrimento mental em profissionais da área da saúde.[28,29] Nesse sentido, a busca por equilíbrio entre a aproximação do sofrimento do outro, facilitando e promovendo uma boa relação entre médicos e pacientes, e a administração do impacto dessa aproximação em busca de uma "distância ideal", que proteja a saúde mental do médico, mantendo inclusive sua capacidade de exercer a profissão da melhor forma possível, é um dos principais desafios na formação da identidade de estudantes e profissionais na área da medicina.

De fato, ser sensível ao sofrimento do outro é uma parte vital do cuidado em qualquer especialidade. O foco, durante a formação médica, é o desenvolvimento das habilidades cognitivas de empatia, em paralelo ao aspecto afetivo, que envolve conseguir compreender a forma como os outros se sentem em determinadas situações e como isso influencia suas ações e atitudes, por exemplo, facilitando o gerenciamento dos sentimentos despertados nos diversos cenários do exercício da profissão. É importante salientar que a empatia não se contrapõe à excelência técnica, uma vez que estudos apontam sua presença como importante fator para a orientação de condutas adequadas, que priorizem a saúde e a segurança do paciente.[30]

Para complementar, é vital considerar a importância de pensar não apenas sobre a forma como os estudantes lidam com o sofrimento dos pacientes, mas também com o seu próprio. Esse aspecto parece estar relacionado às questões culturais que cercam a profissão, uma vez que há um grande estigma quanto à necessidade de acesso a tratamentos em saúde mental durante a formação e ao longo da carreira médica. Esse estigma é tanto direcionado a usuários de serviços de saúde mental quanto aos próprios estudantes e médicos, em especial, diante do medo de que, caso tenham de revelar problemas de saúde mental, sua competência profissional seja questionada. No entanto, ainda faltam, na literatura, estudos de qualidade sobre intervenções voltadas para a diminuição desse sentimento entre estudantes e profissionais da área da saúde.

No internato, há a maior inserção dos estudantes dentro de equipes e sistemas de saúde. Desafios importantes dizem respeito à interação com as equipes multidisciplinares, à forma como esses serviços são organizados e à disponibilidade de recursos humanos e materiais. A integração dos estudantes às equipes tem um papel importante na sua formação. O estabelecimento de uma relação baseada na cooperação e no aprendizado mútuo pode ser um desafio, necessitando que diferentes competências sejam desenvolvidas pelos estudantes e pelas equipes. Essas competênicas incluem entender a formação anterior, o papel e as responsabilidades de cada membro da equipe, além de como e quando envolver cada profissional; respeitar as contribuições e às decisões de diferentes membros da equipe; treinar as habilidades de comunicação clara e de tomada de decisão conjunta entre as diferentes profissões.[31] É essencial que todos os profissionais entendam o papel de aprendizado prático e supervisionado que o internato representa aos estudantes.

Por fim, vale destacar que fatores relacionados à organização dos sistemas de saúde também precisam ser considerados quando pensamos na saúde mental ao longo da formação e da carreira médica. Isso porque a falta de recursos – tanto materiais quanto humanos – pode gerar a exposição de estudantes a situações em que nem o atendimento clínico nem o ensino serão desenvolvidos de forma adequada.

RESIDÊNCIA MÉDICA

A conclusão da graduação está longe de marcar o fim da formação médica. A escolha por uma especialidade – e um programa de residência – é um fator importante que marca a transição entre o papel de estudante de medicina e o exercício profissional. A dúvida sobre qual especialidade seguir e a exposição a um processo seletivo, por vezes, mais concorrido que o vestibular são fatores importantes que podem influenciar a saúde mental e o bem-estar de médicos recém-formados.

O ingresso na residência marca, também, o início de um período formativo em que o estudante já é, em tese, um profissional médico. Nesse sentido, os desafios encontrados envolvem tanto aspectos organizacionais como a carga de trabalho e a quantidade de pacientes, além das questões que dizem respeito à pressão para gerir casos difíceis ou, em alguns casos, à falta de autonomia para a tomada de decisões. Esses fatores podem transformar a transição para os programas de residência em um momento estressante e complexo, uma vez que exigem a readequação do equilíbrio entre vida pessoal e profissional.

Longas jornadas de trabalho podem influenciar de forma negativa aspectos fundamentais para a saúde física e mental, como a quantidade e a qualidade do sono. A privação de sono pode não apenas gerar sentimentos negativos, como raiva, mas também interferir diretamente em processos cognitivos importantes, impactando tanto no aprendizado quanto no desempenho dos residentes, contribuindo com a ocorrência de eventos adversos evitáveis.[32,33]

Sendo assim, a entrada na residência é mais um momento crítico para a saúde mental dos médicos. Alguns estudos sugerem que o início da residência é marcado por um aumento significativo de sintomas depressivos.[4] Além disso, a literatura tem evidenciado altas taxas de uso problemático de substâncias e *burnout* em residentes de diferentes áreas, com mais da metade dos residentes apresentando exaustão emocional, despersonalização ou redução da realização profissional. Vale lembrar que, segundo metanálise recente,[34] os fatores institucionais e relacionados ao ambiente de trabalho estão mais associados a maior nível de estresse e *burnout* em médicos residentes do que fatores individuais e não modificáveis.

No entanto, embora intervenções a nível institucional venham sendo propostas para endereçar esses desafios – os quais incluem aspectos legislativos como a regulação do número de horas de trabalho e práticas específicas dentro de programas de residência, como projetos que buscam aumentar a capacidade dos residentes de agendar consultas pessoais e receber apoio de saúde mental –,[35] ainda são incipientes os estudos que avaliem, de forma sistemática, o impacto real de tais programas na saúde mental dos residentes.

CONSOLIDAÇÃO DA CARREIRA MÉDICA

O encerramento do período de educação formal não implica o término dos desafios encontrados por médicos em diferentes contextos. Os altos índices de estresse nesses profissionais estão associados a redução da satisfação e prejuízos na carreira, menor produtividade, mais incidentes relacionados com a segurança do paciente, mais erros médicos e de processos. As crescentes demandas que cercam as especialidades e rotinas médicas, sejam ambulatoriais ou hospitalares, com frequência resultam em baixa priorização de hábitos e comportamentos saudáveis por parte dos médicos. Assim, diferentes iniciativas que buscam promover a saúde mental, o bem-estar e os hábitos de vida saudáveis vêm demonstrando bons resultados na redução de estresse, ansiedade e depressão entre trabalhadores da área da saúde.[36]

Entretanto, mais uma vez, é importante ressaltar que os aspectos institucionais desempenham um papel crucial na saúde mental dos médicos. É fundamental que os médicos recebam ferramentas, ao longo de seu percurso profissional, para enfrentar os desafios inerentes à profissão em suas diferentes etapas. No entanto, isso não é suficiente. Para atingirmos resultados efetivos, as questões institucionais precisam ser vistas e devidamente encaminhadas. Desafios enfrentados nos serviços de saúde, como escassez de recursos humanos, constante necessidade de atualização de prontuários médicos – que reduz o tempo disponível para os pacientes – e a pressão para aumentar o número de casos atendidos, são fatores que contribuem para o aumento dos níveis de estresse entre os profissionais e para a queda na qualidade dos atendimentos. É preciso buscar equilíbrio entre as demandas administrativas e financeiras e o aspecto humano do exercício da medicina, sob pena de prejuízo individual e social para além do tangível. Políticas direcionadas à promoção ativa do bem-estar no local de trabalho são essenciais e incluem o equilíbrio entre autonomia e apoio, um ambiente que ofereça as ferramentas, infraestrutura e oportunidades necessárias para promover a autoeficácia, a oportunidade de se envolver em um trabalho significativo e o desenvolvimento profissional.

Além disso, mesmo quando a identidade profissional já está bem estabelecida e a inserção no mercado de trabalho consolidada, eventualmente, com a atuação em instituições que envolvam supervisão e ensino, novos desafios tendem a se apresentar. Se a trajetória profissional levou o médico a posições de chefia, acadêmicas e de supervisão nas mais diversas áreas, além dos desafios pessoais, o profissional agora se encontra em posição de precisar desenvolver a habilidade de auxiliar as novas gerações em seus desafios. Ainda, em algum momento, o médico vai se deparar com a difícil questão que espelha, de forma tão desafiadora quanto, a insegurança e a incerteza do início da carreira: quando parar?[37] Essas são questões ainda pouco exploradas na literatura e que também podem trazer consigo a dificuldade de buscar auxílio quando necessário, por se tratar de um período em que "já se devia saber o que fazer". As escolhas das etapas anteriores, tanto em termos profissionais, quanto pessoais, vão pesar bastante neste momento. É preciso que esses aspectos sejam mais estudados e discutidos entre os pares. Afinal, aqui, no ponto mais distante do percurso de um médico, também serão a rede de apoio e a qualidade de suas relações interpessoais alguns dos fatores mais determinantes na busca por viver os desafios de cada etapa com saúde e senso de propósito.

CONSIDERAÇÕES FINAIS E PERSPECTIVAS FUTURAS

Para enfrentar com sucesso os desafios abordados neste capítulo, é crucial destacar a importância de considerar a interação dinâmica entre fatores individuais, interpessoais e institucionais relacionados à saúde mental ao longo da carreira médica. Uma compreensão integrada desses elementos é fundamental para estabelecer ambientes saudáveis de estudo e trabalho para os profissionais de saúde desde a formação médica. Isso implica investir em intervenções direcionadas não apenas ao indivíduo – como medidas de promoção do aumento da resiliência, do fortalecimento das redes de apoio e apoio de pares – mas também à instituição. Entre elas, o preparo de docentes e equipes, incluindo treinamento para desempenhar funções de tutoria e monitoria, destaca-se como uma forma importante de encaminhar aspectos como planejamento de carreira e identidade profissional calcada em modelos positivos. No entanto, estudos quantitativos e/ou qualitativos, que avaliem de forma robusta os melhores formatos de intervenção ainda são escassos.

Vale ressaltar que considerável incerteza quanto à extensão do papel de cada um dos fatores mencionados persiste na literatura, em especial quanto às abordagens oportunas no início da formação – período que compreende uma faixa etária em que os transtornos mentais mais comuns tendem a surgir pela primeira vez. Além disso, fatores específicos de cada meio acadêmico e profissional têm sido associados a piores desfechos em estudantes e profissionais, destacando-se a relevância da pesquisa no processo de adaptar planos de ação em função da realidade local. Por isso, recomenda-se que as iniciativas de pesquisa e de grupos de estudo na temática deste capítulo sejam permanentes e persistentes, com colaboração estreita entre instâncias administrativas e com a participação ativa dos estudantes e dos profissionais. O *feedback* dos sujeitos aos quais as intervenções se destinam e a incorporação de dados qualitativos são estratégias importantes para o desenvolvimento de intervenções local e culturalmente sensíveis, quiçá resultando, inclusive, em uma melhor percepção de sua efetividade e dos ajustes necessários para a promoção de ambientes de formação e de trabalho mais saudáveis.

Em suma, é essencial a incorporação, de modo sistemático, nas instituições, da reflexão crítica acerca dos estressores modificáveis e das intervenções necessárias para a promoção de saúde mental e bem-estar ao longo da carreira médica. Tal espaço deve incluir os diferentes atores envolvidos: profissionais, estudantes, docentes, equipes, representantes das instituições e sistemas de saúde – em uma construção conjunta de ambientes favoráveis, efetivos e colaborativos. Por fim, é imperativo considerar o impacto da tecnologia, tanto positivo quanto negativo, no processo de ensino-aprendizagem e no exercício profissional, buscando estratégias eficazes para evitar a superficialização das relações e do aprendizado; bem como da falta excessiva de limites entre vida acadêmica/profissional e pessoal. Afinal, como exposto no início deste capítulo, trata-se de uma responsabilidade que vai muito além da legítima e necessária preocupação com o profissional médico ao longo de sua carreira, mas abrange o impacto incomensurável que esse cuidado tem em relação a cada indivíduo e à sociedade como um todo.

REFERÊNCIAS

1. Frajerman A, Morvan Y, Krebs MO, Gorwood P, Chaumette B. Burnout in medical students before residency: A systematic review and meta-analysis. Eur Psychiatry. 2019;55:3642. (era 3)
2. Quek TTC, Tam WWS, Tran BX, Zhang M, Zhang Z, Ho CSH, et al. The Global Prevalence of Anxiety Among Medical Students: A Meta-Analysis. Int J Environ Res Public Health. 2019;16(15) : 2735.
3. Rotenstein LS, Ramos MA, Torre M, Segal JB, Peluso MJ, Guille C, et al. Prevalence of Depression, Depressive Symptoms, and Suicidal Ideation Among Medical Students: A Systematic Review and Meta-Analysis. JAMA. 2016 Dec;316(21):221436.
4. Mata DA, Ramos MA, Bansal N, Khan R, Guille C, Angelantonio ED, et al. Prevalence of Depression and Depressive Symptoms Among Resident Physicians: A Systematic Review and Meta-analysis. JAMA. 2015;314(22):237383.
5. Harvey SB, Epstein RM, Glozier N, Petrie K, Strudwick J, Gayed A, et al. Mental illness and suicide among physicians. Lancet. 2021;398(10303):92030.
6. Rotenstein LS, Torre M, Ramos MA, Rosales RC, Guille C, Sen S, Mata DA. Prevalence of Burnout Among Physicians: A Systematic Review. JAMA. 2018;320(11):113150.
7. Pacheco JP, Giacomin HT, Tam WW, Ribeiro TB, Arab C, Bezerra IM, et al. Mental health problems among medical students in Brazil: a systematic review and meta-analysis. Braz J Psychiatry. 2017;39(4):36978.
8. Pereira-Lima K, Loureiro SR, Crippa JA. Mental health in medical residents: relationship with personal, work-related, and sociodemographic variables. Braz J Psychiatry. 2016; 38(4):31824.
9. Puthran R, Zhang MWB, Tam WW, Ho RC. Prevalence of depression amongst medical students: a meta-analysis. Med Educ. 2016;50(4):45668.
10. Marcon G, Massaro Carneiro Monteiro G, Ballester P, Cassidy RM, Zimerman A, Brunoni AR, et al. Who attempts suicide among medical students? Acta Psychiatr Scand. 2020;141(3):25464.
11. Hodkinson A, Zhou A, Johnson J, Geragthy K, Riley R, Zhou A, et al. Associations of physician burnout with career engagement and quality of patient care: systematic review and meta-analysis. BMJ. 2022;378:e070442.
12. Wong A, Trollope-Kumar K. Reflections: an inquiry into medical students' professional identity formation. Medical Education. 2014;48(5):489501.
13. Cruess RL, Cruess SR, Boudreau JD, Snell L, Steinert Y. A Schematic Representation of the Professional Identity Formation and Socialization of Medical Students and Residents. Academic Medicine. 2015;90(6):71825.
14. Baker K, Sen S. Healing Medicine's Future: Prioritizing Physician Trainee Mental Health. AMA J Ethics. 2016;18(6):60413.
15. Borges EHN. A escolha da carreira: entre o sonho e as possibilidades. Rev Contemporânea de Educação. 2018;13(27):492508.
16. Schönhofen FL, Neiva-Silva L, Almeida RB, Vieira ME-CD, Demenech LM. Transtorno de ansiedade generalizada entre estudantes de cursos de pré-vestibular. J Bras Psiquiatr. 2020;69(3):17986.
17. Liu M, Cai J, Chen H, Shi L. Association of Personality Traits with Life and Work of Medical Students: An Integrative Review. Int. J. Environ. Res. Public Health. 2022;19(19):12376.
18. Instituto Semesp. Mapa do Ensino Superior no Brasil. [Internet]. 10. ed. São Paulo: Semesp; 2020 [capturado em 2 abr. 2024]. Disponível em: https://www.semesp.org.br/wp-content/uploads/2020/04/Mapa-do-Ensino-Superior-2020-Instituto-Semesp.pdf
19. Sheldon E, Simmonds-Buckley M, Bone C, Mascarenhas T, Chan N, Wincott M, et al. Prevalence and risk factors for mental health problems in university undergraduate students: a systematic review with meta-analysis. J Affect Disord. 2021;287:28292.
20. Tyssen R, Dolatowski FC, Røvik JO, Thorkildsen RF, Ekeberg Ø, Hem E, et al. Personality traits and types predict medical school stress: a six-year longitudinal and nationwide study. Med Educ. 2007;41(8):7817.
21. Bassols AMS. Estresse, ansiedade, depressão, mecanismos de defesa e coping dos estudantes no início e no término do curso de medicina na Universidade Federal do Rio Grande do Sul. [Tese]. Porto Alegre: UFRGS; 2014.
22. Nechita F, Nechita D, Pîrlog MC, Rogoveanu I. Stress in medical students. Rom J Morphol Embryol. 2014;55(3 Suppl):12636.
23. Kunzler AM, Helmreich I, König J, Chmitorz A, Wessa M, Binder H, et al. Psychological interventions to foster resilience in healthcare students. Cochrane Database Syst Rev. 2020;7(7):CD013684.
24. Tao S, Dong Q, Pratt MW, Hunsberger B, Pancer SM. Social support: Relations to coping and adjustment during the transition to university in the people's republic of China. J Adolesc Res. 2000;15(1):12344.
25. Hefner J, Eisenberg D. Social support and mental health among college students. Am J Orthopsychiatry. 2009;79(4):4919.
26. Arenas, D.L.; Viduani, A.C.; Bassols, A.M.S.; Hauck, S. Peer support intervention as a tool to address college students' mental health amidst the COVID-19 pandemic. Int. J. Soc. Psychiatry. 2021;67(3):3012.
27. Bastos TM, Padoan CS, Monteiro VL, Raymundo MM, Pessi CP, Santos BTMQ, et al. Becoming a physician: a qualitative analysis of medical students' perspectives on their academic environment, well-being and mental health. Int J Pers Cent Med. 2021;9(2):2947.
28. Hauck S. The importance of psychoanalytic research to contemporary medicine. In: Leuzinger-Bohleber M, Solms M, Arnold SE, editors. Outcome research and the

future of psychoanalysis: clinicians and researchers in dialogue. London: Routledge; 2020. v.1, p. 1-7.
29. von Harscher H, Desmarais N, Dollinger R, Grossman S, Aldana S. The impact of empathy on burnout in medical students: new findings. Psychol Health Med. 2018;23(3):295303.
30. McNally G, Haque E, Sharp S, Thampy H. Teaching empathy to medical students. Clin Teach. 2023;20(1):e13557.
31. Iqbal MP, Velan G, O'Sullivan AJ, Olupeliyawa AM, Balasooriya C. Developing the competency of 'collaborative clinical practice'. MedEdPublish. 2019;8(2):82.
32. Schipper S. High prevalence of depression in medical residents: the sad reality of medical training. Evid Based Med. 2016;21(3):118118.
33. Barger LK, Weaver MD, Sullivan JP, et al. Impact of work schedules of senior resident physicians on patient and resident physician safety: nationwide, prospective cohort study. BMJ Medicine. 2023;2:e000320.
34. Zhou AY, Panagioti M, Esmail A, Agius R, Van Tongeren M, Bower P. Factors Associated With Burnout and Stress in Trainee Physicians: A Systematic Review and Meta-analysis. JAMA Netw Open. 2020;3(8):e2013761.
35. Wothe J, Bosacker L, Nalluri H, Cullen MJ, Brunsvold ME. Improving mental health support, career transitions and access to health care for surgical residents. J Surg Educ. 2022;79(2):2869.
36. Melnyk BM, Kelly SA, Stephens J, Dhakal K, McGovern C, Tucker S, et al. Interventions to improve mental health, well-being, physical health, and lifestyle behaviors in physicians and nurses: A systematic review. Am J Health Promot. 2020;34(8):92941.
37. Blay SL. Envelhecendo...quando parar. In: Guimarães, K. B. S. Saúde mental do médico e do estudante de medicina. São Paulo: Casa do Psicólogo; 2007 (Temas de psicologia e educação médica).

ÍNDICE

As letras *f*, *q*, *t* indicam, respectivamente, figuras, quadros e tabelas

A

Adolescência, 142-150, 193-194, 214
    busca da identidade, 145-146
    e mídias digitais, 149
    mudanças cognitivas, 144-145
    mudanças corporais, 144
    ressignificação das relações, 146-148
        amigos, 147-148
        família, 146-147
        relações amorosas, 148
    uso de substâncias, 214q
    violência, 193-194
Adultez, 33-34, 151-163, 177-181
    ciclo da vida familiar, 158-161
    desafios, 156-157
    e trauma, 33-34
    sexualidade, 157-158, 177-181
    "tornar-se" adulto, 153-156
Agressão, 139
Álcool, uso de *ver* Transtornos por uso de substâncias (TUSs)
Alfabetização emergente, 121
Animismo, 116
Apego, 97q, 230
    ambivalente, 230
    desorganizado, 230
    evitativo, 230
    seguro, 230
Aplicativos, 289
Apoio social, 230-231
Atenção, 131, 132q, 169
    dificuldades, 169
    seletiva, 131, 132
Atestados, 379-380
Atividade física, 253-256
    e depressão, 254-256
    e sono, 253-254
Atrasos na linguagem, 121
Autoimagem corporal e vulnerabilização feminina, 268-270
Autorregulação, 106
Avaliação neuropsicológica, 73-76

B

Bem-estar *ver* Religiosidade/espiritualidade (R/E)
Beneficência, 228
Biomarcadores, 59-60
Brincar, 106
Bullying, 139
Busca da identidade na adolescência, 145-146

C

Capacidade funcional, declínio da, 168
Capital social e desastres, 407
Carreira médica e saúde mental, 413-423
    consolidação da carreira, 421-422
    entrada na universidade, 417-418
    entrada no internato, 418-420
    escolha da medicina, 416-417
    residência médica, 420-421
Caso Phineas Gage, 13-14
Catástrofes, enfrentamento, 402-411
    capital social, 407
    "*inside helpers*", 407
    primeiros socorros psicológicos, 407-409
    profissionais da linha de frente, 409-410
    resiliência comunitária, 404-407
    "treinando os treinadores", 407
Centramento, 116
Cérebro e mente *ver* Mente e cérebro
Chatbots, 293-294
Ciclo, 158-161, 262-266
    da vida familiar, 158-161
    reprodutivo e vulnerabilização feminina, 262-266
Código de Ética do Estudante de Medicina, 361q
Cognição, 45-51, 131, 132q
    aspectos históricos, 46
    modelo cognitivo, 46-51
        crenças centrais, 49-50
        crenças intermediárias, 50-51
        pensamentos automáticos, 47-49
Comportamento, 51-53
    espirais de, 52-53
Comunicação, 106, 332-337
    e entrevista clínica, 332-337
        dificuldade na extração de dados do passado, 333-334
        evitando erros, 336-337
        facilitação e esclarecimento de informações, 332-333
        paciente que desvia do foco, 334, 335-336
        paciente que fala pouco, 334, 335q
        temas difíceis, 337
    simbólica, 106
Comunidade, trauma e saúde mental, 38-39
Confidencialidade, 310, 311q
Consultas, 381

Crenças, 49-51
    centrais, 49-50
    intermediárias, 50-51
Crescimento corporal, 114
Crianças, violência contra, 193-194
Cultura do cancelamento, 394-39
Curva da inteligência, 133-134
Cyberbullying, 393-394

D

DARN-CAT, 351-354
Declarações, 380-381
Déficit interpessoal, 233-234
Depoimentos orais, 381-382
Depressão e atividade física e exercício físico, 253-256
Desenvolvimento, 70-71, 72f, 100-106, 108-109, 114-122, 129-135
    cerebral, 130-131
    cognitivo, 70-71, 72f, 105, 115-117, 131-135
    da linguagem, 118-122
    fatores de risco na 1ª infância, 100-101, 102q
    físico e motor, 114-115, 129-130
    marcos do, 101, 102-106, 108-109q
    social, 105
    socioemocional, 117-118, 119q, 135
Diagnóstico psiquiátrico, 332
Discurso, 120, 387-389
    de ódio, 387-389
    particular, 120
Dispensação de medicamentos de controle especial, 375f
Disputa interpessoal, 233
Distorções cognitivas, 48-49
Documentos médico-legais, 371-384
    atestados, 379-380
    consultas, 381
    declarações, 380-381
    depoimentos orais, 381-382
    notificações, 378-379
    prontuários, 374, 377-378
    receitas, 374, 375-377f
    relatórios, 382, 383q, 384f
Drogas, uso de *ver* Transtornos por uso de substâncias (TUSs)

E

Egocentrismo, 116
Emoção, cognição e comportamento, 42-54
    cognição, 45-51
        aspectos históricos, 46
        modelo cognitivo, 46-51
    comportamento, 51-53
        espirais de comportamento, 52-53
    emoções, 43-45
Empatia, 321-323
Enchentes de maio de 2024 no RS, 406-407
Entrevista clínica, 320-338
    comunicação, 332-337
        dificuldade na extração de dados do passado, 333-334
        evitando erros, 336-337
        facilitação e esclarecimento de informações, 332-333
        paciente que desvia do foco, 334, 335-336
        paciente que fala pouco, 334, 335q
    temas difíceis, 337
    diagnóstico psiquiátrico, 332
    empatia, 321-323
    fases, 323-332
        abertura, 325-326
        corpo da entrevista, 326-329
        encerramento, 329, 332
        exame do estado mental (EEM), 329, 330-331q
        fechamento, 329
        introdução, 325
    importância do *setting*, 323
Entrevista FICA, 277q
Entrevista motivacional (EM), 212, 339-358
    aplicações, 344-345
    armadilhas, 351
        da avaliação, 351
        da culpa, 351
        da rotulação, 351
        do bate-papo, 351
        do especialista, 351
        do foco prematuro, 351
    compromisso com a mudança, 352, 354-355
    DARN-CAT, 351-354
    espírito fundamental da, 345
    estratégias para conversa sobre mudança, 347, 350-351
        elaboração, 350
        exploração de metas, 350
        exploração de valores, 351
        importância e confiança na mudança, 350
        olhar para frente, 350
        olhar para trás, 350
        perguntas evocativas, 350
        uso de extremos, 350
    modelo transteórico da mudança, 341-344
    motivação para a mudança, 347, 348-349q
    pontos-chave da, 355-357
    prática, 345-347
        engajamento, 345
        evocação, 346
        foco, 345, 346
        planejamento, 346
    princípios orientadores, 345, 346q
Enurese noturna, 115
Envelhecimento, 165-173 *ver também* Morte e luto
    abordagem integrativa, 166-167
    aspectos biológicos, 168-169
        declínio da capacidade funcional, 168
        mudanças neurocognitivas, 168-169
    aspectos cognitivos, 171-172
    aspectos psicológicos e sociais, 169-171
    epidemiologia, 167-168
        aumento da expectativa de vida, 167
        desigualdades, 167
        implicações para políticas de saúde, 167
        morbidade, 167
        mudanças na pirâmide populacional, 167
        necessidade de dados populacionais, 167-168
    sexualidade, 184-186
        diminuição dos níveis de testosterona, 184, 185
        pós-menopausa e terapia de reposição hormonal, 185-186

Era digital e ética, 308-310
    profissionalismo, 308-310
    publicidade médica, 308-310
    telemedicina, 308-310
Erro médico e transgressões, 359-369
    durante a formação, 360-363
    durante a residência, 363-369
Espirais de comportamento, 52-53
Espiritualidade *ver* Religiosidade/espiritualidade (R/E)
Estadiamento clínico do transtorno bipolar, 62-63
Estresse *ver* Neuroprogressão, estresse e resposta inflamatória
Estruturação do *self*, 106
Ética, 300-312, 386-399
    e tecnologia, 386-399
        fake news e discurso de ódio, 387-389
        tiroteios em massa, 389
        publicidade profissional digital, 390-391
        telessaúde e telemedicina, 391-392
        uso problemático de tecnologias, 392-393
        cyberbullying, 393-394
        cultura do cancelamento, 394-395
        inteligência artificial (IA), 395-398, 399f
    em saúde, 300-312
        confidencialidade, 310, 311q
        direitos humanos e capacidade de tomada de decisão, 301-308
        era digital, 308-310
        pesquisa com seres humanos, 310, 311
Exame do estado mental (EEM), 329, 330-331q
Exercício físico, 253-256
    e depressão, 254-256
    e sono, 253-254
Expectativa de vida, aumento da, 167
Exposição a telas, 106-107

F

Fake news, 387-389
Falar dormindo, 115
Fase
    escolar *ver* Terceira infância
    pré-escolar *ver* Segunda infância
Feminicídio, 193
Fenótipo digital, 287-289
Flexibilidade cognitiva, diminuição na, 169
Função(ões), 131, 169
    cognitivas, 71-73
    executivas, 131, 169
        mudanças, 169

G

Gestação, 82-93, 194, 215
    acompanhamento pré-natal, 87-88
    concepção, 85
    desenvolvimento pré-natal, 85-87
    fatores de risco, 89-90
    fertilização *in vitro*, 90-91
    hereditariedade e ambiente, 91-92
    parto, 88-89
    puerpério, 89
    tornar-se pai e mãe, 84-85

    uso de substâncias, 215q
    violência, 194
Gramática e sintaxe, 118, 119

H

História, 12-13, 69-70
    da mente, 12-13
    da neuropsicologia, 69-70
Hábitos alimentares, 129-130

I

Identidade, busca na adolescência, 145-146
Idosos, 194, 215
    uso de substâncias, 215q
    violência, 194
Inclusão e diversidade na educação infantil, 122
Infância, 175-177, 193-194
    desenvolvimento da sexualidade, 175-177
    violência, 193-194
Início da vida, 97
"*Inside helpers*", 407
Instrumento FICA, 277q
Inteligência, 132-134, 169, 291-293
    artificial, 291-293
    cristalizada, preservação da, 169
    curva da, 133-134
Internato, 418-420
Interseccionalidade e vulnerabilidade feminina, 261-268
    no ciclo reprodutivo, 262-266
    trabalho, 268
    violência, 266-268
Intervenção(ões), 211-212
    breve, 211-212
    cognitivas, 76-77
Irreversibilidade, 116

J

Justiça, 228

L

Linguagem, 105, 118-122, 134-135
    desenvolvimento da, 118-122, 134-135
        alfabetização emergente, 121
        aprendizagem da leitura e escrita, 134-135
        atrasos na linguagem, 121
        discurso particular, 120
        gramática e sintaxe, 118, 119
        pragmática e discurso social, 119-120
        variações culturais na educação infantil, 121-122
        vocabulário, 118
    e comunicação, 105
Luto, 233 *ver também* Morte e luto

M

Manejo de contingências, 212
Marcadores temporais, 252-253
Marcos do desenvolvimento, 101, 102-106, 108-109q
    primeiro ano de vida, 101, 102-104
        período neonatal, 101, 102-103
        primeiro trimestre, 103
        segundo semestre, 104

segundo trimestre, 103-104
1-3 anos, 104-106
   autorregulação, 106
   comunicação simbólica e o brincar, 106
   desenvolvimento cognitivo, 105
   desenvolvimento social, 105
   estruturação do *self*, 106
   linguagem e comunicação, 105
Medicina e psicanálise *ver* Psicanálise
Médico-paciente, relação, 227-229
   autonomia, 228
   barreiras, 228-229
   beneficiência, 228
   justiça, 228
   não maleficiência, 228
Memória, 132, 139
   alterações na, 169
   de trabalho, 132
Menopausa e terapia de reposição hormonal, 185-186
Mente, 11-19, 32-33
   caso Phineas Gage, 13-14
   definição, 14-15
   e cérebro, 15-17
      funções do, 17
      moldagem pelas experiências, 16-17
      processos biológicos básicos do desenvolvimento, 15-16
   formação da, 32-33
   integração com o cérebro, 18
   história, 12-13
Mídias digitais e adolescência, 149
Mindfulness, 277-283 *ver também* Religiosidade/
   espiritualidade (R/E)
   dos estudantes e profissionais de saúde, 281-283
   e bem-estar, 279-280
   implementações, limitações e efeitos negativos, 280-281
   para a saúde, 279, 280q
Modelo cognitivo, 46-51
   crenças centrais, 49-50
   crenças intermediárias, 50-51
   pensamentos automáticos, 47-49
Morbidade e envelhecimento, 167
Morte e luto, 166, 172-173
   experiência da morte, 172
   modelo de estágios do luto, 172
   modelo de processamento dual do luto, 172
   processo de luto, 172
   teoria do apego, 172-173
Mudanças, 144-145, 167-169
   cognitivas na adolescência, 144-145
   corporais na adolescência, 144
   neurocognitivas no envelhecimento, 168-169
      alterações estruturais cerebrais, 169
      alterações na memória, 169
      declínio da velocidade de processamento, 168-169
      dificuldade na atenção seletiva e dividida, 169
      diminuição na flexibilidade cognitiva, 169
      mudanças na função executiva, 169
      preservação da inteligência cristalizada, 169
   pirâmide populacional, 167
Mulher, 259-270
   identificação de vulnerabilidades, 260-270
   e autoimagem corporal, 268-270
   e interseccionalidade, 261-268
      no ciclo reprodutivo, 262-266
      trabalho, 268
      violência, 266-268

N

Neuroimagem, 60-62
Neuroprogressão, estresse e resposta inflamatória, 55-65
   bases neurobiológicas, 58-62
      achados de neuroimagem, 60-62
      biomarcadores, 59-60
      mecanismos moleculares, 58-59
   desafios, potenciais e estratégias futuras, 63-65
   estadiamento clínico, 62-63
   manifestações clínicas, 62
Neuropsicologia, 68-78
   ambiente e desenvolvimento cognitivo, 70-71, 72f
   avaliação neuropsicológica, 73-76
   funções cognitivas, 71-73
   história da, 69-70
   intervenções cognitivas, 76-77
Notificações, 378-379
Nutrição, 129-130
   hábitos alimentares e intervenções, 129-130
   necessidades nutricionais, 129
   obesidade infantil, 130

O

Obesidade infantil, 130

P

PARR, 348-349q
Pensamentos automáticos, 47-49
Pesadelos, 115
Pesquisa com seres humanos, ética, 310, 311
Phineas Gage, 13-14
Pirâmide populacional, mudanças, 167
Políticas, 40, 167
   de saúde e envelhecimento, 167
   públicas inclusivas e integradas, 40
Pragmática e discurso social, 119-120
Primeira infância, 96-110
   exposição a telas, 106-107
   fatores de risco para o desenvolvimento, 100-101, 102q
   início da vida, 97
   marcos do desenvolvimento, 101, 102-106, 108-109q
      primeiro ano de vida, 101, 102-104
      1-3 anos, 104-106
   processo de maturação e de cuidados, 98-100
Primeiros socorros psicológicos, 407-409
Prontuários, 374, 377-378
Psicanálise, 21-29, 35-36
   e medicina, 21-29
      evoluções da teoria psicanalítica, 23-26
      interações, 26-28
      origem da psicanálise, 22-23
      teorias e práticas clínicas, 22
   e trauma, 35-36
Puberdade e desenvolvimento da sexualidade, 175-177
Publicidade, 308-310, 390-391

médica, 308-310
profissional digital, 390-391
Puerpério, violência, 194

Q

Qualidade de vida, 218-223
    e saúde mental, 222-223
    fatores determinantes, 219-220
    mensuração da, 220-222

R

Raciocínio transdutivo, 116
Realidade virtual, 294-296
Receitas, 374, 375-377f
Redes de suporte comunitário, 40
Relação médico-paciente (RMP), 227-229, 314-318
    aspectos psicossociais e culturais, 317-318
    autonomia, 228
    barreiras, 228-229
    beneficiência, 228
    construção do vínculo, 314-315, 316q
    ensino de habilidades interpessoais, 315-317
    ferramentas, 317
    justiça, 228
    não maleficiência, 228
Relações interpessoais, 225-235
    áreas-problema, 233-234
        déficit interpessoal, 233-234
        disputa interpessoal, 233
        luto, 233
        transição de papeis, 233
    e apoio social, 230-231
    e processo saúde-doença, 231-232
    formação das, 229-230
        apego ambivalente, 230
        apego desorganizado, 230
        apego evitativo, 230
        apego seguro, 230
    relação médico-paciente, 227-229
    terapia interpessoal, 232-233
    tipos, 227
        amizade, 227
        amorosas, 227
        familiares, 227
        profissionais, 227
        religiosas e espirituais, 227
Relações na adolescência, 146-148
    amigos, 147-148
    amorosas, 148
    família, 146-147
Relações precoces e trauma, 31-40
    capacitação continuada de profissionais de saúde, 40
    formação da mente, 32-33
    pesquisa e inovação, 40
    políticas públicas inclusivas e integradas, 40
    programas de intervenção precoce, 39
    redes de suporte comunitário, 40
    serviços de saúde mental nas escolas, 39-40
    trauma e psicanálise, 35-36
    trauma e TCC, 36-38
    trauma na vida adulta, 33-34
    trauma, comunidade e saúde mental, 38-39
Relatórios, 382, 383q, 384f
Religiosidade/espiritualidade (R/E), 271-283
    desafios e estratégias, 275-281
        coleta da história, 276, 277q
        interesses e barreiras, 275
        limitações e efeitos negativos, 281
        mindfulness, 277-283
        na saúde e no cuidado dos pacientes, 275-276
        psicoterapias integradas, 276-277
    dos estudantes e profissionais de saúde, 281-283
    teoria e clínica, 274-275
Residência médica, 420-421
Resiliência comunitária, 404-407
Resposta, 180, 181
    inflamatória *ver* Neuroprogressão, estresse e resposta inflamatória
    sexual, 180-181
        feminina, 180
        masculina, 180-181
Ritmo biológico, 236-256
    atividade física e exercício físico, 253-256
        e depressão, 254-256
        e sono, 253-254
    ciclo sono-vigília, 238-239, 251-252
    marcadores temporais, 252-253

S

Saúde mental, 2-9, 38-40, 413-423
    fatores que afetam a, 5-6
    na carreira médica, 413-423
    no contexto atual, 7-8
    prevalência dos transtornos mentais, 4-5
    prevenção e diagnóstico precoce, 6
    serviços nas escolas, 39-40
    tratamentos disponíveis, 6-7
    trauma, comunidade e, 38-39
Segunda infância, 112-123
    desenvolvimento cognitivo, 115-117
    desenvolvimento da linguagem, 118-122
        alfabetização emergente, 121
        atrasos na linguagem, 121
        discurso particular, 120
        gramática e sintaxe, 118, 119
        pragmática e discurso social, 119-120
        variações culturais na educação infantil, 121-122
        vocabulário, 118
    desenvolvimento físico e motor, 114-115
        crescimento corporal, 114
        desenvolvimento cerebral, 115
        desenvolvimento motor, 114
        sono, 114-115
    desenvolvimento socioemocional, 117-118, 119q
        teoria da mente, 118
    inclusão e diversidade na educação infantil, 122
Self, estruturação do, 106
Setting, 323
Sexualidade, 157-158, 174-187
    desenvolvimento na infância e na puberdade, 175-177
    disfunções, 181-186
        fatores de risco, 181, 184

sexualidade e envelhecimento, 184-186
na vida adulta, 157-158, 177-181
ciclo de resposta sexual, 177-179
resposta sexual feminina, 180
resposta sexual masculina, 180-181
Sonambulismo, 115
Sono, 114-115, 130, 238-239, 251-256
ciclo sono-vigília, 238-239, 251-252
e atividade física e exercício físico, 253-256
Substâncias, uso de ver Transtornos por uso de substâncias (TUSs)
Sistema Único de Saúde (SUS), 212-213

T

Tecnologia(s), 285-296, 392-393
aplicativos, 289
chatbots, 293-294
fenótipo digital, 287-289
inteligência artificial, 291-293
realidade virtual, 294-296
teleatendimento, 289-291
uso problemático de, 392-393
Telas, uso de, 106-107, 139-140
Teleatendimento, 289-291
Telemedicina, 308-310, 391-392
Telessaúde, 391-392
Teoria, 23-26, 118, 172-173
da mente, 118
do apego, 172-173
psicanalítica, 23-26 *ver também* Psicanálise e medicina
Terapia, 185-186, 212, 232-233
cognitivo comportamental (TCC), 212
de reposição hormonal, 185-186
familiar, 212
interpessoal (TIP), 232-233
Terceira infância, 125-140
desenvolvimento cerebral, 130-131
desenvolvimento cognitivo, 131-135
atenção seletiva, 131, 132
cognição, 131, 132q
extremos da curva da inteligência, 133-134
função executiva, 131
inteligência, 132-133
linguagem, 134-135
memória de trabalho, 132
desenvolvimento físico e saúde, 129-130
desenvolvimento físico, 129
evolução da altura e do peso, 129
nutrição, 129-130
sono, 130
desenvolvimento socioemocional, 135
identidade, bases da, 135-140
agressão e *bullying*, 139
criança entre os pares, 138-139
criança na família, 137-138
uso de telas, 139-140
Terrores noturnos, 115
Testosterona, diminuição dos níveis masculinos, 184, 185
Tiroteios em massa, 389

Trabalho, mulheres e vulnerabilização, 268
Transgressões *ver* Erro médico e transgressões
Transição de papéis, 233
Transtorno bipolar *ver* Neuroprogressão, estresse e resposta inflamatória
Transtorno de estresse pós-traumático (TEPT), 34q
Transtornos por uso de substâncias (TUSs), 201-215
avaliação do paciente, 205-206
bases do tratamento, 210-213
abordagens farmacológicas, 212, 213q
abordagens psicoterápicas, 211
e estudantes de medicina e médicos, 214, 215
estigma e preconceito, 204-205
fatores de risco e de proteção, 206-208
domínio ambiental, 207-208
domínio familiar, 207
domínio individual, 207
modelos teóricos, 203-204
populações especiais, 214
principais substâncias psicoativas, 208-210
rede de atendimento no SUS, 212-213
Trauma e relações precoces *ver* Relações precoces e trauma
"Treinando os treinadores", 407

U

Uso, 106-107, 139-140, 392-393
de substâncias *ver* Transtornos por uso de substâncias (TUSs)
de telas, 106-107, 139-140
problemático de tecnologias, 392-393

V

Vida, 167
adulta *ver* Adultez
aumento da expectativa de, 167
Violência, 190-199, 266-268
consequências, 194-195
contra a mulher, 191-193, 266-268
feminicídio, 193
violência física, 192
violência patrimonial, 193
violência psicológica, 192
violência sexual, 192-193
contra vulneráveis, 193-194
crianças e adolescentes, 193-194
gestantes e puérperas, 194
idosas, 194
e doença mental, 196-198
homens no contexto da, 191
lidando com situações de, 195-196
no ciclo vital da mulher, 191
sinais de alerta, 195
Vocabulário, 118
Vulnerabilidades e mulheres, 260-270
e autoimagem corporal, 268-270
e interseccionalidade, 261-268
no ciclo reprodutivo, 262-266
trabalho, 268
violência, 266-268